André Maurois:
Das Leben der George Sand

Deutsch von Wilhelm Maria Lüsberg

Deutscher
Taschenbuch
Verlag

Von André Maurois
ist im Deutschen Taschenbuch Verlag erschienen:
Fleurs de Saison/Blumen der Jahreszeit (9113)

Von George Sand
ist im Deutschen Taschenbuch Verlag erschienen:
Ein Winter auf Mallorca (2157)

Ungekürzte Ausgabe
1. Auflage Juli 1985
2. Auflage Oktober 1986: 11. bis 14. Tausend
Deutscher Taschenbuch Verlag GmbH & Co. KG,
München
Lizenzausgabe mit freundlicher Genehmigung des
Paul List Verlags, München
Titel der französischen Originalausgabe:
‚Lélia ou la vie de George Sand‘ (Hachette, Paris 1952)
© 1953 der deutschsprachigen Ausgabe (Erstveröffentlichung
unter dem Titel ‚Dunkle Sehnsucht‘) und
1977 der vorliegenden Ausgabe:
Paul List Verlag KG, München
ISBN 3-471-66593-5
Umschlaggestaltung: Celestino Piatti
Umschlagbild: Michael Mathias Prechtl
Gesamtherstellung: C. H. Beck'sche Buchdruckerei,
Nördlingen
Printed in Germany · ISBN 3-423-10439-2

Das Buch

George Sand, Dichterin, femme fatale, ,,Emanze", hat zu ihren Lebzeiten leidenschaftliche Begeisterung und leidenschaftliche Abneigung hervorgerufen und ist bis in die Gegenwart eine der provokativsten Gestalten der französischen Literatur geblieben. Die bürgerliche Gesellschaft des 19. Jahrhunderts allerdings fühlte sich bereits durch die Tatsache provoziert, daß sie Hosen trug, Zigarren rauchte und wechselnde Liebhaber hatte. Was für eine großartige Persönlichkeit und wichtige Schriftstellerin sie war, weiß man heute unbefangener zu würdigen. André Maurois wollte, wie er selbst sagt, dem Genie Anerkennung verschaffen und George Sand den Ehrenplatz in der Geschichte der Literatur zuweisen, der ihr zusteht. Über sein Buch schrieb die ,Frankfurter Allgemeine Zeitung': ,,... immer noch die beste der zahlreichen Sand-Biographien, die in den letzten Jahren besonders in England und den Vereinigten Staaten geschrieben wurden. Dem Claudel-Motto des ersten Kapitels folgend, schildert Maurois die Schriftstellerin mit dem Freiheitspathos, die Pariserin mit dem Wagemut zum Leben und Denken, die ,Emancimatrice', wie Heine sie nannte, und auch die an ihrer Erde hängende Gutsbesitzerin von Nohant."

Der Autor

André Maurois, am 26. Juli 1885 in Elbeuf/Normandie geboren und am 9. Oktober 1967 in Paris gestorben, stammte aus einer jüdischen Industriellenfamilie, studierte Philosophie, arbeitete in der Fabrik seines Vaters, war Soldat und schließlich freier Schriftsteller. Sein Werk ist außerordentlich vielseitig. Er gilt im besonderen als Begründer der modernen Roman-Biographie und hat berühmte Werke auch über Marcel Proust und Victor Hugo geschrieben.

INHALT

ERSTER TEIL

AURORE DUPIN

I Könige, Soldaten, Stiftsdamen, Komödiantinnen   10
II Revolution und Kaiserreich   19
III Auroras Kindheit   27
IV Der Teufel im Weihwasserkessel   34
V Die Erbin von Nohant   42
VI Ein junges Mädchen entdeckt die Welt   55

ZWEITER TEIL

FRAU DUDEVANT

I Ein Eheleben   62
II Platonische Liebe   70
III Der erste Schritt   86
IV Der kleine Jules   99

DRITTER TEIL

GEORGE SAND

I Zwei bedeutende Provinzler in Paris   108
II Von Jules Sand zu George Sand   117
III Geburt von George Sand   129
IV Der Bruch   137
V Neue Freunde – Lelia   145
VI   156

VIERTER TEIL

SPIELE DER LIEBE UND DES GENIES

I Kinder ihrer Zeit   159
II Die Liebenden von Venedig   171
III Exit Pagello   182
IV Auf der Suche nach dem Absoluten   186
V Ländliche Weisen nach dem Gewittersturm   191

FÜNFTER TEIL

PROPHETEN UND POETEN

I Michel von Bourges   195
II Neue Freunde   203
III Der Scheidungsprozeß   207
IV Der schöne Didier   214
V Die Propheten   227
VI Ein Sommer auf dem Lande   234
VII Beatrix   246

SECHSTER TEIL

FRÉDÉRIC CHOPIN

I Präludien   257
II Ein Winter auf Mallorca   265
III „Meine drei Kinder"   274
IV Tod einer Freundschaft   281
V Graue Haare   292
VI Lucrezia Floriani   301
VII Solange und Augustine   307
VIII Trennung   315

SIEBENTER TEIL

DER AUFSTAND DER ENGEL

I Die politische Überzeugung George Sands   321
II Schloßherrin und Sozialistin   324
III Die Muse der Republik   330
IV Nohant 1848—1850   340
V Unsre Liebe Frau zur guten Hilfe   354
VI Marionetten   361

ACHTER TEIL

REIFE

I Das gefährliche Alter   364
II Der Kreis der Familie   369
III Die Sense der Zeit   380
IV Maurice heiratet   384
V Palaiseau   393
VI Leiden und Tod Manceaus   398

NEUNTER TEIL

DIE KUNST, GROSSMUTTER ZU SEIN

I Mein Troubadour   405
II „Mein liebes Kind . . ."   409
III Nohant vor dem Kriege   413
IV Der Krieg und die Kommune   421
V Nunc Dimittis   429
VI   440

Bibliographie und Anmerkungen   443
Zitierte Werke George Sands   451

Warum George Sand? Geistige Freundschaften entstehen durch Verkettungen und Begegnungen ebenso wie Freundschaften des Herzens. Ein bewunderter Freund macht uns mit *seinen* Freunden bekannt, und diese gefallen uns durch Charakterzüge, die auch die seinigen sind. So bin ich durch Marcel Proust und Alain George Sand nahegekommen. Die Romane George Sands waren die ersten ernsthaften Bücher gewesen, die seine Mutter und seine Großmutter Marcel Proust in die Hand gegeben hatten. Wenn er krank war, lasen sie ihm *Die kleine Fadette* oder *Das Findelkind* vor. Später, als er selbst ein guter Stilist geworden, teilte er ihre Vorliebe für jene glatte und klare Prosa, aus der, wie bei den Romanen Tolstois, „stets Güte und sittliche Vornehmheit atmet". Alain wiederum sprach von Sand voller Achtung. „Diese bedeutende Frau", so sagte er, und der Klang seiner Stimme gab zu verstehen, daß diese bedeutende Frau in seinen Augen ein sehr bedeutender Mann war. Zu diesen beiden Bürgen kommen noch die großen Meister, die ihre Zeitgenossen waren. Man denke daran, daß sie Chopin und Musset inspirierte; daß Delacroix bei ihr ein Atelier hatte; daß Balzac „von der Kameradin George Sand" den Stoff für *Beatrix*, eines seiner schönsten Bücher, erbat; daß Flaubert sie „Meine verehrte Meisterin" nannte und in Tränen ausbrach, als er ihren Tod erfuhr; daß Dostojewski in ihr eine „durch die Kraft ihres Geistes und ihres Talents fast einzigartige Schriftstellerin" erblickte – und dann wird man verstehen, warum es mein Wunsch war, mich näher mit einer Frau zu befassen, die heute allzu wenig gelesen wird, obwohl sie während eines großen Teils ihres Lebens eine geistige Macht darstellte.

„Allzu wenig gelesen?" sagen einige. „Doch nur deswegen, weil sie unlesbar ist!" Welch ein Irrtum! Einige der Romane, die sie schrieb, „um ihre Bäckerrechnungen zu bezahlen", sind nicht viel wert? Das stimmt, aber man schlage die *Geschichte meines Lebens* auf, die *Briefe eines Reisenden*, die *Tagebücher*. Dort kommt sie den Besten gleich. Und welcher Autor war jemals reicher an Einfällen? Sie war „die Stimme der Frau zu einer Zeit, da die Frau schwieg". Sie hat über Musik ebenso vorzüglich geschrieben wie Stendhal, und noch vorzüglicher als Balzac oder Victor Hugo. Sie hat das Leben der französischen Bauern mit einer bald idyllischen, bald epischen Größe geschildert. Sie hat eine aufrichtige Liebe zum Volk empfunden und ihr Ausdruck gegeben, lange bevor das allgemeine Wahlrecht dieses Verhalten aufzwang. „Ich gehöre nicht", sagte sie, „zu jenen geduldigen Seelen, die Ungerechtigkeiten mit heiterem Gesicht hinnehmen." Sie ist, in *Lelia*, als erste an Probleme des Sinnenlebens herangegangen, die man heute erst freimütig zu behandeln beginnt. Schließlich war ihr bewegtes Leben in ihren besten Tagen selber ein Roman, und der Anfang von *Consuelo* ist immer noch eine der am besten durchgeführten Erzählungen unserer Literatur.

Dies gibt, so hoffe ich, eine Antwort auf die Frage: „Warum George Sand? Es blieb die Schwierigkeit, von neuem die Geschichte eines Lebens zu gestalten, das als so allgemein bekannt galt. Warum es nochmals erzählen, nachdem so viele andre es bereits getan haben? Hierauf gebe ich zwei Antworten. Die erste ist, daß ich das Glück hatte, zahlreiche Dokumente zu finden, die mir erlaubten, der Jugend und dem reiferen Alter von George Sand die gebührende Bedeutung zu verleihen, wodurch die Familienepisoden in eine richtigere Perspektive gerückt werden.

Die zweite Antwort ist die, daß die meisten Autoren, die über Sand geschrieben haben, gegenüber ihrer Person und ihren Ideen eine offensichtliche Feindschaft empfanden. Es ist lange Zeit Mode gewesen, von ihr mit Ironie und Strenge zu sprechen. Ich hatte das Glück – oder die Schwäche –, sie zu lieben. Von einer andern Frau sprechend, von Marie Dorval, hat sie eines Tages geschrieben: „Es ist eine wunderbar schöne, hochherzige und zärtliche Seele, eine erlesene Intelligenz, mit einem Leben voller Verirrungen und Beschwernisse. Ich liebe und achte dich deswegen um so mehr, o Marie Dorval! . . ." Diese Sätze lassen sich auf die anwenden, die sie niederschrieb. Auch George Sand war eine hochherzige Seele; auch ihr Leben war voller Verirrungen und Beschwernisse. Das Genie, für alle ein anspruchsvoller und gefährlicher Gefährte, ist für eine Frau ein noch gefährlicherer Gast; und wenn zwei geniale Menschen einander in der Liebe begegnen, sprühen Funken. Von den Verirrungen werde ich nichts verbergen. Warum lügen? Aber ich hoffe, dem Genie Anerkennung zu verschaffen und den Leser dahinzubringen, so wie ich selbst dahingeführt worden bin, daß er „diese bedeutende Frau" achtet und ihr in der Geschichte der Literatur den Ehrenplatz zugesteht, der ihr von Rechts wegen gebührt.

A. M.

ERSTER TEIL

Aurore Dupin

> *Eine Frau, denken Sie darüber nur*
> *ein wenig nach, Bürger, alle die We-*
> *sen, die in einem solchen Geschöpf*
> *ineinandergeschachtelt sind, das*
> *nimmt ja gar kein Ende.*
>
> PAUL CLAUDEL

Die Geschichte von George Sand ist die einer Frau, die sich durch ihre Abstammung an die Grenze von zwei Klassen und durch ihre Erziehung auf einen schmalen Zeitabschnitt gestellt fand, wo der Rationalismus des 18. und die Romantik des 19. Jahrhunderts einander begegneten; die, nachdem sie schon in frühester Kindheit den Vater verlor, ihn bei einer vergötterten Mutter zu ersetzen wünschte und dadurch ein männliches Benehmen annahm; die in dieser Haltung bestärkt wurde durch die unweibliche Erziehung, die ein etwas schrulliger Hauslehrer ihr gab, und durch die Männerkleidung, die er sie tragen ließ; die mit siebzehn Jahren in Nohant unabhängige Herrin über ein Landgut, ein großes Haus wurde und allezeit unbewußt versuchte, sich dieses freie Paradies ihrer Jungmädchenjahre wieder zu erschaffen; die niemals einen Gebieter über sich ertragen konnte und von der Liebe das forderte, was sie in der Mutterschaft fand: eine Möglichkeit, schwächere Wesen zu beschützen; die nur mit Unlust jedwede männliche Autorität ertrug und den Kampf aufnahm, um die Frauen davon zu befreien und ihnen die Freiheit ihres Körpers und ihrer Gefühle zu sichern; die auf diese Weise einen weitreichenden und nützlichen Einfluß auf die Sitten ausübte; die, anfangs katholisch, stets Christin war und sich in mystischer Verbundenheit mit ihrem Gott glaubte; die aus Edelmut des Herzens Sozialistin wurde, wie sie Christin blieb; die sich 1848 in eine revolutionäre Bewegung hineinstürzte und nach deren Scheitern ihr Prestige zu wahren wußte, ohne ihre Ideen zu verleugnen; die, nachdem sie sowohl in ihrem privaten als auch in ihrem öffentlichen Leben alle Konventionen verletzt hatte, durch ihre Genialität, durch Arbeit und Mut dennoch die Achtung aller erzwang; der es, nachdem alle Leidenschaften erloschen, gelang, im Hause ihrer Kindheit das verlorene Paradies wieder zu erschaffen; und die endlich in einem heiteren, tätigen und matriarchalischen hohen Alter das Glück fand, das sie in den Leidenschaften vergebens gesucht hatte.

I

KÖNIGE, SOLDATEN, STIFTSDAMEN, KOMÖDIANTINNEN

Es ist immer ein Unterfangen, einen Charakter aus der Vererbungsmasse erklären zu wollen. Irgendein Charakterzug eines Ahnen taucht plötzlich in der fünfzehnten Generation wieder auf. So mancher Mann von Talent hat mittelmäßige Kinder. Irgendeine Notarsehe bringt einen Voltaire hervor. Dennoch ergibt es sich bei George Sand für den, der die Geschichte ihrer Vorfahren studiert, ganz von selbst, daß er für diese Frau ein seltsames und bedeutendes Schicksal voraussieht. Andere Familien haben eine, zwei, drei erstaunliche Persönlichkeiten aufzuweisen. Unter den Ahnen George Sands sind *alle* Persönlichkeiten außergewöhnlich. Könige gesellen sich da zu Stiftsdamen, berühmte Soldaten zu Komödiantinnen. Wie in den Feenmärchen heißen die Frauen alle Aurora; sie alle haben Söhne, Liebhaber, und ziehen die Söhne den Liebhabern vor. Es hagelt förmlich uneheliche Kinder; aber sie werden anerkannt, vergöttert, aufs vortrefflichste erzogen. Sie alle sind verführerisch, ungebärdig, zärtlich und grausam. „Diesem ungeschliffenen und starken Geschlecht", sagt Maurras, „verdankte George einige bedeutende Züge ihres körperlichen Gepräges, die Wildheit des Lebens, die schamlose Kühnheit, es so zu leben, und irgendwie etwas Gieriges in den Regungen des Triebes[1]." Diese Familienchronik hat etwas von der galanten Komödie an sich, vom Heldensang, von den Märchen aus Tausendundeiner Nacht.

Die Königsmarck, eine deutsch-schwedische Familie, bedeckten sich in einer Zeit mit Ruhm, da ein abenteuerlustiger Soldat von einem Königshof an den andern ziehen und den Oberbefehl über Armeen führen konnte, die er tags zuvor noch bekämpfte. Seit dem Dreißigjährigen Krieg treten sie auf den Kriegsschauplätzen Europas auf. Der Ahnherr war der Feldmarschall Hans Christoph von Königsmarck gewesen, ein Haudegen und Plünderer, schurkisch, verschlagen und brutal. Nach ihm hatten sich alle Männer dieser Sippe als Helden, Abenteurer und Verführer enthüllt, die Frauen als Heilige oder anbetungswürdige Sünderinnen. Aurora von Königsmarck, gegen Ende des 17. Jahrhunderts, war ein wunderschönes Mädchen und die Schwester jenes berühmten Philipp von Königsmarck, den der Kurfürst von Hannover, der künftige König Georg I. von England, im Jahre 1694 aus Eifersucht ermorden ließ. Untersuchungen, die wegen des Todes dieses Bruders angestellt wurden, brachten sie in Berührung mit Friedrich August, Kurfürst von Sachsen und nachmaligem König von Polen. Mit ihren großen dunklen und sanften Augen, ihrem völlig französischen Esprit und ihrer strahlenden Fröhlichkeit war sie unwiderstehlich. August von Sachsen liebte sie, wie er zu lieben verstand, also auf ziemlich vulgäre Art. In seinen Augen waren alle Frauen, wenn sie nur elegant und gefällig waren, einander gleich. Er begriff nicht das geringste von der Feinfühligkeit und sogar dem Hervorragenden in Auroras Wesen; aber er hatte von ihr einen Sohn, der, 1696 geboren, Moritz getauft wurde und den Titel Graf von Sachsen erhielt.

Die Beziehungen zwischen den beiden Liebenden hatten noch vor der Niederkunft aufgehört und wurden nicht wieder angeknüpft. Aurora, im Stiche gelassen, zog sich ins protestantische Stift Quedlinburg zurück, aus dem sie in herausfordernder, prächtiger Weise und zum frommen Entsetzen der andern Stiftsdamen einen Minnehof machte. Sie sammelte eine Reihe von Schöngeistern um sich und gab hier auch Peter dem Großen ein berühmt gebliebenes Fest, in dessen Verlauf sie als Muse erschien und französische Verse, deren Verfasserin sie war, vortrug; an jenem Tage entzückte sie nicht nur den Zarewitsch, sondern auch die Mutter Äbtissin, die, taub und hochbetagt, die Muse für eine Heilige hielt. Aurora sang italienische Weisen, wobei sie sich auf dem Cembalo begleitete, und die Königin von Schweden nannte sie „meine schwedische Nachtigall". Mit der Extrapost reiste sie von Dresden nach Wien und von Berlin nach Stockholm. Sie starb im Jahre 1728, ruiniert durch die Goldschmiede, die Modewarenhändlerinnen, die Apotheker und auch durch ihren Sohn, den sie zärtlich liebte und für den sie ehrgeizige Pläne hegte.

Dieser Sohn, Moritz von Sachsen, besaß das schöne Gesicht und die hohe Stirn seiner Mutter. Ohne Falsch, offenherzig und von zärtlichem Gemüt, verfiel er, wie viele unehelich geborene Kinder, in eine melancholische Stimmung, wenn er die Medaillons seiner Eltern küßte. Schon seit frühester Jugend zeigte er bedeutende Anlagen für das Waffenhandwerk. Sein Vater ließ ihn auf das härteste erziehen. Auf seinen Befehl hin bekam Moritz nur Suppe und Brot vorgesetzt, und er mußte, seine Ausrüstung selbst tragend, zu Fuß Europa durchqueren. Mit dreizehn Jahren wurde er auf dem Schlachtfeld zum Fähnrich ernannt und entführte ein gleichalteriges Mädchen, das er geschwängert hatte. Er hatte den ausschweifenden Lebenswandel seines Vaters geerbt. Seine Liebeshändel mit der Prinzessin von Conti, mit Adrienne Lecouvreur, Madame Favart und der Herzogin von Bouillon erregten in Paris Aufsehen. Infolge eines krankhaften Wunsches, seine Bastardschaft vergessen zu machen, hatte er, der Königssohn, lange Zeit die fixe Idee, nach der Herrscherwürde zu streben. Daher versuchte er, sich zum Herzog von Kurland wählen zu lassen. Seine Mutter, Aurora von Königsmarck, und seine Geliebte, Adrienne Lecouvreur, verkauften ihren Schmuck, um ihm dabei zu helfen. Er stand im Begriff, Anna Iwanowna, die Witwe des letzten Herzogs und nachmalige Zarin aller Reußen, zu heiraten und war also vor seinem Ziele, als er die Unvorsichtigkeit beging, eine junge Geliebte in den Palast zu bringen. Die Geschichte wurde entdeckt, und er mußte die Jagd nach den Chimären aufgeben. Die Liebe kostete ihm die Krone.

Aber es war eine Zeit, da Liebe und Ruhm sich gut miteinander vertrugen. Es ist bekannt, daß Moritz von Sachsen schließlich in den Heeren des Königs von Frankreich Dienst nahm, dessen Verwandter er wurde; denn er machte aus seiner Nichte Maria Josepha von Sachsen die Gemahlin des Dauphins. Sie wurde die Mutter Ludwigs XVI., Ludwigs XVII. und Karls X. — ein Kleeblatt von Königen. Als Protestant brauchte der Graf von Sachsen diese Heirat, um in einem katholischen Königreiche seine Stellung zu festigen. Er führte die Unterhandlungen wie seine Schlachten, „mit klingendem Spiel und Feuer an der Lunte", und schrieb in Hinsicht auf dieses Intrigenspiel die reizendsten Briefe mit der verrücktesten Orthographie. Dieser ungebildete Soldat hatte Sinn für Ideen. Er verfaßte *Träumereien* oder *Abhandlungen über die Kriegskunst*, die lebendig und kühn sind:

Axiom: Je mehr Tote, desto weniger Feinde. *Folgerung:* Töten, selbst aber dem Tod aus dem Wege gehen . . . — Zwölf Soldaten, um einen kleinen Posten auszuheben? Kein Gedanke daran. Mag noch hingehen, wenn es zwölf Generalleutnante wären . . . Gar leicht werden, mehr als man denkt, schlechte Anordnungen getroffen; aber man muß sie im gegebenen Augenblick in gute umzuwandeln verstehen; nichts bringt mehr als dies den Feind außer Fassung; er hat mit etwas Bestimmtem gerechnet und sich darauf eingerichtet; in dem Augenblick, da er angreift, hat er nichts mehr in den Händen[2] . . .

Es ist dies die Vorausdarstellung der Schlacht von Torres Vedras. In diesen *Träumereien* erwies er sich, dem Zeitgeist seines Jahrhunderts getreu, begierig auf Reformen, und nachdem er die Kunst, das Menschengeschlecht auszurotten, gelehrt hatte, suchte er die Möglichkeiten, es fortzupflanzen, bekanntzugeben: „Ehen sollten nur fünf Jahre dauern und dürften mit besonderer Erlaubnis nur dann erneuert werden, falls während dieser Zeit kein Kind geboren worden wäre." Es ist merkwürdig genug, daß diese Idee dem Urgroßvater George Sands gekommen ist.

Als ein General, dem das Glück hold war und der sein Glück auch verdiente, wurde Moritz von Sachsen schnell Marschall von Frankreich. Dieser Siegesheld fuhr fort, die Frauen zu lieben; und er wurde von ihnen geliebt. „Man weiß", sagte Marmontel, „daß neben viel Edelmut und Seelengröße der Marschall ausschweifende Sitten hatte. Aus Neigung ebenso wie aus System wollte er Freude in seinen Heeren, und er sagte, die Franzosen gingen niemals so gut vor, als wenn man sie fröhlich anführe, und was sie im Kriege am meisten fürchteten, sei die Langeweile[3] . . ." Er unterhielt in den Armeen eine Gruppe von Komödiantinnen, die seinen Launen gefügig waren. Jeden Abend gab es eine Vorstellung, und auf der Bühne wurde die Schlacht des folgenden Tages angekündigt.

„Moritzens galanter Ruf war allgemein bekannt", und so dachten an ihn zwei Kleinbürger von Paris, Herr und Frau Rinteau, als sie, es war im Jahre 1745, von der außerordentlichen Schönheit ihrer beiden Töchter Marie und Geneviève Vorteil ziehen wollten. Marie war siebzehn Jahre alt, Geneviève noch nicht fünfzehn. Der Eifer dieser ausgezeichneten Eltern wurde belohnt. Marie gefiel dem Marschall mehrere Jahre lang; er schenkte ihr ein Haus in Paris, wo die beiden Schwestern als „Demoiselles de Verrières" lebten, und sie gebar ihm 1748 Marie-Aurora, welche die Schönheit ihrer Eltern erbte. Sie erbte nur dies eine.

Marie de Verrières, nicht tugendhafter als die vornehmen Damen ihrer Zeit, sank nacheinander in die Arme eines Generalpächterssohnes, Herrn d'Epinay, und des Schriftstellers Marmontel, der damit beauftragt worden war, ihr Ausdrucksform und Stil beizubringen. Als der Marschall von einer Reise nach Sachsen zurückkehrte, „erfuhr er von den dramatischen Studien seines Schützlings und zugleich auch von der Weise, wie sie daraus Nutzen gezogen hatte". Er besaß Stolz; und als er 1750 starb, waren Mutter und Tochter in seinem Testament nicht bedacht. Das einzige, was Marie de Verrières ihrer Tochter als Familienandenken vermachen konnte, war eine Tabatiere, die der König nach dem Siege von Fontenoy dem Marschall geschenkt hatte, ein Petschaft und das Bildnis Auroras von Königsmarck.

„Die Demoiselle Aurora, natürliche und einzige Tochter des Herrn Marschalls von Sachsen", warf sich mit einer Bittschrift der Frau Dauphinin, der Nichte des Helden, zu Füßen und erbat eine Pension. Am Rande des Gesuches steht der Vermerk: *Der König gewährt der Demoiselle Aurora eine Gratifikation von achthundert Pfund, solange sie in einem von der Frau Dauphinin ausgewählten Kloster bleiben wird*[4]. Das auserwählte Kloster war das der Damen von Saint-Cyr, wo die Demoiselle Aurora als Mädchen von Stand erzogen wurde. Da man sie ihrer Mutter nicht zurückgeben konnte, wollte die Dauphinin sie im Jahre 1766 verheiraten, aber die Bezeichnung *uneheliches Kind unbekannter Eltern* schreckte die erwünschten Bewerber ab. Das Mädchen litt sehr unter dieser Demütigung und bat in einer Bittschrift ans Parlamentsgericht darum, daß dem Namen der Antragstellerin hinzugefügt werde: *natürliche Tochter von Moritz, Graf von Sachsen, Feldmarschall von Frankreich, und von Marie Rinteau*[5].

Das Parlamentsgericht sanktionierte diese posthume Anerkennung, und ein passender Bewerber wurde gefunden. Alles, was George Sand in der *Geschichte meines Lebens* in bezug auf die erste Ehe ihrer Großmutter geschrieben hat und was hernach ihre Biographen wiederholten, ist ein Roman, der sehr von dem wirklichen Geschehen abweicht. Sie macht aus dem Bräutigam einen Grafen de Horn, unehelichen Sohn Ludwigs XV.; aus der Ehe eine jungfräuliche Ehe, die nach nur drei Wochen ihr Ende gefunden habe, und zwar durch den Tod des Gatten, der im Zweikampf getötet worden sei. Nichts von all dem ist wahr. Der Bräutigam war ein vierundzwanzigjähriger Infanteriehauptmann namens Antoine de Horne. Für die Hochzeit ihrer Tochter veranstaltete Marie de Verrières in ihrem „Lusthaus" im Dorfe Auteuil ein prächtiges Fest. Aurora lernte hier ihren Halbbruder, den Chevalier de Beaumont, kennen, den Sohn eines auf Moritz von Sachsen folgenden Geliebten, des Herzogs von Bouillon.

Aus Anlaß seiner Heirat war Horne zum Platzmajor von Schlettstadt ernannt worden, das heißt zum Kommandanten dieser kleinen Festung; aber fünf Monate vergingen, ehe die Reise nach dem Elsaß angetreten wurde. Bei der Ankunft in Schlettstadt wurden der Platzmajor und seine Frau nicht, wie George Sand berichtet, mit Kanonensalut empfangen; man überbrachte ihnen nicht die Schlüssel der Stadt auf einer goldenen Platte; „aber alle beide waren voller Fröhlichkeit und Hoffnung". Sie kamen an einem Montag an; am Dienstag verspürte Herr de Horne „Brustbeschwerden"; trotz der Aderlässe starb er am Freitag[6]. Wieder einmal warf sich die junge Witwe Ludwig XV. zu Füßen, in der Absicht, die Stelle ihres Mannes zu erhalten; aber das Gesuch war absurd. Wie hätte eine Frau eine Festung befehligen können? Außerdem verlor Aurora damals ihre Beschützerin, die Dauphinin, die 1767 starb. Sie ließ sich in einem Kloster nieder und machte von neuem eine Eingabe:

Aurora de Horne an den Kriegsminister, Herzog de Choiseul: Der Tod raubte mir, der Tochter des Herrn Marschalls von Sachsen, als solche durch Beschluß des Pariser Parlamentsgerichts anerkannt, den Vater schon in frühester Kindheit ... Ich bin überzeugt, der dem Kriegsministerium mit Weisheit, Gutherzigkeit und Glanz vorstehende Minister wird nicht dulden, daß die Tochter des Marschalls von Sachsen im Elend dahinsiecht[4] ...

Der Herzog blieb ungerührt. Als vier Jahre später Choiseul in Ungnade gefallen war, wandte sie sich an den neuen Minister: „Da es mir, der Tochter des Herrn Marschalls von Sachsen, als solche durch Beschluß des Pariser Parlamentsgerichts anerkannt... unmöglich ist, in dem Kloster, wohin ich mich zurückgezogen habe, meine Pension zu zahlen, bin ich genötigt gewesen, es zu verlassen[4]." Sie hatte sich tatsächlich zu ihrer Mutter, Marie de Verrières, geflüchtet, die mit ihrer Schwester Geneviève in einem schönen Hause an der Chaussée d'Antin von den Freigebigkeiten ihrer reichen Beschützer lebte. Die Demoisellen de Verrières führten ein angenehmes Haus, wo man gute Gesellschaft empfing und Komödien aufführte. Herr d'Epinay, der so ein schönes Beispiel „illegitimer Beständigkeit" gab, war einer der Getreuen. Auroras Mutter besaß noch immer, obwohl sie dem reiferen Alter entgegenging, ihre einstige Schönheit; da sie gebildete Liebhaber gehabt hatte, Marmontel und den Dichter Colardeau, schrieb sie Briefe, deren stilistische und gedankliche Sicherheit noch immer erstaunlich wirkt.

Herr d'Epinay, Generalpächter der Steuern, hatte sich über seine Frau zu beklagen, die berühmte Madame d'Epinay, Freundin Rousseaus, Diderots und Grimms; denn sie liebte einen andern Finanzmann, Claude Dupin de Francueil. Dieser, ein ausgezeichneter Musiker, hatte Frau d'Epinay angeboten, ihr Kompositionsstunden zu geben, sie dann aber in der Liebe unterwiesen. Die einzige Rache d'Epinays bestand darin, daß er zu den Demoisellen de Verrières seinen Rivalen mitnahm, welcher der Liebhaber Genevièves, der jüngsten, wurde. Die Strafe war süß. Dupin de Francueil sah bei den Verrières oft die Nichte seiner Geliebten, Aurora de Horne; er war entzückt von ihren Talenten und ihrer Erziehung. Die junge Witwe, in Saint-Cyr in der Tradition Maintenon aufgezogen, war eine vollendete Dame, eine talentierte Künstlerin und vollkommene Musikerin. Natürlich war sie sehr umworben; da sie aber mehr praktischen Sinn als Sinnlichkeit besaß, ließ sie sich niemals von den Verführungen dieser äußerst freien Umwelt verlocken. Zwar schützte sie kein fester Glaube, und sie hatte keine andre Religion als den Deismus Voltaires.

Aber sie war ein starker, klarschauender Mensch, begeistert vor allem von einem gewissen Ideal des Stolzes und der Selbstachtung. Sie kannte keine Koketterie; sie war allzu begabt, um deren zu bedürfen, und dieses System der Anlockung verletzte die ihr eigen gewordenen Vorstellungen von der Würde. Sie bewegte sich in einer äußerst freien Epoche und sehr verderbten Welt, ohne daß von ihrem Fittich auch nur ein Federchen hängenblieb; und durch ein seltsames Schicksal dazu verurteilt, die Liebe nur in der Ehe kennenzulernen, löste sie das schwere Problem, in Ruhe zu leben und jeder Bosheit, jeder Verleumdung zu entgehen[7]. . .

Ihre besten Freunde waren Buffon, der häufig im Salon Verrières verkehrte, und der liebenswürdige Dupin de Francueil, den sie Papa nannte. Als Vertreter des Generalpächters in der Landschaft Berry war Herr Dupin (oder du Pin) auch an den Tuchmanufakturen in Châteauroux beteiligt, was ihn zu einem sehr reichen Mann machte.

Aurora de Horne war eine der bemerkenswertesten Frauen in einer Zeit, da viele von ihnen durch ihre Kultur glänzten. Folgender Brief, den sie an einen Anbeter richtete, gibt einige Vorstellung von ihrer Anmut:

Sie wollen mich auch in der Philosophie unterrichten, mein Herr, als ob ich nicht schon Platonikerin wäre, seitdem ich auf der Welt bin . . . Wenn mein Aussehen und mein Alter Ihnen einiges Widerstreben einflößen, mir zu glauben, müssen Sie es besiegen, so wie ich meine Eitelkeit unterdrücke, indem ich Ihnen dies gestehe. Ich bin unendlich empfänglich für das Gefühl der Freundschaft und gebe mich ihm ganz hin, denn wie weit ich deren Grenze auch rücken mag, wird mein Auge sie immer noch gewahren; aber ich schrecke vor dem zurück, was mich verblenden und ständig fürchten lassen würde, mir allzuviel oder nicht genug daraus zu machen . . . Ich habe stets mit Menschen gelebt, die weit älter sind als ich, und mich unmerklich ihrem Niveau angepaßt. Ich bin nicht lange jung gewesen; vielleicht ist dies ein Nachteil, aber ich bin um so vernünftiger[8] . . .

Marie de Verrières starb 1775, im Alter von siebenundvierzig Jahren, ebenso sanft, wie sie gelebt hatte. Herr d'Epinay, der seit fünfundzwanzig Jahren ihr Geliebter war, beweinte sie sehr, lebte dann aber mit der überlebenden Schwester weiter zusammen. Aurora kam zu der Ansicht, daß das Leben bei ihrer Tante schwierig würde, und trat von neuem ins Kloster ein. Ihr alter Freund Dupin de Francueil besuchte sie dort oft und verstand es, ihr trotz seines Alters zu gefallen. Im Jahre 1778 bat er um ihre Hand und wurde erhört. Marie-Aurora war dreißig, Dupin de Francueil zweiundsechzig; sie war seit fünfzehn Jahren Witwe und ehrbar.

Sie wurden sehr glücklich. Später, als alte Dame, sagte Frau Dupin zu ihrer Enkelin Aurora, nämlich unserer George Sand:

Ein Greis liebt stärker als ein junger Mann, und es ist unmöglich, nicht den zu lieben, der einem eine vollkommene Liebe entgegenbringt. Ich nannte ihn meinen alten Mann und meinen Papa. Er wollte es so und nannte mich immer nur seine Tochter, selbst in der Öffentlichkeit. Zudem, war man zu jener Zeit jemals alt? Es ist die Revolution, die das Alter in die Welt gebracht hat. Ihr Großvater, meine Tochter, war schön, elegant, gepflegt, anmutig, wohlduftend, munter, liebenswürdig, zärtlich und von stets gleichbleibender Laune bis zur Stunde seines Todes. In jüngeren Jahren war er allzu liebenswürdig gewesen, um ein solch ruhiges Leben zu haben, und vielleicht wäre ich da nicht so glücklich mit ihm geworden, denn man hätte ihn mir allzusehr streitig gemacht. Ich bin überzeugt, daß ich von seinem Leben das beste Alter gehabt habe, und daß niemals ein junger Mann eine junge Frau ebenso glücklich gemacht hat, wie ich es war. Wir verließen einander nicht einen Augenblick, und nie hatte ich in seiner Nähe auch nur einen Augenblick der Langeweile. Sein Geist war eine Enzyklopädie von Ideen, Kenntnissen und Talenten, die sich für mich niemals erschöpfte. Er besaß die Gabe, sich auf eine Weise beschäftigen zu können, die für die andern ebenso angenehm war wie für ihn selbst. Tagsüber betrieb er mit mir Musik; er war ein ausgezeichneter Geiger und stellte seine Violine selbst her, denn er war Instrumentenmacher, wie er auch

17

Uhrmacher, Architekt, Drechsler, Maler, Schlosser, Schreiner war und wunderbar stickte. Ich weiß nicht, was er nicht war. Das Unglück war nur, daß er sein Vermögen damit durchbrachte, alle diese verschiedenartigen Instinkte zu befriedigen und mit allen möglichen Dingen zu experimentieren; aber ich sah nur Begeisterung, und wir ruinierten uns auf die liebenswürdigste Weise. Abends, wenn wir keine Festlichkeiten hatten, zeichnete er, an meiner Seite sitzend, während ich Fäden auszupfte, und wir lasen einander abwechselnd vor; oder aber es leisteten einige charmante Freunde uns Gesellschaft und hielten mit einem wohltuenden Gespräch seinen scharfen und fruchtbaren Geist in Atem. Ich hatte als Freundinnen junge Frauen, die auf äußerst prächtige Art verheiratet waren, und doch sagten sie mir immer wieder, daß sie mich um meinen alten Mann beneideten.

Denn in jener Zeit verstand man zu leben und zu sterben! ... Man hatte keine beschwerlichen Gebrechen. Wenn man die Gicht hatte, hielt man sich, ohne eine Miene zu verziehen, trotzdem auf den Beinen; aus guter Erziehung verbarg man seine Pein. Man gab sich nicht ausschließlich jenen geschäftlichen Dingen hin, die das Innenleben verderben und den Geist schwerfällig machen. Man verstand es, sich zu ruinieren, ohne Aufsehen davon zu machen, so wie gute Spieler den Verlust hinnehmen, ohne Unruhe und Verdruß zu zeigen. Man hätte sich halbtot zu einer Jagdpartie tragen lassen. Man fand, daß es besser sei, auf einem Ball oder bei einer Theateraufführung zu sterben denn in seinem Bett, zwischen vier Kerzen und ekelhaften, schwarzgekleideten Menschen. Man war gelassener Philosoph, man trug kein ernstes Wesen zur Schau, obwohl man manchmal ernst war, ohne es zu zeigen. Wenn man weise und vernünftig war, so geschah es aus Geschmack, ohne daß man den Pedanten oder die Prüde spielte. Man genoß das Leben, und wenn die Stunde, da man von ihm Abschied nahm, gekommen war, suchte man den andern das Leben nicht zu verleiden. Der letzte Abschied meines alten Mannes bestand darin, daß er mir ans Herz legte, ihn lange zu überleben und mir ein glückliches Leben zu machen. Die richtige Art, sich betrauern zu lassen, bestand darin, ein solch edelmütiges Herz zu zeigen[7]...

Herr und Frau Dupin pflegten gemeinsam Literatur und Musik. Beide bewunderten Rousseau und empfingen ihn bei sich. Einen großen Teil des Jahres verbrachten sie in Châteauroux, wohin die amtlichen Pflichten sie riefen. Sie bewohnten dort das alte Schloß Raoul und lebten in einem fürstlichen Luxus. Für Musik, Schmarotzer und Wohltätigkeit verbrauchten sie sieben bis acht Millionen der damaligen Währung. Daher ließ Herr Dupin, als er im Jahre 1788 starb, seine Geschäfte mit dem Staat wie auch seine eigenen in einer großen Unordnung zurück. Nachdem alle Schulden bezahlt waren, verblieben Frau Dupin fünfundsiebzigtausend Pfund an Renten. Dies nannte sie: ruiniert sein.

II

REVOLUTION UND KAISERREICH

Eine Revolution scheidet die Bewohner eines Landes in drei Gruppen: solche, die nur Revolutionäre sein können; solche, die der Revolution nur feindlich gegenüberzustehen vermögen; und diejenigen, die in ihren Gefühlen hin und her gerissen werden, weil sie gegenüber der bedrohten Klasse, obwohl sie völlig mit ihr verbunden sind, Groll empfinden. Zu dieser dritten Gruppe gehörte Frau Dupin de Francueil. Durch ihre königlichen Verwandtschaften, ihre Erziehung und ihr Vermögen war sie eine Aristokratin; aber heimgesucht mit einer Bastardschaft in zwei Graden, war sie gedemütigt, beleidigt worden und der Ansicht, der Hof habe sich ihr gegenüber ohne Großmut verhalten. Sowohl bei ihrer Mutter als bei ihrem Gatten war sie Philosophen und Enzyklopädisten begegnet; sie verehrte Voltaire und Rousseau und haßte die Clique um die Königin. Die ersten Tage der Revolution gaben ihr den Eindruck einer Revanche über ihre Feinde und eines Triumphes ihrer Ideen.

Nachdem sie Witwe geworden, hatte sie sich nach Paris begeben, um dort in der Rue du Roi-de-Sicile mit ihrem Sohn Maurice, der 1789 elf Jahre geworden war, und mit dessen Hauslehrer, dem „Abbé" Deschartres, zu leben. Der Hauslehrer, der niemals die Ordination erhalten hatte, hörte auf, das Beffchen zu tragen, sobald er dies für ratsam erachtete, und wurde zum Bürger Deschartres. Er war ein seltsamer Mensch, sehr gelehrt und von feinen Manieren, aber ein Pedant, ein Purist und von einer Selbstzufriedenheit, die schon an Überspanntheit grenzte. Dabei ungeheuer mutig und in bewundernswerter Weise selbstlos, „besaß er alle hervorragenden Eigenschaften der Seele, verbunden mit einem unerträglichen Charakter". Sein Schüler Maurice Dupin, wie er von edelstem Wesen, hing zärtlich an diesem lächerlich und zugleich erhaben wirkenden Lehrer. Maurice besaß die Schönheit eines jungen Mädchens, die verhängnisvolle Schönheit der Königsmarck; er hatte ihre Samt-augen, ihren Hang für Musik und Dichtkunst, ihre natürliche Le-bensart. Mutter und Sohn vergötterten einander.

Als die Revolution Mirabeaus zu der eines Danton wurde, hörte Frau Dupin auf, Beifall zu klatschen. Sie beging sogar die Unvor-sichtigkeit, fünfundsiebzigtausend Pfund für einen Fonds zugun-sten der emigrierten Prinzen zu zeichnen. Da sie daran dachte, Paris zu verlassen, schien ihr die Landschaft Berry, wo sie mit ihrem Mann glücklich gewesen war, eine ziemlich sichere Zufluchtsstätte zu sein; und am 23. August 1793 kaufte sie dem Grafen von Seren-nes, dessen Güter nicht beschlagnahmt worden waren, das Besitz-tum Nohant, zwischen Châteauroux und La Châtre gelegen, zum Preise von zweihundertdreißigtausend Pfund ab. Einstmals hatte es in Nohant ein Feudalschloß gegeben, das im 14. Jahrhundert von dem „Edelmann Charles de Villalumini, Stallmeister" erworben worden war. Von diesem Schloß stand nur noch ein Turm, in dem Tauben gurrten. Das neue Schloß war ein großes Haus im Stile Ludwigs XVI., einfach und bequem; es lag „am Rande des länd-lichen Ortes und zeigte nicht mehr Prunk als eine dörfliche Behau-sung". Der Eingang lag gegenüber dem kleinen, von jahrhunderte-alten Rüstern beschatteten Dorfplatz. Frau Dupin traf alle An-stalten, sich in diese noch friedliche Provinz zurückzuziehen, als ein unvorhergesehenes Ereignis sie in große Gefahr brachte.

In Paris hatte sie ihr Appartement verlassen und ihre Wohnung in der Rue de Bondy aufgeschlagen, „in der Hoffnung, so in der sturmbewegten Zeit in Vergessenheit zu geraten[9]". Dort hatte sie als Hausbesitzer den alten Ammonin, einen ehemaligen Kammer-diener des Grafen von Artois. Mit Hilfe dieses Mannes verbarg sie „im Ankleidekabinett, in der Mauer hinter einer Voliere" ihr silbernes Tafelgeschirr und ihren Schmuck. Am 5. Frimaire (25. No-vember 1793) meldete ein gewisser Villard dieses durchs Gesetz verbotene Versteck dem Revolutionskomitee (Sektion Bonconseil)[10]. Nach einer Haussuchung wurde die Bürgerin Dupin verhaftet und im Kloster der Englischen Augustinerinnen eingekerkert, das in ein Gefängnis umgewandelt worden war. Es war ein fürchterlicher Schlag für ihren Sohn und für Deschartres, nicht nur, weil sie von ihr getrennt wurden, sondern vor allem, weil sie für sie das Schlimmste befürchten mußten. Man war mitten in der Schreckensherrschaft, und Deschartres wußte, daß in dem Versteck, das vom allgemeinen Sicherheitskomitee versiegelt worden war, sich äußerst kompromittierende Schriftstücke befanden, unter ihnen die Quittung über das dem Grafen von Artois gegebene Darlehen. Er hatte den Mut, sich mit Maurice nachts in die Wohnung einzuschleichen, die Siegel zu erbrechen und die gefährlichen Dokumente zu verbrennen. Züge dieser Art lassen alle Lächerlichkeiten vergessen. Maurice reifte schnell inmitten solcher Ereignisse. Diese harte Jugend brachte einen Mann „von unvergleichlicher Aufrichtigkeit, Tapferkeit und Güte" hervor.

Der Bürger Deschartres und vor allem der junge Bürger Dupin bemühten sich nicht ohne Erfolg, die Mitglieder der Sektion Bonconseil für die Sache der Gefangenen zu gewinnen. Sie selbst, erfahren in Eingaben, sandte äußerst geschickt angefertigte an das Allgemeine Sicherheitskomitee:

Republikanische Bürger, seid nicht unempfindlich für den Schmerz einer Mutter, die von ihrem Sohne weggerissen worden ist, von einem Kinde, das sie genährt, das sie bis zu diesem Tage niemals verlassen hat und das sie selber für das Vaterland erzieht... Zur Zeit der schändlichen Flucht des Tyrannen fragte mich ein Bürger, der in dem Hause wohnt, worin ich lebe, ob ich denn wegen meines beweglichen Vermögens keine Sorge habe, und er schlug mir vor, mein silbernes Tafelgeschirr, falls ich es ihm anvertrauen wolle, an einen sicheren und vor jedweden Ereignissen geschützten Ort zu bringen. Ich vertraute es ihm an. Seitdem versagte ich mir seinen Gebrauch, um in einer unglücklichen Zeit nur ja keinen verdammenswerten Luxus zur Schau zu tragen... Das Verhalten, dessen ich mich seit dem ersten Tage der Revolution bei allen Gelegenheiten befleißigt habe, und meine Aufgeschlossenheit für das allgemeine Wohl schützen mich vor jedem Verdacht. Ich habe im übrigen keinen Verwandten, gleich welchen Grades, der emigriert wäre. Vor drei Jahren hätte ich mit all meinem Vermögen, das damals zur Gänze verfügbar war, ins Ausland gehen können; aber meinem unabhängigen Herzen widerstrebte es allzusehr, eine durch Knechtschaft verpestete Luft zu atmen[11]...

Endlich kam Thermidor. Die Bürgerin Dupin wurde aus dem Gefängnis entlassen und erhielt sogar einen Zivismusschein, auf die Empfehlung von Antoine, ihrem ehemaligen Lakaien, der zu den Erstürmern der Bastille gehört hatte. Im Oktober 1794 konnte sie sich mit ihrem Sohn in Nohant niederlassen. Von ihrem großen, durch die Entwertung der Assignaten und die erzwungenen Darlehen zusammengeschmolzenen Vermögen verblieben ihr fünfzehntausend Pfund Renten. Sie verbrachte vier Jahre damit, um mit

Hilfe von Deschartres die Erziehung von Maurice zu vervollständigen. Welche Laufbahn sollte sie für ihn erwählen? Er ersehnte das Waffenhandwerk; sie redete ihm diesen Gedanken aus. Seit der Schreckensherrschaft zeigte Frau Dupin Feindschaft gegen die Auswüchse der Revolution, wenn nicht sogar gegen ihre Prinzipien. Sie verleugnete weder Voltaire noch Rousseau, aber sie hätte Maurice lieber im Dienste einer gemäßigten Monarchie gesehen, die die erworbenen Vermögen und Standesprivilegien respektierte. In Paris war Barras König; wie ehedem ging dort der ehrbare Mann zu Fuß und ließ der Halunke sich in der Sänfte einhertragen. „Nur waren an die Stelle der früheren Halunken andere getreten."

Diese letztere Überlegung stammte von Maurice, der mit dem Skeptizismus, welcher Zeiten nach einer Krise so natürlich ist, vergnügt zuschaute, wie die Revolutionäre, die ihre Taschen gefüllt hatten, sich mit den Stutzern verständigten, um sich in den Stellungen zu halten. Er selbst tröstete sich mit seiner Geige darüber hinweg, daß er nicht zu den Profitmachern des Regimes gehörte, und tat sich in La Châtre in einem Liebhaberorchester hervor. Mit etwa dreißig jungen Menschen beiderlei Geschlechts, den Duvernet, den Latouche, den Papet und den Fleury, aufs engste verbunden, trat er 1798 auf einer Liebhaberbühne auf und spielte mit „urwüchsigem und unwiderstehlichem Talent". Aber die Untätigkeit lastete auf ihm. Vergebens hielt seine Mutter ihm vor, daß er einer schlechten Sache dienen würde, wenn er als Soldat in das Heer der Republik einträte; er war der Meinung, jede Sache sei gut, falls man sein Land verteidige, und wußte, daß seine Mutter selbst, die eine größere Patriotin war, als sie eingestand, die Schlachten von Jemappes und Valmy ebenso wie die von Fontenoy, Raucoux und Lawfeld an den Fingern herzählen konnte. „Wie? Als einfacher Soldat ins Feld gehen!" sagte sie. La Tour d'Auvergne, der tapfere französische Soldat, sagte, als Maurice ihm vorgestellt wurde: „Sollte der Enkel des Marschalls von Sachsen etwa Furcht haben, einen Feldzug mitzumachen? – Doch sicherlich nicht." Maurice meldete sich also als Freiwilliger.

Es war die Zeit, da die Franzosen Europa zu befreien und deswegen geliebt zu werden glaubten. Maurice Dupin machte in Köln Eroberungen und berichtete seiner Mutter von seinen Liebschaften. Obwohl sie tugendhaft war, eher mangels Temperament denn aus Grundsätzen, war sie doch eine Frau des 18. Jahrhunderts und verzieh leicht jede Ausschweifung von Geschmack. Den Sitten seiner Vorfahren getreu, hatte Maurice, bevor er Nohant verließ, einer jungen Frau, die im Dienste des Hauses stand, ein Kind gezeugt. Frau Dupin sorgte für diesen illegitimen Enkel Hippolyte, der, da er nicht anerkannt war, den Familiennamen seiner Mutter trug: Châtiron. Er wurde einer in der Nähe von Nohant wohnenden Bäuerin zum Stillen übergeben. Frau Dupin gab Maurice Nachrichten über sein Befinden: „Nohant, 6. Brumaire im Jahre VIII . . . Dem *Häuschen* geht es gut. Er ist ein Ungetüm. Er hat ein reizendes Lachen. Ich befasse mich jeden Tag mit ihm, und er kennt mich schon sehr gut . . .“

Maurices Briefe waren munter und schwärmerisch. Wenn er ins Theater ging und dort eine Weise hörte, die seine Mutter gesungen hatte, schrieb er: „Ich war in Gedanken bei dir, in der Rue du Roi-de-Sicile, in deinem perlgrauen Boudoir! Es ist erstaunlich, wie einen die Musik in Erinnerungen versenkt! Es ist wie bei den Düften. Wenn ich den Duft deiner Briefe einatme, glaube ich in Nohant in deinem Zimmer zu sein, und das Herz hüpft mir bei der Vorstellung, daß ich dich hernach dieses mit Mosaik eingelegte Möbelstück werde öffnen sehen, das so gut duftet[7] . . .“ Frau Dupin ersehnte den Frieden; ihr Sohn den Krieg, um Offizier zu werden: „Wenn man sich in irgendeinem Unternehmen gebührend verhält, kann man auf dem Schlachtfeld befördert werden. Welch ein Glück! Welch ein Ruhm!“

Im Jahre 1800 traf der Adjutant Maurice Dupin – gelber Federbusch, rote Schärpe mit goldenen Fransen – im Zimmer seines Generals ein äußerst hübsches, lachendes und liebenswürdiges Mädchen, das den Lebensherbst dieses Kriegers verschönte. Es hieß Antoinette-Sophie-Victoire Delaborde:

> Ich nenne sie mit ihren drei Taufnamen, weil sie in dem bewegten Verlauf ihres Lebens sie nacheinander trug . . . In ihrer Kindheit bevorzugte man bei ihr den Namen Antoinette, den der französischen Königin. Während der siegreichen Feldzüge des Kaiserreichs behielt natürlich der Name Victoire die Oberhand. Seit seiner Verheiratung mit ihr nannte mein Vater sie stets Sophie[7] . . .

Sophie-Victoire Delaborde war die Tochter eines Vogelhändlers, der auf den Uferstraßen von Paris, nachdem er eine Kneipe mit Billards gehabt, Kanarienvögel und Stieglitze verkauft hatte. Sie hatte die stürmische Jugend eines in unruhigen Zeiten armen Mädchens durchlebt.

> Meine Mutter – so schreibt später einmal George Sand – gehörte zu der erniedrigten und vagabundierenden Rasse der Zigeuner dieser Welt. Sie war Tänzerin, ja, noch weniger als eine

Tänzerin: Statistin in dem gewöhnlichsten der Pariser Boulevard-
theater, als das Liebesbegehren des reichen Mannes sie aus dieser
tiefsten Erniedrigung herauszog, um ihr noch schlimmere zuzufügen. Mein Vater lernte sie kennen, als sie schon dreißig war,
und inmitten welcher Verirrungen! Er aber besaß ein edles Herz.
Er begriff, daß dieses schöne Geschöpf noch der Liebe fähig
war[12]. . .

Aus einer früheren Liebesverbindung hatte Sophie-Victoire eine
Tochter, Caroline, die sie zur Italien-Armee begleitete. Aller Hierarchie zum Trotz gab sie dem General den Laufpaß um des Leut-
nants willen, den sie durch ihre leidenschaftliche Hingabe bezauberte. Bei den Damen von La Châtre und den deutschen Stiftsdamen hatte er die Liebeständelei kennengelernt; dieses schöne und
entzückende Mädchen nun offenbarte ihm die romantische Liebe.
Seine Mutter setzte er von seinem Glück in Kenntnis: „Wie süß ist
es doch, geliebt zu werden, eine gute Mutter, treue Freunde, eine
schöne Geliebte, ein wenig Ruhm, schöne Pferde und auch Feinde
zu haben, gegen die man kämpfen kann!" Man meint, Stendhals
Fabricius zu vernehmen.
   Diese Liebe erwies sich auf beiden Seiten als beständig, und das
flößte Frau Dupin die lebhafteste Unruhe ein. Obwohl sie Anhängerin Rousseaus war, ließ sie den Zynismus der *Gefährlichen Liebschaften* eher gelten als die Leidenschaft der *Neuen Heloise*. Sich infolge ihrer Tugendhaftigkeit jeder Sinnenlust verschließend, brachte
sie ihrem Sohne eine eifersüchtige und leidenschaftliche Zuneigung
entgegen. Als Maurice im Jahre 1801 nach Nohant kam, quartierte
er seine Geliebte in La Châtre ein, in der Herberge zum Mohren-
kopf. Deschartres, der die Liebe niemals kennengelernt hatte und
deren Glut nicht verstand, versuchte aus Ergebenheit für die Mutter, die Geliebte vom Sohne wegzutreiben. In der Herberge kam
es zu heftigen Auftritten. Es fehlte Sophie-Victoire weder an
Schneid noch an Geist; sie wies den Zudringlichen zurecht, den Maurice niedergeschlagen haben würde, wenn er sich nicht der mutvollen
Aufopferung von Deschartres während der Schreckensherrschaft
erinnert hätte. Aber dieses Vorgehen hatte gezeigt, daß Frau Dupin
eine Heirat befürchtete, an die die beiden Liebenden bis zu diesem
Augenblick nicht zu denken gewagt hatten; und „wie es stets geschieht, daß man die Gefahren dann heraufbeschwört, wenn man
sich mit ihnen übermäßig beschäftigt, wurde die Drohung zu einer
Prophezeiung[7]".
   Maurice Dupin an seine Mutter, Mai 1802: „Sage Deschartres,
wegen seines hölzernen Stils, seines spießerischen Urteils und seiner

Eunuchenmoral sei er würdig, sich Herrn von Schweinichen moralisch wie körperlich zum Vorbild zu nehmen[7]..." Nach dieser berechtigten Explosion sank Maurice in die Arme seiner Mutter und sogar in die seines Erziehers; diese drei Menschen liebten einander zu sehr, als daß sie lange hätten schmollen können; aber er blieb seiner Geliebten treu. Obwohl Frau Dupin de Francueil behauptete, über aristokratische Vorurteile erhaben zu sein, vertrat sie dennoch weiter die Ansicht, eine unebenbürtige Ehe gebäre nur Unfrieden. Ihr Sohn mit seinem schlichten Soldatenverstand wollte nicht einsehen, worin das Unebenbürtige der Verbindung lag.

Maurice Dupin an seine Mutter, Prairial im Jahre IX (Mai bis Juni 1801): Überlegen wir doch ein wenig, Mama. Woher denn nur soll meine Neigung zu dieser oder jener Frau für dich eine Beleidigung und für mich eine Gefahr sein, geeignet, dich zu beunruhigen und Tränen vergießen zu lassen? . . . Ich bin kein Kind mehr und vermag sehr gut die Menschen zu beurteilen, die mir Zuneigung einflößen. Gern gebe ich zu, daß gewisse Frauen, um mich des Vokabulars von Deschartres zu bedienen, *Dirnen* und *Kreaturen* sind. Weder liebe noch suche ich sie ... Niemals aber können solche gemeinen Wörter auf eine Frau angewandt werden, die Herz besitzt. Liebe läutert alles. Liebe veredelt die verworfensten Wesen, um so mehr aber solche, die keine andre Schuld als das Unglück trifft, daß sie ohne Hilfe, ohne Mittel und ohne Beistand in die Welt hineingestoßen wurden. Warum also sollte eine auf solche Weise verlassene Frau schuldig sein[7]? ...

Währenddessen veränderte sich Frankreich. „Unter Bonaparte sproß Napoleon hervor." Maurice war mit dem General Dupont in Charleville, und diese beiden Republikaner liebten „den Herrn" nicht sehr. Dupont sagte, man wisse nicht, wie man ihn anpacken solle; er habe Augenblicke schlechter Laune, in denen er unzugänglich sei. Die Karrieren würden in den Vorzimmern gemacht. Noch war man weit von Marengo entfernt. „So etwas geschieht, wenn ein einziger regiert ... Du hast mich nicht zu einem Höfling erzogen, liebes Mütterlein, und ich verstehe mich nicht darauf, die Türen der Protektoren zu belagern ..." Sie hatte ihn weder zu einem Höfling noch zu einem Aufwiegler erzogen, aber ihr wäre es lieber gewesen, wenn er Karriere gemacht hätte und in der Liebe nicht allzu beständig gewesen wäre. Logisches Denken war nicht die starke Seite dieser so liebenswürdigen Frau.

Im Lager von Boulogne, im Jahre 1804, traf Sophie-Victoire

wieder mit Capitaine Dupin zusammen. Sie war schwanger und wollte, als die Niederkunft nahe bevorstand, nach Paris zurückkehren. Maurice folgte ihr dorthin, und am 5. Juni 1804 heirateten sie insgeheim in der Mairie des 2. Bezirks, um die eheliche Geburt des Kindes zu sichern. Die Jungvermählte zitterte vor Glück; schon so lange hatte sie diese Verbindung ersehnt, ohne daran glauben zu können. Bis zum letzten Augenblick hatte sie den Verzicht angeboten, denn sie sah, daß ihr Geliebter, niedergedrückt von Furcht und Gewissensbissen, es nicht wagte, diese Heirat seiner Mutter mitzuteilen. Gleich nach der Trauung reiste Maurice nach Nohant ab, „mit dem Vorsatz, alles zu gestehen". Er brachte es nicht fertig; schon bei den ersten Worten brach Frau Dupin in Tränen aus und sagte ihm „mit zärtlicher Hinterhältigkeit": „Du liebst eine Frau mehr als mich; also liebst du mich nicht mehr!... Ach, wäre ich doch, wie so viele andere, im Jahre 93 gestorben! Dann hätte ich in deinem Herzen niemals eine Rivalin bekommen[13]!" Maurice behielt sein Geheimnis für sich.

Am 1. Juli 1804, im ersten Jahre des Kaiserreichs, in Paris an einem Abend, da Sophie-Victoire, bekleidet mit einem hübschen rosafarbenen Gewand, nach den Klängen einer Cremoneser Geige, auf der Maurice nach seiner Art improvisierte, einen Kontertanz getanzt hatte, fühlte sie sich auf einmal nicht recht wohl und ging ins Nebenzimmer. Kurz darauf rief ihre Schwester Lucie: „Kommen Sie, kommen Sie, Maurice! Sie haben eine Tochter." – „Sie soll Aurora heißen", sagte er, „wie meine arme Mutter, die nicht zugegen ist, um sie zu segnen, die sie aber eines Tages segnen wird." Tante Lucie, eine erfahrene Frau, verkündete: „Sie ist bei Klängen der Musik und in Rosa geboren; so wird ihr Glück beschieden sein."

Alles kommt einmal heraus. Frau Dupin de Francueil erfuhr von der Heirat, versuchte, sie für ungültig erklären zu lassen, stieß diesmal aber gegen den festen Entschluß ihres Sohnes, der ihr in bestem Rousseauschen Stil sagte: „Wirf mir nicht vor, der Mensch zu sein, den du aus mir gemacht hast." Sophie-Victoire betrachtete sich keineswegs als verheiratet, da sie ja nicht kirchlich getraut war. Sie hielt sich daher nicht für mitschuldig an der Auflehnung gegen die Mutter ihres Mannes und begriff nicht, warum „diese stolze vornehme Dame" gegen sie aufgebracht war. Man muß zugeben, daß die Halsstarrigkeit von Frau Dupin de Francueil nun, da die Ehe einmal vollzogen war, nutzlos und grausam erscheint; aber sie hing leidenschaftlich an diesem einzigen Sohne, für den sie ein so glänzendes Leben erhofft hatte, und sie konnte sich nicht mit dem Gedanken abfinden, daß er sich mit einer „feilen Dirne" verbunden hatte und in einer Speicherwohnung hauste. Sie duldete nicht, daß er mit ihr von seiner Frau sprach, und lehnte es ab, diese bei sich zu empfangen. Man mußte schon zu einer eines Greuze würdigen Szene seine Zuflucht nehmen, um ihr mit List ihre Enkelin auf die Knie zu setzen. Da erkannte sie die dunkeln und sanften Augen der Königsmarck. Sie war sogleich besiegt: „Armes Kind, all dies ist nicht seine Schuld! Und wer hat es hergebracht?" – „Ihr Herr Sohn selbst, Madame; er ist unten." Maurice eilte hinauf, vier Stufen auf einmal nehmend, und umarmte weinend seine Mutter. Rührung ist eine Politik; sie erlaubt es, einen Irrtum einzugestehen, ohne sich lächerlich zu machen.

Einige Zeit darauf wurde die kirchliche Trauung gefeiert, und Frau Dupin nahm daran teil. Aber die Beziehungen zwischen ihr und der Schwiegertochter blieben weiter gespannt. Das Beste an Sophie-Victoire war ihr Stolz. „Sie fühlte sich bis zu den Fingernägeln als Kind des Volkes und hielt sich für edler als alle Patrizier und Aristokraten auf der ganzen Welt[13]." In keiner Weise intrigant, legte sie sich lieber größte Zurückhaltung auf, als daß sie sich selbst einer eisigen Ablehnung ausgesetzt hätte. Glücklich war sie nur in ihrem Heim, und in diesem Punkte empfand ihr Mann wie sie. „Sie haben mir", sagte George Sand, „jene geheime Menschenscheu vererbt, die mir stets die Welt unerträglich und das *Home* notwendig gemacht hat[13]..." Sie vererbten ihr auch den Abscheu vor einer Gesellschaft, deren Vorurteile zu ihrem Unglück beigetragen hatten.

III

AURORAS KINDHEIT

Ich wurde nach Chaillot zur Entwöhnung gegeben, während meine Mutter nach Italien aufbrach. Clotilde und ich blieben dort zwei oder drei Jahre bei einer guten Frau. Sonntags nahm man uns auf einem Esel mit nach Paris, jedes in einem Weidenkorb, zusammen mit dem Kohl und den Mohrrüben, die man in der Markthalle verkaufte[14]...

Clotilde Maréchal war die leibliche Cousine der kleinen Aurora Dupin und die Tochter von deren Tante Lucie. Da die Familie väterlicherseits sich weigerte, Aurora bei sich aufzunehmen, lernte diese bis zum Alter von vier Jahren nur die Familie der Mutter kennen und schloß sich ihr von ganzem Herzen an. Ihr Vater, Soldat des Kaiserreiches, war für sie eine glänzende, goldverbrämte Erscheinung, die zwischen zwei Feldzügen auftauchte, um sie zu umarmen. Erst viel später, als sie die Briefe Maurice Dupins lesen konnte, kam ihr zum Bewußtsein, wie sehr sie nach ihm geartet war. Da empfand sie Freude, als sie in diesem nicht mehr unter den Lebenden weilenden Vater einen Künstler, einen Krieger und einen Rebellen entdeckte, der den Chimären nachhing und nützliche Lehren verachtete; und da wurde sie stolz darauf, ihm zu ähneln: „Mein Wesen ist ein zweifellos schwacher, dennoch ziemlich vollständiger Abglanz des seinigen... Wäre ich ein Junge gewesen und hätte ich zwanzig Jahre früher gelebt, ich hätte, dies weiß und fühle ich, in allen Dingen wie mein Vater gehandelt."

Was ihre Mutter betrifft, so hatte sich Aurora schon seit ihrer frühesten Kindheit buchstäblich in sie verliebt. Sophie-Victoire hatte ein gutes Mundwerk und eine flinke Hand, aber ihr Charme, ihre Fröhlichkeit und eine gewisse natürliche Aufgeschlossenheit überwogen alles. Obwohl sie ungebildet war, besaß sie einen „Zauberschlüssel", um den Geist ihres Töchterchens dem ungepflegten und tiefen Gefühl zu öffnen, das sie von der Schönheit hegte. „Das da ist hübsch, schau es dir an", sagte sie, und mit ihrem Geschmack, dem einer Pariser Grisette, täuschte sie sich kaum. Den ganzen Tag über war sie in der Küche beschäftigt, strickte und nähte sie in ihrer Speicherwohnung der Grange Batelière. Sie setzte Aurora zwischen vier Stühle auf einen Fußwärmer ohne Glut und gab ihr Bilderbücher, damit sie in ihnen die Gestalten der Mythologie und die Szenen des Evangeliums betrachte. Sie erklärte sie ihr auf naive und einfallsreiche Art, erzählte ihr Märchen, ließ sie Fabeln und vor dem Zubettgehen ihre Gebete aufsagen. Es war nicht schwer, die Kleine zu beschäftigen. Auf dem Fußwärmer wie auf einem Schemel sitzend, konnte sie ganze Stunden damit verbringen, vor sich hinzustarren und sich mit geschlossenem Munde selber Geschichten zu erzählen oder aber einem Nachbarn zu lauschen, der nebenan in einer Mansarde Flöte spielte. Stets sollte sie sich voller Heimweh dieses von Zärtlichkeit, Zauber und Armut erfüllten Lebens erinnern.

Im Jahre 1808 war Oberst Dupin in Madrid der Adjutant Murats. Er hatte seinen Frieden mit Napoleon gemacht; zwar warf er dem Kaiser noch immer vor, er habe für die Schmeichler eine Vorliebe, die eines Mannes seiner Größe unwürdig sei; aber trotz allem liebte er ihn. „Er schüchtert mich keineswegs ein", sagte Oberst Dupin, „und daran fühle ich, daß er mehr wert ist als die Haltung, in der er sich gebärdet." Sophie-Victoire, wahnsinnig eifersüchtig, fürchtete für ihren Gatten die Koketterie der schönen Spanierinnen und unternahm es, obwohl sie im achten Monat schwanger war, mit ihrer Tochter zu ihm zu reisen. Es war eine beschwerliche Fahrt quer durch ein feindliches Land. Von ihr behielt Aurora nur die Erinnerung ans Palais Godoy in Madrid und an eine kleine Adjutantenuniform, die sie zum Vergnügen Murats getragen hatte.

Maurice Dupin an seine Mutter, Madrid, 12. Juni 1808: Sophie ist heute morgen mit einem kräftigen Jungen niedergekommen... Aurora geht es sehr gut. Ich werde das Ganze in eine Kalesche packen, die ich angeschafft habe, und wir werden uns auf den Weg nach Nohant machen... Der Gedanke hieran, liebe Mutter, macht mich überglücklich[13]...

Inbrünstig erhoffte er ein unendliches Glück von dem ersten Beieinandersein im Hause seiner Familie. Aber diese Heimkehr war beschwerlich. Die Kalesche überquerte Schlachtfelder, die mit Gefallenen übersät waren; die Kinder litten unter Fieber und Hunger; in den schmutzigen Herbergen fingen sie Läuse und die Krätze. Aurora, eine leblose und fiebernde Masse, fand das Bewußtsein erst wieder, als sie in den Hof von Nohant einfuhren. Hier wurde sie von der Großmutter empfangen, die sie kaum kannte; voller Erstaunen betrachtete sie das rosige Gesicht, die blonde gekräuselte Perücke und das runde Häubchen mit einer Spitzenschleife. Frau Dupin de Francueil nötigte in autoritärem und herzlichem Ton ihre Schwiegertochter, sich auszuruhen, nahm Aurora mit in ihr Zimmer und legte sie auf ihr Bett. Es hatte die Form eines Leichenwagens, Federbüsche an den vier Ecken und spitzenbesetzte Kopfkissen. Die Kleine, die etwas so Schönes noch nie gesehen hatte, glaubte im Paradies zu sein.

Die Großmutter entlauste und säuberte die Kinder; Deschartres, in Kniehose und weißen Strümpfen, untersuchte sie wie ein Doktor. Aurora erholte sich schnell, der Säugling aber starb. Maurice, der aus Spanien ein prächtiges und wildes Pferd, Leopardo, mitgebracht hatte, kam einige Tage später durch einen Sturz auf einen Steinhaufen zu Tode, bei einem nächtlichen Ausritt am Ausgang von La Châtre. Welch ein Schmerz! So hatte der Zufall bewirkt, daß zwei Frauen zusammenleben mußten, die durch ihre Naturen ebenso verschiedenartig waren wie durch ihre Gewohnheiten; „die eine (die Großmutter) blond, ernst, ruhig und würdig, von ungezwungenem, hoheitsvollem Auftreten und fürsorglicher Güte; die andre (die Mutter) brünett, blaß, lebhaft, linkisch und schüchtern in Gegenwart von Menschen der vornehmen Gesellschaft, aber stets zu einem Ausbruch bereit, eifersüchtig, leidenschaftlich, jähzornig und schwach, bösartig und herzensgut zu gleicher Zeit[13] ..."

Die Großmutter beobachtete die Mutter voller Neugier und fragte sich, warum ihr Sohn sie so sehr geliebt hatte. Sie begriff es bald. Sophie-Victoire war eine Künstlerin von Geblüt, fähig, einen reizenden Brief zu schreiben, ohne die Orthographie im mindesten zu berücksichtigen, richtig zu singen, ohne die Noten zu kennen, ohne jegliche Ausbildung zu zeichnen; und dazu eine Zauberin, die mit geschickten Händen ausgesucht schöne Kleider zurechtschnitt, Hüte aufputzte und das in Unordnung geratene Klavier selbst reparierte. „Sie ging an alles heran und hatte in allem Erfolg ... Nur graute ihr vor Dingen, die zu nichts nütze sind, und sie sagte ganz leise, das wären bloß Vergnügungen einer alten Komtesse[13] ..." In der Kritik war sie sprühend, und sie besaß ein loses Mundwerk wie ein Pariser Gassenjunge; man kann sich daher leicht das Vergnügen vorstellen, das ihre Tochter Aurora an dieser „scharfen und pittoresken" Sprache fand.

Aus der Ferne liebten sich Mutter und Großmutter nicht; in der Nähe konnten sie nicht umhin, einander zu gefallen, denn jede von ihnen besaß ganz eigenen Charme. Im Falle eines Konflikts ergriff Aurora die Partei ihrer Mutter, obwohl diese sie oft tadelte und schlug. Bei ihrer Großmutter hätte sie nicht den hundertsten Teil dieser Rauheit geduldet. Sie fühlte, daß die „alten Komtessen" der Umgegend ihrer Mutter mit Geringschätzung begegneten, und empfand ein starkes Verlangen, diese in Schutz zu nehmen. Als das Kind die Verzweiflung gewahrte, in die der Tod ihres Mannes die junge Witwe gestürzt hatte, bemühte es sich, sie zu trösten, indem es sie wahnsinnig liebte. Bald schon hatte Aurora lesen gelernt und lebte in der Märchenwelt von Perrault und Madame d'Aulnoy. Als Spielgefährten hatte sie ihren Halbbruder Hippolyte Châtiron, einen dicken, rauhen, aber vergnügten Jungen, der von sich behauptete, in einem früheren Leben ein Hund gewesen zu sein, und dessen Ungestüm bewahrte; ferner die Kinder des Dorfes: Ursula, Pierrot, Rosette, Sylvain. Mit ihnen tollte sie in dem schönen Park umher und wurde so die begeisterte Liebhaberin des Landlebens, die sie ihr Leben lang bleiben sollte.

„Ich schwärmte bereits für die Reize des Landlebens", sagte sie, „und habe stets für sie geschwärmt." Sie liebte die schweren Ochsen, die mit gesenkter Stirn und langsamen Schrittes einhertrotteten, die mit Heu beladenen Karren, die dörflichen Zusammenkünfte, die Bauernhochzeiten, die Abendunterhaltungen bei gemeinsamer Arbeit, bei denen der Hanfzubereiter alte Sagen und Legenden erzählte. Sie nahm an den Arbeiten des Pachthofs teil, sorgte für die

Lämmer und gab den Hühnern Futter. Ihre Mutter munterte sie hierzu auf, spielte mit ihr in ihrem Gärtchen und baute für sie Grotten aus Muschelgehäusen und Wasserfälle. Die Großmutter litt darunter, daß die Enkelin „bäuerische Manieren" annahm. Sie hatte ihr Herz an dieses Kind gehängt, dessen Intelligenz sie erahnte. Unbewußt nannte sie es „Maurice" und sagte „mein Sohn", wenn sie von ihr sprach. So brachten alle beide, Mutter und Großmutter, sie dahin, zu bedauern, nicht ein Junge zu sein: Aurora wünschte sehnlichst, ihre Mutter zu beschützen; Frau Dupin wollte ihren Sohn in ihr wieder zum Leben erwecken.

Um aus ihrer Enkelin die würdige Erbin von Nohant zu machen, wünschte Frau Dupin de Francueil sie der „Vogelhändler-Linie" zu entreißen. Aurora wußte, daß die „alten Komtessen" sie mit kritischen Augen betrachteten. Eine von ihnen, Frau de Pardaillan, nannte sie stets: „Meine arme Kleine" und sagte zu ihr: „Sei gut, denn du wirst vieles zu verzeihen haben." In ihrer Umgebung sprach man von der schweren Zukunft, die die unstandesgemäße Heirat ihres Vaters ihr bereite. Die Großmutter wollte aus ihr eine „graziöse Person" machen, die „Sorgfalt auf ihren Putz verwandte und elegant in ihrem Benehmen" war.

Nach den Ideen meiner Großmutter gab es eine erworbene Anmut, eine bestimmte Art zu gehen, sich zu setzen, zu grüßen, den Handschuh aufzunehmen, die Gabel zu halten, einen Gegenstand hinzureichen, kurzum, ein vollkommenes Gebärdenspiel, das man schon sehr frühzeitig den Kindern beibringen sollte, damit es ihnen durch die Gewöhnung zu einer zweiten Natur würde. Meine Mutter fand dies äußerst lächerlich, und ich glaube, sie hatte recht[13] . . .

Der Widerstreit der beiden Frauen erstreckte sich auch auf die religiösen Ideen. Die Mutter besaß eine einfältige und inbrünstige Gläubigkeit. Als Französin ihrer Zeit verband sie, ohne es zu wissen, eine bereits romantische Poesie mit ihren religiösen Gefühlen. Die Großmutter, eine Frau des vergangenen Jahrhunderts, war von der abstrakten Religion der Philosophen eingenommen. Sie hegte, wie sie sagte, „für Jesus Christus große Hochachtung"; sie ließ ihren Enkel Hippolyte an der ersten Kommunion teilnehmen, jedoch bei dem guten alten Pfarrer von Saint-Chartier, dem Abbé de Montpeyroux, dessen Religion rein formaler Natur war. Aurora, die es nach dem Wunderbaren dürstete, bewunderte den leidenschaftlichen Glauben ihrer Mutter und litt, wenn die Großmutter über die Wunder spottete, die ihrem Herzen teuer waren.

Mit gleichem Vergnügen las ich die Wunder des jüdischen und heidnischen Altertums. Wie gerne hätte ich daran glauben mögen! Da meine Großmutter von Zeit zu Zeit kurz und bündig an meine Vernunft appellierte, konnte ich nicht zum Glauben gelangen; aber ich rächte mich für den kleinen Kummer, den dies mir verursachte, indem ich in meinem Innersten nichts leugnen wollte[13] ...

Eine Trennung der beiden Damen Dupin erwies sich als unvermeidlich. Die Großmutter wollte Caroline Delaborde, Auroras Halbschwester, die vor der Liebesverbindung mit Maurice geboren war, bei sich nicht aufnehmen; die Mutter lehnte es ab, dieses Kind, das nur sie auf der Welt besaß, im Stiche zu lassen. Für Sophie-Victoire bestand das schwierige Problem darin: „Wird Aurora in Nohant glücklicher sein als bei mir?" Trotz der flehentlichen Bitten der Kleinen dachte sie, daß sie nicht das Recht besäße, sie einer glänzenden Erziehung und der fünfzehntausend Pfund Renten zu berauben. Zudem würde man sich jeden Winter in Paris wiedersehen. Aurora empfand einen fürchterlichen Kummer: „Meine Mutter und meine Großmutter rissen sich um die Fetzen meines Herzens." Ihre leidenschaftliche Liebe für ihre Mutter nahm die schmerzhafte Gewalt einer unerwiderten Liebe an. Sie sah sich einer Welt ausgeliefert, die zu verachten Sophie-Victoire sie gelehrt hatte. Ihre Tränen flossen reichlich.

Indessen erfreute sie sich in Nohant, nach der Abreise ihrer Mutter, einer vollkommenen Freiheit. Deschartres unterwies sie in den Naturwissenschaften und in Latein; die Großmutter machte aus ihr eine vollendete Musikerin und übermittelte ihr ihren literarischen Geschmack. Aurora las die *Ilias* und *Das befreite Jerusalem*. Sie schrieb über das Landleben Schilderungen, die die ersten Anzeichen ihrer Begabung waren. Vor allem aber war sie, wie die Menschheit, auf der Suche nach einer Religion, aber man lehrte sie keine. In ihren Büchern fand sie Jupiter und Jehova. Sie ersehnte einen menschlicheren Gott. Obwohl man sie zur ersten Kommunion hatte gehen lassen, sprach man mit ihr niemals von Christus. Und doch hatte sie ein solches Verlangen nach Liebe, nach Verständnis: „Warum bin ich hier? Warum Nohant? Warum diese Welt? Warum die bösen Menschen? Warum die alten Komtessen?" Der Mensch projiziert seine Fragen auf die Leinwand der Welt, und diese wirft sie in der Form von Mythen zurück. Das Kind hat das Bedürfnis, sich von einer zauberhaften Gewalt gestützt zu fühlen. Aurora erschuf sich also einen Familiengott, der von vollkommener Sanftheit und Güte war, und nannte ihn *Corambus*. In der Verschwiegenheit eines Gestrüppes errichtete sie ihm einen Altar aus Moos und Muschelschalen, zu dem sie sich begab, um Vögel und Mistkäfer zwar nicht zu opfern, wohl aber ihnen dort die Freiheit zu geben. Doch um sie zu befreien, mußte man sie zunächst einmal fangen, und dies flößte ihr Kummer ein. Man erkennt daraus, daß der Corambismus, wie alle Religionen, seine Mysterien besaß.

Das Kaiserreich ging seinem Untergang entgegen; Marie-Aurora von Sachsen bedauerte es nicht; aber Sophie-Victoire Delaborde bewahrte für Napoleon den Glauben der alten Haudegen. Neuer Konfliktstoff zwischen den beiden Frauen. Wenn die Großmutter sie nach Paris mitnahm, war Aurora glücklich, in der kleinen Wohnung ihrer Mutter die Umwelt ihrer Kindheit wiederzusehen: die mit Papierblumen gefüllten Vasen, den Fußwärmer, auf dem sie ihre ersten Träume geträumt hatte. Aber man gab ihr nur mit Widerstreben die Erlaubnis zu diesen Besuchen; man untersagte ihr, mit ihrer Halbschwester Caroline zu spielen. Daraus ergaben sich jedesmal Szenen und Tränenergüsse. „Gedulde dich", sagte die Mutter zu ihr, „ich werde ein Modewarengeschäft aufmachen; dann nehme ich dich wieder zu mir, und du kannst mir helfen." Von diesem Hirngespinst, an das Sophie-Victoire selber kaum glaubte, war Aurora derart begeistert, daß sie begann, ihre geringen Schmuckstücke zu verbergen, um sie eines Tages verkaufen und dann fliehen zu können. Die Kammerfrau der Großmutter, Fräulein Julia, eine hagere Jungfer, die dieses Kind nicht liebte, entdeckte den naiven Plan. „Sie wollen also auf Ihren kleinen Speicher zurückkehren?" sagte sie voller Verachtung und benachrichtigte Frau Dupin de Francueil, die soeben einen leichten Schlaganfall gehabt hatte.

Es folgte eine beklagenswerte Szene. Nachdem sie die Enkelin an ihrem Bett hatte niederknien lassen, erzählte die alte Dame ihr eigenes Leben, das ihres Sohnes, dann das ihrer Schwiegertochter, deren gegenwärtige und vergangene Sittenlosigkeit sie enthüllte. Es geschah mitleidslos und ohne Nachsicht. Um sich gegenüber Auroras Mutter gerecht zu verhalten, hätte man von „den Ursachen ihrer Widerwärtigkeiten sprechen müssen: von dem Alleinsein und der Not seit ihrem vierzehnten Lebensjahre; von der Verderbtheit der reichen Libertins, die stets auf der Lauer sind, um nach Hungrigen zu spähen und die Unschuld zu schänden; von der unerbittlichen Sittenstrenge der öffentlichen Meinung". Man hätte auch sagen müssen, daß Maurice Dupin acht Jahre lang in Treue geliebt worden war. Aber die bedauernswerte Großmutter, zugleich getrieben vom Haß und von dem, was sie für ihre Pflicht hielt, verstieg sich zu hochtrabenden Worten: Sophie-Victoire sei „eine gefallene Frau" und Aurora ein „verblendetes Kind, das sich in einen Abgrund stürzen wolle".

Die Enthüllung rief eine heftige Krise hervor. Aurora vernachlässigte ihre Studien und wurde eine Rebellin. „Mein Kind", sagte die Großmutter zu ihr, „Sie haben keinen gesunden Menschenverstand mehr . . . Ich habe also beschlossen, Sie ins Kloster zu stecken, und zu diesem Zweck fahren wir nach Paris." Aurora war damit einverstanden; denn sie hoffte, in Paris ihre Mutter wiederzusehen und hinter den Klostermauern ein andres Leben führen zu können.

Ohne Bedauern und ohne Abscheu trat sie ins Kloster ein.

IV

DER TEUFEL IM WEIHWASSERKESSEL

> *Es ist beim Glauben wie bei der Liebe. Man findet ihn, wenn man am wenigsten darauf gefaßt ist.*
>
> George Sand

Das Kloster der Englischen Augustinerinnen, eine britische Ordensgemeinschaft, die in Paris zu der Zeit errichtet worden war, da Cromwell die Katholiken verfolgte, läuterte langsam das feurige und gewitzigte wilde Mädchen, das in Nohant durch das Landleben und die Familienstreitigkeiten so geformt worden war. Auf der Durchreise hatte sie in Paris ihre Mutter wiedergesehen. Sie war zu ihrem „Mütterlein" mit dem an ihr gewohnten Überschwang gekommen, und auch mit dem leidenschaftlichen Wunsch, an ihr alle die Tugenden zu finden, die eine ungerechte Welt ihr absprach. Sie fand eine gleichgültige Frau vor, die mit ihren Gedanken bei einem neuen und ungebundenen Leben weilte und Auroras Eintritt ins Kloster in Ausdrücken guthieß, die das heranwachsende Mädchen aufs tiefste verletzten.

Ein bedeutsamer Umstand. In den entscheidenden Jahren ihrer Kindheit war Aurora mit ihrer tollen und verführerischen Mutter durch eine Zuneigung verknüpft gewesen, die durch nichts mehr zu ersetzen war. Später wird sie einmal schreiben: „O Mutter! Warum lieben Sie mich nicht, mich, die ich Sie so sehr liebe?" Sie wird lernen, weil es nicht mehr anders geht, ohne diese gleichgültige

Mutter auszukommen und sie nicht mehr zu Rate zu ziehen; niemals aber wird sie sie verleugnen. Stets wird sie die Vorliebe für dieses etwas vulgäre Ungestüm bewahren. Wenn George Sand zeitlebens Gefallen daran fand, die „Gesellschaft" zu schokieren, wenn sie bei jeder Revolution anfänglich immer dem Volke recht gab, so geschah es, weil sie sich in zärtlichem Gefühl der Speicherwohnung Sophie-Victoires erinnerte. Natürlich wird sie für ihr Verhalten vernunftgemäße Erklärungen finden; aber das Leid darüber, von der größten Liebe ihres Lebens getrennt worden zu sein, wird in ihrem Herzen den ersten Platz einnehmen und für lange Zeit ihr Verhalten bestimmen.

Mit vierzehn Jahren war sie es überdrüssig, ein „Zankapfel" zwischen zwei Menschen zu sein, die sie in gleicher Weise hätte lieben mögen. Das Kloster erschien ihr in einer grausamen Welt als eine wunderbare Oase. Es war sehr englisch geblieben; die Nonnen gehörten alle dieser Nation an, und bei ihnen nahm Aurora die Gewohnheit an — die sie beibehielt —, englisch zu sprechen, Tee zu trinken und manchmal sogar auf englisch zu denken. Die Klosterschwestern hatten schöne, etwas kalte Manieren. Ihre Anstalt wurde von der Aristokratie des Faubourg Saint-Germain ebenso geschätzt wie das Kloster Sacré-Cœur oder die Abbaye, und Aurora hatte hier als Gefährtinnen die Töchter der edelsten französischen Familien. Große und Kleine trugen Kleider aus amarantfarbenem Serchette. Das Kloster, das einem großen Dorfe glich, war berankt von Weinlaub und Jasmin. Außer den beiden Anstaltsgeistlichen, dem Abbé de Villèle und dem Abbé de Prémord, sahen sie niemals einen Mann. Es seien hier die „Entschlüsse" wiedergegeben, die Abbé de Prémord für die Zöglinge zusammengestellt hatte und die von Aurora Dupin dann abgeschrieben wurden:

Jeden Tag werde ich zu einer bestimmten Stunde aufstehen ... dem Schlafe nur die Zeit gewähren, die zur Aufrechterhaltung meiner Gesundheit notwendig ist, und niemals aus Trägheit im Bett bleiben ... Ich werde sorgfältig vermeiden, mich nutzlosen Träumereien und fruchtlosen Gedanken zu überlassen, und mich niemals an Phantasiebildern ergötzen, über die ich erröten müßte, wenn man sähe, was in meinem Herzen vor sich geht ... Ich werde stets vermeiden, mit Personen des andern Geschlechts allein zu sein; ich werde ihnen, von welchem Alter und Stand sie auch sein mögen, niemals die geringste Vertraulichkeit gestatten. Sollte man mir irgendeinen Antrag machen, geschehe es auch in der ehrenwertesten Absicht, so werde ich davon alsbald meine

Eltern in Kenntnis setzen. Ich werde mich bemühen, sanft und nachsichtig denen gegenüber zu sein, die mir dienen werden; niemals aber werde ich ihnen erlauben, sich mit mir anzubiedern, und nie werde ich ihnen etwas anvertrauen, weder meinen Kummer noch meine Tröstungen[15]. . .

Die Ermahnungen hinsichtlich der „Personen des andern Geschlechts" waren, soweit Aurora in Frage kam, wirklich unnötig. Sie dachte nicht an Männer. Im Kloster hatte sie drei Gruppen von jungen Mädchen vorgefunden: die Braven, Frommen und Sanften; die Teufel, Rebellen und Amüsanten; und zwischen den beiden die Dummen, eine träge und zähflüssige Masse. Im ersten Jahr war „Dupin" ein Teufel, beteiligt an allen tollen Unternehmungen auf den Dächern und in den Kellern. Ihre Freundinnen tauften sie „Notizbuch", weil sie stets Notizen in ein Merkheft eintrug, oder *Somebread*, die englische Übersetzung von „Brot", und die Nonnen nannten sie *Madcap* oder *Mischievous*, weil sie stets etwas angestellt hatte. Ihre Gefährtinnen liebten sie. Anfangs hatte man sie für apathisch und verschlossen gehalten, für ein „stilles Wasser". Sie verfiel oft in eine düstere Geistesabwesenheit, die in dem Nachsinnen über ihren seltsamen Familienstand ihren Grund hatte. Aber die Erfahrung hatte gezeigt, daß sie sich an der Fröhlichkeit der andern erfreute und bei schwierigen Unternehmungen zuverlässig und sogar heldenhaft war. Mit ihr konnte man hingehen und „das Opfer suchen", das irgendwo im Kellergeschoß eingeschlossen war; es war dies das romantische Lieblingsspiel des Klosters.

Die Teufel bedeckten die Umschläge ihrer Bücher, das *Spelling Book* und *The Garden of the Soul*, mit den Initialen der Lieblingsfreundinnen (ISFA war das Zauberwort von „Dupin" und bedeutete: Isabelle, Sophie, Fanelly, Anna) und mit parodistischen Beichten:

Ach, Väterchen Villèle! Es ist mir so oft passiert, daß ich mich mit Tinte beschmiert, daß ich die Kerze mit den Fingern geputzt und mir *Bohnenindigestionen* zugezogen habe, wie man in der vornehmen Gesellschaft sagt, in der ich erzogen worden bin; ich habe den jungen *Ladies* der Klasse durch meine Unsauberkeit ein Ärgernis gegeben . . . Ich habe in der Katechismusstunde geschlafen und während der Messe geschnarcht; ich habe gesagt, Sie wären nicht schön . . . In dieser Woche habe ich mindestens fünfzehn Bindungsschnitzer im Französischen und dreißig im Englischen gemacht; ich habe mir die Schuhe am Ofen versengt und die Klasse verpestet. Dies ist meine Schuld, dies ist meine Schuld, dies ist meine große Schuld[16]. . .

Auf das Vorsatzblatt eines englischen Buches hatte sie folgenden seltsamen, kindlichen und herausfordernden Text geschrieben:

Dieser achtbare und interessante Schmöker gehört meiner würdigen Person: Dupin, sonst auch der erlauchte Marquis von Sainte-Lucy genannt, Generalissimus der französischen Klosterarmee, berühmter Kriegsheld, erfahrener Feldherr, unerschrokkener Soldat, in den Kämpfen bekränzt mit Eichenlaub und Lorbeer, Verteidiger der Oriflamme.

Anna de Wismes ist ein Miezekätzchen. Isabelle Clifford *is charming*.

Nieder mit den Engländern! Mögen alle Hunde von Engländern sterben! Es lebe Frankreich! Ich mag Wellington nicht.

Interessante Lämmchen, liebe Rotznäslein, ich bedaure euch unendlich, und doch bin ich entzückt, nicht mehr in der untern Klasse zu sein. Gute Nacht.

Bei den Englischen Augustinerinnen, 1818 [17].

Dieses erste Internatsjahr war für Aurora eine Zeit der Sorglosigkeit, der tollen Streiche und der Auflehnung. Sie war ein Ausbund „infolge einer gewissen Verzweiflung in ihren Zuneigungen, die sie antrieb, sich an ihren eigenen Schelmenstreichen zu berauschen[16]". Unglückliche Kinder sind oft, aus Trotz und Erbitterung, schreckliche Kinder. Aurora war damals keine strenggläubige Katholikin und konnte es nicht sein, da sie von einem Hauslehrer, der den geistlichen Stand verlassen hatte, und einer voltairisch gesinnten Großmutter erzogen worden war. Sie beteiligte sich an den religiösen Übungen anstandshalber und aus Pflicht; seit ihrer ersten Kommunion hatte sie nicht mehr das Verlangen gehabt, das Abendmahl zu empfangen. Sie glaubte an Gott und ein ewiges Leben, aber ohne Schrecken, mit der Vorstellung, daß man im letzten Augenblick immer noch die Gnade erlangen und erlöst werden könne. Ihre erhabenen Gefühle bestanden in einer zärtlichen Zuneigung für ihre Freundinnen und in einer wirklichen Liebe zur Kunst: sie spielte Harfe, zeichnete mit Geschmack und schrieb in ihr Notizbuch bald reimlose Verse, bald in Prosa. Als sie zu den Großen versetzt wurde und eine Zelle bekam, beschrieb sie diese talentvoll:

Im ersten Stockwerk, wenn man vom Himmel hinabsteigt, ein Zimmer, das weder rund noch viereckig ist, in dem man aber sechs Schritte machen kann, falls diese sehr klein sind. Die Regentraufe in nächster Nähe und in jeder Nacht Katzenkonzerte.

Mein Bett, ohne Vorhänge, steht an der breitesten Stelle, das heißt an der Außenwand . . . Wenn ich sage: *ohne Vorhänge*, habe ich unrecht, mich zu beklagen, denn ich bedarf ihrer nicht, das Gebälk und das schräge Dach ist gerade über meinem Kopf, so daß ich jeden Morgen beim Aufstehen mit dem Schädel dagegen stoße . . . Mein Fenster, das aus vier kleinen Scheiben besteht, eröffnet den Blick auf eine Reihe von Ziegeldächern . . . Die Tapete meiner Zelle soll, wie man behauptet, einmal gelb gewesen sein. Welches auch ihre Farbe sein mag, so ist sie doch sehr interessant, denn überall ist sie vollgekritzelt mit Namen, Lebensregeln, Versen, Albernheiten, Betrachtungen und Daten, die alle diejenigen, die dieses Zimmer bewohnten, darauf vermerkt haben. Meine Nachfolgerin wird etwas vorfinden, worüber sie sich amüsieren kann, denn ich hinterlasse ihr auf der Wand ganze Romane und Gedichte zum Entziffern, und auch sehr interessante Zeichnungen, die ich mit dem Messer draußen auf die Steine meines Fensters eingeritzt habe[18] . . .

Mehrere der Ordensschwestern hatten unter den Pensionärinnen eine „Tochter", die sie mit mütterlicher Sorge umhegten. Im zweiten Jahre wünschte Aurora, von der besten, liebenswürdigsten und intelligentesten unter den Nonnen, der Mater Mary-Alicia, adoptiert zu werden. Mater Alicia war sehr schön. Der ganze Edelmut ihres Herzens leuchtete aus ihren großen blauen Augen, die „Spiegel der Reinheit" waren. Unter dem Ordenskleid und dem Schleier war ihre Gestalt voller Anmut; ihre Stimme klang lieblich. Aurora faßte für sie eine kindliche Leidenschaft und bat entschlossen, sie möge sie doch adoptieren. „Sie?" antwortete Mater Alicia. „Sie, den schlimmsten Racker des Klosters?" Die Pensionärin bat beharrlich: „Versuchen Sie es doch. Wer weiß? Vielleicht bessere ich mich, Ihnen zuliebe." Mater Alicia ergab sich in ihr Geschick. Aurora, die in diesem wunderbaren Geschöpf die Mutter suchte, welche sie vergebens in ihrer wirklichen Mutter und sogar in ihrer Großmutter ersehnt hatte, klammerte sich mit aller Hingabe und Inbrunst an Mater Alicia. Ihre Freundinnen fanden, daß sie sich völlig verändert habe. *„You are low-spirited to-day, Dupin. What's the matter with you?* Sie sind heute ja ganz niedergeschlagen. Was ist denn mit Ihnen los?[18]" Für sie war es tatsächlich ein Bedürfnis, ein Wesen zu verehren, in ihm die Vollkommenheit zu finden und mit ihm in ihrem Herzen einen eifrigen Kult zu treiben, so wie bei Corambus. Dieses Wesen hatte die ernsten und heiteren Züge von Mutter Mary-Alicia angenommen.

Aurora begann, das *Leben der Heiligen* zu lesen. Der Mut und die Standhaftigkeit der Märtyrer antworteten bei ihr auf irgendeine geheime Gemütsanlage. Im Chor der Klosterkapelle befand sich ein Bild Tizians, das Christus auf dem Ölberg darstellte:

> Wenn ich im *Leben der Heiligen* blätterte, richteten sich meine Augen öfters auf dieses Bild; es war im Sommer, die untergehende Sonne beleuchtete es nicht mehr zur Stunde unseres Gebets, aber der betrachtete Gegenstand war meinen Gedanken viel mehr notwendig als meinen Augen. Wenn ich mechanisch diese großartigen und verworrenen Menschenmassen prüfend anblickte, suchte ich den Sinn dieses Sterbens Christi zu erkennen, das Geheimnis dieses so brennenden, willentlich auf sich genommenen Schmerzes, und ich begann, darin etwas Größeres und Tieferes zu erahnen als das, was mir erklärt worden war; ich wurde tieftraurig, und mein Herz war gleichsam zerrissen von einem unbekannten Gefühl des Mitleids und des Schmerzes[16]. . .

Ein andres, weniger schönes Bild zeigte den heiligen Augustinus unter dem Feigenbaum, mit dem wunderbaren Lichtstrahl, auf dem die berühmten Worte *Tolle, lege* geschrieben waren, die der Sohn Monikas aus dem Laubwerk vernommen hatte.

Dieses *Tolle, lege!* Nimm und lies! bestimmte Aurora Dupin, von neuem das Evangelium zu lesen, aber die Erinnerung an die voltairischen Scherze ließ sie auf der Hut sein: „Ich blieb kalt, als ich das Sterben und den Tod Jesu las." Sollte sie denn ihr Leben lang ein Teufel bleiben? Sie war fünfzehn Jahre alt; die unklare und ernste Erwartung des jungen Mädchens trat in ihr an die Stelle des wilden Überschwangs der Kindheit. Traurig schlenderte sie durch die gepflasterten Klostergänge und sah die Inbrünstigen verstohlen wie Gespenster dahinhuschen und „ihre Herzen voll hingebender Liebe und Zerknirschung zu den Füßen dieses Gottes ergießen". Da kam ihr der Gedanke, sich ihr Gebaren näher zu betrachten. Sie betrat die Kirche, deren Dunkel sie ergriff und bezauberte. Das Kirchenschiff war nur von der kleinen silbernen Lampe des Hochaltars erhellt. Durch ein offenstehendes großes Fenster drangen Geißblatt- und Jasmindüfte herein.

> Ein Stern, verloren in der Unendlichkeit, war durch das Fensterwerk gleichsam eingerahmt und schien mich aufmerksam anzublicken. Die Vögel sangen; es herrschte eine Stille, eine Anmut, eine Andacht und ein Geheimnis, wovon ich niemals eine Ahnung gehabt hatte . . . Ich weiß nicht, welche Erschütterung sich in

meinem ganzen Wesen vollzog; es flimmerte mir vor den Augen . . . Ich glaubte, eine Stimme an meinem Ohr murmeln zu hören: „*Tolle, lege* . . .“ Eine Tränenflut benetzte mein Gesicht. Ich fühlte, daß ich Gott liebte . . . Es war, als ob ein Widerstand zusammengestürzt wäre zwischen dieser Stätte unendlicher Hingabe und dem unterdrückten Feuer in meiner Seele[16] . . .

Mystizismus, unmittelbare Verbindung mit einem göttlichen Willen, den sie in sich selbst findet – dies wird stets ihre Religion sein. Ob es sich um den Glauben oder die Liebe handelt, die Frau liebt es, „als Sklavin in ihrem Herzen die Ströme einer herabflutenden Liebe zu empfangen[19]“. Seit diesem Tage hörte jedes Widerstreben ihres Geistes auf. „Sobald das Herz einmal gepackt war, wurde der Verstand mit Entschlossenheit und einer Art fanatischer Freude vor die Tür gesetzt. Ich nahm alles hin, ich glaubte an alles, ohne innere Kämpfe, ohne Schmerz, ohne Bedauern, ohne falsche Scham. Über etwas erröten, das man verehrt, dies kam gar nicht in Frage[16]!“

Da sie ein zu Extremen neigender Mensch war, hielt sie diese Bekehrung für eine innere Berufung und faßte den Plan, ins Kloster einzutreten. Aber – und das lag so recht in ihrem Charakter – sie träumte davon, als Laienschwester einzutreten, belastet mit den niedrigsten Arbeiten: die Säle auskehren, die Kranken verbinden. Wenn in Aurora Dupin die Anlagen zu einer Heiligen ebenso vorhanden waren wie die zu einer Sünderin, so war es eine häusliche Heilige. „Zwischen den Schmorpfannen wandelt der Herrgott“, hat die heilige Therese gesagt. „Ich werde“, so dachte Aurora, „eine von Müdigkeit überwältigte Dienerin sein, ich werde Grüße auskehren, den Unrat wegschaffen, alles tun, was man von mir verlangt . . . falls ich nur Gott als Zeugen für meine Marter und nur seine Liebe als Belohnung habe[16] . . .“

Ihr Beichtvater, Abbé de Prémord, ein alter, sehr weiser Jesuit, lehrte eine erhabene und sehr gesunde Moral. Er war sehr gerührt, als sie ihn wegen einer Generalbeichte und einer Versöhnung mit dem Himmel aufsuchte, bestärkte aber nicht den Hang seines jungen Beichtkindes zu einem Mystizismus, in dem der Mensch sich mit Gott verschmelzen wollte. Der vorsichtige Abbé wollte nicht, daß man sich in dem vorweggenommenen Traum einer besseren Welt so sehr verzehrte, daß man die Pflicht vergaß, sich in der Welt hinieden gut einzufügen. „Ich glaube“, so schreibt George Sand später im Alter von fünfzig Jahren, „ohne ihn wäre ich heute entweder wahnsinnig oder aber eine Nonne hinter Klostermauern.“

Denn die Frömmigkeit des jungen Mädchens war zu einer Leidenschaft geworden. „Diese vollkommene Verschmelzung mit der Gottheit machte sich mir wie ein Wunder fühlbar. Ich brannte buchstäblich wie die heilige Therese; ich schlief und aß nicht mehr, ich schritt einher, ohne der Bewegungen meines Körpers bewußt zu werden[16]..." Abbé de Prémord tadelte sie, daß sie sich in einem selbstgefälligen Mystizismus wie eine Flamme verzehre, statt die den Menschen auferlegten Pflichten zu übernehmen. „Sie werden trübgestimmt, finster und wie verzückt", sagte er ihr. „Ihre Gefährtinnen kennen Sie nicht mehr wieder... Seien Sie auf der Hut; wenn Sie weiter so fortfahren, werden Sie dazu beitragen, daß man die Frömmigkeit haßt und fürchtet... Ihre Großmutter schreibt, Sie würden hier fanatisiert... Ohne daß Sie es wissen, dringt viel Hochmut im Gewande der Demut in diese Krankheit der Gewissenszweifel ein, die Sie haben. Ich lege Ihnen als Buße auf, zu den Spielen und unschuldigen Vergnügen Ihrer Altersgefährtinnen zurückzukehren[16]..."

Sie gehorchte. In ihren Gedanken trat Ruhe ein. Nach sechs Monaten der Kasteiungen und der Traumversponnenheiten stieg sie plötzlich wieder zur Erde hinab, dichtete aus dem Stegreif Komödien, spielte sie, gestaltete aus dem Gedächtnis *Der Bürger als Edelmann* neu, den sie in Nohant gelesen hatte, wurde der Spaßmacher des Klosters und der Gegenstand einer unerhörten Zuneigung sowohl seitens der Ordensschwestern als auch ihrer Gefährtinnen, verharrte aber auf dem Grunde ihres Herzens bei ihrer inneren Berufung und hätte, so sagte sie später, ohne Zweifel den Schleier genommen, wenn ihre Großmutter, sehr entkräftet und wegen der Überspanntheit der Enkelin besorgt, sie nicht nach Nohant zurückgerufen hätte: „Mein Kind, ich muß dich sehr schnell verheiraten, denn bald werde ich nicht mehr da sein[16]." Die alte Dame sprach von ihrem Tode, den sie nahe glaubte, mit völlig philosophischer Gelassenheit; aber sie würde, so sagte sie, voller Verzweiflung sterben, wenn sie Aurora ohne Schutz vor der Vormundschaft einer unwürdigen Mutter zurückließe. Aurora mußte also das Kloster verlassen, das für sie ein Paradies geworden war.

Sie kehrte mit Besorgnis in das Leben der Welt zurück, fest entschlossen, von neuem die Zuflucht hinter den Klostermauern zu suchen, sobald sie es vermöchte, ohne das Leben ihrer Großmutter zu gefährden. Dem Kloster der Englischen Augustinerinnen verdankte sie bedeutende und glückliche Veränderungen ihres Wesens. Die vornehme Höflichkeit der Ordensschwestern und der Unterricht der Lehrerin für edlen Anstand hatten ihr entzückende

Manieren beigebracht, die zeitlebens ihren seltsamen Kühnheiten eine distingierte Note verleihen sollten. Vor allem hatte sie den Sinn für das Ernsthafte und das Tiefe erworben. Die Großmutter hatte einst ihren Geist mit der Anmut des 18. Jahrhunderts geschmückt; Nohant hatte sie den Zauber der Natur gelehrt; ihr neuer Glaube brachte ihr bei, etwas andres zu lieben als sich selbst. „Die hochgespannte Frömmigkeit übt auf den Menschen, der von ihr ergriffen ist, die eine große Wirkung aus, daß sie in ihm zumindest radikal die Eigenliebe tötet, und wenn sie ihn in gewisser Hinsicht auch abstumpft, so läutert sie ihn doch von manchen Niedrigkeiten und erbärmlichen Vorurteilen[16]..." Wie manche englische Dichter der ständigen Lektüre des Alten Testaments die orientalische Gewalt ihrer Bilder verdanken, so sollte Aurora Dupin unbewußt in ihre Prosa die ernste Güte von Mater Alicia und die erhabene Einfalt des Evangeliums einpflanzen.

V

DIE ERBIN VON NOHANT

Großmutter und Enkelin verbrachten nach dem Verlassen des Klosters einige Tage in Paris. Auroras Schrecken war die erzwungene Heirat. Würde man ihr, wie bei den Naiven von Molière, einen Graubart vorstellen und sagen: „Meine Tochter, wenn du das Jawort nicht gibst, so versetzt du mir einen tödlichen Schlag"? Über diesen Punkt wurde sie schnell beruhigt. Eine alte Freundin ihrer Großmutter, Frau de Pontcarré, hielt eine „Partie" in Bereitschaft. Aurora fand ihn häßlich, ohne sich ihn genau anzusehen; Frau de Pontcarré meinte, sie sei eine kleine Närrin, denn er sei doch schön. Aber es war davon hinfort nicht mehr die Rede. Bald darauf machte Fräulein Julia alles für die Abreise nach Nohant bereit, und Aurora hörte, wie die Großmutter sagte: „Sie ist noch so jung, daß man ihr ein Jahr Aufschub lassen muß."

Das junge Mädchen hatte gehofft, ihre Mutter werde zur Feier ihrer Rückkehr nach Nohant kommen; sie fand sie voller Mißtrauen und Schroffheit. „Auf keinen Fall! Nach Nohant werde ich erst dann zurückkehren, wenn meine Schwiegermutter tot ist!" Gänzlich durchdrungen von christlicher Nächstenliebe, setzte sich Aurora für ein gegenseitiges Verzeihen ein, hatte damit aber keinen

Erfolg. Dann machte sie demütig den Vorschlag, bei ihrer Mutter zu bleiben, wurde jedoch barsch zurückgewiesen. „Wir werden viel früher wieder zusammenkommen, als *man* denkt", antwortete die schreckliche Sophie-Victoire. Diese Anspielungen auf den bevorstehenden Tod der Großmutter waren für Aurora peinlich anzuhören. „Deine Mutter ist derart ungesittet", sagte wiederum Frau Dupin de Francueil, „daß sie ihre Kleinen nach Vogelart liebt... Sobald sie flügge sind, fliegt sie auf einen andern Baum und verjagt sie mit Schnabelhieben." Gegenüber diesem beiderseitigen Haß fühlte sich die fromme Aurora machtlos, und sie brach mit der Großmutter nach der Landschaft Berry auf.

Im Frühjahr 1820 trafen sie in der großen blauen Kalesche in Nohant ein. Die Bäume standen in Blüte, die Nachtigallen trillerten, und aus der Ferne vernahm man den althergebrachten und feierlichen Sang der Feldarbeiter. Es überfiel sie die Rührung, als sie das alte Haus wiedersah, aber voller Sehnsucht dachte sie an die Glocke des Klosters und an Mater Alicia. Auf das Fenster ihres Zimmers schrieb sie mit Bleistift auf englisch eine Elegie, die man dort noch lesen kann:

Written at Nohant, upon my window, at the setting of the sun, 1820: — Go, fading sun! Hide thy pale beams behind the distant trees. Nightly Hesperus is coming to announce the close of the day. Evening descends to bring melancholy on the landscape. With thy return, beautiful light, Nature will find again mirth and beauty, but joy will never comfort my soul[20] ...

(Geh, schwindende Sonne! Verbirg deine blassen Strahlen hinter den fernen Bäumen. Der Abendstern kündet schon das Ende des Tages. Die Nacht bricht herein und breitet ihre Schwermut über die Landschaft. Bei deiner Wiederkehr, wundervolles Licht, wird die Natur ihren Frohsinn und ihre Schönheit wiederfinden; doch nie mehr wird Freude meine Seele erquicken.)

Solche Trauerstimmung war damals Mode; in Wirklichkeit genoß Aurora lebhaft ihre fast vollkommene Unabhängigkeit. Seit ihrem Schlaganfall war die alte Schloßherrin sehr gebrechlich. Sie nahm zwar noch an den Mahlzeiten teil, aufrecht und anmutig in ihrer empfindsamen Gedankenwelt, etwas Rot auf die Wangen gelegt und Brillanten an den Ohren; aber sie erlosch langsam. Außer gelegentlichen Anfällen senilen Zorns mischte sie sich kaum mehr in das Leben von Nohant ein. Die Restauration und das Alter hatten bewirkt, daß sie etwas weniger voltairisch gesinnt war, aber sie blieb Philosophin des 18. Jahrhunderts und führte liebenswürdige Diskussionen mit ihrer Enkelin, die, ohne es zu wissen, eine Jüngerin Chateaubriands war.

Aurora hörte mit Verwunderung, wie alle ihre Jugendgespielinnen: Fanchon, Ursula Josse und Marie Aucante, sie mit „Mademoiselle" anredeten. Zum ersten Male erkannte sie da den Abstand der Herrenschicht und sehnte sich nach der Brüderlichkeit des Klosters zurück. Selbst ihr Bruder Hippolyte fühlte sich, als er auf Urlaub kam, durch dieses hübsche Mädchen im rosafarbenen Gingankleid eingeschüchtert. Er war Unteroffizier bei den Husaren geworden und setzte Aurora aufs Pferd, dem schlichten Grundsatze huldigend: „Es gibt nur zwei Möglichkeiten: herunterpurzeln oder nicht herunterpurzeln... Halt dich gerade! Halt dich meinetwegen an der Mähne fest, aber laß nicht den Zügel los und fall nicht..." Sie ritt Colette, eine große Stute mit sanften Bewegungen, die alles erriet, was man von ihr wünschte. Aurora und Colette wurden unzertrennlich. Nach acht Tagen setzten sie gemeinsam über Hecken und Gräben. Das „stille Wasser" des Klosters war kühner als der Husar.

Ihrer Klosterfreundin Émilie de Wismes, Tochter des Präfekten von Angers, die bereits in die Gesellschaft eingeführt worden war, beschrieb sie ihr Landleben: *„Wer kann mir da wohl schreiben?...* Sieh an, Émilie ist aufs höchste neugierig. Los, meine Liebe, erkennen Sie eine Klostergefährtin..." Sie sagte nichts davon, daß der schöne Reiter von Saumur ihr natürlicher Bruder war; er wurde zu Hippolyte de Châtiron und brachte ihr die englische Reitschule bei. Mit Frau de Pontcarré und deren Tochter Pauline betrieb sie Italienisch und Musik:

> Auf dem Piano sind immer drei oder vier Partituren geöffnet, Duette und Romanzen liegen auf jedem Stuhl herum. Bei all diesem weilen unsere Gedanken bei dir, und wir bedauern, daß du nicht da bist, um den Fingern von Frau de Pontcarré, die uns mit soviel Talent begleitet, eine Erleichterung zu verschaffen. Wir haben Komödie gespielt: ich war der verliebte Schäfer Kläschen, Pauline spielte die Lucette. Das Stück war ungeheuer rührselig, und wir hatten große Lust zu lachen. Kurzum, es war sehr nett. Wir tanzen die Bourrée[21]...

Ein Herr de Lacoux, „ein Mann, der auf dem Lande *precious* ist", lieh ihnen eine Harfe und las mit ihnen *Gerusalemme liberata*:

> Ich verbringe meine Tage ausgestreckt in einem Sessel, handarbeitend oder zeichnend, während Hippolyte mir vorliest – oder

aber in meinem Zimmer alles durcheinanderbringt oder zerbricht. Nachdem ich ihn gehörig gescholten habe, mache ich schließlich ebensoviel Kindereien wie er. Großmama brummt und sagt, wir machten ihr den Kopf wirr, zuletzt aber lacht sie mit. *Addio, cara amica; io ti abbracio teneramente e ti amo con sincerità* ...

Januar 1821: Hippolyte ist abgereist, und so sind wir völlig allein. Ich verkürze den Tag, indem ich spät aufstehe; ich frühstücke, plaudere manchmal eine oder zwei Stunden mit meiner Großmutter, steige dann auf mein Zimmer hinauf, wo ich mich beschäftige; ich spiele Harfe, Gitarre; ich lese, sitze immer hinter dem Ofen und wärme mich ... Ich lasse mir Erinnerungen durch den Kopf ziehen, schreibe mit der Feuerzange auf die Asche, steige zum Abendessen hinunter, und während Großmama mit Herrn Deschartres, der nacheinander der Hauslehrer meines Vaters und Hippolytes gewesen ist, ihre Partie spielt, steige ich wieder auf mein Zimmer hinauf und kritzele einige Gedanken in ein grünes Notizbuch, das jetzt ziemlich voll ist[21] ...

Ihre Unterhaltungen mit der Großmutter wurden zärtlich und vertraut. Trotz der Auswirkungen der Krankheit blieb Frau Dupin de Francueil in ihren klaren Augenblicken infolge ihrer Bildung und der bei bedeutsamen Umständen bewiesenen Geradheit und Unerschrockenheit eine überragende Frau. Im Alltagsleben erwies sie sich als zart und verwöhnt, aber Aurora sah darüber hinweg. Ihre Rollen waren vertauscht. Nunmehr war es die Enkelin, die sich als mütterlich und nachsichtig erwies. Als die Großmutter Aurora nahe vor der Heirat sah, ließ sie sich zu Bekenntnissen hinreißen. Sie hatte in einer Zeit leichter Sitten gelebt, dennoch hatte sie niemals einen Geliebten gehabt:

Oft hatte ich den Frauen, die mich drängten, mir einen Geliebten zu nehmen, den Widerwillen bekannt, den die Undankbarkeit, Selbstsucht und Brutalität der Männer mir einflößten. Sie lachten mir ins Gesicht, wenn ich so sprach, und versicherten mir, nicht alle glichen meinem alten Gatten, und sie verfügten über Geheimnisse, deretwegen man ihnen ihre Fehler und Laster verzeihen müsse ... Ich fühlte mich gedemütigt, eine Frau zu sein, wenn ich andre Frauen solch grobsinnliche Gefühle ausdrücken hörte[22] ...

Ich erhebe keineswegs Anspruch darauf, aus anderm Holz geschnitzt zu sein wie alle andern Menschengeschöpfe. Heute, da ich so gut wie geschlechtslos bin, denke ich, daß ich damals ebenso Frau war wie jede andre, daß aber die mangelnde Entwicklung meiner Fähigkeiten mich hinderte, einem Manne zu begegnen, den ich genügend hätte lieben können, um über die Gegebenheiten des Sinnenlebens ein wenig Poesie zu breiten[23]...

Diese ernüchternden Bemerkungen über das „animalische Leben" versöhnten das junge Mädchen nicht mit dem Gedanken an eine Heirat. Durch die Unterhaltungen der alten Komtessen begriff Aurora, daß sie zwar eine reiche Erbin war, nicht aber eine gute Partie für einen jungen Mann von bedeutender Zukunft darstellte, und zwar wegen der beklagenswerten Mutter und all der nun einmal gegebenen Bastardschaften. Die Männer, die sie zu heiraten gedachten, waren nicht jung: ein General des Kaiserreichs, fünfzig Jahre und mit einem breiten Säbelhieb quer übers Gesicht; ein Baron de Laborde, Brigadegeneral, vierzig Jahre und Witwer. Einer Nachbarin von Nohant, der Vicomtesse de Montlevic, ließ dieser Laborde durch einen Verwandten schreiben:

Madame. – Sie sagen mir, daß Sie in der Nähe Ihres Guts eine ausgezeichnete Partie hätten: Mademoiselle Dupin, der, soweit ich mich erinnern kann, einmal zwanzig- bis fünfundzwanzigtausend Pfund Rente zufallen sollen... Baron de Laborde, mein leiblicher Vetter, erzielt augenblicklich acht- bis neuntausend Pfund... Er hat seine Beweise als guter Ehemann abgelegt, denn er ist ein in jeder Beziehung ausgezeichneter Mensch. Obwohl er vierzig alt ist, hat er nichts an sich, was in körperlicher Hinsicht einen jungen Menschen abschrecken könnte... Ich vergaß zu erwähnen, daß er aus seiner ersten Ehe keine Kinder hat[24]...

Dieser Handel hätte Aurora angewidert. In ihrer Antwort gab Madame de Montlevic den Stammbaum ihrer „kleinen Nachbarin, die hinsichtlich Geburt und Vermögen einer unstandesgemäßen Verbindung entstammt":

Aurora, die ich in diesem Jahre mehrmals gesehen habe, ist eine Brünette von hübschem Wuchs und angenehmem Gesicht, geistvoll, gut gebildet und musikalisch; sie singt, spielt Harfe und Klavier, zeichnet, tanzt gut, reitet, jagt, und all dies mit dem Benehmen einer wohlerzogenen Person... Ihr Vermögen wird auf achtzehn- bis zwanzigtausend Pfund Rente geschätzt, in deren Genuß sie jeden Augenblick kommen kann...

Die Ehe kam nicht zustande, auch keine andre. Aurora Dupin befand sich nicht in der Lage der meisten jungen Mädchen ihrer

Zeit, die – zugleich gequält durch das Erwachen ihrer Sinne, durch das Verlangen, der Familiensklaverei zu entrinnen, und durch die Furcht vor dem Leben – glühend den Märchenprinzen herbeisehnten, der sie befreien, und den Gebieter, der sie lenken sollte. Sie regierte über Nohant; sie lebte frei und glücklich an der Seite ihrer Großmutter; und noch immer glaubte sie, für das Kloster bestimmt zu sein. Der alte Deschartres, inzwischen Bürgermeister von Nohant geworden, nahm sie mit auf die Jagd und riet ihr, sich als Mann zu kleiden, um die Hasen jagen zu können. Beglückt folgte sie seinem Rat. Im Bauernkittel oder mit Redingote und langer Hose fühlte sie sich stärker und nahm so an der Mannheit teil. Dies verlieh ihr, so dachte sie, ein besondres Ansehen in den Augen ihrer Freundinnen.

Aurora Dupin an Émilie de Wismes, Mai 1821: Du gehst überhaupt nicht in langem Männergehrock und mit Mütze aus, ein Gewehr auf der Schulter, mit weiten Schritten über die bebauten Felder stapfend, um einen armseligen Hasen aufzustöbern, oft aber, um nichts zu finden und von der Jagd höchstens erbärmliche Spatzen mitzubringen, über deren trauriges Los meine empfindsame Kammerfrau Tränen vergießt!... Du bist überhaupt nicht für das Husarenleben durch Hippolyte abgehärtet worden. Wenn man ihm in der Reitstunde sagt, man habe vor dem Reiten Furcht, dann versetzt er, nur um einen zu beruhigen, dem Pferde einen gehörigen Peitschenhieb und läßt es, wie meine Großmutter sagt, völlig auf der Hinterhand gehen[21]...

Deschartres weihte sie in die Verwaltung des Gutes ein. Aus politischen Gründen behauptete sie später einmal, sie interessiere sich nicht für ihren Besitz. Tatsächlich aber war sie allezeit eine Bäuerin aus dem Berry, die sogar in ihrer Verschwendung zu rechnen verstand. Von Byron, einem andern Romantiker, hat man behauptet, sein hervorstechender Charakterzug sei ein solider praktischer Sinn gewesen. Wenn das Alter der Leidenschaften bei Aurora Dupin vorbei ist, wird man bemerken, daß dies auch einer ihrer Wesenszüge war. Stets wird sie wünschen, die männliche Unabhängigkeit wiederzufinden, für die Nohant und Deschartres ihr den Geschmack beigebracht hatten. Stets wird sie auch jenen praktischen Sinn bewahren, den die Berührung mit den realen Dingen der Erde und der Arbeit verleiht. Allzu ungebundenes Denken führt trotz seiner Anstrengungen zu nichts; wie der Vogel braucht er den Widerstand der Umwelt. Die Tat offenbart die Grenzen, die der Geist sich auferlegen muß.

Als Frau Dupin de Francueil nach einem zweiten Schlaganfall ihr Lager nicht mehr verließ, übergab Deschartres Aurora all seine Vollmachten. Er forderte sie auf, die Rechnungsführung des Hauses zu übernehmen, und behandelte sie wie einen reifen Menschen. Dies war das geeignete Mittel, sie zur Reife zu bringen. Der „große Mann" — so nannte sie ihn mit liebevoller Ironie — war zugleich Apotheker und Arzt des Dorfes; er betätigte sich sogar als Chirurg. Er wollte, daß Aurora lerne, ihm zu helfen. Sie gewöhnte sich also an den Anblick des Blutes und des Schmerzes. Ihr Mitleid konnte sich auswirken. Niemals mehr sollte sie Abscheu vor den Körpern empfinden; stets wird sie offen, mutig, berufsmäßig darüber sprechen. Später werden Liebhaber ihr Schamlosigkeit vorwerfen; aber die Gemütsruhe der Krankenpflegerin täuscht den Wüstling und führt ihn irre.

Außer Deschartres sah sie einige junge Männer aus La Châtre. Oft galoppierte sie bis zu dem Städtchen, dessen enge Straßen „sich zwischen vielförmigen, moosüberwucherten Giebelhäusern hinschlängelten". Es waren niedrige Häuser, deren Türen mit Nägeln verziert waren, und Patrizierwohnungen mit eisengeschmiedeten Gittern; dort lebten die Söhne der Freunde ihres Vaters: Charles Duvernet, der riesige Fleury, der kleine Gustave Papet, der viel jünger als sie war. Vor allem sah sie oft einen jungen Menschen, der sich vorgenommen hatte, Arzt zu werden: Stéphane Ajasson de Grandsagne. Er war ein schöner Mensch, ein wenig wie die vom Fieber verzehrten Standesherren, die El Greco gemalt hat, von edler und sehr alter Familie, aber arm, da er neun Geschwister hatte und bloß einen winzigen Anteil des von den Vorfahren hinterlassenen Vermögens erben würde. Deschartres, der sich für diesen studierenden Edelmann interessierte, hatte ihn Aurora vorgestellt und ihr nahegelegt, bei Grandsagne Unterricht in Anatomie und Osteologie zu nehmen.

Sie hing also ein Skelett in ihr Zimmer, wohin der junge Mann freudig kam, um dieses entzückende Mädchen zu unterrichten. Aurora hatte üppiges schwarzes Haar, die Augen einer Andalusierin, „eine tabakbraune Gesichtsfarbe" und eine überaus geschmeidige Gestalt. Natürlich verliebte sich der Lehrer sehr bald in sie; doch sie legte seinen Gefühlen Zügel an und sagte, Geister wie die ihrigen müßten sich mit „Malebranche und Konsorten" befassen, nicht aber mit faden Schmeicheleien. In Wahrheit hätte sie ihn gern geheiratet, aber sie wußte, daß weder Graf de Grandsagne noch Frau Dupin de Francueil es dulden würden; der eine aus Kastendünkel und Abscheu vor einer Verbindung mit der Tochter Sophie-Victoires, die andere, weil Stéphane kein Vermögen besaß und als

„böser, aufrührerischer Geist" galt. Aurora war minderjährig und mußte auf die Einwände der Familie Rücksicht nehmen. Bald schrieb Stéphane ihr nur noch „mit einer kühlen und schneidenden Aufrichtigkeit". Sie kleidete sich weiter als Mann, und dies gab zu drolligen Mißverständnissen Anlaß. Wenn sie vor einem alten gotischen Schloß anhielt, um es zu zeichnen, kam manchmal eine Mamsell heraus und machte „dem jungen Herrn" süße Augen. *Aurora Dupin an Émilie de Wismes, Juli 1821:* „Sie sah mich mit einem gewissen verführerischen Blick an, während ich den Galanten spielte und mich abmühte, vor ihr tiefe Bücklinge zu machen, für die sie sich sehr empfänglich zeigte[21] . . ."

Nächtliche Ausritte; Mütze, blauer Kittel und Männerhosen; Teile eines Skeletts auf den Möbeln – ein solch exaltiertes Verhalten schokierte das äußerst religiöse Berry. Nachdem der Pfarrer von La Châtre, Auroras Beichtvater, dem Geschwätz sein Ohr geliehen hatte, richtete er an sie die Frage: „Spüre sie nicht eine Liebe in sich aufkeimen?" An den feinfühlenden Zartsinn des Abbé de Prémord gewöhnt, der aus Prinzip niemals Fragen stellte, war sie in ihrem Stolz verletzt und verließ den Beichtstuhl. Die Meinung von La Châtre war ihr gleichgültig. „Das Vieh hat gebrüllt", war ihre einzige Bemerkung. Ihre Mutter, die in Paris diesen albernen Klatsch vernommen hatte, machte ihr strenge Vorhaltungen. Aurora antwortete mit einem Brief, der ein angeborenes Schriftstellertalent beweist, denn in ihm ist alles mit bewundernswerter Kraft und Mäßigung gesagt.

Aurora an Sophie-Victoire Dupin, 18. November 1821: Mit ebensoviel Aufmerksamkeit wie Respekt habe ich den Brief gelesen, den mir zu schreiben Sie die Güte hatten, und ich würde mir nicht erlauben, auf Ihre Vorwürfe den geringsten Einwand zu machen, wenn Sie mich nicht ausdrücklich dazu aufgefordert hätten . . . Herr Deschartres, so sagen Sie, meine Mutter, handle sehr sträflich, daß er mich mir selbst überlasse. Zunächst nehme ich mir die Freiheit zu bemerken, daß Herr Deschartres keinerlei Macht über mich hat noch haben kann und mir gegenüber kein anderes Recht besitzt als die Ratschläge der Freundschaft . . . Herr de Grandsagne hat Ihnen gesagt, ich habe einen streitsüchtigen Charakter; um einer solchen Versicherung Glauben zu schenken, mußten Sie, meine liebe Mutter, doch wohl annehmen, daß Herr de Grandsagne meinen Charakter gründlich kenne; aber ich glaube nicht, mit ihm auf so *vertrautem Fuße* zu stehen, daß er wissen könnte, welches meine Vorzüge oder Fehler sind . . . Er hat Ihnen die Wahrheit gesagt, daß er mir in meinem Zimmer

Stunden gegeben habe; wo anders aber soll ich Menschen empfangen, die mich besuchen? Mir scheint, daß meine Großmutter
bei ihren Schmerzen oder in ihrem Schlaf durch einen Besuch sehr
belästigt würde... Sie möchten, daß ich einen Ausgang nur am
Arm meiner Kammerfrau oder einer Magd unternehme. Das
würde zwar dazu gut sein, mich am Fallen zu hindern; die Gän-
gelbänder waren in meiner Kindheit für mich gewiß notwendig... aber jetzt bin ich siebzehn Jahre alt und des Gehens gewohnt[25]...

Sie empfand für ihre Mutter zwar Zuneigung, aber nur noch
einen äußerlichen Respekt.

Trotz dieser Festigkeit des Tons war sie manchmal ratlos. Sie
hatte keinen Beichtvater mehr, der sie hätte lenken können; denn
zu ihrem guten alten Pfarrer von Saint-Chartier, dem Abbé de
Montpeyroux, konnte sie nicht gehen: „Ich war zu vertraut, zu
familiär mit ihm." Sie aß jeden Sonntag bei ihm zu Mittag, zwischen Messe und Vesper; dann brachte er sie, wobei sie hinter ihm
auf dem Pferde saß, wieder nach Nohant zurück, wo er speiste und
den Abend verbrachte. „Aurora ist ein Kind, das ich stets geliebt
habe", sagte er; und sie: „Wenn er sechzig Jahre jünger wäre, ließe
ich ihn, wenn es mir beliebte, nach meiner Flöte tanzen[26]." Ein alter
Freund, den man beherrscht, ist kein Gewissensberater. Allein
mußte sie also neben dem Bett der gelähmten Großmutter nach
ihrer Wahrheit suchen. Deschartres, „ein Widerspruchsgeist von
Kopf bis Fuß, ein gelehrtes Haus und dabei des gesunden Men-
schenverstandes ermangelnd[26]", enttäuschte sie. Abbé de Prémord
war fern. Im Kloster war die *Nachfolge Jesu Christi* ihr Lieblings-
buch gewesen; doch die *Nachfolge* „ist das Buch des Klosters und
verderblich für den, der mit der menschlichen Gesellschaft nicht hat
brechen können". Die junge Schloßherrin von Nohant aber fand
sich gewaltsam in das weltliche Leben zurückgeworfen. Sie hatte
häusliche Pflichten; sie verband Geschwüre und zerstampfte Arz-
neien; mit dem schönen Ajasson de Grandsagne entdeckte sie die
Wissenschaften. Sie suchte ein Christentum, das dem Leben ihrer
Zeit angepaßt war, und entdeckte Chateaubriand. Sie fühlte, wie
dank dem *Genius des Christentums* ihre Frömmigkeit sich wieder
mit all dem Zauber der romantischen Poesie schmückte.

Gerson? Chateaubriand? Gab es also zwei einander widerspre-
chende Wahrheiten im Schoß der Kirche? Hinzu kam noch eine
andre Ursache des Zweifels und der Angst: ihre Großmutter war
dem Tode nahe. Sollte man sie über ihren Zustand aufklären und
versuchen, sie zu bekehren, oder aber sie in Frieden sterben lassen?

Aurora schrieb an Abbé de Prémord, der ihr Stillschweigen anempfahl: „Ihrer Großmutter sagen, daß sie in Gefahr schwebt, würde bedeuten, sie zu töten ... Sie waren gut inspiriert, als Sie schwiegen und Gott baten, er möge ihr unmittelbar beistehen. Schrecken Sie daher nie zurück, wenn Ihr Herz Sie berät. *Das Herz kann sich nicht irren*[16] ..." Sand unterstreicht diesen Satz, der ihr so lange Zeit als moralischer Leitsatz dienen sollte. „Lesen Sie die Dichter", schrieb ihr weiter der tolerante Jesuit, „alle sind religiös. Fürchten Sie nicht die Philosophen; alle sind machtlos gegenüber dem Glauben." Beruhigt rief sie ihrem besorgten Herzen zu: „Vorwärts! Vorwärts!"

Es erfolgten jetzt ausgedehnte Streifzüge durch die Welt der Ideen. Sie stieg um zehn Uhr abends in ihr Zimmer hinauf und las oft bis drei Uhr. Die Widersprüche bei den großen Geistern quälten sie, und „sie suchte diese verschiedenartig gefärbten Lichter, die um sie herumflatterten, so wie in ihrem Zimmer die Flammen des Kamins und die Strahlen des Mondes sich tummelten, miteinander in Übereinstimmung zu bringen... Berauscht von dichterisch-gefühlvoller Frömmigkeit, hatte sie anfänglich geglaubt, es werde ihr leicht gelingen, die Philosophen zu widerlegen; aber sie fing an, sie zu lieben und Gott noch erhabener zu sehen, als er ihr bisher erschienen war[27]."

Statt sie in ihrem Katholizismus zu bestärken, wie sie es erhofft, hatte Chateaubriand „den Abgrund des Erforschens" aufgerissen. Als sie nach dem *Genius des Christentums* nochmals die *Nachfolge* las, in dem Exemplar, das Mater Mary-Alicia ihr geschenkt und worein diese geliebte, verehrte Hand Aurora Dupins Namen geschrieben hatte, fiel ein Erschrecken sie an. Entweder sagte Gerson die Wahrheit, und sie mußte auf die Natur, die Familie, die Vernunft verzichten – oder aber sie mußte, vor die Wahl zwischen Himmel und Erde gestellt, die Erde wählen. Hierauf antwortete Chateaubriand: „In den Schönheiten der Erde, der Natur und der Liebe werdet ihr die Kraft- und Lebenselemente finden, um Gott zu rühmen..." Gerson riet: „Laßt uns Dreck und Staub sein"; Chateaubriand aber: „Laßt uns Flamme und Licht sein." Die *Nachfolge* befahl, nichts zu prüfen; der *Genius des Christentums*, alles zu erforschen.

Ich war vollkommen ratlos. Wenn ich mit Colette dahingaloppierte, fühlte ich mich völlig mit Chateaubriand eins. Beim Schein meiner Lampe war ich völlig Gerson und machte mir abends Vorwürfe wegen meiner morgendlichen Gedanken[16] ...

Chateaubriand, der „die Zauberwirkung des Geistes und die Empfänglichkeit des Herzens" zur Unterstützung des Christentums aufrief, trug den Sieg davon. Dann studierte sie Mably, Locke, Condillac, Montesquieu, Bacon, Bossuet, Aristoteles, Leibniz, Pascal, Montaigne, sowie die Dichter Dante, Virgil und Shakespeare. Alles planlos. Leibniz dünkte sie von allen der größte, weil sie von seiner Lehre nichts verstand. Was bedeuteten ihr die Monaden, die prästabilierte Harmonie und so viele andre Spitzfindigkeiten? Sie fühlte sich in ihrem Glauben gefestigt, als sie sah, daß auch dieser erhabene Geist sich der Verehrung der göttlichen Weisheit hingab: „Sich bemühen, Gott zu lieben, indem man ihn begreift, und sich mühen, ihn zu begreifen, indem man ihn liebt; sich bemühen, das zu glauben, was man nicht begreift, aber sich um das Verständnis mühen, um besser glauben zu können – darin liegt die ganze Lehre von Leibniz[16]..." Sie warf Deschartres, der ihr philosophische Unterweisungen gab, das Buch an den Kopf: „Großer Mann, das bringt mich noch um! Das dauert zu lange. Ich habe es eilig, Gott zu lieben."

Erkenntnisdrang? Ja, vor allem aber Liebesbedürfnis. In diesem Augenblick stieß sie auf Rousseaus *Emil*, das Glaubensbekenntnis des savoyischen Vikars. Es wurde für sie eine Erleuchtung; hier war die Nahrung, die ihr zusagte. Diese Sprache bemächtigte sich ihrer wie prachtvolle Musik: „Ich verglich ihn mit Mozart und begriff alles!" Mit Rousseau hatte sie die Rührseligkeit, den Wunsch nach Aufrichtigkeit und die Liebe zur Natur gemeinsam. Er lehrte sie, daß man dieser Natur gemäß leben, den Leidenschaften und insbesondere der Liebe gehorchen muß. Von Rousseau lernte sie, den Wortschatz der Tugend mit der Hinreißung des Herzens zu verbinden. Leibniz und Rousseau, der schwierige Philosoph und der geliebte Gefährte, blieben für immer ihre Lehrmeister. Um sie wirklich zu verstehen, muß man noch einen dritten hinzufügen und feststellen, daß sie seit jener Zeit viel Franklin las. Es ist bemerkenswert, daß die ein wenig philiströse Seite dieser praktischen Weisheit weit davon entfernt war, sie abzustoßen, ihr vielmehr gefiel.

War sie noch katholisch? Später, als sie die Geschichte ihres Lebens schrieb, gab sie auf diese Frage die Antwort: „Ich glaube nicht." Es ist dies die Rechtfertigung der reifen Frau, die, nachdem sie mit der Kirche gebrochen hat, sich überzeugen will, daß sie dennoch den Anschauungen ihrer Jugendzeit treu geblieben ist. Im Jahre 1821 erkannte Aurora an, was sie Mater Alicia und dem Abbé de Prémord verdankte. Bei Rousseau glaubte sie indessen das wahre Christentum zu finden, das Christentum, das die Forderung nach unbe-

dingter Gleichheit und Brüderlichkeit stellt. Lieben und sich aufopfern: dies schien ihr die Lehre Jesu Christi zu sein. Sie glaubte
an Gott; sie glaubte an die Unsterblichkeit der Seele, an die Vorsehung und vor allem an die Liebe. Aber ohne es vielleicht klar zu
wissen, war sie Anhängerin der Immanenzphilosophie. Sie glaubte
nicht mehr an einen persönlichen, transzendenten Gott, der von
außen den Kämpfen der Menschheit beiwohnte: „Lieber möchte ich
glauben, Gott existiere nicht, als daß ich ihn für gleichgültig
halte[27]." Dieser gequälte Mensch wurde manchmal, vierundzwanzig Stunden lang, zum Atheisten, aber das war niemals von Dauer,
weil sie in allen Dingen die göttliche Gegenwart spürte.

Wenn alles göttlich ist, selbst die Materie, wenn alles über-
menschlich ist, selbst der Mensch, dann ist Gott in allem, und ich
sehe und fühle ihn; ich fühle ihn einzig in seiner Art, da ich ihn
ja liebe, da ich ihn ja allezeit gekannt und gefühlt habe, da er ja
in mir ist in einem Grade, der dem Wenigen, das ich bin, angepaßt ist. Ich bin deshalb nicht Gott, aber ich komme aus ihm
und muß zu ihm zurückkehren[27] . . .

Kurzum, wie am Tage des *Tolle, lege* kehrte sie in einer über-
menschlichen Verbundenheit ihrer Seele mit Gott zum Glauben zurück. Rousseau bezauberte sie, weil er ihr „eine unversiegbare Nahrung für diese innere Ergriffenheit, für diese ständige himmlische
Verzückung" lieferte.

Versuchen wir, uns dieses glühende und grüblerische, knabenhafte
und mystisch veranlagte Mädchen vorzustellen, wenn sie über die
Wiesen dahingaloppierte, entzückt von den wechselvollen Landschaften, von der Begegnung mit Viehherden, von dem sanften Murmeln des Wassers, das unter den Füßen der Pferde aufspritzt, oder
wenn sie des Abends, nachdem sie in ihrem Zimmer ein Bund Reisig-
holz entzündet hat (denn stets fröstelt es sie), durchs Fenster die
hohen reglosen Föhren und den Mond betrachtet, der, schon fast
gerundet, am wolkenlosen Himmel glänzt. Sie ist ein sehr bemer-
kenswerter Mensch. Dichterin, ohne es zu wissen, Philosophin, weil
sie es will, „sich herumquälend mit göttlichen Dingen", begierig
nach Heldentum und Aufopferung. Unter ihrem Kopfkissen verbirgt sie Skizzen, denn sie hat zu schreiben begonnen. Ein Bild des
„Gerechten" zum Beispiel: „Der Gerechte hat im Sittlichen kein
Geschlecht: er ist Mann oder Frau, gemäß dem Willen Gottes; aber
sein Gesetz ist stets das gleiche, ob er nun Armeegeneral oder Fa-
milienmutter ist[28] . . ." Vermerken wir dieses Verlangen nach der
Gleichheit der Geschlechter.

Der Gerechte hat kein Vermögen, kein Haus, keine Sklaven. Seine Diener sind seine Freunde, falls sie dessen würdig sind. Sein Dach gehört dem Landstreicher, seine Börse und seine Bekleidung allen Armen, seine Zeit und seine Erkenntnisse all denen, die sie begehren... Der Gerechte ist vor allem aufrichtig, und dies verlangt von ihm höchste Anstrengung, weil die Welt nur aus Lüge, Betrug oder Eitelkeit, Verräterei oder Vorurteil besteht...

Sie sagte auch: „Der Gerechte ist stolz, aber nicht eitel." Dies war ein ziemlich genaues Bild dessen, wie *sie* zu sein wünschte. Stolz? Zweifellos. Sie fühlte sich stark, verachtete die Meinung der Masse, fand voller Vergnügen in ihrem Herzen die Verachtung ihres Vaters gegenüber den Konventionen und in ihrem Geist den starken Verstand ihrer Großmutter wieder. Deschartres predigte ihr die Vorsicht und erinnerte sie an das geheiligte Wort: „Wehe dem, durch welchen Ärgernisse kommen." Es war vergebens. „Was die Welt Ärgernis nennt", sagte sie, „ist nicht das, was Christus Ärgernis genannt hätte." Vorsicht? „Da das innerste Gewissen der einzige Richter ist, halte ich mich für völlig befugt, es an Vorsicht fehlen zu lassen, falls es mir gefällt, allen Tadel und alle Verfolgungen zu erdulden, die gefährliche und schwierige Aufgaben nach sich ziehen[16]..." Als Knabe aufgewachsen, besaß sie das ehrgeizige Streben eines Mannes; als Christin erzogen, hegte sie die Hoffnung, ein *Gerechter* zu werden.

Diese seltsame Erklärung meiner *Menschenrechte*, wie ich, noch in schülerhaften Vorstellungen befangen, es damals nannte, diese unschuldsvolle Mischung von Ketzereien und religiösen Banalitäten umschließt doch wohl eine Ordnung fester Ideen, einen Lebensplan, eine Reihe bestimmter Vorsätze und die Neigung zu einem gewissenhaft erwählten und angenommenen Charakter? Sie erklären dir ungefähr, welches die Illusionen meiner Jugend waren, und inmitten von frisch durchs Evangelium diktierten Gefühlen einen gewissen aufbegehrenden Vorbehalt, der mir durch den keimenden Stolz, durch angeborene Halsstarrigkeit auferlegt wurde; ein unklares Träumen von menschlicher Größe, vermischt mit einem ernsthafteren christlichen Trachten[28]...

VI

EIN JUNGES MÄDCHEN ENTDECKT DIE WELT

Die erstaunliche Freiheit Aurora Dupins, so ungewöhnlich für eine „junge Person" des Jahres 1821 und der Ursprung eines solchen Selbstvertrauens, hatte ihren Grund in Verhältnissen, die der Unbeständigkeit ausgesetzt waren. Aurora stand unter der Autorität ihrer Großmutter, und ihre Großmutter besaß keine Autorität mehr; Aurora hing allein von Deschartres ab, und dieser gutmütige Mensch war in sie vernarrt. Leider verschlimmerte sich gegen Ende des Jahres der Zustand von Frau Dupin de Francueil. Sie hatte das Gedächtnis verloren; sie schlummerte ständig, versank aber niemals in festen Schlaf. Aurora wachte eine um die andre Nacht bei ihr, wobei sie *René* von Chateaubriand und Byrons *Lara* las. Dadurch kam eine melancholische Anlage bei ihr auf. Sie dachte bald an Selbstmord, bald ans Kloster, niemals aber an Heirat. Stéphane, der einzige junge Mann, der sie interessiert hätte, war dem Atheismus und Materialismus zugewandt. „Dies riß einen Abgrund zwischen uns auf." Es sei daran erinnert, daß Abbé de Prémord ihr abgeraten hatte, auf ihre Großmutter einen Druck auszuüben, damit diese ihre religiösen Pflichten erfülle:

Beten Sie stets, hoffen und rechnen Sie, welches auch das Ende Ihrer bedauernswerten Großmutter sein mag, mit der unendlichen Weisheit und dem unendlichen Erbarmen. Ihre ganze Pflicht ihr gegenüber besteht darin, sie mit zärtlichster Sorge zu umhegen. Wenn sie Ihre Liebe, Ihre Bescheidenheit und, wenn ich so sagen darf, die Zurückhaltung Ihres Glaubens gewahrt, wird sie vielleicht, um Sie zu belohnen, Ihrem geheimen Wunsche willfahren und von selber zum Glauben finden[16] ...

Was der liebenswürdige und weise Gewissensberater erhofft hatte, trat ein. Der Erzbischof von Arles, ein natürlicher Sohn des Großvaters Dupin und von Frau d'Épinay, war der Sterbenden dankbar für das Wohlwollen, das sie einst diesem Bastard ihres Ehemanns bewiesen hatte, und suchte sie auf, um ihre Seele zu retten. „Ich weiß wohl, daß Sie darüber lachen werden", sagte er zu ihr. „Sie glauben nicht, daß die Verdammnis Ihrer harrt, weil Sie nicht das getan haben, worum ich Sie bitte; ich aber glaube es, und so könnten Sie mir doch gut diesen Gefallen erweisen."

Zur großen Überraschung ihrer Enkelin willigte die alte Dame ein: „Laß mich gewähren, ich glaube, daß ich tatsächlich bald sterben werde. Nun wohl, ich errate deine Bedenken. Wenn ich sterbe, ohne mit diesen Leuten meinen Frieden zu machen, so weiß ich, daß du es dir vorwerfen wirst, oder aber sie werden es dir zum Vorwurf machen. Ich will nicht, daß dein Herz in einen Zwiespalt mit deinem Gewissen gerät, noch daß du dich mit deinen Freunden vereinigst. Ich bin überzeugt, weder eine Feigheit noch eine Lüge zu begehen, wenn ich einem Brauche folge, der in einer Stunde, da man die verläßt, die man liebt, gewiß kein schlechtes Vorbild ist. Rege dich also nicht auf; ich weiß, was ich tue[16].“ Sie bat ihren guten alten Pfarrer von Saint-Chartier zu sich und wollte, daß Aurora bei ihrer Beichte, die edel und freimütig war, zugegen wäre. Der alte Abbé sagte zu ihr: „Meine liebe Schwester, uns allen wird vergeben, weil der liebe Gott uns liebt und wohl weiß, daß wir ihn ja lieben, wenn wir bereuen.“ Der Erzbischof, die Dienerschaft und die Arbeiter des Guts wohnten dieser heiligen Wegzehrung bei.

Sie starb am Weihnachtstage 1821. Ihre letzten Worte waren an Aurora gerichtet: „Du verlierst deine beste Freundin.“ Auf ihrem Sterbebett, frisch und rosig, geschmückt mit ihrer Spitzenhaube, erschien sie sehr schön, erhaben in ihrer Reglosigkeit, von souveräner Würde und mehr denn je Tochter des Marschalls von Sachsen. Deschartres, dessen Kummer herzzerreißend war, kam auf einen phantastischen und tollen Einfall. Da er die Familiengruft zur Aufnahme eines neuen Sarges hatte vorbereiten lassen müssen, hatte er den Sarg von Auroras Vater geöffnet und bestand nun darauf, daß ihn das junge Mädchen in dieser eisigen Nacht nach dem kleinen Privatfriedhof begleitete, der unter den Bäumen des Parks lag. Der Schädel Maurice Dupins hatte sich vom Skelett gelöst. Deschartres hob ihn auf und hieß Aurora, ihn zu küssen; sie war genugsam ergriffen und exaltiert, um dies natürlich zu finden.

„Du verlierst deine beste Freundin“, hatte die Großmutter gesagt. Sie verlor auch ihren einzigen Schutz gegen die Schlechtigkeiten und die Begehrlichkeiten. Ein junges Mädchen von siebzehn Jahren, Erbin eines großen Vermögens, da sie ja in Paris ein vornehmes Privathaus, das Hôtel Narbonne, im Berry das Gut Nohant, dazu einige Renten besaß, konnte schon Bewerbern verlockend erscheinen. In weiser Voraussicht hatte ihre Großmutter Graf René de Villeneuve, den Enkel ihres eigenen Gatten*, als Vor-

* Bei seiner Verheiratung mit Aurora von Sachsen war Dupin de Francueil Witwer. Aus erster Ehe hatte er eine einzige Tochter, die mit dem Grafen de Villeneuve, Besitzer des Schlosses Chenonceaux, verheiratet war.

mund bezeichnet; Aurora sollte bei ihm in Chenonceaux leben und durch Frau de Villeneuve zusammen mit deren Tochter Emma (der künftigen Comtesse de la Roche-Aymon) in eine erstrebenswerte Gesellschaft eingeführt werden; so würde sie auf dem Lande bleiben, sie, die beteuerte: „Nein, ich könnte nicht mehr in der Stadt leben. Ich würde dort vor Langeweile sterben. Ich liebe leidenschaftlich meine Einsamkeit[29] ..." Dieser Plan war den Villeneuve genehm; doch sie stellten die einzige Bedingung, daß ihre entfernte Cousine völlig mit dem „fürchterlichen Milieu" ihrer Mutter brechen und vergessen solle, daß ihr Vater eine „Garnisonsehe" geschlossen habe. Aurora war von Herrn de Villeneuve, der sogleich nach Nohant kam, entzückt; er war liebenswürdig und heiter, und sie freute sich, ihn als Vormund zu haben.

Doch man hatte nicht mit dem Ungestüm Sophie-Victoires gerechnet. Als sie den Tod der Schwiegermutter erfuhr, machte sie sich mit ihrer Schwester, der Tante Lucie Maréchal, auf den Weg. Endlich stand Nohant ihr wieder offen! Aurora empfing sie voller Zärtlichkeit, und die ersten Liebkosungen waren überschwänglich. Dann gewannen die bösen Erinnerungen die Oberhand, und Frau Maurice Dupin machte ihrem Haß gegen die Verstorbene Luft. Solch ungehörige Schmähungen versetzten Aurora in Bestürzung; aber Kraft schöpfend aus ihren Vorsätzen zur Heiligkeit, setzte sie diesem Schwall nur Ruhe und Respekt entgegen. „Du verhältst dich vollkommen falsch", sagte die Tante zu ihr. „Man muß schreien und toben wie sie." Aber dem standen Auroras Prinzipien im Wege. Die Eröffnung des Testaments entfachte den Zorn der alternden Furie aufs höchste. Sie sei, so sagte sie, der natürliche und gesetzmäßige Vormund ihrer Tochter und werde auf dieses Recht niemals verzichten.

Aurora unterwarf sich widerstandslos. Gewiß empfand sie nicht mehr ihre ehemalige Schwärmerei für ihre Mutter; vor soviel Haß befiel sie ein Grauen; aber sie gehorchte aus einem Gefühl der Pflicht. Zumindest hoffte sie, Sophie-Victoire werde sie wieder ins Kloster der Englischen Augustinerinnen stecken oder aber sie in Nohant lassen; doch man nahm sie mit nach Paris. Vorher hatte sie Deschartres für seine Verwaltung eine Generalquittung erteilt, obwohl der arme „große Mann" ein sehr schlechter Verwalter und mit achtzehntausend Franken Pachtgeldern im Rückstand war. Zur größten Entrüstung ihrer Mutter, die als ihr Vormund auftrat, beteuerte Aurora, sie habe diese Gelder empfangen; sie dachte, Gott werde ihr diese Lüge schon vergeben.

In Paris wandten sich die Villeneuve von ihr ab. Sie fühlten sich einer anderen Gesellschaftsschicht zugehörig als „die Abenteurerin" und waren nicht willens, ihre Schmähungen zu ertragen, noch Aurora mit ihr zu teilen. Ihre Gleichgültigkeit brachte Aurora zum Weinen, denn sie hatte sie inzwischen liebgewonnen. Konnte sie aber „kindliche Ehrfurcht mit Füßen treten" und so Anlaß zu dem Glauben geben, sie erkenne „Kasten und eine von der Natur gegebene Ungleichheit" an? Dieses edelmütige Verhalten lieferte sie schutzlos der Tyrannei ihrer Mutter aus. Sophie-Victoire, mitten in den Wechseljahren, war hysterisch, grenzenlos mißtrauisch und wie eine Rasende. Sie konnte sich nicht mit dem Altern abfinden und suchte heftige Emotionen. Sie schwor, sie werde die „Duckmäuserei" ihrer Tochter schon brechen, riß ihr die Bücher aus den Händen und warf ihr vor, lasterhaft und verdorben zu sein. Wenn sie guter Laune war, fand sie ihre Verführungsgabe wieder, aber diese lichten Augenblicke waren selten. „Es ist wahr", sagte sie dann, „ich mache alle Welt rasend, wenn ich mich einmal daran gebe... Aber gegen meine Natur kann ich nicht an... Mein Kopf arbeitet zu sehr."

Im Frühjahr 1822 ärgerte sie sich bis zum Wahnsinn. Sie wollte Aurora zu einer Heirat zwingen; doch diese haßte allein den Gedanken an eine Ehe.

Auroras Tagebuch: Ich bewahrte bis zuletzt meine Kaltblütigkeit und meine Überlegenheit. Mein Gesicht war welk, meine Gesundheit zerrüttet... aber meine Willenskraft ungelähmt und fest wie eine eherne Mauer... Seit langem drohte man mir mit Gefangenschaft. Ich begnügte mich, zu antworten: „So schlecht könntet ihr nicht handeln!" Man versuchte mich zu erschrecken, indem man mich bis zur Schwelle des Gefängnisses führte... Nonnen kamen und öffneten ein Gittertor, und nachdem wir die engen und dunklen Gänge eines Klosters durchschritten hatten, öffnete man die Tür einer Zelle... und sagte mir dann: „Sie haben nach dem Kloster verlangt. Sie haben gehofft, Sie würden sich einer größeren Freiheit erfreuen, wenn Sie in dasjenige einträten, wo Sie erzogen wurden und all Ihre schlechten Prinzipien gelernt haben. Wir wissen recht gut, daß man Sie dort mit offenen Armen aufgenommen hätte. Man hätte über alle Ihre Fehler hinweggesehen, Ihr ganzes Verhalten entschuldigt und Ihr Betragen verheimlicht. Hier werden Sie besser aufgehoben sein. Das Kloster ist über Sie ins Bild gesetzt und vor Ihren schönen Redensarten auf der Hut. Halten Sie sich bereit, in dieser Zelle die dreieinhalb Jahre Ihrer Minderjährigkeit zu verbringen. Geben Sie sich nicht der Hoffnung hin, den Beistand der Gesetze erflehen zu können. Niemand wird Ihre Klagen vernehmen, und weder Ihre Verteidiger noch Sie selbst werden den Namen und den Ort Ihrer Zufluchtsstätte erfahren ..." Ob man nun vor einer so despotischen Handlung zurückschreckte und die Rache der Gesetze fürchtete oder aber nur die Absicht hatte, mir Furcht einzujagen – man verzichtete dann auf diesen Plan[30] ...

Welch eine Lehre für das naive junge Mädchen, das sich zu der Zeit, da es über Nohant regierte, für so stark und mächtig gehalten hatte! Sie entdeckte, daß eine Minderjährige buchstäblich eine Sklavin ist. Sie war krank; ihr Magen, unter der Einwirkung verbissener Wut, verweigerte jede Nahrung; sie hoffte, an Entkräftung zu sterben. Zum großen Glück wurde Sophie-Victoire diesen Kampf bald leid. Im April 1822 nahm sie Aurora für einige Tage zu einem ehemaligen Jäger-Obersten mit, einem früheren Waffengefährten Maurice Dupins. Er hieß James Roettiers du Plessis.

James und Angèle Roettiers du Plessis (vierzig und siebenundzwanzig Jahre alt) bewohnten in der Nähe von Melun das Gut Plessis. Beide waren gutmütige und offenherzige Menschen. Sie zogen fünf Kinder auf, in einem riesigen Park, wo Aurora, die Grün und Blumen nicht entbehren konnte, wenn auch nicht die Anmut von Nohant, so doch eine schöne Vegetation und den Anblick der ländlichen Arbeiten wiederfand. Nach einem Tag langweilte sich Sophie-Victoire und beschloß, abzureisen. Sie wechselte die Aufenthaltsorte wie die Farbe ihres Haares. Als Frau du Plessis sah, daß Aurora traurig darüber war, wieder nach Paris zurückkehren zu müssen, schlug sie vor, sie eine weitere Woche dazubehalten. Die Mutter willigte ein, vielleicht mit dem Hintergedanken, die unbeugsame Tochter zu kompromittieren; sie hatte gesehen, daß zahlreiche Offiziere nach Plessis kamen und das Leben dort sehr frei zu sein schien.

Das Ehepaar du Plessis gewann Aurora sogleich lieb; sie war die Freundin der Kinder und die Freude des Hauses geworden. Ihre Mutter schien sie vollständig vergessen zu haben. Sie behielten sie mehrere Monate bei sich, kleideten sie (denn sie hatte keine Garderobe mehr) und behandelten sie wie eine eigene Tochter. Sie vergötterte ihren „Vater James" und ihre „Mutter *Angel*". Die Landluft hatte ihr den Appetit wiedergegeben. Der Anblick dieser glücklichen Familie versöhnte sie mit dem Gedanken an eine Heirat. Es gab noch einen andern Grund, daß sie das Verlangen nach einem Beschützer empfand. Nach Plessis kamen, wie wir bereits sagten, viele junge Menschen aus dem Soldatenstande; und ihre Mutter hatte nicht verfehlt, sie ihnen „als eine originelle, inkonsequente junge Person, um nicht mehr zu sagen", zu schildern. Deshalb legten diese Männer eine zudringliche Keckheit an den Tag. „Frau

Angel, gut und edelmütig, besaß nicht genügend Überlegung, um mich vor den Gefahren zu schützen, die mich umgaben[30] ..." Aurora selber, lebhaft und unbesonnen, schien die Annäherungsversuche noch zu ermutigen, die sie in Wirklichkeit zur Verzweiflung brachten.

Traurig sann sie darüber nach, welch eine schwierige Stellung in der Welt doch die Frau hat, die kein Mann in Schutz nimmt, als eines Abends in Paris, da sie zusammen mit dem Ehepaar du Plessis auf der Terrasse des Cafés Tortini saß und Gefrorenes aß, Angèle zu ihrem Manne sagte: „Schau! Da ist Casimir." Ein junger zarter Mensch, sehr elegant, mit heiterem Gesicht und militärischer Haltung, kam heran, drückte ihnen die Hand und beantwortete die angelegentlichen Fragen nach dem Ergehen seines Vaters, des Obersten Baron Dudevant, der von der Familie sehr geliebt und geachtet wurde. Leise fragte er, wer das junge Mädchen sei, und erinnerte sich, daß sein Vater der Freund des Obersten Dupin gewesen war. Auch Aurora erkundigte sich nach dem jungen Manne. Er war der natürliche und dann anerkannte Sohn eines Barons aus dem Kaiserreich und einer Dienstmagd, Augustine Soulès. Seine Familie besaß siebzig- bis achtzigtausend Pfund Renten und ein Gut in der Gascogne, in Guillery. Einige Tage später kam Casimir Dudevant nach Plessis und beteiligte sich als guter Kamerad an den Spielen der Kinder. Er schien ein besonderes Interesse an Auroras Situation zu nehmen und gab ihr nützliche Ratschläge.

Du warst dieser gute, anständige, selbstlose Beschützer, der mit mir überhaupt nicht von Liebe sprach, der überhaupt nicht an mein Vermögen dachte und der versuchte, mich mit weisen Ratschlägen über die Gefahren aufzuklären, von denen ich bedroht war. Ich wußte dir Dank ob dieser Freundschaft; schon bald betrachtete ich dich als einen Bruder; ich ging mit dir spazieren, verbrachte ganze Stunden mit dir; wir spielten zusammen wie Kinder, und niemals hatte irgendein Gedanke an Liebe oder eine eheliche Verbindung unser unschuldsvolles Verhältnis getrübt. Zu jener Zeit schrieb ich an meinen Bruder: „Ich habe hier einen Kameraden, den ich sehr gern mag, mit dem ich umhertolle und lache wie mit dir." Du weißt, wie unsere gemeinsamen Freunde uns den Gedanken, einander zu heiraten, in den Kopf setzten. Unter denen, die man mir anbot, war P... mir unerträglich, C... widerwärtig, mehrere andere waren reicher als du. Du warst gut, und dies war in meinen Augen das einzige wirkliche Verdienst. Da ich dich alle Tage sah, lernte ich dich immer besser kennen; ich lernte alle deine Vorzüge schätzen, und niemand liebte dich zärtlicher als ich[30] ...

Sie meinte es aufrichtig. In ihrem grünen Notizbuch vermerkte sie: „Unerhörtes Glück" und „Unaussprechliche Freude". Es war süß, endlich einen zuverlässigen Freund zu haben. Sie fand ihn nicht schön; Casimirs Nase war ein wenig lang; aber sie verbrachte mit Vergnügen ganze Stunden mit ihm. Wie jedes junge Mädchen, das sich vereinsamt fühlt, wurde sie vom „Spiegel der Mannheit" gefesselt. Dieser neue Bewerber gefiel ihr in besondrer Weise dadurch, daß er sie selbst um ihre Hand bat, noch vor jedem offiziellen Schritt seitens der Eltern. Zudem glaubte sie gewiß zu sein, daß er sie nicht um ihres Geldes willen heiratete. Eines Tages würde er reicher als sie sein. In Wirklichkeit war die finanzielle Seite gar nicht so einfach. Casimir, zwar einziger Sohn, aber natürliches Kind, besaß keinen Rechtsanspruch auf die Erbschaft seines Vaters. Dieser gab ihm bloß sechzigtausend Franken Mitgift und vermachte alle seine Güter an die Baronin Dudevant, seine Gattin, mit der Verpflichtung für sie, den Familienbesitz an Casimir zu vererben. Trotzdem wohnte Casimir Dudevant als Junggeselle im väterlichen Hause; wenn er heiratete, würde er in Nohant eine eingeschränktere Lebensführung hinnehmen müssen. Man konnte ihn daher nicht beschuldigen, aus Eigennutz eine Ehe zu schließen, wenn er Aurora heiratete.

Dennoch ließ die argwöhnische Sophie-Victoire nicht eine so günstige Situation vorübergehen, ohne ihre Macht spüren zu lassen. Sie war von der schönen Gestalt, dem distinguierten Verhalten und der Güte des alten Obersten eingenommen worden. „Ich habe zugestimmt", vertraute sie ihrer Tochter an, „aber nicht auf eine Weise, daß ich mein Wort nicht wieder zurücknehmen könnte. Ich weiß noch nicht, ob der Sohn mir gefällt. Schön ist er nicht. Ein schöner Schwiegersohn wäre mir lieber gewesen." Vierzehn Tage später traf sie unverhofft in Plessis ein. Sie behauptete, entdeckt zu haben, daß Casimir ein Abenteurer wäre und Kaffeehauskellner gewesen sei! Wer nur hatte ihr solche Narrheiten erzählt? Aurora kam schließlich zu der Überzeugung, daß sie so etwas geträumt hatte. Dann verlangte die Mutter die Gütertrennung, was ihre Tochter als eine Beleidigung für Casimir ansah. Die Heirat wurde dadurch in Frage gestellt, von neuem beschlossen, von neuem aufgegeben. So ging es weiter bis zum Ende des Sommers. Frau Dupin konnte sich nicht an die Nase Casimirs gewöhnen und ließ an ihm ihrer Tochter gegenüber kein gutes Haar. Endlich, am 10. September 1822, wurde die Hochzeit gefeiert, und die Neuvermählten brachen nach Nohant auf, wo Deschartres sie voller Freude empfing.

ZWEITER TEIL

Frau Dudevant

> *Die Sinnenlust liegt weit unter der*
> *Liebe, und vielleicht ist sie nicht*
> *einmal der Weg zur Liebe.*
>
> ALAIN

I

EIN EHELEBEN

Es war ein seltsames Gefühl, wieder in Nohant zu sein und dort
mit einem Manne das große Bett in Form eines an den vier Ecken
mit Federbüschen geschmückten Leichenwagens zu teilen, das bisher
das Bett von Frau Dupin de Francueil gewesen war. Aber Aurora
wollte das Glück in der Ehe finden. „Ich war damals keusch", sagte
sie später. Ja, sie war keusch und noch völlig durchtränkt von klö-
sterlicher Moral.

Aurora Dudevant an Émilie de Wismes: Wenn zwei Menschen
miteinander eine Ehe eingehen, so muß, glaube ich, einer von
ihnen vollkommen auf sein eigenes Ich verzichten, und nicht
nur auf seinen Willen, sondern auch auf seine eigene Meinung; er
muß sich entschließen, mit den Augen des andern zu sehen und
das zu lieben, was er liebt ... Welch eine Marter, welch bitteres
Leben, wenn man sich mit jemandem verbindet, den man verabscheut! ... Aber auch welcher Born unerschöpflichen Glückes,
wenn man dem gehorcht, den man liebt. Jedes Entsagen ist ein
neues Vergnügen; man bringt zugleich Gott und der ehelichen
Liebe ein Opfer dar, und man tut zugleich seine Pflicht und ge-
staltet sein Glück ... Man muß seinen Gatten sehr, sehr lieben,
um dahin zu gelangen und es zu verstehen, daß der Honigmond
nie ein Ende nimmt. Wie du habe auch ich bis zu dem Augenblick,

da ich mich mit Casimir verband, eine sehr schlechte Meinung von der Ehe gehabt, und wenn ich sie geändert habe, so geschieht es nur in Hinsicht auf meine eigene Ehe[1] . . .

War sie vollkommen aufrichtig? Gesteht eine junge Frau einem jungen Mädchen jemals eine Enttäuschung? In Wahrheit wußte Aurora selbst nicht klar, woran sie war. Sie hatte im September geheiratet, und schon Anfang Oktober fühlte sie sich schwanger und trat in jenen Zustand seliger Erschlaffung ein, der eine Begleiterscheinung normaler Schwangerschaften ist. Der Stolz macht jeden Mann, wenn er nicht gerade ein Ungeheuer ist, gegenüber einer Frau, die von ihm ein Kind erwartet, zuvorkommend und gut. In jenem Winter 1822–1823 war Casimir sehr zart und aufmerksam. Er beauftragte Caron, seinen Pariser Geschäftsfreund, mit hunderterlei Besorgungen für Aurora. Sie wollte die Lieder von Béranger haben: „Verfehlen Sie nicht, diesen Auftrag nur ja durchzuführen, denn es ist das Verlangen einer schwangeren Frau, und wehe Ihnen, wenn meine Frau nicht zufrieden ist . . ." Sie wünschte sehnlichst Naschwerk: „Sie hat danach ein rasendes Verlangen, und wenn Sie nicht daran denken, ihre Naschhaftigkeit zu befriedigen, wäre sie imstande, sich auf Sie zu stürzen; daher rate ich Ihnen, lassen Sie sich überzuckern wie eine Zedratfrucht[1] . . ."
Man sieht, der Humor Herrn Dudevants war plump und ziemlich vulgär. Seine Frau beklagte sich darüber nicht. Ihr mißfielen zotige Reden; plumpe Späße amüsierten sie. Erschlafft durch ihren Zustand, verzichtete sie ohne Bedauern auf Lektüre und jedes geistige Leben. Draußen schneite es. Casimir, ein begeisterter Jäger, verbrachte seine Tage auf den Feldern und in den Wäldern. Aurora erging sich in Träumereien, spähte nach den ersten Zuckungen ihres Kindes und nähte eine Säuglingsausstattung. Niemals in ihrem Leben hatte sie geschneidert und genäht. Sie gab sich dieser Tätigkeit mit einer gewissen Leidenschaft hin und war erstaunt, als sie sah, wie leicht das war und welche „Meisterschaft und Erfindungsgabe" in der Handhabung der Schere liegen konnte. Ihr ganzes Leben lang sollte sie sich unwiderstehlich zu diesen Nadelarbeiten hingezogen fühlen, die die Unruhe ihres Geistes linderten.
Der alte Deschartres, in kornblumenblauem Leibrock mit goldenen Knöpfen, wohnte bei dem jungen Ehepaar. Casimir, sehr entgegenkommend, ließ ihn in Nohant schalten und walten, wartete aber voller Ungeduld auf den Augenblick, da der „große Mann" sich zur Ruhe setzen würde. Unter der Leitung des früheren Hauslehrers brachte das Gut nicht viel ein, und die Einkünfte des jungen Paares überstiegen kaum fünfzehntausend Franken. Davon wollte

Aurora dreitausend Franken jährlich ihrer Mutter und außerdem einigen alten Dienern Pensionen geben. Was übrig blieb, erlaubte gerade eine bescheidene Lebensführung. Der Winter „verfloß indessen wie ein Tag", ausgenommen sechs Wochen, die Aurora auf Deschartres' Anordnung hin untätig im Bett verbringen mußte. Es war das erstemal, daß solches bei ihr vorkam. Man bedeckte ihr Bett mit einem grünen Tuch; in den Zimmerecken brachte man große Tannenzweige an, und so lebte sie in diesem Lustwäldchen, umgeben von Finken, Rotkehlchen und Spatzen. Der Enkelin des Vogelhändlers gefiel es in dieser poetischen Gesellschaft.

Als die Zeit der Entbindung nahte, reiste sie mit ihrem Mann nach Paris und ließ sich in einem möblierten Appartement nieder, im *Hôtel de Florence* in der Rue Neuve-des-Mathurins. Dort kam am 30. Juni 1823 ohne Schwierigkeiten Maurice Dudevant zur Welt, ein schwerer und sehr lebhafter Junge. Deschartres, der sich alsdann zur Ruhe setzte, kam, um sich den Neugeborenen anzusehen. Steif und ungelenk, wickelte er das Kind aus den Windeln und betrachtete es überall, „um zu sehen, ob es nichts zu kritisieren gäbe". Dann verabschiedete er sich mit gespielter Frostigkeit, die in seiner Art lag. Die junge Mutter, vernarrt in ihren Sohn, beschloß, ihn selbst zu nähren. Sophie-Victoire stimmte ihr bei. *Frau Maurice Dupin an Frau Dudevant:* „Du willst also selbst stillen. Das ist gut so; es liegt in der Natur und gereicht dir zum Lobe..." Aber sie hatte manches an ihrem Schwiegersohn auszusetzen, der seine Frau von ihr fernhielt, da er den Einfluß dieser unbesonnenen und unmoralischen Frau fürchtete. „Warum schiebt man mich beiseite? Hätte ich sie nicht zur Welt gebracht, dann hätte er ihr kein Ebenbild von sich zeugen können[1]..."

Durch die Abdankung Deschartres' war Casimir Verwalter von Nohant geworden, und so mußte das Paar den Herbst und den Winter dort verbringen. Der neue Gebieter änderte alles, wie es die Art neuer Gebieter ist. Unter dem Gesinde trat mehr Ordnung ein und gab es nunmehr weniger Mißbrauch; die Alleen des Parks wurden besser gejätet und besser unterhalten. Casimir hatte die alten Gäule verkauft und die alten Hunde getötet. „Nohant war verbessert, aber auf den Kopf gestellt." Der Erbin des Gutes flößten diese Umänderungen eine unerklärliche Melancholie ein. In diesem tadellos geharkten Park fand sie nicht mehr die „dunklen und verlassenen Winkel, in denen sie den Träumereien ihrer Jungmädchenzeit nachgegangen war". Immerhin war sie in Nohant zu Hause, und es war ihr schmerzhaft, daß sie kein Wort mehr mitzureden hatte. Hatte sie sich vom Familienzwang nur befreit, um die Sklavin eines Ehemannes zu werden? Sie entdeckte, daß sich das Gesetz

den Frauen gegenüber als hart erwies. Das geringste ihrer Rechts-
geschäfte bedurfte der Genehmigung des Ehemannes. Ehebruch der
Frau wurde mit Zuchthaus bestraft, der Ehebruch des Mannes aber
geduldet. Als junges Mädchen hatte Aurora die Gewißheit und den
Frieden erhofft, den ein Glaube verleiht. Die schlüpfrigen Reden
Casimirs und seiner Gefährten, Krautjunkern aus der Nachbarschaft, zeigten ihr zur Genüge, daß eine solche mystische Liebe nicht
deren starke Seite war.

Als sie aus ihrer Erstarrung erwachte, fand sie Vergnügen daran,
ihre Bücher wieder aufzuschlagen.

Aurora Dudevant an Émilie de Wismes: Ich lebe ständig in der
Einsamkeit, falls man sich für einsam halten kann, wenn man
aufs engste mit einem Gatten zusammenlebt, den man anbetet.
Während er auf der Jagd ist, arbeite ich, spiele mit meinem kleinen Maurice oder lese. Augenblicklich lese ich wieder die *Essays*
von Montaigne, meinem Lieblingsautor... Mein lieber Casimir
ist der tätigste aller Männer. Kaum kann ich abends eine oder
zwei Lektürestunden von ihm erlangen. Aber irgendwo habe ich
gelesen, um einander vollkommen zu lieben, müsse man *gleich-
artige Grundsätze mit entgegengesetzten Geschmacksrichtungen
haben*[1] ...

Wenn entgegengesetzte Geschmacksrichtungen Unterpfänder des
Glücks gewesen wären, hätte sie sehr glücklich sein können. Sie
versuchte, ihrem Mann Bücher in die Hand zu drücken; vor
Langeweile und Schlafbedürfnis ließ er sie zu Boden fallen. Sie
sprach mit ihm über Dichtung und Moral; er kannte nicht die Autoren, über die sie sich mit ihm unterhielt, und nannte sie eine überspannte Irre. Wenn sie ihm ihre Gemütsbewegungen, ihre Herzensängste und religiösen Gefühle schilderte, zuckte er die Achseln und
sagte, solche Überspanntheit sei „die natürliche Folge eines galligen
Temperaments, gemildert durch eine zufällig neuralgische Anlage".
Sie versuchte, ihn für Musik zu interessieren; die Klänge des Klaviers trieben ihn in die Flucht. Er fand Gefallen nur an Treib-
jagden, Saufgelagen und der Lokalpolitik.

Es kommt vor, daß Sinnenlust Ehen zusammenkittet, die weder
der Verstand noch das Herz begreifen. Sie schenkt ihnen *Nächte,
die für die Tage eine Tröstung sind.* Aber auch hier war die Enttäuschung tiefgehend gewesen. Durch ihre Lektüre hatte sich Aurora
auf eine gefühlvolle Liebe eingestellt; die körperliche Liebe war
ihr eine Überraschung gewesen, ohne ihr Erfüllung zu geben. Bei
der Frau ist die Sinnenlust ein Ausfluß der Phantasie. Ihr ist es ein

Bedürfnis, vor allem bei ihrem ersten Versuch, zu fühlen, daß sie geliebt wird, und auch, ihren Liebespartner zu bewundern. Ein Mann von der Art Casimirs, egoistisch und sinnlich, erwartet, daß die fügsame Hausfrau des Tages sich im Dunkel des Alkovens plötzlich in eine verzückte Geliebte verwandelt. Dies konnte nicht geschehen und geschah auch nicht. „Die Ehe ist nur vor der Heirat angenehm", sagte sie. Casimir wiederum fand sie äußerst kalt: „Meinen Umarmungen entziehst du dich", sagte er zu ihr, „und doch scheint deine Sinnlichkeit völlig normal zu sein[2]."

Es waren Streitigkeiten, die nicht lange anhielten. Sie fuhr fort, weiter die gediegenen Vorzüge ihres Mannes zu rühmen. Er war anständig, der Zuneigung fähig und ein ausgezeichneter Vater. Als gute Kameraden unterzeichneten die beiden Eheleute ihre Briefe gemeinsam mit: *Die beiden Casimir.* Wenn Dudevant eine Reise antrat und sie ihn nicht begleiten konnte, schrieb sie zärtliche Briefe. Aus der Ferne verwandelten die Briefe von neuem den grobsinnlichen Gatten in jenen Geliebten ohne Fleisch und Blut, von dem die Jungfrau früher einmal geträumt hatte.

Casimir an Aurora: Ich bin gerade aufgestanden, und mein erster Gedanke gilt meinem Liebling... Adieu, guter kleiner Engel, ich drücke dich an mein Herz und küsse dich vieltausendmal auf jede deiner reizenden Wangen, um dich für die Tränlein zu entschädigen, die aus deinen angebeteten Augen hervordringen...

Du bist sehr böse auf mich, mein Liebling, daß ich dir aus Paris nicht geschrieben habe. Ich habe keinen Augenblick Zeit gehabt, wie ich es dir in meinem Brief aus Châteauroux bemerkte. Ich bin sehr gerührt wegen des Kummers, den du über meine Abwesenheit verspürst. Sei überzeugt, daß ich ihn wirklich aufrichtig teile, und bei meiner Rückkehr werde ich so reizend sein und dich für deinen Kummer entschädigen, ja, mein kleiner Engel... Warum vergnügst du dich nicht, mein guter kleiner Engel? ... Ich zähle die fern von dir verbrachten Augenblicke und Minuten. Leb wohl, mein Liebling. Ich drücke dich an mein Herz und das arme kleine Baby auch[1].

Abends in Nohant spielten die beiden Casimir Pikett; die Gewinne wurden in einen Spartopf getan und waren für den Kauf einer Gänseleberpastete bestimmt. Oder aber Aurora bestellte bei Caron „vier kleine Dosen Korallenpulver für die Zähne, eine Flasche Rosenöl, eine mit Rum für Casimir, des weiteren eine Elle doppeltbreiten Levantinestoffs, um daraus eine nahtlose Schürze zu machen, Flaschen mit Aprikosen, die in Branntwein eingelegt waren", sowie eine Gitarre.

Das normale Leben einer jungen Schloßherrschaft, so schien es. Eines Morgens im Frühjahr 1824 aber war Aurora beim Frühstück „plötzlich in Tränen aufgelöst". Casimir wurde wütend, denn kein unmittelbarer Anlaß zu einem Ärger erklärte diesen Verzweiflungsausbruch. Sie entschuldigte sich, gestand, daß sie häufig von Ängsten befallen wurde und wohl von schwachem und wirrem Verstande sei. Zweifellos wirke dieses Haus, das noch voller Erinnerungen an ihre Großmutter steckte, niederdrückend auf sie, meinte Casimir. Übrigens gefiel es ihm selber hier nicht. Sie trafen mit ihren Freunden eine Vereinbarung, um einige Zeit als zahlende Gäste nach Plessis zu gehen.

Dort, in dieser jungen und munteren Umgebung, wo man Komödie spielte, wo zahlreiche junge Mädchen lebten, fand Aurora ihre Heiterkeit wieder. Sie glänzte, und da die Männer seine Frau bewunderten, legte Casimir einige Eifersucht an den Tag. Es muß gesagt werden, daß Aurora in aller Unschuld eine geborene Kokette war. Ihre schönen Augen, ihre anregende Unterhaltungsgabe verdrehten gar manche Köpfe; und sie fand Gefallen daran. Ihr Mann, voller Unruhe, wurde ausfallend. Als sie sich eines Tages wie ein Kind anstellte und mit Sand warf, von dem einige Körner in die Kaffeetassen fielen, befahl er ihr, damit aufzuhören; sie bot ihm die Stirn und warf eine weitere Handvoll Sand. Diese öffentliche Kränkung seiner Würde als Ehemann verletzte ihn aufs tiefste, und er gab ihr eine leichte Ohrfeige. In diesem Augenblick schien der Zwischenfall wenig Eindruck auf sie zu machen. Als ihr Mann nach Nohant fuhr, um dort nach dem Rechten zu sehen, schrieb sie ihm ebenso zärtlich wie früher.

Aurora an Casimir, 1. August 1824: Wie traurig ist es doch, mein guter kleiner Engel, dir schreiben zu müssen, statt mit dir plaudern zu können, dich nicht mehr bei mir zu haben und zu denken, daß es heute erst der erste Tag ist. Wie lang kommt er mir vor und wie fühle ich mich allein! Ich hoffe, daß du mich nicht oft verlassen wirst, denn das bereitet mir sehr viel Kummer, und daran werde ich mich niemals gewöhnen. Ich weiß nicht, was ich heute abend anfange, so müde und betäubt bin ich von allem Weinen. Beunruhige dich indessen nicht allzu sehr, mein Engel; ich werde all mein möglichstes tun, um nicht krank zu werden, und unser lieber Kleiner auch nicht. Aber Tage wie den heutigen möchte ich nicht allzu oft haben! Ich kann nicht dagegen an, von neuem zu weinen, wenn ich an den Augenblick denke, da du von mir gingst . . . Ach, wäre es doch schon Samstag, da du wieder zurückkommst! . . . Gute Nacht, mein Schatz, mein guter kleiner Liebling. Ich gehe jetzt schlafen und werde weinen, ganz allein in meinem Bett . . .

Le Plessis, Donnerstag, 19. August 1824: Bibi weckt mich auf, jetzt da ich nicht mehr meinen Engel da habe, der meinen Schlaf bewacht . . . Wenn du zurück sein wirst, werde ich in deinen Armen schlafen, fest wie ein Klotz. Dein Sohn ist vollkommen ausgelassen . . . Noch niemals ist mir eine Trennung von dir so lang vorgekommen, und ich habe nur die eine Sehnsucht und das eine Verlangen, wieder bei dir und in deinen Armen zu sein. Ich möchte auch so gerne, daß du zum Ball am Sankt-Ludwigs-Tage wieder zurück wärest; ich habe dafür prachtvolle Vorbereitungen getroffen, mir nämlich ein entzückendes Kleid aus dem Krepp gemacht, den Caron mir geschickt hat. Dennoch denke ich, daß du, falls du Montag abreist, Mittwoch sehr ermüdet und für den Ball nicht in rechter Stimmung eintreffen wirst. Vielleicht tust du um deinetwillen gut daran, erst am Dienstag von Nohant fortzufahren. Sieh zu, mein Engel, überleg es dir . . . Leb wohl, mein Engel, mein Liebling, mein Leben. Ich liebe dich, ich bete dich an, ich küsse dich von ganzem Herzen, ich drücke dich vieltausendmal in meine Arme . . .

Juni 1825: Elf Uhr abends. Ich liege in meinem Bett und bin darin ohne dich . . . Vergangene Nacht habe ich gefroren, und das hat mir weh getan. Ich erwarte den Freitag voll Ungeduld[1].

Man darf all das, was da geschrieben steht, nicht buchstäblich nehmen. Der Ton, den Frau Dudevant in ihren Briefen anschlug, war zum Teil dazu bestimmt, ihrem Herrn und Gebieter zu schmeicheln. In Wirklichkeit fürchteten alle beide jetzt das vertraute Beieinandersein in Nohant. Sie gestanden es sich nicht und gingen in gemeinsamer, stillschweigender Übereinstimmung jeglicher Auseinandersetzung aus dem Wege. Sie bemühte sich, die Dinge mit den Augen ihres Mannes zu sehen, und tat sich, um dahin zu gelangen, Gewalt an. Hieraus ergab sich eine Unzufriedenheit mit sich selbst und allen Dingen. Wo aber sollten sie leben? In Paris? Ihre Einkünfte hätten hierzu nicht ausgereicht. Sie mieteten ein Gartenhaus in Ormesson. Diese melancholische Landschaft von Gärten und hohen Bäumen hatte Charakter. Aurora fühlte sich dort wohl und verließ nach einem Streit Casimirs mit dem Gärtner diese Abgeschiedenheit nur mit Bedauern. Da die traurige Stimmung, niederdrückend und unerklärlich, wiederkehrte, suchte sie ihren ehemaligen Beichtvater auf, den Abbé de Prémord.

Er hatte sich sehr verändert. Seine Stimme war so schwach, daß sie ihn kaum verstand. Dennoch fand er seine sanfte Beredsamkeit wieder, um sie zu trösten. „Er machte mir klar, daß diese Melancholie, der ich mich hingab, der gefährlichste Seelenzustand war, daß sie die Seele schlechten Eindrücken öffnete und zur Schwachheit geneigt machte. Wie glücklich wäre ich gewesen, wenn ich seine Ratschläge hätte befolgen und meine Heiterkeit und meine Zuversicht hätte wiederfinden können[1]! . . .“ Dem Abbé de Prémord gelang es nicht, sie ihr wiederzugeben. Allzu intelligent, allzu tolerant, allzu menschlich, konnte der alte Jesuit nicht ein Leiden heilen, das er viel zu gut begriff. Aurora war begierig nach einem unbedingten Glauben. Das irdische Leben verweigerte ihr, was sie von ihm erhofft hatte; gerne hätte sie sich in die Gewißheiten ihrer Jungmädchenzeit geflüchtet. Der Abbé riet ihr, eine Zeitlang in ihrem alten Kloster Zuflucht zu suchen. Die Oberin, Madame Eugénie, willigte ein. Auch Casimir war einverstanden. „Mein Mann war in keiner Weise religiös, hielt es aber für richtig, daß ich es wäre.“ Zweifellos hoffte er, ein Glaube, den er nicht teilte, werde seine Frau beruhigen und auch ihm den Frieden geben. Die Nonnen waren gut und mütterlich. Aurora betete jeden Tag in der Kirche, wo sie den Anruf Gottes vernommen hatte. Hatte sie nicht ein Unrecht begangen, die Welt zu erwählen, in der sie nicht glücklich war? „Sie haben ein entzückendes Kind“, sagte ihr die gute Mater Alicia, „das ist alles, was für Ihr Glück in dieser Welt nötig ist. Das Leben ist kurz.“ Aurora dachte, daß das Leben für die Nonnen kurz sei, lang aber für diejenigen, deren Gefühle und deren Glut aus jedem Tag eine Welt der Schmerzen und der Beschwerlichkeiten machen. Sie gestand religiöse Zweifel. „Ach was!“ sagte Mater Alicia von ihr, „im Grunde liebt sie Gott, und Er weiß es.“ Ziemlich schnell wurde Aurora wieder von dem wunderbaren Frieden des Klosters erfaßt, und sie verspürte die Versuchung, ihren Aufenthalt zu verlängern. Aber es war dort kalt, und sie war empfindlich gegen Kälte; dann rief eine Erkrankung ihres Kindchens sie nach Hause. Winzige Dinge bestimmen so große Entscheidungen.

II

PLATONISCHE LIEBE

„Die Mutterschaft hat unaussprechliche Wonnen, aber man muß
sie, sei es durch die Liebe, sei es durch die Ehe, zu einem Preise er-
kaufen, den anzulegen ich niemandem anraten werde." Dieser Preis
war die Hingabe ihres Körpers. Es graute Aurora vor der fleischlichen Verbindung. Später wagte sie zu beschreiben, was sie in den
ersten Monaten ihrer Ehe empfunden hatte. Als ihr Bruder Hippolyte im Jahre 1843 seine Tochter Leontine verheiratet, warnt
Aurora ihn vor einer Gefahr, die sie gut kennt:

> Verhindere, daß dein Schwiegersohn in der Brautnacht brutal
> mit deiner Tochter umgeht, denn viele organische Leiden und
> schmerzhafte Niederkünfte haben bei zartbesaiteten Frauen keine
> andre Ursache. Die Männer wissen nicht genügend, daß dieses
> Vergnügen für uns eine Marter ist. Sag ihm also, er solle sich mit
> seiner Sinnenlust ein wenig zurückhalten und so lange warten,
> bis seine Frau durch ihn allmählich so weit gebracht ist, sie zu
> begreifen und zu erwidern. Nichts ist abscheulicher als der
> Schrecken, die Qual und der Abscheu eines armen Kindes, das
> von nichts weiß und sich nun von einem Rohling vergewaltigt
> sieht. *Wir erziehen sie wie Heilige, dann aber geben wir sie wie
> Stutenfüllen preis*[1]. . .

Aurora hatte sich in ihrer Jugend hehren Träumen einer Liebe
à la Rousseau hingegeben; daher konnte sie nicht wieder zu so
plumpen Begierden hinabsteigen. Das Ehebett ist ein rauhes Gelände der Wahrheit, wo sich die Exaltierte plötzlich verloren fühlt.
Für Casimir, der ein völlig unkomplizierter Mensch war, bedeutete
der Liebesakt etwas Natürliches; er besaß die Erfahrungen eines
Junggesellen mit lockeren Sitten; er hoffte, bei seiner Frau mühelos
angenehme Gefühle hervorzulocken, denen ähnlich, die er so leicht
empfand. Damit scheiterte er, und lange Zeit blieb dies ihm verborgen. Aurora nahm es auf sich, Wonnen zu verschenken, an denen
sie nicht teilhaben konnte; wenn er aber sorglos und wie ein Klotz
einschlief, weinte sie noch lange in der Nacht. „Die Begierden der
Wollust werden für sie zur Tantalusqual. Sie sind das erquickende

und erfrischende Wasser, worin sie völlig eingetaucht ist, ohne in ihm ihren Durst löschen zu können; sie sind die köstliche Frucht, die an einem Aste hängt, aber ihre Arme können sie nicht erreichen, um ihren Hunger zu stillen. Die Liebe allein gibt das wahre Leben; sie empfindet sie nicht, möchte sie aber um jeden Preis empfinden[3]."

In solchen Ausweglosigkeiten haben sich andre Frauen einen Geliebten gesucht. Aurora bewahrte viel Zuneigung für ihren Mann; sie wünschte ihn glücklich zu machen, ihm zu dienen, ihrer beider Leben miteinander zu verschmelzen. Aber er schien den Schätzen, die sie verschwendete, keinerlei Wert beizumessen.

Mit neunzehn Jahren, befreit von wirklicher Sorge und wirklichem Kummer, verheiratet mit einem ausgezeichneten Mann, Mutter eines schönen Kindes, umgeben von allem, was meinen Neigungen entgegenkommen konnte, war ich dennoch des Lebens überdrüssig. Ach, dieser Seelenzustand ist leicht zu erklären. Es kommt ein Alter, da man das Bedürfnis hat zu lieben, ausschließlich zu lieben. Alles, was man unternimmt, muß sich dann auf den geliebten Menschen beziehen. Man will für ihn allein anmutig sein, seine Gaben nur für ihn aufbringen. Du wurdest der meinen nicht gewahr. Meine Kenntnisse waren nutzlos, denn du nahmst an ihnen nicht teil. Ich sprach all dies nicht mit Worten aus, aber ich fühlte es; ich drückte dich in meine Arme; ich ward von dir geliebt, und dennoch fehlte etwas, dem ich keinen Ausdruck geben konnte, meinem Glück[2] ...

Dies war es, dem sie Ausdruck zu geben wünschte. Sie wagte es erst nach einem kleinen Ehedrama.

Die Schwangerschaft, die Niederkunft und die Festlichkeiten anläßlich des ersten Kirchgangs der Wöchnerin hatten die Auseinandersetzung verschoben; die Rückkehr nach Nohant, im Jahre 1825, zeigte, daß sich dort das Leben nicht glücklicher gestalten würde. Aurora klagte über Herzklopfen und Kopfschmerzen; sie hustete und glaubte, schwindsüchtig zu sein. Casimir, verzweifelt und der Überzeugung, daß diese Leiden eingebildet waren, sagte ihr, sie sei „stupide, blöd". Eine traurige Nachricht trug dazu bei, Frau Dudevant vollends niederzudrücken. Ihr alter Deschartres war in Paris gestorben. Dieser ideenreiche, schulmeisterliche, allzu selbstsichere Mann hatte spekuliert und Unbekannten Gelder geliehen. Ruiniert und zu stolz, um sich zu beklagen, hatte er den Tod der Stoiker gewählt. Sophie-Victoire, die ihn haßte, frohlockte: „Endlich ist Deschartres nicht mehr auf dieser Welt!" Durch den Verlust ihres „großen Mannes" fühlte sich Aurora noch mehr verwaist. Wer blieb ihr noch ergeben? Ihr Bruder Hippolyte? Er war ein Tölpel in der Art Casimirs, ein Genußmensch, der nur den Wein und die Frauen liebte. Er hatte sich unverhofft mit Émilie de Villeneuve verheiratet und bewohnte nun das Schloß Montgivray, ganz in der Nähe von Nohant. Ein liebenswürdiger Nachbar zwar, aber die Trunksucht sollte „das Grab dieser entzückenden Intelligenz" sein. Und Sophie-Victoire schrieb eigentlich nur, um sich zu beklagen – oder sich zu brüsten.

Frau Maurice Dupin an Aurora Dudevant: Sie haben sich, meine Tochter, an dem Tag verheiratet, da Ihr Vater zu Grabe getragen worden war; Sie haben sich an seinem Namenstage, dem Sankt-Moritz-Tage, belustigt, und ich glaube, daß Ihre Mutter, die nicht glücklich ist, Ihren Gedanken fern war. Versuchen Sie, eine bessere Gattin, eine gute Schwester und eines Tages eine gute Mutter zu werden, wenn Sie auch keine gute Tochter sind ...

Welch ein häßlicher Fehler ist doch die Eifersucht! Zum Glück kenne ich sie nicht mehr, aber darum bin ich nicht fröhlicher, und ich würde nicht böse sein, wenn ich noch in dieser schönen Zeit wäre. Sofern ich Lust dazu bekäme – ach, mein Gott! was sage ich da? In meinem Alter! Los, Aurora, halte deiner Mutter eine Moralpredigt. Und das nennt man von der Ehe reden ...

6. Januar 1824: Ich habe die Pension für die drei Monate und die erheiternden vier Seiten bekommen, die mich zum Lachen gebracht haben, auch den Neujahrsbrief, der mir soviel Vergnügen gemacht hat ... Meine Adresse ist: *Hôtel de la Mayenne,* Rue Duphot Nr. 6. Frage nach Madame de Nohant-Dupin[4] ...

Das Kind aus dem Volke erwählte sich den Namen einer alten Komtesse! In dieser moralischen Verlassenheit war es für Aurora eine Freude, als zwei Klosterfreundinnen, Jane und Aimée Bazouin, und deren Vater sie in Nohant besuchten. Diese jungen Mädchen sollten im Juni nach Cauterets reisen; Casimir wollte den Sommer in Guillery bei seinem Vater verbringen. Man vereinbarte, daß sich die Dudevant eine Zeitlang in den Pyrenäen aufhalten sollten, bevor sie sich nach der Gascogne begaben. „Leb wohl, Nohant", schrieb Aurora, „ich sehe dich vielleicht nicht mehr wieder." Sie hielt sich für sterbenskrank; und doch litt sie an keiner andern Krankheit als an einem heftigen Verlangen nach Liebe. Casimir versuchte manchmal in seiner ungeschickten Art, sie zu trösten, aber er hatte Augenblicke mürrischer Laune und der Ungeduld. Auf der Durchreise machte er in Périgueux seiner Frau eine heftige und ungerechte

Szene; sie streifte lange durch die alten Straßen und weinte sehr. Endlich tauchten die schwarzen Berge von Marmor- und Schiefergestein auf. Ein Abgrund, in dessen Tiefe ein Gießbach tobte, zog sich dahin. „All dies erschien mir schrecklich und herrlich zugleich."

In Cauterets drückte sie Jane und Aimée in ihre Arme. Sie bewohnten ein Logierhaus von primitiver Schlichtheit und mit maßlos hohen Preisen. Schon gleich am folgenden Tage brach Casimir zur Jagd ins Gebirge auf: „Er schießt Gemsen und Adler. Um zwei Uhr in der Frühe steht er auf und kehrt spät am Abend zurück. Seine Frau beklagt sich darüber. Er scheint nicht vorauszusehen, daß eine Zeit kommen kann, da sie sich darüber freuen wird[5]..." In Cauterets wehte ein rebellischer Wind. Aurora hatte sich mit einer jungen Bordelaiserin befreundet, mit Zoé Leroy, die ihre Vertraute, also die natürliche Feindin ihres Ehemannes, geworden war. Frau Dudevant vermerkte in ihrem Tagebuch: „Die Ehe ist schön für Liebende und nützlich für Heilige . . . Die Ehe ist der höchste Zweck der Liebe. Wenn in ihr die Liebe nicht oder nicht mehr vorhanden ist, bleibt die Aufopferung übrig. Sehr gut für den, der das Opfer begreift . . . Vielleicht gibt es keinen Mittelweg zwischen der Kraft erhabener Seelen, aus der die Heiligkeit hervorgeht, und dem bequemen Stumpfsinn kleiner Geister, der die Gefühllosigkeit hervorruft. — Und doch, es gibt einen Mittelweg: es ist die Verzweiflung[5]..."

Es gab noch einen andern, und das war die Kinderei. Sie war noch so jung. Umherrennen, Klettern, Reiten, an all diesem vergnügte sie sich. „Ich bin so wenig verwöhnt worden, seitdem ich auf der Welt bin. Niemals habe ich Mutter noch Schwester gehabt, die meine Tränen hätten trocknen können[6]..." Wenn eine junge Frau mit schönen Augen eine mitfühlende Seele sucht, findet sie eine. Die Schwesterseele Aurora Dudevants hieß Aurélien de Sèze. Er war ein junger Staatsanwaltsvertreter am Gericht von Bordeaux, sechsundzwanzig Jahre alt, von edlem Gemüt und mit Neigungen für die Poesie. Er weilte in den Pyrenäen mit der Familie seiner Braut, wurde aber gefesselt durch die Anmut Auroras, durch ihre zigeunerhafte Schönheit, ihre großen flehenden und fragenden Augen, ihren Verstand und ihre Bildung, und auch durch ihre unter dem Überschwang verborgene Melancholie. Sie hatte die Weisung erhalten, ihrem Gemsen- und Adlerjäger zu folgen, und besuchte ihn von Zeit zu Zeit in Luz oder in Bagnères. Aurélien de Sèze begleitete sie durch die Gegenden, in denen es Schneefelder, Wildbäche und Bären gab, und stützte sie an steilen Hängen, am Rande von Abgründen. Aimée Bazouin tadelte sie, weil sie diese Ausflüge ohne ihren Mann unternahm. „Ich sehe nicht ein, daß dies unge-

hörig sein soll, denn er reist mir ja voraus, und ich begebe mich
dahin, wohin er gehen will... Aimée versteht nicht, daß man sich
betäubt und daß man vergessen muß ... Was vergessen? fragt sie
mich. – Was weiß ich? Alles vergessen, vor allem vergessen, daß
man existiert[5]...«

Aurélien de Sèze verliebte sich gleich in den ersten Tagen. Wer
hätte es nicht getan? Als er ihr sein Herz eröffnete, wollte Aurora
ihn zu seiner Braut zurückschicken. Er erklärte, „er empfinde
keinerlei Zuneigung für diese Frau, die sehr schön, aber ohne
Esprit" sei[2].

Aurélien de Sèze an Aurora Dudevant: Ihre Vorzüge, Ihre
Seele, Ihre Talente und Ihre Schlichtheit, die sich mit einem so
überlegenen Geist und einer so umfassenden Bildung verbinden,
sind die Dinge, die ich bei Ihnen liebe ... Selbst wenn Sie häßlich
wären, würde ich Sie lieben[1]...

Sie stieß ihn anfangs mit Nachdruck zurück, denn sie wünschte
treu zu bleiben. Aber sie war gerührt, als sie bei ihm unter dem
liebenswürdigen und geistreichen Mann von Welt eine schwärme-
rische und zärtliche Seele entdeckte.

Aurora Dudevant an Aurélien de Sèze, 10. November 1825:
Herrgott! Wie glücklich waren wir zusammen! Wie verstanden
wir uns! Wie entzückte mich die Unterhaltung, selbst wenn sie
sich um allgemeine und um fernstehende Dinge drehte! Mit
welcher Wonne hörte ich Sie von den unbedeutendsten Dingen
erzählen. Mir war es, als ob sie dadurch interessant würden, daß
sie aus Ihrem Munde kamen. Niemand kann so erzählen wie Sie,
niemand hat Ihren Akzent, Ihre Stimme, Ihr Lachen, Ihre Gei-
stesrichtung, Ihre Art, an eine Sache heranzugehen und seinen
Ideen Ausdruck zu geben, niemand außer Ihnen. Aurélien, welches Vergnügen machten Sie mir, als wir in Médouze mit Zoé
spazierengingen und Sie mir sagten: „Ich bin nicht nur glücklich,
ich bin auch *zufrieden*. Sie haben mich nicht nur entzückt. Sie
gefallen mir auch und passen zu mir[2]..."

Er erbat Vertrauen und Freundschaft, nichts weiter.

An dem Vergnügen, das ich empfand, wenn ich ihm lauschte,
erkannte ich, daß er meinem Herzen teurer war, als ich es mir bis
dahin einzugestehen gewagt hatte; ich war darüber wegen meiner Seelenruhe erschreckt, aber ich erblickte in seinen Gefühlen

soviel Reinheit und verspürte selbst davon soviel in den meinen, daß ich sie nicht für verbrecherisch halten konnte[2]...

Eines Tages, bei einer Kahnfahrt mit ihr auf dem Gaube-See, sprach er von Liebe: „Was bedeutet Tugend in dem Sinne, den Sie ihr geben? Eine Konvention? Ein Vorurteil[2]?" Ihr fielen ihre Mutter und Tante Lucie ein, die sagten: „All dies hat keinerlei Bedeutung." Wenn sie nur recht hätten ... Mit der Spitze seines Taschenmessers schnitzte er drei Buchstaben ins Holz des Nachens: AUR, wobei er bemerkte, daß ihre beiden Namen auf gleiche Weise begännen. Noch wollte sie sich nicht eingestehen, daß sie ihn liebte, und tat so, als wäre sie auf ihn zornig. Ihr Herz klopfte vor Freude, aber Aurélien begriff nicht, daß sie sich nur verstellte. Er fühlte sich abgewiesen und sprach drei Tage lang kein Wort mit ihr. Sie war der Verzweiflung nahe und gestand Zoé Leroy, falls es Aurélien unmöglich wäre, ihr Bruder und Freund zu sein, falls er mehr von ihr fordere, dann würde sie „sich opfern". Gott werde es ihr verzeihen. Aurélien reiste nach Gavarnie ab; sie schleppte Casimir dorthin, der leicht beunruhigt war und ihre Launen tadelte. Wie aber kann man einer Frau Einhalt gebieten, die der Liebe entgegenrennt?

Eines Abends, während eines Balles, konnte sie eine Stunde allein mit Herrn de Sèze verbringen. Er erklärte sich ihr: er wolle kein Verführer sein; er tue unrecht, einer verheirateten Frau den Hof zu machen; er werde versuchen, sie zu vergessen. Sie aber, wie so viele andre Frauen, wünschte alles zu behalten. Sie bot ihm eine zärtliche Freundschaft an. Das Wetter war herrlich, das Versteck dunkel; und so schloß er sie in die Arme.

Zweifellos wären wir schuldig geworden, wenn ich seinem ersten Ungestüm nachgegeben hätte. Gibt es einen Mann, der, allein in der Nacht mit einer Frau, von der er sich geliebt fühlt, seine Sinne beherrschen und sie zum Schweigen bringen kann? Aber ich riß mich sogleich aus seinen Armen und flehte ihn an, mich gehen zu lassen. Vergebens suchte er mich zu beruhigen, mir seine Ehrenhaftigkeit zu beteuern; ich bestand darauf, daß wir diese Stätte verließen, und er gehorchte, ohne zu murren[2]...

Beim Ersteigen eines ziemlich steilen Hanges legte er einen Arm um sie und hauchte, als er sie verließ, „einen feurigen Kuß auf ihren Nacken[2]". Sie entfloh und begegnete, als sie vorauflief, Casimir: „Du sprachst harte Worte zu mir; zweifellos verdiente ich sie, aber ich litt darunter. Wenn ich nicht gefühlt hätte, wieviel Kaltblütig-

keit mir notwendig war, ich glaube, der Schrecken, den du mir ein-
flößtest, hätte mich ohnmächtig zu Boden sinken lassen²«... Arglosigkeit erster Fehltritte.

Bei der Grotte von Lourdes war es, am Rande des Abgrunds,
da er Abschied von mir nahm; unsere Phantasie wurde auf das
lebhafteste beeindruckt durch das Grauen dieser Stätte. „Im Angesicht dieser erhabenen Natur", sagte er mir, „will ich dir beim
Abschied den feierlichen Schwur ablegen, daß ich dich mein ganzes Leben wie eine Mutter, wie eine Schwester lieben und wie
eine solche dich achten werde." Er drückte mich an sein Herz,
und dies ist die größte Freiheit, die er sich mir gegenüber jemals
herausgenommen hat²...

Überwältigt von Glück reiste sie ab. „Pyrenäen, Pyrenäen, wer
von uns beiden wird euch jemals vergessen können? ..." Endlich
hatte sie eine edle und schöne Seele getroffen, einen starken und
gerecht denkenden Geist, einen Mann, den sie sich als Führer und
Vorbild nehmen konnte. Ihr Mann brachte sie nach Guillery, zum
Baron Dudevant, wo sie einige Monate verleben sollten. Es war
ein kleiner gascognischer Edelsitz mit Ziegeldächern und fünf Fenstern an der Vorderfront, der sich zwei Flügel ohne Obergeschoß
anfügten. Dieses „Landhaus" war trotz des Wohlstandes seiner
Besitzer einfacher ausgestattet als Nohant. Das junge Ehepaar
Dudevant war im Erdgeschoß untergebracht, in zwei Zimmern,
deren Türen in den Wintertagen von den Wölfen angenagt wurden.
Anfangs fand Aurora diese sandige Landschaft, die mit Fichten
und von Flechten überzogenen Korkeichen bestanden war, sehr
häßlich. Die Gascogner in der Nachbarschaft waren prächtige
Menschen, zwar weniger kultiviert als die Bewohner des Berry,
aber „bei weitem nicht so bösartig wie die Leute bei uns ..." Sie
verstand sich gut mit ihren Schwiegereltern, die ihr gespickte Pou-
larden, fette Gänse und Trüffeln vorsetzten, zum größten Schaden
ihrer Leber, die niemals eine von den besten gewesen war.

Was ihr Herz betraf, so weilte es in Bordeaux. Sie fühlte sich
zerrissen. Casimir, der gefürchtet hatte, er könne sie verlieren,
zeigte sich gefällig, liebevoll und gut. Sie warf sich vor, daß ihre
Gefühle ihm gegenüber sich geändert hatten: „Ich liebe Aurélien
mehr", sagte sie sich, „Casimir aber liebe ich auf bessere Art." Später
schilderte sie ihrem Manne, was sich damals in ihr zugetragen hatte:
„Die Notwendigkeit, dir sorgfältig zu verheimlichen, was in
meinem Herzen vorging, machte mich fürchterlich unglücklich;
deine Liebkosungen taten mir weh. Ich fürchtete, falsch zu sein,

wenn ich sie dir erwiderte, und du hieltest mich für kalt[2]...“ Wie gerne wäre sie vor Casimir niedergekniet, um ihm die Hände zu küssen und sein Verzeihen zu erflehen. Indem sie aber so den Frieden ihres Gewissens wiederfand, hätte sie ihren Mann unglücklich gemacht. Mußte sie daher mit ihrem Freunde brechen? Was sie auch täte, sie würde entweder Casimir oder Aurélien zur Verzweiflung bringen. So machte sie jene schweren Gewissensqualen durch, die den Frauen bittere und zugleich süße Wonnen geben.

Von Zoé nach La Brède eingeladen, kamen die Dudevant im Oktober durch Bordeaux. Aurélien kam ins Hotel, um sie zu begrüßen. Sie wollte einen Augenblick, da Casimir sie allein gelassen hatte, benutzen, um Aurélien die Notwendigkeit eines Bruches begreiflich zu machen. Die Unterredung wurde bewegt. In einem Schwächeanfall stützte sie sich auf ihn, und als ihr Mann plötzlich wieder eintrat, hatte sie die Wange an die Schulter ihres Freundes gelehnt. Sie war noch eine Anfängerin und mit Skrupeln behaftet. Sie warf sich Casimir zu Füßen, flehte ihn an, ihr nichts Böses anzutun, und fiel in Ohnmacht. Der arme Bursche, wenig begabt für einen dramatischen Auftritt, wußte nicht, wie er sich verhalten sollte. Er wollte kein Aufsehen erregen, denn er fürchtete die Meinung der Welt. „Er erscheint mir“, sagte sie, „hin und her gerissen zwischen dem Verlangen, mir zu glauben, und einer unheilvollen Scham, die ihn glauben ließ, er sei betrogen worden[2].“

Für die noch fromme und treue Aurora war es eine fürchterliche Situation. In ihrer Harmlosigkeit hielt sie sich für sehr schuldig: „Der Zorn, vor allem aber der Kummer meines Mannes, der Gedanke, Sie nicht wiederzusehen! . . . Meine Zähne waren zusammengepreßt. Mein Blick war getrübt, ich vermeinte zu sterben[2]...“ Indessen schien Casimir ebenso bestürzt wie sie: „Vor allem“, sagte er, „muß man vermeiden, die öffentliche Aufmerksamkeit auf das zu lenken, was passiert ist.“ – „Hast du noch irgendeine Befürchtung?“ rief sie. „Schau dir mein Gesicht an!“ – „Es ist wahr, es kann sich nicht verstellen. Daher war, als ich euch überraschte, Aufregung und Schuldgefühl darin zu erkennen. Ich las in ihm sofort meine Schande und mein Unglück.“ – „Sagen Sie vielmehr: meine Reue und meine Verzweiflung; aber Ihre Ehre ist mir teurer als mein Leben, und niemals . . .“ – „Ich glaube es, ja, ich glaube dir, denn ich kann mich nicht an den Gedanken gewöhnen, du könntest mich betrügen[2]...“

Der für den folgenden Tag geplante Ausflug nach La Brède mit Aurélien und Zoé Leroy wurde nicht abgesagt. Dort und abends in Bordeaux, beim Verlassen des großen Theaters, konnten die leidenschaftlich entbrannten Freunde einige Worte miteinander wechseln.

Sie hatten beide *Die Prinzessin von Cleve* und *Die Neue Heloise* gelesen und glaubten an die Erhabenheit einer Ehe zu dritt, falls jede Lüge daraus verbannt sei. Ihr Entschluß war gefaßt: sie würden wie Bruder und Schwester sein; sie würden einander lieben; kein fleischliches Band solle sie verbinden. So würde Casimirs Ehre unangetastet sein. „In diesem Winter werden wir unsre Bemühungen vereinen, um ihn glücklich und ruhig zu machen. Er hat uns soviel Edelmut und Güte bewiesen, daß wir nicht umhin können, in seine Seele die edle Sicherheit der unsern überströmen zu lassen[2]...“

Nun begann für Aurora eine Zeit des Überschwangs. Sie war nach Guillery zurückgekehrt und korrespondierte durch die Vermittlung von Zoé mit Aurélien. Sie führte für ihn ein Tagebuch; darin berichtete sie, mit einem Stich ins Snobistische, von ihrer Kindheit; sie führte darin Buch über ihre Eroberungen, denn in Guillery machten ihr die Krautjunker der Nachbarschaft den Hof, sogar Pfarrer Candelotte, der ihr, über das ganze Gesicht errötend, Verse zusteckte. Vor allem wurde sie es nicht müde, immer wieder die paar Briefe zu lesen, die sie von Aurélien bekommen hatte. Liebesbriefe erlauben es, die glücklichen Augenblicke, die sie heraufbeschwören, nochmals zu erleben. Sie machen aus der Trennung eine vollkommenere und süßere Gegenwart. Aurora glaubte diese Briefe nun ohne Skrupel und Gewissensbisse lesen zu können. Sie hatte es auf sich genommen, ihr Glück aufzuopfern. Die Liebenden von Cauterets würden sich allezeit lieben, niemals aber einander angehören. Sie waren trunken von Erhabenheit.

Im Geiste waren sie stets beisammen. Ob sie auf ihrer Stute Colette über die Heide galoppierte, ob sie alten gascognischen Sagen lauschte oder sich zu Bett begab: Aurélien weilte stets bei Aurora. Er nahm an all ihren Gedanken teil. Endlich hatte sie einen Mann gefunden, der fähig war, ohne Selbstsucht, mit Feinheit und Zartgefühl zu lieben. Rings umher war man von einer unerträglichen Lustigkeit. Die liederlichen Gascogner führten über die Liebe giererfüllte und schlüpfrige Reden; sie rechneten es sich zur Ehre an, auf erhabene Gefühle geringschätzig hinabzusehen. „Ach, die Unglücklichen, die keine Vorstellung von Unschuld, Reinheit und Beständigkeit haben[2].“ Welchen Dank schuldete sie doch Aurélien dafür, daß er ihr geholfen hatte, auf den Pfaden der Tugend zu bleiben! Zumal sie sich eingestand, daß sie, hätte er es mit etwas größerem Nachdruck verlangt, von ihnen abgewichen wäre, um ihn nicht zu verlieren:

Es gibt auf Erden keinen Mann, nicht *einen,* der sich auf die Dauer mit dem Herzen einer Frau begnügt. Aurélien rechnet zweifellos mit dem Sieg. Er hat ihn nur hinausgeschoben, weil er gewiß ist, ihn zu erringen. Wenn ich ihm diesen Sieg gewähren muß, werde ich daran sterben, und verweigere ich ihm diesen Sieg, werde ich sein Herz verlieren[2]!...

Er aber schwor ihr doch, sie zu respektieren: „Sie, Aurélien, fordern mich auf, Ihnen zu widerstehen, nicht zu befürchten, ich könne Ihnen dadurch Kummer zufügen. O mein Engel!..." Angesichts soviel Engelhaftigkeit dachte sie ans ewige Leben: „Es gibt eine bessere Welt, Aurélien, daran glauben Sie doch?" Diesen irdischen Leib, der solcher Liebe fähig war, würde Gott zu neuem Leben erwecken: „Er wird uns dann für immer vereinen, in einer Stätte des Friedens, wo die Zärtlichkeit erlaubt und das Glück von Dauer sein wird..." Und würden sie sich auf dieser Welt hinieden wiedersehen können? Das hing von Casimir ab. Da sie ihm ja geschworen hatten, daß ihre Liebe völlig keusch war, mußte er es ihnen da nicht erlauben, sich zu treffen, einander zu schreiben? „Höre, Casimir, du bist hochsinnig, du bist edel, du bist großherzig, du hast es mir bewiesen, und ich weiß es[2]..."
Auf Auréliens Rat hin schrieb sie für ihren Mann ein *Bekenntnis* von achtzehn Seiten:

Ach, in welch gräßlicher Lage bin ich doch! Wenn ich mich getrieben fühle, mich meiner Reue, meiner Rührung hinzugeben, spüre ich, wie mich irgend etwas zurückhält und zwingt, plausible, jedoch kalte Vernunftserwägungen an die Stelle meiner Herzenswallungen zu setzen. Wie soll ich das beschreiben, was mich hindert und mich gefrieren macht? Sicher ist es nicht die harte Unempfindlichkeit eines bösen Herzens; es ist eine Regung von Stolz, die ich mir zu eigen mache, bald als edles Gefühl und bald als etwas, das ich als eine Einflüsterung menschlichen Hochmuts bereue... Du hast mehrere Male Erklärungen und Geständnisse von mir verlangt; hierzu habe ich mich nicht entschließen können, denn es war da ja nicht nur die Schwierigkeit, mein Unrecht einzugestehen, sondern auch die Furcht, dich zu verletzen. Ich hätte dann rücksichtslos mich in Einzelheiten ergehen müssen, die dich bekümmert und vielleicht auch deinen Zorn erregt hätten; ich hätte dir dann auch sagen müssen, daß du mir gegenüber ein wenig schuldig warst; *schuldig* ist nicht das richtige Wort, denn du hegtest nur gute Absichten, du bist stets so gut, edelmütig, aufmerksam und zuvorkommend gewesen;

aber ohne es zu wissen, tatest du unwillentlich unrecht. Du warst ... die *unschuldige Ursache* meiner Verirrung[2] ...

Dann erzählte sie ihm ihr Leben, das traurig und durch ihre Ehe fast alles dessen beraubt war, was es hätte verschönern können. Sie hatte die Musik aufgegeben, weil die Klänge des Klaviers ihn in die Flucht trieben:

> Wenn wir plauderten, vor allem über Literatur, Dichtung oder Moral, kanntest du nicht die Autoren, von denen ich mit dir sprach, und du erklärtest meine Ideen für verrückt, für überspannte und verstiegene Gefühle. Ich hörte dann auf, davon zu sprechen, ich begann, einen wahrhaften Kummer zu empfinden, wenn ich daran dachte, daß niemals die geringste Übereinstimmung in unsern Geschmacksrichtungen bestehen könnte[2] ...

Sie erkannte an, daß er sehr gut gewesen sei; daß er, um die Launen seiner Frau zu befriedigen, dreißigtausend (Gold-)Franken ausgegeben habe, die Hälfte der Mitgift. Er habe sie in seine Arme gepreßt, aber stets habe die innige Verbundenheit gefehlt. Hieraus ergäben sich bei ihr Abscheu und Tränen. Alsdann erzählte sie ihm – aufrichtig, wie sie glaubte – das Abenteuer mit Aurélien, und wie dieser von dem edlen Verhalten Casimirs gerührt worden war:

> „Aurora", habe er gesagt, „niemals werde ich zu Ihnen ein Wort sprechen, das er nicht hören dürfte, dem er nicht zustimmen könnte. Wir werden zusammenkommen um seines Glückes willen; ihn glücklich zu machen, soll unser ganzes Bestreben sein; wenn jemals ein böser Gedanke durch unsere Köpfe zieht, werden wir ihn mit Abscheu zurückstoßen; wenn wir bei uns auch nur ein leises Hinneigen zur Vergangenheit verspüren, wollen wir uns daran erinnern, daß er Ihnen gesagt hat: *Zwar könntest du mich doch hintergehen, aber ich habe Vertrauen zu dir.* Wie könnte man soviel Vertrauen mißbrauchen? Aurora, ich muß Sie tadeln, Sie lieben Ihren Gatten nicht genug; niemals hatten Sie zu mir von ihm gesprochen. Einer solchen Seelengröße hielt ich ihn nicht für fähig. Ich liebe ihn von ganzem Herzen ..." Ich lächelte vor Freude. „Sie kennen ihn jetzt, und auch ich kenne und liebe ihn, ich halte ihn in Ehren und bereue meine Irrtümer[2] ..."

Von nun an sollte alles leicht sein. Casimir, ein Engel an Güte, würde Aurélien, da er ihn jetzt besser kannte, wie einen Bruder lieben:

„Das ist", so werden die eisigen Seelen sagen, die in ihrer kleinen Sphäre nicht einen großen, einen schönen Gedanken haben fassen können, „das ist ja ein absurdes, falsches, verstiegenes, unmögliches Vorhaben." Ohne Zweifel ist es ein solches für diejenigen, die so denken. Für uns aber, mein Freund, mein guter Casimir, ist es das nicht. Vernimm mich, versteh mich, denke darüber nach! Niemals hat man dich gelehrt, dir über deine Gefühle Rechenschaft abzulegen; sie waren in deinem Herzen, der Himmel hatte sie hineingelegt. Dein Geist ist nicht gepflegt worden, aber deine Seele ist das geblieben, was Gott aus ihr gemacht hatte, in allem der meinen würdig. Ich habe dich bis heute verkannt, habe dich für unfähig gehalten, mich zu begreifen. Vor einiger Zeit noch hätte ich niemals gewagt, dir einen solchen Brief zu schreiben; ich hätte gefürchtet, daß du mir nach der Lektüre gesagt hättest: *Meine arme Frau hat den Verstand verloren!* Heute öffne ich dir meine Seele mit Wonne; ich lasse dich darin lesen, denn ich bin gewiß, daß du mich verstehst und mir beipflichtest[2] ...

Sie war dessen so sicher, daß sie die künftige Charte ihrer Ehe entworfen hatte:

Erster Artikel: In diesem Winter werden wir nicht nach Bordeaux fahren. Die Wunden sind noch zu frisch, und ich fühle, es hieße von deinem Vertrauen allzuviel zu verlangen ... Wir werden also dahin gehen, wohin du willst, und du wirst es so einrichten, daß wir unseren Winter entweder in Paris oder in Nohant verbringen; ich werde mich dem ohne Bedauern unterwerfen.

Artikel 2: Ich schwöre und verspreche dir, niemals heimlich an Aurélien zu schreiben. Aber du wirst mir erlauben, ihm einmal monatlich zu schreiben ... Du wirst alle seine Briefe und alle meine Antworten sehen. Ich verpflichte mich vor Gott, dir keine Zeile zu verheimlichen.

Artikel 3: Falls wir nach Paris gehen, werden wir gemeinsam Sprachunterricht nehmen. Du kannst dich bilden und an meinen Beschäftigungen teilnehmen. Dies wird mir unendliches Vergnügen bereiten. Während ich zeichne oder arbeite, wirst du mir vorlesen, und so werden unsere Tage lieblich dahingehen ... Ich verlange von dir nicht, daß du die Musik liebst. Ich werde dich damit so wenig wie möglich langweilen. Ich werde sie betreiben, wenn du unterwegs auf einem Spaziergang bist ...

Artikel 5: Falls wir in Nohant den Winter verbringen, werden wir viele nützliche Bücher lesen, die sich in der Bibliothek befinden und die du nicht kennst. Du wirst mir von ihnen berichten. Hernach werden wir zusammen darüber plaudern. Du wirst mir deine Gedanken mitteilen, ich dir die meinen: all unsre Gedanken und Vergnügen werden gemeinsam sein.

Artikel 6: Niemals Verdruß und Zorn auf deiner oder Kummer auf meiner Seite. Wenn du wider Willen aufbrausen solltest, werde ich dir nicht verheimlichen, daß dies mir Kummer macht, und wenn ich es dir in sanftem Tone sage, wirst du dich sogleich beherrschen. Wenn wir von der Vergangenheit sprechen, so wird es ohne Kummer, ohne Bitterkeit und ohne Argwohn geschehen. Warum solltest du jetzt, da du alles weißt, solche Gefühle empfinden? Warum sollten wir jetzt, da wir glücklich sind, all das bedauern, was einmal gewesen ist? Sind es nicht diese Ereignisse, die uns einander nähergebracht, uns vereint haben? Die dich meinem Herzen teurer werden ließen als je zuvor. Ohne sie würde ich nicht wissen, was du wert bist. Und du würdest nicht wissen, wie man es anfangen muß, um mich glücklich zu machen.

Artikel 7: Endlich werden wir glücklich und frohgemut sein, wir werden das Bedauern und die bittern Gedanken verscheuchen. Wir werden uns beharrlich selbst beobachten, um vollkommen zu werden ...

Letzter Artikel: In einem andern Jahr werden wir, falls unsere Geschäfte es erlauben, den Winter in Bordeaux verbringen, wenn du findest, daß dies möglich sein kann. Wenn nicht, dann verschieben wir diesen Plan. Aber du wirst mir erlauben, eines Tages damit zu rechnen.

Dies ist mein Plan. Lies ihn aufmerksam, denke darüber nach und antworte mir. Ich glaube nicht, daß er dich verletzen kann. Ich erwarte angstvoll deine Entscheidung. Bis dahin will ich hoffnungsfroh leben[2] ...

Als Casimir diesen überraschenden Text las, wurde er hin und her gerissen zwischen dem Verlangen, seine Frau nicht zu enttäuschen, der Reue darüber, sie so unglücklich gemacht zu haben, und der Furcht, lächerlich zu sein. Seinem Halbschwager Hippolyte, den er im November 1825 in Châteauroux sah, machte er nach einem Diner, bei dem den Getränken gehörig zugesprochen wurde, bittere Bekenntnisse. Hippolyte war ein zynischer Wirklichkeitsmensch; das Erhabene war nicht seine starke Seite. Er schrieb an Aurora einen tadelnden Brief voller Vorwürfe. Entschlossen wies sie ihn zurück:

Du behandelst mich mit Verachtung; ich habe, so sagst du, alle Fehler einer schlechten Gattin. Und wer hat es dir gesagt? Gewiß nicht Casimir; wenn die ganze Welt es behauptete, würde ich es nicht glauben[2]...

Geschwister beurteilen einander mit viel grausamerer Klarsicht als Ehegatten. Hippolyte empfand Zuneigung für seinen Schwager, der auch sein Saufkumpan war. Er warf Aurora vor, sie mache Casimir krank und unglücklich. Diesem riet er Strenge an. Casimir aber lehnte es ab, die Ratschläge des liebenswürdigen Trunkenbolds zu befolgen. Auch er war vom exaltierten Taumel ergriffen; er wollte sich über sich selbst erheben, damit seine Frau nicht mehr über ihn zu erröten brauchte. Leid erweckt den Geist; Unglück ist der Weg zur Empfindsamkeit; in der Angst nimmt das Herz an Adel zu. Den „Ewigen Gatten" dürstete es plötzlich nach Aufopferung.

Casimir an Aurora, 13. November 1825: Ich kann dir, mein kleiner Engel, nicht alle die Träume berichten, die ich diese Nacht gehabt habe. Ich werde dir nur zwei erzählen, und vielleicht ist der zweite die Fortsetzung des ersten. Ich war mit meinem Vater zusammen; ich weiß nicht, wo. Er fragt mich: „Casimir, warum bist du traurig? Hast du Kummer?" – „O mein Gott, nein!" antworte ich ihm, „aber ich bin des Lebens überdrüssig, ich will sterben." – „Gut, mein Freund, gut, sehr gut, das ist ein schönes Gefühl", ruft er, „dieses Gefühl entflammt die Phantasie, erhebt die Seele und macht einen zu den größten und edelsten Taten fähig." Er sprach mit mir noch manches darüber. Endlich sagte ich ihm: „Leb wohl, Vater, leb wohl." Ich ging dann fort, es war mir unklar, wohin. Dann war ich auf einmal in Paris, bei einem Diner, wo unsere Gesellschaft aus den Badeorten und aus Paris versammelt war. Ich betrete den Speisesaal und sehe Stanislas*, neben dem du auf einem Brett ausgestreckt lagst, bleich, entstellt und den letzten Seufzer von dir gebend... Mir ist, als wäre ich von der ganzen Welt verlassen. Es geht mir nicht besser; in meinem Kopf ist irgendwas verwirrt. Ich habe immer einen Reifen um die Stirn; meine Gedanken sind nicht frisch, ich kann nicht logisch denken... Ich weiß nicht, wo ich all diese finsteren Gedanken aufgenommen habe... Am meisten bereue ich die Zeit, da du mir zürntest. Du weintest auch, mein liebes Kätzchen. Ich sah gereizt aus, im Grunde aber war ich zufrieden. Du liebtest

* Stanislas Ajasson de Grandsagne, ein Bruder Stéphanes.

mich, meine liebe Freundin, du sagtest es mir oft. Zürne mir, wie du es damals tatest... Ich fliehe mein Zimmer wie die Pest; ich betrete es nicht eher, bis ich ein Zentnergewicht auf dem Herzen spüre. Nicht eine einzige Seele hat Mitleid mit meinem Kummer; kein Herz, das mich begreifen kann. O Mensch, du bist nur aus Hochmut und Neid zusammengesetzt!... Ich halte inne. Ich erhebe mich zu hoch. Ich fürchte zu stürzen[1].

In Nohant nahm er die *Gedanken* von Pascal aus der Bibliothek und versuchte gewissenhaft, sie zu lesen, wie seine Frau es ihm angeraten hatte: „Ich bedaure unendlich, daß meine Trägheit mich der Lektüre dieses Werkes beraubt hat, das nach dem, was ich bemerkt habe, einem die Seele erhebt und einen zu denken und zu überlegen lehrt[1]..." In jedem nach Guillery gerichteten Brief beteuerte er seine große Liebe. Auroras Erfolge und Eroberungen hatten bewirkt, daß er sich ihr unterlegen fühlte. In Bordeaux hatten ihn die Urteile über sie zugleich überrascht und mit Stolz erfüllt: „Du genießt hier einen glänzenden Ruf; man spricht nur von deinem außergewöhnlichen Geist... Du kannst dir vorstellen, wie stolz ich bin... Ich werfe mich in die Brust, wie du dir denken kannst..." Er würde mit Büchern und einem englischen Wörterbuch wiederkommen: „Ich verzichte auf die Jagd; ich gehe nicht mehr allein aus; ich werde mein Leben bei dir verbringen..." Das Unglück ist, daß im Eheleben die guten Vorsätze fast immer nach den Ereignissen kommen, die sie nutzlos gemacht haben.

Casimir war nicht „betrogen" worden, aber er hatte die Achtung seiner Frau verloren. Seine armseligen Briefe, die so liebevoll, pathetisch und doch so tolpatschig waren, wurden nicht ohne Ironie mit den gefühlvollen Ergüssen Auréliens verglichen. In Guillery behandelte sie ihn liebenswürdig und herablassend. Als er eines Tages bei Tisch einen etwas plumpen Scherz gemacht hatte, beugte sie sich zu ihrem Manne hinüber und sagte zu ihm halblaut, aber so, daß sie gehört werden konnte: „Mein lieber Casimir, wie bist du dumm! Aber trotzdem liebe ich dich so, wie du bist." Das Schuldhafteste in der Ehe ist nicht der Ehebruch, sondern die Verleugnung.

Die Rollen waren vertauscht. Während Casimir seinerseits düster und grüblerisch wurde, hatte Aurora mit dem Glück die Gesundheit wiedergefunden. Durch ihr eheliches Experiment von der „natürlichen und restlosen" Liebe angewidert, hoffte sie sich durch eine große platonische Liebe zu retten; da sie aber fürchtete, dieses Wort könne einen Mann erschrecken, hielt sie Aurélien in der Vorstellung, es handle sich um eine ruhige und heilige Freundschaft.

Nur in ihren Träumereien gab sie sich ihm hin: „Ich verspann mich in mein egoistisches und verschwiegenes Behagen; ich weigerte mich, den Gegenstand meiner seltsamen Liebe an den Erlesenheiten und Wonnen meiner Gedankenwelt teilnehmen zu lassen..." Als ihr Mann, es war im Februar 1826, vertrauensselig einwilligte, mit ihr nach Bordeaux zu reisen, sah sie Aurélien wieder. Zweifellos war sie kokett zum Entzücken, denn sie fesselte ihn für lange Zeit an sich. „Ich liebte die wollüstigen Qualen, die sich aus diesem geheimen Kampf für mich ergaben." Der Anblick des Begehrens war ihr ebenso angenehm wie die Hingabe peinvoll. Sie kannte ihre Macht über ihren Freund und wußte, daß sie mit einem Blick, mit einem Händedruck „sein Herz zum Hämmern" bringen konnte.

Während sie in Bordeaux gefeiert wurde, geschah es, daß Casimir eines Tages ganz bleich zu Zoé Leroy hereinkam und sagte: „Er ist tot." Aurora glaubte, es handle sich um ihren Sohn, und sank auf die Knie. „Nein, nein, Ihr Schwiegervater!" rief Zoé. „Mutterliebe ist grausam; mich erfaßte eine heftige Regung der Freude – dann kam es wie ein Blitz. Ich liebte meinen alten Papa wirklich und brach in Tränen aus[5]..." Das junge Paar reiste sofort nach Guillery ab. Der Oberst war an einem Anfall zurückgetretener Gicht gestorben. Die Schwiegertochter umarmte die Schwiegermutter aufs herzlichste; sie fand sie frostig und eiskalt. Die Baronin Dudevant besaß Lebensart, aber weder Charme noch Zärtlichkeit. Testamentarisch hatte sie sich durch den Baron den Nießbrauch des ganzen Vermögens zusichern lassen, was rechtens war, denn Casimir war außerehelich geboren; obwohl sie sehr reich war, trat sie ihrem Stiefsohn von der väterlichen Erbschaft nichts ab. Ihm blieb nichts andres übrig, als sich von „diesem unfruchtbaren und bitteren Geschick" frei zu machen. Casimir und Aurora reisten nach Nohant ab mit dem Entschluß, sich trotz der früheren Mißerfolge dort endgültig niederzulassen. Die Sparsamkeit schreibt das Verhalten vor, selbst das der Gefühle. *Aurora an Caron:* „Bei uns ist es in diesem Jahr dreckig. Wir lassen Scheunen bauen, die uns ruinieren, und die Erbschaft hat uns nicht bereichert[1]..."

DER ERSTE SCHRITT

Nohant: der kleine Dorfplatz, beschattet von hundertjährigen Ulmen; der mit Akazien und Fliederbäumen bepflanzte Hof; die mit Sand bestreuten Alleen; die Hagebuchenlauben; das große Zimmer im Erdgeschoß; der Gesang der Vögel; die himmlischen Düfte.

Aurora Dudevant an Zoé Leroy: Es ist so recht vergnüglich, sich wieder unter seinem Dach zu befinden, inmitten seiner Leute, Tiere und Möbel. Nichts von all diesem ist gleichgültig... Dieses Land erinnert mich an mein ganzes Leben. Jeder Baum, jeder Stein führt mir einen Ausschnitt meiner Vergangenheit vor Augen. Sie verstehen nun, meine Freundin, daß ich mit Behagen die Luft einatme, die mir notwendig war[2]...

Mit Behagen? Vielleicht. Sicherlich fand sie ein Vergnügen darin, ihre alte Dienerschaft wiederzusehen, wie einstens bei den Bauern die Apothekerin und auch ein wenig den Arzt zu spielen, Salben und Hustensäfte herzustellen, Senfpflaster aufzulegen und zur Ader zu lassen, im Garten mit ihrem kleinen Buben zu spielen, der sie, da er das Wort „Aurora" nicht aussprechen konnte, „Mama Aulo" nannte, sich im Mondschein hinzusetzen, um „den Fröschlein zu lauschen, die in ihrer Stimme nur einen Ton haben, von denen aber ein jedes einen verschiedenartigen Ton besitzt, und die sich abends im Winkel einer Wiese versammeln, um dem Mond ein Lied zu singen[2]".

In diesem Nohant, voll rauschenden Lebens und voller Blütenpracht, stand nicht alles zum besten. Sie mochte die Bewohner ihres Berry recht gern, fand sie aber weniger lebhaft als die Gascogner; um der ihnen zur Natur gewordenen Tranigkeit zu entgehen, gaben sich manche von ihnen dem Trunke hin. Ihr Bruder Hippolyte, der sich ganz in der Nähe der Dudevant im Schlosse Montgivray niedergelassen hatte, betrank sich oft bis zum Umfallen, und Casimir tat es ihm nach, zweifellos um seine Niedergeschlagenheit zu vergessen. Trotz den gegenseitigen Versicherungen ging es mit der Ehe nicht besser. Das Gut wurde eine ständige Ursache des Konflikts. Aurora verwaltete es, wenn ihr Mann abwesend war; so beaufsichtigte sie auch die Ernten des Jahres 1826. Aber sie hätte in diesem kleinen Königreich, das ja das ihre war, unumschränkt schalten und walten mögen. Ihr Prinzgemahl gab für ein Jahr hierzu seine Zustimmung; es wurde ein jämmerlicher Mißerfolg. Er hatte ihr zehntausend Franken Kredit bewilligt; sie gab vierzehntausend aus und mußte ihr Amt abtreten, was ihr sehr bitter war. Der Briefwechsel mit Aurélien wurde fortgesetzt (Casimir selbst diente manchmal als Briefbote, wenn er nach Bordeaux reiste), und der unsichtbare Geliebte war Tag und Nacht bei ihr.

Ein Abwesender, mit dem ich mich unaufhörlich unterhielt, dem ich alle meine Überlegungen berichtete, alle meine Träumereien, alle meine bescheidenen Tugenden, all meinen platonischen Enthusiasmus; ein prachtvolles Wesen, das ich aber mit allen Vollkommenheiten ausschmückte, die in der menschlichen Natur nun mal nicht vorhanden sind; ein Mensch schließlich, den ich im Verlauf eines Jahres manchmal einige Tage, einige Stunden nur zu sehen bekam und der, ebenso überspannt wie ich selbst, niemals ein Erschrecken in meine Religion, nicht die geringste Verwirrung in mein Gewissen gebracht hatte — er war mir der Halt und die Tröstung meiner Verbannung in die Welt der Realitäten[5] ...

Zwischen Bordeaux und Nohant wurden Geschenke ausgetauscht. Sie häkelte für ihn eine Börse, stickte ihm Hosenträger; er schickte eine Baskenmütze und Bücher. Auréliens Briefe waren in eher scherzhaftem oder ernstem als in zärtlichem Tone gehalten. Da er über Liebe nicht sprechen durfte, erging er sich in Erörterungen über die Politik und bekämpfte (denn er war Monarchist) den ererbten Bonapartismus und gefühlsmäßigen Liberalismus der Tochter Maurice Dupins. Sie schrieb öfter als er und warf ihm manchmal sein Schweigen vor; er beklagte sich dann, zu kurze Briefe zu erhalten. Es war tatsächlich so, daß trotz einiger Besuche in Bordeaux, die der großherzige Casimir erlaubt hatte, diese Liebe ohne Erfüllung dahinsiechte.

Die Politik, die die leidenschaftlichen Freunde trennte, brachte die Gatten einen Augenblick einander näher. Casimir war wie Aurora liberal; sie unterstützten beide in La Châtre einen Kandidaten der Opposition, den Republikaner Duris-Dufresne. Es war „ein Mensch von seltener Redlichkeit, von liebenswürdiger und wohlwollender Gesinnung, noch durchtränkt von der Eleganz des Direktoriums; kleine Perücke, Ohrringe, lebendiger und feiner Gesichtsausdruck, kurzum, der umgänglichste Jakobiner[6]" und auch der zartsinnigste. Um ihn zu stützen, ließen sich die Dudevant in La Châtre nieder, mieteten hier ein Haus, gaben Diners und veranstalteten Bälle. Aurora hatte dort Jugendfreunde wiedergefunden, die ihr Mann, anfangs mißtrauisch, schließlich duldete, weil sie seine politischen Ideen teilten: den blonden Charles Duvernet, „einen melancholischen Träumereien hingegebenen jungen Menschen"; den „gigantischen Fleury", der Gallier genannt, „ein Mensch mit riesigen Tatzen, erschreckendem Bart und fürchterlichem Blick, ein Primitiver, ein Urzeitmensch"; den geistreichen Alexis Dutheil, einen Advokaten, dessen Gesicht völlig mit den Narben von Windpocken bedeckt war, aber ein glänzender und fröhlicher Plauderer, der Aurora tröstete, wenn sie Trübsal spann; den schwärmerischen Jules Néraud, genannt der Madegasse, weil er einmal Madagaskar besucht hatte, und wie Frau Dudevant ein Anhänger Rousseaus und Chateaubriands.

Diese ganze ausgelassene Gesellschaft lief im Mondschein über die Landstraßen, durch Wälder und Gassen, weckte die Bürger aus dem Schlaf, lauerte den Liebespaaren auf oder begab sich zum Arbeiterball, um dort die Bourrée zu tanzen. Zuweilen stahl sich Aurora nachts, während Casimir schnarchte, heimlich aus Nohant weg, galoppierte mit ihrem Bruder nach La Châtre und sang unter Dutheils Fenster eine Romanze. Oder aber sie brach beim Morgengrauen mit Néraud auf, der sich der Naturforschung hingab, um Pflanzen, Mineralien und Insekten zu studieren. Ein Herbst wurde dem Studium von Pilzen gewidmet, ein andrer dem von Moosen und Flechten. Rousseaus Schatten schwebte über diesem botanisierenden Paar. Natürlich verliebten sich die Spiel- oder Forschungsgefährten in die junge Frau, die in Hose und Kittel umherlief und sie als Kameraden behandelte. Dutheil war verheiratet; dennoch machte er ihr, wenn auch erfolglos, den Hof. Auch der Madegasse, obwohl er verheiratet und völlig zahnlos war, versuchte sein Glück. Er wurde zurückgewiesen. Die „Unmenschliche" berichtete Casimir scherzend von den erhaltenen Liebeserklärungen: „Da mein Herz für Liebe nicht empfänglich ist, empfinde ich eine solche weder für ihn noch für einen andern", obwohl sie dem Madegassen gestand, daß „sie anderswo ein wenig liebte", was Frau Néraud nicht daran hinderte, ihr „einen groben Brief" zu schreiben, um ihr „Schöntuerei, Heuchelei und alles, was auf *ei* endet", vorzuwerfen.

Es traf zu, daß sie sich mehr und mehr darin gefiel, ein Begehren zu erwecken, das zu erfüllen nicht im mindesten in ihrer Absicht lag. Die Landjunker und die Bürger von La Châtre tadelten sie wegen ihres herausfordernden Benehmens und der Freiheiten, die sie sich herausnahm. Hatte sich Frau Dudevant nicht unterfangen, auf ein und demselben Ball die erste, die zweite und die dritte Gesellschaft der Stadt zusammenzubringen? Hatte sie nicht den Unterpräfekten, Herrn de Périgny, so weit gebracht, daß er den Kapellmeister und seine Frau einlud? „Das sieht ganz Madame Dudevant ähnlich", sagte man, wenn man von einem neuen tollen Streich erfuhr. Sie wußte, wie man über sie dachte, und hielt die Provinz für einfältig und böse, zumal diese unerbittliche Kleinstadt selbst sich als äußerst unmoralisch erwies: „Die Männer verbrachten ihre Nächte im Wirtshaus, berauschten sich und gaben sich der Ausschweifung in all ihren Formen hin. Die Frauen, selbst die besten, waren von unerhörter Leichtfertigkeit[7]."

Diese Vorbilder, diese ungerechtfertigten Kritiken machten eine junge Frau, die bisher zwar unvorsichtig, aber rein gewesen war, der Zügellosigkeit geneigt. Auréliens Briefe, die immer seltener und immer weniger zärtlich wurden, waren ein schlechter Schutz gegen die Versuchungen.

Der Abwesende, fast könnte ich sagen: *der Unsichtbare*, aus dem ich den dritten Begriff meiner Existenz gemacht hatte (Gott, er und ich), war dieses Schmachtens nach erhabener Liebe überdrüssig... Seine Leidenschaften brauchten eine andre Nahrung als begeisterte Freundschaft und ein Briefleben... Ich spürte, daß ich ihm zu einer schrecklichen Fessel wurde oder ihm nur noch eine geistige Zerstreuung war... Ich liebte ihn noch lange Zeit, in der Stille und in der Niedergeschlagenheit... Es gab weder Auseinandersetzungen noch Vorwürfe, sobald mein Entschluß gefaßt war[5]...

Welcher Entschluß? Noch zögerte sie. 1827, während einer Reise in die Auvergne, führte sie ein Tagebuch, das nicht veröffentlicht wurde, das aber Stil besaß:

Was tun? Es regnet. Niemals habe ich eine solche Lust zu einem Spaziergang gehabt. Ich spiele hübsche Frau. Ach, was Frau angeht, ist es nicht allzuweit her! Und mit hübsch noch weniger. Vor zehn Jahren mochte es zutreffen... Wie wäre es, wenn ich an jemanden schriebe? Ja, zum Beispiel an meine Mutter.... O Mutter, was habe ich Ihnen nur getan? Warum lieben Sie mich nicht? Ich bin immerhin gut. Ich bin gut, das wissen Sie recht wohl. Ich habe meine heftigen Augenblicke, und sie sind schrecklich. Ich habe hunderterlei Fehler, im Grunde aber bin ich gut... Arme Mutter, Sie sind leichtlebig, aber Sie sind nicht böse. Nein, das sind Sie keineswegs. Sie sind nur bizarr... Wie wäre es, wenn ich mich bei mir selber beklagte? . . . Wenn ich mir meine Geschichte erzählte? Das ist eine gute Idee. Schreiben wir Memoiren[8] . . .

Es folgte ein Umriß dessen, was später die *Geschichte meines Lebens* wurde. Diese junge Frau von dreiundzwanzig Jahren sprach von ihrem vorgerückten Alter:

Das Herz – schloß sie traurig – blieb rein wie der Spiegel . . . Es war glühend, es war aufrichtig, aber es war blind; man konnte ihm nicht seinen Glanz benehmen; man zerbrach es. Ich reiste nach den Pyrenäen . . . Was höre ich da? Schon das Abendessen[8]? . . .

Und dieser erste Versuch stockte beim Glockenschlag.

In diesem Tagebuch waren Talent, schnurrige Einfälle und Verzweiflung ersichtlich. Auf die geistige Erweckung ihres Mannes hatte sie verzichtet. Traurig darüber, sie verloren zu haben, unfähig, sie wiederzuerobern, seiner Minderwertigkeit bewußt, gab sich Casimir von neuem dem Trunke hin. Sie selbst fühlte, daß Aurélien sich von ihr entfernte. Er hatte geschworen, Aurora in Ehren zu halten, nicht aber, nicht anderswo Vergnügen zu suchen. So stürzte er selber den Sockel um, auf den sie ihn hatte stellen wollen.

Aurélien an Aurora, 15. Mai 1828: Sie tragen ein Vorbild an Vernunft und Weisheit in sich; in Ihrer Phantasie gestalten Sie ein Wesen nach diesem Vorbild, und wenn Sie es geschaffen, wenn *Sie selber es gemacht* haben, dann sagen Sie: das ist Der und Der. Nein, nein, ich habe keine festgefügten und durchdachten Vorstellungen über alles. Und darf ich es Ihnen gestehen? Muß ich das Idol mit einem einzigen Schlage zerbrechen? Ich besitze, und ich gestehe es zu meiner Schande, überhaupt keine festen Vorstellungen[2].

War es denn unmöglich, ohne ein fleischliches Band die Männer zu halten? Sie gelangte zu dieser Anschauung. Geliebt zu werden, ohne sich hinzugeben, eine zugleich sinnberückende und amazonenhaft jungfräuliche Frau sein, untadelige Gattin und angebetete Geliebte – es waren schöne Träume, die sich aber mit der Wirklichkeit nicht vereinen ließen.

Sie hatte jenen Stéphane Ajasson de Grandsagne wiedergetroffen, mit dem sie einst in ihrem Jungmädchenzimmer gefühlvoll

Osteologie betrieben hatte. Er hatte sich zum Gelehrten entwickelt, und sein Gesicht, von einer Bartkrause eingerahmt, war noch immer schön, obwohl vorzeitig gealtert: „Er sucht dem Tode noch einen Rest Jugend abzugewinnen, den jener schon zum Welken gebracht hat und der nicht lange blühen wird. Zur Hälfte schwindsüchtig, zur Hälfte närrisch, ist er gekommen, um hier wieder zu genesen[1]." Es überkam sie die Rührung wegen seiner eingefallenen Wangen, der verstörten Augen, der vornübergebeugten Haltung. Alles an ihm zog sie an. Er hatte in ihr die ersten Liebesempfindungen geweckt; er war gelehrt, und sie liebte es, zu lernen; er bezeichnete sich als Atheisten, und sie, obwohl gläubig, war durch diese Kühnheit verwirrt; sie sah einen Kranken, und sie pflegte doch so gern. Im Jahre 1827 lebte er in Paris und war im Museum der Mitarbeiter Cuviers geworden. Latinist, Hellenist und Naturforscher, übersetzte er die wissenschaftlichen Werke der großen Schriftsteller Griechenlands und Roms. Er schrieb ein zwar gelehrtes, doch nicht überragendes Vorwort für *De Natura Rerum* des Lukretius. Aurora glaubte zeitweise in ihm den Lehrmeister zu finden, den sie suchte. Bald urteilte La Châtre, daß sie sich mit ihm kompromittiere. Wenn Stéphane nicht im Berry weilte, empfing ihn Hippolyte Châtiron, der mit seiner jungen Frau, Émilie de Villeneuve, in Paris eine Wohnung genommen hatte, und gab Aurora von ihm Nachricht...

Hippolyte Châtiron an Aurora Dudevant: Ich glaube, seine Beschwerden rühren größtenteils von seinem Mangel an Ordnungssinn her. Er ist ganz wie ein durchlöcherter Korb, und wenn er Geld hat, gehört sein Herz all seinen Freunden und seine Börse aller Welt... Ich kenne keinen so gut wie ihn. Seine Bildung und sein Geist überragen bei weitem das, was man glaubt; sein verfluchter Kopf ist wie Feuer. Zweifellos wird er sich, falls ihm dazu noch die Zeit verbleibt, sehr schnell einen Namen machen, mit einem ziemlich anständigen Einkommen...

Andrer Brief Hippolytes an Aurora: Unser Freund Stéphane hat sich durch neue Unvorsichtigkeiten wieder eine Krankheit zugezogen. Er wollte sich die Nächte um die Ohren schlagen, und das Fieber hat ihm Wort gehalten. Wie habe ich ihm zugeredet!... Schließlich behauptete er, ich wäre verrückter als er[9]...

Aurora an Hippolyte: Was du mir von Stéphane schreibst, macht mir viel Kummer. Er will weder auf seine Gesundheit noch auf seine Angelegenheiten Rücksicht nehmen und schont weder Körper noch Geldbeutel. Das schlimmste aber ist, er ärgert sich über wohlgemeinte Ratschläge, schilt seine wahren Freunde Dummköpfe und empfängt sie auf eine solche Art, daß sie nicht wagen, den Mund aufzutun. Ich wußte dies alles längst, bevor du es mir sagtest, und schon vor dir bin ich auf solch reizende Art traktiert worden ... Ach, liebte ich ihn doch nicht mehr, denn mir tut es stets weh, wenn ich sehe, daß er sich auf schlechtem Wege befindet und dies nie einsehen will. Aber man muß seine Freunde bis zum Ende lieben, was sie auch tun mögen, und ich vermag meine Zuneigung nicht zurückzunehmen, wenn ich sie einmal verschenkt habe... Man wird es mir immer verargen, daß ich so an ihm hänge, und obwohl man es mir nicht offen zu bekunden wagt, sehe ich oft den Tadel auf dem Gesicht der Menschen, die mich zwingen, ihn in Schutz zu nehmen... Stéphane wird meinem Herzen immer teuer sein, wie unglücklich er auch sein mag. Er ist es schon, und je mehr er es werden wird, desto weniger Anteilnahme wird er einflößen; dies ist das Gesetz der Gesellschaft. Soweit es in meinen Kräften steht, werde ich sein trauriges Geschick lindern. Er wird mich zur Stelle finden, wenn alle andern ihm den Rücken kehren... Man argwöhnt wirkliche Fehler nicht bei denen, die man gern hat[10]...

Im Herbst 1827 kam Stéphane in die Heimat zurück, als Casimir gerade abwesend war. Er brachte in sein heimatliches Berry die Pariser Luft und die neuesten Ideen mit. Aurora sah ihn oft und schrieb ihrem Manne darüber mit jener so echt weiblichen Kunst, die Wahrheit zu sagen, indem man sie in eine Wolke der Bedeutungslosigkeit einhüllt.

Aurora an Casimir, Nohant, 17. Oktober 1827: Seit deiner Abreise, lieber Freund, bin ich fast nie allein gewesen. Ich habe Stéphane, seinen Bruder, Jules Néraud, Dutheil, Charles und auch Ursula gesehen. Nachdem sie durch Stéphane (der wieder nach der Mark abgereist ist) von meiner Krankheit erfahren hatte, kam sie heute, um mich zu pflegen. Ich habe ein heftiges Fieber gehabt...

19. Oktober 1827: Es geht mir bedeutend besser. Ich esse noch nicht, schlafe aber gut, und es wird keine Folgen haben. Ich fürchtete, krank zu werden, aber ich sehe, daß diese Indisposition von der monatlichen Regel kam... Ich falle um vor Schlaf und werde frühzeitig zu Bett gehen... Ich habe vergessen, dir eine Gamasche als Muster mitzugeben. Falls Stéphane rechtzeitig zurückkehren sollte, würde ich sie dir durch ihn schicken. Aber wo ist er und was macht er? Gott weiß es. Für ihn wäre es eine Ungerechtigkeit, wenn man ihn fragte, was er vorhat. Ich habe ihn diese Woche gesehen, wie ich dir schon schrieb, und dann ist er mit seinem Bruder nach Guéret aufgebrochen... Dort wollen sie auf die Jagd... Ich bin ganz traurig, ganz unglücklich und finde mich fern von dir gar nicht mehr zurecht. Im übrigen, sei frei, sei glücklich und hab mich lieb. Teile mir den Zeitpunkt deiner Rückkehr mit, falls du willst, daß ich dich in Châteauroux abholen lassen soll[1]...

Ein herzlicher Brief, aber sobald Casimir nach Nohant zurückkam, brach sie mit Jules de Grandsagne nach Paris auf und traf sich dort mit Stéphane.

Aurora an Casimir, Paris, 8. Dezember 1827: Ich habe heute morgen bei meiner Mutter gefrühstückt. Hippolyte hatte ihr gesagt, daß ich vorgestern angekommen war. Sie verspürte große Lust, sich zu ärgern. Ich machte ihr klar, daß ich diese ganze Zeit damit verbracht hatte, mich auszuruhen, ohne mich rühren zu können; dann besänftigte sie sich endlich und zeigte mir ein so reizendes Gesicht, wie man es überhaupt aufsetzen kann... Hippolyte hatte Stéphane unter seinem wirklichen Namen mitgebracht; sie hat ihn sehr gut aufgenommen, trotz des läppischen Zeugs, das man ihr erzählt hatte... Ich werde sicher noch die ganze nächste Woche hier zubringen müssen, aber am Ende der Woche werde ich abreisen, was auch eintreten mag. Stéphane sagt, daß er mit uns zurückkommen will, womit ich in Anbetracht der häufigen Temperaturschwankung seines Gehirns nicht unbedingt rechne[1]...

Das „läppische Zeug" war ein Klatsch über ein Liebesverhältnis Auroras mit Stéphane, woran damals kein Mensch zweifelte. Aurora reiste mit Stéphane, begleitete ihn ständig im Berry, folgte ihm nach Paris, und die Nachkommen Stéphanes haben enthüllt, daß die beiden Liebenden glühende Briefe wechselten[11]. Die Briefe, die Aurora zur gleichen Zeit an Casimir richtete, waren durchtränkt von jener leichten Überschwänglichkeit der Gefühle, wie Frauen sie an den Tag legen, die wegen irgendeiner Schuld Gewissensbisse empfinden. Am 13. Dezember bat sie Casimir, er möge sie nicht abholen; Stéphane würde es übernehmen, sie nach dem Berry zurückzubringen. Als Vorwand für den Aufenthalt in Paris hatte die Notwendigkeit gedient, Ärzte zu konsultieren; sie hatte die berühmtesten aufgesucht, und alle hatten sie vollkommen gesund gefunden.

In Wirklichkeit waren ihre Beschwerden nur seelisch bedingt. Nach ihrer Rückkehr nach Nohant verfiel sie in einen Zustand der Abgespanntheit und Melancholie. Sie brütete finster vor sich hin wie ein Mensch, der sich schuldig fühlt. *An Zoé Leroy:* „Ich verlange von Ihnen nicht mehr, daß Sie mich wie früher lieben. Ich verdiene niemandes Freundschaft mehr. Wie ein wundes Tier, das sich in einem Winkel zum Sterben hinlegt, vermag ich bei meinen Nächsten keine Linderung und Hilfe zu finden[1]..." Warum diese plötzliche Selbsterniedrigung eines so stolzen Wesens? Sie war schwanger zurückgekommen – vielleicht Stéphanes Werk. Denn das Kind sollte am 13. September 1828 geboren werden, was die Empfängniszeit mit dem Aufenthalt in Paris zusammenfallen ließ; zwar behauptete Aurora, es sei vor der Zeit geboren, infolge eines Schreckens, den sie erlitten hatte, als die kleine Léontine Châtiron, Hippolytes Tochter, in Nohant eine Treppe hinabstürzte. Bewahrte aber Casimir selbst Illusionen über diesen Punkt?

Aurélien de Sèze, der Anfang September in der Morgenfrühe unversehens nach Nohant kam, traf Aurora allein im Salon an, als sie Wickelzeug faltete und ordnete. „Was tun Sie denn da?" fragte er. – „Nun, das sehen Sie doch. Ich beeile mich für jemanden, der früher ankommt, als ich dachte[5]." Er konnte diese unerwartete Geburt nicht zusammenreimen mit den Beteuerungen himmlischer Liebe und vollkommener Keuschheit, sogar in der Ehe, die stets Briefe und Gespräche seiner Freundin erfüllt hatten. Als Zoé Leroy Herrn de Sèze wiedersah, war sie erschreckt über seinen Kummer. Er war ein wenig wirr geworden; er schien in seine Gedanken versunken zu sein, schürte das Feuer, lief zum Klavier und klimperte mit zwei Fingern auf den Tasten.

Die Niederkunft war in jeder Weise peinvoll. Hippolyte war derart betrunken, daß er sich im Zimmer seiner Schwester auf dem Teppich wälzte. Von ihrem Bett aus vernahm Aurora eine Unterhaltung, die ihr Mann im Nebenzimmer mit Pepita, einer spanischen Dienstmagd, führte. Ihre Reden ließen keinen Zweifel über die Art ihrer Beziehungen. Das Kind, ein kräftiges schönes Mädchen, bekam den Namen Solange. „Wenn in der Folgezeit", schreibt Louise Vincent, „Stéphane de Grandsagne nach Nohant reiste, neckten ihn seine Freunde. ‚Nun ja', sagte er, ‚ich besuche meine Tochter'! Frau Dudevant selber nannte ihre Tochter manchmal *Mademoiselle Stéphane*[12]." Immerhin, Herr Dudevant sprach niemals davon, seine Frau zu verstoßen. Er hing an Nohant, an seinem Sohn und sogar an Aurora. Sie übte auf ihn den Einfluß einer starken Seele auf einen Schwachkopf aus. „Von trägem Geist und enragiert in den Beinen", vermochte er abends nur zu schnarchen.

Er hatte die Familiengelder schlecht angelegt; dies machte ihn schuldbewußt und schüchtern. Zudem, wohin sollte er gehen, falls eine Trennung erfolgte? Guillery gehörte seiner Stiefmutter. Zwischen den beiden Gatten kam daher eine Art Waffenstillstand zustande. Sie duldete seine Dienstbotenliebschaften und die Trinkgelage; er ließ ihr ihre Freiheit, vorausgesetzt, daß sie kein Geld von ihm verlangte.

Seit langem teilte Aurora nicht mehr das Schlafzimmer mit ihrem Manne. Sie hatte ihre beiden Kinder im Erdgeschoß untergebracht, in dem gelben Zimmer von Frau Dupin de Francueil; sie selbst bewohnte das daneben liegende Boudoir, wo sie sich in Sicherheit fühlte, da es mit keinem andern Zimmer, außer dem der Kinder, in Verbindung stand. Sie schlief hier in einer Hängematte und benutzte als Schreibtisch eine Platte des Täfelwerks, die in Art eines Sekretärs heruntergeklappt werden konnte. Dieser kleine Raum war überfüllt mit Büchern, Herbarien und Sammlungen von Schmetterlingen und Mineralien. Hier schrieb, träumte und meditierte sie. Unzufrieden mit dem Leben, entschädigte sie sich soweit wie möglich, indem sie Romane entwarf. Wie im Kloster versuchte sie noch, mit Gott in unmittelbare Beziehungen zu treten. Dem äußerlichen Kult, den religiösen Bräuchen maß sie nur geringe Bedeutung bei.

Worin ich in Nohant wie im Kloster aufging, das war das glühende oder melancholische, jedoch beharrliche Erforschen der Beziehungen, die zwischen der individuellen Seele und jener universellen Seele, die wir Gott nennen, bestehen können, ja bestehen müssen. Da ich der Welt weder tatsächlich noch willentlich angehörte, da meine kontemplative Natur sich ihren Einflüssen unbedingt entzog, da ich, mit einem Wort, nur kraft eines Gesetzes handeln konnte und handeln wollte, das über der herkömmlichen Sitte und der öffentlichen Meinung stand, war mir sehr daran gelegen, in Gott die Lösung meines Lebensrätsels, den Begriff meiner wahren Pflichten und die Bestätigung meiner innersten Gefühle zu suchen[5]. . .

Heuchelei? Alles beweist das Gegenteil. Sie löste sich niemals von ihrem Gott. Doch wie jeder Mensch, um zu leben, irgendwie mit sich selbst im Einklang sein muß, wischte sie aus ihrem Geist die Vorstellung weg, daß der Ehebruch eine Todsünde sei. Sie gelangte dahin, wie ihre Mutter zu denken: „Dies alles bedeutet nicht viel, wenn nur die Liebe aufrichtig ist." Es war bedauerlich, daß Aurélien allzu früh in ihr Leben eingetreten war, zu einer

Zeit, da sie noch nicht bereit war, das „Unvermeidliche zu wagen". Vielleicht wäre er für sie der hochgespannte Geliebte gewesen, dessen sie bedurfte. Aurora reiste mehrmals nach Bordeaux und sah ihren Freund wieder, fand ihn aber „gealtert und häßlich geworden". Es gab zwischen ihnen keine Auseinandersetzung, und ihr Briefwechsel schleppte sich noch eine Zeitlang hin.

Maurice wurde größer. Als gute Jüngerin Rousseaus begann Aurora, sich mit der Erziehung ihres „Emil" zu befassen. Duris-Dufresne, der Deputierte, für den das Ehepaar Dudevant in La Châtre einen tapferen Wahlfeldzug unternommen, hatte ihr in Châtiron erzählt, daß eines der Kinder des Generals Graf Bertrand dank einer neuen Methode in wenigen Unterrichtsstunden lesen gelernt habe. Sie bat ihn um nähere Einzelheiten.

Aurora Dudevant an Duris-Dufresne, 4. August 1829: ... Ich bitte, mir zu verzeihen, daß ich auf diese Einzelheiten eingehe und Sie, dessen Zeit so kostbar ist, damit behellige. Was mir aber Mut gibt, ist der Gedanke, daß Sie vielleicht die Auskunft, um die ich Sie bitte, nicht bloß als einen wichtigen Dienst ansehen, den man einer Mutter leistet, sondern auch als eine kleine Möglichkeit zur Ausdehnung eines wertvollen Fortschritts auf dem Gebiete der ersten Erziehung. Ihr Herz und Ihr Leben waren stets dem Wohl Ihrer Mitbürger geweiht, und diese Erwägung gibt mir die Zuversicht, mich an Sie zu wenden und mich Ihrer Meinung lieber als jeder andern anzuvertrauen[13] ...

Der Abgeordnete gab ihr den Namen des Hauslehrers der Bertrand-Kinder: Jules Boucoiran. Frau Dudevant korrespondierte mit ihm und nahm ihn im September 1829 zum Erzieher ihres Sohnes; aber es wurde nur ein Versuch von drei Monaten.

Aurora an Casimir, 14. Dezember 1829: Laß mich wissen, wieviel man Herrn Boucoiran geben muß, und ich werde ihn verabschieden. Du wirst mir mit dem üblichen: *Was du willst* antworten, das niemals ein Ja oder ein Nein ist ... Dennoch muß ich wissen, woran ich mich zu halten habe und wo ich dieses Geld hernehmen kann, denn ich will diesen jungen Mann nicht ewig behalten. Er gefällt mir nicht sehr, und im übrigen nehme ich an, daß er nicht böse darüber sein wird, fortzugehen[1] ...

Boucoiran kehrte zu General Bertrand zurück. Es war nicht wahr, daß er Frau Dudevant mißfiel. Er war ein sympathischer und gefälliger junger Südfranzose und ihr ein Freund geworden, ein verliebter Freund natürlich, den sie aber in Schach hielt. Allerhöchstens versprach sie, wenn er für sie in Paris Besorgungen erledigte, ihm „für seine Bemühungen einen Kuß zu geben". Er hatte sich als guter Hauslehrer erwiesen, „von einer außerordentlichen Genauigkeit auf grammatikalischem Gebiete"; mit sechs Jahren las Maurice geläufig; dann fing er mit Musik, Orthographie und Geographie an. *Aurora an Boucoiran:* „Maurices Erziehung beginnt, und die Ihre ist noch nicht beendet... Leben Sie wohl, mein lieber Sohn... Die Kinder und ich umarmen Sie herzlich. Zählen Sie stets auf Ihre alte Freundin... Haben Sie Ihre Weste bekommen?"

Die Anwesenheit Boucoirans hatte, obwohl er „etwas schlafmützig" war, Frau Dudevant geholfen, einige Wochen lang ein Leben zu ertragen, das nichts Eheliches mehr an sich hatte. Casimir unterhielt offenkundig und vor aller Augen zwei Liebschaften mit Dienstmädchen: mit der Kastilianerin Pepita, Solanges Kindermädchen, und mit Claire, der Kammerfrau von Frau Châtiron. Aurora versuchte, Romane zu schreiben: *Die Patin* und *Aimée*. Sie erstaunte Boucoiran durch jene „Spannkraft und Charakterstärke, die es ihr erlaubten, am Tage nach den heftigsten häuslichen Szenen zu lachen, als ob nichts gewesen wäre, und unter der Last ihres Unglücks nicht das Haupt zu beugen[14]". Manchmal des Abends, wenn sie von La Châtre nach Hause ritt, allein unter dem Sternenhimmel und auf der Landstraße, auf der ihr Vater zu Tode gekommen war, dachte sie über ihre seltsame Lage nach. Sie hielt fast alle in ihrer Umgebung für mittelmäßig, aber war sie denn mehr wert? Sie hatte mehr Dinge studiert; sie besaß einen größeren Empfindungsreichtum, und ihre Frömmigkeit, so glaubte sie, war aufrichtiger. Täuschte sie sich aber nicht über sich selbst?

Ich suchte Gott im Strahl eines Sterns, und ich erinnere mich, daß ich in den finstern Herbstnächten Haufen schwerer Wolken über meinem Kopf hinwegziehen und mir das Firmament verhüllen sah. Ach! dachte ich, so entschlüpfst du mir stets, o du, dem ich nachjage! Gott, dem ich auf gut Glück diene, Geheimnis, das ich wie eine wirkliche Macht begriffen, ungreifbares Strahlen, das ich zur Fackel meines Lebens gemacht habe, wo bist du? Siehst und vernimmst du mich?... Bin ich eine auserwählte Seele, von dir beauftragt, auf Erden eine heilige und süße Mission zu erfüllen, oder aber bin ich das Spielzeug irgendeiner überspannten Laune, die meinem armen Gehirn entsprang wie ein Samenkorn, das der Wind fortweht und auf dem erstbesten Ort niederfallen läßt?...

... Niedergedrückt vor Verzweiflung und mich fast irr fühlend, ließ ich dann mein Pferd in der finstern Nacht aufs Geratewohl ausgreifen ... Es gab eine Wegstelle, die für meine Familie unheilvoll war. Es war an der Biegung, nach der dreizehnten Pappel; hier war mein Vater, kaum älter als ich damals, abgeworfen worden, als er in einer finstern Nacht heimritt. Zuweilen hielt ich dort an, um die Erinnerung an ihn heraufzubeschwören und im Mondlicht die imaginären Spuren seines Blutes auf den Kieselsteinen zu suchen. Meistens aber trieb ich, wenn ich mich der Stelle näherte, das Pferd zu größter Geschwindigkeit an, lockerte die Zügel und gab ihm die Sporen an dieser Biegung, wo der Weg hohl war und meinen Ritt gefährlich machte[15] ...

Sie war überzeugt, daß es fern von La Châtre und Nohant eine gesellige, elegante und aufgeklärte Welt gab, wo Menschen von einigem Verdienst eine Gelegenheit finden konnten, ihre Gefühle und Gedanken auszutauschen. Sie hätte „einen Weg von zehn Meilen zurückgelegt, um Balzac vorbeikommen zu sehen[15]"; sie bewunderte Victor Hugo wie einen Gott; aber diese Größen schüchterten sie derart ein, daß es ihr nicht einmal in den Sinn kam, sich ihnen auch nur einen Schritt zu nähern. Wenn sie mit Maurice nach Paris reiste, in die Wohnung, die Hippolyte ihr zur Verfügung gestellt hatte, sah sie nur ihre Mutter, Caron, das Ehepaar du Plessis und natürlich Stéphane.

Aurora an Casimir, 2. Mai 1830: Ich habe auch Stéphane gesehen, gestern morgen und heute. Ich weiß nicht, wie er erfahren hat, daß ich hier war. Er hat bei Hippolytes Pförtnersfrau einen Brief für mich gefunden und auf den Umschlag – wie auf eine Besuchskarte – seinen Namen geschrieben; dann tauchte er am Tage darauf bei mir auf, sehr sauber und sehr anmutig. Heute *idem.* Ich bin gespannt, wie lange dieser Honigmond dauern wird[1] ...

Von Paris aus machte sie einen Abstecher nach Bordeaux:

Von hier gelangt man in dreißig Stunden dorthin; ich werde zwei Tage dort verbringen und Anfang nächster Woche zurück sein. Ich war mir sehr unschlüssig und sogar verdrossen über diese bevorstehende Reise, denn ich werde Aurélien, der immer auf dem Lande ist, nur sehr selten sehen ... Ich werde dir gestehen, was mich bewogen hat: ich durchlebe einen Augenblick des Ärgers und des Kummers, und so habe ich das Verlangen und das Bedürfnis, eine kleine Ortsveränderung vorzunehmen. Meine Mutter ist bis jetzt reizend zu mir gewesen, und ich wüßte nicht, daß auch ich ihr gegenüber anders gewesen wäre... Nun erhalte ich von ihr einen acht Seiten langen Brief, in dem man mich verschwenderisch mit allem überhäuft, was Haß und Zorn nur erfinden können! Man sagt mir unter anderm, ich sei nach Paris gekommen, *um meine Possen zu treiben,* und daß *sie* mir bei dir als *Vorwand* für diese Reise diene, usw. usw....

Gleich nach meiner Ankunft in Bordeaux gebe ich dir Nachricht. Du brauchst mir nicht nach dieser Stadt zu schreiben; ich bleibe ja nur so kurze Zeit dort, und es könnte sein, daß ich deine Antwort nicht mehr erhielte... Ich sage *niemandem* hier, daß ich nach Bordeaux reise... Ich sage, ich werde einige Tage „auf dem Lande" verbringen, ohne mich des genaueren zu erklären... Erwähne also davon nichts gegenüber Madame Dudevant, falls du ihr schreibst[1]...

Der Ehemann verwandelte sich in einen Vertrauten.

IV

DER KLEINE JULES

1830. In Nohant ging alles seinen gewohnten Gang. Casimir streifte durch Felder und Wälder; des Abends schnarchte er oder trieb seinen Mutwillen mit Pepita. *Aurora Dudevant an Jules Boucoiran:* „Sie wissen, wie es in Nohant zugeht; der Dienstag gleicht dem Mittwoch, der Mittwoch dem Donnerstag, und so fort. Winter und Sommer allein bringen einige Abwechslung in diesen Zustand permanenter Stagnation... Ich fühle mich überall wohl, dank meiner erhabenen Philosophie oder meiner vollkommenen Nichtigkeit[10]..." Ihr einziges Vergnügen bestand darin, über die Junggesellen der benachbarten Schlösser zu herrschen. Fast jeden Tag nahm sie ihr Pferd und ritt, ohne sich um ihren Mann zu kümmern, nach La Châtre oder zu einigen Freunden.

Am 30. Juli ritt sie so zu Charles Duvernet, der auf Schloß Coudray wohnte. Sie fand dort Fleury (den Gallier), Gustave Papet und einen jungen neunzehnjährigen Menschen vor, den sie nicht kannte: Jules Sandeau. Er war ein reizender Blondkopf,

„gelockt wie ein Weihnachtsengel". Sein Vater war Finanzeinnehmer in La Châtre, und Jules hing sehr an dieser kleinen Stadt. „Es gab keinen Straßenwinkel, der nicht zu seinem Glück beitrug." Da er schon in jungen Jahren einen aufgeweckten Geist zeigte, hatten seine Eltern, die arm waren, große Opfer gebracht, um ihm eine gute Ausbildung zu geben. Das Gymnasium in Bourges hatte er mit Erfolg durchlaufen und war dann im November 1828 nach Paris gegangen, wo er Rechtswissenschaft studieren wollte. Die Ferien verbrachte er in La Châtre, und es bereitete ihm jedesmal eine Freude, wenn er mit der rumpelnden Kutsche auf der Leiterbrücke eintraf, auf dem holprigen Pflaster der Rue Royale durcheinandergerüttelt wurde, dann den kleinen Marktplatz wiedersah, die einsamen, verlassenen Straßen, den früheren Marstall, der jetzt als Theater diente, und die Scheune, in der die Tanzfestlichkeiten stattfanden. Die Jugend der oberen Stände von La Châtre hatte versucht, den Besucher an ihren Vergnügungen teilnehmen zu lassen, aber der kleine Jules liebte weder die Jagd noch lärmendes Treiben. Träge und von zarter Gesundheit, kauerte er sich unter eine Hecke und schlummerte ein, von künftigem Glück träumend.

Als Frau Dudevant bei den Duvernet eintraf, entfernte sich der junge Mann, wie aus Diskretion, von der Gruppe und setzte sich, sein Buch in der Hand, auf eine Rasenbank unter einen alten Apfelbaum. Diese Zurückhaltung reizte die junge Frau. Sie zog die andern hin zu dem Baum, und die Unterhaltung entspann sich weiter rings um Sandeau. Man sprach von der Revolution, die gerade in Paris ausgebrochen war. Es waren nur wenige und verwirrende Nachrichten herübergedrungen. Man wußte, daß es zu Schießereien und zur Errichtung von Barrikaden gekommen war. Würde die Republik ausgerufen werden? Aurora, stets aktiv und eifrig, erbot sich, nach La Châtre zu reiten, um dort die neuesten Meldungen zu erfahren. Als sie aufs Pferd sprang, rief sie: „Charles, kommen Sie morgen mit all Ihren Freunden zum Diner ... Ich rechne mit Ihnen *allen*, meine Herren." Sie gab Colette einen Hieb mit der Peitsche und verschwand im Galopp.

Tags darauf, am 31., kam Sandeau mit seinen Kameraden zum ersten Mal nach Nohant. Aurora las ihnen einen Brief vor, den Jules Boucoiran ihr gesandt hatte. Es handelte sich tatsächlich um eine Revolution, und diese liberal gesinnte kleine Gruppe begrüßte sie voller Begeisterung. Casimir, den die Politik aufmunterte, wurde zum Leutnant der Nationalgarde ernannt, und bald standen hundertzwanzig Mann unter seinem Befehl. Aurora war wegen ihrer Mutter besorgt, und besonders wegen ihrer Tante Lucie Maréchal, deren Mann Inspektor des Hofstaats war. Aber „in solchen Augenblicken fiebert das Blut und ist das Herz allzusehr beklommen, als daß man sich sentimentalen Gefühlen hingeben könnte[10]." Sie war stolz darauf, La Châtre entschlossener zu finden als Châteauroux. Wenn die Gendarmerie angreifen, selbst wenn ein Regiment von Bourges hergeschickt werden sollte, würde man sich verteidigen: „Ich fühle in mir eine Energie, die ich nicht zu haben glaubte. Die Seele reift mit den Ereignissen[10]." Der kleine Sandeau war fasziniert durch die wilde Schönheit, den exaltierten und autoritären Charakter, die schwarzen, feurigen Augen und die geschmeidige Gestalt der Schloßherrin von Nohant. Als sie einiges Interesse für ihn bekundete, verliebte er sich in sie bis über die Ohren. Er hing sein Herz an Aurora Dudevant, weil sie ihn bezauberte, weil sie über die gleichen Themen sprach wie er und sogar besser darüber sprach, und vor allem, weil sie einen starken Charakter besaß und er einen schwachen. Junge Männer ohne ausgeprägten Charakter streben nach mütterlichen Geliebten, wohingegen Frauen, die sich nicht zu unterwerfen vermögen, in der großmütigen Beschützerrolle, der sie sich hingeben, eine Entschuldigung für die Liebesversklavung suchen.

Sie kämpfte einige Wochen mit sich, was bei dem Zustand ihres Herzens schon eine heroische Tat war. Alles an ihm lockte sie: seine außerordentliche Jugend, seine weißen und rosigen Wangen, sein blondes Haar, sein Geist, die Pariser Luft, die er mitbrachte, seine exaltierten Träumereien.

Wenn Sie wüßten, wie sehr ich es liebe, dieses arme Kind, wie gleich am ersten Tag sein ausdrucksvoller Blick, sein ungestümes und offenes Wesen, sein schüchternes Verhalten mir gegenüber mich mit dem Verlangen erfüllten, ihn zu sehen und zu ergründen. Es war, ich weiß nicht, welches Interesse, das mit jedem Tage lebhafter wurde und dem zu widerstreben mir überhaupt nicht in den Sinn kam... An dem Tage, da ich ihm sagte, daß ich ihn liebte, hatte ich es mir selbst noch nicht eingestanden. Ich fühlte es, wollte es aber in meinem Herzen noch nicht zugeben, und Jules erfuhr es zur gleichen Zeit wie ich. Ich weiß nicht, wie das geschah. Eine Viertelstunde vorher saß ich allein auf den Stufen der Freitreppe und las mit abwesenden Gedanken in einem Buch. Mein Geist war völlig in Anspruch genommen von einem einzigen Gedanken, von einem anmutsvollen, süßen, entzückenden, doch vagen, unbestimmten, geheimnisvollen Gedanken[16]...

Lange sollte sie mit zärtlichem Gefühl an das kleine Gehölz denken, wo sie sich ihre Liebe gestanden hatten:

Es gibt eine Stelle, die ich über alles liebe. Es ist eine Bank, die in einem hübschen kleinen Gehölz steht, das zu meinem Park gehört. Dort offenbarten sich unsre Herzen laut einander. Dort begegneten sich unsere Hände zum ersten Male. Dort auch setzte er sich mehrere Male nieder, wenn er völlig müde, vor Anstrengung keuchend, an einem sonnigen oder an einem Gewittertage von La Châtre kam. Er fand dort mein Buch und meinen Schal, und wenn ich anlangte, verbarg er sich nebenan in einer Allee, und ich sah seinen grauen Hut und seinen Spazierstock auf der Bank. In solchen nichtigen Dingen liegt nichts Albernes, wenn man sich liebt, und Sie werden über diese Nichtigkeiten, die ich Ihnen berichte, gewiß nicht lachen, mein lieber Freund? . . .

Selbst das rote Band seines Hutes ließ mich vor Freude erbeben. Alle diese jungen Menschen, Alphonse, Gustave usw., hatten graue Hüte, die dem seinen glichen, und wenn sie im Salon waren und ich ins Zimmer nebenan ging, warf ich nur einen Blick auf die Hüte. An dem roten Band erkannte ich, daß Jules unter den Besuchern war; denn die andern Hutbänder waren blau. Daher habe ich dieses kleine Band als eine Reliquie aufbewahrt[16] . . .

Endlich entschloß sie sich zu diesem neuen Fehltritt. Es gab in Nohant einen Pavillon, der mit der einen Seite auf den Park und mit der andern auf die Landstraße hinausging. Aurora hatte ihn 1828 einrichten lassen; er konnte als Stätte für verschwiegene Zusammenkünfte dienen. Ein Besucher vermied, wenn er dort hereinkam, den Eingang des Dorfes und auch den des Schlosses. Die Aufmerksamkeit der Dienerschaft wurde nicht geweckt. Zuweilen trafen sich die beiden Liebenden auch in den Wäldern, in der Gemarkung, die La Couperie hieß, während ihre Freunde aufpaßten. Natürlich machte man in La Châtre hämische Bemerkungen über diese Liebschaft zwischen einer verheirateten Frau, die zudem noch Kinder besaß, und dem „kleinen Jules".

Aurora Dudevant an Jules Boucoiran, 27. Oktober 1830: In La Châtre wird mehr geklatscht als je zuvor. Diejenigen, die mich nicht recht mögen, sagen, daß ich Sandot *liebe* (Sie erfassen die Tragweite des Worts); diejenigen, die mich überhaupt nicht mögen, sagen, ich *liebe* Sandot und Fleury zugleich; diejenigen, die mich verabscheuen, daß Duvernet und Sie obendrein mir keinen Schreck einjagen So habe ich vier Liebschaften zugleich. Das ist nicht allzuviel, wenn man, wie ich, ein feuriges Temperament besitzt. Diese bösen und dummen Menschen! Wie sehr beklage ich sie, daß sie auf der Welt sind! Gute Nacht, mein Sohn ... Schreiben Sie mir[17].

Was bedeuteten ihr im Hinblick auf ihr Glück die Klatschereien und das Geschwätz von La Châtre? „Ich konzentriere mein Dasein auf die Wesen, denen meine Zuneigung gilt. Ich umgebe mich mit ihnen wie mit einer heiligen Schar, die den finstern und entmutigenden Gedanken Schrecken einjagt[10] ..."

Um Aurora Dudevant von 1830 und ihr Verlangen nach Abenteuern des Gefühls und des Geistes zu begreifen, muß man sich die geistige Gärung im damaligen Frankreich einmal vergegenwärtigen. Die Leidenschaft herrschte. So wie einstmals die Vernunft, wurde jetzt die Tollheit vergöttert. Die neuen Dichter, die neuen philosophischen und sozialen Lehren berauschten die jungen Menschen. Mit Begeisterung bekannte man sich als Anhänger Victor Hugos, Saint-Simons, Fouriers. Das Individuum war nicht mehr wie im 17. Jahrhundert verantwortliches Glied einer sozialen und religiösen Gemeinschaft; es wurde ein Selbstzweck, ein Gegenstand ästhetischer Betrachtung. „Die Tiger sind schöner als die Hämmel. Aber das klassische Altertum hatte die Tiger in Käfige eingesperrt. Die Romantiker zerbrachen die Gitter und bewunderten den herrlichen Sprung, in dem der Tiger das Lamm zerreißt[18] ..." Die Wirklichkeit imitiert die Erdichtung. Zur Zeit der *Asträa* hatte man wie die Helden Scudérys geliebt. Zur Zeit Goethes liebte man wie Werther, bevor es soweit war, daß man wie Hernani liebte.

In La Châtre war die junge Baronin Dudevant, kraftstrotzende Tigerin, die Muse der Unterpräfektur. Aber sie fand sich völlig allein, als die Ferien zu Ende gingen und ihre bedeutenden Männer nach Paris aufbrachen. Sie schrieb ihnen Briefe, in denen die Ironie und eine völlig shakespearische Poesie mutig eine tiefgehende Melancholie verhüllten:

Aurora Dudevant an Charles Duvernet, 1. Dezember 1830: Gepriesen, dreimal gepriesen sei La Châtre, das Vaterland der bedeutenden Männer, der klassische Boden des Genies! ... O blonder Charles, junger Mann, der sich melancholischen Träumereien hingibt, mit einem Gemüt, das düster ist wie ein Gewittertag, unglücklicher Menschenfeind, der du die frivole Lustigkeit einer unsinnigen Jugend fliehst, um dich finstern Meditationen eines asketischen Gehirns hinzugeben, seit deiner Abreise sind die Blätter vergilbt, die Bäume haben sich ihres glänzenden Schmuckkes entäußert ... Und du, riesiger Fleury, Mann mit den ungeheuer großen Tatzen, dem furchterregenden Bart und schreck-

lichen Blick; du Urmensch ... seitdem deine ungeheure Masse
nicht mehr, gleich den Göttern Homers, den Raum von sieben
Stadien im Umkreis bedeckt, seitdem deine vulkanische Brust
nicht mehr die den Bewohnern der Erde notwendige Lebensluft
einsaugt, ist das Klima dieser Gegend kälter, die Luft dünner
geworden ... Und du, kleiner Sandeau, liebenswürdig und leicht
wie der Kolibri duftgeschwängerter Savannen! graziös und
stechend wie die Brennessel, die, von den Winden gepeitscht,
gegenüber den Türmen von Châteaubrun hin und her schwankt!
seitdem du nicht mehr, die Hände in den Taschen vergraben und
mit der Flinkheit einer Gemse, den kleinen Platz überquerst ...
erheben sich die Damen der Stadt nicht mehr wie die Fledermäuse
und die Käuzchen beim Sonnenuntergange; sie legen nicht mehr
ihre Nachthaube ab, um sich ans Fenster zu begeben, und die
Haarwickel haben in ihren Haaren Wurzel geschlagen ... Eure
unglückliche Freundin nun, da sie nicht weiß, was sie anfangen
soll, um die auf plumpen Flügeln sich einstellende Langeweile zu
verscheuchen, da sie ermüdet ist von dem Licht der Sonne, die
nicht mehr unsere Spaziergänge nach La Couperie bescheint,
auf denen wir uns gelehrten Gesprächen und ernsten Unterhaltungen hingaben, nun, sie hat den Entschluß gefaßt, sich ein
Fieber und einen gehörigen Rheumatismus zuzulegen, bloß zur
Zerstreuung und zum Zeitvertreib[10] ...

Wie langsam kroch die Zeit dahin. Ihre einzige Gesellschaft war
die Schwägerin Émilie Châtiron, ein sanftes und gutmütiges Geschöpf, das sich aber schon um neun Uhr zurückzog, während
Aurora dann anfing, in ihrem Boudoir zu schreiben oder zu zeichnen. Die beiden Kleinen schnarchten im Zimmer nebenan. Solange
war weiter dick und frisch; Maurice arbeitete fleißig, und seine
Mutter unterrichtete ihn in der Orthographie. Hippolyte und Casimir waren fast immer unterwegs, bei einer Kurzweil in Weiber-
gesellschaft. Diese Erstarrung konnte nicht lange andauern. Frau
Dudevant hatte es sich in den Kopf gesetzt, dem kleinen Jules nach
Paris nachzufahren. Ihre Ehe erschien ihr mehr und mehr als eine
Farce. Sie würde erst dann zu sich selbst zurückfinden, wenn sie ihr
entfloh.
    Was hätte sie noch zurückhalten können? Die Religion? Sie besaß
immer noch eine, aber eine solche, die die Liebe duldete. Die Moral?
Es war die Zeit, da die ernstesten Saint-Simonisten das Gesetz des
Vergnügens predigten. Die großen Künstler und die Umgestalter
verkündeten, daß die „heilige Phalanx", die zu beherzten Experi-
menten gehalten war, bürgerliche Konventionen verachten müsse.

Und diese junge Frau wollte den besten Geistern ihrer Zeit folgen. Ihr Mann? Er hatte seine Geliebten, und sie war der Ansicht, daß eine solche Freiheit nicht einseitig sein dürfe.

Aurora Dudevant an Jules Boucoiran, 3. Dezember 1830: Sie kennen mein innerstes Wesen; Sie wissen, ob es erträglich ist. Sie haben sich dutzende Male verwundert, wenn Sie sahen, daß ich meinen Kopf tags darauf wieder aufrichtete, obwohl man ihn mir am Abend vorher zerschlagen hatte. Alles hat einmal eine Grenze... Ich habe, als ich im Sekretär meines Mannes etwas suchte, ein an mich adressiertes Päckchen gefunden. Dieses Päckchen sah so feierlich aus, daß ich betroffen wurde. Es standen darauf die Worte: „Erst nach meinem Tode zu öffnen"... Ich brachte nicht die Geduld auf, zu warten, bis ich Witwe wäre... Da das Päckchen an mich adressiert war, hatte ich das Recht, es zu öffnen, ohne eine Indiskretion zu begehen, und da mein Mann kerngesund ist, konnte ich kaltblütig sein Testament lesen. Bei Gott! Welch ein Testament! Verwünschungen, weiter nichts! Er hatte darin alle seine Anwandlungen von Mißgelauntheit und Zorn gegen mich zusammengetragen, alle seine Gedanken über *meine Perversität,* alle Gefühle der Verachtung wegen meines Charakters. Er hinterließ mir dies als ein Unterpfand seiner Zärtlichkeit! Ich vermeinte zu träumen, ich, die ich bis dahin die Augen verschloß und nicht sehen wollte, wie geringschätzig man mich behandelte. Diese Lektüre hat mich endlich aus dem Schlaf gerissen. Ich sagte mir, ein Zusammenleben mit einem Mann, der seiner Frau weder Achtung noch Vertrauen bezeigt, wäre dasselbe, als wenn man einen Toten wieder zum Leben erwecken wollte. Mein Entschluß ist gefaßt, und ich kann sagen: unwiderruflich gefaßt[10]...

Ohne noch einen Tag abzuwarten, verkündete sie ihren unerschütterlichen Entschluß: „Ich will eine Pension ausgesetzt haben; ich gehe nach Paris; meine Kinder bleiben in Nohant." Casimir war bestürzt über die Entschlossenheit seiner Frau. Sie besaß den eisernen Willen eines Moritz von Sachsen und kannte die Finten des Strategen, denn sie forderte mehr, als sie zu erhoffen wagte. Sie hatte keineswegs das Verlangen, ihre Kinder, Nohant oder sogar ihren Mann gänzlich aufzugeben. Sechs Monate jährlich in Paris; sechs Monate in Nohant; dreitausend Franken Pension; und sie willigte ein, den Schein einer Ehe aufrechtzuerhalten, wenn diese Bedingungen angenommen würden. Sie wurden angenommen.

Es blieb noch übrig, das Schicksal der Kinder zu regeln. Aurora hatte die Absicht, ihr „Dickerchen" mitzunehmen, sobald sie sicher wäre, die Tochter beherbergen und beköstigen zu können. Dreitausend Franken, das bedeutete nicht viel für sie, die das Geld mit leichten Händen ausgab und nicht zu rechnen liebte; es würde daher nötig sein, daß sie etwas Geld dazuverdiente. Sie zweifelte nicht daran, daß es ihr gelingen würde, indem sie malte, schrieb oder Tabatieren ausschmückte. Was Maurice betraf, so hatte sein Vater die Absicht, ihn in Paris in einem Internat unterzubringen; aber noch war er zu jung und zu zart. Er brauchte einen Hauslehrer, und Aurora wünschte, daß dieser Hauslehrer Boucoiran sein solle. „Wenn Sie in Nohant sind", schrieb sie ihm, „kann ich beruhigt atmen und schlafen; mein Kind wird dann in guten Händen sein, seine Erziehung wird Fortschritte machen, seine Gesundheit überwacht und sein Charakter weder durch Vernachlässigung noch durch übertriebene Strenge verdorben werden[10]. . ." Zweifellos sei Casimir Dudevant nicht liebenswürdig; aber war die Gräfin Bertrand liebenswürdiger? Gewiß, die Familie Bertrand könne dem Hauslehrer den Aufenthalt in Paris bieten, denn der General war zum Leiter der Polytechnischen Kriegsschule ernannt worden; bedeuteten dagegen die Dankbarkeit einer Frau, die Zärtlichkeit einer Mutter nichts? „Mein Herz ist nicht kalt, das wissen Sie, und ich bin gewiß, daß es sich bestimmt in reichem Maße erkenntlich zeigen wird[10]. . ." Wie alle jungen Männer war Jules Boucoiran von Frau Dudevant fasziniert. Dieser letzte Satz eröffnete köstliche Aussichten. Er willigte also ein. Als er aber durchblicken ließ, sie könne mit ihm eine Reise nach Nîmes machen, wo er seine Angehörigen besuchen wollte, machte sie Ausflüchte. Sie müsse, so sagte sie, auf ihren Mann Rücksicht nehmen und dürfe in seinen Augen nicht den künftigen Hauslehrer ihres Sohnes verdächtig erscheinen lassen. „Ich werde Sie bis zum Tode mit meinem Dank und meiner Undankbarkeit verfolgen. *Nehmen Sie es, wie Sie wollen*, wie mein alter Pfarrer sagte[10]. . ."

Aurora Dudevant an Jules Boucoiran: . . . Ich müßte Ihnen sagen, welche blöden Schlußfolgerungen man von Ihrem Eifer mir gegenüber und meiner Vertrautheit mit Ihnen gezogen hatte. Wissen Sie, daß diese Frau in halb scherzhaftem, halb ernstem Tone so tut, als hielte sie mich für einen weiblichen Don Juan nach ihrem Ebenbild? . . . Niemals wurden ätzendere Worte von einer sittlich verdorbenen Frau gegen eine ehrbare Frau gerichtet. . . . In Paris, in Bordeaux, in Le Havre, überall hätte ich Liebhaber. Es war ein weiterer Zeitvertreib, um Sie gewitzt und erfahren zu machen[1]. . .

Als der Hauslehrer seine Stelle angetreten hatte, hielt nichts mehr sie zurück. Hippolyte Châtiron allein versuchte, Aurora an der Abreise zu hindern. Der geistreiche Trunkenbold war im Rausch gefühlvoll, und eines Nachts kam er heulend ins Schlafzimmer seiner Schwester. „Du bildest dir ein, in Paris mit zweihundertfünfzig Franken monatlich leben zu können, und dazu noch mit einem Kind?" sagte er zu ihr. „So etwas ist lächerlich, denn du weißt ja nicht einmal, wieviel ein Huhn kostet! Noch vor Ablauf von vierzehn Tagen wirst du zurückkommen, und zwar mit leeren Händen." – „Es ist gut", antwortete sie, „ich werde den Versuch machen." Es stimmte, daß diese reiche Erbin, die durch die Heirat gesetzlich all ihres Besitzes beraubt war, keinen Heller ihr eigen nennen konnte. Aber sie hoffte, eines Tages ihre Kinder, ihr Vermögen und ihr Haus wiederzugewinnen. Sie erwählte sich ein ungebundenes Leben nicht deshalb, um sich von den Haushaltssorgen zu befreien. „Ich gehöre nicht zu jenen erhabenen Geistern, die nicht aus ihren Wolken herabsteigen können." Sie liebte es, Früchte einzumachen und ihren Kohl zu pflanzen. Sie war Romantikerin durch ihr Verlangen, mit den Konventionen zu brechen, und ehrsame Bürgerin durch die Liebe, die sie für Nohant und das häusliche Leben empfand. Gern hätte sie jenen Leitspruch zu dem ihren gemacht: „Der wirklich außergewöhnliche Mensch ist der wirkliche Durchschnittsmensch." Nähen, kochen und waschen erschreckte sie nicht, aber sie wollte nur einem geliebten Menschen dienen.

Seitdem Casimir wußte, daß die Abreise seiner Frau unmittelbar bevorstand, erging er sich in Klagen. „Heute", sagte sie, „weint er um mich! Um so schlimmer für ihn! Ich beweise ihm, daß ich nicht mehr wie eine Bürde ertragen, sondern wie eine Gefährtin umworben und ersehnt werden will..." Als sie sich in Paris mit dem anmutsvollen und beschwingten Sandeau zusammenfand, träumte sie davon, ihm Geliebte, Hausfrau und Mutter zu sein. Seit ihrer Heirat hatte sie in einer Lethargie dahingelebt. Endlich würde sie leben: „Leben! Wie ist das süß, wie ist das schön, trotz der Kümmernisse, der Ehemänner, des Verdrusses, der Schulden, der Verwandten, des bösartigen Geschwätzes, trotz der herzergreifenden Qual und der verdrießlichen Scherereien! Leben, das ist berauschend! Es ist das Glück; es ist der Himmel!" Am 4. Januar 1831 verließ Frau Dudevant Nohant. Sie war frohgestimmt, weil sie ihre Freiheit erobert hatte, doch tieftraurig darüber, ihre Kinder verlassen zu müssen. Maurice weinte, aber das Versprechen, er werde die Uniform eines Nationalgardisten und dazu einen Tschako mit rotem Helmbusch zum Geschenk erhalten, beruhigte ihn.

DRITTER TEIL

George Sand

Sind es die Sinne, die mitreißen?
Nein, es ist das Dürsten nach etwas
ganz anderm. Es ist das wütende
Verlangen, die wahre Liebe zu fin-
den, welche lockt und stets entflieht.

MARIE DORVAL

I

ZWEI BEDEUTENDE PROVINZLER IN PARIS

Müde und durchfroren kam sie an, denn in der Postkutsche war es zugig gewesen. Jules Sandeau, liebevoll um sie besorgt, erwartete sie und brachte sie in der Rue de Seine Nr. 31 unter, in der Wohnung Hippolyte Châtirons. Um die beiden kreise alsbald eine kleine Gruppe von jungen Menschen aus dem Berry: Félix Pyat, Student der Rechtswissenschaft und Journalist, obendrein ein begeisterter Republikaner, der noch vor den Drei Ruhmreichen Tagen der Julirevolution in einem Bankettsaal die Büste Karls X. durch die La Fayettes ersetzt und dem diese aufsehenerregende Tat einen flüchtigen Nimbus eingetragen hatte; Émile Regnault, Student der Medizin, Vertrauter und Ratgeber Sandeaus; der riesige Fleury mit dem Gallierschnurrbart; Gabriel de Planet, der in Paris einen Klub der Berrichonner gegründet hatte; und Gustave Papet, der *Mylord* und Krösus der Bande, der ihnen im Theater das Naschwerk spendierte.

Unter diesen jungen Leuten, die alle in sie ein wenig verliebt waren, fühlte sich Aurora glücklich. Dieses Paris von 1831 war berauschend: „Die Revolution ist permanent, so wie die Kammer permanent tagt. Und inmitten der Bajonette, der Aufstände und der Ruinen lebte man ebenso fröhlich, als ob man sich mitten im Frieden befände. Für mich ist das alles amüsant[1]. . ." In der Literatur ging es nicht weniger revolutionär zu als in der Politik. Im Februar 1831 erschien: *Notre Dame von Paris;* Michelet veröffentlichte seine *Einführung in die Weltgeschichte;* Buloz wurde Direktor der *Revue des Deux-Mondes.* Etwas später verkörperte Marie Dorval, die angebetete Schauspielerin der jungen Rebellen, *Antony* von Dumas, eine Apologie des Ehebruchs und der Bastardschaft. Es war „eine Gärung, ein Tumult, eine Erregung, wovon man sich heute schwer eine Vorstellung macht". Um das Stück zu verteidigen, hatten Aurora und ihre Freunde im Parterre Platz genommen. Die Frauen gingen damals nur auf den Balkon und in die Logen. Um sich frei bewegen und mit wenig Kosten kleiden zu können, trug Frau Dudevant Männerkleidung. Da sie ehedem mit Deschartres in Kittel und Gamaschen auf die Jagd gegangen war, fühlte sie sich keineswegs verlegen, wenn sie sich so kleidete. Die damalige Mode war der Verkleidung günstig. Die Männer trugen breite Redingotes, die bis zu den Fersen hinabreichten und die Taille kaum andeuteten. Aurora zog eine solche Redingote aus grauem Stoff an und trug dazu einen grauen Hut und eine breite wollene Krawatte; so sah sie aus wie ein junger Student im ersten Semester. Vor allem war sie von ihren Stiefeln entzückt. Ach, welch eine Wonne, von den spitzen Schuhen befreit zu sein, die wie Schlittschuhe über den Straßendreck dahinglitten!

Eine größere Wonne aber war es für sie, von der weiblichen Versklavung befreit zu sein. Am Arm eines jungen Mannes promenieren zu können, ohne daß La Châtre raunte: „Das sieht ganz Madame Dudevant ähnlich!" Damit die Trennung vollkommen sei, hatte sie jede Verbindung mit ihrer bisherigen Welt abgebrochen. An ihren Mann dachte sie nur, soweit sie ihn brauchte. *Aurora an Casimir:* „Tu mir den Gefallen und laß mir Geld zukommen, damit ich mir Strümpfe, Schuhe usw. kaufen kann ... Schreibe sogleich an Herrn Salmon, damit er mir dreihundert Franken übergibt. Adieu, mein Freund. Ich habe meine Mutter, meine Schwester, Charles Duvernet und Jules de Grandsagne gesehen. Ich werde Paganini hören... Ich umarme dich herzlich[2]..." Diese Briefe waren eine Fron, wenn auch eine kurze.

Ihrem teuren Kloster der Englischen Augustinerinnen stattete sie einen letzten Besuch ab. Die Juli-Kanonade hatte die Klostergemeinschaft durcheinandergebracht. Mater Alicia, traurig und geschäftig, gewährte der, die „ihre Tochter" gewesen war, nur einen kurzen Augenblick. Aurora begriff, daß Freundschaften der Außenwelt in den Augen der Ordensschwestern wenig bedeuten. Sie besuchte ihre Freundinnen von Cauterets, Jane und Aimée Bazouin. Beide waren verheiratet, Gräfinnen, reich, umschmeichelt. Sie schied von ihnen mit dem festen Entschluß, niemals wieder hinzugehen; diese entzückenden Mädchen hatten die Anpassung an die gegebenen Verhältnisse und die Rechtgläubigkeit erwählt. Dies war ihr Recht; Aurora Dudevant aber zog es vor, sich ungebunden in der Wüstenei der Menschen zu ergehen, mit erhobenem Haupt „über das Glatteis schreitend, die Schultern schneebedeckt, die Hände in den Taschen, zuweilen den Magen ein wenig leer, aber den Kopf um so mehr erfüllt mit Träumen, Melodien, Farben, Formen, Strahlen und Phantomen[3]".

Es galt indessen zu leben. Sie konnte nicht bei Hippolyte bleiben, der oft nach Paris kam und seine Wohnung brauchte. Die kleinste Mansarde kostete dreihundert Franken im Jahre. Eine Pförtnersfrau würde für fünfzehn Franken monatlich den Haushalt besorgen, ein Garkoch die Mahlzeiten für zwei Franken täglich bringen. Bei allen Einschränkungen würde es möglich sein, gerade noch in den Grenzen der Pension von dreitausend Franken zu existieren; aber es war kein Gedanke daran, Möbel und Bücher zu kaufen. Um zu arbeiten, versuchte sie, sich in der Mazarin-Bibliothek einzurichten. Aber ach, Aurora war empfindlich gegen Kälte und die Bibliothek schlecht geheizt. Geld zu verdienen, wurde eine gebieterische Notwendigkeit; aber auf welche Weise? Schachteln mit Gouachefarben bemalen? Für fünfzehn Franken Porträts herstellen? Es gab genug arme Teufel, die bereit waren, sie für fünf Franken zu pinseln, und ihr war das Bild ihrer Pförtnersfrau nicht gelungen, und dies hatte im Viertel einen schlechten Eindruck hervorgerufen. Schreiben? Warum nicht? „Ich erkannte, daß ich schnell, leicht, mit Ausdauer und ohne Beschwerlichkeit schrieb, daß meine Gedanken, die in meinem Gehirn eingeschlafen waren, erwachten und in ihrem Ablauf sich aneinanderfügten, wie sie mir in die Feder kamen[3]. . ." Wenn sie sich in der Unterhaltung auch ziemlich schwerfällig ausdrückte, in ihren Briefen wurde sie jedoch geistreich und lebendig. Kurzum, sie war eine geborene Schriftstellerin und fühlte es. Immer hatte sie ein Vergnügen dabei gefunden, ihre Eindrücke niederzuschreiben. In ihrem Gepäck hatte sie einen in Nohant verfaßten Roman mitgebracht: *Aimée*. Wie aber konnte man aus dem, was bis dahin ein Zeitvertreib gewesen war, einen Broterwerb machen? Und wie in die Welt der Literatur Eingang finden?

Der mächtigste Mann, den sie damals in Paris kannte, war Duris-Dufresne, der Deputierte von La Châtre. Innerhalb weniger Tage wurde er „mein guter alter Freund Duris-Dufresne". Er erwies sich gegenüber dieser hübschen Landsmännin als ritterlich und galant. „Ihr Papa", sagten die Türhüter der Kammer zu Aurora, wenn sie *ihren* Deputierten in den Gängen suchte; mit ihm sprach sie von dem Vorsatz, zu schreiben. Wenn man einen Mann in Amt und Würden um eine Empfehlung bittet, so ist bei ihm der natürliche Reflex der, daß er einen Ranghöheren anbietet. Er sprach also davon, sie Herrn de La Fayette vorzustellen. „Bemühen Sie sich nicht an so hoher Stelle", sagte sie, „denn allzu berühmte Leute haben keine Zeit, sich mit nebensächlichen Dingen aufzuhalten." Er verwies sie an einen seiner Kollegen in der Kammer, an Herrn de Kératry, einen bretonischen Edelmann und Romanschriftsteller, der, liberal zur Zeit der Restauration, nach 1830 Konservativer geworden war. Aurora Dudevant hatte von ihm einen absurden Roman gelesen, *Der Letzte der Beaumanoir*, worin ein Priester eine Tote vergewaltigte. „Ihr berühmter Kollege ist ein Narr", sagte sie zu Duris-Dufresne, „dennoch kann man ein guter Theoretiker und ein schlechter Praktiker sein." Später erzählte sie, die Zusammenkunft sei komisch und unglückselig gewesen. Herr de Kératry, ein Greis mit weißen Haaren, habe sie um acht morgens sehr förmlich und herablassend in einem hübschen Zimmer empfangen, wo seine junge Frau unter einem Deckbett aus rosafarbener Seide ausgestreckt lag. „Ich werde offen sein", habe er ihr gesagt, „eine Frau soll nicht schreiben . . . Nehmen Sie meinen Rat an: machen Sie keine Bücher, setzen Sie Kinder in die Welt!" — „Aber ich bitte Sie, mein Herr", habe sie, laut auflachend, geantwortet, „befolgen Sie selber dieses Rezept[3]." Aber dieser Bericht ist zwanzig Jahre jünger als das Ereignis; die Dokumente erzählen einen ganz anderen Verlauf.

Aurora Dudevant an Jules Boucoiran, 12. Februar 1831: Ich gehe frühmorgens zu Kératry, und wir plaudern in der Kaminecke. Ich habe ihm erzählt, wie wir weinten, als wir *Der Letzte der Beaumanoir* lasen. Er erwiderte mir, für solche Art Erfolg sei er empfänglicher als für den Beifall der Salons. Es ist ein würdiger Mensch. Ich erhoffe viel von seiner Protektion. um meinen kleinen Roman unterzubringen[1]. . .

Sie hatte eine Empfehlung einer Freundin aus La Châtre, Frau Duvernet, an einen Schriftsteller, der auch aus dem Berry stammte: Henri de Latouche. Zu ihm fehlten nicht die Beziehungen, denn er war ein Vetter der Duvernet, und sein Vater war ein Freund Maurice Dupins gewesen; aber er stand in dem Rufe, ein Mensch zu sein, mit dem schwer umzugehen wäre. Dieser Aristokrat, mit wirklichem Namen Hyacinthe Thabaud de Latouche, „gefiel sich in der Demagogie und haßte die Demokratie". Seine Sprache war so gewählt, daß man zunächst an Gespreiztheit glaubte, aber es war seine Art, sich auszudrücken. Er hatte sich in allem versucht: Theater, Roman, Journalismus, Gelehrsamkeit, und überall im zweiten Rang geglänzt. Einer seiner Romane, *Fragolette,* in dem eine als Mann gekleidete Frau ein allzu freies Leben führte, hatte einen Skandalerfolg davongetragen und Théophile Gautier entzückt. Latouche war der posthume Verleger André Chéniers und einer von denen gewesen, die Goethe in Frankreich eingeführt hatten. Aber er selbst hatte nicht vermocht, das „Ungeheuer" zu zähmen, das heißt den Ruhm; daher bei ihm ein ausgeprägtes Selbstgefühl, ein verdrießliches Gemüt, das sich ständig beleidigt fühlte, ein Körper, der sich niemals mit dem Magen und den Nerven vertrug. Ein ausgezeichneter Beurteiler der andern, hatte er mehr Genies herangebildet als sonst jemand, ohne selbst jemals ans Geniale heranzureichen. „Ich habe mehr Autoren als Werke geschaffen", sagte er bitter. So war er zum Beispiel der knurrige Lehrmeister des jungen Balzac geworden und hatte ihn sehr weise zu Walter Scott und Fenimore Cooper hingelenkt. Dennoch mochte Balzac ihn nicht leiden.

In den Augen der kleinen Frau Dudevant war Latouche ein berühmter Mann. Sie suchte ihn in seiner Wohnung am Quai Malaquais auf und fand einen Mann von fünfundvierzig Jahren, ziemlich beleibt, von ausgesuchten Manieren und einem Gesicht, das von Geist sprühte. Er besaß eine gedämpfte, sanfte und eindringliche Stimme, die zugleich einschmeichelnd und spöttisch war. In seiner Jugend hatte er auf einem Auge das Sehvermögen verloren, war aber keineswegs entstellt; die einzige Spur des Unglücksfalles war eine Art rotes Feuer, das aus dem toten Augapfel hervorkam und ihm „ich weiß nicht was für einen phantastischen Glanz" verlieh. Bei den Frauen hatte er große Erfolge gehabt.

Aurora Dudevant an Casimir, 15. Januar 1831: Ich habe Herrn de Latouche aufgesucht, der sehr liebenswürdig war. Er nimmt mich Sonntag mit nach der Abbaye-aux-Bois zu Madame Récamier; Delphine Gay soll Verse lesen, und ich werde dort alle Berühmtheiten der Epoche sehen. Heute abend gehe ich zu ihm, um ihm meinen Roman vorzulesen, und ich bin sehr beschäftigt mit einem Artikel, der in der *Revue de Paris* erscheinen soll. Er bietet mir außerdem an, für den *Figaro* zu redigieren, aber das möchte ich nicht. Das sind sehr schöne Verheißungen. Wohin werden sie führen? Ich weiß es nicht[2]. . .

Latouche hörte sich geduldig die Lektüre des Manuskripts von *Aimée* an, das Aurora mitgebracht hatte. Als sie zu Ende war, fragte er: „Haben Sie Kinder, Madame?" – „Leider ja! aber ich kann sie weder zu mir nehmen, noch zu ihnen zurückkehren." – „Und Sie gedenken, in Paris zu bleiben und sich mit Ihrer Feder den Lebensunterhalt zu verdienen?" – „Ich muß es unbedingt." – „Das ist unangenehm, denn ich sehe darin keine Erfolgsmöglichkeiten. Glauben Sie mir: Das beste ist, Sie gehen wieder zu Ihrem Manne zurück." Sie hörte ihn respektvoll an, eigensinnig, wie es die Berrichonner einmal sind. Als er sagte, das Buch habe keinen richtigen Sinn, antwortete sie: „Das stimmt." Sie müsse alles nochmal neu schreiben. „Das kann geschehen." An Casimir schrieb sie: „Unter uns gesagt, mit einem Manne wie Latouche werde ich mich nie verstehen." Schon bald sollte sie entdecken, daß Latouche, „nachdem er die Überfülle seines Geistes von sich gegeben hatte", ein zärtliches Herz offenbarte, das aufopfernd und edelmütig war.

Er hatte soeben ein kleines satirisches Blatt erworben, den *Figaro*. Nachdem er während der Revolution von 1830 an der Seite der Republikaner auf den Barrikaden gekämpft hatte, eröffnete Latouche, von Natur ein Oppositioneller, jetzt ein Feuer von Bonmots und Spottgedichten gegen das Regime des Bürgerkönigs. Er bot der jungen Frau an, sie in seinen Redaktionsstab aufzunehmen, der „ein ganzes Nest von kühn sich aufschwingenden Adlern" sei, wie er stolz sagte. Die Zeitung wurde in der Wohnung am Quai Malaquais in der Kaminecke zusammengestellt. Jeder hatte sein Tischchen. Auroras Platz war neben dem Kamin; sie war darauf bedacht, nicht den schönen Teppich mit weißem Grunde zu beschmutzen. Latouche liebte es, zu belehren, zu verbessern, Hinweise zu geben, und warf seinen Adlern Themen zu, auf kleinen Stückchen Papier, die er selbst in der erwünschten Größe zurechtgeschnitten hatte und auf denen man einen Artikel oder ein „buntes Allerlei" unterbringen mußte. (So hießen damals im *Figaro* die Glossen.) Eine ausgezeichnete Methode, um zu lernen, sich kurz zu fassen; aber es war gerade das, wozu die Novizin sich unfähig fühlte. Vergebens überließ Latouche ihr die sentimentalen Geschichtchen: „Ich wußte auf diesem vorgeschriebenen Raum weder den Anfang noch ein Ende zu finden, und wenn ich *anfing anzufangen,* war der Augenblick schon da, Schluß zu machen . . . Das war mir eine Marter . . ." Währenddessen plauderte und lachte man. Latouche enthüllte sich als ein Mensch, der von Satire sprühte und ob seiner natürlichen Anmut anbetungswürdig war. „Ich hörte zu, vergnügte mich sehr, tat nichts von Belang, aber am Monatsende bekam ich zwölfeinhalb Franken . . ."

Gleichwohl errang sie am 5. März 1831 einen kleinen Triumph. An jenem Tage hatte sie, die Vorsichtsmaßnahmen des Regimes verspottend, folgendes „Bunte Allerlei" geschrieben:

Der Herr Polizeipräfekt wird eine neue Verordnung veröffentlichen, deren hauptsächlichste Bestimmungen wie folgt lauten: 1. Alle waffenfähigen Bürger werden alle Tage von sieben Uhr morgens bis elf Uhr abends zusammenberufen, um das Palais Royal zu bewachen, und alle Nächte von elf Uhr abends bis sieben Uhr morgens zur Bewachung der Gotteshäuser und andrer öffentlicher Gebäude. Während dieser Zeit werden Frauen, Kinder und Greise vor den Türen ihrer Häuser auf Wache ziehen. Die Familien, die auf diesen Aufruf hin nicht erscheinen, verlieren ihr Recht auf Schutz durch die bewaffnete Macht und bleiben den Gewalttaten der Aufwiegler ausgesetzt. 2. Damit die Ruhe der Bewohner nicht mehr gestört wird, werden jeden Morgen vor Tagesanbruch auf den öffentlichen Plätzen fünfundzwanzig Kanonenschüsse abgefeuert. Zu allen Stunden der Nacht werden die Kirchenglocken geläutet und in allen Straßen die Trommeln geschlagen werden. Eine Nationalpatrouille wird alle Straßen der Stadt mit dem Ruf durcheilen: „Habt acht!", so wie es in den Zitadellen Brauch ist. 3. Jeder Hauseigentümer ist verpflichtet, rings um sein Haus einen Graben von siebeneinhalb Fuß Breite aufwerfen zu lassen, den Torweg zu befestigen, die Fenster zu vergittern und bei sich mindestens zwanzig Gewehre bereitzuhalten, um damit im Notfalle seine Mieter und sein Gesinde zu bewaffnen. Mittels dieser Vorsichtsmaßnahmen verspricht die Regierung den Bewohnern eine unbedingte und dauerhafte Ruhe. Sie verpflichtet sich, nicht mehr als zwölf Verschwörungen im Monat zu vereiteln und nicht mehr als drei Aufstände wöchentlich zu dulden. Montag, Mittwoch und Freitag sind dazu bestimmt, den Zusammenrottungen vorzubeugen, und der Dienstag, Donnerstag und Samstag, um sie zu zerstreuen[4]. . .

In den Kaffeehäusern spendeten die Lacher Beifall, der Bürgerkönig aber ärgerte sich. Der *Figaro* wurde beschlagnahmt. Frau Dudevant hoffte einen Augenblick lang, die Gerichte würden nach dem Verfasser des anonymen Artikels forschen und ihn dann verfolgen.

Aurora Dudevant an Charles Duvernet, 6. März 1831: Bei Gott! Welch ein Skandal in La Châtre! Welch ein Entsetzen, welche Verzweiflung in meiner Familie! Aber mein Ruf ist gemacht: ich finde einen Verleger, der mir meine Plattheiten abkauft, und auch Dummköpfe, die sie lesen. Neun Franken und fünfzig Centime gäbe ich für das Glück, verurteilt zu werden[1]...

Leider aber stellte der Generalstaatsanwalt die Verfolgung ein. „Herr Vivien hat den Gerichten bedeutet, man solle es dabei bewenden lassen. Schade! Eine Verurteilung aus politischen Gründen hätte mir Glück gebracht[1]..."

Der „kleine Jules" machte ebenfalls seine ersten Versuche in der Schriftstellerei. Aurora hatte anfangs gezögert, ihn Latouche zu empfehlen, von dem sie wußte, daß er mit seiner Hilfe sparsam umging. Nachdem sie selbst das Bürgerrecht erlangt hatte, wagte sie, einen Artikel von Jules vorzuzeigen. Er gefiel. Nun nahm auch Sandeau in der Direktorwohnung an einem Tischchen Platz, das eine hübsche Decke trug. Später brachte er der *Revue de Paris* einen „unglaublichen" Text, den die beiden Liebenden gemeinsam verfaßt hatten und den Jules mit seinem Namen zeichnete. Dr. Véron, der Herausgeber der *Revue,* fand ihn gut. „Ich bin Jules' wegen entzückt. Das beweist uns, daß er Erfolg haben kann. Ich habe mich entschlossen, ihn an meinen Arbeiten teilnehmen zu lassen oder mich an den seinigen zu beteiligen, ganz wie Sie wollen. Soviel steht fest, daß er mir seinen Namen leiht, denn ich will nicht hervortreten, und ihm lasse ich meine Hilfe angedeihen, wenn er ihrer bedarf[1]." Aber sie bestand darauf, daß diese „literarische Verbindung" geheim bleibe: „Man spielt mir in La Châtre so grausam mit, daß nur dies noch fehlen würde, um mich vollends zu erledigen[1]." Daß sie unter ihrem Namen schriebe, davon konnte nicht die Rede sein. Ihre Schwiegermutter, die alte Baronin, hatte schon ihr Erstaunen darüber ausgedrückt, daß sie so lange ohne Casimir in Paris bliebe, und sie gefragt: „Stimmt es, daß Sie die Absicht haben, Bücher zu veröffentlichen?" — „Ja, Madame." — „Alles recht schön, aber ich hoffe doch, daß Sie den Namen, den ich trage, nicht auf die Umschläge gedruckter Bücher setzen werden?" — „Oh, gewiß nicht, Madame; es besteht keine Gefahr[3]."

Das Paar zeichnete also anfangs: J. Sandeau. Die beiden Liebenden glaubten, das Glück gefunden zu haben. Emile Regnault, dem vertrauten Freunde, schrieb Aurora:

Ich brauchte eine glühende Seele, die mich liebte, wie ich zu lieben verstand, mich über all die Undankbarkeiten hinwegtröstete, die meine Jugend verheert hatten. Und obgleich ich schon alt bin, habe ich dieses Herz gefunden, das ebenso jung ist wie das meine, diese Liebe fürs ganze Leben, die sich von nichts abschrecken läßt und jeden Tag stärker wird. Jules hat mich wieder an ein Dasein gefesselt, dessen ich überdrüssig war und das ich meiner Kinder wegen nur aus Pflicht ertrug. Er hat eine Zukunft verschönert, die mich schon im voraus anwiderte und die mir jetzt ganz von ihm erfüllt erscheint, von seinen Arbeiten, seinen Erfolgen, seinem anständigen und bescheidenen Wesen ... Ach, wenn Sie wüßten, wie ich ihn liebe!... Diesem armen Kinde, das so sehr unter seinen ungewollten Anfällen von Traurigkeit leidet, kreidet man sie als Verbrechen an ... Ach, Sie wenigstens bringen ihn deswegen niemals zum Erröten ... Man muß wissen, welch verzehrender Freundschaft und grenzenloser Hingabe er fähig ist, um die scheinbare Kälte auszugleichen, in die er zuweilen versinkt[5]...

Sie trat für Sandeau ein, weil die Berrichonner von Paris ihn nicht recht mochten. „Er besaß ungeheuer viel Geist", bemerkte später Duvernet, „aber er war ein Mensch mit frostigem Herzen und voll kleiner Eitelkeiten und falscher Ambitionen[6]." Sandeau, der sich dieser feindseligen Gefühle bewußt war, beklagte sich darüber. „Er braucht nicht viele Freunde, um glücklich zu leben", sagte Aurora, „aber er leidet bitter, wenn er Grund hat, an ihnen zu zweifeln." Aurora in ihrem mehr mütterlichen als verliebten Gefühl tröstete und umsorgte ihn. Von schwacher Gesundheit, vergaß er oft zu essen; sie wachte darüber, daß er seine Mahlzeiten zu sich nahm. Er war nicht arbeitsam; sie nötigte ihn mit Gewalt an seinen Tisch, wie sie es mit einem Sohn gemacht hätte. Sie liebte es, diese sanfte Tyrannei auszuüben. Für sie war die Arbeit keine Fron, sondern eine natürliche Funktion:

Aurora Dudevant an Jules Boucoiran, 4. März 1831: Ich bin mehr denn je entschlossen, die literarische Laufbahn einzuschlagen. Trotz der Widerwärtigkeiten, denen ich dabei manchmal begegne, trotz der Tage, an denen ich vor Trägheit und Müdigkeit meine Arbeit unterbrechen muß, und trotz des mehr als bescheidenen Lebens, das ich hier führe, fühle ich, daß mein Leben nunmehr ausgefüllt ist. Ich habe ein Ziel, eine Aufgabe, ja, sagen wir das Wort: eine *Leidenschaft.* Der Beruf des Schreibens ist eine glühende, fast unzerstörbare Leidenschaft. Wenn sie sich eines armen Kopfes bemächtigt hat, kann er davon nicht mehr los[1]...

Kurzum, ihr von Arbeit erfülltes Bohemeleben hätte sie entzückt, wenn sie nicht ihrer Kinder beraubt gewesen wäre. Aus Nohant schrieb ihr der Bruder darüber drohende Briefe: „Das Beste, das du hervorgebracht hast, ist dein Sohn; er liebt dich mehr als sonst jemanden auf der Welt. Hüte dich, ein solches Gefühl abzustumpfen." Der wütende Hippolyte hatte nicht unrecht. Aber Jules und Aurora waren überzeugt, in einer freien Verbindung zusammenleben und bald Maurice und Solange zu sich nehmen zu können. Die beiden Liebenden hatten die gleichen Geschmacksrichtungen, die gleichen Neigungen. „Sie kletterten ausgelassen die schmale und gewundene Treppe empor, und es geschah niemals ohne verzückte Begeisterung, daß sie von ihrem kleinen Zimmer Besitz nahmen ... Es war eine bescheidene Zuflucht, die ganz nahe dem Himmel gelegen war, aber der Straßenlärm drang niemals dorthin ... Es gab da weder einen Teppich noch Tapeten, aber durch den Blumenschmuck herrschte hier ewiger Frühling[7] ..." Wer hätte ihrer Liebe nicht ein langes Leben prophezeit?

II

VON JULES SAND ZU GEORGE SAND

Getreu dem Pakt mit Casimir, kehrte sie im April 1831 nach Nohant zurück. Sie wurde dort empfangen, als käme sie von einer ganz gewöhnlichen Reise wieder heim. Ihr „Dickerchen" war schön wie der Tag; ihr Sohn erstickte sie beinahe mit seinen Küssen; ihr Mann redete überlaut und langte beim Essen gehörig zu. Sie war froh, all ihre kleine berrichonnische Welt wiederzusehen; ihr Herz aber hatte sie in der kleinen Wohnung der Rue de Seine gelassen.

Aurora Dudevant an Emile Regnault: Herrgott, wie heiter muß unser Zimmer bei dieser schönen Sonne sein, wie feurig muß sie sich auf den Fenstern gegenüber widerspiegeln und mit goldenen Flecken diese alten Fassaden bedecken, die wie indische Pagoden aussehen ... Auf dem Lande hier ist es sehr schön: abends dringen in mein Zimmer Duftwolken von Flieder und Maiglöckchen, dann gelbe, schwarzgestreifte Schmetterlinge; Nachtigallen singen vor meinem Fenster, und Maikäfer stürzen sich mit dem Kopfschild querüber in meine Lampe. All dies ist zweifellos entzückend. Nun, ich überrasche mich immer dabei, daß meine Gedanken in Paris weilen mit seinen dunstigen Abenden, seinem rosigen Gewölk über den Dächern und den hübschen Weiden von einem so zarten Grün, die das bronzene Standbild des alten Henri umgeben; und bei den armen schieferfarbenen Täubchen, die ihr Nest in den alten Fratzengesichtern des Pont-Neuf bauen. Ach Paris, mein gutes Paris, mit seiner Freiheit zu lieben und zu fühlen, mit meinem Jules, der mich so sehr liebt, meinem Gallier und meinem lieben Kolibri... mit dieser kleinen, auf den Kai hinausgehenden Kammer, wo ich euch empfange, Jules in schmieriger und zerlumpter Künstlerredingote, seine Krawatte unter dem Hintern und das zerfetzte Hemd über drei Stühle ausgebreitet, wie er im Eifer der Diskussion mit dem Fuße aufstampft und die Feuerzange zerbricht[5]...

Sie beauftragte Regnault, sich um Sandeau zu kümmern: „Guten Abend, mein schöner Émile. Ich beauftrage Sie, meinen kleinen Jules zu umarmen und ihn daran zu hindern, vor Hunger umzukommen, wie es bei ihm Brauch ist . . ." Es drängte sie, nach Paris zurückzukehren. Was verlangte sie?

Die nötigsten Mittel zum Lebensunterhalt und mit ihm zusammenzusein. Das ist alles. Das ist das Glück . . . Zwei Koteletten und Käse; eine Mansarde mit Ausblick auf Notre-Dame und den Fluß; Arbeit, um den Hauseigentümer und den Garkoch zu bezahlen. Mögen andre sich einen berühmten Namen machen und ihre Gefühle der schwankenden Gunst des Publikums zum Opfer bringen: wir werden es ihnen niemals nachtun, oder aber wir sind dann verrückt geworden. Ich sehe, der Kleine ist so ziemlich auf dem richtigen Wege, um seinen und meinen Lebensunterhalt zu verdienen. Dieser Balzac ist ein reizender Junge; wenn er sich mit ihm befreundet, halte ich ihn für einen würdigen Menschen, denn ich beurteile die Leute nach dem Grad der Achtung, die sie für meinen Jules hegen[5]. . .

Der Tourainer Honoré de Balzac nämlich, wie die beiden von Latouche protegiert, hatte sich dem jungen Paar angeschlossen, für das er ein zärtliches Wohlwollen hegte, und von Zeit zu Zeit erfüllte er ihre Mansarde mit seiner fröhlichen und lärmenden Begeisterung[3].

Für ihre nahe bevorstehende Rückkehr nach Paris wünschte Aurora, Regnault möge eine Wohnung suchen, denn Hippolyte verlangte die seine wieder zurück: „Jules ist dazu nicht imstande, bei Ihnen aber ist es anders . . ." Regnault bot anfangs ein im fünften Stockwerk gelegenes Zimmer auf der Insel Saint-Louis an.

Aurora Dudevant an Émile Regnault: Fünfter Stock, das ist ein bißchen hoch. Die Insel Saint-Louis, das ist ein bißchen weit. Ein einziges Zimmer, das ist nicht genug. Ich habe eine Mutter, eine Schwester und einen Bruder, die werden sicherlich kommen und mich behelligen . . . Wenn ich nur ein Zimmer habe, laufe ich Gefahr, in einer Falle zu sitzen, ohne daß ich ihnen entgehen kann, und in flagranti ertappt zu werden . . . Ich möchte einen Ausgang haben, um Jules zu jedweder Stunde entwischen zu lassen, denn schließlich kann mein Mann unvermutet ins Haus fallen, wenn auch nicht vom Himmel, aber eines schönen Tages doch mit der Postkutsche eintreffen, um ein Uhr in der Frühe; und da er kein Nachtquartier hat, wird er mir die Ehre erweisen, bei mir zu landen! Urteilen Sie selbst, wie mir zumute wäre, wenn ich ihn schellen hörte und seine süße Gegenwart auf der andern Seite der Tür verspürte! Er würde sie einstoßen, noch bevor ich ihm geöffnet hätte, aber die Situation würde unendlich dramatisch sein[5]. . .

Man erkennt hieraus, daß das Entgegenkommen Herrn Dudevants seine übrigens schwer zu bestimmenden Grenzen besaß. Der gute Émile schlug daraufhin eine Dreizimmerwohnung am Quai Saint-Michel Nr. 25 vor.

30. Mai: Einverstanden mit dem Quai Saint-Michel, die Lage finde ich herrlich. Ich werde es einzurichten wissen, daß das hintere Zimmer unbekannt und Fremden unzugänglich und verwehrt bleibt. Das dritte wird die dunkle, die mysteriöse Kammer sein, das Gespensterversteck, der Schlupfwinkel des Ungeheuers, der Käfig des dressierten Tieres, die Schatzkammer, die Höhle des Vampirs, was weiß ich? . . . Schließen Sie den Vertrag ab, ohne mich weiter zu befragen[5]. . .

Sie erbat einen Plan der Wohnung mit allen Maßen, um von Nohant Möbel mitbringen zu können. Denn in Nohant selbst dachte sie nur an ihr Zusammenleben mit Jules. Sie hing ihren Träumereien in dem Wäldchen nach, wo sie sich so oft mit ihm getroffen hatte; sie fragte sich, wie es möglich gewesen war, daß dieses Kind „mit seinen zwanzig Jahren, seinen frischen, rosigen Wangen" sich in eine kränkelnde und altersschwache Mumie verliebt hatte.

15. Juni 1831: Ich befand mich in einem gewissen gereizten Zustand gegenüber der Vergangenheit. Ich richtete an mein Schicksal die Frage: Warum bin ich, als ich zwanzig war, als ich die Schönheit besaß, die ich inzwischen verlor, als ich noch die Heiterkeit meines schlichten und vertrauensvollen Herzens und jene Liebe zur Menschheit besaß, die mit zunehmender Erfahrung dahinschwindet, warum bin ich damals, als ich ganz dazu geschaffen war, geliebt zu werden, nicht Jules so begegnet, wie er heute ist? Neben diesem jungen Manne mit glühenden Leidenschaften bin ich heute alt, verwelkt, zerschlagen[5]...

Jede verliebte Frau bedauert, daß sie ihrem Liebsten nicht die Jungfrau darbringen kann, die sie einmal war, aber Aurora wußte recht gut, daß sie den jungen Männern noch gefiel. Unersättlich kostete sie das Gefühl aus, daß Regnault und Fleury, alle beide, in sie verliebt waren. Sie träumte von einer Phalanster zu viert: „In unsrer Liebe, unsrer Freundschaft sind wir so eng verbunden, daß von dem einen sich zu unterhalten nicht bedeutet, sich den andern fernzuhalten. Gibt es unter uns vieren denn einen Gedanken, der uns nicht gemeinsam ist?..."

Nein, sie war nicht „alt". Sie war siebenundzwanzig und besaß, abgesehen von einigen Unpäßlichkeiten, eine eiserne Gesundheit. Wenn sie in Nohant war, arbeitete sie im Garten, galoppierte nach La Châtre, um Duvernet, der Komödie spielte, Beifall zu spenden; sie pflegte den kranken Maurice und fand noch die Zeit, „ein literarisches und romantisches Brimborium zu schreiben, ruchlos wie ein halbes Hundert Teufel", mit Verschwörungen, Henkern, Mördern, Dolchstichen, Agonien, Todesröcheln, Flüchen und Verwünschungen. „Es ist sieben Uhr in der Frühe. Ich arbeite seit sieben Uhr abends. In fünf Nächten habe ich einen Band zusammengeschrieben. Um mich zu zerstreuen, helfe ich tagsüber meinem Sohn im Lateinischen, das ich überhaupt nicht kann, und im Französischen, von dem ich kaum was weiß..." Mit Casimir überhaupt keinen ernstlichen Konflikt.

Aurora Dudevant an Frau Maurice Dupin, 31. Mai 1831: Tatsache ist, daß mein Mann alles tut, was er will; daß er Geliebte hat oder nicht hat, je nach seinem Appetit; daß er Muscadetwein oder klares Wasser trinkt, je nach seinem Durst; daß er Geld anhäuft oder verschwendet, wie es ihm gerade einfällt; daß er baut, pflanzt, ändert, kauft, über sein Gut und sein Haus regiert, wie ihm der Sinn steht. Ich habe kein Wort mitzureden... Übrigens ist es recht und billig, daß diese große Freiheit, deren sich mein Mann erfreut, gegenseitig ist; sonst würde er mir widerwärtig und verachtenswert werden; und das will er in keiner Weise sein. Ich bin deshalb vollkommen unabhängig; ich gehe schlafen, wenn er aufsteht; ich gehe nach La Châtre oder nach Rome; ich komme um Mitternacht oder um sechs Uhr nach Hause; all dies ist meine eigene Angelegenheit[1]. . .

Als sie daher im Juli beschloß, nach Paris zurückzukehren, um sich dort einzurichten, befragte sie niemanden um Rat. Mutter, Tante und Bruder tadelten sie; sie wies sie zurecht.

Hippolyte Châtiron an Casimir Dudevant, Paris, 6. Juli 1831: Ich erhalte soeben einen Brief von Aurora . . . Deine Frau will ihre Freiheit. Sie will Zerstreuung und Leben um sich. Du bist ihr kein schlechter Gatte gewesen, und darin läßt man dir Gerechtigkeit widerfahren, sowohl hier wie bei uns zu Hause. Laß sie gewähren. Wenn es bei ihr übel ausgeht, darf sie weder dir noch mir noch ihren Verwandten die Schuld zuschieben. Was bleibt dir zu tun übrig, da sie ja doch in allem ihren Kopf durchsetzt? Du mußt dich damit abfinden, darfst es dich nicht verdrießen lassen, mußt es runterschlucken und dich um deinen Besitz und deine Kinder kümmern[2]. . .

Aurora liebte die kleine Wohnung am Quai Saint-Michel, im Dachgeschoß des großen Hauses an der Ecke des Platzes. Drei Zimmer mit Balkon, Himmel, Wasser, Luft, Schwalben, Notre-Dame in der Ferne. Um sich Möbel zu kaufen, mußte sie sowohl bei Latouche als auch bei Duris-Dufresne fünfhundert Franken leihen. Wie nur sollte sie diese riesigen Summen zurückzahlen? Indem sie ein Jahrmarktsschauspiel veranstaltete?

Aurora Duvedant an Émile Regnault: Planet wird den Elefanten spielen und aus seinen Nasenlöchern die Passanten mit Wasser bespritzen; der Gallier wird die Giraffe darstellen und der kleine Jules die Pardelkatze aus Neu-Spanien. Für Sie reserviere ich einen Zuber, worin Sie die Robbe oder das Krokodil darstellen. Der Gallier wird Pomade für die Haare verkaufen, Planet einen Arzneitrank gegen die Tollwut, ich ein Mittel zum Einreiben gegen Rheumatismus, der kleine Jules eine Salbe für die Galle und Sie Rattengift. Wenn wir mit all dem nicht ein Vermögen erwerben, bleibt uns ein Mittel, nämlich oben vom Balkon einen Kopfsprung in die *Sequane* zu tun[8] . . .
Aurora an Casimir: Ich lebe bestimmt sehr bescheiden und

vergönne mir keinerlei Luxus. Meine Möbel sind aus Nuß- und Kirschbaumholz, meine Wohnung liegt im fünften Stock ... Und doch fehlt es am Notwendigsten. Du würdest mir sehr unter die Arme greifen, wenn du mir außer den tausend Franken noch mein Wirtschaftsgeld zukommen ließest ... Mir scheint, du hättest eine Möglichkeit finden können, in La Châtre Geld aufzunehmen ... Für mich hier ist es nicht dasselbe. Ich habe Sachen gekauft, um mich einigermaßen einrichten zu können, und rechnete nicht gerade damit, mein Bruder und mein Mann würden mich meine Hand nach Fremden ausstrecken lassen, um die dringendsten Schulden zu bezahlen ... Ich hätte besser wissen sollen, was ich zu erwarten hatte! Meinem Möbelhändler habe ich einen Wechsel über zweihundertfünfzig Franken unterzeichnet, der am 15. August fällig wird. Meine Mutter hat mir zweihundert Franken geliehen. Jetzt heißt es leben, und dabei schulde ich noch verschiedene Dinge, einen Hut, Schuhe und dreihundert Franken einem Kunsttischler ... Eins ist gewiß, und wenn ich noch so sehr spare, gibt es keinen Mittelweg zwischen betteln und zahlen. Ich kenne nur einen: das ist die Morgue, die gegenüber meinen Fenstern liegt, und in ihr sehe ich alle Tage Leute, die in den Tod gingen, bloß weil ihnen zwanzig Franken fehlten ... Von der Luft kann ich schließlich nicht leben ... Ich warte deine Antwort ab, bevor ich mich an Fremde wende. Einen guten Appetit wünsche ich dir[2] ...

Ihrem Bruder Hippolyte, der sie Anfang August besuchte, spielte sie eine echt molièresche Szene vor, indem sie ihre Familie, die zu besuchen *sie* aufgehört hatte, der Selbstsucht und Gleichgültigkeit zieh:

Hippolyte Châtiron an Casimir Dudevant, 5. August 1831: Ich habe Aurora mehrere Male aufgesucht. Eines weiß ich, daß sie nämlich mir gegenüber eine große Ungerechtigkeit an den Tag legt. Sie tut alles, was sie kann, um sich ihre Angehörigen fernzuhalten. Alsdann beschuldigt sie mich, ihr gegenüber egoistisch und gleichgültig zu sein. Sie sagt mir, sie habe drei Tage lang Hunger gelitten; und doch haben meine Frau und ich sie ein paar dutzendmal eingeladen, aber niemals ist sie einer Einladung gefolgt. Was ist da zu tun? Ich weiß es nicht. Sie ist verwundert über die Entbehrungen, die sie ganz aus freien Stücken auf sich nimmt. Sie glaubte, mit Schreiben Geld zu verdienen; wie es scheint, hat sie in diesem Punkt all ihre Illusionen verloren. Kürzlich schrieb sie mir einen Brief, worin sie mir sagte, falls ich mich mit dir zusammentäte, um sie unglücklich zu machen, sie ihrer Kinder zu berauben und sie ständig in einer bedrängten Lage zu lassen, werde sie ins Wasser gehen! Sie bat mich, dich davon in Kenntnis zu setzen, damit du dir nicht ihren Tod vorzuwerfen hättest . . . Ich habe es auf mich genommen, ihr bis zum Oktober fünfhundert Franken vorstrecken zu lassen, und zwar mittels einer Anweisung, die du, daran zweifle ich keineswegs, zurückerstatten wirst, denn schließlich darf man sie trotz ihrer Extravaganzen . . . nicht im Elend sitzen lassen, trüben Gedanken ausgeliefert, die sie zu einem äußersten Schritt treiben könnten, worüber wir uns niemals trösten würden. Ich habe ihr gesagt, du würdest dich nicht weigern, ihre Möbel zu zahlen und ihr weiterhin ihre Pension von tausend Talern zukommen zu lassen. Ich habe ihr gesagt, es sei deine Absicht, Maurice nach Paris in Pension zu geben, sobald Boucoiran mit der Erziehung fertig wäre; daß sie, wenn sie dir Freundschaft und Vertrauen entgegenbrächte, statt bei ihren Auseinandersetzungen mit dir einen Dritten hinzuzuziehen, von ihrem Manne mehr erlangen würde, als wozu er verpflichtet wäre. All dies brachte sie zum Weinen und mich auch, denn schließlich muß man sie trotz ihrem verteufelten Starrsinn doch gern haben. Sie hat mir versprochen, im September nach Nohant zurückzukehren[2]. . .

Sie kehrte tatsächlich zurück, aber Jules ließ sich zur gleichen Zeit in La Châtre nieder, und die beiden Liebenden führten zur größten Empörung der „drei Gesellschaftsschichten" ungefähr das gleiche Leben wie in Paris. Sie arbeiteten gemeinsam an einem langen Roman, *Nonne und Schauspielerin*, für den der Pariser Verleger Renault ihnen durch Vertrag hundertfünfundzwanzig Franken bei Ablieferung eines jeden Bandes und fünfhundert Franken drei Monate später versprochen hatte. Regnault hatte den Auftrag bekommen, diesen Renault zu erweichen:

Schildern Sie ihm unsere Armut in den ergreifendsten Farben; beschreiben Sie ihm, wie Jules' schwarze Redingote aussieht, wie wenige Westen er besitzt, wie sehr meine Pantoffeln zerrissen sind und meine Halstücher vor Alter zerfallen . . . Sagen Sie ihm, daß Niort eine Sammlung veranstaltet habe, damit Jules sich rasieren könne, und daß man in La Châtre zusammengelegt hat, um mich einigermaßen zu ernähren . . . Ich habe den Gallier zweimal gesehen. Ich habe ihn gerüttelt und geschüttelt, über die Erde gewälzt, geherzt und gedrückt. Er ist liebenswürdig wie ein schwerer Ochse. Er spricht nur von verführen, entführen, vergewaltigen, plündern, die Passanten berauben und, wie Paul-Louis Courier sagt, den Passantinnen einen Tort antun[5]...

Aus ihrer Liebschaft mit Sandeau machte sie keinerlei Hehl. Sie ärgerte sich sehr, wenn man sie für eine jener Frauen hielt, die verlangen, daß „man ihr Geheimnis respektiere" und „ihren Ruf schone".

Ich habe den Stolz, mich gedemütigt zu fühlen, wenn man mein Schicksal mit der gleichen Elle mißt wie das ihrer ehrbaren Frauen. Wie wenig kennen sie mich! Sie wollen unbedingt, daß ich einen Ruf habe! Sie erröten und schlagen die Augen nieder, wenn man mich ein Weib nennt ... Unsere Freunde verzeihen einem, daß man unglücklich, langweilig, unbequem, ruinös ist; sie verzeihen einem alles, nur nicht das eine: im Urteil der Welt zugrunde gerichtet zu sein[5]...

Sie traf sich nicht nur mit ihrem Liebsten in La Châtre, sondern ging in ihrem Unabhängigkeitsrausch sogar so weit, daß sie ihn in Nohant in ihrem Zimmer empfing, obwohl sie jetzt im ersten Stockwerk wohnte. Der gutmütige Papet paßte auf:

Gustave hat nicht geknurrt; er ist uns ergeben und hat sich bis zum Hals in unsere Tollheit gestürzt. Während der ganzen Zeit, die Jules in meinem Zimmer verbrachte, hat er im Graben kampiert, draußen im Garten – denn diese Nacht ist er gekommen, unter der Nase *Bravos*, meines Mannes, meines Bruders, meiner Kinder, des Mädchens usw. ... Ich hatte alles einkalkuliert, alles vorhergesehen. Jules lief keine andere Gefahr, als daß man ihm eine Ladung Schrot in den Leib pfefferte, während er zu meinem Fenster emporkletterte, das nur sechs Fuß über dem Boden liegt ... eine Gefahr, als ob man mit der Postkutsche umgeworfen wird oder sich beim Tanzen das Bein bricht. Er kam, und dann waren wir so glücklich ... Er war bei mir in meinem Zimmerchen, in meinen Armen, glücklich, gerüttelt, umarmt, schreiend, weinend, lachend. Es war eine Raserei der Lust, wie wir sie, glaube ich, noch nie erlebt hatten. Solch vernünftigen und solch glücklichen Menschen kann man doch nicht grollen? Auch in dieser Nacht soll er kommen. Zweimal ist nicht zuviel. Später noch, das wäre unvorsichtig ... Mein Mann wird sicherlich erfahren, daß Jules sich drei Schußweiten von Nohant befindet, aber bis jetzt weiß er es nicht. Er ist mit der Weinlese beschäftigt. Nachts schläft er wie ein Schwein ... Mein ganzer Körper ist bedeckt mit blauen Flecken und den Malen seiner Zähne; ich kann mich nicht mehr auf den Beinen halten; ich bin in einer rasenden Freudestimmung[5]...

Aurora Dudevant an Gustave Papet: Lieber Gustave, was für ein guter Mensch sind Sie! Wie sehr lieben Sie Jules, und wie vergilt es Ihnen mein Herz! Sie haben also die Nacht in einem Graben zugebracht, im Freien, wie ein armer Soldat, während wir, egoistisch vor Glück, uns nicht aus den Armen des andern reißen konnten. Ach, dreißigmal sagten wir: Los! *Es muß sein. ... Gustave ist da, der arme Gustave!* ... Jules hat es Ihnen sicherlich erzählt. Mitten in unsern tollsten Verzückungen segneten wir Sie; Ihr Name vermischte sich mit unsern Küssen; all unsre Gedanken galten Ihnen ... Und ich glaube, Ihre Aufopferung, Ihre uns so nahe Gegenwart und Ihr besorgter Eifer, über unser Glück zu wachen, machten es noch köstlicher. Diese heilige und glühende Freundschaft, die uns umgibt und uns überströmt, sie ist ein Bestandteil unsres Lebens, sie macht unser Los des Himmels würdig. Ach, wie glücklich müssen auch Sie sein, so glühend geliebt zu werden! Werden Sie dessen nicht überdrüssig. Stellen Sie uns auf die Probe. Aber, mein guter Freund, einstweilen sind wir schuld, wenn Sie sich einen Rheumatismus zuziehen. Mein Gott, wie egoistisch verhält sich die Liebe gegenüber der Freundschaft[9]...

Dem kleinen Jules, der niemals kräftig gewesen, war diese Lebensweise sehr abträglich.

Sie werden sehen, wie bleich und mager er jetzt ist. Er tut alles, was er kann, um sich zugrunde zu richten. Er schläft nicht. Tagsüber ist er träge und streicht umher wie ein Hund; nachts beraubt er sich des Schlafes, um die verlorene Zeit einzuholen; auf eine solche Weise also lebt er. Ich habe noch manches andre an ihm zu tadeln, aber es würde schwierig sein, Ihnen das auseinanderzusetzen. Wir beide werden uns darüber noch unterhalten ... Kurzum, ich bin verzweifelt, das steht fest. In ganz La Châtre gibt es über ihn nur eine Meinung; man hält ihn für schwindsüchtig. Ich weiß recht gut, daß das falsch ist, aber ich weiß ebenfalls recht gut, daß seine Gesundheit sehr angegriffen ist ... Es war mir eine solche Freude, ihn zu sehen, ich war außer mir vor Entzücken, wenn ich ihn in meine Arme preßte; aber zu wissen, daß diese Glückswonnen sein Blut ausglühen und sein Leben langsam erschöpfen – diese Vorstellung ist grauenhaft[5]...

Währenddessen ging in Nohant die Arbeit neben der Liebe her. Die fünf Bände von *Nonne und Schauspielerin* wurden fertiggestellt. Latouche sah in dem Roman nur eine Nachahmung der Romantiker und von Sterne. Diesmal hatte der urteilsfähige Mann nicht recht. Es fehlte keineswegs an Naivitäten und Ungeheuerlichkeiten, aber das Buch hatte entzückende Stellen: Landschaftsschilderungen der Pyrenäen und der Gironde; rauhbeinige Gestalten wie die alte Nonne Olympia, die ein goldenes Herz besaß und eine Sprache führte wie ein Landsknecht; die Ankunft eines Erzbischofs; die Kulissenwelt der Theater. Das Beste stammte von Aurora. Sie hatte in dem Roman Klostererinnerungen, Geständnisse ihrer Mutter, Reiseeindrücke verarbeitet. Sandeau hatte ziemlich plumpe Schlüpfrigkeiten hinzugefügt, wie die Erinnerungen eines unechten Kastraten, und dieser zynische Ton erregte, als das Buch erschien, Anstoß bei Sophie-Victoire, die, wie viele Frauen mit freien Sitten, keusche Romane liebte.

Aurora Dudevant an Frau Maurice Dupin: Ich füge mich aus ganzem Herzen Ihrer Kritik. Wenn Sie Schwester Olympia allzu kommißhaft finden, so ist es ihre Schuld eher als die meine. Ich habe sie gut gekannt und versichere Ihnen, daß sie, trotz ihrer Flüche, die Beste und Würdigste unter den Frauen war. Im übrigen behaupte ich nicht, daß ich gut daran tat, sie für die Charakterzeichnung dieser Gestalt als Vorbild zu nehmen. Es ist nicht gut, die ganze Wahrheit zu sagen; schon in der Auswahl kann schlechter Geschmack mitwirken. Schließlich habe ich, wie ich Ihnen bereits sagte, nicht allein an diesem Werke gearbeitet. Es sind darin manche Späße, die ich mißbillige: nur meinem Verleger zu Gefallen habe ich sie geduldet, denn er wollte etwas haben, das ein wenig gewagt war[1]...

Der Verleger hatte, so wie die Zeitumstände lagen, recht, denn dieser „realistische" Roman verkaufte sich gut. Aurora arbeitete bereits an einem neuen Buch, aber diesmal allein. Als Sandeau nach Paris aufbrach, folgte sie ihm nicht sogleich. Seit einiger Zeit fand sie ihren Mann „recht nett". Was übrigens verlangte sie von ihm? Vertrauen zu haben und „das Ohr dem schmutzigen, niedrigen Geschwätz zu verschließen, welches das Dasein dieser Welt ausfüllt[1]." Das schien leicht. Und dann war da Maurice, der immer reizender wurde; sie unterrichtete ihn in Geschichte, wobei sie versuchte, sie von politischen und religiösen Vorurteilen zu säubern.

Aber im November schrieb Regnault, Jules sei krank, und sie eilte hin. In La Châtre hatte man nicht unrecht gehabt mit der

Behauptung, er sei schwindsüchtig. Er hatte ständig Fieber, und das war verdächtig. Sie bekam Gewissensbisse. Lag die Ursache in dem Übermaß sinnlicher Freuden?

Aurora Dudevant an Emile Regnault: Soll ich ihn zu Ihnen ins Hospital schicken? Diese Einzelheiten sind jammervoll. Ich bitte Sie deswegen um Verzeihung, aber Sie wissen nicht, welch grauenhafte Gewissensbisse ich empfinde, wenn ich in meinen Armen den Menschen sterben sehe, für den ich mein Leben hingeben würde, wenn ich fühle, wie er abmagert, dahinschwindet, von Tag zu Tag immer mehr vergeht, und ich mir sage, daß meine Liebkosungen für ihn Gift sind, meine Liebe ein Feuer, das verzehrt und nicht belebt, ein Feuer, das verschlingt, zerstört und nichts als Asche zurückläßt. Es ist ein grauenhafter Gedanke. Jules will es nicht begreifen. Er lacht darüber . . . Er gibt mir zur Antwort, daß er den Tod herbeisehne und diesen Tod sterben wolle. . . Ich habe ihm nur Leid zugefügt. Drei Monate lang habe ich ihn vor Qual in meinen Armen sterben lassen. Ich habe ihn wohl hundertmal fast ohnmächtig gesehen und ihm Widerstand geboten. Schließlich habe ich der Angst, ich könne ihn töten, nachgegeben. Um ihn zu heilen, habe ich meinen Willen geopfert, meinen Willen, der immerhin etwas darstellt! Nun, heute zittere ich bei dem Gedanken, ihm durch meine hingebende Liebe noch mehr Leid zugefügt zu haben als durch mein Widerstreben. Ich töte ihn, und die Wonnen, die ich ihm bereite, sind auf Kosten seiner Lebenstage erkauft[5]. . .

Im Dezember erschien *Nonne und Schauspielerin.* Der Roman wurde von der Leserwelt und der Kritik nicht schlecht aufgenommen. Casimir kam nach Paris. Am Quai Saint-Michel wurden die Sicherheitseinrichtungen in Tätigkeit gesetzt, und Herr Dudevant verbrachte in der Hauptstadt einige glückliche Tage.

Aurora Dudevant an Casimir, 21. Dezember 1831: Ich bin jetzt an ein sehr einfaches Leben gewöhnt, so daß dein Aufenthalt hier für mich eine richtige Zeit des Wohllebens und des Schlemmens gewesen ist. Ich danke dir dafür, auch für mein schönes Kleid, das man mir heute bringt. Am Abend deiner Abreise habe ich wieder eine Art Blutandrang nach dem Gehirn gehabt . . . Adieu, mein Alter; laß von dir hören und gib den Kleinen von mir einen Kuß. Ich umarme dich von ganzem Herzen . . . Schick mir doch die Maße deines Fußes. Ich bin dabei, dir Pantoffeln zu stricken, aber ich habe nicht deine Maße[2]. . .

Sie folgte schon bald ihrem Manne nach Nohant. Das alte Haus brauchte sie. Es hatte häusliche Dramen gegeben. Boucoiran wurde beschuldigt, Claire, Frau Hippolytes Kammermädchen, geschwängert zu haben. Aurora nahm die Geschichte nicht tragisch. – *An Jules Boucoiran:* „Ob mein Mann und mein Bruder die Schuldigen und ob Dutheil, Jules oder Charles dabei ihre Mitarbeiter sind, mich läßt es gleichgültig. Sie alle sind knickrig genug, um die Musik nicht zu bezahlen, die ihnen zum Tanze aufspielt. Mögen sie alle eine Sammlung veranstalten! Falls Sie aber an dem Werk gearbeitet haben, so sind Sie beklagenswert und werden obendrein die Geschichte auszubaden haben[2]..."

Diesmal war der Aufenthalt in Paris recht kurz gewesen, aber Aurora behauptete, sie fühle sich nicht wohl, und so riet Regnault ihr an, aufs Land zu gehen. Vor allem verlangte es sie, in Ruhe zu schreiben, und die Stille der einsamen Nächte von Nohant war unvergleichlich. Dennoch glaubte sie dort bald, noch kränker zu sein, wenn nicht sogar im Sterben zu liegen, und sie alarmierte den bewundernswerten Regnault: „Die Krankheit greift schnell um sich, mein lieber Émile, und ich kann mir ihre Fortschritte nicht verhehlen. Ich ersticke ständig; ich kann in meinem Zimmer nicht die Runde machen, ohne kraftlos hinzusinken; der Magen brennt mir und quält mich. Lassen Sie mich nicht sterben, mein guter Émile[5]..." Er erbot sich zu kommen; da trat sie den Rückzug an: „Ich kann Sie nicht auffordern, mich aufzusuchen; mein Mann und mein Bruder würden Ihnen eine bitterböse Miene machen. Die beiden sind völlig überzeugt, meine Krankheit sei nur eingebildet..." Damit hatten sie sicherlich recht, denn sie glaubte jetzt, die Cholera zu haben, die gerade die Modekrankheit war. Endlich beruhigte sie ihren Freund: *„Die Cholera morbus* ist zum Stillstand gekommen, der Schlaf völlig zurückgekehrt. Ich würde verzweifelt sein, wenn Jules mich in diesem Zustand sähe: bleich und die Augen blau umrändert bis in die Mitte der Wangen, unfähig, auch nur drei Minuten lang zu gehen, und bei Tisch die verdrießlichste Miene aufsetzend, die man jemals gesehen hat[5]..."

Als sie im Frühling 1832 wieder am Quai Saint-Michel auftauchte, brachte sie ihr dickes Töchterchen Solange und einen Roman mit: *Indiana.*

III

GEBURT VON GEORGE SAND

Die Ankunft Solanges war eine Überraschung für die jungen berrichonnischen Kameraden der Mutter. War es schicklich, ein dreieinhalbjähriges Kind in eine wilde Ehegemeinschaft aufzunehmen?

Aurora Dudevant an Emile Regnault: Ja, mein Freund, ich bringe euch Solange mit und befürchte für sie keineswegs die Unzuträglichkeiten meines Junggesellendaseins. Ich werde mein Leben ändern, um es dem ihren anzupassen; das wird nicht sehr schwer und auch nicht sehr verdienstvoll sein... Wir werden uns daran gewöhnen, auf der Straße langsamer zu gehen, damit die Beinchen unsres Kindes uns folgen können ... Wir werden alle Tage zwei oder drei Stunden im Garten des Luxembourg verbringen, mit unsern Büchern und unserm Kind. Wie gewöhnlich werden wir daheim zu Abend essen. Sie wird auf unserm Kanapee schlafen, auf einer kleinen Matratze, und da sie erst dreieinhalb ist, wird sie sicherlich weder Bemerkungen und Anspielungen machen, noch Fragen stellen oder schwätzen. Selbst Maurice würde es nicht tun, so harmlos ist er noch. So braucht sich Ihre Moralität nicht zu beunruhigen. Wie die tugendhafteste aller Mütter habe auch ich nicht das Verlangen, meiner Tochter ein Ärgernis zu geben ... Zudem ist sie dumm wie eine Gans[5]...

Zweifellos würden Jules und sie selbst auf Theaterbesuche verzichten müssen. Was lag daran! Alle beide waren sie bereit, *Robert den Teufel* und die Malibran einer einzigen Träne Solanges zum Opfer zu bringen. Und tatsächlich kam alles ins Lot. Jules war in „seine Tochter" vernarrt; er nahm sie mit in den Zoologischen Garten, der zu dieser Zeit mit dem Duft der Akazienblüten erfüllt war, zeigte ihr die Giraffe, die sie schon einmal in Nohant auf einer Wiese gesehen habe, wie sie behauptete, und führte ihr die Hand, wenn sie auf dem Balkon des Quai Saint-Michel das Dutzend Blumentöpfe begoß, die den hängenden Garten ihrer Mutter bildeten. Solange zerbrach einige Stengel und versuchte, da sie Schelte fürchtete, sie mit Oblaten zusammenzuflicken. Der galante Stich wurde zu einem Gemälde von Greuze.

Was *Indiana* betraf, so las Sandeau das Manuskript seiner Geliebten mit Bewunderung, Erstaunen und einer gewissen Verlegenheit. Nach seinem Geschmack war es allzu gut und auch allzu seriös. In anständiger Gesinnung lehnte er es ab, ein Werk, an dem er nicht gearbeitet hatte, mit seinem Namen zu zeichnen. Welchen Schriftstellernamen sollte sie aber dann nehmen? J. Sand, ihr gemeinsamer Name, besaß dank *Nonne und Schauspielerin* bereits einen gewissen Ruf. Mit *Dudevant* zu zeichnen, war unmöglich; ihre Schwiegermutter und ihr Mann hätten sich dem widersetzt; selbst ihrer Mutter hätte es sicherlich nicht behagt, wenn sie *Dupin* zeichnete. Sie entschloß sich zu einem Kompromiß: sie würde den Namen *Sand* beibehalten und den Vornamen wechseln. So wurde George Sand geboren, denn ihr lag daran, als Mann zu gelten. Bedrückt durch die Sklaverei, in der sich die Frauen befanden, wollte sie sich ihr durch den Namen wie durch ihr Gebaren entziehen. Von diesem Tage an setzte sie alle Adjektive, die sich auf sie bezogen, ins Maskulinum.

Gegen Ende Mai hatte der Verleger (J.-P. Roret et Dupuy) gerade das erste aus der Druckpresse gekommene Exemplar nach dem Quai Saint-Michel gesandt, als Latouche die Mansarde betrat. Er nahm den Roman und beschnüffelte ihn, neugierig, beunruhigt, spöttisch wie immer. Er blätterte darin herum: „Aber hör mal, das ist ja eine Nachahmung; Balzacsche Schule! Eine Nachahmung, aber freilich! Ganz im Stile Balzacs, gewiß doch[3]!" Aurora war gerade auf dem Balkon. Er ging zu ihr hinaus, das Buch in der Hand, und bewies ihr schlüssig mit $a + b$, daß sie Balzacs Manier nachgeahmt habe. Sie war sich bewußt, diesen Vorwurf nicht verdient zu haben, verteidigte sich aber nicht. Latouche nahm das Exemplar mit, in das sie ihm eine Widmung hineingeschrieben hatte. Tags darauf, beim Erwachen, erhielt sie folgendes Briefchen: „George, ich komme, um gehörig Buße zu tun; ich liege Ihnen zu Füßen. Vergessen Sie meine harten Bemerkungen von gestern abend; vergessen Sie alle harten Worte, die ich Ihnen seit einem halben Jahre gesagt habe. Ich habe die Nacht damit verbracht, Ihr Buch zu lesen. O mein Kind, wie zufrieden bin ich mit Ihnen!"

Welch eine Freude! Diese gerührte Bewunderung war berauschend, zumal sie von diesem sarkastischen und strengen Beurteiler kam. Bald darauf hallte in allen Zeitungen das gleiche Lob wider. Balzac schrieb in *La Caricature:* „Dieses Buch ist eine Reaktion der Wahrheit gegen das Phantastische, der Gegenwart gegen das Mittelalter, des innersten Geschehens gegen die Tyrannei des historischen Genres ... Ich kenne nichts, das schlichter geschrieben, köstlicher ersonnen wäre. Die Geschehnisse folgen einander und drängen sich kunstlos, genau wie im Leben, wo alles gegeneinanderprallt, wo oft der Zufall mehr Tragödien anhäuft, als Shakespeare jemals vermocht hätte. Kurzum, der Erfolg des Buches ist gesichert[10]. . ." Gustave Planche, den man Gustave den Grausamen nannte, Schriftstellerschreck und Verächter sogar Victor Hugos und Balzacs, der, wie er voller Abscheu sagte, „nach Opium, Punsch und Kaffee roch", lobte in der *Revue des Deux-Mondes* die junge Romanschriftstellerin bis in den Himmel. Er stellte sie höher als Madame de Staël, er rühmte die Beredsamkeit ihres Herzens, die Schlichtheit ihres Ausdrucks: „Ohne Zweifel wird die Verfasserin von *Indiana* eines Tages eine größere Geschicklichkeit erreichen. Wird aber die kunstvolle Vervollkommnung ihres Talents ihre unbewußten Kühnheiten aufwiegen? . . ."

Sie dankte ihm. Er suchte sie auf, im Auftrage von Buloz, dem neuen Herausgeber der *Revue,* und machte ihr den Vorschlag, daran mitzuarbeiten. Planche erschien George als ein seltsamer Mensch, reizbar und grämlich. Während seiner Jugend hatte er gegen einen Vater angekämpft, der sich jeder literarischen Berufung gegenüber feindlich zeigte, und aus dieser Zeit die Seele eines Menschenfeindes bewahrt. „Vielleicht gealtert durch eine bittere Einsamkeit und durch Ausschweifungen des Geistes, erforschte er die Gedankenwelt andrer ohne Ziel und ohne System . . . Er war der Türke der Intelligenz . . . Die Kritik war sein Opium, und sein Harem an fertigen Büchern hatte ihm die Lust an jedem selbst zu schaffenden Werk benommen[11]. . ." Dieser Geist von einer so umfassenden Bildung bewohnte einen ungepflegten, unsauberen Körper. Vergebens bezahlte Buloz ihm seine Kleidung; Planche verkaufte sie und kehrte mit Wonne zu seinen schmierigen Jacketts zurück. Zufrieden damit, alles zu begreifen, „gefiel er sich in der Betrachtung der Weite seines geistigen Reiches und vernachlässigte sein Äußeres mit einer eines Diogenes würdigen Sorglosigkeit[11]. . ." Sand liebte diesen unabhängigen, stolzen und armen Menschentyp. Sie schlossen Freundschaft miteinander, und sie traf ein Abkommen mit Buloz. Für viertausend Franken jährlich verpflichtete sie sich, der *Revue* jede Woche einen Beitrag von zweiunddreißig Seiten zu geben. Da zur gleichen Zeit die Verleger von *Indiana* ihr einen Vorschuß von fünfzehnhundert Franken für einen neuen Roman, *Valentine,* anboten, von dem sie ihnen erzählt hatte, fand sie sich plötzlich berühmt und reich.

Was nun eigentlich war *Indiana?* Sand sagte es selbst im Vorwort:

Indiana, wenn Sie unbedingt alles in diesem Buche erklären wollen, ist ein Typus: es ist die Frau, das schwache Geschöpf, dem es obliegt, die gehemmten oder, wenn Ihnen dies lieber ist, die durch die Gesetze unterdrückten Leidenschaften darzustellen; es ist der Wille, der sich mit der Notwendigkeit herumstreitet; es ist die Liebe, die mit ihrer blinden Stirn gegen alle Widerstände der Zivilisation anstößt . . .

Somit gab der Roman ureigenen Gefühlen der Verfasserin Ausdruck. Aber die künstlerische Transponierung war vollständig. Vergebens hätte man unter ihren Gestalten Porträts von Casimir und Sandeau gesucht. Vielleicht beschwor Indiana, eine Frau kreolischen Geblüts, jene indianische Hautfarbe herauf, die Auroras Freunde an ihr selbst bewunderten. Gewisse Charakterzüge waren der Heldin und der Schöpferin gemeinsam: „Sie liebte ihren Mann aus dem Grunde nicht, weil man es ihr zur Pflicht machte, ihn zu lieben, und weil das innerliche Widerstreben gegenüber jeder Art moralischen Zwanges ihr zur zweiten Natur, zu einer Verhaltensregel, zu einem Gewissensgesetz geworden war[12]. . ." Indiana war enttäuscht von ihrem Geliebten Raymon de Ramière (der etwas an Aurélien de Sèze erinnerte) wie auch von ihrem Gatten, dem Obersten Delmare, einem brutalen, vulgären, doch nicht bösartigen Menschen. Das wesentliche Thema war der Widerstreit zwischen der Frau, die ein unbedingtes Gefühl erstrebt, und dem Manne, der stets mehr eitel und sinnlich denn verliebt ist. Das Heil kam am Schluß, auf künstliche Weise, durch einen edlen und sanften englischen Vetter, Sir Ralph Brown, der Indiana in das idyllische Tal ihrer Kindheit heimführte. (Die Notizbücher des Madegassen Jules Néraud hatten schöne Beschreibungen der Insel Bourbon geliefert.)

Valentine, die Heldin des zweiten Romans, ist ebenfalls eine unglücklich verheiratete Frau aus adligem Geschlecht; nachdem sie einen mittelmäßigen Menschen ihrer Gesellschaftsschicht geheiratet hat, ist sie für die Liebe empfänglich, die Benedikt, der Sohn eines ihrer Pächter, ihr entgegenbringt. Das Buch gefiel, einmal deswegen, weil das Heraustreten aus seiner Gesellschaftsschicht durch die Rückkehr zum Volk ebenso romantisch war wie die Abkehr von seiner Zeit durch das Hinwenden an die Vergangenheit; zum andern deswegen, weil Aurora darin ihren Winkel im Berry schilderte, den sie das Schwarze Tal nannte. Die Poesie durchdringt langsam Seele und Prosa. Seit vierundzwanzig Jahren lebte sie inmitten dieser verstümmelten Bäume, dieser schattigen Tälchen am Rande dieser Bäche; und so beschrieb sie sie wunderbar. Alle ihre Leser liebten den Landschaftsroman. Was die soziale These betraf, so lobten die einen und tadelten die andern, je nach den politischen Ansichten, die Forderung nach Verschmelzung der Klassen.

Nach einigen Jahren großen Erfolges bei den Intellektuellen hatte der Saint-Simonismus damals durch ein Zerwürfnis unter seinen Anhängern über die Frage der Ehe sehr Einbuße erlitten. Vater Enfantin, der Hohepriester dieser Kirche, lehrte, die Befreiung der Frau sei unmöglich, falls diese dem Gesetz der Treue unterworfen bleibe. Der Bannfluch, den das Christentum gegen die fleischliche Liebe ausgesprochen habe, müsse aufgehoben werden. Die Anhänger solcher Doktrinen richteten nach der Lektüre von *Indiana* und *Valentine* ihre Augen auf George Sand. Würde diese kühne, plötzlich berühmt gewordene junge Frau, die in die Ehe eine Bresche schlug, für ihre Kirche die erwartete Mutter sein? Die Saint-Simonianer erhofften es und versuchten, sie für sich zu gewinnen; sie aber willfahrte ihnen nicht.

Bäuerliche Vorsicht; weibliche Klugheit. Dennoch gestaltete all dieser Streit ihr Leben um. Sie ging nicht mehr zur Zeitung, aber Besucher, in allzu großer Zahl, verfolgten sie sogar bis in ihr Heim. Des Abends schloß sie sich mit ihren Federn, ihrer Tinte, ihrem Klavier und ihrem Kaminfeuer ein. Fröstelnd und der Arbeit hingegeben, liebte sie diese von Wärme und Tätigkeit erfüllten Nächte. Mühelos entstanden lange Erzählungen unter ihren Fingern: *Metella* und *Die Marquise* (worin sie ihre Großmutter Dupin de Francueil schilderte). Sandeau, ein wenig gedemütigt, war Zeuge dieser Fruchtbarkeit. Sie ermutigte ihn, es ihr nachzutun; es war nutzlos. „Du willst, daß ich arbeite", schrieb er ihr, „ich habe es ebenfalls gewollt, aber ich kann nicht! Ich bin nicht wie du mit einer kleinen stählernen Feder im Gehirn geboren, bei der man nur auf den Knopf zu drücken braucht, damit der Wille in Bewegung gesetzt wird..." Die unbeugsame Betriebsamkeit seiner Geliebten flößte ihm eine leise Furcht ein, er könne sie verlieren.

Sie verteidigte ihre Freiheit gegenüber ihrem Geliebten, wie sie sie gegenüber ihrem Manne verteidigt hatte. „Ich gehe, wohin es mir beliebt", sagte sie ziemlich hart zu ihm, „ohne jemandem Rechenschaft ablegen zu müssen." Latouche, der immer unzufrieden, eifersüchtig gewesen war und allmählich vom Verfolgungswahn befallen wurde, verließ 1832 Paris, um sich in Aulnay, der Vallée-aux-Loups Chateaubriands, niederzulassen.

Bei seinem Weggang bot er Sand die Wohnung am Quai Malaquais an, wo sie ihn zum ersten Male aufgesucht hatte. Nun gehörte ihr der große weiße Teppich und die Akazie, die das ganze Fenster ausfüllte. Welch ein Aufstieg! Während des Sommers 1832 besuchte sie Latouche oft in Aulnay. Man fuhr mit der Postkutsche bis Sceaux und erreichte dann auf einem Pfad die Einsiedelei des menschenfeindlichen Dichters. Diese Besuche waren angenehm und wohltuend; man plauderte bis in den Abend hinein; George holte im Hühnerstall Eier, im Obstgarten Früchte und machte ein Abendessen zurecht. „Man hat mir gesagt, er sei in mich verliebt gewesen, eifersüchtig, ohne es zuzugeben, und verletzt darüber, niemals verstanden worden zu sein. Das alles stimmt nicht . . ." Balzac glaubte an eine Liebschaft, aber die Briefe Latouches lassen viel eher an eine verliebte, entzauberte, von Bedauern erfüllte Freundschaft denken.

Latouche an George Sand: Sie sind Launen unterworfen, ich weiß es, aber immerhin nehmen Sie teil am Menschentum und den sich daraus ergebenden Vorteilen. Ihr liebenswürdiger Brief hat mir seit einem Jahre den einzigen Augenblick voll Glückes verschafft. Ich beschuldige Sie nicht der Undankbarkeit gegenüber dem Schicksal, Vielgeliebte . . . Ich gebe Ihnen recht gegenüber der ganzen Welt; aber schauen Sie dennoch ein wenig um sich: wieviel Anlaß, diese Welt geduldig zu ertragen! Mutterschaft, Stolz und Freunde, dies alles besitzen Sie; Sie haben ein Anrecht auf alle Reichtümer! Sprechen Sie mit mir niemals von mir . . . armes Kind! Ich habe schon seit langem als Toter gelebt; und wenn ich mich mit der andern Welt vertraut mache, so rufen Sie mich nicht in die hienieden. Will man in der Welt hienieden nicht gänzliche Verlassenheit erdulden, muß man stets Glück haben. Alle Tugenden sind in dem einen Wort enthalten: *erfolgreich sein.* Im Tode, seien Sie dessen versichert, ist man besser aufgehoben als in allen Ambitionen. Zudem, wenn ich gelebt hätte, dann hätte ich Sie zu sehr geliebt, und ich las gestern noch einmal die vier Briefe Rousseaus an Sara, um mir selbst Beifall zu spenden, weil ich meine Zeit abgedient und meinen Abschied genommen habe. Adieu, aber ich bleibe noch Ihr alter Gastgeber vom Tal von Aulnay, von der Wolfsschlucht. Bringen Sie ihm einen kleinen Napf Butter mit und vor allem einen Roman der Verfasserin von Indiana[13]. . .

Eine unverhoffte und gefeierte Besucherin des Quai Malaquais wurde Marie Dorval, die berühmte romantische Schauspielerin und Interpretin von Dumas und Vigny. George, die sie leidenschaftlich bewunderte, hatte ihr geschrieben und sie gebeten, sie möge sie empfangen. Eines Morgens, als sie sich gerade mit Sandeau unterhielt, ging die Zimmertür auf, und eine Frau, völlig außer Atem, rief: „Da bin ich! . . ." Sand hatte sie noch niemals außerhalb der Bühne gesehen, erkannte sie aber sogleich. Klein, zart, braunhaarig, Stirnlocken, tränenschimmernde Augen, bebender Mund, beseeltes Gesicht – die Dorval war mehr als hübsch, sie war entzückend; und dennoch war sie hübsch; aber so entzückend, daß sie der Hübschheit nicht bedurfte. Das war nicht bloß ein Antlitz, es war ein Antlitz voller Ausdruck, voller Beseeltheit. Sie war noch schlank, und ihre Taille war wie ein geschmeidiges Schilfrohr, das stets von einem geheimnisvollen Hauch hin und her bewegt zu werden schien, nur ihm allein spürbar. Jules Sandeau verglich sie an jenem Tage mit der geknickten Feder, die ihren Hut schmückte: „Ich bin sicher", so sagte er, „auf der ganzen Welt würde man vergeblich nach einer Feder suchen, die ebenso leicht und ebenso zart wäre wie die, die sie gefunden hat. Diese einzigartige und wunderbare Feder ist ihr zugeflogen durch das Gesetz der Wahlverwandtschaft, oder sie ist aus dem Flügel einer vorbeifliegenden Fee auf sie herabgefallen[3]. . ."

Dorval spielte eine große Rolle im Leben George Sands. Entgegen allem Anschein und trotz der Verzücktheit gewisser Briefe hatte diese in der Liebe zu einem Manne niemals jene unbedingte Leidenschaft, jenen beglückenden Taumel, jene Entspannung letzten Endes gefunden, die sie darin suchte. Dem schmächtigen Sandeau fehlte es an menschlicher Wärme. Sand hatte alles angestellt, um sich zu überzeugen, daß sie ihn leidenschaftlich liebe; sie hatte mit ihm rasend nach dem Sinnenrausch gestrebt, ihn aber niemals erlangt. Marie Dorval nun war all das, was George hätte sein mögen:

Um die Macht zu ermessen, die sie auf mich ausübt, müßte man erkennen, in welchem Punkte sich ihr Wesen von meinem unterscheidet . . . Sie! Gott hat ihr das Vermögen geschenkt, dem Ausdruck geben, was sie empfindet . . . Diese so schöne und so schlichte Frau hat nichts erlernen müssen; sie hat alles erahnt . . . Ich weiß nicht, mit welchen Worten ich erklären kann, was alles an *Kaltem* und Unvollkommenem in meiner Natur liegt; ich vermag es nicht klar genug auszudrücken. Mein Gehirn unterliegt einer Lähmung, die meine Gefühle daran hindert, eine ausdrucksvolle Form anzunehmen . . . Wenn dann diese Frau mit ihrer zerbrechlichen Gestalt, ihrem nonchalanten Gang, ihrem traurigen und eindringlichen Blick auf der Bühne erscheint, wissen Sie, was mir dann durch den Sinn geht? . . . *Mir ist, als sehe ich meine Seele*[14]. . . .

Uneheliches Kind zweier umherziehender Schauspieler, aufgewachsen inmitten heftiger und niedriger Leidenschaften, schlug die Dorval, wenn sie entfesselt war, zuweilen den Ton eines Heringsweibes an. Im Leben draußen hatte sie alles gesehen, alles gesagt, alles durchgemacht. Auf der Bühne vibrierte diese sublime Frau vor Inspiration, schäumte über vor Leben. Sie hatte den Teufel im Leibe – die unbußfertige Magdalena. Sie war Mutter von drei Töchtern und schon mit zweiundzwanzig Jahren Witwe des Schauspielers Allan Dorval geworden. 1829 hatte sie Jean-Toussaint Merle, den Direktor des Theaters an der Porte-Saint-Martin, geheiratet. Er war ein nachsichtiger Gatte. Im Jahre 1831 machte Alfred de Vigny ihr sehr den Hof. Die beiden bildeten ein seltsames Paar. Graf de Vigny, Malteserritter, war versonnen und ein Mensch von stolzem Wesen, Marie Dorval hingegen zynisch und feurig. Sainte-Beuve warf Vigny vor, „steif wie ein Obelisk abseits zu stehen"; die Dorval gab sich ungezwungen und frei. Aber unter der Maske des ernsten Stoikers verbarg sich ein empfindsamer Mensch. In seiner Verliebtheit glaubte Vigny einen gefallenen Engel aufzurichten. Gab es etwas Wunderbareres auf der Welt als eine Schauspielerin in ihrem Ankleideraum, die „ihre Seele probiert"? Es wurde ein Austausch mystischer Gedanken und glühender Liebkosungen. Zu Dumas sagte sie lachend: „Ich werde brav; ich gewinne meine Jungfräulichkeit wieder ... Wann denn werden die Eltern des Herrn Grafen kommen und bei mir um meine Hand anhalten?" In den Anfängen dieses Liebesbundes bereute Vigny nichts, nicht einmal seine Gewissensbisse: „Man lebt doppelt in der Leidenschaft."

Sogleich lud die Dorval das Paar Sandeau–Sand zu sich zum Essen ein, mit ihrem Mann und Vigny. George kam in eng anliegender Kniehose und quastenverzierten Stiefeln. Vigny war schokiert: „Es ist eine Frau, die fünfundzwanzig Jahre alt sein mag. Sie sieht aus wie die berühmte *Judith* im Museum. Schwarzes, gelocktes und bis auf die Schultern herabfallendes Haar in der Art der Engel Raphaels. Ihre Augen sind groß und schwarz, geformt wie die Porträtaugen der Mystiker und der prächtigsten italienischen Köpfe. Ihr ernstes Antlitz ist reglos. Die untere Gesichtshälfte wenig angenehm, der Mund schlecht gezeichnet. Ohne Anmut in der Haltung, rauh im Sprechen. Männlich in den Manieren, der Sprache, dem Klang der Stimme und der Kühnheit der Rede ..." Sand beurteilte ihn gerechter: „Ich mag die Person Herrn de Vignys gar nicht, aber ich versichere Ihnen, daß ich, was das Seelische betrifft, anders verfahre." Sehr bald wurde die Vertrautheit der beiden Frauen immer größer.

George Sand an Marie Dorval: Glauben Sie, daß Sie mich werden ertragen können? Noch wissen Sie es nicht, ich ebensowenig. Ich bin so plump, so dumm, so langsam im Ausdruck meiner Gedanken, so linkisch und so stumm, gerade wenn viele Dinge mir auf dem Herzen liegen! Beurteilen Sie mich nicht nach dem äußeren Schein. Warten Sie noch ein wenig, bis Sie erkennen, was an Mitleid und Zuneigung Sie mir gewähren können. Ich nun, ich fühle, daß ich Sie mit völlig verjüngtem, durch Sie völlig umgearbeitetem Herzen liebe. Wenn es ein Traum ist, wie alles, was ich in meinem Leben begehrt habe, so nehmen Sie ihn mir nicht zu schnell weg. Er tut mir so gut! Adieu, Große und Schöne. Auf jeden Fall sehe ich Sie heute abend[16].

Die geniale Marie enthüllte Frau Dudevant, die trotz ihres Abstechers in die Boheme die brave Bürgerin von La Châtre geblieben war, eine vergnügliche Welt. Vigny war beunruhigt und witterte eine Gefahr: „Ich durchschaue noch nicht ganz das Leben dieser Frau. Sie besucht hin und wieder auf dem Lande ihren Mann und lebt in Paris mit ihrem Geliebten zusammen . . . Sie lebt in einer Art Kameradschaft mit Jules Janin und Latouche[15]. . .

Das Paris der Schriftsteller war stets eine winzige Kleinstadt. Wie einst in La Châtre dichteten die guten Seelen Aurora jetzt drei Liebhaber an: Sandeau, Latouche und Planche. Sandeau, der darum wußte, war eifersüchtig. Er war sich bewußt, daß er der Kälte, die im innersten Wesen seiner Geliebten lag, nicht Herr geworden war; und wenn er zuweilen anderswo mittelmäßige und flüchtige Tröstungen suchte, fürchtete er bitterlich, sie könne es ihm nachtun. Er konnte sich von ihr nicht lösen.

IV

DER BRUCH

Nohant. Sommer 1832. Kaum hatte sie einige Monate Unabhängigkeit genossen, und schon kehrte sie berühmt ins Haus der Kindheit zurück. Ihre ehrgeizigsten Träume waren durch die Ereignisse übertroffen worden. Und doch dünkte das Leben sie bitter und leer. Vergebens streifte sie über die so geliebten Wege. „All dies ist recht häßlich geworden. Wo sind die Tage der Jugend, des Grüns und der Poesie, die diesen Fluß, diese Schlucht und diese hübschen Wiesen belebten? . . ." Einzig die kleine Quelle bewahrte ihren köstlichen Duft von Minze und aromatischen Kräutern: „Sie ist dort wie eine Seele, die inmitten der Gewitterstürme und der Verderbtheit der Zeit rein geblieben ist . . ." Aurora suchte den Baum, in dessen Rinde Sandeau ihre Namen eingeschnitzt hatte; Casimir hatte ihn gekappt. „Wie glücklich, wie jung waren wir damals! Und wie leer, wie trüb und entzaubert ist jetzt dieses Land! Alles ist vergänglich . . . Das Glück entflieht, die Stätten verändern sich, und das Herz altert."

Die schmerzhafte Wahrheit war, daß sie sich eines Geliebten überdrüssig fühlte, der ihr weder die Wonnen des Körpers noch das Glück, bewundern zu können, schenkte. „Von ihm getrennt, empfand sie ein Gefühl der Befreiung, das sie mit Bestürzung erfüllte." Sandeau kam in jenem Jahre nicht nach La Châtre, denn sein Vater war nach Parthenay versetzt worden; und Aurora rief ihn nicht zu sich. Sie schrieb an andre Männer so zärtliche Briefe, daß man nicht wußte, ob es Liebes- oder Freundschaftsbriefe waren: „Guten Abend, vielgeliebter Freund . . . Bald werde ich in Ihren Armen liegen, mein Lieber . . . Ich umarme Sie von ganzem Herzen . . ."

Es war die Ausdrucksweise Frau Dudevants und bewies sicherlich nichts, aber Jules war beunruhigt und versuchte, sich Gewißheit zu verschaffen.

Sandeau an Papet, Parthenay, 4. August 1832: Ich habe dir von Saumur aus geschrieben und dich gebeten, mir oft zu schreiben. Ich beschwöre dich nochmals mit flehenden Händen, berichte mir von Aurora, von ihrer Tochter . . . Armer Freund! Dieses Jahr werde ich nicht kommen und dich in deinem Schlaf stören, deine Türen aufriegeln und dich, du Mensch ohne Leidenschaften und ohne Liebe, auf die Landstraße und auf die Fluren schleppen, um, in den Gräben von Nohant liegend, den nächtlichen Stundenschlägen zu lauschen, die von der Kirchturmuhr in La Châtre herüberdrangen. Schlafe ruhig . . . aber denke zuweilen für mich an jene tollen Nächte, so wie auch ich daran denken werde, um dich noch mehr zu lieben. Geh zu Aurora; besuche sie oft. Du bittest mich, ich möge dich ihrer Freundschaft anempfehlen. Bist du verrückt? Weißt du nicht, wie sehr sie dich liebt? Sind wir nicht deine Freunde? Wenn du sie siehst, dann sprich von mir; sage ihr, sie solle glücklich und sorglos leben; lege ihr nur ja die Ruhe und den Schlaf ans Herz. Sag ihr, daß ich sie liebe und es für mich kein Leben gibt ohne sie[17]. . .

In diese Liebe hatte Aurora das Vertrauen verloren. Doch welcher Mann hätte sie nicht enttäuschen müssen? Sie erwartete von dem idealen Geliebten, daß er ein Geliebter und ein Gott sei, aber sie erwählte sich einen schwachen und weichlichen, weil sie ihn zu beherrschen gedachte. Sie war Mann und wollte ihre Freiheit; sie war Frau und wollte ihr „Nest", ihre Kleinen. Sie hatte sehnlichst gewünscht, Nohant zu verlassen, um unabhängig leben zu können; als sie aber ihres Hauses und ihrer häuslichen Beschäftigung beraubt war, entdeckte sie, daß die Leidenschaft, nur auf die eigene Glut beschränkt, sich selbst nicht lange genügen konnte. Sandeau, ein Jüngling ohne Erfahrung, war ein schlechter Liebender, weil er zu sehr liebte. Er wußte nicht, daß „der Stolz der Frauen den Liebhaber verachtet, der unvorsichtig genug ist, ihnen seinen eigenen Stolz zum Opfer zu bringen". Dennoch wünschte Aurora diese Liebesverbindung nicht abzubrechen; nach einem so großen Aufsehen machte sie aus dem Glück eine Frage des Selbstgefühls; aber sie war sich ihres Eigensinnes wohl bewußt. Als sie sich entschloß, nach Paris zurückzukehren, schrieb sie an Gustave Papet: „Ich reise ab, das Fieber im Blut und die Verzweiflung im Herzen, aber kümmern Sie sich nicht darum ... Ich werde Jules sehen. Wenn wir uns nicht miteinander verstehen, wird niemand uns helfen können ..."

Im Oktober 1832 nahm sie das gemeinsame Leben mit Sandeau wieder auf. Es fand eine Versöhnung statt, mit Austausch von Ringen, aber sie hatte keinen Bestand. Der Verdruß schlich sich in ihre Intimität ein. Der Müßiggang Jules', „der seinen Schmerz untätig zur Schau trug, wie er seine Freude zur Schau getragen hatte", brachte seine fleißige Geliebte zur Verzweiflung. „Dieses Künstler- und Bohemeleben, das ihr so verführerisch erschienen war, dieser Wechsel zwischen Wohlstand und Armut, den sie anfangs so poetisch gefunden hatte, erschien ihr nur noch als eine Überspanntheit von ziemlich schlechtem Geschmack oder zumindest als eine Kinderei." Einige ihrer besten Freunde urteilten über George mit Strenge. Sie hatten das junge Paar geliebt, das in ihren Augen die romantische Liebe verkörperte. Sie grollten ihrer Heldin, weil sie sich als verwundbar erwiesen hatte. Hartnäckig schrieb das allgemeine Gerücht ihr Latouche und Planche als Liebhaber zu. Balzac glaubte, Sainte-Beuve bestätigte, Sand leugnete es; aber Émile Regnault, der einen tieferen Einblick in ihr Leben hatte, warf ihr „unersättliche Koketterie" vor. Sie wiederum beklagte sich über Jules. Die Arbeit vorschützend, hatte sie auf das gemeinsame Leben verzichtet und ihm in der Rue de l'Université Nr. 7 eine kleine Wohnung gemietet. Sie beschuldigte ihn, dort Geliebte zu empfangen.

Während des Sommers 1832 hatte sie in ihr *Tagebuch* vermerkt: „Andern überlasse ich die träge Gewohnheit und das laue Verzeihen; sollte es aber bei uns eine ernsthafte Kränkung geben, so wäre auf keinen Fall eine Rückkehr mehr möglich[18]..." Wenn der Geliebte nicht der ersehnte Gott war, dann wurde er ein Götze, den es zu stürzen galt.

Von Tag zu Tag wurde die Luft um sie drückender. „Es waren anfangs Auseinandersetzungen aus unerfindlichem Grunde, die mit Tränen und Liebkosungen endeten, kleine Orkane, die, solange noch Tränen hinzutreten, für die Liebe das sind, was zur Zeit der starken Hitze ein gehöriger Regenguß für den Boden bedeutet. Aber es bildeten sich bald Gewitter, bei denen die Worte die Luft durchfurchten und wie der Blitz einschlugen[7]..." Aurora, die im täglichen Leben so apathisch war, wurde in Augenblicken der Krise von plötzlichen Zornesausbrüchen ergriffen und zeigte ein überaus heftiges Wesen. Aus einem Ehrgefühl heraus hatte sie gezögert, mit Jules zu brechen. An dem Tage, da ihr Entschluß gefaßt war, es war Anfang 1833, vollzog sie den Bruch entschlossen, wie ein Mann.

Sie war es, die Jules die Wohnung mietete, ihn veranlaßte, sich einen Paß zu verschaffen, einen Platz in der Postkutsche nach Italien zu belegen, und ihm für die Reise Geld lieh. Sandeau berichtete später Paul de Musset, der dann das ihm Anvertraute weitererzählte, von diesem seltsamen Bruch. Nach Paul de Mussets Darstellung habe Aurora zu Jules gesagt: „Du mußt abreisen". und versprochen, in Männerkleidung zu kommen und ihm Lebewohl zu sagen. Sie sei tatsächlich gekommen, in grauer Redingote, einer Hose mit Bügelfalte und entschlossenen Schrittes: „Wir werden zusammen deinen Koffer packen[19]..." Tatsächlich aber reiste Sandeau nicht sofort ab. Erst am 1. Juni 1833 schrieb nämlich Balzac der Fremden: „Sandeau ist soeben nach Italien abgereist. Er ist verzweifelt; ich glaubte, er wäre verrückt[20]..." Der kleine Jules schluckte essigsaures Morphin, aber er nahm zuviel davon und erbrach es. Bei diesem Paar war er die Grisette gewesen. Ringsherum urteilte man streng über Aurora; aber im Leben liegen die Dinge nicht so einfach. Sie ging mit Härte vor, um mit einer Bindung Schluß zu machen, die auf ihr lastete; das hinderte sie nicht, das Opfer zu beklagen. Am Tage des Bruchs hatte sie Regnault zu Sandeau geschickt:

Gehen Sie zu Jules und pflegen Sie seinen Körper. Die Seele ist gebrochen. Sie würden sie nicht mehr aufrichten, versuchen Sie es daher nicht. Ich selbst brauche nicht das mindeste. Ich wünsche sogar, heute allein zu sein, und zudem gibt es für mich nichts mehr im Leben. Versuchen Sie, daß Jules wieder Lebensmut bekommt. Es wird lange für ihn schrecklich sein, aber schließlich ist er noch so jung! Eines Tages vielleicht wird er nicht mehr bedauern, gelebt zu haben . . . Sie werden ihn nicht im Stich lassen und ich ebensowenig. Ich werde ihn heute und auch alle Tage besuchen. Bringen Sie ihn zu dem Entschluß, seine Arbeit nicht im Stich zu lassen und nicht die Entbehrungen bewußt auf sich genommenen Elends seinen Leiden hinzuzufügen. Er wird niemals das Recht haben, mich daran zu hindern, ihm eine Mutter zu sein. Los, mein Freund, gehen Sie zu ihm[5]. . .

Nachdem das Band zerschnitten war, beruhigte sie sich und wurde wieder die tatkräftige Frau, die sie zu sein verstand.

George Sand an Émile Regnault, 15. Juni 1833: Ich habe soeben an Herrn Desgranges geschrieben, um Jules' Wohnung aufzukündigen und ihn um die Quittung der beiden fällig gewordenen Mietraten zu bitten, die ich bezahlen will; die Miete für die Wohnung werde ich also bis Januar 1834 übernehmen... Den Rest meiner Möbel nehme ich zu mir. Einige Kleidungsstücke von Jules, die in den Schränken geblieben sind, werde ich zusammenpacken und zu Ihnen bringen lassen, denn ich wünsche mit ihm keine Zusammenkunft und keine Verbindung mehr nach seiner Rückkehr zu haben, die nach den letzten Worten seines Briefes, den Sie mir gezeigt haben, wohl nahe bevorsteht oder bevorstehen kann. Ich bin allzu tief verletzt worden durch die Entdeckungen, die ich über sein Verhalten gemacht habe, als daß ich für ihn noch ein andres Gefühl haben könnte als das eines liebevollen Mitleids. Sein Stolz – ich hoffe es noch – dürfte sich dieser Bedingung widersetzen. Machen Sie ihm, falls es nötig ist, begreiflich, daß in Zukunft uns nichts mehr einander näherbringen kann. Wenn dieser peinvolle Auftrag nicht notwendig ist, das heißt, wenn Jules von allein begreift, daß es so sein muß, dann ersparen Sie ihm den Kummer, zu erfahren, daß er alles verloren hat, sogar meine Achtung. Er hat zweifellos seine eigene verloren. Er ist genügend gestraft. Beklagen Sie mich, mein Freund, Ihnen all diese Dinge sagen zu müssen. Warum habe ich nicht Sie geliebt? Denn dann würde ich heute nicht so bittere Tränen vergießen müssen! Aber dieser Irrtum ist der letzte meines Lebens... Zwischen der gesunden Freundschaft und mir gibt es kein Hindernis mehr[5]...

Zwischen gesunder Freundschaft und einer hübschen Frau gibt es stets Hindernisse. Der Bruch mit Sandeau war nicht der einzige, der George Sand das Jahr 1833 verdüsterte. Latouche, ein galliger, reizbarer Mensch und ein eifersüchtiger Lehrmeister, duldete nicht, wenn er „eine Intelligenz ausgebrütet" hatte, daß der junge Adler sich auf eigenen Flügeln in die Lüfte schwang. Er hatte sich mit Balzac überworfen, nachdem er ihn begönnert hatte. Der Fremden schrieb Balzac: „Latouche ist neidisch, gehässig, böse; er besteht nur noch aus aufgespeichertem Gift", und er verfaßte die Grabschrift, der allein, so sagte er, dieser dünkelhafte Mensch für sein Grab zugestimmt hätte: *Für Henri de Latouche, in dankbarem Gedenken das 21. Jahrhundert.*" Kurzum, die beiden Männer sprachen nicht mehr miteinander, und Latouche hatte Sand vorgeworfen, daß sie noch weiterhin Balzac bei sich empfinge, während Balzac seinerseits zu George sagte: „Nehmen Sie sich nur ja in acht! Eines schönen Tages werden Sie, ohne zu wissen, warum, in Latouche einen Todfeind haben."

Das Maß war voll, als Latouche gegen die romantische Clique einen Artikel, betitelt *Der literarische Klüngel*, geschrieben hatte und Planche mit einem scharfen Artikel über den *Literarischen Haß* antwortete. Latouche war aufs tiefste gekränkt: „Soeben hat man mich als Schriftsteller angegriffen und bittere Kritik gegen mich gerichtet... Nun aber ist der Schmäher ganz einfach der Tischgenosse von Frau Dudevant." Geschäftige Freunde hinterbrachten Aurora, daß Latouche von ihr nur mit Abscheu spräche: „Sie ist berauscht vom Ruhm, läßt ihre wahren Freunde im Stich, mißachtet alle Ratschläge[6]..." Die gleichen guten Seelen berichteten in Aulnay von Äußerungen, die George Sand getan haben sollte. „Darin erkenne ich so recht Frau Dudevant", sagte Latouche, „wie sie sich bemüht, die Liste der mir übelgesinnten Menschen zu vergrößern und damit hausieren zu gehen, um sich dann mit größerer Sicherheit an die Spitze dieser Menschen zu stellen. Mir ist es lieber, von solchen beleidigt zu werden, denen nützlich zu sein ich mich bemüht habe, als es selber jemals an Dankbarkeit fehlen zu lassen." Er ließ ihr ausrichten, sie möge nicht mehr nach Aulnay kommen, und sie hatte den Kummer, mit ihrem ersten Lehrmeister entzweit zu sein.

Mit Balzac hatte sie sich bis dahin gut verstanden. Sie bewunderte ihn, fand ihn ergötzlich, genial und hörte gern zu, wenn er voller Begeisterung von seinen künftigen Werken erzählte. Aber Balzac hatte an Sandeau Gefallen gefunden, und als der Bruch erfolgte, war seine Wahl schnell getroffen.

Balzac an Frau Hanska, Ende März 1833: Jules Sandeau ist ein junger Mann, George Sand eine Frau. Ich hatte mich für beide interessiert, weil ich es von einer Frau prachtvoll fand, alles zu verlassen, um einem armen jungen Manne zu folgen, den sie liebte. Bei dieser Frau, die Madame Dudevant heißt, stellt sich heraus, daß sie ein großes Talent besitzt... Ich liebte dieses Paar, das stolz und glücklich hoch oben in einem Hause am Quai Saint-Michel wohnte. *Frau Dudevant hatte ihre Kinder bei sich.* Merken Sie sich diesen Punkt. Der Ruhm kommt und wirft das Unglück auf die Schwelle des Taubenschlags. Frau Dudevant behauptet, sie müsse ihn wegen ihrer Kinder verlassen. Sie trennen sich, aber der Grund für diese Trennung liegt, glaube ich, in einer neuen Liebe, die George Sand, oder Frau Dudevant, zu dem bösartigsten unserer Zeitgenossen, Henri de Latouche, gefaßt hat, einem meiner vormaligen Freunde, einem der verführerischsten, aber auf niederträchtigste Weise gemeinen Menschen. Wenn ich als Beweis nur die Abneigung hätte, die Frau Dudevant mir gegenüber hegt, der ich sie brüderlich mit Jules Sandeau aufnahm, wäre es genug. Aber sie schießt Spottverse auf ihren früheren Gastgeber ab, und gestern habe ich Sandeau voller Verzweiflung angetroffen. Das also ist die Verfasserin von *Valentine* und von *Indiana*[20]...

Dies war ein Roman und von der Wirklichkeit weit entfernt. Aber konnte man von Balzac etwas andres erwarten als Phantasie und Edelmut? Als Sandeau einige Monate später aus Italien zurückkehrte, erregte er Balzacs Mitgefühl. Der kleine Jules trug sein wundes Herz unverhüllt zur Schau. Balzac war gerührt und bot ihm an, ihn bei sich aufzunehmen und für seinen Unterhalt so lange zu sorgen, bis Sandeau beim Theater Erfolg hätte: „Man muß ihm eine Unterkunft geben und diesen armen Schiffbrüchigen voller Gemüt dann in den literarischen Ozean lotsen[20]..." Wenn der verabschiedete Liebhaber auch noch nicht vergessen konnte, so milderte sich in Wahrheit doch schon sein Schmerz.

Jules Sandeau an Émile Paultre: Ich habe meinen Kummer der blöden Bedeutung beraubt, die ich ihm bei meiner Abreise gab. Endlich habe ich begriffen, daß er nicht im mindesten die Harmonie der Schöpfung stören würde, daß es darum auf der Welt nicht schlechter bestellt und der Lauf der Gestirne dadurch nicht einen Augenblick lang gestört war. Indem mein Unglück seine Feierlichkeit verlor, hat es an Kraft eingebüßt. Es kommt mir nur noch trivial und vulgär vor. Ich begreife endlich den wirklichen Wert einer einsamen und wunden Seele . . . und sage mir, daß im größten Kummer mehr noch als im größten Glück oft viel Hochmut und viel Eitelkeit verborgen liegt. In der Albernheit des Grams, der uns berauscht, halten wir uns für den Mittelpunkt aller Dinge; wir wollen die einzigen sein, die das leiden, was alle vor uns gelitten haben; wir halten uns für die Bevorzugten des Unglücks, für die Verfluchten des Schicksals und für wer weiß was noch. Und doch, mein Gott, wir sind nur betrogene Geliebte, und davon ist die Welt voll[16] . . .

Innerhalb zweier Jahre hatte er sich gewaltig verändert. Eine vorzeitige Glatze begann den blonden und gelockten Kopf zu entblößen. Die Augen waren eingesunkener und ausdrucksvoller. Er hatte gelitten und verfluchte deswegen Aurora. Doch aus diesem Kummer sollte sein karges Talent geboren werden. Es sollte die Zeit kommen, da Sandeau über dieses Erlebnis einen Roman, *Marianna*, schrieb, der der Wahrheit nicht entbehrte. In ihm zeichnete er ein objektives Bild seiner ersten und unvergeßlichen Geliebten:

Die ländliche Stille, das Studium, das Träumen und die Lektüre hatten in Marianna mehr Stärke als Zärtlichkeit, mehr Phantasie als Herz, mehr Neugier als wahre Sensibilität entwickelt. Bis dahin hatte sie nur in der Welt der Schimären gelebt. Allein am Ufer der Creuse, am Hang der Hügel und entlang den grünenden Hecken, hatte sie sich im voraus ein heroisches Dasein zurechtgelegt, das völlig erfüllt war von schönen Gefühlen der Selbstlosigkeit und erhabener Aufopferung. Sie hatte Kämpfe, unglückliche Lieben, eine beunruhigte Glückseligkeit erahnt. Doch sie hatte alles erschöpft, bevor sie sich noch daran erfreut[7] . . .

Dies war genau das Urteil, das George selber, klarsichtig und niedergeschlagen, über ihren eigenen Fall abgab.

V

NEUE FREUNDE — LELIA

Der Lauf der Zeit und die Zufälle des Lebens spülen unablässig Unbekannte in unsere Nähe, von denen einige, an unsere Gestade getragen, hier verweilen. Auf solche Weise ersetzen neue Freundesschichten diejenigen, die von den Fluten hinweggerissen werden. George hatte ihren ersten Ratgeber, Latouche, verloren; nun wurde für einige Zeit Sainte-Beuve ihr Vertrauter.

Er war ein junger Kritiker (wie Sand 1833 neunundzwanzig Jahre alt), der sich bereits durch den Scharfsinn seines Urteils einen Namen gemacht hatte. Sein „volles, glattes, listiges" Gesicht war nicht schön. Er wirkte lüstern, empfindlich und bösartig. Seine Seele glich dem „zarten, weißen Laub der Pappeln, das in Wasser eingetaucht worden war". Beunruhigt über sein allen Stürmen ausgesetztes Leben, hatte er versucht, sich dem Ehepaar Hugo anzuschließen. Als er sich dann in Adèle verliebte, hatte er Victor gehaßt. In der Verschwiegenheit seines Herzens und seiner Tagebücher hatte er über den kindlichen und titanenhaften Dichter gespottet, über seine „plumpen Malicen", seine Theaterstücke, die „Marionetten für die Insel der Zyklopen" seien, über jenen „Kaliban, der sich als Shakespeare aufspielte". Der Kommentator Sainte-Beuve bedauerte zu Unrecht, kein Schöpfer zu sein, als ob die bedeutende Kritik nicht schöpferisch wäre. Ein „Tempeldiener von Knidus", liebte er es, die Geheimnisse der Frauen zu belauschen. Er verschaffte sich Eingang bei ihnen, hörte ihre Bekenntnisse an, gab ihnen Ratschläge und erhob dann die Indiskretion zur Höhe des Genialen. In der Unterhaltung glänzte er zeitweise wie ein Glühwürmchen. „Er scheint seinen Esprit hinter banalem Geschwätz zu verbergen, aber bei jedem Flügelschlag verrät ihn ein Funke[21]".

Sainte-Beuve hatte, als *Indiana* erschien, die geheimnisvolle und geniale junge Romanautorin gelobt. Sie wußte es und hatte ihm 1833, als die Premiere von *Lukrezia Borgia* stattfand, geschrieben, um für sich selbst und Sandeau zwei Plätze zu erbitten: „Sie sind Victor Hugos Freund, und wir, mein Pseudonym und ich, seine glühenden Bewunderer... Falls ich zudringlich bin, sagen Sie es mir, aber Sie müssen kommen und es persönlich sagen[22]..." Er schickte die Karten; sie ließ nicht locker, daß er sie besuche:

„Kommen Sie zu jeder Stunde, die Ihnen paßt; ich werde immer für Sie da sein ... Vor allem dürfen Sie mich nicht hassen, denn ich ersehne Ihre Freundschaft. Ein solches Geständnis ist vielleicht lächerlich, aber wenn man sich im Recht fühlt, schreckt man nicht vor der Furcht zurück, Worte könnten mißdeutet werden[22] ..."

Für den Liebhaber von Bekenntnissen war sie eine schöne Beute; für George wurde Sainte-Beuve bald ein wertvoller Ratgeber im Bereich der Literatur und des Gefühlslebens. Als sich der Sturm wegen des Bruches mit Sandeau erhob, beobachtete er mit Wohlgefallen dieses schöne Phänomen. Mehrere Male speiste er bei ihr am Quai Malaquais, zusammen mit der liebenswürdigen und zynischen Hortense Allart, die damals die Geliebte Chateaubriands war und von der er wertvolle Berichte über das Altern Renés erhielt. Hortense brachte dorthin einen jungen Genfer mit silberweißem Haar mit, Charles Didier, der ebenfalls, in Florenz, ihr Geliebter gewesen war. Jede Frau interessiert sich für den Mann, der von einer Freundin geliebt wurde. George betrachtete Didier mit neugierigem und geneigtem Blick; er war schön, infolge seiner protestantischen Erziehung kühl in seinem Benehmen, aber männlich und für Frauenreize empfänglich. Frau Dudevant gefiel ihm an jenem Tage nicht: „Etwas trocken und ungeschmeidig", schrieb er. „Sie hat einen sonderbaren Kopf. Ich glaube nicht, daß sie einer Leidenschaft fähig ist."

Sinnliche Menschen besitzen Instinkt. Aller Wahrscheinlichkeit zum Trotz täuschte sich der Genfer nicht. *Lelia*, der Roman, den George damals mit Schmerzen gebar und von dem sie Sainte-Beuve einen Teil vorlas, war nichts andres als ein langes Bekenntnis sinnlichen Unvermögens. Ein Buch, das verpfuscht war wegen des verstiegenen Charakters seiner Gestalten, aber großartig durch die Offenherzigkeit in den Bekenntnissen. Man muß es lesen, zwar nicht in der üblichen Ausgabe, die George Sand von anstößigen Stellen säuberte, als sie es bereute, sich demaskiert zu haben, sondern in der Erstausgabe von 1833, bei der sie eine trübgestimmte Erleichterung gefunden hatte, ihre Liebesenttäuschungen zu beschreiben und deren Ursachen zu untersuchen.

Lelia ist eine Frau, die die Liebe leugnet. Sie ist schön, sublim, aber kalt wie eine Statue. „Wie von diesem Marmor loskommen", sagt sie, „der mir bis zu den Knien reicht und mich gefesselt zurückhält, so wie das Grab die Toten[23]?" Stenio, der junge Dichter, der sie leidenschaftlich liebt, sucht sie vergebens zu rühren. „Lelia ist kein vollkommenes Wesen", sagt Stenio. „Was denn ist Lelia? Ein Schatten, ein Traum, allerhöchstens eine Idee. Ach, da, wo es keine Liebe gibt, gibt es kein Weib[23] ..."

Trenmor, Lelias romantischer Vertrauter, fleht sie an, Stenio leben zu lassen und nicht ihren „eisigen Atem" auf die schönen Haare dieses Kindes zu werfen. Aber Lelia bringt nicht den Mut zum Verzicht auf. „Ich finde Vergnügen daran, Sie zu liebkosen", sagt sie zu Stenio, „Sie zu betrachten, als ob Sie mein Kind wären..." Hier haben wir das mißklingende, beunruhigende Thema der verliebten Mütterlichkeit, ein Thema, das im Leben von Sand so oft aufklingen wird. Aber nicht wie eine Mutter möchte Lelia lieben; sie möchte lieben wie die Kurtisane Pulcheria, ihre eigene Schwester, die im Roman die sinnliche Liebe verkörpert. Sie hat versucht, es zu tun, und ist fürchterlich enttäuscht worden.

Ich, deren Körper geschwächt war durch die strengen mystischen Kontemplationen, deren Blut ermüdet war durch die Reglosigkeit des Studiums, ich vergaß, jung zu sein, und die Natur vergaß, mich zu erwecken. Meine Träume waren allzu erhaben gewesen; ich vermochte nicht mehr, zu den plumpen irdischen Gelüsten hinabzusteigen. Eine vollständige Scheidung hatte sich, ohne daß ich es wußte, zwischen Körper und Geist vollzogen.

Und nun hatte für Lelia ein Leben begonnen, das sie ein „Leben der Aufopferung und der Entsagung" nennt, weil sie einwilligte, Wonnen zu verschenken, an denen sie nicht teilhaben konnte. Und wer Sand verstehen will, der lese folgende überaus wichtigen Stellen:

Der Grund, daß ich ihn lange liebte, ... lag in der fieberhaften Gereiztheit, die in meinem Liebesvermögen durch das Fehlen einer persönlichen Befriedigung hervorgerufen wurde. Ich war bei ihm von einer seltsamen und rasenden Gier befallen, die durch keine fleischliche Umarmung gestillt werden konnte. Mir war, als würde meine Brust verzehrt von einem unauslöschlichen Feuer, und seine Küsse brachten mir keine Erleichterung. Ich preßte ihn mit übermenschlicher Kraft in meine Arme und sank erschöpft, entmutigt an seiner Seite nieder ... Das Begehren war bei mir eine Seelenglut, die die Kraft der Sinne lähmte, bevor sie sie noch erweckt hatte; es war eine wilde Raserei, die sich meines Gehirns bemächtigte und sich ausschließlich darin konzentrierte. Mein Blut wurde eisig, ohnmächtig und dünn während der ungeheuren Anspannung meines Willens ...

Wenn er, zufrieden und gesättigt, eingeschlummert war, lag ich noch immer reglos und bestürzt an seiner Seite. Gar manche Stunden habe ich so damit verbracht, ihn in seinem Schlaf zu betrachten. Wie schön erschien er mir, dieser Mann!... Die glühenden Fluten meines erregten Blutes stiegen mir ins Gesicht; dann wurden meine Glieder von einem unerträglichen Zittern geschüttelt. Es war mir, als empfände ich den Aufruhr der körperlichen Liebe und die anwachsende Unruhe einer sinnlichen Begierde. Ich war heftig versucht, ihn wachzurütteln, ihn mit meinen Armen zu umfangen und seine Liebkosungen herauszufordern, von denen ich noch nichts gehabt hatte... Ich widerstand diesem trügerischen Begehren meiner Qual, denn ich wußte recht wohl, daß es nicht in seinem Vermögen stand, sie zu lindern...

Im Schlafe manchmal, wenn ich jenen wollüstigen Verzückungen ausgeliefert war, von denen asketische Gehirne verzehrt werden, fühlte ich, wie ich mit ihm fortgerissen wurde... Ich schwamm dann in den Fluten einer unsagbaren Wollust, legte meine schlaffen Arme an seinen Hals und sank, unklare Worte murmelnd, auf seine Brust. Aber er erwachte, und um mein Glück war es geschehen... Ich fand den Mann wieder, den Mann, der brutal und gierig wie ein Raubtier war, und entfloh voller Abscheu. Aber er verfolgte mich, behauptete, nicht vergebens im Schlafe gestört worden zu sein, und sättigte seine wilde Gier am Körper einer ohnmächtigen und halbtoten Frau...

Meine Sinne, weit davon entfernt, sich zu beruhigen, wurden also von neuem erregt. Die Pracht und die Düfte des Frühlings, die anfeuernden Einwirkungen einer warmen Sonne und einer klaren Luft... warfen mich in neue Ängste. Ich spürte alle Stacheln der Unruhe, der unklaren und ohnmächtigen Begierde. Mir war es, als vermöchte ich noch zu lieben und von nun an zu empfinden. Eine zweite Jugend, kräftiger und fieberhafter als die erste, ließ meinen Busen wogen. In diesem Hin- und Hergerissenwerden zwischen Begierde und Furcht verbrauchte ich meine Kraft in dem Maße, wie sie sich erneuerte... Ich träumte von den Umarmungen eines unbekannten Dämons; ich fühlte, wie sein heißer Atem feurig über meine Brust strich, und krallte meine Finger in die Schultern, in dem Glauben, dort den Biß seiner Zähne zu spüren. Ich schrie nach der Lust, sollte sie mir auch ewige Verdammnis einbringen... Wenn der Tag anbrach, war ich wie gerädert, bleicher als der fahle Morgen. Ich versuchte, mich zu erleichtern, indem ich vor Schmerz und Wut aufschrie[23]...

Erschöpft durch einen Absturz, der um so schwindelerregender war, als ihre Phantasie ihre Erwartungen allzu hoch geschraubt hatte, hörte Lelia auf, ihren ersten Geliebten zu lieben; aber an diesem von ihr ungekannten und von andern Frauen so leicht erlangten Glück, nämlich der körperlichen Liebe, teilzuhaben, wird ihr einziger Gedanke, ihre einzige Verhaltensregel, wird das einzige Ziel ihres Wollens:

> Nachdem ich meine Begierden zu den Schatten hatte hintreiben lassen, geschah es, daß ich ihnen im Traume nacheilte, sie im Fluge ergriff und gebieterisch von ihnen, wenn auch nicht das Glück, so doch die Gefühlserregtheit für die Dauer einiger Tage verlangte. Und da diese unsichtbare Ausschweifung keinen Anstoß erregen konnte... gab ich mich ihr ohne Bedenken hin. In der Phantasie wurde ich nicht nur dem Mann untreu, den ich liebte, sondern jeder anbrechende Morgen sah mich demjenigen untreu, den ich am Abend vorher geliebt hatte[23]...

Don Juan schweift von Frau zu Frau, weil keine der Unzähligen ihm das Glück geschenkt hat; Lelia schweift von Mann zu Mann, weil von ihnen keiner ihre Sinnenlust zu erwecken vermag. Der Roman beweist, daß im Kopf der Verfasserin die Erleuchtung eingetreten ist und daß George, als sie sich den Dreißigern nähert, mit Klarheit sich selbst erforschte. Am Tage nach dieser Lektüre schrieb ihr Sainte-Beuve:

> *Sainte-Beuve an George Sand, 10. März 1833:* Madame, ich will nicht zögern, Ihnen zu sagen, wie sehr der gestrige Abend und das, was ich vernahm, mich seitdem zum Nachdenken gebracht und wie sehr *Lelia* mich noch weiter in meine ernsthafte Bewunderung und meine Freundschaft hineingetrieben hat, die ich bereits für Sie empfinde... Das breite Publikum, das im Lesekabinett einen x-beliebigen Roman verlangt, wird sich von diesem hier abschrecken lassen. Aber bei all denen, die im Roman nur einen lebendigeren Ausdruck der ewigen und allgemeinmenschlichen Gedanken sehen, wird er Sie auf eine hohe Stufe erheben... Frau sein, noch nicht dreißig Jahre alt, nach außen nichts durchschimmern lassen, auch wenn man solche Abgründe erforscht hat; dieses Wissen ertragen, das uns andern die Schläfen verheeren und die Haare zum Ergrauen bringen würde – es mit Leichtigkeit, Ungezwungenheit und Besonnenheit in der Rede ertragen –, das ist es, was ich vor allem bewundere... Man muß schon sagen, Madame, Sie sind ein wirklich seltenes und starkes Geschöpf[24]...

Sie antwortete gleich am Tage darauf, verlegen, weil sie sich die ungeheuerliche und krankhafte Gestalt vorstellte, als die sie zweifellos in den Augen eines scharfsinnigen Lesers erscheinen mußte, der sie mit Lelia identifizierte.

George Sand an Sainte-Beuve, 11. März 1833: Nachdem Sie sich *Lelia* angehört hatten, sagten Sie mir etwas, das mich bekümmerte; Sie sagten mir, daß Sie Furcht vor mir hätten. Verscheuchen Sie nur ja diese Gedanken und verwechseln Sie nicht den Menschen mit der Qual. Denn die Qual nämlich haben Sie vernommen... Söhnen Sie, der Sie einen festen Glauben haben und oft beten, mich mit Gott aus ... Und glauben Sie nicht allzu sehr an mein satanisches Wesen; ich schwöre Ihnen, es ist nur Getue.. Sie sind der Natur der Engel viel näher; reichen Sie mir also die Hand und überlassen Sie mich nicht Satan[22] ...

Dies beweist zweierlei: daß sie Sainte-Beuve schlecht kannte und daß Männer es besser als Frauen verstehen, Tugend zu heucheln.

In jeder Frau ist, aus Liebe zur Liebe, unbewußt eine Kupplerin verborgen; die weibliche Seite bei Sainte-Beuve machte ihn zu Willfährigkeiten geneigt. Da George Sand allein und ungebunden in Paris lebte, konnte sie nicht lange eine Frau ohne Mann bleiben. Aber einen Geliebten zu finden, der Lelia zusagte, war nicht leicht. Sainte-Beuve kam auf den seltsamen Gedanken, den Philosophen Théodore Jouffroy, mit dem er befreundet war, als Kandidaten aufzustellen. Dieser blauäugige, äußerst bedächtige Jurassier war ein ernster und sanfter Mensch. „Seine hohe Gestalt, sein schlichtes und offenes Benehmen, eine gewisse herbe Strenge, die er nicht abgelegt hatte, alles an ihm verriet jenen unschuldsvollen Schlag eines Kindes der Berge, das noch stolz darauf war, ein solches zu sein; seine Kameraden gaben ihm den Spitznamen *Sigambrer*[25] ..." Jouffroy hatte in der Sorbonne über das Schöne und das Erhabene eine ausgezeichnete Vorlesung gehalten. Mit Frau Dudevant hatte er die Vorliebe für eine edle und schlichte Naturpoesie gemeinsam. Aber es war Wahnsinn, ihn mit Lelia verkuppeln zu wollen; diesen Bissen hätte sie mit einem Male hinuntergeschluckt. Dennoch hatte George, die Sainte-Beuve als Gewissensberater betrachtete, demütig geantwortet:

George Sand an Sainte-Beuve, April 1833: Mein Freund, ich werde Herrn Jouffroy aus Ihrer Hand entgegennehmen. So wenig ich auch geneigt bin, mich mit neuen Gestalten zu umgeben, so werde ich doch diese erste Einflüsterung meiner

Ungeselligkeit überwinden und bei dem von Ihnen so warm empfohlenen Menschen alle Vorzüge entdecken, die Achtung verdienen. Unterrichten Sie ihn, bitte, über mein schroffes und frostiges Wesen, über die unüberwindbare Trägheit und beschämende Unwissenheit, die mich die meiste Zeit zum Stillschweigen verurteilen, damit er nicht das für Impertinenz hält, was bei mir eine Gewohnheit, eine Verschrobenheit ist, nicht aber böse Absicht. Am Gesicht Herrn Jouffroys habe ich gesehen, daß er eine schöne Seele und einen geraden Verstand haben könnte, aber vielleicht werde ich auch ohne eine sehr große Bewunderung bei ihm anerkennen, daß er im Besitz dieser (sehr seltenen und sicherlich sehr achtbaren) Eigenschaften ist. Es gibt Menschen, die fix und fertig auf die Welt kommen und nicht gegen die Klippen anzukämpfen brauchen, gegen die andre anrennen und sich stoßen; sie gelangen hindurch, ohne überhaupt zu wissen, daß diese Hindernisse existieren, und sind manchmal erstaunt, wenn sie sehen, daß ringsumher so viele Trümmer schwimmen. Ich fürchte ein wenig diese von Geburt tugendhaften Menschen[22]...

Im letzten Augenblick bäumte sich ihr gesunder Menschenverstand auf, und sie sagte die Zusammenkunft ab.

Sie blieb weiter traurig und versteifte sich spöttisch in ihren verhärteten Schmerz. „Zeigen Sie sich als Lelia", schrieb ihr Sainte-Beuve. „Aber verachten Sie im Alltag, im wirklichen und praktischen Leben nur nicht jene halben Heilungen, jene Zustände halben Glücks, die nach gewissen Prüfungen noch ein ziemlich schöner Gewinn für das Herz sind... Gewinnen Sie doch von den Menschen und der Welt wieder eine gerechtere, duldsamere Vorstellung... Selbst die größten Heiligen haben auf dieser Welt hinieden ihre fürchterlichen Viertelstunden... In solchen Augenblicken darf man sich nicht aufgeben[24]..." Sie dankte ihm und sagte, daß sie unter den Schriftstellern nur einen Freund gefunden habe: ihn. Die wirkliche Vertraute dieser schrecklichen Monate aber wurde Marie Dorval, deren Mischung aus Zynismus, Natürlichkeit, Größe und Leidenschaft damals der Verwirrung Georges wunderbar zuträglich war. Es ist wahrscheinlich, daß die Zwiegespräche Lelias und der weisen Kurtisane Pulcheria aus den Unterhaltungen von George und Marie transponiert sind.

Sie sahen sich oft, bald bei der einen, bald bei der andern. George, stets aufs Theater versessen, ließ keine Vorstellung vorbeigehen, in der die Dorval auftrat. Das Besorgen von Plätzen war das Hauptthema fast all ihrer Briefe. Immerhin boten diese Ansuchen George die Gelegenheit zu zärtlichen Billetts:

Ich kann Sie heute nicht sehen, meine Liebe. Ich habe nicht dieses große Glück! Am Montag, in der Frühe oder am Abend, im Theater oder in Ihrem Bett, muß ich kommen und Sie umarmen, oder ich begehe irgendeine Torheit. Ich arbeite wie ein Sträfling, das wird meine Belohnung sein. Adieu, Schönste von allen ...

Februar 1833: Gute kleine Marie, Sie sind gekommen, und ich war in Aulnay. Wie unglücklich bin ich, einen Tag meines Lebens zu verlieren, an dem wir hätten zusammensein können! Aber sagen Sie mir, wohin ich zum Plaudern kommen soll nach Mitternacht. Schreiben Sie mir ein paar Zeilen, und ich werde immer bereit sein. Sie, kleine Frau, Sie haben viele Dinge in Ihrem Leben. Ich aber nicht! *Nur Sie,* die ich tausendmal umarme[16] ...

Dorval antwortete kürzer und hielt sich, zweifellos um Vigny nicht zu mißfallen, ihre Freundin, die sich darüber beklagte, etwas „vom Leibe".

März 1833: Marie, warum haben wir uns so lange nicht gesehen? Gewiß, ich bin krank gewesen, das ist ein Grund. Und Sie waren sehr beschäftigt; Sie haben nicht gekonnt, ich weiß es wohl, denn Sie sind gut und wären zu mir gekommen, wenn Sie daran nicht verhindert gewesen wären. Aber Sie so innig lieben, Marie, und so viele Tage fern von Ihnen verbringen zu müssen! Marie, das betrübt mich und macht mein Herz noch schwermütiger, als es sonst schon ist. Verdammen Sie mich etwa, weil ich zu bedauern bin? ... Ich gerate in Schrecken darüber, so wenig Ihre Freundschaft zu verdienen, Sie große und edle Frau! Ich fürchte zu verlieren, was ich erlangt habe – und ich frage mich, ob es in meinem Leben nicht irgendeinen Flecken gibt, der Sie von mir entfernt hält? Aber Sie stehen so turmhoch über jeder andern Frau, meine liebe Marie, daß ich bei Ihnen Duldsamkeit und Mitgefühl finden würde, falls ich schuldig wäre. Ich glaube es nicht zu sein. Falls ich es bin, so besitzen Sie jetzt Güte genug, um mich trotzdem zu lieben ... Wann schenken Sie mir einen netten Abend, bei Ihnen oder bei mir? Los, sei nett zu deiner Freundin, die traurig ist und Jugend und Glück nur bei dir allein wiederfindet[16] ...

George hätte Marie gern einmal auf einer Tournee begleitet, und sei es als Ankleidefrau. Sie fand einen seltsamen Reiz darin, den leidenschaftlichen Klagen Marie Dorvals gegen Gott und gegen die Menschen zu lauschen. „Nicht das mindeste von sich selbst verhehlend, verschönerte sie nichts und gab sich so, wie sie war. Sie besaß die Ungezwungenheit einer seltsamen Beredsamkeit, einer manchmal wilden, niemals trivialen und in ihrer Derbheit immer keuschen Beredsamkeit, die in allem das Streben nach dem ungreifbaren Ideal, das Träumen von einem reinen Glück, den Himmel auf Erden verriet[3]..." In dieser Frau, die weit mehr als sie selbst gelebt hatte, fand George ihr eigenes Verlangen nach dem Unbedingten wieder. Vigny war eifersüchtig auf diese begeisterte Freundschaft. In seiner Naivität befürchtete der Unglückliche für seine Geliebte den Einfluß dieser Theoretikerin der freien Liebe. *Sancta simplicitas!* Die entzückende und herrliche Dorval, die in ihren Körper vernarrt war, brauchte in dieser Beziehung von keiner andern Frau mehr etwas zu lernen.

Während nun Lelia angsterfüllt Trost und Offenbarung suchte, begegnete sie einem Zyniker, der ihr das eine wie das andre verhieß. Prosper Mérimée, ein enger Freund Sainte-Beuves, gehörte wie Henry Beyle zu jenen Gefühlsnaturen, deren Herz schon in der Kindheit verwundet wurde und aus denen der Teufel seine Don Juans macht. Er gefiel sich darin, fachmännisch von der Liebe zu reden, mit einer Derbheit wie ein Student der Medizin. Das trug ihm Erfolge im Foyer der Oper und in einigen Boudoirs ein. Als er dieser hübschen, bizarren, intelligenten, berühmten und dabei ungebundenen Frau begegnete, unternahm er es, seine Sammlung um einen weiteren Skalp zu vermehren. Seit Anfang 1833 machte er ihr den Hof, aber ohne Erfolg. Sie versprach, ihn zu empfangen, entschuldigte sich aber im letzten Augenblick unter dem Vorwand, sie leide an einer Neuralgie oder der Gatte sei zu Besuch gekommen. Er wurde ironisch und ein wenig bitter: „Ich wäre Ihnen sehr zu Dank verbunden, mir zu sagen, ob Sie wieder genesen sind, ob Ihr Gatte zuweilen ganz allein ausgeht, kurzum, ob mir das Glück doch etwas hold sein sollte, Sie zu sehen, ohne Ihnen lästig zu fallen[26]..."

Er machte seine Eroberung „für achtundvierzig Stunden, infolge der Verwegenheit, mit der er sich, auf das Urteil der Menschen pfeifend, der ganzen Pariser eleganten Welt oben auf der großen Treppe zur Oper gezeigt hatte, indem er die im letzten Akt von *Robert der Teufel* eingeschlafene kleine Solange auf der Schulter trug[27]." Sie fand in ihm „einen ruhigen und starken Mann", der sie „durch die Kraft seines Geistes" faszinierte. Sie leierte den Rosenkranz der Klagen Lelias herunter. Das brachte ihn zum Lachen. Als beide eines Abends im April 1833 den Quai Malaquais am Ufer der Seine entlang promenierten, bot sie ihm eine liebevolle Freundschaft an. Er antwortete, er könne „nur unter *einer* Bedingung lieben", und alles übrige sei Larifari. Es war dies die falscheste Auffassung von der Liebe, aber George befand sich in jenem Zustand der Angst, da eine Frau bereit ist, sich an jedwede Hoffnung anzuklammern. „Ich glaubte", schrieb sie an Sainte-Beuve, „er besäße das Geheimnis des Glücks, würde es mich lehren ... und seine verachtungsvolle Unbekümmertheit würde mich von meinen kindischen Empfindlichkeiten heilen."

Endlich gelang es ihm, sie zu überzeugen, daß es für sie eine gewisse Liebe geben könne, die den Sinnen erträglich wäre und doch die Seele berausche. Es war das, was sie noch erhoffen wollte. Sie ließ sich von dem Prestige seiner Kompetenz blenden. „Gut", sagte sie endlich zu Mérimée, „ich bin einverstanden, daß nach Ihrem Wunsche geschieht, zumal es Ihnen so viel Vergnügen macht; was mich betrifft, so muß ich Ihnen erklären, daß ich vollkommen davon überzeugt bin, keins zu empfinden[27]." Man stieg zu ihrer Wohnung hinauf; man soupierte ein wenig; dann traf sie mit Hilfe ihrer Kammerfrau die Vorbereitungen für ihr Deshabillé, das etwas von einer Türkin und einer Spanierin an sich hatte. Mérimée behauptete später, sie habe es bei diesem Auftritt an Scham fehlen lassen und damit das Gelüst ihres Partners getötet. Ohne Zweifel heuchelte sie vor ihm mehr Ungeniertheit, als sie wirklich besaß. Wie dem auch sei, es wurde ein klägliches und lächerliches Fiasko. Don Juan erlitt wie sein Freund Stendhal bei ähnlicher Gelegenheit eine vollkommene Schlappe. Zu seiner großen Überraschung fand er eine prüde Frau vor, die hilfreicher Geschicklichkeit ermangelte, sowohl aus Unwissenheit wie aus Stolz. Verärgert, entschädigte er sich durch bittere und frivole Spöttereien. Als er fortgegangen war, weinte sie vor Kummer, Abscheu und Entmutigung.

Sie erzählte die ganze Geschichte Marie Dorval, denn sie war der Ansicht, sie wäre zu beklagen und nicht zu tadeln. Dorval weihte unter dem so zerbrechlichen Siegel der Verschwiegenheit den großen Schwätzer Dumas ein. Der Bericht über das Abenteuer machte die Runde in Paris. Dumas legte Sand folgendes Wort in den Mund: „Ich habe gestern abend Mérimée gehabt; es ist nicht viel an ihm dran ..." Gute Freunde kamen und erzählten George, daß Marie Dorval sie hintergangen habe. Sie fanden einen schlechten Empfang.

Sie sagen, sie habe mich hintergangen. Ich weiß es wohl, aber wer, meine lieben Freunde, wer unter euch hat mich denn nicht verraten? Sie hat mich nur einmal verraten, ihr aber, ihr habt mich an jedem Tage eures Lebens verraten. Sie hat eine Bemerkung wiederholt, die ich ihr gegenüber gemacht hatte. Ihr alle aber habt mir Worte in den Mund gelegt, die ich nicht gesagt habe ... Vergönnt mir, sie zu lieben. Ich weiß, wer sie ist und was sie wert ist. Ihre Fehler, ich kenne sie; ihre Laster ... Ach, dieses hochtrabende Wort, das ihr stets im Munde führt! Ihr habt Furcht vor dem Laster. Aber ihr steckt voll davon und wißt es nicht einmal, oder ihr wollt es nicht wahrhaben. Das Laster! Gebt ihr denn darauf acht, ihr andern? Wißt ihr denn nicht, daß es überall ist, bei jedem Schritt eures Lebens, rings um euch, mitten in euch[18] ...

Vierzehn Jahre später blätterte sie wieder in ihrem Tagebuch und bestätigte dieses Urteil:

1847: Sie! Sie ist immer die gleiche, und ich liebe sie noch immer. Es ist eine wunderbar schöne, hochherzige und zärtliche Seele, eine erlesene Intelligenz, mit einem Leben voller Verirrungen und Beschwernisse. Ich liebe und achte dich deswegen um so mehr, o Marie Dorval[18] ...

An Sainte-Beuve, diesen großen Liebhaber von Schwächen, den das Geschwätz bereits unterrichtet hatte, richtete sie eine vollkommene Beichte:

George Sand an Sainte-Beuve, 8. Juli 1833: Sie haben keine Herzensergießung von mir verlangt; ich mache Ihnen auch keine, indem ich Ihnen erzähle, was ich Ihnen jetzt berichten werde, denn ich bitte Sie nicht um Ihre Diskretion. Ich wäre bereit, alle Geschehnisse meines Lebens zu berichten und zu drucken, wenn ich glaubte, dies könne jemandem nützlich sein. Da Ihre Achtung mir nützlich und notwendig ist, habe ich das Recht, mich Ihnen so zu zeigen, wie ich bin, selbst wenn Sie meine Beichte zurückweisen sollten ... An einem dieser von Verdruß und Verzweiflung erfüllten Tage begegnete ich einem Manne, der von nichts ahnte ... der nichts von meinem Wesen verstand und über meinen Kummer lachte ... Ich überzeugte mich nicht genügend von einer Sache: daß ich nämlich unbedingt und vollkommen Lelia war. Ich wollte mich überreden, daß es nicht der Fall war; dennoch hoffte ich, dieser kalten und hassenswerten Rolle abschwören zu können. Ich sah an meiner Seite eine hemmungslose Frau, und sie war sublim; ich hingegen, streng und fast jungfräulich, war scheußlich in meinem Egoismus und meiner Vereinsamung. Ich versuchte, meine Natur zu überwinden, die getäuschten Hoffnungen der Vergangenheit zu vergessen ... Ich war von jener außerordentlichen Unruhe, von jener Müdigkeit ergriffen, die Schwindel verursacht und bewirkt, daß man, nachdem man alles abgeleugnet hat, alles wieder in Frage stellt und sich daran gibt, neue Irrtümer zu begehen, die bedeutend größer sind als diejenigen, denen man abgeschworen hat. Nachdem ich geglaubt hatte, daß Jahre der Vertrautheit mich nicht an ein anderes Dasein binden könnten, bildete ich mir ein, daß der Zauber einiger Tage über mein Leben entscheiden würde... Kurzum, ich betrug mich mit dreißig Jahren, wie ein fünfzehnjähriges Mädchen es nicht getan hätte. Fassen Sie sich ein Herz... Es ist widerlich, den Rest der Geschichte zu erzählen. Aber warum sollte ich vor der Lächerlichkeit Scham empfinden, wenn keine Schuld mich trifft? Der Versuch schlug vollkommen fehl. Ich weinte vor Qual, vor Abscheu, vor Entmutigung. Anstatt eine Zuneigung zu finden, die fähig war, mich zu beklagen und zu entschädigen, stieß ich nur auf bitteren und frivolen Spott. Das war alles, und man hat diese Geschichte in wenigen Worten zusammengefaßt, die ich nicht gesagt habe, die Frau Dorval weder verraten noch erfunden hat, die aber der Phantasie von Herrn Dumas wenig Ehre antun[28]...

Nichts von Gewissensbissen. Sie berichtete die Tatsachen, ohne zu lügen oder sich zu verteidigen. Sie hatte auf gefährlichem Gelände dem Glück nachgejagt, es aber verfehlt. Dieser letzte Mißerfolg bestätigte alle ihre Befürchtungen. Wie die Dorval eine wirkliche Liebende zu werden, wäre in ihren Augen ein Triumph und eine Erlösung gewesen. Mérimée gegenüber hegte sie keinen Groll: „Wenn Prosper Mérimée mich verstanden hätte, vielleicht hätte er mich geliebt; und hätte er mich geliebt, dann hätte er mich unterworfen; und wenn ich mich einem Mann hätte unterwerfen können, würde ich gerettet sein, denn die Freiheit zehrt an mir und bringt mich um..." Wenn sie sich aber einem Mann hätte unterwerfen können, wäre sie nicht George Sand gewesen.

VI

Welch unbeschreibliche Verwirrung! Zehn Jahre zuvor war sie eine junge Frau voller Hoffnung und voll guten Willens gewesen; sie hatte sich fähig geglaubt, die Männer, die sie lieben würden, zu modeln und zu der erhabenen und mystischen Vorstellung hinzuführen, die sie damals von der Liebe hegte. Sie war Stenio gewesen:

die Leichtgläubigkeit, die Unerfahrenheit, das furchtsame und glühende Erwarten der Zukunft. Nachdem sie dann mit Aurélien de Sèze wie mit Casimir Schiffbruch erlitten, hatte sie sich gesagt, das Böse stecke in einer schlecht gewordenen Gesellschaft, in der Unerbittlichkeit der Ehe; und wenn ungebundene Liebende sich von kleinlichen Vorurteilen und veralteten Gesetzen freimachten, könnten sie ein Leben führen, wie sie es sich in ihren Träumen ersehnten. Auch damit war sie gescheitert. Die freie Liebe hatte sich als ebenso enttäuschend enthüllt wie die eheliche Liebe.

In ihrer Provinz, aufgebracht gegen kleinstädtische Engherzigkeit, hatte sie an die Welt der Künste, der freien Lebensart und der Beredsamkeit geglaubt; sie hatte sich vorgestellt, es gebe in Paris „ein erlesenes Leben, eine umgängliche, elegante und aufgeklärte Gesellschaft, wo Menschen von einigem Verdienst aufgenommen werden könnten und die Möglichkeit besäßen, Gefühle und Gedanken auszutauschen". Sie wußte nicht, daß das Genie stets einsam ist, und daß es keine moralische Hierarchie gibt, die von den Besten einhellig hingenommen wird. Sie hatte alle Menschen, die Verse schmiedeten, für Dichter gehalten. Zwei Jahre bitterer Erfahrung hatten ihr gezeigt, daß die bedeutenden Menschen keine Riesen sind, „daß es auf der Welt ungeheure Mengen von Hohlköpfen gibt und man nicht einen Schritt tun kann, ohne einem von ihnen auf den Fuß zu treten". Sie hatte Lehrmeister gesucht; gefunden hatte sie vorsichtige und heuchlerische Jämmerlinge. Sie hatte die Gefahren der Freimütigkeit erkannt.

Die Menschen wollen nicht, daß man sie entschleiert und soweit bringt, daß sie über die Maske lachen, die sie tragen. – Wenn Sie zur Liebe nicht mehr fähig sind, dann müssen Sie lügen oder die Falten des Schleiers so dicht um sich zusammenziehen, daß kein Blick mehr hindurchdringen und in Ihnen lesen kann. Machen Sie es mit Ihrem Herzen, wie die lüsternen Greise es mit ihrem Körper machen. Verbergen Sie es unter der Schminke und der Lüge; verhüllen Sie mittels Prahlerei und Großmäuligkeit die Altersschwäche, die Sie ungläubig, und die Gesellschaft, die Sie ohnmächtig macht. Verraten Sie vor allem niemals das Alter Ihres Verstandes; sagen Sie keinem Menschen das Alter Ihrer Gedanken[29] ...

Überdrüssig, voller Unruhe, aus frischen Wunden blutend, hin und her gerissen zwischen den Schrecken des Selbstmordes und dem ewigen Klosterfrieden, war sie in jenem Sommer 1833 tatsächlich Lelia, die nach Liebe dürstende Frau, die es wert war, geliebt zu werden, aber jener Demut unfähig, ohne die es Liebe überhaupt nicht geben kann. „Lelia, Ihr Herz ist kalt wie der Stein des Grabes!" rief sie sich durch den Mund Stenios zu. Und doch...

Und doch wußte sie auf dem Grunde ihres Herzens recht gut, daß das junge Mädchen aus dem Kloster der Englischen Augustinerinnen, die lernbegierige, reine und ernste Amazone von Nohant, die den Unglücklichen beistand, nicht tot war. Es lagen in Lelias Wesen Züge von Manfred und von Lara. Aber Byron bleibt, selbst wenn er seine diabolische Rolle spielt, ein verstockter Kalvinist und ein sentimentaler Liebender. Wenn sie heiter mit Hortense Allart speiste, wenn sie gierig Marie Dorval lauschte, hörte George Sand auf, George Sand zu sein. Einen Abend lang fand sie die Herzensjugend und die Hoffnungen Aurora Dudevants wieder. Dann dachte sie an die Alleen von Nohant, an die Klarheit der Sterne, an jene ernste und schöne Stille, die für Bekenntnisse so günstig ist, an die Freunde aus dem Berry, auf deren Arm sie sich eines Tages stützen würde, um ihnen von den Gewitterstürmen zu berichten, die sie durchlebt hatte. Und wenn ihre Gäste gegangen waren und sie in der Wohnung am Quai Malaquais allein bei der schlummernden Solange zurückblieb — was dann in dieser sturmbewegten Seele obenauf schwamm, war trotz so vieler Schiffbrüche das Verlangen, an die Liebe zu glauben, ... vielleicht an die göttliche Liebe.

VIERTER TEIL

Spiele der Liebe und des Genies

> *Frauen halten all das, was sie*
> *wagen, für unschuldsvoll.*
>
> JOUBERT

I

KINDER IHRER ZEIT

In einer kleinen Wohnung am Quai Malaquais haben wir eine enttäuschte, verzweifelte junge Frau zurückgelassen, die im Ehebruch wie in der Ehe Schiffbruch erlitt und nun versuchte, durch einen Roman ihrer Auflehnung Ausdruck zu geben. Man stelle sie sich nur nicht in Tränen aufgelöst vor. Sie besitzt allzuviel Lebenskraft, um lange zu weinen. Sie sagte sich, daß sie eine schlechte Wahl getroffen habe, daß der ideale Liebhaber, der fähig sei, ihr Zartgefühl zu respektieren und ihren Widerwillen zu besiegen, existieren müsse; daß an dem Tage, da sie ihm begegnen würde, die Leidenschaft, die ja eine Mahnung des Gewissens und demnach von Gott war, sie leiten würde. Sie fuhr fort, ihn zu suchen, und unterzog in ihrem Umkreis die Reihen der Männer von Talent einer Prüfung, wie ein Sultan, der in der Verschwiegenheit seines Harems seine Odalisken mustert.

Sainte-Beuve hätte ihr nicht mißfallen, trotz seines pausbäckigen Gesichts „eines vorzeitig Kanonikus gewordenen Cherubims", und gern hätte sie nach dem Fiasko des Zynikers dem vertrauten Ratgeber die Rolle eines ersten Liebhabers zugedacht. Aber Sainte-Beuve hielt sich zurück, nachdem er ihr anfangs beharrlich Aufmerksamkeiten erwiesen hatte. Sie verstand sein Schweigen nicht und hätte „eine freimütige Grobheit dieser hochmütigen Gelassenheit" vorgezogen[1]. Hatte sie durch einen riesigen Makel „seinen erhabenen Gleichmut" abgeschreckt? Floh er sie wie einen unangenehmen Umgang, und brachte die Verzweiflung Lelias bei ihm Verwirrung in eine jugendliche Lebenszuversicht? Oder war er verliebt in eine eifersüchtige Frau, die ihm verbot, eine gefährliche Frau zu besuchen? „Wenn es an dem ist, können Sie sie dann nicht beruhigen, ihr sagen, daß ich dreihundert Jahre alt, als Frau von der Bühne abgetreten bin, noch bevor ihre Großmutter geboren wurde, und daß ein Mann mich vollkommen kalt läßt[1]? ..."

Aber gerade dies glaubten weder Adèle Hugo noch Sainte-Beuve. Er hatte sich über die Abgründe gebeugt, die Georges Zauber verbarg, und war erschreckt zurückgewichen. Er sagte es ihr auf reizendere Weise; er lobte bei ihr „die männliche Aufrichtigkeit im Gewande fraulicher Anmut", stellte aber fest, daß die Freundschaft mit ihr schwierig war. „Damit Freundschaft von einem Geschlecht zum andern möglich sei, muß das, was das Leben an Abenteuerlichem und Veränderlichem in sich birgt, bereits ein Ende genommen haben; dann müssen die einen wie die anderen ganz einfach mit dem Leben abgeschlossen haben, wie Menschen eines gewissen Alters, die im Scheine der Nachmittagssonne auf einer Bank sitzen und so ihren Tag beenden[2] ..." Kurzum, er wollte wohl mit ihr auf Distanz weiter eine „ernsthafte" Freundschaft unterhalten, aber keineswegs eine solche tête-à-tête. Sie fand dies traurig und zugleich drollig: „Wenn ich Ihnen, mein Freund, indessen nicht gefalle, so hält Sie niemand ... Ich werde Sie nicht mehr weiter quälen. Sind Sie glücklich? Um so besser! Der Himmel sei darum gelobt, und ich finde, Sie tun gut daran, mir aus dem Wege zu gehen[1] ..." Aber sie hütete sich, mit ihm sich zu überwerfen. Er war ein einflußreicher Kritiker und sie wenig nachtragend, ausgenommen in der Liebe, die aber hier nicht im Spiele stand.

Ihr andrer ständiger Kritiker, Gustave Planche, war seit der Veröffentlichung von *Indiana* ein Vertrauter am Quai Malaquais. War er ihr Liebhaber? Paris behauptete es, wie Paris so etwas stets behauptet; Casimir war davon überzeugt; George leugnete es mit aller Entschiedenheit. In Wahrheit erschien Planche, der stets in den Geruch eines schwitzenden Lastträgers eingehüllt war, nicht gerade verführerisch. Aber er war mächtig; sie hatte ihn zu ihrem dienenden Ritter erwählt, und er willigte stolz in diese Rolle ein. Öfters suchte sie ihn in seinem dürftigen möblierten Zimmer auf, um ihn mit seltsamen Aufträgen zu betrauen. So mußte Planche, wenn Casimir nach Paris kam, ihn ins Theater begleiten; er auch holte den Arzt, wenn Solange krank war; und er war es, der beim Wiederbeginn der Schule Maurice zum Gymnasium Henri IV und Sand zu den Premieren der Dorval führte. Gustav der Grausame war durch die kleine Madame Dudevant völlig gezähmt worden.

Marie Dorval blieb nach wie vor die geliebteste Freundin, aber sie konnte am Leben Georges nur wenig teilhaben. Vigny tat alles, was in seiner Macht stand, um seine Geliebte von der fernzuhalten, die er „dieses gräßliche Weib" nannte. Marie, wegen ihrer drei Töchter in ständiger Geldverlegenheit, mußte Tournee auf Tournee unternehmen. Der getreue Planche wurde dann zu Vigny gesandt, um ihm die derzeitige Adresse abzulocken.

George Sand an Marie Dorval: Wo bist du? Was ist los mit dir? ... Warum, du Böse, bist du abgereist, ohne dich von mir zu verabschieden, ohne mir deine Reiseroute anzugeben, damit ich dir nacheilen könnte? Deine Abreise ohne Abschiednehmen hat mich betrübt. Ich war in einer Stimmung des Lebensüberdrusses. Ich habe mir ausgemalt, du liebtest mich nicht, und habe heiße Tränen vergossen... Ich bin blöd. Man muß es mir verzeihen, hörst du. Zwar habe ich schlechte Charaktereigenschaften, aber auch ein Herz, das fähig ist, dich zu lieben, dies fühle ich wohl. Vergebens erforsche ich die andern, sehe aber nichts, was dir gleichkommt. Ich finde nicht einen einzigen Charakter, der so offen, aufrichtig, stark, anschmiegsam, gut, hochherzig, reizend, vornehm, lustig, ausgezeichnet und vollkommen wäre wie der deinige. Ich will dich immer liebhaben, sei es, um zu weinen oder aber mit dir zu lachen. Ich will zu dir hineilen und einige Tage mit dir dort verbringen, wo du bist. Wo bist du? Wohin muß ich gehen? Werde ich dich nicht langweilen? Bah! Es ist mir übrigens gleich; ich werde versuchen, etwas weniger griesgrämig zu sein als gewöhnlich. Wenn du traurig bist, werde auch ich traurig sein; wenn du fröhlich bist, so lebe die Heiterkeit! Kann ich etwas für dich besorgen? Ich bringe dir ganz Paris mit, wenn ich reich genug bin, es zu kaufen. Also, schreib mir eine Zeile, und ich mache mich auf den Weg. Wenn du etwas vorhast, wobei ich zuviel bin, schickst du mich in ein andres Zimmer arbeiten. Ich verstehe es, mich überall zu beschäftigen. Man hat mir angeraten, vor dir auf der Hut zu sein; zweifellos hat man dir in bezug auf mich das gleiche gesagt; nun, sie sollten sich alle zum Teufel scheren... und haben wir nur zu uns selber Vertrauen. Wenn du mir schnell antwortest und mir bloß dies eine Wort sagst: Komm! so breche ich auf der Stelle auf, selbst wenn ich die Cholera oder einen Geliebten hätte[3] ...

Marie Dorval zeigte Vigny diesen Brief und tat so, um ihn zu beruhigen, als mache sie sich darüber lustig. Er schrieb an den Rand: „Ich habe Marie verboten, dieser Sappho zu antworten, die ihr auf die Nerven fällt." Und Dorval: „Frau Sand nimmt mir übel, daß ich ihr nicht geantwortet habe[4]." Aber George liebte Marie allzusehr, als daß sie sich lange gekränkt gefühlt hätte.

Nun, da das Herz schwieg, arbeitete George in ihrem üblichen Tempo, aber das Leben erschien ihr nichtig. Zu Beginn des Frühjahrs 1833 gab die *Revue des Deux-Mondes* bei Lointier in der Rue Richelieu Nr. 104 ihren Mitarbeitern ein großes Festessen. Gustave Planche, der Kritiker des Verlags, begleitete George Sand dorthin, und der Zufall – oder ein maliziöser Buloz – bewirkte, daß sie die Tischnachbarin von Alfred de Musset wurde. Sainte-Beuve hatte davon gesprochen, ihr diesen jungen Dichter mit flatterndem blonden Haar vorzustellen, der zart und schön war wie ein Gott. Musset war damals dreiundzwanzig, sechs Jahre jünger als Sand und Sainte-Beuve. Aber dieser bewunderte Musset, vielleicht deshalb, weil Musset das verkörperte, was Sainte-Beuve hätte sein mögen: „Er war der Lenz in Person", sagte er, „ein vollkommener Lenz der Poesie, der vor unsern Augen seine Knospen öffnete... Keiner erweckte gleich beim ersten Anblick derart die Vorstellung eines jugendlichen Genies[5]..." Von Byron hatte Musset das Dandytum gelernt. Seine Redingote mit einem bis zum Gürtel reichenden Samtkragen, der sehr hohe und leicht aufs Ohr gesetzte Zylinderhut, die hochragende Krawatte und die sich eng anschmiegende Hose von himmelblauer Farbe verliehen ihm eine etwas übertriebene Eleganz. Als Sainte-Beuve angeboten hatte, ihn zu George Sand mitzubringen, hatte sie abgelehnt: „Er ist ein zu großer Dandy; wir würden nicht zueinander passen[6]."

Man versteht, daß sie erschrocken war, denn in der literarischen Welt sagte man Musset viel Schlechtes nach. Im Jahre 1830 hatte er mit seinem Erstlingswerk Aufsehen erregt, und alsbald hatten Buloz, der Cenacle und der Salon des Arsenals ihn zu den Ihrigen gezählt. Mit begeisterter Bewunderung zitierten die schönen romantischen Musen einige bilderreiche und neuartige Verse: *Ein blaugelber Drache, der schlief im Heu*... Aber der Undankbare lachte über seinen Ruhm und den seiner Kollegen. Er äffte sie nach, karikierte sie und gab ihnen Spitznamen. Sainte-Beuve, der ihn so freigebig lobte, nannte er bald *Frau Petronella*, bald *Sainte-Bévue*[7]. Musset war ein verwöhnter Liebling der Frauen; er hatte die Sinnenlust vor der Liebe kennengelernt und in ihr nicht das Glück gefunden. Daraufhin hatte er sich in naiver Leidenschaft dem Champagner, dem Opium, den Freudenmädchen überlassen. Wie Byron war er von der Ausschweifung fasziniert worden, in der die Frau ihre uralte Rolle als Zauberin wieder übernimmt und sich der Mann vom Despotismus der Gesellschaft befreit. Enttäuscht von den feilen Geliebten, waren ihm nur schlechte Erinnerungen verblieben. „Liebe", sagte er, „ist für unsre Frauen ein Spiel mit der Lüge, so wie die Kinder Verstecken spielen... eine gemeine und niedrige Komödie." In Mussets Brust aber wohnte nicht nur die Seele eines frühzeitig übersättigten Lüstlings, sondern auch die eines zärtlichen und sensiblen Pagen. Aus diesem Kontrast wurde seine Poesie geboren. Ein Künstler verzichtet niemals auf das, was seinem Genie Nahrung gibt. Musset wußte allzugut um die Dissonanz, die seine besten Verse zum Erklingen brachte. Er pflegte seine Tollheit. Anfangs hatte in diesem Spiel ein Teil Verstellung und Trotz gelegen, aber „man scherzt nicht mit der Ausschweifung", und seit seiner Jugend waren seine Nerven krank, setzte seine Inspiration zuweilen aus, war seine Börse leer.

Bei dem Festessen der *Revue des Deux-Mondes* war Sand angenehm überrascht, als sie erkannte, daß der Dandy sich als ein gutmütiger Junge gab. „Er war weder frivol noch geckenhaft, obwohl er im Sinne hatte, das eine wie das andre zu sein[8]." Er brillierte; er brachte diese schöne Schweigsame zum Lachen, und für sie war das Lachen eine Notwendigkeit. George, die über keinen Witz verfügte, wußte den der andern zu schätzen. „Fantasio fühlte, daß er gefiel." Insgeheim hatte er über den kleinen Dolch gelächelt, der aus dem Gürtel seiner Nachbarin hervorragte, aber er war bezaubert von den dunklen, schweren und glänzenden großen Augen, die ihn sanft und fragend anblickten. Riesige Augen wie die einer Indianerin; eine olivenfarbene Haut mit bronzefarbenem Schimmer. Wir wissen aus den Versen Mussets, daß er „eine Andalusierin mit braunem Busen" besang, daß er eine „jungfräuliche Brust liebte, die golden war wie junges Weinlaub". Diese Ambrahaut mußte seinem geheimen Begehren gefallen.

Bei der Heimkehr las er *Indiana*, strich die Hälfte der schmückenden Beiwörter, denn er hatte damals mehr Geschmack und ein größeres Stilempfinden als Sand, und schickte ihr einen sehr respektvollen Brief, der mit den Worten endete: „Nehmen Sie, Madame, die Versicherung meiner Hochachtung entgegen."

George fand zu ihrer Heiterkeit zurück. „Mein Bub Alfred", sagte sie bald. Sie schmiedeten romantische Pläne: sie wollten die Türme von Notre-Dame besteigen, nach Italien reisen. Sie empfing ihn im Negligé: offener Morgenrock aus gelber Seide, türkische Pantoffeln, spanisches Haarnetz. Alfred wiederum setzte sich auf ein Kissen zu ihren Füßen, um eine lange Pfeife aus bosnischem Kirschbaumholz zu rauchen. Er kauerte sich neben sie und legte die Hand auf die Pantoffeln, unter dem Vorwand, deren orientalische Zeichnungen näher zu betrachten[10]... Der Ton war tändelnd.

Im Juli wurde *Lelia* vollendet, und Musset bekam die Korrekturabzüge. Er war begeistert. „Es gibt in *Lelia* einige Dutzend Seiten, die unmittelbar und nachdrücklich das Herz anpacken und durchaus ebenso schön sind wie Stellen aus *René* und aus *Lara*[11] ..." Dann kam Cherubim auf die Liebe zurück:

Sie kennen mich genügend, um jetzt sicher zu sein, daß das lächerliche Wort: *Wollen Sie oder wollen Sie nicht?* niemals über meine Lippen kommen wird... In dieser Beziehung liegt das Baltische Meer zwischen uns. Sie vermögen nur rein geistige Liebe zu verschenken, und ich kann sie niemandem geben (ich nehme an, daß Sie mich nicht ganz einfach zum Teufel schicken, wenn ich es mir einfallen ließe, sie von Ihnen zu erbitten), aber ich kann wenn auch nicht gerade ihr Freund sein – das ist für mich noch viel zu geistig –, so doch eine Art von Kamerad ohne Weiterungen und ohne Rechte, demnach ohne Eifersucht und ohne Mißhelligkeiten, der berechtigt ist, Ihren Tabak zu rauchen, Ihre Morgenröcke zu zerknautschen und sich den Schnupfen zu holen, indem er mit Ihnen unter allen Kastanienbäumen des modernen Europas philosophische Gespräche führt[11] ...

Einige Zeit schrieb er Sand noch im shakespearischen Lustspielton, dann traf am 29. Juli 1833 mit der Post eine Liebeserklärung ein:

Mein lieber George, ich habe Ihnen etwas Dummes und Lächerliches zu sagen... Sie werden mir ins Gesicht lachen und mich in all meinen bisherigen Beziehungen zu Ihnen für einen Phrasendrescher halten. Sie werden mich vor die Tür setzen und glauben, daß ich lüge. Ich bin in Sie verliebt. Ich bin es seit dem ersten Tage, da ich bei Ihnen war. Ich habe geglaubt, mich davon heilen zu können, indem ich Sie ganz einfach in der Eigenschaft eines Freundes sah. Es gibt manches in Ihrem Charakter, was mich davon heilen könnte; ich habe mit allen Mitteln versucht, mich davon zu überzeugen; aber ich bezahle die Augenblicke, die ich bei Ihnen zubringe, allzu teuer... Jetzt, George, werden Sie wie üblich sagen: „Wieder einer, der mich langweilen wird."... Ich weiß, wie Sie über mich denken, und erhoffe nichts von Ihnen, indem ich Ihnen dies sage. Ich kann dabei nur eine Freundin verlieren... Die Wahrheit aber ist, daß ich leide und daß die Kraft mir fehlt[11] ...

Sie zögerte. Hierauf hinzuweisen ist wichtig; denn allzuoft hat man sie als eine verhängnisvolle Frau dargestellt, als eine Menschenfresserin auf der Suche nach frischem Fleisch. In diesem Falle traf es nicht im mindesten zu. Sie hatte sich mit einem jungen Manne vergnügt, den sie genial und reizend fand, aber sie fürchtete sich vor dem, was sie über seine Ausschweifungen wußte. „Ich liebe alle Frauen und verachte sie allesamt", hatte er ihr gesagt. Die Liebe, von der sie träumte, hätte tief und beständig sein sollen. Wenn sie selbst treulos gewesen war, so war es, wie sie dachte, aus Enttäuschung und Verzweiflung geschehen. Musset erriet dieses Gefühl und ging in einem neuen Brief darauf ein:

Sie erinnern sich wohl noch, daß Sie mir eines Tages erzählten, jemand habe Sie gefragt, ob ich Oktavius oder Coelio wäre, und daß Sie geantwortet hätten: „Ich glaube, alle beide." Meine Torheit bestand darin, Ihnen nur einen von beiden zu zeigen, George ... Lieben Sie solche, die zu lieben wissen; ich verstehe nur zu leiden... Adieu, George, ich liebe Sie wie ein Kind[11]...

Wie ein Kind ... Wußte er, als er diese Worte niederschrieb, daß er das gefunden hatte, was sie am ehesten rühren konnte? „Wie ein Kind", wiederholte sie, als sie den Brief in den von irgendeinem Schauer geschüttelten Fingern preßte. „Er liebt mich wie ein Kind! Mein Gott, was hat er da gesagt? Und weiß er überhaupt, was er mir antut[8]?" Sie sah ihn wieder; er weinte; und da gab sie nach. „Ohne deine Jugend und die Schwäche, die deine Tränen bei mir hervorriefen, wären wir Bruder und Schwester geblieben..." Schon bald kam Musset und lebte bei ihr am Quai Malaquais. Auch diesmal war es für sie ein Bedürfnis, die Mahlzeiten gemeinsam einzunehmen und dem, den sie liebte, nicht nur Geliebte, sondern auch Hausfrau zu sein.

Die Aufnahme des neuen Favoriten ging im Freundeskreise nicht ohne Dramen ab. Die in Paris lebenden Berrichonner und Gustave Planche, die wie treue Hunde gewöhnt waren, sich zu Georges Füßen niederzulassen, bellten den Eindringling an und behaupteten, dieses öffentliche Liebesverhältnis mit einem jungen Stutzer, einem Weltmann und einem Fant würde der literarischen Zukunft Georges schaden. Planche, an dessen Unsauberkeit der empfindliche Musset Anstoß nahm, wurde verjagt. Währenddessen erschien *Lelia*. Für Musset schrieb sie in den ersten Band: *Meinem Herrn Buben Alfred, George,* und in den zweiten: *Dem Vicomte Alfred de Musset ehrerbietig gewidmet von seinem ergebenen Diener George Sand.*

Das Buch erregte in der Presse ein großes Aufsehen. Die Heuchler hatten leichtes Spiel. Ein Journalist, Capo de Feuillide, rief nach einer „glühenden Kohle", um seine Lippen von diesen unwürdigen Gedanken zu reinigen... „Schließen Sie sich", so fuhr er fort, „an dem Tage, da Sie dieses Buch *Lelia* öffnen, nur ja in Ihr Gemach ein (um niemanden anzustecken). Wenn Sie eine Tochter haben und wünschen, ihre Seele möge keusch und naiv bleiben, so schicken Sie sie hinaus, damit sie währenddessen auf den Feldern mit ihren Gefährtinnen spiele[12]..."

Der arme Planche in seiner ritterlichen Art trat dem Schmäher entgegen. Mutig veröffentlichte er in der *Revue des Deux-Mondes* vom 15. August 1833 einen lobenden Aufsatz über *Lelia* und seinen Autor: „Es gibt prädestinierte Charaktere, die der Gemütsbewegungen eines ständigen Kampfes nicht entraten können... Sie bringen, was auch geschehen mag, zur Abbüßung ihrer Sünden die Qualen und die Ängste ihrer schlaflosen Nächte dar. Nur wer sie nicht kennt, vermag sie zu verdammen[13]..." Er fügte hinzu, die Frauen würden *Lelia* verstehen:

> Mit aufmerksamer Hand werden sie alle die Stellen vermerken, wo sie den Ausdruck ihres verflossenen Lebens, die Schilderung ihrer Leiden gefunden haben. Sie werden Tränen vergießen und Ehrfurcht empfinden ob der Ohnmacht, die sich kundtut und all ihren Jammer enthüllt. Anfangs werden sie über die Kühnheit des Geständnisses erröten, weil man ihnen ins Herz geschaut hat, und wegen der Indiskretion fast erzürnt sein; sobald sie sich aber selbst ergründen, werden sie in *Lelia* eher eine Apologie denn eine Anklage sehen[13]...

Dann schickte er seine Zeugen zu Capo de Feuillide. Das Paris der Stutzer amüsierte sich über dieses Duell. Mit welchem Recht warf sich Herr Gustave Planche eigentlich als *Bravo* Herrn (oder Frau) George Sands auf? War es eine Art, seine Rechte in dem Augenblick zu proklamieren, da er sie verlor? Der unglückselige Mensch verteidigte sich:

> *Gustave Planche an Sainte-Beuve:* Wenn ich für George Sand etwas andres empfände als eine tiefe Freundschaft, würde mein gestriges Verhalten eine Plumpheit sein: es würde so aussehen, als mißbrauchte ich ein Recht wie ein brutaler, ungebildeter Mensch. Dieses Recht besitze ich nicht, ich bin nur lächerlich, aber die Welt ist ja nicht verpflichtet, die Wahrheit zu kennen, um die sie sich zudem kaum kümmert[14]...

Alfred de Musset trug eine große Wut zur Schau: „Es war meine Absicht, mich zu schlagen, und nun ist man mir zuvorgekommen." Von diesem Tage an verwandelte sich sein Widerwille gegen Planche in Haß.

Sainte-Beuve nun wartete vorsichtig ab, bis der Sturm vorüber war. Sand setzte ihm mehrmals zu, um in *Le National* eine Besprechung zu erhalten:

George Sand an Sainte-Beuve, 25. August 1833: Mein Freund, man hat mich, wie Sie wissen, sehr geschmäht, doch die Sache läßt mich äußerst gleichgültig. Aber ich bin nicht unempfindlich für den Eifer und die Beflissenheit, mit denen meine Freunde sich zu meiner Verteidigung aufschwingen[1] ...

Dann teilte sie ihm offiziell ihr neues Liebesverhältnis mit:

Ich habe mich verliebt, und diesmal sehr ernstlich, in Alfred de Musset. Es ist dies nicht mehr eine Laune; es ist ein tiefempfundenes Gefühl, und ich werde Ihnen davon im einzelnen in einem andern Brief berichten. Es steht mir nicht zu, dieser Zuneigung eine Dauer zu prophezeien, die sie Ihnen als ebenso heilig erscheinen ließe wie die Gefühle, für die Sie empfänglich sind. Sechs Jahre lang habe ich nur einmal geliebt, ein andres Mal drei Jahre lang, und jetzt weiß ich nicht, wessen ich fähig bin. Viele Grillen sind durch mein Gehirn gezogen, aber mein Herz ist nicht so verbraucht worden, wie ich mit Schrecken befürchtet hatte; ich sage es jetzt, weil ich es fühle. Weit davon entfernt, gequält und verkannt zu werden, finde ich diesmal eine Treuherzigkeit, eine Loyalität und eine Zärtlichkeit, die mich berauschen. Es ist die Liebe eines jungen Mannes und eine kameradschaftliche Freundschaft. Es ist etwas, wovon ich keine Vorstellung hatte, dem ich nirgendwo, und vor allem nicht dort, zu begegnen glaubte. Ich habe diese Zuneigung nicht wahrhaben wollen, habe sie zurückgedrängt; ich habe mich mehr aus Mitleid ergeben denn aus Liebe, und die Liebe, die ich nicht kannte, hat sich mir ohne eine jener Qualen offenbart, die ich hinnehmen zu müssen glaubte. Ich bin glücklich, danken Sie Gott für mich ... Jetzt, da ich Ihnen gesagt habe, was mein Herz erfüllt, werde ich Ihnen sagen, welches mein Verhalten sein wird.

Man hat Planche nachgesagt, er sei mein Geliebter; mir ist's gleichgültig. Er ist es nicht. Mir liegt jetzt viel daran, daß man weiß, daß er es nicht ist, so wie es mir völlig gleichgültig ist, daß man glaubt, er sei es gewesen. Sie begreifen, daß ich nicht in einer

Vertrautheit mit zwei Männern leben kann, von denen man annähme, sie hätten zu mir Beziehungen der gleichen Natur gehabt; das behagt keinem von uns dreien! Ich habe also den für mich sehr peinvollen Entschluß gefaßt, mir Planche fernzuhalten. Wir haben uns in diesem Punkte offen und in aller Herzlichkeit ausgesprochen, und dann sind wir mit einem Händedruck voneinander geschieden, einander aus tiefstem Herzen zugetan und ewige Achtung versprechend... Ich weiß nicht, ob mein beherztes Verhalten Ihnen gefallen wird. Vielleicht werden Sie finden, daß ich mich in einer ganz außergewöhnlichen Lage befinde und gezwungen bin, nunmehr mein privates Leben in aller Öffentlichkeit auszubreiten[1]...

Drei Wochen später richtete sie einen neuen Appell an diese Ergebenheit, die sich ein wenig langsam gab: „Sie werden doch *Lelia* in *Le National* besprechen? Noch habe ich die Hoffnung nicht aufgegeben[1]..." Er entschuldigte sich und versprach: „Diese beiden Tage, Lelia, werde ich gleichsam mit Ihnen verleben. Aber ich werde mir immer wieder sagen, daß Sie nicht mehr die Ungläubige und Verzweifelte von damals sind[2]..." Sie beruhigte ihn: „Ich bin glücklich, überglücklich, mein Freund. Jeden Tag werde ich mit *Ihm* stärker verbunden... Die Vertrautheit mit ihm ist mir ebenso süß, wie seine Aufmerksamkeit mir köstlich war[1]..." Sie war um zehn Jahre verjüngt; bei diesem *Kinde* (ein Wort, das sie mit inzestuöser Wollust ständig wiederholte) fand sie zu der Heiterkeit der ersten Tage mit Sandeau zurück. Von neuem war die Wohnung am Quai Malaquais erfüllt von Lachen und Gesang. George hatte stets Schabernack geliebt. Von Natur aus melancholisch, bedurfte sie, um sich zu vergnügen, einer starken fröhlichen Stimmung. Dieses Studentenleben entzückte sie. „Im Anfang einer Liebe enthüllt einer sich dem andern. Jeder breitet die Schätze seines Geistes aus. Die ersten Wochen in dieser Wohnung, deren Fenster sich dem schönsten Blick der Welt öffneten, waren ein langwährendes Entzücken. Freies Leben, reizende Vertrautheit, soviel Ruhe und keimende Hoffnung. O Gott, worüber beklagen sich die Menschen? Gibt es etwas Süßeres als zu lieben?"

Strange bedfellows! George, zuverlässig und pünktlich, war darauf bedacht, ihren Roman innerhalb der versprochenen Frist abzuliefern, und sprang mitten in der Nacht aus dem Bett, um zu arbeiten, während Alfred wie ein Murmeltier schlief. Beim Erwachen hielt sie ihm eine Moralpredigt wie einstmals Sandeau, denn sie war eigentlich noch mehr schulmeisterlich als verliebt. Lachend beklagte er sich darüber. „Ich habe den ganzen Tag gearbeitet", sagte er; „am Abend hatte ich zehn Verse gemacht und eine Flasche Schnaps getrunken; sie hatte ein Liter Milch getrunken und ein halbes Buch geschrieben." Aber in den ersten Tagen dankte er ihr dafür, daß sie ihn diesem langsamen Selbstmord entriß, der sein Leben gewesen war, wohingegen George sich der Freude hingab, einer erlesenen Seele all ihre Größe wiedergegeben zu haben[8]. Freunde hingegen warnten Alfred; sie erinnerten an die Widerwärtigkeiten Sandeaus: „Denke an die gefährliche Stelle der Sandbank von Quillebeuf an der Seine, wo man über den Wellen die schwarzen Fahnen sieht, die an den Masten der untergegangenen Fahrzeuge befestigt sind. Im Leben dieser Frau gibt es eine solche schwarze Fahne, vor der Klippe ist gewarnt[10]..." Aber Musset gehörte jener Rasse von Liebenden an, die die Gefahr suchen und ihr Herz viel lieber dem ausliefern, der verspricht, es zu zerreißen.

Im September machte er seiner Geliebten den Vorschlag, nach Fontainebleau zu gehen und einige Tage in den Wäldern und den Felsen von Franchard zu verbringen. Sie willigte ein; denn sie liebte es, die Natur mit der Liebe zu verbinden. Sie fürchtete weder die Ermüdung noch die Nacht und wanderte in Männerkleidung durch die Wälder, durch den Sand watend „mit festem Schritt und einer entzückenden Mischung von weiblicher Zartheit und kindlicher Verwegenheit... Sie ging geradeaus wie ein Soldat, aus voller Kehle singend[16]..." Auf dem Heimwege stützte sie sich auf den Arm ihres Gefährten, und es entspannen sich dann zärtliche Gespräche mit leiser Stimme. Dieser Aufenthalt war anfangs bestimmt glücklich, denn später, zur Zeit der Reue, beschwor Musset stets „die Frau von Franchard" herauf. Aber da ereignete sich eine nächtliche Szene, die alles verderben sollte. Alfred bekam auf einem Friedhof im Mondschein einen Anfall von Halluzinationen. Er sah auf einer Heide ein bleiches Gespenst, das mit zerrissenen Kleidern und flatterndem Haar dahinjagte. „Da wurde ich von der Angst gepackt, und ich habe mich hingeworfen, das Gesicht gegen den Boden, denn dieser Mensch... war ich[8]." Am Tage darauf machte er darüber seine Späße, wobei er sich in Übertreibungen erging; er schrieb unter seine eigene Karikatur: *Verirrt im Walde und im Geist seiner Geliebten*, und unter die von George: *Das Herz ebenso zerrissen wie das Kleid*. Diese Zeichnung bereitete ihr Kummer; sie sträubte sich, die lächerliche Seite eines Vorganges zu sehen, der sie völlig aus der Fassung gebracht hatte.

Es ist behauptet worden, Sand habe die Halluzinationen Mussets übertrieben. Aber außer der Beschreibung, die er selbst davon in dem Gedicht *Dezembernacht* gegeben hat, besitzen wir ein unwiderlegliches Zeugnis: das von Louise Allan-Despréaux, der schönen Schauspielerin, die sechzehn Jahre nach Sand die Geliebte Mussets war. Ihre Beschreibung stimmt genau mit der von George überein: ein vorzüglicher, zu Halluzinationen neigender, shakespearischer Mensch, der sich plötzlich in einen Besessenen verwandelt:

Frau Allan-Despréaux an Frau Samson-Toussaint, 17. Juli 1849: Nach den ersten Tagen, die damit verbracht wurden, zueinander zu finden und sich kennenzulernen, trat zwischen uns eine fürchterliche Spannung auf, in der viel Liebe hervorsproß, vermischt mit Dingen, die ich nicht ertragen konnte. Als er nach Hause zurückgekehrt war, wurde er von einem Wahnsinnsanfall gepackt. Er ist solchen Anfällen ausgesetzt, sobald sein Kopf sich erhitzt, was seine Ursache in seinen früheren unheilvollen Gewohnheiten hat. In einem solchen Falle hat er Halluzinationen und spricht mit Phantomen... Niemals habe ich auffallendere Gegensätze gesehen als die beiden Wesen, die in diesem einzigen Menschen eingeschlossen sind. Das eine: gut, sanft, zärtlich, begeisterungsfähig, geistvoll, von gesundem Menschenverstand, naiv (das Erstaunliche dabei: naiv wie ein Kind), gutmütig, schlicht, anspruchslos, bescheiden, sensibel, hochgespannt, weinend ob eines Nichts, in jeder Weise eine Künstlernatur... Nehmen Sie die Kehrseite, und Sie haben genau das Gegenteil: Sie haben dann zu tun mit einem Menschen, der von einer Art Dämon beherrscht ist, schwach, gewalttätig, hoffärtig, despotisch, verrückt, hart, erbärmlich, mit einem Mißtrauen, das bis zu Beleidigungen geht, in verblendeter Weise halsstarrig, auf sich bedacht und egoistisch wie nur eben möglich, alles lästernd und sich im Bösen ebenso erhitzend wie im Guten. Wenn er einmal dieses Pferd des Teufels bestiegen hat, muß er drauflos reiten, bis er sich das Genick bricht. Das Übermaß, das ist seine Natur, sowohl im Schönen wie im Häßlichen. Im letzteren Falle endet es immer nur mit einer Krankheit, die den Vorzug hat, ihn wieder zur Vernunft zu bringen und ihm seine Fehler fühlbar zu machen[17]...

Dies also war der doppelgesichtige Mann, dem Sand gegenüberstand. Sie war bei ihm durch den Zauber angezogen worden, der auf sie stets so verhängnisvoll wirkte: die Schwäche. Er wußte es und stellte die rührende Gebrechlichkeit seines Genius zur Schau, mit aufrichtiger Begeisterung und unerschöpflicher Rührung; doch dann, sobald seine Schwäche Sieger geworden war, fand er wieder Kräfte, um Leid zuzufügen. Und auch, um selber zu leiden; denn dieser Masochist bedurfte des Schmerzes für seine Arbeit wie für sein Vergnügen. Währenddessen umhegte ihn die robuste Sand. Sie nannte ihn: „Mein armes Kind", und er sie: „Mein großer George, mein Georgot." Wieder einmal spielte sie in dieser Verbindung die Rolle des Mannes.

II

DIE LIEBENDEN VON VENEDIG

> *Zwischen zwei Liebenden stehen
> so viele Dinge, über die allein sie
> selbst Richter sein können.*
>
> GEORGE SAND

Beide wünschten, Italien zu sehen. Musset hatte es besungen, ohne es zu kennen; Sand, angelockt von Venedig, hoffte, die Ortsveränderung werde ihr endlich irgendeine Offenbarung bringen. Im Verlaufe eines beherzt unternommenen Besuches erhielt sie die Zustimmung von Alfreds Mutter, indem sie ihr versprach, für Musset in mütterlicher Weise zu sorgen. Casimir wiederum legte, als er ins Bild gesetzt wurde, seiner Frau ans Herz, „für ihre Bildung und zu ihrem Vergnügen" die Reise nur ja anzutreten. Dieser wißbegierigen Frau sollte es in Italien an Bildungsmöglichkeiten nicht fehlen; mit dem Vergnügen war es eine andre Sache.

Sie brachen im Dezember 1833 auf. George, in perlgrauer Hose und mit quastenverzierter Mütze, war es dauernd zum Lachen zumute. Dennoch war diese Abreise begleitet von unheilkündenden Anzeichen. Im Hofe der Poststation trug der Reisewagen nach Lyon die Nummer dreizehn; beim Hinausfahren streifte er den Prellstein und hätte beinahe einen Wasserträger überfahren. Aber die beiden Liebenden boten Göttern und Teufeln Trotz. Von Lyon bis Avignon fuhren sie die Rhone in Gesellschaft von Stendhal hinab. In Marseille schifften sie sich nach Genua ein. Musset, in seinen Mantel eingehüllt, litt unter der Seekrankheit. Die Hände in den Taschen vergraben und eine Zigarette im Munde, betrachtete George ihren Gefährten mit überlegenem Blick. Alfred fand seine Geliebte allzu männlich. Er beklagte sich über ihre Kälte. Die überaus romantische Reise änderte nichts am Rhythmus von Sands Leben, das mit Arbeit ausgefüllt war. Sie hatte für Buloz einen Roman fertigzustellen; in Genua, und dann in Florenz, verlangte sie ihre acht Arbeitsstunden nachts; solange das tägliche Arbeitspensum nicht geschafft war, verriegelte sie ihre Tür. Wenn ihr Geliebter protestierte, forderte sie ihn auf, ebenfalls zu arbeiten, und legte ihm das Sujet von *Lorenzaccio* nahe. „Der wirkliche Sieg des Mannes besteht darin, daß die Frau ihn aus freien Stücken als ihr Schicksal anerkennt[19]." Das Schicksal Sands blieb getrennt von ihrer Liebe. Musset, außer sich und gedemütigt, wurde brutal. Er nannte sie „die Langeweile in Person, die Träumerin, die Einfältige, die Nonne". Er warf ihr vor, sie habe es niemals verstanden, „die Wonnen der Liebe zu geben". Dies war die verwundbare Stelle Lelias. Zutiefst getroffen und beleidigt, ging sie zum Gegenangriff über: „Ich bin froh darüber, daß diese Wonnen ernster und verhüllter gewesen sind als diejenigen, die du anderswo finden magst. So wirst du wenigstens nicht in den Armen andrer Frauen an mich denken[11] ...". Aber diese Herausforderung besänftigte weder den einen noch den andern.

In Genua erkrankte sie am Fieber. Liebeslust und Fieber vertragen sich schlecht miteinander. Musset, das glühende Bett fliehend, begann, sich mit Freudenmädchen umherzutreiben und zu trinken. Er war dessen, was George „die erhabene Liebe" nannte, überdrüssig und trachtete mit allen Fibern seines Wesens nach den „unheilvollen Berauschungen der Vergangenheit". Er kehrte zu seinen Sophismen zurück: „Veränderung bedeutet Erneuerung. Ist der Künstler für die Knechtschaft geboren?" Eine allzu selbstbeherrschte Frau beunruhigt ihre Geliebten und bringt sie zur Verzweiflung. Sie bleibt ein klarsichtiger Zeuge, wenn der Mann in der Liebe sich selbst zu vergessen sucht. Er will ja nicht nur eine Scham besiegen, sondern eine Freiheit in Fesseln legen, aus einem denkenden Wesen ein Objekt machen. Sand verwirrte die Männer, weil sie Subjekt blieb.

Die Ankunft in Venedig, von der sie soviel erwartet hatte, war unerquicklich. Es war Nacht; die schwarze Gondel sah aus wie ein Sarg. Als sie in der Stadt eintrafen und der fahle, rötliche Mond über der Kirche San Marco stand, deren Kuppeln aus Alabaster zu sein schienen, als der Dogenpalast mit seinen arabischen Ornamenten und seinen christlichen Kampanilen, die von unzähligen schlanken Säulchen gestützt wurden, sich von den in Licht getauchten Bezirken des Horizonts abhob, glaubten sie einen Augenblick lang ein Gemälde von Turner zu sehen. Die Liebe ist es, die Landschaften und Städte verschönt, über die sie ihr Licht ergießt; nicht aber ruft die Schönheit der Umwelt die Liebe hervor. Die rosafarbenen Paläste und die goldgelben Farben der Sankt-Markus-Kirche konnten zwei Herzen nicht wandeln.

Am Abend, im Hotel Danieli, wo sie Zimmer genommen hatten,

sagte Musset zu seiner Geliebten: „George, ich hatte mich getäuscht; ich bitte dich um Verzeihung, aber ich liebe dich nicht." Sie war niedergeschmettert; auf der Stelle hätte sie abreisen mögen. Doch sie war krank und trug auch Bedenken, dieses Kind allein und ohne Geld in fremdem Lande zurückzulassen. „Die Zimmertür zwischen uns wurde abgeschlossen, und wir haben versucht, wieder wie früher als gute Kameraden nebeneinander zu leben... Aber das war nicht möglich; du langweiltest dich; ich weiß nicht, was du abends triebst..."

Was er trieb, war leicht zu erahnen. Da er sich von ihr abgewandt hatte, zunächst aus Verdruß darüber, daß sie ihn als „kleinen Jungen" behandelte und ihm Strafpredigten hielt; dann aus Widerwille, weil sie eine abscheuliche Dysenterie hatte, und vielleicht, das gibt Maurras zu bedenken, „aus einer zartfühlenden Furcht heraus, sie könne seine Abneigung gewahren", hatte er sich seinem Hang zur romantischen Ausschweifung überlassen. Er trieb sich in den Spelunken Venedigs umher, in denen es nach fauligem Wasser stank, schlürfte unbekannte alkoholische Getränke und suchte dann „die Küsse der Tänzerinnen vom Fenice-Theater". George, wegen ihrer Beschwerden und auch aus Groll, verdammte ihn zur Keuschheit. Er besaß andre Frauen. Niemals mehr sollte sie die langen, einsam verbrachten Stunden vergessen, da sie auf ihn wartete, nicht das geheimnisvolle Plätschern des Wassers an den Stufen, den schwerfälligen und gemessenen Schritt der Sbirren am Kai, den schrillen und fast kindlichen Schrei der Wasserratten, die sich auf den riesigen Fliesen balgten, alle diese verstohlenen und seltsamen Geräusche nicht, die schwach die Stille der venezianischen Nächte stören.

Eines Morgens kehrte er, da er wohl in irgendeine Schlägerei verwickelt worden war, vollkommen blutbesudelt heim. Bald setzte eine seiner schrecklichen Krisen ein. Es war wie ein Wahnsinnsanfall, eine Gehirnentzündung, ein Nervenfieber; auf alle Fälle ein fürchterlicher Anblick. Sie wurde von Furcht gepackt. Er war fähig, sich zu töten, oder aber er konnte in Venedig an dieser Krankheit sterben. Welch eine Verantwortung für sie! Welch ein grauenhaftes Ende eines Liebeserlebnisses, das sie sich als so erhaben erträumt hatte! Sie rief einen jungen Arzt, der auch sie behandelt hatte: den Doktor Pagello, und schilderte ihm, um die Diagnose zu erleichtern, in einem Briefe die Nacht von Franchard:

Einmal, drei Monate ist's jetzt her, ist er nach einer schweren Aufregung eine ganze Nacht wie wahnsinnig gewesen. Er sah ringsum Gespenster und schrie vor Furcht und Entsetzen... Er ist der Mensch, den ich auf der Welt am meisten liebe, und ich bin in einer großen Angst, ihn in diesem Zustand zu sehen[20] ...

Ein wichtiger Text, denn er zeigt, daß Sand nach so vielen Enttäuschungen Musset noch „den Menschen, den sie auf der Welt am meisten liebte", nannte. Über das, was folgte, ist heftig diskutiert worden; Bücher haben Büchern geantwortet, Anhänger Mussets und Anhänger Sands haben sich erbittert bekämpft. Man hat dicke Bände voll geschrieben, um zu beweisen, daß Sand und Pagello aus derselben Tasse getrunken, daß sie am Bett eines Kranken einander in die Arme gesunken wären. Man hat zu erforschen gesucht, auf wessen Seite das Unrecht lag. Die Antwort aber ist einfach: Schuld und Unrecht gab es auf beiden Seiten. „Mit welchem Recht stellst du mir Fragen über Venedig? War ich in Venedig dein eigen?" wird Sand später fragen. Sie handelte aus ehrlicher Überzeugung, denn *ihre* Moralauffassung (und jeder Mensch legt sich seine eigene Moral zurecht) bestand ja darin, jedwede Leidenschaft sei unter der Voraussetzung geheiligt, daß man nicht mehreren Männern zugleich angehören dürfe. Da Musset sie als Geliebte verschmähte, hielt sie sich für frei. Er selbst gesteht, er habe es „verdient, sie zu verlieren". Musset aber, mit der traditionellen Nachsicht der Männer sich selbst gegenüber, hätte gewünscht, daß die Frau, der er untreu war, ihm treu bliebe. Es ist eine Tatsache, daß Sand und Pagello während der drei Wochen seines Deliriums und seiner Raserei Musset hingebend pflegten.

Warum verlangte es Sand damals nach Pagello? Diese Dinge sind verwickelt. Zunächst hegte sie noch die zähe Hoffnung auf eine totale Liebe, die Herz und Körper erfüllte, und betrachtete daher jeden jungen Mann, wenn er stark und ziemlich schön war, als eine mögliche Antwort auf die Fragen Lelias. Dann empfand sie, in Venedig auf unbekannter Erde, inmitten von Fremden mit einem halbirren Kinde im Stiche gelassen, ein Verlangen nach Hilfe, das die Frauen in Augenblicken der Verzweiflung und der Herzensangst gar oft mit Liebe verwechseln. Schließlich ersehnte sie, verführt durch die Handlungen venezianischer Romane, eine innige Verbindung mit Italien. Nun weiß jeder Künstler, daß allein die Liebe eine körperliche Verbundenheit mit einer andern Nation, einer andern Rasse erlaubt.

Pagello und Sand verbrachten ganze Nächte, um gemeinschaftlich bei diesem bald delirierenden, bald schlummernden Kranken zu wachen. Geteilte Sorgen und gemeinsame Arbeit bringen einen Mann und eine Frau einander näher. Die Ermüdung ist eine Kupplerin. Pagello bewunderte die schöne Fremde; er warf ihr glühende

Blicke zu, wagte aber nicht, ihr den Hof zu machen. Sie war berühmt, er dagegen ein armer Anfänger. Er hatte eine italienische Geliebte; Sand lebte in Venedig mit einem Liebhaber zusammen. Zudem war dieser Liebhaber der Patient des Doktors; die berufliche Pflicht ergab sich daher von selbst. Ein recht heikler Gewissenskonflikt für einen braven jungen Mann von sechsundzwanzig Jahren, dem Gefühlskomplikationen fremd waren.

Eines Abends bat Musset, da er schlafen wollte, seine Geliebte und seinen Arzt, ihn allein zu lassen; so setzten sich die beiden in der Nähe des Kamins an einen Tisch, und Pagello fragte unschuldsvoll: „Nun, Madame, haben Sie die Absicht, einen Roman zu verfassen, der im schönen Venedig spielt?"

„Vielleicht", antwortete sie.

Sie nahm Papier, begann mit Begeisterung zu schreiben, steckte die Blätter in einen Umschlag und reichte den Umschlag dem Doktor. Er fragte, wem er ihn übergeben solle. Sie nahm den Umschlag zurück und schrieb darauf: *Dem begriffsstutzigen Pagello.* Zu Hause las er diesen überspannten Text, der eine weitaus schönere Liebeserklärung war als jene, die George den Helden ihrer Romane in den Mund legte. Sie bestand aus atemlos vorgebrachten Fragen, was ein George eigener Stilausdruck war, denn die Frage war angesichts des Lebens das Verhalten dieser unbefriedigten Frau und seltsamerweise auch eine Stilform, die Musset in den Nächten und in seinen Komödien oft nachahmen wird:

Sand an Pagello: Wirst du mir eine Stütze oder ein Gebieter sein? Wirst du mich über das Leid trösten, das ich erduldet habe, bevor ich dir begegnete? Wirst du wissen, warum ich traurig bin? Kennst du Mitgefühl, Geduld, Freundschaft? Vielleicht hat man dich in der Überzeugung erzogen, daß Frauen keine Seele haben. Weißt du, daß sie eine haben?... Werde ich deine Gefährtin oder deine Sklavin sein? Begehrst oder aber liebst du mich? Wenn deine Leidenschaft befriedigt ist, wirst du mir dann Dank wissen? Wirst du es mir sagen, wenn ich dich glücklich machen werde?... Weißt du überhaupt, was das Begehren der Seele ist, das keinerlei menschliche Liebkosung einschläfert noch ermüdet? Wenn deine Geliebte in deinen Armen einschlummert, bleibst du dann wach, um sie zu betrachten, zu Gott zu beten und zu weinen? Wirst du, wenn du die Freuden der Liebe genossen, atemlos und abgestumpft verharren, oder werden sie dich in eine göttliche Ekstase versetzen?...

Ich werde es vermögen, deine Träumereien zu deuten und dein Schweigen beredt zum Sprechen zu bringen. Ich werde deinem

Tun die von mir ersehnte Absicht zuschreiben. Wenn du mich zärtlich anblicken wirst, werde ich glauben, daß sich deine Seele an die meine wendet... Bleiben wir daher so; lerne nicht meine Sprache; und auch ich will in der deinen nicht die Worte suchen, die dir meine Zweifel und meine Befürchtungen sagen würden. Ich will nicht wissen, wie du dein Leben verbringst und welche Rolle du unter den Menschen spielst. Nicht einmal deinen Namen möchte ich wissen. Verbirg mir deine Seele, damit ich sie allezeit für schön halten kann[20]...

Anspruchsvolle Liebhaber wünschen, ihr Idol möge stumm sein, damit es niemals enttäusche. Bei diesem Abenteuer nun war der Vielgeliebte nicht nur stumm, sondern eingeschüchtert. In sein ruhiges Leben hatte diese Liebeserklärung eingeschlagen wie ein Blitz. Wie so viele Eroberer fühlte sich der arme Pagello durch seine Eroberung besiegt. Welchen Skandal würde in Venedig eine Liaison mit „der Sand", wie er sagte, entfachen! Der junge Arzt begann gerade, sich einen Kreis von Patienten zu schaffen, für den er den Schein hätte wahren müssen. Wie aber hätte er für den Reiz dieser bezaubernden Ausländerin unempfindlich bleiben sollen? Sie wurde also seine Geliebte.

Was nun sah Musset? Was erfuhr er? Er hatte eine Gehirnentzündung, Momente des Deliriums, Augenblicke der Klarsicht. Er sah eine Frau auf den Knien eines Mannes, zwei Münder, die sich vereinigten; er glaubte, daß auf dem Tisch, neben dem Sand und Pagello saßen, eine einzige Tasse stand und daß beide ihren Tee aus dieser einen Tasse getrunken hätten. Später machte er sich über seine Aufregung lustig: „In welcher burlesken Komödie gibt es einen Eifersüchtigen, der dumm genug wäre, um sich zu erkundigen, was mit einer Tasse geschah? Aus welchem Grunde sollten sie aus der gleichen Tasse getrunken haben? Der edle Gedanke, der mir da aufstieg[16]..." Paul de Musset erzählt, sein Bruder habe eines Tages George überrascht, als sie einen Brief schrieb. Er habe sie beschuldigt, an Pagello zu schreiben; sie aber habe geleugnet, gedroht, ihn in ein Irrenhaus zu stecken, und die Brieffetzen zum Fenster hinausgeworfen; beim Morgengrauen sei sie dann im Unterrock auf die Straße gelaufen, um sie wieder aufzulesen. Hirngespinste oder Wirklichkeit? Wer wird es entscheiden können? Paul de Musset ist ein voreingenommener und verdächtiger Zeuge.

Sicher aber ist eins: das Erscheinen Pagellos auf der Szene erschafft eine Welt, aus der Musset sich ausgeschlossen fühlt, und Sand tut sich viel darauf zugute, ihn daraus auszuschließen. Alfred hat sie in ihren eigenen Augen erniedrigt, als er ihr sagt, sie sei eine ungeschickte Geliebte. Sie rächt sich, indem sie ihm die Eifersucht aufzwingt, die ja entsteht, sobald der dritte bei zwei Wesen eine Vertrautheit spürt, von der er ausgeschlossen ist. Diese Eifersucht wird sich an dem Tage lindern, da zwischen Sand und Musset von neuem eine Verbundenheit ersteht, von der Pagello seinerseits ausgeschlossen sein wird. Und dann wird es Pagello sein, der leidet. Und warum sollte Musset eifersüchtig sein, da er doch behauptet, seine Geliebte nicht mehr zu lieben? Weil die Eifersucht die Liebe erweckt und einem Wesen, das man verschmähte, als man es zu kennen vermeinte, einen hohen und neuen Wert verleiht.

Glaubte Alfred wirklich, daß George, um sich seiner zu entledigen, daran dachte, ihn in einer Anstalt einsperren zu lassen? Der Zustand des Fieberwahns, in dem er lange verbrachte, erlaubt nicht, hierauf mit Gewißheit zu antworten. Die unausgesetzte Aufopferung der Pflegerin widerlegt eine solche Beschuldigung. Wenn sie das Wort Wahnsinn aussprach, so geschah es, weil sie sich fürchtete und die Anfälle diese Furcht rechtfertigten. Warum sollte sie den Wunsch gehabt haben, ihn in einer Anstalt zu internieren? Sie war unabhängig, konnte ihn daher verlassen; sobald es ihm besser ging, bestand sie darauf, ihm die Wahrheit zu sagen. Pagello war dafür, weiter zu schweigen; der Arzt in ihm meinte, Musset sei noch nicht kräftig genug, um diesen Schlag zu ertragen. Aber George war aus einem Guß, von der unbeugsamen Art der Königsmarck, und ihre Würde, so sagte sie, erfordere Aufrichtigkeit. Später vermerkte sie in ihrem Tagebuch: „Mein Gott, gib mir die grausame Festigkeit von Venedig wieder; gib mir diese gierige Liebe zum Leben wieder, die mich inmitten der fürchterlichsten Verzweiflung wie ein Anfall von Raserei befiel[21]..."

Grausame Festigkeit, *gierige* Liebe zum Leben... Seltsam heftige Worte, da die Rede ist vom braven Pagello mit seinen unbeholfenen Küssen, seinem schlichten Aussehen, seinem Jungmädchenlächeln, seiner großen Weste, seinem sanften Blick. Aber man muß an das denken, was sie von ihm erwartete: die Meisterschaft in der Liebe. „Ach! Ich habe so viel gelitten, so sehr nach dieser Meisterschaft gestrebt, ohne ihr zu begegnen! Bist du, bist du es endlich, mein Pietro, der meinen Traum verwirklichen wird[22]?..."

Sagte sie Musset, wie sie es vorhatte, daß sie Pagello liebte? Sicherlich, denn er spricht von einem „traurigen Abend in Venedig, da du mir sagtest, du habest ein Geheimnis. Mit einem verständnislosen Eifersüchtigen glaubtest du zu sprechen. Nein, mein George, du sprachst mit einem Freunde[11]..." Weiß man überhaupt, ob er dabei nicht ein bitteres Vergnügen empfand? In der *Beichte eines Kindes seiner Zeit* liest man: „Eine geheime Wollust fesselte mich an jenem Abend an meinen Platz. Als Smith (Pagello) eintreffen sollte, hatte ich so wenig Ruhe, daß ich die Klingel nicht vernahm. Wie kommt es, daß so in uns etwas verborgen ist, das sich vom Unglück angezogen fühlt[16]?... Es liegt daran, daß die Gewißheit des Unglücks weniger schmerzhaft ist als der bangende Zweifel. Die Qualen der Eifersucht entspringen wesentlich dem Stolz und der Neugier. Der Liebhaber wollte ein Wesen beherrschen. Damit ist er gescheitert. Der Partner, nunmehr ein Gegner geworden, bleibt ein freies Geschöpf, dessen Handlungen, Gedanken und Gefühle unbekannt sind. Das einzige Mittel, es dieser Freiheit zu berauben, besteht darin, zu *wissen*. Die Eifersucht wird gelindert und verschwindet manchmal mit der Erkenntnis.

Musset erfuhr, daß Sand Pagello liebte, aber er wußte nicht, ob sie Pietro angehört hatte, bevor er, Alfred, Venedig verließ, und dieser Splitter blieb in seiner Haut. Sie weigerte sich, ihm über diesen Punkt Auskunft zu geben. Das sei ihr Geheimnis, sagte sie, und da sie Musset nicht mehr angehöre, schulde sie ihm keine Rechenschaft. Ende März lebten George und Alfred nicht mehr zusammen. Durch Gondelführer sandten sie einander Billetts.

Musset reiste am 29. März mit einem italienischen Bediensteten nach Paris ab. Er nahm „zwei seltsame Gefährten" mit, „eine unendliche Traurigkeit und eine ungeheure Freude": die Traurigkeit darüber, eine Geliebte zu verlieren, die er von neuem liebte, seitdem sie sich ihm entzog; die Freude, daß er sich anständig verhalten und ein großes Opfer gebracht hatte, indem er mit einer schönen Geste von ihr schied. George begleitete ihn bis Mestre, und nachdem sie ihn zärtlich und mütterlich umarmt hatte, machte sie, wie immer in ihren Augenblicken einer moralischen Krise, eine Fußwanderung, um die überschüssige Kraft loszuwerden, die sie verzehrte. Dann kehrte sie, mit sieben Centime in der Tasche, nach Venedig zurück und richtete sich mit Pagello in einer kleinen Wohnung ein. *Sand an Boucoiran:* „Richten Sie Ihre Briefe an Herrn Pagello, Apotheke Ancillio, neben San Lucca, zur Aushändigung an Madame Sand... Wenn Planche es übernimmt, meine Druckfahnen zu korrigieren, so legen Sie ihm ans Herz, er möge den Stil feilen und die orthographischen Fehler berichtigen[23]..."

Sie verbrachte fünf Monate in ihrer venezianischen Zurückgezogenheit; sie vollendete *Jacques*, einen Roman, den sie mit einer frostigen, mit Bleistift geschriebenen Widmung an Musset sandte: *Für Alfred, George;* sie schrieb die ersten *Briefe eines Reisenden* und machte Notizen für italienische Novellen. *Jacques* mißfiel Balzac; er beurteilte das Buch als „gehaltlos und unwahr".

Balzac an Eva Hanska, 19. Oktober 1834: Der letzte Roman von Frau Dudevant ist ein den Ehemännern, die ihren Frauen lästig fallen, erteilter Ratschlag, sich umzubringen, um ihnen so die Freiheit zurückzugeben... Ein naives junges Mädchen verläßt nach sechsmonatiger Ehe einen ihr *überlegenen* Mann wegen eines Laffen; einen bedeutenden, begeisterungsfähigen, liebevollen Mann wegen eines Gigerls, und zwar ohne jedweden physiologischen oder moralischen Grund. Dann gibt es eine Maultierliebe wie in *Lelia*, eine Liebe für unfruchtbare Wesen, und es ist dies etwas Sonderbares bei einer Frau, die doch Mutter ist und passabel, instinktiv, *à l'allemande* zu lieben versteht[24]...

Es ist eine Tatsache, daß viele Romane Sands nicht auf der Höhe ihrer Briefe und ihres Genies stehen.

In den Augenblicken der Muße machte die fleißige Romanautorin mit dem an ihr gewohnten Eifer Nadel- oder Strickarbeiten. Sie dekorierte für ihren schönen Italiener mit eigenen Händen ein ganzes Zimmer: Vorhänge, Sessel, Sofa. Selbst im Ehebruch war sie hausfraulich. Pietro Pagello war sehr in sie verliebt, aber er fühlte sich auch ein wenig unbehaglich. Seine venezianischen Geliebten versuchten, ihn zurückzuerobern, und eine von ihnen zerfetzte im Verlaufe einer Eifersuchtsszene seine schöne *vestito*. Sein Bruder Roberto zog ihn mit seiner magern und gelbgesichtigen Fremden auf. „*Quella sardella*... diese Sardine", sagte Roberto. Aber Pietro liebte seine Französin, und da er den ganzen Tag unterwegs war, um seinen Patienten beizustehen, ließ er Sand ihre ungestörten acht Arbeitsstunden, was bei dieser Liebe eine Garantie für langes Leben bedeutete. Da der gutmütige Pietro zu arm war, um Blumen kaufen zu können, erhob er sich schon beim Morgengrauen, um draußen in den Vororten für George Sträuße zu pflücken.

War es das Glück? Ein bereits schales Glück. Schon bald sehnten sich Sand und Musset nach der unglücklichen Zeit zurück. Als sie Alfred in Mestre verlassen hatte, schrieb sie ihm: „Wer wird dich und wen werde ich umhegen? Wer wird meiner bedürfen, und für wen werde ich nunmehr sorgen? Leb wohl, mein Vögelein! Habe stets deinen armen alten George lieb. Von Pagello sage ich dir weiter nichts, als daß er fast ebensoviel weint wie ich[11]..." Ach, wie schwer fiel es ihr, auf das Ideal des Trios zu verzichten! Und auch Musset sehnte sich nach der Freundin zurück, sobald er fern von der Grollenden war. „Ich bin für dich noch voller Liebe", schrieb er. Seine Gedanken streiften um die Abwesende, und er spielte aus ehrlicher Überzeugung den Hochherzigen. Möge sie doch mit Pietro glücklich sein: „Ein braver junger Mann! Sag ihm, wie sehr ich ihn liebe und daß ich mich meiner Tränen nicht erwehren kann, wenn ich an ihn denke[11]..." Die gütige Krankenpflegerin weinte ebenfalls: „Oh, ich bitte dich flehentlich, noch keinen Wein, noch keine Frauen! Es ist zu früh... Überlasse dich dem Vergnügen erst dann, wenn die Natur es gebieterisch von dir fordert, aber suche es nicht als ein Heilmittel für die Langeweile und den Kummer[11]..." Sie waren sich einig in dem Gedanken, daß keiner von ihnen beiden schuldig gewesen war; ihre heftigen Charaktere und ihre Künstlerpflichten gestatteten ihnen nicht, das Leben gewöhnlicher Liebender zu führen.

Sie blieben einander ergeben. Der „arme Mussaillon" wurde von Sand beauftragt, in Paris tausenderlei Dinge zu besorgen: er mußte zwölf Paar Glacéhandschuhe, vier Paar Schuhe und Patschuli kaufen; für all dies bei Buloz Geld loseisen; Maurice im Gymnasium Henri IV besuchen. Alfred wiederum fuhr fort zu wehklagen und hielt mit Hingabe seine Wunde offen. Er begab sich zum Quai Malaquais und begann beim Anblick einer Zigarette zu schluchzen, die George in einer Untertasse hatte liegen lassen. Es waren süße Tränen: „Man darf mir deshalb nicht böse sein; ich tue, was ich kann... Denke daran, daß jetzt mein Inneres nicht von Wut und Zorn erfüllt sein kann; nicht meine Geliebte fehlt mir, sondern mein Kamerad George[11]..." Er hatte bei seiner Rückkehr nach Paris ihren kleinen Kreis gegen Sand sehr aufgebracht gefunden. Planche und Sandeau „spien Gift und Galle" gegen sie. Musset, verzeihungstrunken, faßte den Vorsatz, sie zu verteidigen: „Ich gebe mich daran, einen Roman zu verfassen. Ich habe große Lust, unsre Geschichte niederzuschreiben: mich dünkt, dies würde mich heilen und mir das Herz wieder aufrichten. Ich möchte dir einen Altar erbauen, und sei es aus meinem Gebein... Sei stolz, mein großer und tapferer George, du hast ein Kind zu einem Manne gemacht..." Und das stimmte. Etwas später schrieb er: „Ich habe den Roman begonnen, von dem ich dir schrieb. Nebenbei, falls du zufällig die Briefe aufbewahrt hast, die ich dir seit meiner Abreise sandte, so mache mir das Vergnügen und bringe sie mit[11]..."

O ihr unglücklichen Dichter, die ihr ständig in eurem Schmerz herumwühlt. Musset bedurfte seiner Briefe, so wie Rossetti es nötig hatte, seine Gedichte auszugraben. Und er bedurfte auch der Briefe Sands. Er löste aus ihnen sorgfältig darin enthaltene Verse, die er dann in *Man tändelt nicht mit der Liebe* verwandte. „Vielleicht wird deine letzte Liebe die romantischste und die jüngste sein. Aber dein gutes Herz, töte es nicht, ich bitte dich darum! Mag es sich völlig oder zum Teil allen Lieben deines Lebens hingeben, aber möge es dabei stets seine edle Rolle spielen, damit du eines Tages zurückblicken und wie ich sagen kannst: „Ich habe viel gelitten, ich habe mich manchmal geirrt, aber ich habe geliebt[11] ..."

Die menschliche Natur aber ist kompliziert, und da die Menschen verstehen, nach Belieben Schmerz zu verströmen, litt Musset zur gleichen Zeit immer mehr: „Was denkst du, wie es um mich bestellt ist? Zwar sagt man, die Zeit heile alles. Ich war am Tage meiner Ankunft hundertmal stärker als heute ... Ich lese *Werther* und *Die neue Heloise*. Ich verschlinge alle diese erhabenen Torheiten, über die ich mich so oft lustig gemacht habe. Vielleicht übertreibe ich in dieser Hinsicht ebenso wie in der andern. Was macht mir das? Ich werde nicht nachlassen[11] ..." Man kann sich denken, daß auf dieses Feldgeschrei der begeisterten Romantik das Herz Georges antwortete. Pietro war ein guter Junge, aber er litt nicht; für ihn war alles unkompliziert; sie brauchte nicht an seinem Glück zu arbeiten. „Ich aber muß für jemanden leiden können. Ich muß diesen Überschuß an Kraft und Gefühl, der in mir ist, verbrauchen. Ich muß dieser mütterlichen Fürsorge Nahrung geben, die sich angewöhnt hat, über ein leidendes und erschöpftes Wesen zu wachen. Oh, warum konnte ich nicht zwischen euch beiden leben und euch glücklich machen, ohne dem einen noch dem andern anzugehören. Gern hätte ich so zehn Jahre verlebt[11] ..." *Ohne dem einen noch dem andern anzugehören* ... Hier haben wir einen unverfälschten Aufschrei Lelias.

Von Venedig aus, wo sie durch Zufall von der Verheiratung Auréliens de Sèze mit Fräulein de Villeminot gehört hatte, schrieb sie ihm, um ihre Glückwünsche darzubringen und ihre Briefe zurückzuerbitten. Er antwortete:

Mein lieber George ... Ich war schon im Begriffe, Ihrer Bitte zu willfahren und Ihnen die Papiere zurückzusenden, die Sie von mir erbitten. Ich begreife, daß ich kein Recht besaß, sie zurückzuhalten. Ebensowenig glaube ich, daß sie Ihnen mehr gehören als mir, und ich habe gefürchtet, wenn Sie sie nochmals durchflögen, könne Ihnen später in einem Werk irgendeine Reminiszenz entschlüpfen. So habe ich sie verbrannt und von ihnen nur jene Erzählung verwahrt, die Sie mir einstmals sandten. Ich bitte Sie inständigst um die Erlaubnis, sie behalten zu dürfen. Leben Sie also wohl, George. Leben Sie wohl. Mein Herz wird voller Erinnerung an Sie erlöschen[25] ...

Gräber im Garten der Liebe.

Im Juli 1834 dachte sie endlich an die Rückkehr nach Frankreich. Sie hatte ihren Roman abgeschlossen und aus Venedig all das herausgezogen, was sie für ihr Werk herausziehen konnte. Sie besaß auch nur wenig Geld mehr; Buloz, Boucoiran und Casimir verabsäumten, ihr welches zu schicken. Seit acht Monaten hatte sie ihre Kinder nicht mehr gesehen. In Paris wollte sie im Gymnasium, das Maurice besuchte, der Preisverteilung beiwohnen. Sie wünschte den Herbst in Nohant zu verbringen, dessen Ulmen, Akazien und schattige Wege sie sich voller Heimweh in die Erinnerung zurückrief. Es blieb nur die Frage: sollte sie Pagello mit nach Frankreich nehmen? Sie schlug es ihm vor. „Ich war völlig verwirrt", liest man im Tagebuch des Arztes, „und sagte ihr, ich wolle es mir bis zum nächsten Tage überlegen. Ich wußte, daß ich nach Frankreich gehen und von dort ohne sie zurückkehren würde. Aber ich liebte sie über die Maßen und hätte tausend Unannehmlichkeiten eher die Stirn geboten, als sie eine so lange Reise allein machen zu lassen[22] ..." Er willigte also ein, wohl wissend, daß die Trennung nahe bevorstand. Seinem verehrten Vater schrieb der Doktor: „Ich bin im letzten Stadium meines Wahnsinns ... Morgen breche ich nach Paris auf, wo ich die Sand verlassen werde[22] ..." Der gute Pagello war klarsichtig und vernünftig; er war traurig, seine Geliebte zu verlieren, aber auch glücklich darüber, durch seine Trennung von ihr seiner Familie eine Freude zu bereiten und sich von einer schweren Sünde freizumachen.

III

EXIT PAGELLO

Die Rückkehr nach Paris stellte sie vor schwierige Probleme, und zwar auf drei Ebenen.

Die Ebene der öffentlichen Meinung. Sand hatte sich aus dem Urteil von La Châtre nichts gemacht, aber sie legte ihrem guten Ruf in der Welt der Literatur, der von Buloz und Sainte-Beuve, große Bedeutung bei. Dem besten Freunde Mussets, Alfred Tattet, der nach Venedig gekommen war, hatte sie gesagt: „Wenn jemand Sie fragt, was Sie über die wilde Lelia denken, so antworten Sie bloß, daß sie nicht vom Meereswasser und vom Blut der Männer lebt[22] ..." Bei der Rückkehr stellte sie fest, daß die wilde Lelia getadelt wurde. Blicke wandten sich ab. Pagello überraschte und enttäuschte Paris. Man erwartete einen italienischen Grafen von unwiderstehlicher Schönheit und fand einen sympathischen jungen Menschen – ihn aber Musset vorziehen!... George spürte diese Mißbilligung.

Die Ebene Pagello: Sie wollte ihn mit Zärtlichkeit und Großmut behandeln. Sie empfahl ihn Ärzten, die ihm die Hospitäler von Paris zeigten, und sogar Buloz, in der Hoffnung, dieser würde Pietro Aufsätze über Italien abnehmen. Da er kein Geld hatte, wollte sie ihm welches geben, ohne ihn aber zu verletzen. Daher hatte sie sich ausgedacht, Pagello solle vier wertlose Gemälde nach Paris mitnehmen; sie wollte dann vorgeben, sie für ihn verkauft zu haben, und ihm den Betrag aushändigen. Unter diesem Vorwand konnte sie ihm anderthalbtausend Franken geben. Auf diese Weise waren die Großmut zufriedengestellt und die Ehre gewahrt; aber Pietro, den sie für so vertrauensselig gehalten hatte, ließ es sich plötzlich einfallen, eifersüchtig zu sein. „Von dem Augenblick an, da er den Boden Frankreichs betrat, hat er nichts mehr begriffen[11]", sagte sie. *Er hat nichts mehr begriffen,* das besagt in der Sprache der Liebeskomödie: „Er hat alles begriffen."

Und es war manches zu begreifen, denn auf der *Ebene Musset* ging von neuem das Drama los. Musset wollte nicht zugeben, daß für gewisse unglückliche Lieben ein frischer Schnitt die einzige Möglichkeit zur Heilung ist. Er wollte George wiedersehen und konnte den Schicksalsschlag nicht verwinden. Sie sagte ihm, daß sie mit Pietro glücklich sei. Dies stimmte zwar nicht mehr, aber sie war zu stolz, um es zuzugeben. Musset faßte den Entschluß, in die Fremde zu gehen; er erbat ein letztes Zusammensein und einen letzten Kuß: „Ich sende dir ein letztes Lebewohl, meine Vielgeliebte... Nun, ich werde nicht sterben, bevor ich nicht mein Buch über mich und dich (über dich vor allem) fertig habe... Ich schwöre es bei meiner Jugend und bei meinem Genie, auf deinem Grab werden nur makellose Lilien hervorsprießen. Mit diesen meinen Händen werde ich auf ihm dein Grabmal errichten, aus reinerem Marmor als unsre vergänglichen Ruhmesstatuen. Die Nachwelt wird unsre Namen im Munde führen wie die jener unsterblichen Liebespaare, die man mit einem einzigen Namen benennt, wie Romeo und Julia, wie Heloise und Abälard. Niemals wird man von dem einen sprechen, ohne auch den andern zu erwähnen[11]..."

Dann reiste er am 25. August nach Baden ab und sie am 29. nach Nohant. Auf die Bitte seiner Frau hin hatte Casimir an Pagello geschrieben, um ihn einzuladen. Der Doktor aber respektierte die Ehe; er lehnte ab, zufrieden darüber, „in dieser großen Hauptstadt bleiben zu können, um die Hospitäler zu besichtigen". In Nohant fand George ihr altes Haus wieder, den hübschen Dorfplatz, ihre Bäume, ihre Freunde, ihre Kinder, ihren Mann und sogar ihre Mutter, die von Paris gekommen war. Sogleich eilten ihre Berrichonner herbei: der Madegasse Néraud, Dutheil, Rollinat. Diese wenigstens verschonten sie mit Vorwürfen. „Tadel erbittert nur das Herz derer, die leiden, und ein wirklich herzlicher Händedruck ist die beredsamste der Tröstungen." Sie fühlte sich zerschlagen, wie zerrissen zwischen beiden Männern, und es kamen ihr Selbstmordgedanken. Nur die Liebe zu ihren Kindern, sagte sie, fessele sie ans Leben.

Sie bedrängte den Madegassen mit stürmischen Fragen: „Bist du ruhig? Erträgst du ohne Erbitterung und Verzweiflung die Verdrießlichkeiten des Familienlebens? Schläfst du sofort ein, wenn du dich niederlegst? Gibt es an deinem Bett nicht einen Dämon in der Gestalt eines Engels, der dir zuruft: ‚Die Liebe! Die Liebe, das Glück, das Leben, die Jugend!', wohingegen dein untröstliches Herz antwortet: ‚Es ist zu spät! Es hätte sein können und ist doch nicht gewesen.' O mein Freund! Verbringst du ganze Nächte damit, deinen Sehnsüchten nachzuweinen und dir zu sagen: ‚Ich bin nicht glücklich gewesen[26']..." Denn Sand war der Ansicht, daß sie nicht glücklich gewesen war. Sie sah, wie man sie tadelte, verleumdete, und dabei hatte sie das Gefühl, unschuldig zu sein. War sie nicht freimütig, selbstlos, hilfsbereit gewesen? François Rollinat, dem ihrem Geiste am nächsten stehenden Freunde, sandte sie eine schöne Verteidigung: „Du immerhin kennst mich. Du weißt, ob es in diesem zerrissenen Herzen gemeine Leidenschaften, Feigheit, die geringsten perfiden Umschweife, den geringsten Hang für irgendein Laster gibt... Du weißt, daß unendlicher Stolz mich verzehrt, aber auch, daß dieser Stolz nicht im mindesten etwas Niedriges oder Schuldhaftes an sich hat, daß er mich niemals zu einer beschämenden Schuld geführt hat und mich zu einem heroischen Geschick hätte gelangen lassen, wenn ich nicht in Ketten geboren wäre[26]..." Mit ihm irrte sie um Mitternacht im Park von Nohant umher, trübgestimmte Bekenntnisse austauschend zu der Stunde, da die Sterne so hell sind, die Luft so angenehm feucht, die Alleen so dunkel. „Ich wollte den starken Mann spielen", sagte sie, „aber ich bin zerbrochen worden wie ein Kind[26]..."

Während dieses Septembers 1834 las sie „ungeheuer viel": die *Eucharistie* von Abbé Gerbert; *Gedanken über den Selbstmord* von Frau de Staël; das *Leben von Vittorio Alfieri* von Alfieri. Eine Predigt, eine Abhandlung, ein Bekenntnis. Vor allem aber las sie immer wieder die Briefe, die sie damals von Musset erhielt, leidenschaftliche, delirierende Briefe, die eine Vorausdarstellung der *Nächte* sind; „Sag mir, daß du mir deine Lippen, deine Zähne, deine Haare, all dies gibst, dieses Haupt, das mir gehörte, und daß du mich umarmst, du mich! O Gott! O Gott! Wenn ich daran denke, trübt sich mein Auge, wanken meine Knie. Ach, es ist schrecklich, sterben zu müssen, aber es ist auch schrecklich, so zu lieben. Meine George, wie dürstet, o wie dürstet mich nach dir! Ich bitte dich, schreibe mir diesen Brief. Ich verlösche, leb wohl[11] ..." Dichterische Übertreibung? Ja, sicherlich. Man stirbt nicht so schnell an der Liebe, wie behauptet wird. Musset hatte in Baden auch seine Stunden der Entspannung, und Fortuna sogar war ihm hold und inspirierte ihn zu einem Gedicht. Aber die Eifersucht war echt, und auch die Leidenschaft zu der, die, wie er glaubte, ihm entschlüpfte.

Sand flüchtete sich in Nohant in das Wäldchen, um ihm mit Bleistift zu antworten, und sie bemühte sich, ihn zu beruhigen. „Ach, du liebst mich noch allzusehr. Wir dürfen uns nicht mehr sehen." Sie berichtete ihm vom armen Pietro, „dem braven und reinen Jungen"; nachdem er so viele Male *Il nostro amore per Alfredo* gesagt habe, beginne nun auch er eifersüchtig zu werden und überhäufe in seinen Briefen George mit Vorwürfen. Aber schon schwankte sie in ihrem Herzen nicht mehr zwischen dem Dichter, der diese wunderbaren Briefe „à la Rousseau" schrieb, die glühenden Briefe aus Baden, und dem argwöhnischen Pagello, der verletzende und ungeschickte Worte „auf ihr Haupt herabprasseln" ließ.

Sand an Musset: Vielleicht ist er zu dieser Stunde bereits abgereist; ich werde ihn nicht zurückhalten, weil ich wegen dem, was er mir schreibt, aufs tiefste verletzt bin, und weil er, ich fühle es wohl, kein Vertrauen mehr hat; infolgedessen empfindet er keine Liebe mehr[11] ...

Am 15. September schrieb Musset aus Baden: „Daß ich nach Paris zurückkehre, schokiert dich vielleicht, und *ihn* auch. Ich gestehe, daß ich so weit bin, auf niemanden mehr Rücksichten zu nehmen. Wenn er leidet, nun, so mag er leiden, dieser Venezianer, der mich zu leiden gelehrt hat. Ich vergelte ihm Gleiches mit Gleichem; er hatte mir diese Lektion erteilt[11] ..." George kehrte eilig von Nohant zurück, um Pagello zu trösten, bevor sie ihn aufopferte. Das Schöne bei dieser Situation war bloß, daß Pagello keineswegs der Tröstung bedurfte. Er hatte mit dieser Trennung schon seit der Rückkehr Sands von Venedig nach Paris gerechnet. Sein Aufenthalt in Frankreich hatte ihn interessiert; berühmte Mediziner hatten Liebenswürdigkeiten an ihn verschwendet; das Leben ohne Geliebte war ihm als ein köstlicher Friede vorgekommen. Über den Bruch berichtet er wie folgt:

Tagebuch Pagellos: Ein Brief George Sands teilte mir den Verkauf meiner Gemälde für fünfzehnhundert Franken mit... In meiner verzückten Freude ging ich gleich und verschaffte mir einen Kasten mit chirurgischen Bestecken, dazu einige neue Bücher für meinen Beruf.... Unser Abschied war stumm; ich drückte ihr die Hand, ohne sie anblicken zu können. Sie war wie vor den Kopf geschlagen; ich weiß nicht, ob sie litt; meine Gegenwart setzte sie in Verlegenheit[22]...

Exit Pagello. Der gute Doktor kehrte nach Venedig zurück, heiratete dort, hatte viele Kinder und erreichte ein Alter von einundneunzig Jahren (1807–1898), von einer Aureole umgeben ob dieses Jugendabenteuers. Glücklich sind die zu preisen, die, nachdem sie einen Augenblick lang mit einem strahlenden Geschick verbunden, dann schnell aus dem gefährlichen Lichtbündel der Scheinwerfer verschwinden.

IV

AUF DER SUCHE NACH DEM ABSOLUTEN

Wer dachte jetzt noch an Pagello? Gleich beim ersten Zusammentreffen waren Sand und Musset einander in die Arme gestürzt; er: leidenschaftstrunken; sie: bewegt und gerührt. Aber es war nicht die „vollkommene und süße Versöhnung", von der Pascal spricht. Musset hatte versprochen, die Vergangenheit zu vergessen. Schwur eines Trunkenen! Verzichtet eine Seele, die sich an ihrer Qual weidet, jemals darauf, sie wieder zu entfachen? Unablässig verfolgte er George mit kleinlichen Fragen. Wann war sie die Geliebte des Doktors geworden? Sie weigerte sich, ihm darauf zu antworten, und sprach von den Schleiern der Scham: „Glaubst du, ich würde Pietro geantwortet haben, wenn er mich über unsre Bettgeheimnisse ausgefragt hätte[11]?" Musset trat in seine höllische Periode ein: das masochistische Verlangen, das Schlimmste zu erfahren; Eifersucht, Schmähungen, fürchterliche Szenen; dann Gewissensbisse, Betteln um Verzeihung, ausgesuchte Zärtlichkeit und, wenn man widerstand, die Flucht in die Krankheit. Wieder einmal mußte sie ihn pflegen, und zwar bei seiner Mutter; sie hatte sich von ihrer Magd eine Haube und eine Schürze geliehen, und Frau de Musset, die das Spiel mitmachte, tat so, als erkenne sie sie nicht.

Sobald es ihm besser ging, kam Alfred zu George zurück, um bei ihr am Quai Malaquais zu wohnen, aber sie konnten nicht mehr glücklich sein. Von neuem begann das Wechselspiel der schmählichen Auftritte und der leidenschaftlichen Billetts. Sie erkannte, daß die Situation verzweifelt war: „All dies, siehst du, ist ein Spiel, dem wir uns hingeben, aber dabei dienen unser Herz und unser Leben als Einsatz, und es ist durchaus nicht so vergnüglich, wie es den Anschein hat. Willst du, daß wir nach Franchard gehen und uns dort zusammen eine Kugel durch den Kopf jagen? Dazu kann es leicht kommen[11]..." Da sie im Grunde kein Verlangen danach hatten, sich oder einander umzubringen, hielt George es für vernünftiger, Schluß zu machen, und reiste nach Nohant ab.

Aber jetzt erfolgte eines jener Schaukelspiele, die im klassischen Theater die Triebfedern der Leidenschaften sind. Der Mensch ist nun einmal so geschaffen, daß er das verachtet, was sich ihm anbietet, und nach dem strebt, was sich verweigert. George mußte mit Überraschung erkennen, daß Musset diesmal den Bruch hinnahm. Alsbald hörte sie auf, die Trennung zu ersehnen. In ihrem Stolz getroffen, eilte sie nach Paris und wollte ihn sehen. Doch er, beraten von seinen Freunden und vor allem von Alfred Tattet, antwortete nicht. Sie erfuhr, daß er sich kalt und zornig zeigte, wenn er von ihr sprach. Man hinterbrachte ihr, er wolle sie nicht mehr wiedersehen. Während dieser fürchterlichen Novembertage des Jahres 1834 führte George Sand ein *Tagebuch*, das zu dem Schönsten zählt, was sie je geschrieben hat:

Soll ich hineilen, wenn die Liebe mich allzusehr ergreift? Soll ich hingehen und Sturm läuten, bis er mir die Tür öffnet? Soll ich mich vor seine Schwelle legen, bis er vorbeikommt?... Soll ich ihm sagen: Du liebst mich noch, du leidest darunter, du errötest darüber, aber ich tue dir allzu leid, als daß du mich nicht mehr lieben könntest. Du siehst doch, daß ich dich liebe, daß ich nur dich lieben kann. Küsse mich, sage mir nichts, streiten wir nicht; sage mir einige süße Worte; liebkose mich, da du mich ja noch hübsch findest... Und wenn du spürst, daß dein Mitgefühl erlahmt und deine Gereiztheit wiederkehrt, nun, dann sage mir, daß ich gehen soll, dann behandle mich schlecht; aber niemals geschehe es mit diesem gräßlichen Wort: *Zum letzten Mal!* Ich werde so viel leiden, wie du nur willst, aber laß mich manchmal, und wäre es nur einmal in der Woche, zu dir kommen und eine Träne, einen Kuß holen, daß ich wieder Lebensmut bekomme. Aber du kannst es nicht. Ach, wie bist du meiner überdrüssig und wie schnell hast auch du dich geheilt[28]...

Sie versuchte, mit Freunden zusammen zu sein. Auf Buloz' Bitte hin saß sie Delacroix für ein Porträt; er rief wieder ihren Schmerz wach, als er von dem Talent sprach, das die Skizzen Mussets offenbarten. Sie träumte davon, sich das Aussehen jener Frauen von Goya zu geben, die Alfred bewunderte.

Oft sah sie die liebenswürdige und allzu kluge Hortense Allart, die ihr beibrachte, bei den Männern müsse man Listen anwenden und, wolle man sie wieder an sich ziehen, sich so stellen, als zürne man ihnen. Torheit! Will man Listen anwenden, darf man nicht lieben. Einzig Sainte-Beuve sagte ihr keine Dummheiten. Sie fragte: „Was ist Liebe?" Er antwortete: „Es sind die Tränen; Sie weinen, also lieben Sie." Dann suchte sie die Vereinsamung. „Ich kann nicht mehr arbeiten", schrieb sie. Solches war ihr noch nie vorgekommen!

Sie wußte, daß Musset, sich selbst überlassen, zu ihr zurückgekommen wäre. Aber er besaß Stolz, diesen schrecklichen Mannesstolz. Und da war Alfred Tattet, der mit harmloser Miene sagte: „Wie kann man nur so schwach sein!" Wenn sie wenigstens Mussets Freundschaft wiedergewinnen könnte:

Wenn ich von Zeit zu Zeit einige Zeilen von dir hätte, ein Wort nur, die Erlaubnis, dir hin und wieder ein für wenige Groschen bei den Büchertrödlern gekauftes Bildchen zu senden, oder von mir gedrehte Zigaretten, einen Vogel, ein Spielzeug, irgend etwas, um meinen Schmerz und meinen Verdruß irrezuführen, um mir vorzustellen, daß du ein wenig an mich denkst, wenn du diese Nichtigkeiten empfängst[28] ...

Und folgendes, das herzzerreißend und erhaben ist:

O ihr blauen Augen, ihr werdet mich nicht mehr anblicken! Schönes Haupt, ich werde dich nicht mehr sehen, wie du dich über mich neigst und von einem süßen Sehnen verschleiert bist! Du geschmeidiger und warmer zarter Körper, du wirst dich nicht mehr auf mich legen, wie Elisa sich auf das tote Kind legte, um es wieder zum Leben zu erwecken! Du wirst mich nicht mehr bei der Hand fassen, wie Jesus es beim Töchterlein des Jairus tat, als er zu ihm sagte: „Kind, stehe auf!" Lebt wohl, ihr blonden Haare, lebt wohl, ihr weißen Schultern; leb wohl alles, was einst mir gehörte! Jetzt werde ich in meinen glühenden Nächten den Stamm der Tannen und die Felsen in den Wäldern umarmen und dabei deinen Namen hinausschreien, und wenn ich von den Wonnen geträumt habe, werde ich ohnmächtig auf die feuchte Erde hinsinken[28] ...

Erschöpft reiste sie im Dezember nach Nohant ab. Sie glaubte, sich einigermaßen mit ihrem Geschick abgefunden zu haben. Alfred schrieb ihr einen ziemlich herzlichen Brief, in dem er zum Ausdruck brachte, daß er seine Heftigkeiten bereue. „Und nun ist's zu Ende. Ich wünsche ihn nicht mehr wiederzusehen, es tut mir zu weh[1]..." Doch dann erfuhr sie, daß er zu Tattet gesagt habe, der Bruch sei endgültig. Diesen Schlag konnte sie nicht ertragen. Sie schnitt ihr schönes Haar ab und sandte es ihm. Delacroix malte sie auf dem Porträt, das sich im Carnavalet-Museum befindet, mit kurzem Haar, „sorgenumwölkter Stirn, verstörtem Blick, eingekniffener Nase, bebenden Lippen, bleich und abgemagert durch die schlaflosen Nächte[29]". Als Musset die schweren schwarzen Locken erhielt, brach er in Tränen aus. Wieder einmal war er zurückerobert, und George konnte triumphierend an Tattet schreiben: „Mein Herr, es gibt sehr gut gelungene Operationen, die der Geschicklichkeit des Chirurgen alle Ehre machen, aber dennoch nicht die Krankheit daran hindern, wiederzukommen. Wegen dieser Möglichkeit ist Alfred wieder mein Geliebter geworden[30]..."

Aber sie waren, der eine wie die andre, von der schlimmsten aller Torheiten befallen: vom Trachten nach dem Absoluten. Von Trennung zu Trennung, von Versöhnung zu Versöhnung zuckte ihre moribunde Liebe immer wieder auf, aber es waren nur die Zuckungen der Agonie. Sand und Musset glichen damals jenen Ringkämpfern, die sich aneinanderklammern, gebadet in Schweiß und Blut, und von den Zuschauern nicht getrennt werden können. Eines Tages drohte er damit, sie zu töten; dann bat er in einem kurzen, in italienischer Sprache geschriebenen Briefchen um ein letztes Zusammentreffen: *Senza veder, e senza parlar, toccar la mano d'un pazzo che parte domani...* Ohne zu sehen und ohne zu sprechen, die Hand eines Verrückten berühren, der morgen abreist[11]..."

Sainte-Beuve, Schiedsrichter bei diesem letzten Kampf, mischte sich ein, um ein Ende zu machen. Sie gab den Kampf auf:

Sand an Musset: Mein Stolz ist jetzt gebrochen und meine Liebe nur noch Mitleid. Ich sage dir: „Davon muß man genesen. Sainte-Beuve hat recht." Dein Verhalten ist kläglich, unmöglich. Mein Gott, welchem Leben werde ich dich überlassen? Trunkenheit, Wein, Freudenmädchen, immer wieder das gleiche! Da ich aber nichts mehr vermag, um dich davor zu bewahren, wird wohl diese Schande für mich und diese Marter für dich selbst so weitergehen müssen[11]...

Und da Alfred sich beharrlich weigerte, zu ihr zu kommen, flüchtete sie nach Nohant. Die letzten Szenen beschworen von neuem die komische Muse herauf, denn dabei zeigte George, daß sie auch im Aufruhr der Leidenschaften ihre Geistesgegenwart und ihre organisatorischen Fähigkeiten bewahrte. Die Bürgersfrau von La Châtre und Schloßherrin von Nohant zeigte sich in den schlimmsten Augenblicken stärker als die exaltierte Heldin.

George Sand an Boucoiran, 6. März 1835: Mein Freund, helfen Sie mir bei der heutigen Abreise. Gehen Sie mittags zur Post und halten Sie für mich einen Platz frei. Dann kommen Sie zu mir. Ich werde Ihnen sagen, was zu tun ist.

Aber für den Fall, daß ich es Ihnen nicht sagen kann, was recht wohl möglich ist – denn ich werde arge Mühe haben, die Besorgnis Alfreds zu täuschen –, werde ich es Ihnen jetzt doch lieber mit wenigen Worten auseinandersetzen. Sie werden um fünf Uhr zu mir kommen und mir mit besorgter Miene mitteilen, meine Mutter sei soeben angekommen; sie sei sehr ermattet und ziemlich krank; sie habe ihre Magd nicht bei sich und bedürfe meiner sofort, so daß ich mich ohne Säumen zu ihr begeben müsse. Ich werde meinen Hut aufsetzen; ich werde sagen, daß ich wiederkommen werde, und Sie bringen mich dann zum Wagen.

Holen Sie meine Reisetasche im Laufe des Tages ab. Es wird Ihnen leicht sein, sie wegzuschaffen, ohne daß man es sieht, und Sie tragen sie dann zur Poststation. Sorgen Sie dafür, daß das Reisekissen angebracht wird, das ich Ihnen schicke. Der Schließhaken ist verlorengegangen ... Adieu, kommen Sie sofort, wenn Sie können. Sollte aber Alfred im Hause sein, so tun Sie nur nicht, als ob Sie mir etwas zu sagen hätten. – Ich gehe dann in die Küche, um mit Ihnen zu reden[9] ...

Alfred de Musset an Boucoiran, 9. März 1835: Mein Herr, ich komme gerade von der Wohnung Frau Sands, und man teilt mir mit, daß sie in Nohant sei. Haben Sie doch die Güte, mir zu sagen, ob diese Nachricht stimmt. Da Sie Frau Sand heute morgen noch sahen, haben Sie sicherlich erfahren, welches ihre Absichten waren; und falls sie erst morgen abreisen sollte, könnten Sie mir sagen, ob Sie des Glaubens sind, sie habe irgendwelche Gründe, um zu wünschen, mich vor ihrer Abreise überhaupt nicht zu sehen[30] ...

George Sand an Boucoiran, 9. März 1835: Mein Freund, ich bin in guter Gesundheit und keineswegs ermüdet in Châteauroux um drei Uhr nachmittags angekommen. Gestern habe ich alle unsre Freunde von La Châtre getroffen. Rollinat ist von Châteauroux mit mir gekommen. Ich habe mit ihm bei Dutheil diniert. Nun gebe ich mich daran, für Buloz zu arbeiten.

Ich bin sehr ruhig. Ich habe getan, was ich tun mußte. Das einzige, was mich quält, ist die Gesundheit Alfreds. Geben Sie mir Nachricht von ihm und berichten Sie mir, ohne etwas zu verändern und das geringste abzuschwächen, wie er sich verhalten hat, ob gleichgültig oder zornig oder bekümmert, als er die Nachricht von meiner Abreise erhielt. Mir liegt viel daran, die Wahrheit zu erfahren, obgleich nichts meinen Entschluß ändern kann.

Geben Sie mir Nachricht von meinen Kindern. Hustet Maurice noch immer? Ist er Sonntagabend gesund zurückgekehrt? Solange hustete ebenfalls[9] . . .

Gleich in der ersten Nacht begann sie wieder, für Buloz einen Roman zu schreiben, und bedeckte die zwanzig Blätter ihres täglichen Pensums mit ihrer großen ruhigen Schrift.

V

LÄNDLICHE WEISEN
NACH DEM GEWITTERSTURM

Der Lärm hat nachgelassen; das Gewitter entfernt sich; eine ländliche Weise erhebt sich aus dem letzten Donnerrollen. Aber dieses große Abenteuer endete mit einer Schlappe. Wieder einmal hatte Lelia geglaubt, die Welt herausfordern, ihre Unabhängigkeit erzwingen, in der Leidenschaft und der Ungebundenheit leben zu können. Nun aber hatten sich Leidenschaft und Ungebundenheit als unerreichbar erwiesen. Ihre getreuesten Freunde und ihr Gewissensberater Sainte-Beuve tadelten sie stillschweigend und rieten ihr zu vernünftigeren Liebesbünden. Die Medizin Sainte-Beuves war, wie er selbst sagte, „traurig und armselig". Sie bedeutete die Hinnahme der unvollkommenen Liebe.

Nein, sie erhoffte nicht mehr die zärtliche und dauerhafte noch die blinde und heftige Liebe. Sie begriff, daß das Gefühl etwas Schönes und Heiliges ist, von dem sie einen schlechten Gebrauch gemacht hatte und mit dem man ihr gegenüber schlecht verfahren

war. Sie sagte, nun sei sie zu alt, um noch einmal Liebe einzuflößen. Sie hatte keinen Glauben mehr, weder Hoffnung noch Sehnsucht. Sie leugnete nicht den Gott ihrer Jugendzeit; aber sie hatte
ihn schlecht verehrt, und er hatte sie zu Boden geschmettert. Nun
war es für sie vorbei mit den „Kavalkaden"; sie würde den Fuß
nicht mehr in den Steigbügel setzen.

George Sand an Sainte-Beuve, Ende März 1835: Ich sehe
wohl ein, daß meine Schuld und mein Leid in dem gierigen Hochmut begründet sind, der mich zugrunde gerichtet hat ... Verflucht
seien die Menschen und die Bücher, die mir durch ihre Sophismen
dabei halfen! Ich hätte mich an Franklin halten sollen, an dem
ich bis zum Alter von fünfundzwanzig Jahren die höchste Freude
hatte; sein Bild, das neben meinem Bett hängt, flößt mir stets
das Verlangen ein, zu weinen, wie es das Bild eines Freundes tun
würde, den ich verraten hätte. Ich werde nicht mehr zu Franklin zurückkehren, weder zu meinem jesuitischen Beichtvater noch
zu meiner ersten platonischen Liebe, die sechs Jahre währte,
weder zu meinen Insekten- und Pflanzensammlungen noch zu
dem Vergnügen, Kinder zu stillen, weder zur Fuchsjagd noch
zum Galoppieren auf dem Pferde. Nichts von dem, was gewesen
ist, wird mehr sein, ich weiß es allzu gut[1] ...

Es ist ein allen Menschen gemeinsamer Irrtum, daß sie, sobald
sie sich in einem Wellental befinden, die ewige Bewegung vergessen,
die sie wieder auf einen Wellenkamm hinauftragen wird, wenn sie
nur weiterleben und handeln. Ohne Zweifel konnte das, was einmal gewesen war, nicht mehr sein. Aber es blieben unzählige Möglichkeiten. Hätte sie, als sie das Musset zugefügte Leid bereute, geglaubt, daß dieser sich so schnell wieder aufraffen würde? Acht oder
neun Monate später war er es, der seinen Freund Tattet tröstete, als
dieser das Opfer einer Ungetreuen geworden war: „Ach, ach, wie
habe ich mich wieder aufgerafft! Wie sind mir wieder die Haare
auf dem Kopfe gesprossen, ist mir der Mut wieder in den Bauch
zurückgekehrt und obendrein die Gleichgültigkeit ins Herz[15] ..."
*Die Poesie ist eine Gemütsbewegung, deren man sich in der Stille
erinnert.* Da Musset nicht mehr litt, konnte er nach Belieben seine
Wunde wieder öffnen, wenn seine Kunst es erforderte. Die Erinnerung, die er an diese höllische Zeit bewahrte, die Bilder dieser von
Leidenschaft, Wonnen und Raserei erfüllten Tage sollten seinem
ganzen Werk Nahrung geben. Manchmal war es ein Aufschrei des
Hasses, aber meistens sehnte er sich zurück nach der stolzen Unsinnigen, nach den schwarzen Locken und den schönen Augen.

Das Buch, das über sie zu schreiben er einstmals George versprochen hatte, erschien 1836 unter dem Titel *Beichte eines Kindes seiner Zeit*. Er malte darin Sand unter dem Namen Brigitte Pierson, ohne Bitterkeit und sogar voller Achtung. Der Held, Octave, der ein ausschweifendes Leben geführt, hat die Gewohnheit angenommen, seinen Spott mit all dem zu treiben, was die glücklichen Nächte an Heiligstem und Geheimnisvollstem besitzen. Er behandelt Brigitte abwechselnd als ungetreue Geliebte und als ausgehaltenes Freudenmädchen. Sie bleibt mütterlich: „Ja, sobald Sie mir Leid zufügen", sagt sie, „sehe ich in Ihnen nicht mehr meinen Geliebten; Sie sind dann nur noch ein krankes Kind, das ich pflegen und heilen will, um den wiederzufinden, den ich liebe ... Möge der Gott der Mütter und der Liebenden mich diese Aufgabe erfüllen lassen ..." George, so wie wir sie kennen, hatte ihm sicherlich solche Dinge gesagt. Der Roman endet mit einer flüchtigen Versöhnung: „Ich glaube nicht, meine liebe Brigitte, daß wir einander vergessen können; aber ich glaube, in diesem Augenblick können wir einander noch nicht verzeihen, und dies muß nun doch auf jeden Fall geschehen, selbst wenn wir uns nie mehr wiedersehen sollten ..." Als Sand diese Stelle las, weinte sie sehr. „Dann habe ich dem Autor einige Zeilen geschrieben, um ihm ich weiß nicht was zu sagen: daß ich ihn sehr geliebt, ihm alles verziehen habe und ihn niemals wiedersehen wollte[31] ..." Über diesen letzten Punkt waren sie einer Meinung.

Als Musset Ende 1840 eines Tages den Forst von Fontainebleau durchquerte, erinnerte er sich der „Frau von Franchard", die seine Jugend mit Leidenschaft erfüllt hatte. Etwas später begegnete er George im Theater; sie war immer noch jung und schön; ihr Mund lachte; sie sah ihn an wie eine Unbekannte. Noch am gleichen Abend schrieb er das Gedicht *Erinnerung*, dessen Thema war: „Ja, die Liebe vergeht, wie alle menschlichen Leidenschaften und wie die Menschen selbst."

> Ja, hinstirbt alles, Traum ist rings die Welt, die ganze,
> Und all das wen'ge Glück, erhascht im Sonnenglanze,
> Ist gleich dem Schilf, das kaum die Hand noch hat berührt
>   Und schon der Wind entführt.

Aber was machte es? Haben wir, wenn auch die Liebe entschwunden ist, weniger geliebt?

> Nichts will ich wissen, nichts! Ob blühend die Gefilde,
> Ob zustößt dies wie das dem Menschen-Götzenbilde,
> Noch ob der Himmel wird beleuchtet baldigst haben,
>   Was unter ihm begraben.

Ich sag' mir bloß: „Am Ort dahier, in jener Stunde
Werd ich geliebt und hab geliebt; am Grunde
Der Seele ruht der Schatz: wird mir das Jenseits tagen,
    Will ich zu Gott ihn tragen[32]!"

Man kann sich eine schönere Form der Liebe denken als die
romantische Liebe; man kann eine Leidenschaft ersehnen, die Zeit
und Wille in ein tiefes Gefühl verwandeln. Eine große Seele kann
mit voller Überzeugung Treue schwören und den Schwur halten.
Aber man darf die Handlungen des Künstlers und die der andern
Menschen nicht auf den gleichen Waagschalen wägen. Jeder Künstler ist ein erhabener Komödiant, der das Bedürfnis hat, und er weiß
dies, über die erträglichen Gefühle hinauszugehen, damit sein Gedanke sich in etwas Reiches und Seltsames verwandelt. Ein Sitten-
prediger hat das Recht zu urteilen, Sand und Musset hätten vernünftiger leben können. Aber die besonderen Künstlerwerke, die
aus ihren Irrtümern entstanden, wären dann nicht möglich gewesen.
Musset kannte, bevor er mit George Sand zusammentraf, wohl die
Sinnenlust, nicht aber die Leidenschaft; er konnte die *Ballade
an den Mond* schreiben, aber nicht das Zwiegespräch Camilles mit
Perdican. Und aus diesem Grunde vermögen wir nicht zu bedauern,
daß in einem von Gespenstern bewohnten Zimmer hoch über dem
roten Venedig, dessen Lärm und dumpfer Geruch von fauligem
Wasser zu ihnen hinaufstiegen, zwei geniale Liebende in Herzens-
ängsten verbrachten und einander zerfleischten. Ohne Zweifel lag
in ihren Aufschreien ein gewisser Überschwang und eine gewisse
Verstellung in ihrer Raserei.

Wer aber weiß denn, wie Gott schafft?
Wer weiß denn, ob der Woge Kraft,
Der Schrei aus grenzenlosen Gründen,
Gewitterdonner, Blitzezünden,
Herr, nicht notwendig sind, auf daß
Die Perl' entsteht aus Meeresnaß[18]?

FÜNFTER TEIL

Propheten und Poeten

I

MICHEL VON BOURGES

*Siehst du, immer mehr fühle ich,
daß man so recht nur den lieben
kann, den man nicht achtet.*

MARIE DORVAL

Nohant. Ende März 1835. Wie schön ist der Garten an diesen
ersten Frühlingstagen. Frau Dudevant, ziemlich trübgestimmt,
setzt sich auf eine Bank inmitten des Immergrüns und der Hyazinthen, um Briefe von Sainte-Beuve zu lesen: Vorwürfe, Aufmun-
terungen, Hinweise. Sainte-Beuve verweist sein Beichtkind an
Gott. Buloz dagegen ist aufs höchste verwundert, weil sie ihn um
Platon und den Koran gebeten hat. Er hat Angst vor all diesem
„mystischen Kram“, der sich über sein Haupt und über die *Revue*
ergießen wird. „Schreiben Sie George“, sagt er zu Sainte-Beuve,
„sie solle nicht zuviel in Mystik machen. Ach, hätte ich ihr doch
die Bücher nicht geschickt! Aber ich habe es nicht gewagt, denn sie
würde dann wütend.“

Buloz hatte nicht unrecht, Furcht zu hegen. Seine Romanautorin
„machte in Mystik“. Zwar war es nicht mehr die Mystik der Liebes-
leidenschaft. George versicherte, lieber werde sie sich eine Kugel
durch den Kopf jagen, als noch einmal das Leben der letzten drei
Jahre von neuem zu beginnen. „Nein, nein ... weder die zärtliche
und dauerhafte noch die blinde und stürmische Liebe. Glauben Sie,
ich könnte die erste einflößen und ich wäre geneigt, die zweite zu
erdulden? Alle beide sind schön und köstlich; aber ich bin für alle
beide zu alt[1].“ Erschreckt durch die Liebe nach so vielen Miß-
erfolgen, wünscht sie ihre Genesung anderswo zu finden. Wo? Wie?

Bei Gott, wie einst im Kloster und wie Sainte-Beuve es anrät? Sie möchte es; sie hat nicht aufgehört, diesen unbekannten Gott zu lieben, den sie dort fühlt, jenseits der Gestirne, in den melancholischen Nächten, da beim schwachen Schimmer der Sterne im Park von Nohant alles Stille, Geheimnis, Finsternis wird. Aber sie ist nicht mehr im Zustand der Gnade; sie fühlt sich sterbenstraurig und denkt: „Gott liebt mich nicht und kümmert sich nicht um mich, denn er läßt mich ja schwach, unwissend und unglücklich auf Erden[2]..." Nachdem die Liebe sich von ihr abgewandt hat, wendet auch der Himmel sich von ihr.

Von dem, was Sainte-Beuve ihr schreibt, behält sie nur zwei Worte: *Entsagung, Aufopferung*. Sie möchte sich irgendeiner großen Sache hingeben, die Überfülle an Kraft verbrauchen, die sie erstickt, sich von ihrer Selbstsucht und ihrem Stolz losreißen. Dieses Verlangen bleibt unklar und ohne Ziel. Wem sollte sie sich weihen? Die Kinder sind fern, Maurice im Gymnasium, Solange in der Pension. Das „Dickerchen" ist ein *Enfant terrible* geworden, das keinem Menschen gehorcht; aber man kann ihm nicht böse sein, denn es ist so drollig und schön. Und Maurice ist ein Gefühlsmensch, der immer an Mutters Schürze hängen möchte. Gern möchte sie ihn nach Nohant zurückholen; aber sie weiß, daß sie dann wegen der Erziehung ihres Sohnes einem ständigen Konflikt mit Casimir Tür und Tor öffnen würde. Dutheil, der in La Châtre ihr Anwalt und einer ihrer Vertrauten ist, gibt Aurora den Rat, mit ihrem Mann dadurch Frieden zu schließen, daß sie „seine Geliebte" würde. Dieser Vorschlag flößt ihr Abscheu ein: „Eine Vereinigung ohne Liebe zu erwägen, ist unwürdig. Eine Frau, die ihren Mann in der Absicht umwirbt, sich seines Willens zu bemächtigen, tut das gleiche, was die Prostituierten tun, um ihr Brot zu verdienen, und die Kurtisanen, um im Luxus leben zu können[2]." Dutheil machte die Belange der Kinder geltend; sie setzte den Argumenten einen eingewurzelten Instinkt des Widerwillens entgegen. Es war nicht etwa so, daß ihr Mann ihr mehr als andre Männer einen körperlichen Abscheu oder eine moralische Abneigung eingeflößt hätte; aber sie war der Meinung, eine Frau dürfe sich nicht wie eine Sache hingeben: „Körper und Geist bilden bei uns eine Einheit... Wenn der Körper Funktionen hat, die die Seele überhaupt nichts angehen, wie essen und verdauen, kann sich dann die Liebe mit solchen Funktionen gleichstellen? Allein der Gedanke daran ist empörend[2]."

Casimir zu verführen kam also nicht in Frage; es blieb daher nur noch übrig, ihn auszuschalten. Sie ersehnte glühend eine Scheidung, wodurch sie endlich wieder Herr im eigenen Hause werden würde. Dudevant seinerseits war das Landleben ziemlich leid, und er zeigte sich durchaus nicht dem Gedanken abgeneigt, nach Paris zu gehen und dort als Junggeselle zu leben. Ein vorläufiger „Trennungs"-Vertrag wurde aufgesetzt. Aurora sollte Nohant behalten; Casimir würde das Hôtel de Narbonne, das große Haus in der Rue de la Harpe, bekommen, das sechstausendsiebenhundert Franken an Mieten einbrachte. Hiervon würde er die Pension für Maurice, der ihm anvertraut werden sollte, die Abgaben und den Pförtner bezahlen; Aurora wollte sich Solanges annehmen. Dieser Vertrag sollte im November 1835 in Kraft treten. Doch kaum war er unterzeichnet, bereute Casimir ihn bereits; er konnte sein kleines Königreich von Nohant nicht verschmerzen und glaubte, durch seine Abdankung einen reichlich römischen Heroismus zu bezeigen. Seine Frau lehnte es ab, ihn tragisch oder selbst ernst zu nehmen. „Mein Streben ist auf die Freiheit gerichtet, und mein Sinn steht danach, von niemandem eine Gabe oder eine Gunst anzunehmen, selbst wenn man mir von meinem eigenen Geld ein Almosen gibt[3]..." Vor allem wollte sie nicht, daß sich „der Baron" in den Augen der Kinder, an deren Achtung ihr gelegen war, als Opfer aufspielen könnte. Was sollte sie nun tun? Dutheil riet ihr, in Bourges einen bereits berühmten Anwalt um Rat zu befragen, Louis-Chrysostome Michel, genannt „Michel von Bourges", einen vertrauten Freund Planets.

George Sand war gespannt auf diesen wilden Republikaner, das Orakel der Departements Cher und Indre, den ungekrönten König Aquitaniens. „Michel meint... Michel will... Michel sagt..." Dutheil, Planet und Rollinat führten diese Worte ständig mit seltsamem Respekt im Munde. Michel von Bourges schien südlich der Loire unbestrittener Führer der Opposition gegenüber dem Regime zu sein, und er übte auf die Liberalen dieser Provinzen einen gleichsam despotischen Einfluß aus. Obwohl er erst siebenunddreißig Jahre alt war, sah er wie ein kleiner gebeugter Greis aus, kahlköpfig, mit einem seltsam gebildeten Kopf, der aus zwei aneinandergeschweißten Schädeln zu bestehen schien. Ein bleiches Gesicht, prächtige Zähne, die kurzsichtigen Augen von wunderbarer Sanftheit. Lamartine hat ihn beschrieben: „Ein Mensch aus Granit... dessen Umrisse, rechtwinklig zugehauen wie die der gallischen Statuen, etwas Grobes und Primitives an sich haben; bleiche und hohle Wangen; welker Kopf auf hohen Schultern; tiefe, ernste und hohlklingende Stimme[4]."

Sohn eines armen und von der Gegenrevolution hingemordeten Holzfällers aus dem Var, war Michel als Bauer aufgewachsen. Er trug noch immer einen unförmlichen weiten Überrock und plumpe Stiefel; da er kränklich war und fieberte und es ihn zu jeder Jahreszeit fror, knotete er um seinen Kopf drei Tücher, die als Kopfbedeckung phantastisch wirkten. Unter diesem bäuerischen und herausfordernden Aufputz bemerkte man ein feines, stets weißes und frisches Hemd. Dieser gefürchtete Tribun besaß ein kokettes Wesen; er liebte die Frauen. Sein wirksames Verführungsmittel war die Beredsamkeit. Er wurde beinahe schön, wenn er sprach.

Am 7. April 1835 ließ er von sieben Uhr abends bis ein Uhr in der Frühe auf den Pflastern von Bourges für George Sand, Planet und Fleury, den Gallier, ein blendendes Feuerwerk los. George war gekommen, um ihn wegen ihrer Angelegenheiten zu Rate zu ziehen, aber er sprach mit ihr nur über *Lelia* und suchte sie für seine Ideen zu gewinnen. Es war eine wunderbare Frühlingsnacht, und im Mondenschein promenierten sie in Bourges, dieser ernsten und stummen Stadt, umher. Michel redete bis zum Tagesanbruch.

Es war eine gedankenvolle Musik, die einem die Seele erhebt zu himmlischen Betrachtungen und einen mühelos und ohne Widerstreit durch ein logisches Band und einen sanften Klang der Stimme zu den Dingen der Erde und zum Odem der Natur zurückführt[2] ...

Worum ging es? George Sand mit der Sache der militanten Revolution zu verbinden. Sie ihrem „sozialen Atheismus" zu entreißen. Sie von ihrem geistigen Hochmut zu heilen, der eine abstrakte Vollkommenheit verlangte und die Tat verschmähte. George war fasziniert, und da sie Gefallen an dem Gefühl fand, besiegt zu sein, verteidigte sie sich nur schlecht. Michel hatte für sie das große Spiel gespielt. Er bewunderte *Lelia;* George aber gefiel ihm weit mehr. „Niemals", so sagte Planet zu ihr, „habe ich ihn so gesehen. Schon ein Jahr lebe ich an seiner Seite, und erst heute abend habe ich ihn wirklich kennengelernt. Ihnen hat er sich endlich ganz eröffnet; er hat all seinen Verstand und all sein Gefühl aufgewandt." Sie berichtete von dieser Begegnung auf ihre Art. *An Gustave Papet:* „Ich habe Michel kennengelernt, der mir versprochen hat, bei der ersten Gelegenheit ließe er mich guillotinieren ..." *An Hippolyte Châtiron:* „Ich habe Michel kennengelernt, der mir so recht das Zeug zu haben scheint, einen Volkstribunen abzugeben. Ich denke, falls es einen Umsturz geben sollte, wird dieser Mann viel von sich reden machen[3]."

Nach den Erlebnissen mit Musset und Pagello hatte George in ehrlicher Überzeugung geglaubt, von den Leidenschaften der Liebe geheilt zu sein. O Einfalt! Ist man jemals von den Leidenschaften geheilt, solange noch Hoffnung und Jugend verbleiben? Sie war wie ein braves Streitroß, das nach dem Kampf glücklich ist, die Ruhe der Weideplätze wiederzufinden, das aber, sobald die Trompete in der Ferne erklingt, über die Absperrungen hinwegsetzt und dem Kanonendonner entgegengaloppiert. Ihr erschien die Selbsthingabe, falls sie selbstlos und von einem starken Gefühl begleitet war, gerechtfertigt, selbst wenn sie unverzüglich erfolgte. Ihre Begegnung mit Michel fand am 7. April statt; es existiert ein mit Email inkrustierter Ring, den sie ihm zur Erinnerung an ihre ersten Zärtlichkeiten schenkte und der das Datum trägt: *9. April 1835.* War er zudem ein neuer Geliebter? Nein, denn er war es, „den sie seit dem Tage liebte, da sie geboren ward, durch alle Menschen hindurch, bei denen sie einen Augenblick lang geglaubt hatte, ihn zu finden und zu besitzen[5]".

Dennoch bewahrte sie, wenn sie ihm lauschte, die Freiheit ihres Urteils und ihren gesunden Menschenverstand in der Art Franklins. Die instinktive politische Denkweise Sands bestand völlig aus Liebe und Gerechtigkeit; Michels Politik aber hatte die Macht als Ziel, die Guillotine als Mittel. Als sie nach Nohant zurückgekehrt war, begann sie für ihn (wobei sie ihm den Namen *Everard* gab) den *Sechsten Brief eines Reisenden,* der für ihn des Lobes voll, zugleich aber rebellisch ist. War er, Michel, ein Philanthrop?

Die Philanthropie schafft barmherzige Schwestern. Ruhmsucht aber ist etwas andres und bringt andre Geschicke hervor. Erhabener Heuchler, schweige darüber bei mir. Du verkennst dich, wenn du den unerbittlichen und unheilvollen Hang, zu dem der Instinkt deiner Kraft dich hinzieht, für das Gefühl der Pflicht hältst. Ich aber weiß, daß du nicht zu jenen gehörst, die Pflichten beachten, sondern zu denen, die sie andern auferlegen. Du liebst die Menschen nicht, du bist ihnen nicht Bruder, denn du bist nicht ihresgleichen. Du bist eine Ausnahme unter ihnen, du bist ein geborener König[6]...

Sie aber wollte nur ein Dichter sein; sie wußte, daß die größten Tatmenschen ihre Ruhmestaten auf Sand schreiben und daß der Windstoß, der Sulla herbeiführt, die Erinnerung an Marius verwischt.

Er setzte ihr zu. Was nur mache sie aus ihren Kräften? Liebesromane. Weiter nichts. Sie war bereit anzuerkennen, daß ihr Leben voller Fehler gewesen war, aber diesen vergangenen Irrtümern maß sie wenig doktrinäre Bedeutung bei. „Alle, die mich seit langem kennen, lieben mich genügend, um mich mit Nachsicht zu beurteilen und mir das Leid zu verzeihen, das ich mir habe zufügen können. Meine Schriften haben niemals im geringsten Schlußfolgerungen gezogen, und so haben sie weder etwas Gutes noch etwas Schlechtes angerichtet[6] ..." – „Wann dann aber die Schlußfolgerung?" fragte er ungeduldig. „Und wenn du stirbst, ohne zu einer Schlußfolgerung gelangt zu sein?" Sie liebte es, von dieser Kraft angetrieben zu werden. Zum ersten Male hatte sie mit einem Manne zu tun, der willensstärker war als sie. Er nannte sie: „Dummkopf!" Das war ein völlig neues Empfinden. Sie streichelte seine hohe kahle Stirn; wie gern hätte sie Michel alt und krank gesehen, um ihn pflegen zu können. Aber er war tatsächlich krank vor unbefriedigtem Ehrgeiz. Sie wagte es, ihm zu sagen: „Du findest, daß die Erfüllung einer bedeutenden Bestimmung sehr lange auf sich warten läßt! Die Stunden schleichen dahin, dein Haar lichtet sich, deine Seele verzehrt sich, und die Menschheit rührt sich nicht von der Stelle[6] ..."

Ende April begab sich Michel nach Paris, um in dem großen politischen Prozeß des Jahres, dem der Aufständischen von Lyon, zu plädieren. Alle Führer der republikanischen Partei – Marie, Garnier-Pagès, Ledru-Rollin, Carrel, Carnot, Pierre Leroux und Barbès – saßen auf der Bank der Verteidigung. George wollte nach Paris reisen, um dort Michel nahe zu sein und den Verhandlungen zuzuhören. Sainte-Beuve, der von dieser neuen Liebe noch nichts wußte, warnte sie vor der Gefahr eines Wiedersehens mit Musset: „Denken Sie nur nicht, meine Freundin, Sie werden ihn nicht sehen, er werde Ihre Anwesenheit nicht erfahren und nicht kommen ... Denken Sie daran, daß Sie, wenn Sie dort sind, ihm öffnen werden und daß dann kein Dritter zwischen Ihnen stehen wird[7] ..." Sie mußte lächeln. Tatsächlich, er meinte Musset! Sie ließ sich allmählich von der politischen Leidenschaft ergreifen, die nicht weniger berauschend ist als die der Liebe. Mit Michel war die ganze republikanische Agitation in die Wohnung am Quai Malaquais eingedrungen. „Werfen wir die soziale Frage auf!" sagte jeden Abend der gute und naive Planet. „Werfen wir die soziale Frage auf!" wiederholte der junge und schöne Franz Liszt, den Musset einst George vorgestellt hatte. Um „alle Fragen" aufzuwerfen, lud Liszt den Abbé de Lamennais und George zum Essen ein; der vorsichtige Sainte-Beuve fragte sich voller Schrecken, worüber diese Erleuchteten wohl hatten reden können.

Michel, der bei der Verteidigung der April-Angeklagten seine Kräfte nicht schonte, hatte am Abend nach der Verhandlung Stunden erschreckender Beklemmung. George, die begeisterte Krankenpflegerin, war um ihn besorgt und „schloß sich mit dem Herzen diesem Wesen an, das unvergleichlich war[2]". Sobald es Michel besser ging, begann er ein neues Plädoyer, und dieses war dazu bestimmt, George zu bekehren. Gewiß, sie war nicht feindselig eingestellt; sie haßte wie er das Juste-Milieu, das herrschende Regierungssystem; sie war in verschwommener Weise Bonapartistin in dem Maße, wie Napoleon die Revolution verkörpert hatte; seit ihrer Jugend war sie republikanisch gesinnt gewesen, aus Haß gegen die „alten Komtessen", und eine Freundin des Volkes infolge Vererbung von ihrer Mutter Seite her. Sie stimmte der Gleichheit des Besitzes zu, faßte sie aber als eine Teilnahme am Glück auf, nicht als eine Zerstückelung des Eigentums, „die die Menschen nur dann hätte glücklich machen können, wenn sie sie zu Barbaren machte[2]." Die Gesellschaftsform, die sie Michel eines Nachts auf dem Pont des Saints-Pères verkünden hörte, während der Widerschein der Lichter vom Schloß auf den Bäumen der Tuilerien tanzte, war das System Babeufs, war die Verschwörung, um der Ungleichheit durch Gewalt ein Ende zu machen. In Träumereien verloren, erfreute sich die Schloßherrin von Nohant an der entzückenden Nacht, den verschwommenen Klängen eines fernen Orchesters und dem „sanften Schein des Mondes, der sich mit dem Lichterspiel des königlichen Festes im Wasser widerspiegelte", als sie durch die Stimme Michels aus dieser Betrachtung gerissen wurde: „Ich aber sage euch", schrie er, „um eure verderbte Gesellschaft zu verjüngen und zu erneuern, muß das Wasser dieses schönen Flusses rot sein von Blut, muß dieser verfluchte Palast in Schutt und Asche gelegt und diese große Stadt, über die eure Augen schweifen, zu einem nackten Gestade werden, auf dem die Familie des Armen den Pflug führen und ihre Hütte erbauen wird!"

In jener Nacht zerschlug er seinen Spazierstock an den Mauern des alten Louvre und eiferte derart lärmend, daß Sand und Planet, betrübt und abgeschreckt, ihm den Rücken kehrten und sich zum Quai Malaquais begaben. Er folgte ihnen, George anflehend, sie möge ihn noch anhören. Das Wortgefecht begann an jedem der folgenden Tage von neuem. Sie beklagte sich über die geistige Tyrannei, die Michel auszuüben gedachte. Sie glaubte an Mäßigung und Liebe eher als an Gewalt. Sie war Michel dafür dankbar, daß er sie das Ideal vollkommener Gleichheit hatte erschauen lassen, aber sie befürchtete, daß so viel hinreißende Beredsamkeit nur zu unüberlegten Handlungen und zu Gewalttätigkeiten führen werde. Mit ihrem anspruchsvollen gesunden Menschenverstand fragte sie, *welche* Gesellschaft er denn erbauen wolle? Welches war sein Plan? „Wie sollte ich es wissen?" antwortete er. Er werde sich von den Ereignissen leiten lassen. „Die Wahrheit offenbart sich nicht den Denkern, die sich in die Gebirgseinsamkeit zurückgezogen haben.

Um die Wahrheiten zu finden, die sich auf die werktätigen Schichten anwenden lassen, muß man sich vereinen und handeln."

Er warf George ihre Ungeduld vor. „Schnell, schnell", sagte er ironisch, „gebt das Geheimnis Gottes Herrn George Sand, der nicht warten will." Sicherlich, sie konnte die Arme kreuzen und sich so ihre kostbare Freiheit bewahren. „Aber die Wahrheit setzt sich bei den Ausreißern nicht hinten aufs Pferd und galoppiert nicht mit ihnen... Der göttliche Philosoph, an dem du hängst, wußte das recht gut, als er zu seinen Jüngern sagte: *Wo zwei oder drei versammelt sind in meinem Namen, da bin ich mitten unter ihnen.* Mit den andern also muß man suchen und beten[2]..." Als sie ihm eines Morgens antworten wollte, bemerkte sie, daß er fortgegangen war und sie eingeschlossen hatte. Mehrere Male hielt er sie so einen ganzen Tag lang gefangen. „Ich schließe dich ein", sagte er lachend, „um dir die Zeit zum Nachdenken zu geben."

Anfangs fand sie einiges Wohlgefallen daran, so angetrieben zu werden; dennoch wurden ihre Anschauungen dadurch nicht im mindesten umgewandelt. Stets hatte sie gedacht, daß die Letzten die Ersten sind, daß die Unterdrückten mehr wert sind als die Unterdrücker und die Sklaven mehr wert als die Tyrannen. „Es ist ein alter Haß, den ich gegen all das empfinde, was sich auf tönernen Stufen erhebt." Immerhin blieb dieser Haß passiv. Außer einigen Anflügen kriegerischen Eifers fiel George in ein völlig poetisches Dasein zurück. Aus Liebe zu Michel bekannte sie sich schließlich zwar nicht zu seiner Lehre, wohl aber zu seiner Fahne:

Leider, und darauf mache ich Sie aufmerksam, bin ich nur dazu geeignet, brav und getreu einen Befehl auszuführen. Ich kann handeln, nicht aber Entschlüsse fassen, denn ich weiß nichts und bin in allem unschlüssig. Ich kann nur gehorchen, indem ich die Augen schließe und mir die Ohren zuhalte, um nichts sehen und nichts hören zu müssen, was mich abspenstig macht; ich kann mit meinen Freunden marschieren, wie der Hund, der seinen Herrn mit dem Schiff abfahren sieht und in die Fluten springt, um ihm zu folgen, bis er dann vor Erschöpfung stirbt. Das Meer ist groß, o meine Freunde! und ich bin schwach. Ich bin nur dazu gut, einen Soldaten abzugeben, und ich bin nicht einmal fünf Fuß groß... Vorwärts also, mögen auch die Farben Ihres Banners sein, wie sie wollen, wenn nur Ihre Phalangen sich stets der republikanischen Zukunft entgegenbewegen. Ich bin nur ein armes Soldatenkind, nehmen Sie mich mit[6].

Um aus dem Soldatenkind einen Soldaten für die Revolution zu machen und zugleich dem Herzen und dem Geiste Sands Genüge zu tun, hätte es eines Propheten bedurft, der größere Inbrunst zeigte als Michel, und der es auch verstanden hätte, Christentum und Sozialismus zu vereinen.

II

NEUE FREUNDE

Freundschaften erneuern sich ebenso langsam, aber ebenso notwendig wie Humusschichten. Der eine stirbt, ein anderer gleitet aus unsrer Welt, ein dritter dringt in sie ein und führt eine neue Schar herbei. Zur Zeit ihrer Ankunft in Paris hatten die Berrichonner Regnault und Fleury Frau Dudevant umgeben; Latouche und Sainte-Beuve waren ihre Vertrauten gewesen. Der Bruch mit Sandeau hatte Balzac und Regnault entfernt; dann hatte die Leidenschaft ringsum die Leere geschaffen. Als Musset schied, ließ er Franz Liszt zurück, den er zum Quai Malaquais mitgebracht hatte. Es gab viele Gründe dafür, daß Liszt, ein genialer Musiker, George Sand gefiel. Durch ihre Großmutter geformt, verstand sie instinktmäßig die beste Musik. Aber es gab da noch mehr. Wie George war Liszt in seiner Jünglingszeit ein Mystiker gewesen; mehr als sie bewahrte er eine glühende Frömmigkeit; gleich ihr empfand er ein zärtliches Mitgefühl für die Unglücklichen; wie sie verband er aristokratische Manieren mit demokratischen Anschauungen; wie sie besaß er den Erkenntnisdrang, las die Dichter, die Philosophen und erstrebte edle Gefühle. Liszt war sieben Jahre jünger als Sand; seine Augen sprühten; sein seidiges Haar wallte, wenn er am Klavier saß und spielte. Sie hätte ihn schon lieben können.

Die Pariser Klatschzungen behaupteten, sie habe ihn geliebt. Musset war einen Augenblick lang eifersüchtig auf Liszt; Aurora und Franz stritten es stets ab, und sie führten beide ziemlich offen ein so ungebundenes Leben, daß man ihnen glauben konnte. Liszt bewunderte die Romane Sands und lobte ihre romantische Auffassung von der Liebe; doch die „Corinna vom Quai Malaquais" flößte ihm nicht im geringsten ein sinnliches Begehren ein. Und sie: „Wenn ich Herrn Liszt hätte lieben können", schrieb sie, „würde ich ihn mit allem Ungestüm geliebt haben. Aber ich konnte es nicht... Es täte mir sehr leid, wenn ich Trauben möchte, denn

wenn ich sie möchte, würde ich sie essen, aber ich kann sie nicht ausstehen[8] ... Zudem dachte Liszt „nur an Gott und die Heilige Jungfrau, die mir nicht unbedingt ähnelt. Guter und glücklicher junger
Mann[8]!" Muß man da einen Anflug von Verärgerung erblicken? Hin-
gen die Trauben ihr doch zu hoch? Tatsächlich liebte Franz eine andre
Frau, die Gräfin d'Agoult, Enkelin des deutschen Bankiers Beth-
mann und Tochter des Grafen de Flavigny, eine Frau mit goldenem
Haar, blauen Augen, zart bis zur Durchsichtigkeit, „geradgewach-
sen wie eine Kerze, weiß wie eine Hostie" und bereit zu allen Kühnheiten der romantischen Leidenschaft.

Musset hatte Liszt der Sand vorgestellt; Liszt wiederum bewirkte
das Zusammentreffen Sands mit dem Abbé Félicité de Lamennais,
dem er eine kindliche Zuneigung entgegenbrachte. Er liebte
seine begeisterte Beredsamkeit, seine Kühnheit, für seine Ideen sich
aufzuopfern, seine trockene und finstere Melancholie, den Wechsel
von Heftigkeit und Zärtlichkeit. Dieser bretonische Priester, naiv
und halsstarrig, von sehr edlem Herzen und mit einem unersättlichen
Verlangen, geliebt zu werden, war ein leicht verletzbares „Kräut-
chen Rühr-mich-nicht-an", reizbar und bärbeißig. Sehr spät war
bei ihm die Berufung erfolgt. Im Alter von zweiundzwanzig Jahren war er zum ersten Male zur Kommunion gegangen, nach einer
langen Krise des Unglaubens. „Das Leben", so sagte er, „ist gleichsam ein trübes Mysterium, dessen Geheimnis der Glaube ist." Der
Ausspruch war schön, die Lehre blieb konfus. In der Kirche hatte
Lamennais anfangs die Verteidigung des Geistes gegen die Willkür-
mächte erblickt. Alles gehört Cäsar, außer den Seelen. Als dann
die Revolution von 1830 in ihm ein dringendes Verlangen nach Reformen entwickelt hatte, da hatte er darauf hingewiesen, daß es
stets die Aufgabe der Kirche gewesen sei, sich den großen historischen Strömungen anzupassen und sie zu sanktionieren. Der Katholizismus im 19. Jahrhundert sollte also liberal, sozial, demokratisch
sein. Lamennais, der plebejische Prophet, hielt sich dazu berufen,
die Kirche zu erneuern. Von Rom verleugnet und verdammt, aus
der Gemeinschaft der Gläubigen ausgeschlossen, war er ernüchtert
und bitter geworden. „Ich möchte mit mir selbst brechen können",
sagte er. Er bewohnte in der Rue de Rivoli eine Kammer und
träumte davon, sich ein Verlies bauen zu lassen, auf dessen Turm
man „eine zersplitterte Eiche" sehen würde, „vom Blitz zerschmettert, mit der Devise: *Ich zerbreche, beuge mich aber nicht*". „Er hatte
nicht die Kraft", sagte Sainte-Beuve, „jene Verfolgung zu ertragen,
die peinvollste von allen, die Pascal die Verfolgung des Totschwei-
gens nennt."

Sainte-Beuve bewunderte zwar Lamennais, aber mit der an ihm

gewohnten Strenge urteilte er auch über den Hochmut dieses „Geistespapstes", der als Zuhörer nur junge Enthusiasten wie Liszt gebrauchen konnte und „Menschen, die an nichts glauben", nur solche nannte, die nicht an ihn selbst glaubten. Er wies auf seine Maßlosigkeit im Denken und seine Leichtgläubigkeit hin, Eigenschaften, worin er La Fayette ähnelte. Von kleiner, hagerer, schmächtiger Gestalt, „mit einem riesigen, auffallend ungleichförmigen Kopf, verlegenem und gezwungenem Verhalten, einer unendlichen Häßlichkeit und einem Blick, in den die Kurzsichtigkeit eine trügerische Sanftheit hineinlegte", verachtete Lamennais die Frauen und sagte, es gäbe nicht eine, die einer vernünftigen Erwägung länger als eine Viertelstunde folgen könne. Dennoch bezauberte er George Sand. Er brachte ihr die Mischung von religiösem Glauben und sozialer Überzeugung, deren sie bedurfte, um sich ihren neuen sozialistischen Freunden anzupassen. Sie stimmte Lobeshymnen auf Lamennais an: „Niemals hat es auf Erden ein zärtlicheres Herz, eine väterlichere Fürsorge, eine engelhaftere Geduld gegeben..." Es ist schon ein bedeutendes Zeichen von Großherzigkeit, wenn man so freigebig bewundern kann.

Liszt hielt sich in La Chesnaie in der Bretagne lange bei dem Abbé auf und schilderte George dessen abgetragenen Überrock, seine groben, blauen Bauernsocken und den völlig abgenutzten Strohhut. Er berichtete auch von den Fortschritten seiner Liebe zur Gräfin d'Agoult. Liszts Wunsch war es, daß Marie den Grafen verließe, so wie Aurora es getan hatte, und mit ihrem Geliebten vor aller Augen zusammenlebe. Im Juni 1835 triumphierte er. „Es ist eine letzte und harte Prüfung", sagte die Gräfin, „aber meine Liebe ist ein Glaube, und mich dürstet es nach Märtyrertum." Sie war von Liszt schwanger und erwartete für den Dezember ein Kind. George war gerührt, als sie sah, daß eine solche Frau sich wie die Heldinnen ihrer Romane verhielt.

George Sand an Marie d'Agoult: Meine schöne Komtesse mit dem schönen Blondhaar. Ich kenne Sie zwar nicht persönlich, aber ich habe Franz von Ihnen erzählen hören und Sie von fern gesehen. Ich glaube, daß ich Ihnen danach, ohne töricht zu erscheinen, sagen kann, daß ich Sie liebhabe, daß Sie mir das einzig Schöne, Achtenswerte und wahrhaft Edle zu sein scheinen, das ich in der patrizischen Welt habe erstrahlen sehen. Sie müssen in der Tat schon sehr gewaltig sein, mich vergessen zu lassen, daß Sie eine Gräfin sind. Aber jetzt sind Sie für mich der wirkliche Typus der Märchenprinzessin ... So sehe ich Sie, und ich will Sie liebhaben, so wie Sie sind, und wegen dem, was Sie sind ...

Ich trage mich mit der Hoffnung, Sie zu besuchen, als einem der lieblichsten Pläne, die ich je in meinem Leben gehegt habe. Ich stelle mir vor, daß wir uns wirklich liebhaben werden, Sie und ich, wenn wir einander besser kennen. Sie sind tausendmal mehr wert als ich[3] ...

Ein entzückender Brief, und doch waren die beiden Frauen nicht danach beschaffen, einander zu verstehen. Frau d'Agoult hatte sich, wie Frau Dudevant, von einer Familie und einer Gesellschafts-schicht freigemacht. George aber liebte tatsächlich die Unabhängig-keit; Marie sehnte sich nach ihrer gesellschaftlichen Stellung zurück. Sand, Cousine von Königen, rühmte sich ihres Großvaters, der ein Vogelhändler gewesen war; Marie erinnerte solche, die es vergaßen, daran, daß sie eine geborene Flavigny war. Sand lief gern über die Felder in blauem Kittel und in Männerhosen; Frau d'Agoult fühlte sich, wie Liszt sagte, erst in Kleidern wohl, die tausend Franken gekostet hatten. George schweifte von Mann zu Mann und von Hoffnung zu Hoffnung; Marie hingegen, als sie einmal der Leiden-schaft nachgegeben hatte, trachtete danach, den Ehebruch durch Treue zu legitimieren. „Ich beneide Sie nicht", schrieb ihr Sand, „aber ich bewundere und achte Sie, denn ich weiß, daß dauerhafte Liebe ein Diamant ist, der in einen Behälter aus reinem Gold gehört, und Ihre Seele ist dieser kostbare Schrein[3]."

Liszt brachte seine Gräfin mit zum „Speicher" am Quai Mala-quais. Sie hatte ein langes, mageres Gesicht, das von Locken nach englischer Mode verschleiert war. Im Profil sah ihre Gestalt aus, als wäre sie „zwischen zwei Türen zerquetscht worden"[9]. George lobte nicht ohne eine unmerkliche Ironie die „Peri im blauen Ge-wand", die geruht hatte, aus ihrem Paradies zu einer Sterblichen hinabzusteigen. Sie nannte sie nur noch *die Prinzessin* oder *Ara-bella*. Die erste Berührung war nicht sehr günstig gewesen.

George Sand an Marie d'Agoult: Das erste Mal, da ich Sie sah, habe ich Sie hübsch gefunden, aber Sie waren kalt; das zweite Mal habe ich Ihnen gesagt, daß ich den Adel verabscheue. Ich wußte nicht, daß Sie ihm angehören. Anstatt mir eine Backpfeife zu geben, wie ich es verdiente, haben Sie mir von Ihrer Seele gesprochen, als ob Sie mich seit zehn Jahren kennten. Das war edel, und ich verspürte sofort das Verlangen, Sie liebzuhaben; aber noch liebe ich Sie nicht. Und zwar nicht deswegen, weil ich Sie noch nicht genügend kenne. Ich kenne Sie bereits so sehr, wie ich Sie in zwanzig Jahren kennen werde. Aber Sie kennen mich noch nicht zur Genüge. Da ich nicht weiß, ob Sie mich so lieben werden können, wie ich in Wirklichkeit bin, will ich Sie noch nicht lieben ... Stellen Sie sich vor, meine liebe Freundin, meine größte Pein ist meine Schüchternheit. Das hätten Sie wohl nicht geahnt? Alle Welt traut mir Geist und einen sehr kühnen Charakter zu. Man täuscht sich. Mein Geist ist gleichgültig, und von Charakter bin ich grämlich[3] ...

Sie fügte noch hin: „Sie müssen es sehr schnell so einrichten, daß ich Sie liebgewinne. Das wird sehr leicht sein. Zunächst habe ich Franz gern. Er hat mir gesagt, ich solle Sie lieben. Er hat mir für Sie zugesagt wie für sich." Der Ton des Briefes war kaum herzlich, aber die beiden Katzen zogen ihre Krallen ein, und als Liszt und Frau d'Agoult zusammen in der Schweiz weilten, wohin sie, dem Faubourg Saint-Germain die Stirn bietend, ihre Liebe getragen hatten, wurde der Briefwechsel fortgesetzt. Mit einem unklaren Vergnügen erriet George aus den Briefen, in denen Liszt etwas zu betont sein vollkommenes Glück beteuerte, daß er sich in Genf langweilte. „Wenn Sie kommen", schrieb er, „werden Sie mich fürchterlich stumpfsinnig antreffen." Das stimmte nicht; niemals zuvor war er so inspiriert gewesen wie dort; aber Künstler sind ebenso kokett wie Frauen. Die Liebenden von Genf lasen von neuem *Lelia*, wobei sie pikante Schlüsse auf das Temperament der Autorin zogen, vergötterten ihr Töchterchen Blandine, das am 18. Dezember 1835 geboren worden war, und litten unter der Mißbilligung, die in einer puritanischen Gesellschaft Liebesbünde trifft, welche sich der bürgerlichen Ordnung entziehen. In diesem Brief forderten beide George auf, nach der Schweiz zu kommen. Sie aber mußte vorher ihre eigenen Angelegenheiten regeln.

III

DER SCHEIDUNGSPROZESS

Der Vertrag, den Aurora Dudevant im Februar 1835 mit ihrem Manne abgeschlossen hatte, sollte im November rechtskräftig werden, aber Casimir zeigte sich unschlüssig und reizbar. Die neuen politischen Freundschaften seiner Frau mißfielen ihm. Immer häufiger wurden die ehelichen Streitigkeiten. Aurora wollte Casimir, der sie ruiniere, wie sie sagte, die Verwaltung ihrer Güter entziehen. Sie willigte ein, ihn zu unterhalten, selbst nach einer Trennung. „Du kannst dir doch denken", schrieb sie an Hippolyte, „daß ich meinen Mann, so wenig nett er auch ist, nicht im Elend verkommen lassen werde... obwohl er, selbst wenn er es mit zwanzig Franken verhindern könnte, mich einfach krepieren ließe[10]."

Am 19. Oktober 1835 spielte sich ein Auftritt ab, der an sich nicht von großer Bedeutung war, jedoch den Bruch bewirkte. Als nach dem Diner die Familie und die Freunde im Salon bei der Tasse Kaffee zusammensaßen, bat Maurice nochmals um Creme. „Es ist keine mehr da", antwortete sein Vater. „Scher dich raus und geh in die Küche." Der Junge flüchtete sich zu seiner Mutter. Es folgte eine Auseinandersetzung, bei der Aurora ruhig blieb, Casimir sich aber vom Zorn hinreißen ließ. Er befahl auch seiner Frau, hinauszugehen; sie antwortete, sie sei hier bei sich zu Hause. „Das werden wir sehen", sagte er, „mach, daß du hinauskommst, oder ich ohrfeige dich!" Die anwesenden Freunde, Dutheil, Papet, Fleury, Rozane und Alphonse Bourgoing, legten sich ins Mittel. Rasend vor Wut, ging Casimir zu der Stelle, wo sich seine Waffen befanden, und schrie: „Das muß ein Ende nehmen!" Dutheil sah, wie er ein Gewehr nahm, riß es ihm aus den Händen und machte ihm ernste Vorwürfe. „Wenn ich gereizt bin", sagte Casimir, „kenne ich mich nicht mehr und hätte selbst dir ein paar Maulschellen gegeben." So wurde der Streit von den Zeugen beschrieben. Wir müssen aber berücksichtigen, daß sie alle mit der Frau weit mehr befreundet waren als mit dem Ehemann, daß Dutheil in sie verliebt gewesen war und im Berry die öffentliche Meinung an ihrer aller Unparteilichkeit zweifelte. Vielleicht war der Auftritt mehr unangenehm als erschreckend. George Sand berichtete darüber auf komische Art ihrem Freund Alphonse Duplomb:

Lieber Hydrogen — du bist über das, was sich in La Châtre ereignete, schlecht unterrichtet. Dutheil hat sich niemals mit dem Baron de Nohant-Vic überworfen. Aber höre hier die wirkliche Geschichte. Der Baron hatte es sich *gewissermaßen* in den Kopf gesetzt, mich zu schlagen. Dutheil hat nicht gewollt. Fleury und Papet haben nicht gewollt. Und da hat der Baron sein Gewehr geholt, um die ganze Gesellschaft umzubringen. Die ganze Gesellschaft aber wollte nicht umgebracht werden. Dann hat der Baron gesagt: „Das genügt", und hat wieder zu trinken angefangen. So hat es sich abgespielt. Niemand hat sich mit ihm gezankt. Ich aber habe die Nase voll davon und bin es leid, zu arbeiten, um leben zu können, und das, was mir gehört, in den

Händen des Teufels zu lassen; ich bin es satt, jedes Jahr mit Komplimenten aus dem Haus gejagt zu werden, während die Frauenzimmer aus dem Flecken sich in meinen Betten breitmachen und Flöhe in mein Heim bringen, und da habe ich gesagt: „Jetzt ist Schluß", habe den hohen Richter in La Châtre aufgesucht und gesagt: „So, da wären wir[11]."

Sie eilte nach Châteauroux, um sich bei dem klugen François Rollinat Rat zu holen, dann nach Bourges, wo Michel im Schloß eine nicht allzu harte Gefängnisstrafe wegen einiger politischer Delikte verbüßte. Alle Männer des Gesetzes waren der gleichen Meinung: sie mußte die Dinge mit Nachdruck betreiben, diesen ihr von der Vorsehung gesandten Zwischenfall benutzen, um eine unverzügliche Scheidung zu erlangen, und von Casimir erwirken, daß er auf Vorladung nicht erscheine. Seine Zustimmung erschien durchaus möglich, denn der *Marito* war, solange die alte Baronin lebte, auf Unterstützungsgelder sehr angewiesen. Er willigte tatsächlich ein, sich nach Paris zu begeben, nachdem er als Bürgermeister von Nohant abgedankt hatte, und die Kinder mitzunehmen, von denen er Maurice im Gymnasium, Solange in einer Pension unterbringen sollte. Ihrer Mutter legte Aurora dringend ans Herz, Casimir gut zu behandeln, falls er sie besuche. Man dürfe sein Ehrgefühl nicht verletzen: „Er könnte mir sonst eine Schikane zufügen." Sie setzte hinzu:

Nichts wird mich daran hindern, das zu tun, was ich tun muß und tun werde. Ich bin die Tochter meines Vaters und pfeife auf die Vorurteile, wenn mein Herz mir Gerechtigkeit und Mut gebietet. Wenn mein Vater auf die Dummköpfe und die Narren dieser Welt gehört hätte, wäre ich nicht die Erbin seines Namens; es ist ein großes Vorbild von Unabhängigkeit und väterlicher Liebe, das er mir hinterlassen hat. Ihm werde ich es nachtun, und sollte die ganze Welt daran Anstoß nehmen. Ich kümmere mich wenig um die Welt; ich kümmere mich um Maurice und Solange[3].

Im November war sie in Nohant und wartete die Entscheidung des Gerichts ab. In der Stille dieses großen Hauses schrieb sie einen ausgezeichneten Soldatenroman: *Mauprat*. Kein Gesinde: Casimir hatte es entlassen. Nur der Gärtner und seine Frau besorgten den Haushalt. Da das Urteil zum Teil von ihrem Verhalten abhing, spielte Aurora die Harmlose:

George Sand an Marie d'Agoult: So glauben eine Meile von hier viertausend Dummköpfe mich jetzt auf den Knien, in Sack und Asche Buße tuend und meine Sünden bereuend wie Magdalena. Das Erwachen wird für sie schrecklich sein. Am Tage nach meinem Siege galoppiere ich mit meinem Pferde in allen vier Richtungen durch die Stadt. Wenn Sie erzählen hören, ich habe mich zur Vernunft bekehrt, zur allgemeinen Moral, zur ¹iebe für die Ausnahmegesetze, zu Louis-Philippe, dem allmächtigen Vater, und zur heiligen katholischen Kammer, so verwundern Sie sich nicht. Ich bringe es fertig, auf den König eine Ode zu dichten³ ...

Im Januar 1836 vernahm der „hohe Richter" von La Châtre die Zeugen. Die Beschwerdepunkte waren bekannt: der Ohrfeigenauftritt in Le Plessis im Jahre 1824; Beleidigungen ... Intime Beziehungen im ehelichen Domizil zwischen Casimir und den Dienstmägden Pepita und Claire ... Nächtliche Orgien.

Antrag Aurora Dudevants ans Gericht: Das Verhalten Herrn Dudevants wurde derart ausschweifend und lärmend, seine Prahlereien in meiner Gegenwart über sein liederliches Leben derart ungehörig, die Ruhe meiner Nächte wurde durch den Lärm seiner Vergnügungen so oft gestört, daß der Aufenthalt in meinem Hause mir unerträglich wurde ... Im Januar 1831 erklärte ich Herrn Dudevant, ich wolle getrennt von ihm leben, und es wurde eine gütliche Vereinbarung getroffen, wonach ich in Paris meine Wohnung nahm ... Ich machte eine Reise nach Italien, während deren Herr Dudevant mir sehr entsprechende Briefe schrieb, in denen er eine große Gleichgültigkeit hinsichtlich meiner Abwesenheit und ein äußerst geringes Verlangen nach meiner Rückkehr an den Tag legte¹⁰ ...

Kein Wort von Sandeau und von Musset. Hippolyte Châtiron, obwohl Bruder der Klägerin, hatte für seinen Schwager Partei genommen; er feuerte ihn an, sich doch zu verteidigen, und sagte ihm, in der ganzen Gegend seien alle für ihn. Casimir hatte sich indessen verpflichtet zu schweigen; er wollte die versprochene Rente nicht verlieren und ließ daher ein Versäumnisurteil gegen sich ergehen. Das Gericht von La Châtre übertrug Aurora die Fürsorge für die Kinder.

Als sie aber hunderttausend Franken für die Liquidation des in der Ehe erworbenen gemeinsamen Gutes forderte, wurde ihr Mann wütend und erhob Einspruch. Hippolyte trieb ihn hierzu an: „Es gibt in deiner Umgebung Leute, die dich mit einem Schlage deinen

Prozeß gewinnen lassen könnten. Man muß sie nur zum Reden bringen..." George war über die Sinnesänderung ihres Mannes überrascht und sehr verärgert. An eine Trennung durch gütlichen Vergleich war nicht mehr zu denken. Sie mußte Nohant verlassen, das bis zum endgültigen Urteil gesetzlich Casimir gehörte; sie nahm in La Châtre bei Dutheil Wohnung. Mehr als je zuvor mußte sie mit der öffentlichen Meinung Frieden schließen, die in einer Kleinstadt auf die Richter einen stummen Druck ausübt. Sie zeigte sich reizend, wie sie es zu sein verstand, war Kind bei den Kindern, in unschuldiger Weise kokett bei den Männern, vorsichtig bei den Frauen. Sie machte Spaziergänge in der Gegend, lief hinter Insekten her und fand das Mittel, sich insgeheim mit Michel zu treffen, wenige Schritte von Casimir entfernt in dem abseits von Nohant liegenden Gartenhaus zwischen Park und Landstraße. Sie schrieb an ihren Sohn zärtliche Briefe, in denen sie die Tugend rühmte. Vor allem arbeitete sie. Weder die Prozesse noch die Konflikte mit Michel und ihre umfangreiche Korrespondenz konnten sie von ihrer Arbeit abhalten, die sie mit ameisenhafter Geduld verrichtete. Auf beiden Seiten war man rege und trommelte Zeugen zusammen. Boucoiran kam aus Nîmes, um auszusagen.

George Sand an Boucoiran, 6. Januar 1836: Sie haben sicherlich weder Claire noch Pepita in den Armen von Herrn Dingsda gesehen, aber Sie sind von diesen beiden Tatsachen überzeugt; sie wurden Ihnen bewiesen, soweit solche Art Tatsache bewiesen werden kann, durch das Leben, wie es sich alle Tage abspielte, durch die Meinung des ganzen Hauses und des ganzen Dorfes[10]...

Casimir Dudevant an Caron, 25. April 1836: In meinem Prozeß mit Aurora gibt es einen Umstand, der, so hat man mir gesagt, sie in Verlegenheit bringen werde: sie glaubt nämlich, ich besitze einige Briefe, die an Frau Dorval zu schreiben sie sich einfallen ließ und die, wie es heißt und wie ich selbst in Paris vernommen habe, sie arg kompromittieren. Könntest du nicht, sei es durch Dumont oder einen anderen, mit List vorgehen und einige davon wegstibitzen[10]?

Casimir, aus seiner Lethargie erwacht, verfaßte eine ziemlich klägliche Denkschrift, in der er seine Beschwerdepunkte einzeln aufzählte. Das begann folgendermaßen:

August 1825: Reise in die Pyrenäen. Zusammenkünfte und Briefwechsel mit Aurélien de Sèze. – *Oktober:* Reise nach Bordeaux. Aurora Dudevant zusammen mit Aurélien de Sèze überrascht.

1827: Intimer Briefwechsel zwischen Aurora Dudevant und Stéphane Ajasson de Grandsagne. – *November 1827:* Reise nach Paris mit Stéphane Ajasson de Grandsagne unter dem Vorwand von Gesundheitsgründen.

1829: Brief Aurora Dudevants an Stéphane Ajasson de Grandsagne, in dem sie von ihm Gift erbittet unter dem Vorwand, sich das Leben nehmen zu wollen. – *April 1829:* Abreise der beiden Gatten nach Bordeaux mit dem Vorsatz, dort drei Wochen, höchstens einen Monat zu verbringen. Jeden Morgen Besuch Frau Dudevants bei Herrn de Sèze unter dem Vorwand, Bäder zu nehmen...

November 1830: Eintreffen Frau Dudevants in Paris bei ihrem Bruder, Rue de Seine, wo sie nach Aussage der Pförtnersfrau durch ihr Betragen dem ganzen Hause ein Ärgernis gegeben hat. Herr Jules Sandeau.

1831: Rückkehr nach Nohant, wo sie einige Tage verbringt, und Rückkehr nach Paris mit einem Landmädchen, Marie Moreau, das sie als Dienstmagd einstellt. Dieses Mädchen Zeuge von sehr lebhaften Auseinandersetzungen mit Jules Sandeau, die mit Schlägen endeten.

1832: Herr Gustave Planche...

1833: Abreise nach Italien mit Herrn Alfred de Musset. Aufenthalt von acht Monaten... Zwistigkeiten und Wiederversöhnungen...

Die Denkschrift endete mit dem Jahre 1835:

1835: Abneigung zwischen den beiden Gatten, da Frau Dudevant die Manieren eines jungen Mannes zur Schau trägt, raucht, flucht, sich als Mann kleidet und jede Anmut des weiblichen Geschlechts verloren hat... – Verfasserin von *Lelia*[10]...

Im Mai 1836 gelangte der Prozeß wieder vor das Gericht von La Châtre, das die abstoßenden Beschuldigungen des Ehemannes streng verurteilte. Zum Teil stimmten sie; zum andern waren es Verleumdungen; auf alle Fälle waren sie absurd, da ja der „pp. Dudevant sich dem ehelichen Zusammenwohnen nicht zu entziehen, sondern es beizubehalten suchte". Da die Beschuldigungen derart waren, daß sie für eine Annäherung der beiden Gatten keinerlei Hoffnung mehr ließen, erklärte das Gericht die „pp. Dudevant" als von ihm geschieden, verbot dem Ehemann, ihr weder nachzustellen noch sie zu besuchen, und übertrug der Mutter die Fürsorge für die Kinder.

Von seinen Ratgebern aufgestachelt, legte Casimir gegen dieses Urteil beim Gericht in Bourges Berufung ein. Dort konnte Michel in dem Prozeß plädieren. George Sand ließ sich in Bourges nieder, um ihrem Geliebten und Anwalt näher zu sein. Sie nahm Wohnung bei einer Freundin, Eliza Tourangin, die mit ihrem Vater und drei jüngeren Brüdern ein großes Haus in der Rue Saint-Ambroise bewohnte. Am Abend vor der Verhandlung schrieb George Sand auf das Täfelwerk ihres Zimmers ein Gebet nieder:

> Großer Gott! Beschütze, die das Gute wollen, gebiete denen Halt, die das Böse wollen... Vernichte die störrische Herrschaft der Schriftgelehrten und der Pharisäer, bahne einen Weg dem Pilger, der deine Heiligtümer sucht[12]...

Aus Paris, aus La Châtre, aus Bordeaux leisteten alle Freunde ihr Beistand. Einzig Frau Maurice Dupin vermied es, sich bloßzustellen, da sie noch nicht wußte, wer ihr ihre Rente auszahlen würde. Michel plädierte schamlos für seine Geliebte: „Das eheliche Domizil ist entweiht", rief er mit seiner schönen ernsten Stimme der gegnerischen Partei zu, „und Sie sind es, der es entweiht hat. Sie haben dort der Ausschweifung und der Unzucht Einlaß verschafft..." Mit bewegter Stimme las er das Brieftagebuch Auroras an Aurélien vor, das die Reinheit seiner Klientin zur Zeit dieser ersten Liebe bewies. Er schilderte die widersinnige Lage einer jungen Frau, die von einer mäßigen Pension leben mußte, obwohl sie als Mitgift ein Schloß und ein großes Vermögen eingebracht hatte, während ihr Mann „sich im Wohlleben und in der Ausschweifung" dieses Hauses und dieses Reichtums erfreute. Voller Abscheu erwähnte er die verleumderischen Beschuldigungen, bei denen Herr Dudevant so weit gehe, „daß er seine Frau als die gemeinste aller Prostituierten hinstellte". Er pries diese untadelige Gattin, die ein geiziger und liederlicher Ehemann gezwungen habe, das eheliche Domizil zu verlassen. George lauschte seinen Worten; sie sah reizend aus in ihrem weißen, sehr schlichten Kleide, der weißen Kapotte, der Halskrause aus Spitzen und dem geblümten Schal. Die Zuhörer waren von der Beredsamkeit Michels aufs tiefste beeindruckt. Das Gericht, geteilter Meinung, vertagte die Sache, aber am Tage darauf wurde auf gütlichem Wege eine Vereinbarung getroffen. Hippolyte fand, daß der Prozeß schlecht eingefädelt war, und so hatte er seinem Schwager angeraten, hinsichtlich Nohants und Solanges nachzugeben:

Hippolyte Châtiron an Casimir Dudevant, 28. Juni 1836:
Ich rate nicht, daß du die erste Vereinbarung von La Châtre annehmen sollst, wohl aber, das Hôtel de Narbonne und deinen Sohn zu nehmen und Aurora Nohant zu überlassen, wo du, das fühlst du wohl selbst, nicht bleiben kannst. Was die Erziehung Solanges betrifft, nun, wahrhaftig! damit mußt du dich abfinden ... Ohne mich weiter in Einzelheiten zu verlieren, könnte ich dir den Beweis erbringen, daß ein lockeres Weibsbild ihrer Tochter gegenüber strenger gewesen ist als eine anständige Frau ... Beunruhige dich nicht jener wegen, die sie jetzt lenken. Sie werden alle vor die Türe gesetzt sein, noch bevor achtzehn Monate vergangen sind! Dutheil, Michel, Duvernet, Fleury als die allerersten. An ihrem Charakter läßt sich jetzt nicht mehr das geringste ändern, aber es ist wahrscheinlich, daß sie nun, da sie ihre Tochter zu erziehen hat, wieder einige menschliche Gefühle bekommen und eine gewisse Selbstachtung aufbringen wird, Solange vor dem Abgrund zu bewahren, in den sie selber gestürzt ist[10] ...

Casimir nahm seine Berufung zurück, und um zu einem Ende zu kommen, überließ ihm seine Frau die Fürsorge für Maurice und die Nutznießung aus dem Hôtel Narbonne. Aurora behielt Solange und Nohant, das nach den Pachterträgen damals neuntausendvierhundert Franken einbrachte. Wieviel Aufregung und welche Fluten der Beredsamkeit, um zu dem ursprünglichen Vergleich zurückzukehren!

IV

DER SCHÖNE DIDIER

Als Michel von Bourges in so glänzender Weise für George Sand plädierte, war seine Beredsamkeit schon eher berufsmäßig als von Herzen kommend. Die beiden Liebenden verstanden sich nicht mehr. Michel hatte gar bald George verletzt. Im vertrauten Zwiegespräch war er allzu eindringlich; er ging ihr auf die Nerven. Obwohl sie kaum seinen Beschwörungen widersprach, fühlte er, daß dieses verschlossene Wesen ein uneinnehmbares Heiligtum blieb. Er wurde nicht müde, ihr das, was er „die politischen Notwendigkeiten" nannte, begreiflich zu machen; sie wiederum fand sie strafbar oder kindisch. Sie war erschreckt, als sie herausfand, daß er weit mehr ehrgeizig als aufrichtig war. An seinen Ideen hielt er kaum fest; eine Lektüre wandelte sie um; Montesquieu machte aus ihm einen Gemäßigten, Obermann[13] einen Eremiten. Diese Beweglichkeit, die an Narrheit grenzte, ließ George unbefriedigt. Sie hatte geglaubt, einen Lehrmeister zu finden; doch sie hatte sich einem Tyrannen ausgeliefert. „Mir ist manchmal", sagte sie zu ihm, „als wärest du der Geist des Bösen, so sehr erkenne ich in dir eine ungeheure kalte Grausamkeit und unbillige Tyrannei mir gegenüber." Warum hatte sie mit ihm nicht gebrochen? Weil es, dies ist das Seltsame, diesem verbrauchten Manne ohne Schönheit und ohne Güte, diesem „ungetreuen und eifersüchtigen Despoten" gelungen war, in ihr das Weib, welches junge Liebhaber – Sandeau, Musset und Pagello – „völlig für Lelia" gehalten hatten, wenn auch nicht zu erfüllen, so doch manchmal zu erwecken.

George Sand an Michel von Bourges, 25. März 1837: Wir suchten nicht die Liebe, als das Schicksal uns zueinander trieb. Die Leidenschaft nahm von uns Besitz. Es gab kein Sträuben, keine Überlegung... Dein Begehren kam mir zuvor und beherrschte mich. Ich ertrug deine Liebe, ohne noch die Kraft der meinen zu begreifen, aber ich ertrug sie voller Trunkenheit, obwohl ich ahnte, daß sie als erste enden würde, denn ich wußte, wie tief, in sich verschlossen, ruhig und zäh meine Zuneigung ist... Mit Tränen nahm ich deine ersten Liebkosungen entgegen... Während einiger Tage liebtest du mich genügend, um die materielle und absolute Vereinigung unsrer Geschicke zu erträumen. Du verpflichtetest dich hierfür sogar für einen Termin, dessen Ende näher rückt... Beruhige dich! Dieses Versprechen ist in mein Herz eingeschrieben worden, und mein Herz gehört dir. Es ist ein Blatt aus dem Buch des Lebens, das du zerreißen kannst... Als mir von meinem Panzer Stück für Stück abgerissen und all meine Kraft zerbrochen wurde, als alle Fibern meines Seins bloßgelegt unter deiner Hand erbebten, wurde meine Zuneigung so stark und so tief, daß ich mir im Leben kein andres Ziel vorstellen konnte als das gemeinsame Leben mit dir[14]...

Sie schrieb ihm glühende, geheimnisvolle und chiffrierte Briefe, da es eine Frau Michel gab, vor der sich der Tribun sehr fürchtete. Michel hieß in ihnen: *Marcel;* Bourges: *Orléans;* der 7. April (Tag ihres ersten Zusammenseins): *Genril;* Eliza Tourangin, das junge Mädchen aus Bourges, das ihre Vertraute, ihre Mitverschworene war und ihrer Liebe Gastfreundschaft gewährte, war *Speranza*. Um den Verdacht abzulenken, tat George manchmal, als schriebe sie an eine Frau, und sprach von *Marcel* in der dritten Person. Dieser Briefwechsel war stets sinnlich, besorgt und, in dem bei George gewohnten Stil, leidenschaftlich erregt. Die beiden Liebenden beschuldigten sich gegenseitig der Untreue, und beide hatten recht.

Daß Michel eifersüchtig war, ist leicht begreiflich, denn Sand war, sobald ihre Liebe geringer wurde, nicht die Frau, die sich eine Glücksmöglichkeit entgehen ließ. Ein junger Schweizer, Charles Didier, einunddreißig Jahre alt und sehr schön, wurde zur gleichen Zeit wie Michel einer ihrer Vertrauten, sowohl in Paris wie in Nohant. Man erinnert sich, daß Hortense Allart ihn einst zum Quai Malaquais mitgebracht hatte. In Genf geboren und einer hugenottischen Familie entstammend, Botaniker, Alpinist und Dichter, war Didier zugleich ein Anhänger Rousseaus und Benjamin Constants. Jeden Abend machte er in seinem Tagebuch „geistig Kasse". Romantiker durch und durch und begeisterter Puritaner, hatte er sich inmitten der aristokratischen Bourgeoisie seiner Heimat nicht wohlgefühlt; er hatte Reisen unternommen und war in Florenz der Liebhaber Hortense Allarts geworden. Gegen 1830 war er in Paris mit fünfzig Franken in der Tasche angekommen. Victor Hugo, sein Abgott, hatte ihn empfangen, und Didier hatte sich dem Cenacle, dem Dichterkreis, angeschlossen. Er hatte einen Roman geschrieben: *Das unterirdische Rom,* der einen kleinen Erfolg davongetragen hatte; nachdem er aber in jener Zeit *Lelia* gelesen hatte, dachte er: „Ich fühle, daß ich neben einer solchen Gewalt des Ausdrucks und der Leidenschaft ein schwacher, armseliger Schriftsteller und kleiner Künstler bin[15]."

Als dieser schöne Bewunderer ihr durch Hortense Allart vorgestellt worden war, hatte Sand den Neuling schweigend und prüfend gemustert. Didier redete gut (zu gut, sagte Sainte-Beuve), ohne Unterlaß, mit einer hellen Stimme, die Augen gesenkt, ein leises Lächeln um die Lippen, ziemlich anmutig in seiner Herablassung und seinem starken Selbstbewußtsein. Daß Hortense, die sich in Männern doch gut auskannte, zu diesem redefertigen Genfer Liebe empfunden hatte, war eine Tatsache, die Beachtung verdiente. Er wurde eingeladen, sich im vertrauten Kreise wieder blicken zu lassen; er lobte die Bescheidenheit Georges, doch die Unreinlichkeit Planches und die Familiarität der jungen Provinzler, die sich damals am Quai Malaquais breitmachten, stießen ihn ab.

Didier, Puritaner durch seine Erziehung, war ein sehr viriler Mensch, der Frauen brauchte und ihnen auch gefiel. Sand lud ihn allein zu sich ein. Er fand Gefallen am Spiel. *Tagebuch Didiers:*

„Frau Dudevant sanft und hingegeben; alles an ihr atmete Liebe; ich fürchte, sie hat eine Liebschaft mit Planche, einem Menschen, der für sie nicht geschaffen ist ..." Sainte-Beuve berichtete dem jungen Manne, der es nicht glauben wollte, die „Schandtaten Frau Dudevants" und insbesondre das Abenteuer mit Mérimée. Dann betrat Musset die Szene, und Didier wurde vollkommen vergessen bis zu dem Tage, da Sand ihm eines schönen Morgens hundert Franken borgte, die er „benötigte, um seinen Holzhändler zu bezahlen, bevor er nach Italien aufbrach". Der Genfer hielt diese Französinnen für recht seltsame Geschöpfe. Als er selbst aber gegen Ende des Jahres 1835 aus Spanien zurückkehrte, noch weit schöner mit seinem frühzeitig weiß gewordenen Haar, war Musset von der Szene abgetreten. George bot Didier ihre Unterstützung bei Buloz an, ihr Geld, alles, was er begehrte.

Erneute Vertrautheit. Am 26. März 1836 soupierte er bei ihr mit Emmanuel Arago. „Phantastische Nacht. Wir verließen sie erst um fünf Uhr. Es war schon heller Tag; Arago war benebelt ... Ich lag müde auf den Kissen des Diwans, und sie, traurig und nicht allzusehr mitgenommen, fuhr mir mit den Händen durchs Haar und nannte mich ihren alten Philosophen ..." Als die beiden sie verließen, hatte sie es erreicht, daß alle beide in sie verliebt waren. Am nächsten Abend eilte er zum Quai Malaquais mit drei Flaschen Champagner: „George heiter und lachend. Ich mag das Gewöhnliche an ihr nicht, aber ich verzeihe es. Sie ist von zärtlichem Gemüt, ich auch. Sie küßte mich, ich küßte sie, und als ich sie um acht bei einem fürchterlichen Gewitter verließ, tauschten wir ihren Kaschmirschal gegen mein weißes Halstuch." Ernste Männer spielen nicht gefahrlos solche Liebesspiele. Er begehrte sie. Was aber wollte sie? „Fortoul ist überzeugt, daß George mich begehrt ... Ich möchte mich nicht verlieben, denn bei Charakteren wie dem ihrigen und dem meinigen würde ich sehr unglücklich werden." Immerhin fand er, daß sie ein guter Kerl sei: „Sie erzählt mir viel von Michel von Bourges und behauptet, die Art ihrer Beziehungen sei völlig geistig. Sie schwört mir, seit ihrem Bruch mit Alfred de Musset habe sie keinen Geliebten gehabt. Sie ist schön und entzückend."

Am 25. April 1836 zog sie zu ihm in die Rue du Regard Nr. 3. Er trat ihr sein Zimmer ab. *Tagebuch Didiers:* „Daß sie zu mir gezogen ist, ruft unzählige Klatschereien hervor ... Unsere Vertrautheit wächst ... Dieses komplizierte Wesen ist mir in mehr als einer Hinsicht unverständlich, und ich fürchte ihre ungestüme Beweglichkeit. Wie sehr ich sie auch studiere, ich verstehe sie nicht. Ist sie ehrlich? Spielt sie Komödie? Ist in ihr das Herz erstorben? Fragen, auf die es keine Antwort gibt ..." *2. Mai 1835:* „Abends geht sie aus, und wir treffen uns erst um Mitternacht. Sie vollendet den sechsten *Brief eines Reisenden*, wird dann zärtlich und liebevoll. Sie legt sich mir zu Füßen, den Kopf auf meinen Knien, ihre Hände in den meinigen... O Sirene, was willst du von mir?« Andre fragten sich ebenfalls, was sie von ihm wollte und ob die Herrschaft Michels schon zu Ende war. Liszt, von Genf aus, befragte Sand selbst über das, was »an dieser neuen Geschichte« Wahres dran sei. Sie antwortete, nichts sei dran.

George Sand an Franz Liszt, 5. Mai 1836: Charles Didier ist mein alter und getreuer Freund. A propos, Sie fragen, was das für eine neue Geschichte sei, die mich beträfe und bei !er er eine Rolle spiele. Ich weiß nicht, was Sie meinen, was erzählt man denn? Was man auch über Sie und mich erzählt. Sie wissen, ob es stimmt; beurteilen Sie dann das übrige selbst. In Paris und in der Provinz behaupten viele, nicht Frau d'Agoult sei in Genf bei Ihnen, sondern ich... Didier ist in der gleichen Lage wie Sie hinsichtlich einer Dame, die keineswegs ich bin. Das hat mich nicht daran gehindert, bei ihm in Paris acht Tage zu verbringen[10]...

Ja, sie habe bei Didier gewohnt, weil sie gefürchtet habe, so sagte sie, ihr Mann könne ihr Mobiliar am Quai Malaquais beschlagnahmen lassen; aber ein andrer Freund, David Richard, habe damals unter dem gleichen Dach gelebt, und diese Tage seien »patriarchalisch« gewesen. Was Musset betreffe, so denke sie seit langem nicht mehr an ihn:

Ich weiß nicht, ob er an mich denkt, es sei denn, wenn er Lust hat, Verse zu schmieden, um sich hundert Sou bei der *Revue des Deux-Mondes* zu verdienen... Und ich sage Ihnen, daß ich sogar in dieser Hinsicht an niemanden denke! Ich bin, so wie ich bin, viel glücklicher, als ich es je in meinem Leben war. Das Verlangen nach starken Gefühlserregungen ist über die Maßen gestillt. Ich habe von Natur einen ruhigen Schlaf und einen heiteren Charakter. Was man nach einem Leben braucht, das dreißig Jahre lang von allen Zufällen heimgesucht wurde, ist nun reine und dauerhafte Liebe... All dies liegt weit hinter mir. Gewiß, die Zeit geht weiter, und es gibt Geistesverfassungen, die bewirken, daß man sich mit allem abfindet, so wie man aller Dinge überdrüssig wird. Wessen man nicht überdrüssig wird, das ist die mit dem Verstand gepaarte Güte. Ich glaube, daß Sie in Marie einen Schatz gefunden haben; bewahren Sie ihn allezeit. Gott wird im Himmel von Ihnen darüber Rechenschaft fordern, und wenn Sie ihn nicht gut genutzt haben, werden Sie für alle Ewigkeit der Klänge der himmlischen Harfen beraubt werden. Was mich betrifft, so bin ich gewiß, im jenseitigen Leben nur die Maultrommeln des Zweifels und die große Pauke der Hölle zu vernehmen. Auch ich habe einen Schatz gehabt, es war mein eigenes Herz, und ich habe schlechten Gebrauch davon gemacht[10].

Sie reiste im Mai nach La Châtre, wohin ihr Prozeß sie rief. Didier, närrisch verliebt und in seinem Verlangen noch unbefriedigt, fragte sich mehr denn je zuvor: „Sirene, was willst du von mir?" Bald wünschte er sie nicht mehr wiederzusehen und entzog sich der peinvollen Rolle des Vertrauten; bald war er von Begierden und Hoffnung verzehrt. Da sie ihm kaum schrieb, wurde er von Furcht gepackt und folgte ihr nach dem Berry.

Tagebuch Charles Didiers: Trostlose Reise, Kämpfe, Ratlosigkeit. Ich komme in La Châtre an. Sie liegt zu Bett; ich wecke sie auf und werfe mich wortlos in ihre Arme. Sie umschlingt mich mit ihren Armen, und die Versöhnung vollzieht sich in dieser langen und stummen Umarmung. Eine Aussprache haben wir erst am Abend in Nohant, wohin sie mich führt. Ich verbringe bei ihr fünf Tage, die zu den süßesten meines Lebens gehören... Vergessen der Welt; ländliche Einsamkeit. Abendliche Unterhaltungen unter dem Laubwerk von Nohant. Mondschein. Stets allein mit ihr... Nächte auf der Terrasse beim Schimmern der Sterne verbracht, meinen Arm um sie gelegt und ihr Kopf an meine Brust gelehnt[15]...

Allein inmitten ihrer Bäume und ihrer Blumen, fern von den andern Menschen, konnte George eine recht liebenswürdige Geliebte sein. Einige Tage lang war Didier überglücklich, entzückt, berauscht: „Sie ist von Grund aus gut... Michel ist sehr eifersüchtig auf mich; er spricht davon in allen seinen Briefen..." Nach Paris zurückgekehrt, erhielt er von ihr einige wunderbare Seiten über diese schönen Tage; und dann trat wieder das Schweigen ein.

Tatsächlich dachte sie kaum noch an ihn. Sie reiste, führte ihren Prozeß, badete völlig angekleidet in der Indre, warf sich dann in der nassen Kleidung aufs Gras einer Wiese, legte vier Meilen zu Fuß zurück und arbeitete in der Nacht daran, *Lelia* für eine verbesserte Auflage umzugestalten. Das Geständnis der Ohnmacht sollte daraus verschwinden; Pulcheria und Stenio wurden nunmehr der Weisheit Trenmors aufgeopfert. Der Roman wurde moralisch und sozial. Und was die Liebe betraf, so verzichtete Lelia auf sie.

George Sand an Marie d'Agoult: „Sie entstammt der Familie der Essener, Gefährtin der Palmbäume, *gens solitaria*, von denen Plinius spricht. Diese schöne Stelle wird das Motto meines dritten Bandes sein; es ist das meines Lebensherbstes. – Stimmen Sie meinem Plan für das Buch zu? – Was den Lebensplan betrifft, sind Sie nicht kompetent; Sie sind zu glücklich und zu jung, um nach den heilsamen Ufern des Toten Meeres zu gehen (immer Plinius der Jüngere) und in diese Gemeinschaft einzutreten, in der niemand geboren wird, in der niemand stirbt[16]..." Und dies gibt zu denken, daß George nach allem, selbst nach Michel, immer noch Lelia blieb.

Die berühmten Männer stehen mir bis oben hin (verzeihen Sie mir den Ausdruck). Ich wollte, sie wären allesamt im Plutarch. Dort wenigstens lassen sie mich nicht unter der Menschheit leiden. Man sollte sie in Marmor aushauen, in Bronze gießen und nicht mehr von ihnen reden! Solange sie leben, sind sie boshaft, gewalttätig, grillenhaft, despotisch, gallig, argwöhnisch. Mit der gleichen dünkelhaften Verachtung verwechseln sie Böcke und Lämmer. Zu ihren Freunden sind sie schlimmer als zu ihren Feinden. Gott schütze uns vor ihnen! Bleiben Sie gut, meinetwegen sogar dumm. Franz wird Ihnen sagen können, daß ich die Menschen, die ich liebe, für meinen Geschmack niemals einfältig genug finde. Wie manches Mal habe ich ihm schon vorgeworfen, er habe allzuviel Geist! Glücklicherweise ist dieses Allzuviel nicht bedeutend, so daß ich ihn sehr gern haben kann[16].

Nach der Meinung von Marie d'Agoult hatte sie ihn sogar etwas allzu gern. „Was Sie mir von Franz berichten", schrieb ihr George, „flößt mir ein wahrhaft krankhaftes und wütendes Verlangen ein, ihn zu hören. Sie wissen ja, daß ich mich unter den Flügel setze, wenn er spielt. Ich habe ein sehr starkes Empfinden und finde niemals Instrumente, die stark genug wären[16]..." Sie hatte in der Tat „ein sehr starkes Empfinden", und die viel ätherischere Marie bewahrte ihr gegenüber ein großes Mißtrauen. Dennoch drängte sie weiter, Sand möge sie in der Schweiz besuchen. Plötzlich, im August 1836, als die Liebenden von Genf bereits nach Chamonix aufgebrochen waren, teilte George ihre Ankunft mit. Ihr Prozeß war gewonnen; sie kam mit ihren beiden Kindern, zwei alten Freunden und einem Dienstmädchen. Sand reiste wie Byron mit ihrer ganzen Menagerie. Man kann sich leicht vorstellen, welch ein Aufsehen in den kleinen Berghotels dieser in einem Kittel steckende Page erregte, der einer schönen Dame mit langen, blonden Locken um den Hals fiel; dann Liszt mit seinem Barett und sein kleiner Schüler „Puzzi" Cohen, den der Wirt „das junge Mädchen" nannte. Denn auch Liszt und Marie hatten ihren Wanderzirkus und schleppten nicht nur Hermann Cohen mit, sondern auch einen geistreichen Genfer, den Major Adolphe Pictet, der über diesen Abstecher nach Chamonix einen glänzenden Bericht schrieb, den er *Phantastische Geschichte* nannte.

Es war tatsächlich eine phantastische Geschichte. Liszt und Marie hießen darin: die *Fellows;* Marie wurde Mirabella oder Arabella oder die Prinzessin; Sand und ihre Kinder tauften sich *Piffoël,* wegen der langen Nasen Georges und Maurices. In das Gästeregister des Hotels trugen sie ein:

Namen der Reisenden: Familie Piffoël.
Wohnort: Die Natur.
Zugereist von: Gott.
Nächstes Reiseziel: Der Himmel.
Geburtsort: Europa.
Beruf: Bummler.
Datum der Ausstellung: Ständig.
Ausstellende Behörde: Die öffentliche Meinung[17].

Ausschweifung der Ideen. Man sprach über Philosophie, Musik, die Gestirne, die Schöpfung, über Schelling, Hegel und Gott. In dem kleinen Buch des Majors erschien George als das Genie, die Schöpferkraft, Lausbube und Dichter zugleich, während Liszt der Geist der Musik und Arabella die Analyse, der Gedanke, war. Auf dem Einband sah man Sand, eine Zigarre im Mund. In allen Illustrationen wurden die beiden Frauen einander gegenübergestellt: der Lausbube im Kittel und die gut frisierte, ernsthafte, zurückhaltende Gräfin. George selbst hatte von ihrer Gruppe eine Karikatur in Mussetscher Manier gemacht, die folgende Unterschrift trug: *Das Absolute ist mit sich selbst identisch.* Ein Liszt mit zerzaustem Haar fragte: „Was soll das bedeuten?" Der Major antwortete: „Es ist ein wenig unklar", und Arabella, den Kopf in den Kissen des Diwans vergraben: „Das geht schon lange über meinen Verstand[18]." Maurice, mit dreizehn Jahren schon ein Zeichner, machte ebenfalls zahlreiche Skizzen und Karikaturen. Der Wanderzirkus zog weiter. In Freiburg spielte Liszt auf der Orgel des Doms das *Dies irae* von Mozart: *Quantus tremor est futurus...*

„Plötzlich", sagt Sand im *Zehnten Brief eines Reisenden,* der (in bewundernswerter Weise) diese Reise schildert, „plötzlich erschien mir diese Drohung mit dem Gericht, statt mich niederzudrücken, als eine Verheißung und brachte in einer ungekannten Freude mein Herz zu schnellerem Schlagen. Eine Zuversicht, eine unendliche Heiterkeit sagte mir, daß die ewige Gerechtigkeit mich nicht zerschmettern würde..." Sie hatte ein ruhiges Gewissen. Im Hinblick auf *ihre* Moral war sie nicht im mindesten schuldig. Didier? Sie hatte mit dieser krankhaften Eigenliebe Mitleid empfunden. Wie hätte sie, ohne ihn zu verletzen, ihm verweigern können, was sie andern gewährt hatte? Michel? Sie wäre bereit gewesen, ihm ihr Leben zu weihen, aber er war verheiratet, unbeständig und gleichgültig. Sie war gewiß, „der Tag des Zornes würde für sie der Tag der Vergebung sein".

Man kehrte nach Genf zurück. Liszt verfaßte ein *Phantastisches Rondo* über ein spanisches Lied von Manuel Garcia, den Vater der Malibran[19], und widmete es: *Herrn George Sand.* Sie schrieb alsbald eine „lyrische Erzählung", *Der Schmuggler,* eine Paraphrase auf das Rondo von Liszt. Im Oktober mußte George nach Frankreich zurückkehren; man vereinbarte, daß Franz und Marie sie in Paris wieder treffen und daß die Fellows und die Piffoëls dann alle zusammenbleiben würden. Sie waren miteinander ziemlich zufrieden, denn das Genie erkennt das Genie an. Immerhin beneidete George ein wenig dieses schöne Liebesverhältnis und meinte, die Prinzessin erzeige sich Liszt gegenüber wohl zu wenig erkenntlich. Marie d'Agoult, ziemlich bitter gestimmt, kam sich in Genf „wie ein Karpfen auf dem Rasen" vor und beklagte sich über ihr schales Leben: „Das Unglück will, daß dies das tägliche Brot ist, und daher habe ich das *Pater* geändert und verfehle niemals, dem lieben Gott zu sagen: *Befreie uns von unserem täglichen Brot.*" Es war Arabella nicht recht gewesen, daß das Rondo George gewidmet wurde, noch daß Franz das musikalische Empfinden dieses allzu weiblichen Pagen lobte, der unter den Flügel schlüpfte, wenn er spielte. Hatte aber George Sand selbst nicht ihren Roman *Simon* (ein ziemlich mattes Porträt Michels) der „Frau Gräfin d'A...." gewidmet?

Man schied im Tone der Freundschaft voneinander: „Auf Wiedersehen, süße und entzückende Prinzessin; auf Wiedersehen, lieber Kretin aus dem Wallis[10]..." Sie kehrte aus der Schweiz zurück, mit den Kindern und dem jungen Gustave de Gévaudan, einem vorübergehenden Anbeter. Nachdem sie in der Schweiz vergeblich auf Michel gewartet hatte, hoffte sie, er werde sich mit ihr in Lyon treffen:

George Sand an Michel von Bourges: Nach sechs Wochen des Wartens, des Sehnens, der Hoffnungen und der Beklemmungen, da Sie sich darauf versteifen, mich nicht abzuholen, weil nach Ihren Paschavorstellungen ich mich zu Ihnen mit der Unterwürfigkeit einer Odaliske begeben müsse, hoffe ich, Sie in Lyon zu treffen, und ich reise mit den Kindern dorthin. Ich habe fünf entsetzlich öde Tage in einem Gasthof verbracht, mit meinen Kleinen – die vor Langeweile vergehen – und meinem Reisegefährten, der ein guter Junge ist, zuvorkommend bis zum äußersten, aber im Zusammensein höchst unamüsant. Sie aber kommen nicht! Ich reise ab, da mir Zeit und Geld fehlen, und als ich hier ankomme, erschöpft und mißgelaunt, erstickend vor Tugend, wie ich Ihnen gestehen muß, und nicht wissend, wo ich diesen Schwung und diese Glut, die die Schweiz in mein Blut gebracht hat, verschwenden soll, da finde ich von Ihnen einen Brief vor, wie ihn höchstens ein alter Bankier an ein von ihm ausgehaltenes Frauenzimmer schreiben würde. Daß ein Mann wie Sie eine Frau wie mich so ansieht und so behandelt, ist zum Erbarmen[21] . .

Er beschuldigte sie neuerlicher Untreue. Sie protestierte.

Falls ich das Unglück gehabt hätte, Ihnen untreu zu werden, an einem Tage der Erschlaffung, der körperlichen Schwäche, aus einem krankhaften Bedürfnis heraus, würde ich Ihnen – dies habe ich Ihnen bereits ein für allemal gesagt – mein Vergehen gestehen und es Ihnen überlassen, mich deswegen durch ein ewiges Vergessen zu bestrafen. Ein solcher Groll würde eine Strafe sein, die einem ziemlich gemeinen, aber immerhin verzeihlichen Fehltritt recht wenig angemessen wäre, einem Fehltritt, den Sie übrigens mit Ihrer Frau selbst begangen haben, seitdem wir einander angehören! Wie dem auch sei, ich würde ohne Geschmacklosigkeit und ohne Schwäche die Folgen meiner schlechten Aufführung ertragen. Ich würde darüber nur Gewissensbisse haben, die der Bedeutsamkeit des Verbrechens angepaßt wären, und auf keinen Fall in die Wüste gehen, um wegen einer Sünde Buße zu tun, die Sie – und viele achtbare Männer – ich weiß nicht zu wieviel tausenden Malen begangen haben . . .

Ich verhehle Ihnen nicht, daß ich unter meiner Keuschheit viel gelitten habe; ich habe aufregende Träume gehabt; zahllose Male ist das Blut mir in den Kopf gestiegen. Wenn ich am hellen Tage im Schoße der schönen Berge die Vögel singen hörte und die köstlichsten Düfte der Wälder und der Täler einatmete, habe ich mich öfters abseits allein hingesetzt mit einem Herzen, das übervoll war von Liebe, und vor Wollust zitternden Knien. Ich bin noch jung. Mein Blut glüht, wenn ich auch andern Männern sage, daß ich die Ruhe der Greise besäße... Ich lege noch zehn Meilen zu Fuß zurück, und wenn ich mich abends in ein Gasthofbett werfe, denke ich, die Brust eines angebeteten Mannes sei das einzige Kopfkissen, das zugleich der Seele und dem Körper Erquickung bringen würde. Dennoch habe ich mir eine heitere Gelassenheit bewahrt, von der sich selbst meine lieben Freunde Franz und Marie haben täuschen lassen... Die andern glauben, ich sei Lelia in der ganzen Tragweite des Wortes, und daß, wenn ich erbleiche, der Grund darin liege, daß ich zuviel marschiert bin. An Gelegenheiten, mir Erleichterung zu verschaffen, hätte es nicht gefehlt, das können Sie mir glauben; es gab in meiner Umgebung viele Männer, jüngere als Sie, bei denen ein einziger Blick genügt hätte... Was hätte mir denn geschehen können? Es gab unzählige Möglichkeiten, Sie zu hintergehen und im Dunkel einen Augenblick viehischer Begierde zu begraben, den eine Katharina II. sich nicht versagt hätte. Was mich vor diesem an sich geringfügigen, aber für solche, die lieben, unauslöschlichen Schandfleck bewahrt hat, ist nicht das, was die Frauen ihre „Tugend" nennen (was mich betrifft, so kenne ich nicht den Sinn dieses Wortes), sondern die Liebe, die ich im Herzen trage und die mich bei dem Gedanken, ein andrer Mann als Sie könne mich liebevoll in seine Arme drücken, mit unüberwindlichem Abscheu erfüllt. Von Ihnen träume ich, wenn ich schweißgebadet aufwache; nach Ihnen rufe ich, wenn die erhabene Natur begeisterte Hymnen anstimmt und die Gebirgsluft in meine Poren eindringt[21]...

Nein, so versicherte sie, niemals habe sie den Versuchungen nachgegeben, wohingegen er... Als sie durch Bourges gekommen sei, hätten Freunde ihr erzählt, Michel habe sich in eine Frau von „abstoßender Leibesfülle" verliebt:

Ich habe mit Gewißheit, und zwar durch den nicht gehässigen Mund eines Kindes, erfahren, daß du dein Leben bei dieser Frau verbrachtest. Muß ich da nicht leiden und an dir zweifeln? Du empfindest keine Freundschaft für diese Frau, denn dann hättest du mir davon erzählt, und du hast mir nie etwas davon gesagt. Ich weiß von dir selbst, daß du dir aus ihrem Manne sehr wenig machst. Was tust du denn bei ihr? Sie musiziert, aber sie singt falsch und mit einer unerträglichen Affektiertheit; ich weiß es, denn ich habe sie gehört... Dieses geringe Talent kann dich weder entzücken noch zerstreuen. Sie ist boshaft und haßt mich... Sie läßt keine Gelegenheit vorübergehen, mich anzuschwärzen und zu verleumden. Ich weiß es; ich habe es beinahe gehört. Wie kannst du die Vertrautheit mit einem Geschöpf ertragen, das mich haßt?... Bei Gott, ich könnte nicht meinen besten Freund, meinen eigenen Sohn Schlechtes über dich reden hören, ohne ihn hassen zu müssen und ihn für immer von mir zu entfernen!

Sag mir also, Marcel, was du bei ihr tust und warum du dort alle die Stunden verbringst, die du deiner Arbeit entziehst? Dient diese Frau dir dazu, deinen Lenden Erleichterung zu verschaffen, wie ein Freudenmädchen es tun würde? Ach, ich bin jünger als du, ich habe mehr Blut, mehr Muskeln, mehr Nerven, eine eiserne Gesundheit, einen Überschuß an Energie, mit dem ich nichts anzufangen weiß – und der jüngste, der schönste der Männer brächte es nicht fertig, daß ich dir untreu würde, obwohl du mich vergißt, trotz deiner Mißachtung, selbst trotz deiner Untreue. Wenn dieses Fieber mich beunruhigt, lasse ich mir durch den Arzt ein Pfund Blut abzapfen. Der Arzt sagt mir, das sei ein Verbrechen, ein Selbstmord, und verschaffe mir zudem keine große Erleichterung; daß ich *unbedingt* einen Geliebten brauche oder daß mein Leben selbst durch sein Übermaß bedroht sei. Nun, ich würde es vergeblich wollen; ich vermag es nicht; nicht einmal den Gedanken daran kann ich ertragen...

Der Gedanke ist mir grauenhaft, daß dieser so manche Male erschöpfte und durch meine Küsse wiederbelebte Körper, dieser von unserer Liebeswut so oft schmerzende, durch meine Lippen, mein Haar, meinen glühenden Atem so oft geheilte und wiederbelebte Körper... Ach! Wohin verirren sich meine Erinnerungen? Einmal hatte ich dir die Sinne mit meinem Odem wieder angefeuert; ich vermeinte zu sterben, so sehr hatte ich mit Inbrunst versucht, in deinen schmerzenden Leib das Leben und die Liebe, die meine Brust erfüllen, überströmen zu lassen. Oh, wie süß wäre es für mich, so zu sterben, während ich dir die Kraft der robusten Jahre einflößte, deren Gewicht ich auf meinen Schultern fühlte. Oh, mein Gott! Sollte dieser abgöttisch geliebte Körper durch die Berührung mit einem abscheulichen Leibe besudelt werden?... Sollte dein Mund den Atem eines Mundes eingeatmet haben, von dem es heißt, er prostituiere sich in der Selbstvergötterung und im Kult aller sozialen Kindereien? Nein, das ist unmöglich[21]...

Da er ihr auswich, nahm sie bei *Speranza* Wohnung und flehte ihn an, ihr eine Unterredung von einer Viertelstunde zu gewähren: »Ich nehme nicht an, daß Sie vor mir ebenso Furcht haben wie vor

Frau Michel, daß Sie vor einem Zusammentreffen zurückweichen, bei dem ich an Ihre Ehre appellieren werde[21] ..." Er kam, und dann reiste sie, nachdem diese ungesunde Liebe notdürftig zusammengegipst war, nach Paris ab. Didier, besessen von den schönen Erinnerungen an Nohant, hoffte, sie würde bei ihm wohnen; aber sie hatte im Zwischengeschoß des *Hôtel de France,* in der Rue Laffitte, ein Zimmer gemietet, während Franz und Marie dort im ersten Stockwerk ein Appartement bewohnten. Der Salon ging auf gemeinsame Kosten, und Frau d'Agoult, die ehrgeizige Verstoßene, gab sich viel Mühe, um aus ihm den Treffpunkt der Schriftsteller und Künstler zu machen. Sie hatte ihren Platz im Olymp des Faubourg Saint-Germain verloren; dafür wünschte sie über eine andere Welt zu regieren. Man sah also bei ihr Heine, Mickiewicz, Lamennais, Ballanche, Michel, Charles Didier, Eugène Sue. Dort war es, wo Sand zum ersten Male einen jungen polnischen Musiker hörte, Frédéric Chopin, der einzige Pianist, der durch sein Genie und seine Schönheit neben Liszt glänzen konnte; dort auch lernte sie Frau Manoël Marliani kennen, Gattin des spanischen Konsuls, überspannte Italienerin und stürmische, zärtliche und wegen ihrer Klatschereien gefährliche Salondame.

Der bedauernswerte Didier wurde ins *Hôtel de France* eingeladen; er sah dort George, schön, von allen hofiert; ihm gegenüber war sie kalt. Mitten im Salon brach er in Tränen aus. Nach langem Flehen erlaubte sie ihm, am 25. November um Mitternacht zu ihr zu kommen. Unglücklich Liebende aber sind stets ungeschickt; anstatt das vergängliche Glück zu pflücken, ergehen sie sich in Wehklagen über eine Vergangenheit, die nicht wieder erstehen kann. *Tagebuch Didiers:* „Die Nacht ging zu Ende mit einer fürchterlichen Auseinandersetzung und entsetzlichen Geständnissen. Was sie sagt, macht mich eisig, statt mich zu beleben, und ich bleibe wie tot neben ihr ... In ihr liegt viel Grausamkeit, sie liebt es, Leid zuzufügen, sie findet Gefallen an dem Weh, das sie verursacht. Ihr fehlt das Herz; die Phantasie führt das Steuer, lenkt alles ..." Er vergaß, daß er sie für „im Grunde gut" gehalten hatte, als sie ihn Michel vorzog.

Als George Paris von neuem verlassen hatte, um nach Nohant zu fahren, kam er auf den Gedanken, Marie d'Agoult aufzusuchen, um mit ihr über die Ungetreue zu sprechen. Er schätzte diese andere Frau, die ernst wie er selbst war und es besser als Sand verstand, sich beklagen zu lassen. „Sie gefällt mir besser als Liszt", gestand naiv der brave Didier, „sie ist ein edles und sehr unglückliches Geschöpf ... Ich durchschaue nicht recht ihre Beziehungen; ich glaube, man spielt sich Komödie vor und ist bei den letzten

Funken angelangt..." Dies stimmte noch nicht ganz. Indessen hatte seit der Schweiz „ein grausamer Kampf zwischen diesen beiden Naturen" begonnen, die glühend und oft edel, „beide aber stolz und unersättlich" waren[22]. Didier eröffnete Marie sein Herz; sie beurteilte Sand mit der klarsichtigen Strenge einer Ebenbürtigen und einer Rivalin und fand ein Vergnügen daran, sich die Klagen des schönen Schweizers anzuhören. Sie versprach, in Nohant, wohin sie selbst sich begeben wollte, für ihn ein Wort einzulegen.

V

DIE PROPHETEN

Während Sands Aufenthalt in Paris war Abbé de Lamennais einer der bevorzugtesten Besucher im *Hôtel de France* gewesen. George liebte seine Güte, seine Treuherzigkeit und seinen Mut, sein naives und sublimes Geplauder. Mit dem nervösen und jähzornigen Abbé war nicht leicht auszukommen, aber Sand nahm ihn hin mit seinem Mißtrauen, seinen hartnäckigen Vorurteilen und unvorhergesehenen Launen. Allezeit mütterlich, gefiel sie sich darin, dieses alte Kind in Schutz zu nehmen. Als Sainte-Beuve in der *Revue* die Inkonsequenzen des Abbés tadelte, brachte sie eine Entgegnung, auf die Gefahr hin, sich mit Buloz und dem Kritiker zu überwerfen. Tatsächlich kühlten sich ihre Beziehungen zu Sainte-Beuve dadurch sehr ab. Als der Abbé sich in Paris niederließ und die Absicht äußerte, eine Zeitung zu gründen, erklärte sie sich bereit, mit ihm zusammenzuarbeiten.

George Sand an Marie d'Agoult: Er braucht eine Schule und Jünger. Im geistigen Leben und in der Politik wird er keine bekommen, wenn er unsrer Zeit und ihren Leuchten nicht ungeheure Konzessionen macht. Nach dem, was mir von seinen vertrauten Freunden berichtet wurde, hat er doch weit mehr vom *Priester* an sich, als ich annahm. Man hoffte, ihn in dem Kreise noch weiter voranzubringen, als man schon erreicht hat. Er widerstrebt. Man liegt sich in den Haaren und fällt sich dann um den Hals. Noch ist nichts Endgültiges beschlossen. Ich möchte so gern, daß man sich verständigte. Die ganze tapfere Intelligenz setzt hierauf ihre Hoffnung. Lamennais kann nicht allein marschieren... Wenn er als Prophet und apokalyptischer Dichter abdankt und sich der fortschrittlichen Bewegung in die Arme wirft, muß er eine Armee hinter sich haben. Der größte General der Welt vermag nichts ohne Soldaten. Aber es müssen erprobte und gläubige Soldaten sein[3].

Sie bot sich ihm an, wobei sie eine bestimmte Gewissensfreiheit forderte, und gab *Le Monde*, dem Blatt des Abbés, Artikel, die nicht honoriert wurden, obwohl die Zeitung *Débats* ihr sehr vorteilhafte Angebote machte. Die Böswilligen „versuchten, den Glauben zu erwecken, es bestehe eine gewisse Intimität zwischen Abbé Féli und George Sand"[23]. Ein Nachbar von Nohant behauptete, man habe Lamennais auf der Terrasse gesehen, „im orientalischen Hausrock, wie er in Gesellschaft der Verfasserin von *Lelia* ein Nargileh rauchte"[23]. Das hieß die strenge und harmlose Gesinnung des Abbés nur schlecht kennen. Nein, sie schloß sich ihm an, weil er gleich ihr Christ und Demokrat war, und auch, weil man ihn verfolgte. „Er ist so gut, und ich liebe ihn so sehr, daß ich ihm von meinem Blut und meiner Tinte soviel hergäbe, wie er von mir verlangen würde..." Das war edelmütig, aber Lamennais' Freunde zeigten sich über diese literarische Ehe bekümmert. „Das Bündnis zwischen Herrn de Lamennais und George Sand macht viel von sich reden", schrieb Frau de Girardin in *La Presse* vom 8. März 1837. „Ein jeder ihrer Freunde ist für sie ein Romanstoff, jede neue Beziehung ein neuer Roman. Die Geschichte ihrer Liebschaften läßt sich völlig aus dem Katalog ihrer Werke ablesen[24]..."

Der Abbé selbst, dessen wesentliche Tugend sicherlich nicht die Nachsicht war, zögerte in der Tat nicht, diese Freundschaft lästig zu finden. Er vertrug nur schlecht in Sands Leben jene Mischung von Komfort und Nächstenliebe. In seinen Augen erschien die Schloßherrin von Nohant als das, was Leo Tolstoi später in den Augen seiner Gegner war: ein sich herablassender Aristokrat.

Abbé de Lamennais an Baron de Vitrolles, 21. Dezember 1841: Die Schloßherrin von Nohant trägt nur noch Hemden aus indischer Seide; sie wird sich noch in Kaschmir kleiden, während sie gleichzeitig brüderliche Gemeinschaft predigt, zur unendlichen Erbauung derer, die Hungers sterben und die sie durch ihr Beispiel lehrt, auf welche Weise man leben müßte. Sie hat ein mit Samt ausgeschlagenes Zimmer: eine Warnung für die Dummköpfe, die nicht einmal Fensterscheiben haben[25]...

Ein ungerechtes Urteil; aber die Armut ist wie der physische Mut unnachahmbar.

George Sand an Eliza Tourangin, 13. März 1837: Ich sehe sehr oft den Abbé de Lamennais. Ich bin für ihn begeistert, und man klatscht darüber, was Ihnen seltsam genug erscheinen wird, wenn Sie das Alter und das Äußere dieses Menschen sehen. Man sagt sogar, ich wolle mich in Paris fest niederlassen, um ihm den Haushalt zu führen. Glückliche Idee! Das würde ein wunderbar geführter Haushalt sein... Schreiben Sie mir, ob Sie Michel meine beiden Briefe haben aushändigen lassen, und wenn Sie etwas Neues erfahren haben, so teilen Sie es mir mit. Er ist sehr träge, und ich bin darüber beunruhigt[21].

„Abbé de Lamennais hat sich George gegenüber keineswegs geschickt verhalten", sagte Frau d'Agoult, „er hat überhaupt nicht erraten, daß sie zu ihm kam mit dem Vorsatz, sich ihm vollständig zu weihen, sich blindlings seinen Anschauungen zu unterwerfen, sich gewissermaßen zum Werkzeug seiner Gedankenwelt zu machen..." Er spürte nicht, daß sie ihm eine große Kraft brachte; er antwortete auf die Begeisterung ihres Herzens nur mit mürrischer Übelgelauntheit. Als sie ihm für *Le Monde* die Briefe *an Marcie* sandte, mißfiel deren romantischer Mystizismus dem alten widerspenstigen Priester. Und doch war George vorsichtig gewesen. Sie wandte sich in diesen *Briefen* wie ein männlicher Freund an ein betrübtes, verdrossenes Mädchen, das sich über seine Einsamkeit und seine Armut beklagt, welche eine Heirat sehr behindern: „Marcie, beklagen Sie sich doch nicht allzusehr, seien Sie auf keinen Fall undankbar. Sie sind schön, Sie sind gebildet, Sie sind rein. Das sind bedeutende Vorzüge, wahrhafte Grundlagen für das Glück; und diese unglücklichen reichen Mädchen, die gezwungen sind, ihre Gatten zu kaufen, müssen Ihnen tiefes Mitleid einflößen[26]..." Um ihrer Beweisführung Nachdruck zu verleihen, erzählte sie Marcie zwei Geschichten: die eines häßlichen und reichen Mädchens, das bei der Heirat glaubte, es könne den Mann durch seine Tugenden an sich fesseln, und dann vor Verzweiflung in einem verabscheuten Reichtum starb; dann die dreier Nichten eines lombardischen Pfarrers, die einander derart zugetan waren, daß sie den Entschluß faßten, nicht zu heiraten, um nicht diese Familieneintracht zu zerstören, und die dann das Glück in der Ehelosigkeit fanden: „Wahrheit, das ist die Liebe zur Vollkommenheit, und Vollkommenheit, das ist das ewige Streben des Geistes, die Materie zu zähmen."

Die *Briefe an Marcie* sind in abgekürzter Form eine freie Wiedergabe der zahlreichen Briefe, die George Sand damals an Eliza Tourangin *(Speranza)*, ein Mädchen ohne Mitgift, richtete. Félix Tourangin, Oberhaupt einer kinderreichen Familie (vom Micawber-Typ), hatte sich ruiniert; Gläubiger drohten, sein Schloß La Frée mit Beschlag zu belegen. Eliza fürchtete seit ihrer Mündigkeit, unverheiratet zu bleiben; und um sie zu trösten, lehrte Sand diese lebende „Marcie", Reichtümer und eine Vernunftehe zu verachten.

George Sand an Eliza Tourangin: Warum sollte der Verlust Ihres Vermögens für Sie ein so fürchterliches Unglück bedeuten?... Wenn wir, wie ich es erhoffe, den Tagen der Erneuerung nahe sind, werden jene falsche Scham und die wirklichen Entbehrungen, die jetzt die verarmten Reichen bedrücken, keinen Sinn und keine Wirkung mehr haben... Nicht alles ist verloren. Sie werden nicht ins Elend geraten... Zwar werden Sie keinen Besitz und kein Schloß mehr haben, aber Sie werden Ihre Familie haben und die Ruhe... Und dann, meine geliebte Schwester, wenn Sie eine alte Jungfer ohne einen Heller sind, werden Sie nicht Ihr Brot unter einem fremden Dach verdienen müssen; ich werde mein Brot mit Ihnen teilen; und damit wir etwas darauf haben, machen wir Konfitüre[21].

Der *Sechste Brief an Marcie* war eine Verteidigung der Gleichheit der Geschlechter in der Liebe. Gleichheit, nicht Übereinstimmung, und noch weniger Identität. Aus Egoismus suche der Mann die Intelligenz der Frau zu ersticken, um über sie herrschen zu können. Man findet in diesen Seiten „das Echo der brutalen Szenen mit Michel von Bourges[27]". Lamennais war schokiert; da er sich in seiner Jugend nie in der Gesellschaft bewegt und Umgang mit Frauen gehabt hatte, fürchtete er über alles den Dämon der Wollust. Das Thema, das Sand für den nächsten Brief vorschlug: *Rolle der Leidenschaft im Leben der Frau*, erschreckte den Abbé noch mehr. Er brach die Veröffentlichung ab.

Marie d'Agoult an Franz Liszt: Sie hat ihm einen durchaus angemessenen, sehr herzlichen und sehr vernünftigen Brief geschrieben, um ihm zu sagen, daß sie nicht mehr weiter auf gut Glück arbeiten könne; daß sie wünsche, von der Scheidung und mehreren andern Punkten zu sprechen, und vorher wissen möchte, welchen Spielraum der Abbé ihr lasse. Hierauf hat er mit einem ziemlich kalten Briefe geantwortet. Er will nichts von Scheidung haben; er erbittet von ihr jene Blumen, die ihr aus der Hand fallen, mit andern Worten: Erzählungen und Schnurrpfeifereien. Im übrigen hat man ihren *Vierten Brief* nicht veröffentlicht. Sie ist unzufrieden²⁸...

Vielleicht hätte sich der Abbé mit George besser verstanden, wenn sie nicht von Frauen umgeben gewesen wäre, die dem Abbé mißfielen, Marie d'Agoult und Carlotta Marliani, die Gattin des spanischen Konsuls. Vor allem verabscheute er einen Mann, der seit einiger Zeit im geistigen Leben dieser Frauengruppe eine große Rolle spielte: Pierre Leroux. „Es ist nicht so", sagte der rauhe Lamennais, „daß diese Frauen auch nur ein einziges Wort von seinen Lehren begreifen, von denen sie so sehr entzückt sind. Aber ihnen entströmt irgendein Bordellgeruch, den einzuatmen sie lieben²⁵..."

Sainte-Beuve trug die ganze Verantwortung für den Eintritt Leroux' in das Leben Sands. Als sie ihm gestanden hatte, wie wirr ihre philosophischen und sozialen Ideen noch seien, hatte Sainte-Beuve, der auf diesen Gebieten selbst ziemlich unklare Vorstellungen besaß, ihr die Bücher von Pierre Leroux empfohlen. Es bleibt dies unbegreiflich. Wie nur konnte Sainte-Beuve solchen Wortschwall bewundern? Wie nur wagte Sand zu schreiben: „Kann ich jemals einem Menschen zürnen, den ich als einen neuen Platon, als einen Christus betrachte?" und bedeutend später einer jungen Frau, die philosophischen Rat von ihr erbat: „Mein Kind, lies die Werke von Pierre Leroux, du findest darin die Ruhe und für all deine Zweifel die Lösung; Pierre Leroux ist es, der mich rettete¹⁷." Wer nun war dieser Pierre Leroux?

Pierre Leroux war der Sohn eines Kaffeewirts vom Vogesenplatz in Paris. Er hatte sich eine glänzende Bildung angeeignet und versucht, in die Polytechnische Schule einzutreten; infolge der Notwendigkeit aber, gleich seinen Lebensunterhalt zu verdienen, war er zunächst Wechselmakler und dann aus freiem Entschluß Schriftsetzer geworden. Dann hatte er, um dem Schriftsetzer seine Arbeit zu erleichtern, eine *Pianotype* erfunden, mit der er keinen Erfolg hatte, obwohl sie das Embryo der Linotype war. Mit seinem Freunde Jean Regnault trat er beim *Globe* ein. Dieses saint-simonistische Blatt verlegte die *Neue Enzyklopädie* von Leroux und Regnault, die, wie die des 18. Jahrhunderts, ein Handbuch im Dienste einer Idee war.

Diese Idee, oder vielmehr diese Philosophie von Leroux. bot nichts Neues. Bonnet und Ballanche hatte er die Idee der Wiedergeburt entlehnt, das heißt der Seelenwanderung der gesamten Menschheit: Die Menschheit stirbt nur, um wiedergeboren zu werden (was offenkundig ist), und jede Wiedergeburt bringt einen

Fortschritt mit sich (was weniger klar zutage liegt). Auf diese Weise entwickelt sich der Mensch immer höher, und der Plan der Vorsehung ist logisch. Das Einzelwesen kann nur in der Gemeinschaft leben; diese Gemeinschaft ist der Vervollkommnung fähig; durch unsre Verbindung mit ihr sind auch wir vervollkommnungsfähig und unsterblich. Familie und Eigentum sind notwendig gewesen; sobald sie aber den Menschen in seinem Streben nach der Vervollkommnung hemmen, werden sie schädlich. Der Mensch ist weder Seele noch Tier. Der Mensch ist ein von der Vernunft umgewandeltes und mit der Menschheit verbundenes Tier. Gott ist überall, sowohl in der materiellen als auch in der geistigen Welt. Man soll daher nicht das Sinnenleben bekämpfen, sondern es höherentwickeln und heiligen.

Ohne Religion wird die Gemeinschaft nichts weiter als eine Staubwolke von Einzelwesen sein. Entweder wird das Christentum die Religion sein, deren die Welt bedarf, oder es wird eine neue Religion erstehen. Vor allem kann einzig die Religion die Frauen befähigen, ihre Mission zu erfüllen, die der Aufopferung. In Ermangelung der Religion brauchen sie eine Philosophie. Leroux glaubte, die Philosophie zu bringen, deren sein Jahrhundert bedurfte. Freilich war das Beste in seiner Lehre dem Christentum entlehnt. „Was das Christentum an Ideen bei Leroux gestohlen hat, ist unglaublich[29].“ Dennoch gab Leroux nicht, wie die Christen es taten, die Unsterblichkeit des Einzelwesens zu. Unser Körper, sagte er, sei unser Gedächtnis. Wenn dieser Körper sterbe, könnten wir mit unserm Gepäck an Erinnerungen nicht die Unsterblichkeit erhoffen. Der Fluß Lethe sei ein weises Symbol. Aber wir nähmen an einer kollektiven Unsterblichkeit teil.

Leroux war mit Sand darin einig, die Ungleichheit der beiden Geschlechter in der Liebe als unzulässig zu betrachten. Vor der Gründung der Ehe sei die Frau ein menschliches Wesen, eine geistige Person. Warum sollte die Ehe ihre Würde aufheben? Wenn die menschliche Würde in der Liebe nicht mehr geachtet werde, dann werde diese zur Zügellosigkeit und Prostitution. Keine Frau werde mehr in der Liebe die Freiheit fordern, wenn sie in der Ehe die Gleichheit erlange. „Erst durch die Vervollkommnung der Ehe wird die Emanzipation der Frauen tatsächlich stattfinden.“ Worte, die den Ohren Sands sehr süß klangen. Sand glaubte, Leroux besitze das Schlüsselwort. Sie fand in ihm das Echo der großen Häresien wieder, die sie stets verlockt hatten, die der Hussiten, der Taboriten, die Rehabilitierung des Fleisches und auch die Rehabilitierung Satans, des „durch die Lehre von der Erbsünde allzu lange verleumdeten und herabgewürdigten Befreiers der

Menschheit". Sie wünschte leidenschaftlich, Leroux kennenzulernen. 1836 schrieb sie ihm, um ihn zu bitten, bei ihr zu speisen und ihr „in einer Unterhaltung von zwei oder drei Stunden den republikanischen Katechismus" auseinanderzusetzen.

Sie sah einen Mann eintreten, der kaum älter war als sie, von oben bis unten mit Kot bespritzt, „mit großem beuligem Kopf, unregelmäßigem Gesicht und Augen, die tief unter den Arkaden der schweren buschigen Augenbrauen lagen[23]". Sie war entzückt: das war *der* Philosoph, das war Sokrates, das war Leibniz. Sie lauschte ihm voller Entzücken. Mehr begeistert als kritisch eingestellt, erkannte sie nicht „die Unzulänglichkeit seiner Bildung und das Falsche in seinem Denken". Zu allen Freunden in Paris und La Châtre sagte sie von diesem Tage ab: „Habt ihr Leroux gelesen? Ich bin davon überzeugt, daß man eines Tages Leroux lesen wird, wie man heute den *Gesellschaftsvertrag* liest." Sie setzte sich dem Meister zu Füßen; sie lobte die Reinheit dieser kindlichen Seele, ihre Unwissenheit in den Dingen des praktischen Lebens, obgleich diese Arglosigkeit sich durch unaufhörliche Bitten um Geld äußerte. Sie setzte Buloz zu, damit die *Revue* bei Pierre Leroux Beiträge anfordere. Aber die Verbindung gelang nicht. Buloz sagte zu Leroux: „Nein, nein, Gott ist kein aktuelles Thema." Leroux war mit Recht entrüstet.

Sand schleppte ihren Philosophen mit in einige literarische Salons. „Sie müssen erfahren", schrieb Béranger einem Freunde, „daß unser Metaphysiker sich mit einem Kreis von Frauen umgeben hat, an dessen Spitze die Damen Sand und Marliani stehen, und daß er in den vergoldeten Salons seine religiösen Prinzipien und seine mit Kot bespritzten Stiefel zur Schau stellt. Diese ganze Umgebung steigt ihm zu Kopfe, und ich finde, man merkt es sehr seiner Philosophie an..." Kurzum, Leroux wurde der Godwin dieses weiblichen Shelley. „Sie hat ihn gedrängt", schreibt Béranger weiter, „eine kleine Religion zu legen, weil sie das Vergnügen haben will, sie auszubrüten."

Ach! Leroux hatte nicht bloß eine Philosophie zur Welt gebracht. Er war Witwer, hatte zahlreiche Kinder, und man mußte ihn am Leben halten. George Sand ließ sich dies mit unvergleichlicher Großherzigkeit angelegen sein. Gratisbeiträge für Lamennais, Unterstützungsgelder für Leroux, leidenschaftliche Aufschreie an Michel. Ihre Propheten kamen sie teuer zu stehen.

VI

EIN SOMMER AUF DEM LANDE

Anfang Januar 1837 kehrte sie mit den beiden Kindern nach Nohant zurück. Sie mußte sich um das Gut kümmern, dessen absolute Herrin sie endlich war; sie bedurfte der Ruhe, um *Mauprat* zu beenden; und sie wollte in größerer Nähe von Michel sein, den sie unbedingt wiedererobern wollte, da er sich ihr entzog. Es war vereinbart worden, daß Liszt und Marie d'Agoult ihr nach dem Berry folgen sollten, aber Arabella kam Ende Januar allein. Die beiden Frauen wurden vertrauter miteinander. Sie machten gemeinsam lange Ausritte; George, in Kittel und Hose und sehr männlich, führte das Pferd der blonden „Prinzessin" am Zügel, wenn die Böschung zu steil oder die Furt zu tief war. Arabella beobachtete die Familie ohne ein Übermaß an Wohlwollen. Sie fand Solange schön, wunderbar gewachsen, aber von „leidenschaftlichem, unzähmbarem Charakter":

Wenn der Wind in ihrem langen blonden Haar spielt und die Strahlen der Sonne ihr ausdrucksvolles Gesicht erleuchten, dann ist es mir, als sähe ich eine junge Nymphe, die aus ihren Wäldern entschlüpft ist . . . Eine Seele, die ebenso stark ist wie ihr Körper . . . Solange ist für das Absolute bestimmt, im Guten oder im Bösen. Ihr Leben wird voller Händel, voller Kämpfe sein. Sie wird sich nicht unter die gebräuchlichen Regeln beugen; in ihren Fehlern wird es Größe, in ihren Tugenden Erhabenheit geben. — Maurice scheint mir einen lebenden Gegensatz zu seiner Schwester zu bilden. Er wird der Mensch von praktischem Sinn, des Gesetzes, der bequemen Tugenden sein . . . Er wird Gefallen an den ruhigen Vergnügen und an dem Leben eines Gutsbesitzers finden, es sei denn, ein ungewöhnliches Talent triebe ihn ins Künstlerdasein[22] . . .

Ein neuer Hauslehrer, Eugène Pelletan, befaßte sich mit Maurice. Er war Protestant und Sohn eines Notars aus Royan, lang aufgeschossen wie eine Latte, ebenso Republikaner wie Michel, aber zu ernst für den Umgangston von Nohant. Was George betraf, so sah die Prinzessin sie verzehrt von einer widersinnigen und hoffnungslosen Liebe. Vergebens klammerte sie sich an Michel, um in ihm ein erloschenes Begehren von neuem zu entfachen. Der Tribun, egoistisch und ermüdet, wünschte sich von einer Geliebten zu trennen, die ihm nur beschwerlich war. George erging sich in Wehklagen:

Sand an Michel, 21. Januar 1837: Daß du dir aus meiner Traurigkeit nichts machst! Sie ist tief, unheilbar, aber ich habe die Kraft, sie zu ertragen, und du hast nicht die, sie zu heilen. Ich werde nicht mehr mit dir darüber sprechen; du würdest sie vielleicht nicht einmal begreifen, denn die Welt hat zwischen uns einen Abgrund aufgeworfen. Die irdischen Interessen haben aus dir ein bestimmtes Wesen gemacht, der Widerwille und der Abscheu vor diesen Dingen aus mir ein völlig andres. Und doch gibt es eine unsichtbare, unbekannte Welt, in der wir gelebt haben und in der wir miteinander verschmolzen!... Nicht wegen der Liebe, die du für mich empfandest, habe ich dich geliebt. Andre haben eine weit größere empfunden, und doch haben sie es nicht fertiggebracht, daß ich ihnen auch nur einen Blick zuwarf! Auch liebte ich dich nicht der schönen Worte wegen, die du den Frauen zu sagen verstehst. Ich bin andern Schönrednern begegnet, die nicht einmal meine Ohren zerstreut haben! Es geschah auch nicht, weil ich auf das Glück rechnete oder auf den Ruhm oder bloß auf die Zuneigung. Ich verachte die nichtigen Güter, und als ich mich dir hingab, wußte ich, daß die reißende Flut der Welt uns trennen würde. Ich wußte, daß die ehrgeizigen Naturen für die Liebe nur eine Stunde am Tage übrig haben... Ich habe dich geliebt, weil du mir gefällst, weil kein andrer mir gefallen kann... Du hast Laster, die ich nicht habe, denn du hast niemals deine Leidenschaften beherrscht. Ich kenne dich durch und durch, denn wir bilden eine Einheit, und du bist die Hälfte meines Seins[30]...

Auf diese langen, auf diese endlosen Briefe antwortete er nicht mehr. Las er sie überhaupt? *28. Januar 1837:* „Warum schreibst du nicht? Was bedeutet diese neue Anwandlung? Bist du krank? Mein Gott! Grollst du mir noch? Liebst du eine andre? Ach, ich glaube es, und diese Überzeugung ist nicht von mir gewichen, seitdem ich dich wiedergesehen habe. Dein Gesicht war nicht mehr das von früher, und inmitten der zärtlichen Anwandlungen verhehltest du nur schlecht deine Langeweile und deine Ungeduld, mich zu verlassen!... Tu, was du willst; ich werde die geziemende Würde zu wahren wissen; ich werde sogar das Schweigen zu wahren wissen, falls ich dir mit meiner Liebe lästig falle[30] ..." Sie erkannte an, daß sie ungerecht, bitter, grillenhaft gewesen war. Sei es aber ihre Schuld, wenn sie auf alle Frauen eifersüchtig war, und vor allem auf „die Person" (Frau Michel)? „Ich weiß nicht, welche teuflische Laune dich eines Tages trieb, mich im Hause deiner Frau umherzuführen und mir das Ehebett zu zeigen. Ich begreife nicht, daß die Liebe solchen Prüfungen standhalten kann. Die meine indessen hielt stand[30]."

Was gab er ihr noch? Von Zeit zu Zeit galoppierte sie in der Nacht nach La Châtre oder Châteauroux, um einige Stunden in Michels Armen zu verbringen. Aber nach der Umarmung stürzte „eine Eislawine auf mein armes Herz". George war es, die jedes Stelldichein erbetteln mußte: „Ich erbat ein Wunder, wenn ich hoffte, nichts würde dich zurückhalten, und du würdest ein Mittel finden, um deinen Geschäften und ehelichen Pflichten *eine ganze Nacht* abzuknapsen..." Mit einer schmählichen und überraschenden Demut erklärte sie sich dennoch zu allem bereit. Sei es ihm recht, daß sie in Bourges ein Haus miete? Sie würde sich darin wie in einer Zelle einschließen und ihm jedesmal, wenn er es wollte, angehören. Fürchte er die Strapazen der Liebe? Dann würde sie die Keuschheit hinnehmen:

Ach, falls du bei mir wärest, wenn die Krankheit deine Seele lähmt, würdest du wenigstens an meinem Busen schlafen! Meine Liebe, stets wach, würde die deine wie einen Schatz entgegennehmen, um ihn dir bei deinem Erwachen wiederzugeben. Ich würde dich nicht quälen, um dich daran zu erinnern, daß du mich lieben *müssest*. Ich würde es dich vergessen lassen, weil deine Ruhe bei mir sanft sein würde und ich das Nichts zurückzudrängen wüßte, wenn es käme, um seine Beute zu fordern... Meine Liebe ist stets über dich geneigt, wie eine Weide über die Gewässer, die sie zärtlich liebt; und sobald ich mich der trügerischen Hoffnung überlasse, in deiner Nähe leben zu können, besteht mein süßester Traum darin, mir vorzustellen, wie ich dich in deinem Alter pflegen würde! Die Wonnen der Liebe gibt es nicht nur in den schnell vergänglichen Stunden des Taumels, die die Seele in den siebenten Himmel erheben; sie sind auch in der hingebungsvollen und unschuldigen Zärtlichkeit des Vertrautseins[31] ...

Arabella war Zuschauerin bei diesen Gewitterstürmen und genoß lange, stille Tage. „Den ganzen Abend", vermerkte sie, „war George wie betäubt in einer drückenden Empfindungslosigkeit.

Arme große Frau! Die heilige Flamme, die Gott in sie gelegt hat, findet draußen nichts mehr zu verzehren und verzehrt drinnen alles, was noch an Glauben, Jugend und Hoffnung verbleibt. Barmherzigkeit, Liebe und Wollust, diese drei Regungen der Seele, des Herzens und der Sinne, allzu glühend in diesem so unheilvoll bevorzugten Wesen, sind dem Zweifel, der Enttäuschung und der Übersättigung begegnet; und ins tiefste Innere ihres Seins verdrängt, machen sie ihr Leben zu einer Marter ... Oh, mein Gott, gib George die heitere Gelassenheit eines Goethe[22] ...«

Nun, da sie ihre berühmte Freundin besser kennenlernte, glaubte sich Marie d'Agoult ihres eigenen Wertes viel besser bewußt zu werden. Nicht als ob sie die Vitalität ihrer Gastgeberin nicht bewundert hätte, die vierzehn Stunden lang an einem Werke schreiben, dann ihr Pferd satteln und zu einem Stelldichein eilen konnte. Sie erkannte bei George ein tiefes Empfinden für die Naturpoesie, eine seltsame Anmut und die Gabe der Freundschaft an. Aber das abschließende Urteil war streng. Warum hatte sie, obwohl sie behauptete, aus Liebe zu Michel zu vergehen, stets das Haus voll junger Menschen, die aus La Châtre und aus Paris gekommen und alle in sie verliebt waren? Warum diese würdelosen Kindereien? Warum diese lächerliche Überspanntheit der mütterlichen Liebe? Die fruchtbare Marie brachte keine Bewunderung auf für „die Liebe zu den *Kleinen*, die durchaus kein verständiges Gefühl, sondern ein blinder Instinkt ist, bei dem sich das unvernünftigste Tierweibchen der Frau als überlegen erweist[22]". Von den beiden in ihrer Ehe geborenen Töchtern, Louise und Claire, hatte sie die eine verloren, dann die andre dem Grafen d'Agoult überlassen; ihre uneheliche Tochter Blandine hatte sie in der Nähe von Genf in Pflege gegeben; ohne Freude erwartete sie ein neues Kind Liszts.

Die erste Diagnose Arabellas war die gerechteste gewesen. Es war die Lebensüberfülle, an der George erstickte. Oft ließ sie sich schröpfen. „Ich an Ihrer Stelle würde viel eher Chopin lieben", sagte ironisch die Prinzessin, denn sie hatte wohl bemerkt, daß der schmächtige und schöne Musiker auf Sand einen großen Eindruck machte und auch wußte, daß diese ihn gern nach Nohant gezogen hätte. Im Mai kam Liszt von Paris, bleich, glühend, genial; und nun beobachtete George ihrerseits das andre Paar. Auch hier prallten zwei Menschen gegeneinander: Franz war jung und ungezähmt, Marie stolz und träumerisch. Sand war der Überzeugung, diese Liebe werde nicht ewig dauern. Dennoch wurde unter den Bäumen von Nohant der Sommer 1837 eine wunderbare Zeit, bald erhellt durch die Geistesblitze des Genies, bald verdüstert durch die Gewitterstürme der Leidenschaft. Glühende Sonne. Funkelnde, reglose Linden. Das Gold der Strahlen unter dem Laubwerk. George machte jeden Abend Eintragungen in das verschwiegene Tagebuch des Doktors Piffoël:

Das Zimmer Arabellas liegt im Erdgeschoß unter dem meinen. Dort steht Franzens schöner Flügel unter dem Fenster mit dem grünen Vorhang der Linden, das Fenster, aus dem diese Klänge hervorkommen, die die ganze Welt vernehmen möchte und die hier nur die Nachtigallen eifersüchtig machen. Gewaltiger Künstler, sublim in den großen Dingen, stets überlegen in den kleinen. Dennoch traurig und gequält von einer geheimen Wunde. Glücklicher Mann, geliebt von einer schönen, edelmütigen, intelligenten und keuschen Frau. Was brauchst du noch, elender Undankbarer? Ach, würde auch ich so geliebt! ...
Wenn Franz auf dem Flügel spielt, bin ich erleichtert. Alle meine Qualen verklären sich, alle meine Instinkte geraten in Begeisterung. Er bringt vor allem die edelmütige Saite zum Erklingen. Er trifft auch den Ton des Zorns, fast in Übereinstimmung mit meiner Energie, niemals aber trifft er den Ton des Hasses. Mich aber verzehrt der Haß. Haß worauf? Mein Gott, werde ich niemals einen Menschen finden, der es verlohnt, gehaßt zu werden? Erweise mir diese Gnade, dann werde ich dich nie mehr bitten, mich den finden zu lassen, der es verdienen würde, geliebt zu werden ...
Ich liebe diese abgebrochenen Sätze, die er auf die Tasten hinwirft und die mit einem Fuß in der Luft schweben und wie hinkende Kobolde in den Raum hinaustanzen. Die Blätter der Linden übernehmen es, die Melodie zu Ende zu führen, ganz leise, in einem geheimnisvollen Flüstern, als ob sie einander das Geheimnis der Natur anvertrauten[8] ...

Mit einer Hand, der sie Festigkeit gewünscht hätte, wog sie den „elenden Tand" des Menschen: den Ruhm, die Liebe .. Gott! Was konnte sie mit ihrer Kraft anfangen? Arbeiten? Das war für sie nur eine Fron: „Ich hasse meinen Beruf." Nur die Zigarren und der Kaffee hielten „ihren armseligen Schwung für zweihundert Franken die Seite" aufrecht. Dann erstrahlte plötzlich die Welt, weil Michel endlich ein Zusammensein gewährte. Zum 7. April, dem Jahrestag ihrer ersten Begegnung, hatte er etwas zärtlicher geschrieben, und sie war überwältigt worden durch ein Glück, an das sie schon nicht mehr gewöhnt war: „Sag mir, ob es wahr ist, ob du mich liebst, ob du kommst, ob ich dich beim Aufgang des Mondes in unsern Laubengängen wiedersehen, ob ich dich unter unsern Akazien an mein Herz drücken werde? ... 7. April! Wirst du mir Glück bringen[31]?" Im Mai ritt sie zu ihm hin und war eine Nacht lang glücklich.

7. Mai 1837: Teurer Engel meines Lebens, ich bin glücklich, wenn du mich liebst. Ich kann dir heute abend nichts andres sagen. Ich falle um vor Müdigkeit. Ich habe zu Pferde sieben Meilen in zwei Stunden zurückgelegt. Meine Kinder habe ich gesund vorgefunden, Liszt und Frau d'Agoult sind eingetroffen. Ich bin wie zerschlagen, nicht so sehr von dem hastigen Ritt. Aber welch süße Erschlaffung! Und welch friedliche Schläfrigkeit lastet auf meinen Augenlidern? Adieu. Sei ewig mein, so wie ich dein bin. Laß noch einige Male die Stunden unsrer Trunkenheit und unsrer Wonne durch dein Gedächtnis ziehen ... Schreib mir. Jetzt ist die Reihe an dir. Ich erwarte dich auf dem sanften, mit Veilchen besäten Rasen. Bis dahin werde ich von der Erinnerung an die Tage leben, die soeben verflossen sind, schnell und köstlich. Sag mir, daß sie nicht Verwirrung in deine Gewohnheiten, Unordnung in deine Arbeiten, Krankheit in deinen Körper hineingebracht haben? ... Hab mich lieb und sag es mir doch bis zu deiner Ankunft. Nur davon werde ich leben[32] ...

O Gewalt des Mannes, der sich versagt! Man muß sich hier noch einmal den seltsamen Vielgeliebten vor Augen halten, dem diese schöne junge Frau eine ganze Nacht lang entgegengaloppierte: vorzeitig gealtert, die Stirn von einem Tuch umwickelt, der Doppelschädel kahl und beulig. Und doch, welche Liebe! Sie unterlag der Müdigkeit.

8. Mai 1837: Meine schweren Augenlider können den Glanz der aufgehenden Sonne kaum ertragen. Mich friert zu der Stunde, da alles aufflammt; mich hungert, doch ich vermag nicht zu essen, denn der Appetit ist die Auswirkung der Gesundheit und der Hunger die der Erschöpfung. Nun, erscheine, mein Geliebter! und wiederbelebt wie die Erde bei der Rückkehr der Maisonne, werde ich mein eisiges Schweißtuch abwerfen und vor Liebe erzittern ... und ich werde schön und jung sein, weil ich in deinen Eisenarmen vor Freude hüpfen werde. Komm, komm, und mir wird Kraft, Gesundheit, Jugend, Heiterkeit und Hoffnung verliehen sein ... Ich werde dir entgegengehen, wie im *Hohelied* die Freundin dem Vielgeliebten entgegeneilt. Lieben oder sterben, für mich gibt es keinen Mittelweg[33].

Wenn alle Elemente einer Gegebenheit und zweier Charaktere das Glück unmöglich machen, wie sollte es da Bestand haben? Erschöpft, glühend und erregt kam sie in Bourges an, in der Absicht, sich der „Person", der Republik und den Wählern entgegenzustellen. „Verflucht sei dieses Gelichter!" rief sie. „Wir werden schon sehen, ob du in der Liebe zu Hirngespinsten die gleiche Glut wie in meiner Seele und meinen Armen finden kannst." Michel antwortete und beklagte sich, geliebt zu werden.

Michel von Bourges an George Sand: Verflucht!... Zu Hause habe ich jeden Tag und zu allen Stunden für dich und deinetwegen Krieg zu führen. Meinetwegen. Es ist auch richtig so. Auf Erden wird ohne Kampf und Streit dem Menschen nichts geschenkt. Wenn ich in deinen Armen wenigstens eine Zuflucht vor solchen Miseren fände... Aber nein, du willst, daß ich mich mit dir herumschlage. Feind zur Rechten, Feind zur Linken. Ich aber sage dir, eine solche Stellung ist nicht zu halten... Ich muß meine Ruhe haben. Aller Weiberstreit ist widerwärtig. Es ist mir nicht vergönnt gewesen, mit Feinden meiner Art zu kämpfen, mit den Tyrannen; dann aber will ich wenigstens eine tiefe, eine unbedingte Ruhe genießen. Ich werde mich in eine Hütte zurückziehen, am Hang eines Hügels... im Anblick des Mittelmeeres[34]...

Diesmal lehnte sich George auf:

George Sand an Michel von Bourges, 31. Mai 1837: Du stellst mich mit der Person, die dir Leid zufügt, auf die gleiche Stufe... und du tobst, du hättest meinetwegen zu leiden, als ob eine selbstlose, bewußt übernommene Hingabe sich mit deinem häuslichen Streit vergleichen ließe!... Du drohst mir, dich in eine Hütte zurückzuziehen. Gott wäre mir geneigt, wenn er deinen Wunsch erfüllte. Bald würde ich dort bei dir sein. In mir würdest du den Negerknaben finden, der ergeben deinen armen Leib pflegte ... und dann würdest du begreifen, daß die Liebe einer Frau nicht etwas *Unwürdiges* ist, und daß das Männerpack, mit dem dich nicht messen zu können du bedauerst, nicht deinesgleichen ist und es nie sein wird[34].

In der Verschwiegenheit seines *Intimen Tagebuches* hielt sich der Doktor Piffoël selber eine Strafpredigt:

Du bildest dir ein, Piffoël, daß man zum Gegenstand seiner Liebe sagen könne: „Du bist ein mir ähnliches Wesen; ich habe dich unter allen Menschen erwählt, weil ich dich für den größten und besten hielt. Heute weiß ich nicht mehr, was du bist... Mich dünkt, daß du wie andre Menschen Untugenden besitzt, denn oft quälst du mich, und Vollkommenheit ist dem Menschen nicht gegeben. Aber ich liebe deine Untugenden, ich liebe meine Leiden..." Nein, nein, Piffoël, Doktor der Psychologie, du bist weiter nichts als ein Dummkopf. Nicht dies ist die Sprache, die der Mann hören will. Er verachtet völlig die Aufopferung, denn er glaubt, daß die Aufopferung ihm von Natur aus gegeben sei, allein durch die Tatsache, daß er aus dem Schoß seiner Frau Mutter hervorgekommen ist... Der Mann weiß, daß er der Frau unentbehrlich ist... Die Frau hat nur ein Mittel, sich ihr Joch zu erleichtern und sich ihren Tyrannen zu bewahren, wenn ihr Tyrann ihr notwendig ist: indem sie ihn in gemeiner Weise umschmeichelt. Ihre Untertänigkeit, ihre Treue, Ergebenheit und Fürsorge haben in den Augen des Mannes keinerlei Wert; ohne all dieses, so ist seine Meinung, würde er nicht geruhen, sich mit ihr zu beschweren. Sie muß sich ihm schon zu Füßen werfen und ihm sagen: „Du bist groß, erhaben, unvergleichlich. Du bist vollkommener als Gott! Dein Antlitz leuchtet, dein Fuß träufelt Ambrosia, du hast kein Laster, wohl aber alle Tugenden..."

Mein lieber Piffoël, vernimm also die Weisheit des Lebens, und wenn du es dir einfallen läßt, einen Roman zu schreiben, so versuche, das menschliche Herz etwas besser kennenzulernen. Nimm dir niemals eine starke, uneigennützige, mutige und aufrichtige Seele zu deinem Frauenideal. Die Leserwelt wird sie auspfeifen und mit dem häßlichen Namen *Lelia, die Unvermögende*, begrüßen. Unvermögend! Ja, zum Henker, unvermögend für Liebedienerei, unvermögend für Kriecherei, unvermögend für Gemeinheit, unvermögend, dich zu fürchten. Hirnloser Tor, der Kraft und Rache nur in der Verleumdung und Lästerung zeigt! Wenn du aber ein Weibchen findest, das ohne dich auszukommen versteht, dann verwandelt sich deine läppische Kraft in Mut, und deine Wut wird durch ein Lächeln, ein Lebewohl, ein ewiges Vergessen bestraft[8].

Ein wesentlicher Text, denn er zeigt zugleich, warum Sand die Männer, die sie zu lieben glaubte, haßte, wenn sie sie nicht beherrschen konnte, und warum es ihr nicht gelang, sie an sich zu fesseln. Sie war zu klarsichtig, um einem Tyrannen Genüge zu tun, dessen Traum es gewesen wäre, zu seinen Füßen eine Frau zu sehen, die ihn anbetete und alle seine Ideen als ein Evangelium hinnahm, die alles gab und nichts verlangte; sie war allzu stolz, um Unterwerfung zu heucheln. Endlich, am 7. Juni 1837, brachte sie zum ersten Male den Mut auf, eine Zusammenkunft abzusagen:

George Sand an Michel von Bourges, 7. Juni 1837: Ich bin krank. Ich werde in der Hitze morgen nicht reisen können. Ich habe nicht die Kraft, heute abend aufzubrechen, denn ich würde wie gerädert ankommen, und dein Vergnügen, denke ich mir, würde nicht groß sein, wenn du mich im Gasthof so in deinen Armen hieltest!... Ich werde schlafen, bis du die Zeit aufbringst, *mich* zu besuchen, Adieu[34]...

Groll und Stolz hatten die Leidenschaft hinweggefegt. Der anmutige Doktor Piffoël begrüßte melancholisch diesen Triumph der Weisheit:

Bei Tagesanbruch. Mein Zimmer. 11. Juni: Meine Freunde, nehmt mich gut auf. Wie heiter ist diese hellblaue Tapete! Wie viele Vögel im Garten! Wie lieblich das Geißblatt in diesem Glase! Piffoël, Piffoël, welche fürchterliche Ruhe in deiner Seele! Sollte die Fackel erloschen sein?

Ich grüße dich, Piffoël, voller Gnaden. Die Weisheit ist mit dir. Du wurdest erwählt unter allen Tröpfen; die Frucht deines Leides ist gereift. Heilige Mattigkeit, Mutter der Ruhe, steig herab zu uns armen Träumern, jetzt und in der Stunde des Todes. Dein Wille geschehe[34]...

Exit Michel.

Die Abende in Nohant waren köstlich. Die Familie und die Freunde kamen auf der Terrasse zusammen, das sanfte Licht des Mondes umhüllte das Haus. Jeder hing seinen Träumereien nach. Arabella fragte sich, warum alle Liebenden sich nach der ersten Stunde aufkeimender Liebe zurücksehnen und die zerstörte Liebe beweinen. George sprach Verse von Shakespeare vor sich hin: *Ich gehöre nicht zu den geduldigen Seelen, die eine Ungerechtigkeit mit heiterem Gesicht hinnehmen...* Franz erhob sich, ging ins Haus und setzte sich ans Klavier.

Tagebuch Piffoëls, 12. Juni 1837: Während Franz an jenem Abend die phantastischsten Melodien von Schubert spielte, promenierte die Prinzessin im Dunkel rings um die Terrasse. Sie trug ein helles Kleid; ein großer weißer Schleier umhüllte ihren Kopf und fast ganz ihre schlanke Gestalt... Der Mond war hinter den großen Linden verborgen und zeichnete die schwarzen Schemen der reglosen Tannen in die bläuliche Luft. Eine vollkommene Stille herrschte bei den Pflanzen, der Wind hatte sich gelegt und erstarb bei den ersten Klängen des sublimen Instruments erschöpft auf den schwanken Gräsern. Die Nachtigall kämpfte noch, aber mit schüchterner und ohnmächtiger Stimme. Sie war im Dunkel des Laubwerks näher gekommen und setzte als ausgezeichneter Musiker, der sie in den Tönen und im Takt ist, ihre verzückte Fermate hin.

Wir saßen alle auf der Freitreppe, mit aufmerksamem Ohr den bald reizenden, bald schaurigen Sätzen des *Erlkönigs* lauschend; gleich der ganzen Natur in eine düstere Glückseligkeit versunken, vermochten wir unsre Blicke nicht von dem Zauberkreis abzuwenden, der vor unsern Augen durch die stumme Sibylle im weißen Schleier gezogen wurde... Sie war kaum sichtbar am Ende der Terrasse; dann verschwand sie völlig zwischen den Tannen und tauchte im Schein der Lampe wie eine unerwartete Schöpfung der Flamme plötzlich wieder auf. Dann trat sie wieder in den Schatten und schwebte, unklar und bläulich, über die Lichtung. Endlich setzte sie sich auf einen biegsamen Ast, der sich nur leicht bog, als habe er ein Gespenst getragen. Da brach die Musik plötzlich ab, als hätte ein geheimnisvolles Band das Leben der Klänge mit dem Leben dieser bleichen Frau verbunden, die bereit schien, den Regionen unerschöpflicher Harmonie entgegenzuschweben[8]...

Am 8. Juni traf der Schauspieler Bocage ein, der George bestürmte, doch ein Drama zu schreiben. Er war der romantische Komödiant, groß, schlank, von byronischer Schönheit. Er war in *Antony*[35] herrlich gewesen, mit seiner über der weißen Weste zugeknöpften Redingote, seinen dunkelblauen Augen und seinem blassen Gesicht. 1837 war er achtunddreißig Jahre alt, aber noch immer war er schlank, feurig; voller Leidenschaft bekannte er sich zu republikanischen Ansichten. Die allgemeine Unterhaltung drehte sich um das Theater, die Künstler, die Autoren; man spöttelte über die Eitelkeit Victor Hugos und die Lasterhaftigkeit Marie Dorvals; George nahm sie alle in Schutz. Arabella fand Bocage dumm; es stimmte schon, daß er wenig kultiviert war. In einem Brief an Vigny erinnert Marie Dorval an „seine geckenhafte und alberne Geschwätzigkeit", fügt aber hinzu: „Alle Frauen sind verrückt auf ihn und laufen ihm auf der Straße nach." Marie d'Agoult versuchte, mit ihm über Mickiewicz – einen im Exil lebenden Dichter und Professor am Collège de France – zu sprechen, und er fragte: *„Miss qui? Was für eine Miss?"* Vor allem sah Arabella mit Mißvergnügen, daß Bocage Sand den Hof machte; diese schien darüber nicht unzufrieden zu sein. Am 15. Juni tauchte der schöne und finstere Charles Didier auf. „Die Schloßherrin hätte *Zopin* vorgezogen", sagte Liszt, denn so sprach er, um drollig zu sein, den Namen seines Freundes aus.

Wie sie es versprochen hatte, brach Marie d'Agoult eine Lanze für Didier, aber dieser bedauerte, kaum daß er in Nohant war, gekommen zu sein. Er hatte aufgehört zu gefallen, und der Empfang war verlegen. „Sie schlägt ihren unangenehmen und spöttelnden Ton an... Ich habe einen ungeheuren Fehler begangen, indem ich hierherkam... Sie ist mir gegenüber eisig... Sie hat den Entschluß gefaßt, mich wegen dem aufzuziehen, was sie meine majestätische Würde nennt... O Künstlerin! Unbeständiges und hartes Herz[36]!" Er fand dort nicht nur Bocage vor, sondern auch François Rollinat und Félicien Mallefille, einen jungen Schauspieldichter und Freund der *Fellows*. Auf der Terrasse um die Lampe sitzend, sprach man über Gott, über Dorval und eine Grasmücke, die George gefangen hatte. Sie bereitete Punsch, wobei die Flammen in der Nacht ihr scharlachrotes Kleid erhellten. Mit spöttischer Sympathie beobachtete Arabella Didiers argwöhnisches Wesen:

> Beim geringsten Wort überzog sich seine Stirn mit einer plötzlichen Röte; verschanzt hinter der goldenen Brille, erforschte sein Auge aufmerksam den Ausdruck unserer Gesichter, und oft erstarb das Lächeln auf seinen Lippen, plötzlich erstarrt durch einen mißtrauischen und zweiflerischen Gedanken. Unglücklicher Charakter, dürftiger Ehrgeiz, Löwenherz in einem zusammengerollten Igelkörper, der alle Stacheln von sich streckt. Dennoch mag ich ihn[22]...

Zu seinem Unglück fuhr Didier fort, George zu begehren, aber er schätzte Marie. Während er sich mit der ätherischen Prinzessin unter den Linden erging, bekannte er ihr seine Enttäuschung und seinen Schmerz. Sand schien völlig mit Bocage beschäftigt zu sein; und das war zuviel für den armen Didier. Marie d'Agoult, außer sich, sagte ihm unverblümt, ihre Gastgeberin scheine nahe daran zu sein, sich in die Welt der Galanterie zu begeben. „Sie behauptet, George sei jetzt der Liebe und der Freundschaft unfähig." Er konnte nicht schlafen und dachte daran, Sand umzubringen. Gewiß, das waren nur Ausgeburten der Phantasie; da er sich aber auf einem gefährlichen Hang fühlte, beschloß er, die Flucht zu ergreifen. Es fehlte nicht viel, und er hätte Nohant verlassen, ohne sich von der Schloßherrin zu verabschieden. Sie überraschte ihn, als er seine Reisetasche packte. „Ich hoffe, du reist doch nicht ab?" fragte sie. – „Doch, sogleich." – „Schau an!" Sie bot ihm ihre Wange dar. Er küßte die trockenen und undurchdringlichen großen Augen. „Die Erfahrung mit der Welt und dem Leben trägt bittere Früchte", vermerkte er in seinem Tagebuch. *Exit* Didier.

Die *Fellows* reisten am 24. Juli ab; Sand und Mallefille begleiteten sie zu Pferde bis La Châtre. Mallefille, plötzlich zum Favoriten erklärt, blieb in Nohant, und es war davon die Rede, ihn zum Hauslehrer von Maurice zu machen. Der Abschied war herzlich; die Herzen verhielten sich weiter zurückhaltend. Dennoch war der Aufenthalt ein Erfolg gewesen. Jeder hatte auf seine Art geglänzt. Arabella hatte die zuversichtlichste Gewißheit von ihrer eigenen Überlegenheit gewonnen:

Es war für mich nicht unnütz, an der Seite von George, der bedeutenden Dichterin, das ungezähmte Kind George zu sehen, das Weib George, das sogar in der Kühnheit schwach, in seinen Gefühlen und Meinungen veränderlich, in seinem Leben unlogisch ist, stets beeinflußt durch den Zufall der Ereignisse, selten geleitet durch Vernunft und Erfahrung. Ich habe erkannt, wie kindlich es von mir war, zu glauben (und dieser Gedanke hatte mich oft mit tiefer Traurigkeit erfüllt), daß sie allein dem Leben Franzens all seine Ausdehnung hätte geben können, daß ich ein unglückseliges Hindernis zwischen zwei Schicksalen gewesen wäre, die dazu bestimmt waren, miteinander zu verschmelzen und sich zu ergänzen[22]...

George wiederum hatte ihr Gleichgewicht wiedergefunden, das einen Augenblick lang durch Michel erschüttert worden war, und binnen zwei Monaten hatte sie einen ihrer besten Romane vollendet: *Die Mosaikarbeiter.* Sie hatte ihn für Maurice geschrieben und ein Vergnügen daran gefunden, Venedig und die Mosaikarbeiter von Sankt-Markus heraufzubeschwören, während Liszt Klavier spielte und die Nachtigallen, berauscht von der Musik und dem Mondenschein, sich auf den Fliederbäumen in der Umgebung heiser schrien. Sie selbst verwunderte sich über die wiedergewonnene innere Ruhe. Seit den an Erwartungen so reichen Tagen, da sie Nohant verlassen hatte, um einer großen Liebe zu leben, hatte sie drei Leidenschaften erstehen und sterben sehen, und sie schlief in ihrem Bett „ebenso ruhig wie Buloz in dem seinen".

BEATRIX

Félicien Mallefille, nach dem Zurückebben dieser großen sommerlichen Fluten ein mit George und den Kindern an den Gestaden von Nohant zurückgebliebenes Strandgut, war ein junger Kreole mit „einem sieben Fuß langen Bart". Er war 1813 auf der Île de France geboren und hatte, nachdem er im Alter von neun Jahren nach Frankreich gekommen war, hier glänzende Studien gemacht. Mit einundzwanzig Jahren hatte er ein Schauspiel verfaßt, *Glenarvon,* das im Ambigu, und im Jahre darauf ein andres, das im Theater an der Porte-Saint-Michel aufgeführt worden war. „Mager, mit einem prächtigen Profil und einem schrecklichen Blick, trug er einen gesträubten Schnurrbart, der ihm das Aussehen eines aus seiner Leinwand herabgestiegenen Velasquez verlieh[37]." Da er arm war und ganz allein dastand, suchte er Gönner und eine Beschäftigung. Zur Zeit des *Hôtel de France* stellte Arabella, die ihn protegierte, ihn George Sand vor. Diese fand ihn „über die Maßen häßlich, eitel und dumm". Marie d'Agoult, die ihn hingegen für „ehrlich, gut, wenn nicht sogar geistreich[38]" hielt, nahm ihn in Schutz. George war auf ihre Freundin wütend, die „den schlechten Geschmack besaß, einen solchermaßen aussehenden Menschen erträglich zu finden", und noch mehr, als Liszt enthüllte, Mallefille sei in Sand verliebt. Sie „kartätschte" den unglücklichen jungen Menschen „mit ziemlich unfreundlichen Sarkasmen" und ging sogar soweit, zu erklären, er flöße ihr „einen unüberwindlichen physischen Widerwillen" ein.

Als sie sich so ziemlich mit dem ernsten Pelletan überworfen hatte, man dann für Maurice einen neuen Hauslehrer suchen mußte und Frau d'Agoult ihr Mallefilles Bruder vorschlug (da sie von Félicien nicht zu reden wagte), da war es indessen der letztere, auf den Sand plötzlich den Blick warf. Etwas später ließ sie sich mit ihm in Fontainebleau im *Hôtel Britannique* nieder, während Maurice im Schlosse Ars in der Nähe von La Châtre bei Gustave Papet war. Jetzt war Mallefille „ein sublimer Mensch" von einer wunderbaren Ergebenheit geworden, und sie beschloß sogar, in seiner Gesellschaft eine Pilgerfahrt nach den Schluchten von Franchard zu machen, wo sie mit Musset eine unvergeßliche Nacht verbracht hatte. Der Aufenthalt in Fontainebleau wurde durch böse Nachrichten gestört. Sophie-Victoire Dupin erkrankte schwer, und ihre Tochter eilte nach Paris, um sie zu pflegen.

George Sand an Gustave Papet, 24. August 1837: Lieber, guter Alter, ich habe meine arme Mutter verloren! Sie hat den sanftesten und ruhigsten Tod gehabt, ohne die geringste Agonie, ohne das geringste Gefühl für ihr Ende und in dem Bewußtsein, sie schliefe ein, um gleich darauf wieder aufzuwachen. Du weißt, daß sie sauber und kokett war. Ihr letztes Wort ist gewesen: „Mach mir das Haar zurecht." Armes Frauchen! Scharfsinnig, intelligent, geschickt und edelmütig; leicht aufbrausend bei den kleinen Dingen und herzensgut in den großen. Sie hat mir manchmal weh getan, und mein größtes Leid ist mir durch sie gekommen. Aber sie hat in der letzten Zeit alles wiedergutgemacht, und ich habe mit Befriedigung erkannt, daß sie endlich meinen Charakter begriff und mir vollkommen Gerechtigkeit widerfahren ließ. Ich habe das Bewußtsein, für sie alles getan zu haben, was ich tun mußte[16] . . .

George Sand an Marie d'Agoult, 25. August 1837: Ich habe Ihnen nach Genf geschrieben und hoffe, daß Sie dort meinen Brief bekommen haben . . . Ich schrieb Ihnen, daß ich viel Kummer hatte: meine arme Mutter lag in den letzten Zügen. Mehrere Tage habe ich in Paris verbracht, um ihr in ihren letzten Augenblicken beizustehen. Während dieser Zeit wurde blinder Alarm geschlagen, und ich habe Mallefille mit der Post nach Nohant geschickt, um meinen Sohn zu suchen, von dem es hieß, er sei entführt worden. Während ich nach Fontainebleau fuhr, um ihn dort in Empfang zu nehmen, ist meine Mutter ganz sanft und ohne die geringsten Schmerzen entschlafen. Am folgenden Morgen fand ich sie steif in ihrem Bett, und als ich ihren toten Körper küßte, fühlte ich, daß das, was man die Stimme des Blutes und die Sprache der Natur nennt, kein Traum ist, wie ich an den Tagen der Unzufriedenheit oft geglaubt hatte . . . Meine arme Mutter ist nicht mehr! Sie ruht in der Sonne, unter schönen Blumen, die die Schmetterlinge umgaukeln, ohne an den Tod zu denken. Bei herrlichem Wetter beeindruckte die Heiterkeit dieses Grabes auf dem Montmartre-Friedhof mich derart, daß ich mich fragte, warum eigentlich ich Tränen so reichlich verströmte[16].

So endete das größte Drama ihres Lebens und die unglücklichste ihrer Leidenschaften.

Sie hatte geglaubt, Maurice sei durch Casimir entführt worden. Ein Freund aus La Châtre hatte ihr geschrieben, ihr Mann halte sich in der Gegend auf. Nichts davon traf zu. Papet übergab Maurice in die Hände von Mallefille und willigte ein, sich um Solange zu kümmern.

Félicien Mallefille an George Sand, 16. August 1837: Ich habe Maurice; alles ist entsprechend Ihren Wünschen peinlichst genau ausgeführt worden... Verzeihen Sie das Unzusammenhängende meines Briefes; ich habe so viele einzelne Tatsachen zusammenzufügen, und ich weiß keinen Anfang und kein Ende zu finden. Maurice ist reizend und lieb; er ist entzückt darüber, Sie wiederzusehen. Es geht ihm sehr gut. Niemand in Nohant oder in Ars hat auch nur das geringste von Herrn Dudevant bemerkt... Beten Sie für mich, *Santo Giorgio!* Ich habe großes Verlangen nach Schlaf. *Veni, vidi, dormi, Vostrissimo.*

FÉLIC MIENALLEFILLE[10].

Das Seltsamste dabei ist, daß Casimir, der im August tatsächlich nicht versucht hatte, Maurice zu entführen, im September auf den lächerlichen Einfall kam, Solange zu entführen und nach Guillery mitzunehmen. George, von einem gewaltigen Zorn gepackt, erlangte eine gerichtliche Verfügung, eilte mit der Post nach Nérac, begleitet von Mallefille und einem Anwalt, alarmierte den Unterpräfekten und ließ Guillery durch die Gendarmen umzingeln.

George Sand an Alexis Dutheil, 30. September 1837: Dudevant, sanft und höflich geworden, geleitet Solange an der Hand bis zur Schwelle seiner königlichen Behausung, nachdem er mich gebeten hat, ich möge eintreten, was ich liebenswürdig ablehne. Solange ist mir übergeben worden wie eine Prinzessin an der Grenze von zwei Staaten. Wir, der Baron und ich, haben einige nette Worte gewechselt. Er hat mir damit gedroht, mit Hilfe des Gerichts seinen Sohn wieder zu sich zu nehmen, und dann sind wir, einer vom andern entzückt, voneinander geschieden[16]..

Danach kam sie, da sie nicht weit von den Pyrenäen war, auf die Idee einer zweiten Liebespilgerfahrt. Mallefille hatte bereits Gemütsbewegungen von Franchard geerbt. Diesmal durfte er an den Erinnerungen teilhaben, die der Felsenkessel des Marboré wachrief. Dann reiste die vereinigte und beruhigte Familie zum Berry zurück. Jeder verbrachte dort den Rest des Winters damit, zu arbeiten.

George Sand an Marie d'Agoult, März 1838: Mein Innenleben hat Ihrer Aufmerksamkeit nichts recht Interessantes dar-
zubieten. Es ist friedlich still und arbeitsam. Ich häufe Romane
auf Novellen auf; Mallefille Dramen auf Romane... Maurice
Karikaturen auf Karikaturen... So sieht das heroische und
phantastische Leben aus, das man in Nohant führt[16].

Der Doktor Piffoël erteilte sich selbst einen Verweis:

> Führ dir ein wenig vor Augen, was seit den drei Monaten vor-
> gegangen ist, da du dich nicht mehr leben siehst. Erinnerst du
> dich überhaupt? Hast du nicht bereits die Tatsachen vergessen?
> Deine Mutter tot, dein Sohn gerettet, deine Tochter entführt
> und zurückerobert – und das übrige! Du hast Franchard wie-
> dergesehen, und mit wem? Du kehrst nach hier zurück, was
> wirst du hier beginnen, welches Schicksal erwartet dich hier,
> wen wirst du lieben? Worunter wirst du zu leiden haben? Wen
> wirst du im nächsten Monat oder im nächsten Jahr oder mor-
> gen hassen?... Welch schöne Seele hast du doch, o mein großer
> Piffoël! Wenn du das Blut deiner Kinder aus dem Schädel deines
> besten Freundes tränkest, bekämst du nicht einmal die Kolik[8].

Die *Fellows* wiederum befanden sich zu der Zeit auf einer Reise
in Italien und waren nicht glücklicher. „Es liegt ein Gewitter in
der Luft", vermerkte Liszt, „und meine Nerven sind gereizt...
Trostlose Bilder einer völligen Entzauberung schweben über meinem ganzen Schicksal... Mir bleibt ein einziger Gedanke, ein
einziger Gewissensbiß: ich hätte sie glücklich machen sollen. Ich
hätte es gekonnt, aber kann ich es noch?" Leid macht ungerecht:
ein Billett Mallefilles, eingeschlossen in einen Brief Sands, erzürnte
Marie, die so etwas unhöflich und burschikos fand, in höchstem
Grade. In Wahrheit grollte sie ihrem früheren Schützling, weil er
zur Freundin übergegangen war. Sie beklagte sich bei George, die
schroff reagierte.

George Sand an Franz Liszt: ... Ach, à propos Mallefille! Ich
möchte gern wissen, warum Mirabella mich für die Dummheiten
verantwortlich zu machen scheint, die er ihr schreibt. Als ob es
meine Aufgabe wäre, Mallefilles Briefe zu lesen, sie zu verstehen, zu kommentieren, zu berichtigen oder gutzuheißen! Gott
sei Dank bin ich nicht genötigt, denen Geist zu geben, die seiner
ermangeln... Mallefille schreibt der Prinzessin einen Brief, dieser Brief ist einfältig, was mich nicht im geringsten wundert.

Da ich des Glaubens bin, die Prinzessin sei an die Briefe Mallefilles durchaus gewöhnt, und auch nicht im mindesten danach strebe, für sie die Verantwortung zu übernehmen, gewähre ich dem besagten Brief des besagten Mallefille Zutritt in einem Brief von mir an die Prinzessin. Ich nehme, bei Gott, keine Kenntnis von ihm. Ich habe jeden Tag genügend dumme Briefe zu lesen! Wenn der von Mallefille an jenem Tage sich als noch blöder erweist als an den andern Tagen, so dünkt mich, daß man mir Dank dafür schuldet, daß ich ihn in den meinigen hineingelegt und somit der Prinzessin erspart habe, für einen dummen Brief dreißig Sou zu bezahlen. Jetzt frage ich, welches Recht, zum Teufel nochmal, man zur Klage hat, wenn man sich von Mallefille schreiben läßt? Wenn man Mallefille und seinen Stil kennt, muß man auf alles gefaßt sein! Ach, Himmel nochmal! Das fehlte mir gerade noch, Mallefille den Briefstil beizubringen! Was mich betrifft, so weiß ich wohl, daß ich seine Briefe stets entzückend finden werde, denn ich hoffe sehr, davon niemals einen einzigen zu lesen. Ich liebe ihn von ganzem Herzen. Er kann die Hälfte meines Blutes von mir verlangen; niemals aber möge er von mir verlangen, auch nur jemals einen seiner Briefe zu lesen[16] ...

Marie d'Agoult an George Sand, 9. November 1837: Was Sie mir von Mallefille schreiben, hat mich sehr amüsiert. Was für drollige Leute seid ihr doch, ihr Dichter ... Erinnern Sie sich noch unseres Streites wegen Mallefille? Wie häßlich und stupide, einfältig, eitel und unerträglich er wäre? Sie schienen gegen ihn eine jener Zornesanwandlungen zu hegen, die Homer ins Herz von Juno und von Venus setzt, und mir blieb nichts andres übrig, als Ihnen *mezza voce* zu sagen, ich hielte es für notwendig, sich mit den kleinen Eitelkeiten andrer Menschen abzufinden, wenn man nicht in gänzlicher Abgeschiedenheit leben wolle ... Wie mancher Enthusiasmus ist vergangen, wie viele Sternschnuppen gab es schon an Ihrem Himmel! Wird die arme Mirabella nicht auch an die Reihe kommen[39]?

Die Prinzessin Mirabella sollte auch an die Reihe kommen. Sie war in Nohant niemals *persona gratissima* gewesen. George und Mallefille waren sich darin einig, mit Strenge über sie zu urteilen.

Noch zeigte man die Samtpfötchen, aber schon schärfte man die Krallen. Das Werkzeug der Rache wurde Honoré de Balzac, der am 24. Februar 1838 am Fastnachts-Samstag auf Schloß Nohant eintraf. Balzac hatte sich nach der Affäre Sandeau sehr kühl gegenüber Sand gezeigt. Nicht nur hatte Balzac zur Zeit des Bruches für den kleinen Jules Partei ergriffen, sondern ihn auch, wie wir bereits schilderten, nach dessen Rückkehr aus Italien beherbergt und unterhalten, im Austausch für vage Dienste, die zu leisten Sandeau versprochen hatte und die er infolge seiner übermäßigen Trägheit niemals leistete. Wie Sand war Balzac ein rasender Arbeiter, der binnen zwei Monaten einen Roman schrieb, notfalls sogar in siebzehn Tagen. Die weiche und indolente Natur des kleinen Jules brachte diese „Ungeheuer mit überschäumender Lebenskraft" zur Verzweiflung. Und auch Sandeau wurde dieses stürmischen Lebens schnell überdrüssig. Balzac sagte von ihm: „Er ist ein Mensch der Illusionen. Er verbringt sein Leben mit Plänen, die er niemals ausführt."

Balzac an Éveline Hanska, 8. März 1836: Jules Sandeau war einer meiner Irrtümer. Sie können sich niemals eine solche Faulenzerei, eine solche Gleichgültigkeit vorstellen. Er ist ohne Energie, ohne Willenskraft. In Worten die schönsten Gefühle; in der Tat und in der Wirklichkeit des Lebens: nichts. Keinerlei geistige oder körperliche Aufopferung. Als ich für ihn verschwendete, was ein Standesherr für eine Laune verschwendet hätte, und ihn bei mir aufnahm, sagte ich ihm: „Jules, hier ist der Stoff für ein Drama; schreiben Sie es. Nach diesem ein andres; danach ein Singspiel fürs Gymnase-Theater..." Er erwiderte, es sei ihm *unmöglich*, sich gleich an etwas zu geben, was es auch sein möge. Da man auf den Gedanken hätte kommen können, ich rechne mit seiner Erkenntlichkeit, habe ich ihn nicht weiter gedrängt. Er wollte nicht einmal seinen Namen für ein gemeinsam geschriebenes Werk hergeben. „Nun, dann schreiben Sie, um leben zu können, doch Bücher..." In drei Jahren hat er nicht einmal einen halben Band zuwege gebracht! Kritiken? Das findet er zu schwierig. Es ist mit ihm hoffnungslos. Er versagt in der Freundschaft, wie er in der Liebe versagt. Nunmehr ist mit ihm Schluß[20]...

Die beiden Männer trennten sich. Anfang 1837 war Sandeau in der Bretagne und arbeitete an einem Roman über George, *Marianna*, als man ihm berichtete, auch Balzac schreibe einen Roman über das Abenteuer Sandeau-Sand *(Ein berühmter Provinzler in Paris)*.

Jules Sandeau an Balzac, 21. Januar 1837: Wie verhält es sich mit den *Verlorenen Illusionen?* Man schreibt mir aus Paris, es sei meine Geschichte mit der bewußten Person. Diese

Geschichte ist die von jedermann, und man hat sich dabei wohl täuschen können. Immerhin versichert man, jede Seite Ihres Buches sei ein Tag meiner Jugend. Zwei Dinge beunruhigen mich dabei vor allem. Zunächst, daß Sie sich aus Freundschaft zu mir der andern Person gegenüber als zu streng erweisen. Alsdann, daß ich, da ich augenblicklich selbst diese fatale Geschichte niederschreibe, hinterherhinke. Sie begreifen, daß Ulysses, hätte er seine Memoiren nach der *Odyssee* geschrieben, nichts weiter als ein Dummkopf und ein seltsamer Kauz gewesen wäre. Machen Sie mir das Vergnügen und schreiben Sie mir, wie es sich verhält; voller Ungeduld erwarte ich von Ihnen einige Zeilen[10].

Balzac beruhigte ihn: Lucien de Rubempré habe mit Jules Sandeau nichts gemein; wenn eine Gestalt des Buches von diesem einige Züge trage, dann sei es Lousteau (was nicht angenehmer war). Da Balzac dahin gelangt war, in bezug auf Sandeau Georges Gefühle zu teilen, bestand für ihn kein Grund mehr, sich einer mächtigen und angenehmen Freundin zu berauben. Außerdem wünschte Frau Hanska, die Sammlerin war, Handschriften der Romanautorin. Im Februar 1838 schrieb Balzac an Sand und erbat die Erlaubnis, eine „Pilgerfahrt nach Nohant" machen zu dürfen. „Ich möchte nicht zurückkehren, ohne entweder die Löwin vom Berry oder die Nachtigall in ihrem Schlupfwinkel oder in ihrem Nest gesehen zu haben[41] . . ." Auch George liebte es nicht, mit genialen Menschen überworfen zu sein; und so lud sie ihn aufs herzlichste ein. Er kam am 24. Februar, und man kann den Besuch bei Lelia nicht besser schildern, als er selbst es tat :

Ich landete Fastnachts-Samstag gegen siebeneinhalb Uhr abends auf Schloß Nohant und fand den Kameraden George Sand im Morgenrock, wie sie in der Kaminecke, in einem riesigen, einzeln gelegenen Zimmer, nach dem Abendessen eine Zigarre rauchte. Sie trug hübsche gelbe Pantoffeln, die mit Fransen verziert waren, niedliche Strümpfe und eine rote Hose. Soweit das Moralische. Was das Physische betrifft, so hatte sie ihr Kinn verdoppelt wie ein Kanonikus. Sie hat trotz ihres fürchterlichen Pechs nicht ein einziges weißes Haar; ihr bräunlicher Teint hat sich nicht verändert; ihre schönen Augen sind noch ebenso leuchtend; sie schaut noch immer gleichdumm drein, wenn sie nachdenkt; denn, wie ich ihr gesagt, nachdem ich sie studiert hatte, das Auge beherrscht ihren ganzen Gesichtsausdruck. Sie ist seit einem Jahre in Nohant, sehr trübgestimmt, und arbeitet ungeheuer . . .

Nun lebt sie hier in völliger Zurückgezogenheit und verdammt Ehe und Liebe zugleich, weil sie im einen wie im andern nur Enttäuschungen erlebt hat. Was ihr fehlte, war ein richtiger Mann, weiter nichts. Und daran wird's ihr noch weiter fehlen, zumal sie keineswegs liebenswürdig ist und infolgedessen jemand sich nur sehr schwer in sie verlieben wird. Sie gibt sich wie ein Mann, sie ist Künstler, sie ist groß, edelmütig, aufopfernd, rein; sie hat alle bedeutenden Charakterzüge des Mannes; ergo ist sie nicht Weib. Ich fühlte mich bei ihr, während ich drei Tage lang offen mit ihr plauderte, nicht mehr wie früher zu jener äußerlichen Galanterie bewogen, die man in Frankreich und in Polen jeder Frau gegenüber entfalten muß. Ich plauderte mit einem Kameraden. Sie besitzt große Vorzüge, aber solche Vorzüge, die der Gesellschaft gegen den Strich gehen. Wir haben mit einem Ernst, einer Aufrichtigkeit, Offenheit und Gewissenhaftigkeit, die der großen Menschenhirten würdig sind, über die bedeutsamen Fragen der Ehe und der Freiheit diskutiert...

Ich habe viel gewonnen, als ich Frau Dudevant von der Notwendigkeit der Ehe überzeugte — sie wird daran glauben, dessen bin ich gewiß —, und ich denke, etwas Gutes getan zu haben, indem ich es ihr bewies. Sie ist eine ausgezeichnete Mutter, die von ihren Kindern angebetet wird; aber sie kleidet ihre Tochter Solange wie einen kleinen Jungen, und das ist nicht gut. In moralischer Hinsicht gleicht sie einem zwanzigjährigen Manne, denn sie ist innerlich keusch, spröde und nur äußerlich Künstlerin...

Alle die Dummheiten, die sie begangen hat, sind Ruhmestitel in den Augen schöner und großer Seelen. Sie ist auf die Dorval, auf Bocage, auf Lamennais usw. usw. hereingefallen... Aus demselben Gefühl heraus ist sie auf Liszt und Frau d'Agoult hereingefallen, aber sie hat es eingesehen, bei diesem Paar ebenso wie bei der Dorval, denn sie gehört zu jenen Geistern, die in ihrem Studierzimmer und in geistigen Dingen viel vermögen, auf dem Gebiete der Realitäten sich aber leicht täuschen lassen. In bezug auf Liszt und Frau d'Agoult hat sie mir das Sujet für die *Galeerensklaven der Liebe* gegeben, die ich schreiben werde, denn in ihrer Lage kann sie selbst es nicht. Hüten Sie nur ja dieses Geheimnis. Kurz, sie ist ein Mann und um so mehr Mann, als sie es sein will, als sie die Rolle der Frau aufgegeben hat und nicht Frau ist. Die Frau zieht an, sie aber stößt ab, und da ich vollkommen Mann bin, muß sie, wenn sie solche Wirkung bei mir auslöst, diese auch auf Männer ausüben, die mir wesensverwandt sind; und so wird sie stets unglücklich sein. So liebt sie jetzt einen Mann, der unter ihr steht, und bei einer solchen

Bindung gibt es für eine Frau, die eine erhabene Seele besitzt, nur Ernüchterungen und Enttäuschungen; eine Frau darf stets nur einen Mann lieben, der ihr überlegen ist[20]...

Ohne Zweifel hatte Balzac, um die eifersüchtige Hanska zu beruhigen, seine körperliche Gleichgültigkeit Sand gegenüber und deren männlichen Charakter übertrieben. Dennoch stimmte das Wesentliche; denn er begehrte sie niemals. Hierdurch von aller Befangenheit befreit, konnten sich diese beiden bedeutenden Geister freimütig unterhalten. Sicherlich war es ein schönes und angeregtes Gespräch. Die beiden „großen Männer" waren sich über nichts einig. George Sand, eine getreue Jüngerin Rousseaus, glaubte an die angeborene Freiheit und an den Fortschritt. Balzac, Rousseau abtrünnig geworden, glaubte an die Erbsünde und war nicht der Meinung, daß es möglich sei, die menschliche Natur zu ändern. George Sand kehrte zum Christentum des savoyischen Vikars zurück, das sie als das Evangelium nach Sankt Johannes bezeichnete. Balzac, dessen Glaubensansichten ungefähr die gleichen waren, verteidigte dennoch den römischen Katholizismus. George Sand war Republikanerin, Balzac Monarchist. George hatte die Emanzipation der Frau und die Liebesheirat gepredigt, Balzac hingegen die Vernunftehe verteidigt und für die verheiratete Frau das Übermaß an Freiheit verabscheut. George Sand hatte Romanhelden von einem sehr reinen Idealismus geschaffen und sie im Leben gesucht, ohne sie zu finden; Balzac, der schon in seiner Jünglingszeit von einer idealen Frau, der *Dilecta*, geliebt worden war, schilderte mit unerbittlichem Realismus den Ehebruch und die Ausschweifung.

Balzac glaubte, Sand zur Ehe bekehrt zu haben, nicht für sie selbst, aber für die andern Frauen, und es ist möglich, daß dieser große Weise auf die Gedankenwelt Georges einen glücklichen Einfluß ausgeübt hat. Was die *Galeerensklaven der Liebe* betrifft, so machte Balzac, indem er das von Sand vorgeschlagene Thema entwickelte, daraus ein Meisterwerk: *Beatrix oder Erzwungene Liebe*. Es war eine sehr grausame Anspielung auf die Anmaßung, mit der Marie aus Liszt und sich selbst den neuen Dante und die neue Beatrice hatte machen wollen. „Dante! Beatrice!" sagte Liszt bitter, „die Dante sind es, die die Beatricen machen, und die wirklichen Beatricen sterben mit achtzehn Jahren." Frau d'Agoult, sechs Jahre älter als Liszt, war dreiunddreißig.

Beatrix de Rochefide war eine strenge Satire auf Marie d'Agoult: „Sie gibt sich etwas affektiert; sie sieht allzu sehr danach aus, als wisse sie um die schwierigen Dinge..." Was Gennaro Conti betraf, schwor Balzac, es sei nicht Liszt. Dieser lehnte es mit der an ihm gewohnten Würde ab, sich wiederzuerkennen und sich zu erzürnen. Wie immer bei Balzac, war die Transponierung der Gestalten tiefgehend, aber Marie verzieh weder George noch Balzac diesen Roman, der, wie sie sagte, „nach achttägigem Tête-à-tête in Nohant" geschrieben worden war.

Im September 1839 erschien *Beatrix* im Feuilletonteil des *Siècle*.

Balzac an George Sand: Ich hoffe, Sie werden zufrieden sein, und sollte Ihnen etwas nicht behagen, so rechne ich mit der Aufrichtigkeit unsrer Beziehungen, der Offenherzigkeit unserer alten Freundschaft, daß Sie es mir sagen... Teure, ich habe *Marianna* gelesen und mit wehem Gefühl an unsre Gespräche in Ihrer Kaminecke gedacht[40]...

Éveline Hanska gab er die Entschlüsselung:

Balzac an Éveline Hanska, Februar 1840: Ja, Sarah ist Frau de Visconti; ja, Fräulein des Touches ist George Sand; ja, Beatrix ist allzusehr Frau d'Agoult. George Sand ist deshalb vor Freude ganz aus dem Häuschen; sie rächt sich da ein wenig an ihrer Freundin. Abgesehen von einigen Varianten stimmt die Geschichte[20]...

Als das Buch im Handel erschien und George, immerhin wegen der Reaktionen der *Fellows* beunruhigt, ihn bat, sie durch einen Brief zu decken, den sie notfalls vorzeigen könne, ging Balzac auf das Spiel ein:

Balzac an George Sand, 18. Januar 1840: Ich ahnte schon, was in bezug auf *Beatrix* eintrifft... Da wir trotz unsrer Freundschaft uns innerhalb von acht Jahren nicht einmal für die Dauer von acht Tagen gesehen haben, ist es für mich sehr schwer, von Ihnen und Ihrem Innenleben irgend etwas zu wissen... Hat man mir nicht auch gesagt, Beatrix sei ein nach dem Leben gezeichnetes Bild, und all dies gleiche den Erlebnissen von Ihnen allen? Ach, das hat man bei allem behauptet, was ich geschrieben habe! *Die Lilie im Tal* hat mir eingetragen, in vier oder fünf Ehen Geheimnisse zu kennen, von denen ich keine Ahnung hatte. Was man daher über das angebliche Vorbild für Beatrix (das ich niemals gesehen habe) behauptet, das ist wirklich zu stark! Um *Beatrix* zu schreiben, habe ich keine andern

Gründe gehabt als jene, die in meinem Vorwort angegeben sind, und die genügen. Ich liebe das Talent und den Menschen bei Liszt, und zu behaupten, Gennaro könne ihm ähneln, ist eine doppelte Beleidigung, sowohl für ihn als auch für mich[40] ...

George Sand an Balzac: Guten Abend, lieber Dom Mad, seien Sie nicht beunruhigt wegen meiner Empfindlichkeit. Ob ich in der „leiblichen Cousine", von der Sie sprechen, geschmeichelt oder nicht geschmeichelt bin — ich bin zu sehr daran gewöhnt, Romane zu schreiben, um nicht zu wissen, daß man niemals ein *Porträt* zeichnet; denn weder kann noch will man ein lebendes Modell kopieren. Herrgott, wo käme die Kunst hin, wenn man, sei es im Schönen, sei es im Häßlichen, nicht die Dreiviertel der Gestalten erfände, in denen die dumme und neugierige Leserwelt ihr bekannte Vorbilder wiedererkennen will? Man sagte mir, Sie hätten in diesem Buche eine reine Person meiner Bekanntschaft und ihren Gefährten derart fürchterlich geschwärzt, daß es Ihnen beliebt habe, den Namen *Galeere* zu wählen. Sie wird zuviel Geist besitzen, um sich darin wiederzuerkennen, und ich zähle auf Sie, um *mich* zu rechtfertigen, falls sie jemals auf den Gedanken kommen sollte, mich einer böswilligen Angeberei zu beschuldigen[10].

So wurde die Frucht dieses dramatischen Sommers auf dem Lande ein Meisterwerk. Es war eine schöne Ernte.

SECHSTER TEIL

Frédéric Chopin

„Bestimmt", *sagte eines Tages Va-*
ter Buloz von mir, *„sie ist sehr*
stolz in der Liebe und sehr gut in
der Freundschaft."

GEORGE SAND

I

PRÄLUDIEN

Alle Freunde Sands hatten bemerkt, daß während dieses herrlichen, prachtvollen und verrückten Sommers 1837 eines der Wesen,
an das sie in ihrer Verwirrung am meisten dachte, der junge polnische Pianist war, den sie vergeblich nach Nohant zu ziehen versuchte. Chopin, so hätte sie sagen können, schien von der Vorsehung für sie erschaffen zu sein. In der Verbannung lebend, sensibel und unglücklich, sehnte er sich nach Polen, seiner Familie und
besonders nach der Süße mütterlicher Liebe. „Wenn jemand
wünschte, mich am Gängelband zu führen", sagte er, „wäre ich
sehr zufrieden." Nun aber wünschte jemand gerade solches, in ihm
nämlich einen Geliebten und zugleich einen Sohn zu finden. Chopin
war sieben Jahre jünger als Sand, und dies ließ von ihm jenes fast
kindliche Verhalten erwarten, das zu ersehnen die Tyrannei eines
Michel bei ihr bewirkt hatte. Sie sah, daß der junge Musiker
schwach, krank war und fieberte; und das waren genügend un-
widerstehliche Züge für die mütterliche Krankenpflegerin. An
Schönheit kam er Liszt gleich: „Eine mittelgroße und schlanke
Gestalt, lange, schmale Hände, sehr kleine Füße, dunkelblondes,
ins Kastanienbraun übergehendes Haar; braune und mehr lebhafte
als melancholische Augen, eine gebogene Nase, ein sehr sanftes
Lächeln, eine etwas dumpfe Stimme und in seiner ganzen Person
etwas so Edles und so unsagbar Aristokratisches[1]", daß alle, die

ihn nicht kannten, in ihm einen in der Verbannung lebenden Standesherrn zu sehen glaubten Wie viele Male hatte, während George traumverloren die goldgelben Linden von Nohant betrachtete, dieses schöne Antlitz ihre Feder umtanzt und sie, seltsames und gefürchtetes Zeichen, am Schreiben gehindert.

Mallefille war ein lieber Junge, „das beste Geschöpf, das der Himmel für die Freundschaft geschaffen hat", doch von sehr gewöhnlichem Talent; Chopin aber besaß Genie. Sand war durch Vererbung und Erziehung in tiefgehender Weise musikalisch; als kleines Mädchen hatte sie sich unter das Clavecin ihrer Großmutter gesetzt, um sich dieser poetischen Zufluchtsstätte zu erfreuen; als Frau kauerte sie unter Liszts Flügel, um diese Kraft zu genießen, die sie durchdrang; und so verstand sie besser als jeder andere die Sprache der Töne. Hinzu kam, daß die Annexion Chopins bedeutet hätte, einen Punkt gegen Marie d'Agoult zu buchen, die sich Liszt erobert hatte. All dies vereinte sich, um Sand den Wunsch einzuflößen, den schmächtigen und genialen Musiker an sich heranzuziehen.

Diese Eroberung war schwierig. Chopin, eine empfindliche, himmlische und auf Erden gleichsam in der Fremde weilende Natur, graute es vor jeder lärmenden Unterhaltung, jeder Nachlässigkeit in Kleidung und Benehmen und vor allem vor jedem Skandal. Sein Lieblingsklima war das eines wunderbar ausgestatteten Salons voll schöner, edler, musikliebender Frauen, die bereit waren, in einem Halbdunkel einem *Nocturno* zu lauschen, das zugleich ein Bekenntnis war. Er liebte es, eine edle Zuhörerschaft in eine tiefe Andacht zu tauchen, sie dann plötzlich mit heroischen Gefühlen zu beleben, indem er das gemarterte Polen besang. In der Politik war Chopin konservativ, in der Liebe zärtlich und schüchtern. Eine flüchtige platonische Liebe paßte zu der Schwäche seines Temperaments. Im übrigen blieb er ein recht unglücklicher Mensch, dessen Leben „nur eine ungeheure Dissonanz war".

Bei ihrem ersten Zusammentreffen hatte er mit Strenge über die Romanschriftstellerin geurteilt, die Männerkleidung trug und Zigarren rauchte, die ihre sonderbaren Freunde duzte, mit jeder andern Welt außer der Welt der Künste gebrochen hatte und demokratische und sozialistische Ideen bekundete. Wie verschieden war sie doch von diesen schönen, engelhaften und blonden Polinnen, die er bisher in keuschem Gefühl geliebt hatte! Man begreift, daß er sich anfangs weigerte, sie zu besuchen, und nach seinem Besuch im *Hôtel de France* sagte: „Was für eine unsympathische Frau ist doch diese Sand! Ist's denn wirklich eine Frau? Ich möchte es bezweifeln ..."

Als sie im Oktober 1837 nach Paris zurückkehrte, willigte er dennoch ein, sie wiederzusehen. Im tiefsten Herzensgrunde war Chopin unglücklich. „Wir kommen", sagte er, „aus der Werkstatt eines berühmten Meisters, irgendeines Stradivarius *sui generis* hervor, der nicht mehr da ist, um uns in Ordnung zu bringen. Ungeschickte Hände verstehen es nicht, uns neue Klänge zu entlocken, und da der Instrumentenmacher fehlt, verdrängen wir sie tief in unser Inneres..." Maria Wodzinska, die junge Polin, die zu heiraten er gehofft, hatte sich allmählich von ihm gelöst, auf Befehl ihrer Eltern, die Chopins schwache Gesundheit erschreckte. Er sprach niemals von seinem Kummer, verspürte aber ein tiefes Bedürfnis, getröstet zu werden. Nun aber bot Sand ihm all ihren Trost an. „In einem Notizbuch Chopins hat man einen zusammengefalteten Briefbogen Georges gefunden; auf die eine Seite hat sie folgende Worte gekritzelt: *Man betet Sie an,* und ihre Unterschrift... Unter die Unterschrift Georges hat Frau Dorval geschrieben: *Ich auch! Ich auch! Ich auch*[2]!"

Tagebuch Chopins, Oktober 1837: Ich habe sie dreimal wiedergesehen. Sie schaute mir tief in die Augen, während ich spielte. Es war eine etwas traurige Musik, Donaulegenden; mein Herz tanzte mit ihr durch das Land. Und ihre Augen in die meinen versenkt, dunkle, seltsame Augen, was sagten sie? Sie stützte sich auf den Flügel, und ihre glühenden Blicke umfingen mich... Blumen ringsum. Mein Herz war gefangen! Seitdem habe ich sie zweimal wiedergesehen... Sie liebt mich... Aurora, welch entzückender Name[3]!

Er fand in George eine Kraft, die ihn wider seinen Willen anzog, weil sie ihm eine Stütze war; eine Musikbegeisterte, die fähig war, ihn zu würdigen, zu inspirieren, sogar zu beraten; eine mit ihrer Person freigebige Frau, die nur danach verlangte, sich zu verschenken. Trotz seiner schamhaften und gleichsam frostigen Natur wurde er verlockt.

Heinrich Heine, der beide bewunderte, gibt uns eine Vorstellung von dem Paar, das sie bildeten. *Sie:* schönes, kastanienbraunes und bis zur Schulter fallendes Haar; etwas matte und schläfrige, sanfte und ruhige Augen; ein gutmütiges Lächeln; eine matte und verschleierte Stimme, die man wenig vernimmt, denn George ist schweigsam und nimmt mehr auf, als sie preisgibt. *Er:* von übermenschlicher Sensibilität, für die auch nur die geringste Berührung eine Wunde, das geringste Geräusch ein Donnerschlag ist; ein Mensch vertrauten Beisammenseins, zurückgezogen in ein geheimnisvolles

Dasein, aus dem er aber zuweilen mit ungestümen, entzückenden oder bizarren Einfällen hervortritt.

Während des Frühlings 1838 kam sie mehrere Male nach Paris, und sie sahen sich abends oft allein. Chopin spielte; beide ließen sich dann von ihrem Gefühl dahintreiben, und es war ein „himmlisches Verzehren". Der arme Mallefille war vollkommen vergessen. Aber es war nicht leicht, Chopin zu einer Entscheidung zu bringen. Seine Freunde, der Pole Albert Grzymala und die Konsulin Marliani, empfingen Bekenntnisse, die ebenso verträumt waren wie die *Notturnen*. Bei Chopin ist „in der Jahreszeit der Liebesgefühle das Wetter veränderlich. Man sagt viel *ja, nein, doch, aber*, und oft sagt man am Morgen: *Bestimmt, das ist unerträglich*, um am Abend zu behaupten: *Wirklich, es ist das höchste Glück*[4] ..." Schüchternheit und Schamhaftigkeit erwecken das Begehren sicherer als die Koketterie, die solche Eigenschaften, doch mit geringerer Natürlichkeit, imitiert. Dieser zurückhaltende Mensch, der sich verweigerte, brachte George in Verwirrung.

In diesem veränderlichen, ungewissen Seelenklima zu Beginn des Sommers 1838 schrieb sie einen Brief von zweiunddreißig Seiten, der streng beurteilt worden ist, an den besten Freund Chopins, den Grafen Albert Grzymala, einen „dicken, koketten Polen, eingehüllt in einen Modellpaletot, einen pyramidalen Paletot, ein Monstrum von Paletot", bedeckt mit Rundschnüren und Borten. Sand nannte ihn ihren Gatten, weil Chopin „ein Kleines war, das sie beide miteinander hatten". Man hat sich entrüstet oder aber ergötzt, weil Sand in diesem Brief offenherzig von Dingen spricht, woran die meisten Menschen, damals wie heute, dachten, ohne sie auszusprechen. Denn den Heuchlern erscheint jede Aufrichtigkeit als Zynismus.

Werfen wir die Frage klar ein letztes Mal auf — schreibt Sand an Grzymala — weil von Ihrer letzten Antwort über diesen Gegenstand mein ganzes künftiges Verhalten abhängen wird ... Ihr Evangelium ist das meinige, wenn es vorschreibt, an sich selbst an letzter Stelle zu denken und überhaupt nicht an sich zu denken, wenn das Glück derer, die wir lieben, all unsre Anstrengungen erfordert. Hören Sie mich aufmerksam an und antworten Sie mir klar, bestimmt, unumwunden ...

Worum ging es? Zunächst darum, zu erfahren, ob die junge Polin Marie Wodzinska, die Chopin lieben soll oder lieben zu sollen glaubt, noch zu seinem Glück beitragen kann. Sand will nicht die Rolle des bösen Engels spielen. Sie will nicht die unheilvolle

Frau sein, die gegen die Jugendfreundin ankämpft, falls diese schön und rein ist. Zum andern behauptet Sand von sich selbst, sie sei „gleichsam verheiratet" mit einem ausgezeichneten und hinsichtlich des Herzens und der Ehre vollkommenen Menschen (es handelt sich um Mallefille), der sich ihr völlig hingegeben habe und den sie nicht verlassen wolle. Falls „unser Kleiner" (das heißt Chopin) sich entschlösse, sein Schicksal in Georges Hände zu legen, würde diese wirklich erschrocken sein: diese Liebe „kann nur unter den Voraussetzungen Bestand haben, unter denen sie geboren wurde, nämlich nur von Zeit zu Zeit; wenn ein guter Wind uns zueinander treibt, werden wir wieder eine Fahrt zu den Gestirnen unternehmen..."

Zwei Lösungen seien also möglich: wenn „die Person" dazu geschaffen sei, Chopin ein reines und wahres Glück zu schenken, und andrerseits seine „außerordentlich skrupulöse" Seele sich sträube, zwei verschiedene Wesen auf völlig verschiedene Art zu lieben, werde Sand sich zurückziehen und alles daransetzen, um von ihm vergessen zu werden; wenn hingegen die Ehe mit „der Person" das „Grab dieser Künstlerseele" sein sollte oder wenn das häusliche Glück und die religiösen Skrupel Chopins sich mit „einigen Stunden keuscher Leidenschaft und süßer Poesie" abfinden könnten, dann würde sie ihn weiter sehen. Sie werde nichts von seinem wirklichen Leben wissen; sie werde seinen religiösen politischen und weltlichen Anschauungen nicht widersprechen; und umgekehrt werde er über ihre Handlungen keine Rechenschaft von ihr fordern: „Wir werden uns nicht alle Tage sehen, wir werden nicht alle Tage das heilige Feuer besitzen, aber es wird schöne Tage und heilige Flammen geben..."

Es bleibe noch eine nebensächliche Frage übrig, die aber doch gestellt werden müsse, nämlich die der vollkommenen Vereinigung: Hingabe oder Nicht-Hingabe? Und hier hat der freie Ton Georges überrascht und Anstoß erregt. Sie bekennt, daß sie über diesen Punkt niemals zu einer weisen Anschauung habe gelangen können, die mit ihren Gefühlen übereinstimme: „Ich habe hierüber weder ein Geheimnis noch Theorien und Doktrinen, weder eine feststehende noch eine vorgefaßte Meinung ..." Stets habe sie sich ihrem Instinkt anvertraut; sie habe sich zwar viele Dummheiten vorzuwerfen, aber keine Plattheiten und keine Schlechtigkeiten:

Die Gefühle sind bei mir immer stärker gewesen als die vernünftige Überlegung, und die Grenzen, die ich mir stecken wollte, haben mir nie etwas genützt. Dutzende Male habe ich meine Meinung geändert. Vor allem habe ich an die Treue geglaubt, ich habe sie gepredigt, habe sie ausgeübt, habe sie gefordert. Man hat es daran fehlen lassen, und ich auch. Und doch habe ich niemals Gewissensbisse verspürt, denn stets habe ich empfunden, daß bei meiner Untreue eine gewisse Vorbestimmung, ein Instinkt für das Ideal wirksam war, der mich antrieb, das Unvollkommene um des willen zu verlassen, das an das Vollkommene heranzureichen schien ...

Im Grunde besitze sie keine unbeständige Natur. Allezeit sei sie dem, was sie liebe, in dem Sinne treu gewesen, daß sie niemanden betrogen und nur „sehr wichtiger Gründe wegen, wenn durch die Schuld andrer die Liebe getötet worden war", aufgehört habe, treu zu sein. Im vorliegenden Falle sei sie mit sich selbst unzufrieden, weil sie wirklich keine Gründe habe, Mallefille zu zürnen. Sie sei bestürzt über die Wirkung, die „dieses kleine Geschöpf" (Chopin) bei ihr hervorgerufen habe. Schlimm wäre es gewesen, sie wisse es, wenn sie die Muße gehabt hätte, gegen ihr Gefühl anzukämpfen und vernünftig zu überlegen; aber alles sei plötzlich über sie hereingebrochen, und es liege nicht in ihrer Natur, sich von der Vernunft beherrschen zu lassen, wenn die Liebe sich ihrer bemächtige. Hier haben wir Rousseau und die Moral des Herzens. Auf jeden Fall vergrößere die völlige Hingabe nicht die Schuld. Schon die geringste Zärtlichkeit vollziehe die Untreue. „Wer das Herz verlor, hat alles verloren..." Wenn ein Mann und eine Frau zusammenleben wollen, dürften sie nicht der Natur hohnsprechen, indem sie vor der vollkommenen Vereinigung zurückschreckten. Bei Chopin werde sie sich notfalls das Opfer auferlegen, keusch zu bleiben, doch nur unter der Bedingung, daß er so aus Achtung für sie handle oder sogar aus Treue zu einer andern, nicht aber aus Verachtung der „groben menschlichen Begierden" nach der Art der Frömmler. Das *Fleisch verachten* ist ein Ausdruck, den George schrecklich findet:

Er hat, glaube ich, gesagt, *gewisse Dinge* könnten der Erinnerung schädlich sein. Was er da gesagt hat, ist eine Dummheit, und in Wirklichkeit denkt er doch nicht so? Wer ist denn die unglückliche Frau, die bei ihm von der körperlichen Liebe solche Eindrücke hinterlassen hat? Er hat also eine Geliebte gehabt, die seiner unwürdig war? Armer Engel! Man müßte alle Frauen aufhängen, die in den Augen der Männer die achtbarste und heiligste Sache der Schöpfung herabwürdigen, das göttlichste Geheimnis, das ernsteste und erhabenste Lebensgeschehen im Leben des Alls.

Dies ist jener berühmte Brief, der vor allem durch seinen gesunden Menschenverstand bemerkenswert ist. Man hat gesagt: „Sie will Chopin haben und zugleich Mallefille behalten, und nun sucht sie nach tugendhaften Vorwänden, um sich selbst zu überzeugen, daß sie nur auf das Glück dieser beiden jungen Männer bedacht ist..." Das mag sein. Aber wer unter den von der Leidenschaft getriebenen Geschöpfen nimmt nicht seine Zuflucht zu irgendeiner Spitzfindigkeit, wenn es sich darum handelt, das Liebesgefühl und das Begehren der Sinne miteinander zu versöhnen? „Wie denn nur lebt ihr alle, solange ihr lebt?" fragt uns Sand. „Was macht ihr mit euren Augen, euren Ohren und eurem Gedächtnis? Ihr behauptet, mein Herz sei zynisch, weil ich sehe und mich erinnere, weil ich erröten würde, der Verblendung jene falsche Gutherzigkeit zu verdanken, die euch zugleich zu Gimpeln und zu Schurken macht[5]..." Hat sie unrecht? Die Sünderin, die sich als solche bekennt, wird von den Moralisten hingenommen und freigesprochen, weil sie durch ihre Selbstanklage die Prinzipien der Moral befestigt, statt sie zu schwächen. Byron oder Baudelaire, Wüstlinge zwar, aber Gequälte, sind immer noch Zeugen für die Tugend. Die heitere Gelassenheit, das gute Gewissen der Rebellen aber bringen die Gesellschaft zur Verzweiflung. Was der heuchlerische Leser, „meinesgleichen, mein Bruder", in diesem Briefe der Sand niemals ertragen wird, das ist seine ruhige Offenherzigkeit und vor allem, daß er *von einer Frau* geschrieben wurde. Man denke sich ihn als von einem Manne geschrieben, und dann wird man in diesem Brief nicht *einen* Mann, sondern fast *alle Männer* finden. Nun aber lebt Sand als Mann. Dies ist ihre Originalität, ihre Schwäche und, so glaubt sie, ihre Ehre.

Das Problem war übrigens völlig verschieden von dem, was die außerordentliche Zurückhaltung Chopins George hatte vermuten lassen. Die Verlobung mit Marie Wodzinska war bereits im Jahre zuvor aufgelöst worden. Und weil Chopin litt, weil es ihn nach einer freigebigen Zärtlichkeit verlangte, hatte er sich treiben lassen und in den Armen Sands lindernde Süße gesucht. Es ist nicht bekannt, was Grzymala antwortete, aber er gab George wohl Zuversicht, denn sie kehrte alsbald von Nohant nach Paris zurück.

Der Sommer 1838 wurde ein Glückssommer. Allmählich verblaßte im Geiste Chopins das Bildnis Marie Wodzinskas, bis es nur noch eine poetische Erinnerung war. Er arbeitete viel und veröffentlichte ein Heft *Etüden*, das der Gräfin d'Agoult gewidmet war. Sein außergewöhnliches Zartgefühl hätte ihm nicht erlaubt, es George zu widmen. Bei diesem paradoxen Paar war es der Mann, der Verschwiegenheit forderte. George war zudem diesmal genötigt, wegen Mallefille etwas behutsam vorzugehen. Sie hatte geglaubt, sich seiner leicht entledigen zu können: „Er ist ein so guter und vernünftiger Mensch, daß ich ihn nur mit der Zeit dazu bringen kann, alles zu verstehen und alles zu begreifen; er ist knetbares Wachs, in das ich mein Siegel eingedrückt habe, und wenn ich dessen Abdruck ändern möchte, wird es mir mit einiger Vorsicht und Geduld gelingen[6] . . ."

Im Gebrauch erschien dieses Wachs weniger weich, als sie geglaubt hatte. Mallefille, im Stiche gelassen, wurde eifersüchtig und wollte sich nicht verdrängen lassen. Er besaß die glühende Leidenschaftlichkeit eines Kreolen. Während des Sommers 1838 forderte er einen Freund, der in Nohant George den Hof gemacht hatte, zum Duell heraus. Sand hatte in loyaler Weise dem jungen Hauslehrer mitgeteilt, daß seine Zeit abgelaufen sei und er nunmehr von der Liebe zur Freundschaft übergehen müsse. Aber der Krach konnte bei der ersten Gelegenheit bei irgendeinem andern von neuem beginnen, und dieser andre durfte vor allem nicht Chopin sein. Man kann sich nicht ohne Erschrecken einen *Caballero* von Velasquez vorstellen, der mit seinem Haudegen den zarten Musiker angreift. Pierre Leroux, zu dem sich Mallefille mit Rollinat begeben sollte, um einige philosophische Fragen zu klären, wurde aufgefordert, all seinen Einfluß aufzubieten und den Wütenden zu beruhigen: „Wenn bei Ihnen die Rede auf die Frauen kommt, so sagen Sie ihm nur, daß sie dem Manne nicht durch das Recht der brutalen Gewalt angehören, und daß man nichts einrenkt, indem man sich die Kehle durchschneidet[7] . . ."

Das Abenteuer machte Marie d'Agoults ganze Freude aus: „A propos, der arme Mallefille! Nun liegt er zu Bett, krank vor unterdrückter, verbissener Eitelkeit, für alle Zeit der Illusion beraubt, enttäuscht, entzaubert. Erraten Sie, warum? Oh, aber das ist eine unbezahlbare Geschichte! Hoffentlich kennen Sie sie noch nicht . . ." Und dann berichtet sie von der Rückkehr Mallefilles (den man nach Le Havre geschickt hatte, um Maurice dorthin zu bringen) nach Paris. Der Arme hatte keine Ahnung von der neuen Liebe; er hatte sogar in der *Gazette musicale* zu Ehren Chopins eine *Ballade* veröffentlicht:

Schließlich, ich weiß nicht, welcher Dämon es ihm eingegeben hatte, schöpft er Verdacht und legt sich vor der Tür Chopins, zu dem sich George jede Nacht begab, auf die Lauer. Hier wird der Dramendichter dramatisch; er schreit, brüllt, wird wild und will töten. Freund Grzymala wirft sich zwischen die berühmten Rivalen; man beruhigt Mallefille, und George sucht mit Chopin das Weite, um im Schatten der Myrten von Palma süßer Liebe zu pflegen! Sie geben doch wohl zu, hier ist eine Geschichte, die bei weitem hübscher ist als alle Geschichten, die man erfindet[8] ...

II

EIN WINTER AUF MALLORCA

Sand hatte ausgezeichnete Gründe, um anderswo als in Paris „süßer Liebe zu pflegen". Wenn sie sich nicht entfernte, war sie neuen Eifersüchteleien ausgesetzt; Maurice würde sich in einem heißen Klima wohler fühlen; Chopin hustete in beunruhigender Weise und fürchtete den Skandal eines vor aller Augen geführten Liebesverhältnisses, das seine fromme Familie in Schrecken versetzt hätte. Was George betraf, so arbeitete sie an jedem Ort mit der gleichen Regelmäßigkeit und fühlte wie stets das Verlangen, mit ihrem neuen Geliebten in ehelicher Weise zusammenzuleben. Seit fünf Jahren hatte sie großen Kummer und schweren Verdruß durchgemacht; daher ersehnte sie eine ruhige Abgeschiedenheit. Ihre spanischen Freunde, der Staatsmann Mendizabal, halb ein Genie, halb ein Abenteurer, und der Konsul Marliani, rühmten ihr Mallorca. Es wurde beschlossen, daß sie mit ihren beiden Kindern sich in kleinen Tagereisen über Lyon und Perpignan nach Barcelona begeben und daß Chopin unterwegs zu ihnen stoßen solle. Dann wollte man sich gemeinsam nach den Balearen einschiffen. Chopin erschien gemäß dem Plan in Perpignan, „frisch wie eine Rose und rosig wie eine Rübe".

Im November 1838 trafen sie in Palma auf Mallorca ein; sie hatten Paris bei kaltem Wetter verlassen; in Spanien fanden sie die Sonne, und der erste Eindruck war günstig:

Chopin an Jules Fontana, 15. November 1838: Ich liege hier in Palma unter Palmen, Zedern, Aloen, Orangen-, Zitronen-, Feigen- und Granatbäumen ... Der Himmel ist türkis, das Meer azurblau, die Berge smaragdfarben. Die Luft? – Die Luft ist gerade wie im Himmel. Am Tage Sonnenschein, darum ist es warm, und jedermann trägt Sommerkleidung; die Nacht hindurch erklingen ununterbrochen Lieder und Gitarren. Riesige Balkone mit Weinlaub, das an den Wänden emporrankt, noch aus der Araberzeit... Die Stadt und alles hier erinnert an Afrika... Kurzum, ein herrliches Leben[9]...

Schnell stimmte er den Ton herab. Zwei möblierte oder vielmehr unmöblierte Zimmer; Gurtenbetten mit steinharten Matratzen, ein Stuhl mit Strohgeflecht; als Lebensmittel Fisch und Knoblauch; ein ranziges und Brechreiz erregendes Öl, das mit seinem Gestank Häuser, Bewohner und sogar die freie Natur verpestete – das reichte aus, um ein anspruchsvolles und zartes Geschöpf zu verstimmen. Die stets regsame Sand fand eine Unterkunft und wollte sie wohnlich einrichten, aber die Mallorcaner arbeiteten langsam und schlecht. Sie lebten sozusagen im Freien: die Fenster hatten keine Scheiben, die Türen keine Schlösser. Endlich vermietete ein Señor Gomez dem Paar für hundert Franken monatlich ein Landhaus am Fuße der Berge.

Die ersten Tage hier waren angenehm, zumal die Liebe ihren wohltuenden Einfluß ausübte. Man schlenderte umher, verbrachte mitten im Dezember die schönen Abende auf der Terrasse. Sand erinnerte sich der venezianischen Nächte, des geheimnisvollen Plätscherns des Wassers an den marmornen Stufen, und der Nächte von Nohant, die erfüllt waren vom Gesang der Nachtigallen. Auf Mallorca herrschte vollkommene Stille, die einzig unterbrochen wurde von den Glöckchen der Eselinnen und dem schwachen dumpfen Geräusch des Meeres in der Ferne. Aber die Verzauberung war nicht von langer Dauer. Die Regenzeit begann. Es wurde eine Sintflut. Das *Haus des Windes,* das der Señor Gomez ihnen vermietet hatte, machte seinem Namen alle Ehre. Es war feucht, ohne Kamine und nicht dazu erbaut worden, den Orkanen Trotz zu bieten. Seine Wände waren so dünn, daß der Kalkbewurf des Zimmers wie ein Schwamm aufquoll. Ein eisiger Mantel legte sich über ihre Schultern. Der erstickende Geruch der Kohlenbecken löste bei dem armen Chopin Hustenanfälle aus.

Von diesem Augenblick an wurde er für die Bevölkerung ein Gegenstand des Abscheus und des Schreckens. Der unwirsche Gomez schrieb (so sagt Sand), „wir beherbergten eine Person, die eine ansteckende Krankheit habe; aus diesem Grunde bäte er uns, nur ja bald aus seinem Palast zu verschwinden..." Die drei Ärzte der Stadt traten zu einer Beratung zusammen. *Chopin an Fontana:* „Der eine beroch, was ich auswarf; der andere klopfte dort, wo ich auswarf; der dritte betastete und horchte, während ich auswarf..." Er hatte große Mühe, ihren Aderlässen und Blasenpflastern zu entgehen. Da die spanischen Ärzte nicht ohne Weisheit bestätigten, daß die Schwindsucht ansteckend wäre, setzte der Señor Gomez seine Mieter vor die Tür. Sie fanden einen Unterschlupf in einem verfallenen Kloster, das von den vertriebenen Mönchen aufgegeben war: in der Kartause von Valdemosa. Ein politischer Emigrant, der Hals über Kopf das Land verlassen mußte, trat ihnen seine Zelle mit dem Mobiliar ab. Mitte Dezember brachen sie nach dieser Zuflucht im Gebirge auf.

Von der Kartause in Valdemosa, einem für zwölf Ordensleute und einen Superior gebauten kleinen Kloster, hatte man auf zwei Seiten einen Ausblick aufs Meer. Die Mönche waren 1836 durch ein Regierungsdekret ausgewiesen und die Zellen dann durch den Staat zur Vermietung ausgeboten worden; aber infolge eines abergläubischen Schreckens wagte kaum einer, sie zu bewohnen. Sand und ihre „Familie" befanden sich dort allein mit einem Apotheker, einem Sakristan und mit Maria-Antonia, einer Nachbarin, die „aus Barmherzigkeit, *por l'assistencia*" ihre Dienste anbot, aber in Wirklichkeit sehr ungeniert Wäschestücke und Nahrungsmittel wegstibitzte. Für die Aufwartung gab es die Catalina, eine große valdemosianische Hexe, und Nini, ein kleines, struppiges Scheusal. Die Mosaiken der Betkapelle und der Kreuzgänge waren im maurischen Stil gehalten. Abends im Mondschein nahmen diese alten Gebäude ein phantastisches Aussehen an. Über die schneckenförmig gewundenen Treppen kletterten Solange und Maurice auf die Dächer.

Ergrünende Berge, fahlrote Felsen, einsame Palmenbäume, die sich gegen einen rosafarbenen Himmel abhoben: diese malerische Umwelt war an den sonnigen Tagen herrlich. Und doch wurde dieser Aufenthalt in Valdemosa ein Fehlschlag. Da Chopin die Küche des Landes nicht vertrug, mußte Sand die Mahlzeiten selbst zubereiten. Den Kranken pflegen, die Küche besorgen, die Läden von Palma durchstöbern, mit den Kindern im Regen umherirren, in einem schlechten Gefährt die angeschwollenen Gießbäche durchqueren und zur gleichen Zeit *Lelia* umarbeiten und *Spiridion* schreiben – denn sie brauchten Geld, und Buloz, der für die Bedürfnisse der Reisegesellschaft sorgte, wollte Beiträge sehen –, eine solche Lebensführung paßte zu ihrer starken Natur. Adler schwebten über ihren Häuptern. Oft hüllte der Nebel das Gebirge ein, und die kleine Lampe, die ihnen half, sich in den verlassenen Klostergängen zu bewegen, sah wie ein Irrlicht aus. Eine romantischere Behausung gab es nicht. Chopin arbeitete in „seiner Zelle, deren Tür größer ist als in Paris die Hausportale", völlig unfrisiert und ohne weiße Handschuhe, aber blaß wie immer. Er hatte endlich sein *Pianino* bekommen, das in Palma „in den Klauen der Zollbehörde" lange zurückgehalten worden war. Auf diesem Klavier sah man die Werke von Bach und sein „eigenes Geschmier". Aber er litt darunter, seiner Gewohnheiten und der vertrauten Dinge beraubt zu sein.

Die kleine französische Gruppe war bei den Nachbarn nicht beliebt, denn sie gab Ärgernis, weil sie nicht zur Kirche ging. Der Alkalde und der Geistliche behaupteten, sie seien Heiden, Mohammedaner oder Juden. Die Bauern verbanden sich, um ihnen Fisch, Eier und Gemüse nur zur phantastischen Preisen zu verkaufen. Der Kittel und die Hose Solanges erregten Anstoß. Es erschien ihnen ungehörig, daß ein Mädchen von zehn Jahren sich wie ein Junge kleidete. Das Klima war den Kindern zuträglich; Solange hatte ein strahlendes Aussehen, und Maurice erholte sich wunderbar. Ihre Mutter trieb sie mit der an ihr gewohnten Emsigkeit zur Arbeit an: „Ich bin mit Maurice in Thukydides und die ganze Gesellschaft vertieft, und mit Solange in die indirekten Verben und die Übereinstimmung des Partizips..." Aber Chopin siechte auf erschreckende Weise dahin. Sein „Katarrh" (Sand sträubte sich zuzugeben, daß sein Husten eine andre Ursache haben könne) tauchte ihn in einen Zustand der Ermattung und Schwäche. George litt darunter, daß sie ihm keine bessere Nahrung vorsetzen konnte, und geriet in heftigen Zorn wegen einer von den Mägden wegstibitzten Fleischbrühe oder eines frischen Brotes, das nicht gesandt wurde. Je mehr der Winter vorrückte, desto mehr lähmte die Traurigkeit die Anstrengungen Sands, fröhlich und heiter gelassen zu sein:

Der Zustand unsres Kranken verschlimmerte sich immer mehr, der Wind klagte in der Schlucht, der Regen prasselte auf unsre Fensterscheiben, das Grollen des Donners drang durch die dikken Mauern und schleuderte seine düstere Mahnung in das Lachen und die Spiele der Kinder hinein. Adler und Geier verfolgten, durch den Nebel kühn gemacht, unsre armen Spatzen bis an den Granatbaum vor meinem Fenster und verschlangen sie dort. Das tobende Meer hielt die Schiffe im Hafen zurück, wir fühlten uns als Gefangene, fern jeder verständigen Hilfe und jeder wirksamen Zuneigung. Der Tod schien über unsern Häuptern zu schweben, um sich eines von uns zu bemächtigen, und wir waren einzig auf uns angewiesen, ihm seine Beute streitig zu machen[10]...

Der Arzt des Ortes stellte eine Kehlkopfschwindsucht fest und riet zu Aderlässen und Diät. George war der Ansicht, daß ein Aderlaß zum Tode führen könne, und sträubte sich, an eine Schwind-

sucht zu glauben. „Ich hatte in meinem Leben viele Kranke gepflegt", schrieb sie, „und besaß einen sichern Instinkt."

Trotz so vieler Schmerzen arbeitete Chopin. Er komponierte
während des Aufenthalts auf Mallorca *Balladen* und *Präludien*,
von denen mehrere, wie es heißt (aber dies ist zweifelhaft), durch
seine Herzensängste inspiriert wurden, während George sich mit
den Kindern auf einem nächtlichen Spaziergang verspätet hatte.

Wir beeilten uns, da wir wußten, daß unser Kranker in Unruhe
sein würde. Tatsächlich war auch die Unruhe sehr groß, aber
sie war erstarrt in einer Art stiller Verzweiflung, und mit Tränen in den Augen spielte er ein wunderbares *Prélude*. Als er
uns eintreten sah, stand er mit einem Schrei auf und rief dann
mit verwirrter Miene und seltsamem Ton: „Ach, ich wußte ja,
daß ihr tot seid...!" Er wurde wieder ruhiger; doch als er den
Zustand sah, in dem wir waren, und rückblickend die Gefahren
erkannte, in denen wir uns befunden hatten, verschlechterte sich
sein Zustand wieder; aber er gestand mir sogleich, daß er während unsrer Abwesenheit dies alles in einer Vision gesehen habe
und nicht imstande gewesen sei, Traum und Wirklichkeit zu un-
terscheiden; er habe sich dann beruhigt und sei durch sein Kla-
vierspiel in eine Art Betäubung gesunken, überzeugt davon, daß
er selbst nicht mehr unter den Lebenden weile. Es war ihm, als
sei er in einem See ertrunken; schwere und eisige Wassertropfen
fielen ihm im Takt auf die Brust. Als ich ihn auf das Geräusch
dieser Regentropfen aufmerksam machte, die tatsächlich in
regelmäßigem Takt auf das Dach fielen, leugnete er, sie vorher
gehört zu haben. Er wurde sogar böse, als ich das Wort *nach-
ahmende Tonmalerei* gebrauchte. Er protestierte mit aller Gewalt, und er hatte recht, denn es war kindisch, eine solche Nachahmung mit reinem Empfinden gleichzusetzen. Sein Genius war
auf eine geheimnisvolle Weise mit der Natur im Einklang, und
dieser drückte sich durch eine erlesene gleichwertige Wiedergabe
der Töne in seiner musikalischen Gedankenwelt aus, nicht aber
durch eine sklavische Nachahmung des äußeren Klanges. Das
Prélude, das er an jenem Abend schuf, erinnert wirklich an Regentropfen, die dumpf auf die Ziegel des Klosters herabprasselten;
aber in seiner Musik hatten sie sich in Träume verwandelt, die
vom Himmel herab auf sein Herz fielen[11]...

So schuf Chopin in dieser romantischen Umwelt Meisterwerke,
aber gar bald empfand er ein Grauen vor Mallorca. Der Aufenthalt in Valdemosa wurde für ihn eine Marter, für Sand eine Qual.

Sanft, heiter und reizend im Umgang, konnte der kranke Chopin in der engbegrenzten Intimität einen zur Verzweiflung bringen... Sein Geist war aufs empfindlichste gemartert; ein welkes Rosenblatt und der Schatten einer Fliege brachten ihn außer sich. Außer mir und meinen Kindern war ihm unter dem Himmel Spaniens alles unsympathisch und empörend. Er verzehrte sich vor Ungeduld nach der Abreise mehr noch als an den Unzuträglichkeiten des Aufenthalts[11].

Endlich wurde die Abreise beschlossen. Von Palma bis Barcelona war die Reise grauenhaft. An Bord des *El Mallorquin* war die Luft durch eine Ladung lebender Schweine verpestet. Der Kapitän hatte bemerkt, daß Chopin hustete, und ihm das schlechteste Bett angewiesen, damit die guten nicht angesteckt würden. Die Schweine, die von den Matrosen gepeitscht wurden, „um sie von der Seekrankheit zu heilen", stießen ein furchtbares Grunzen aus. Chopin mußte übermäßig Blut spucken, und als er in Barcelona eintraf, stand er dicht am Rande des Grabes. Auf der Fahrt von Barcelona nach Marseille nahm sich der französische Schiffsarzt des Kranken sehr an, aber für diesen konnte keine Rede davon sein, im Februar nach Paris zurückzukehren. Sand brachte die ganze „Familie", für die sie verantwortlich war, zu Marseille im *Hôtel de Beauvau* unter.

George Sand an Carlotta Marliani, 26. Februar 1839: Ich muß Ihnen Nachricht von meinem Kranken geben, denn ich weiß, liebe Schwester, daß Sie an ihm ebenso Anteil nehmen wie ich. Es geht ihm viel, viel besser... Er spuckt kein Blut mehr, schläft gut, hustet wenig, und vor allem ist er in Frankreich! Er kann in einem Bett schlafen, das man hernach deswegen nicht verbrennen wird. Er sieht niemanden zurückweichen, wenn er die Hand ausstreckt. Er wird eine gute Pflege und alle Hilfe der ärztlichen Wissenschaft haben[1].

Die Reize Marseilles vermochten nicht auf sie zu wirken: „Ich brauche nur im geringsten die Nase zum Fenster rauszustecken oder mich auf die Straße oder an den Hafen zu begeben, so fühle ich, wie ich zum Zuckerhut, zu einer Kiste Seife oder einer Schachtel Kerzen werde. Zum Glück bannt Chopin mit seinem Klavier die Langeweile und bringt wieder etwas Poesie in die Wohnung[12]." Die „faulen, neugierigen Berichterstatter und literarischen Bettler" belagerten ihre Tür.

George Sand an Carlotta Marliani, 15. März 1839: Es ist ein
Gedränge an meiner Tür, das ganze literarische Geschmeiß verfolgt mich, und das ganze musikalische Geschmeiß ist hinter
Chopin her. Ihn gebe ich einstweilen für tot aus, und wenn die
Geschichte so weitergeht, versenden wir Todesanzeigen von uns
beiden, damit man uns beweint und in Ruhe läßt. Wir gedenken,
uns den ganzen Monat März in den Herbergen verborgen zu
halten, geschützt vor dem Mistral, der zeitweise ziemlich heftig
weht. Im April werden wir auf dem Lande irgendein möbliertes
Landhaus mieten. Im Mai begeben wir uns nach Nohant[1].

Obwohl die Kinder um sie herum viel Krach machten, schrieb
sie in diesem Hotel täglich ihre fünfzehn bis zwanzig Seiten herunter. Von Mallorca brachte sie außer der umgearbeiteten *Lelia*
einen metaphysisch-mystischen Roman mit: *Spiridion.* Berauscht
von Leroux und seiner Philosophie, wollte sie keine „mittelmäßigen" Liebesthemen mehr behandeln. *Spiridion* war aus dem „von
Leroux gelegten Religiönchen" geboren und zum Teil sogar von
Leroux geschrieben worden. Die Klöster von Barcelona und Mallorca hatten den Hintergrund geliefert. Es war die Geschichte eines
Benediktinermönchs Alexis, der einem Novizen sein Leben erzählt; es ist mit dem Leben des Begründers des Klosters, des Abbés
Spiridion, verbunden, der ein Symbol der alle religiösen Glaubens-
richtungen durchlaufenden Menschheit darstellt; es ist auch die
Darstellung der geistigen Entwicklung George Sands selbst, vom
Agnostizismus ihrer Kinderjahre bis zum überspannten Katholizismus der Klosterzeit, dann bis zum Glauben eines Lamennais und
eines Leroux. Spiridion, ein geborener Jude, ist nacheinander Ka-
tholik, Protestant und schließlich christlicher Deist gewesen. In
seinem Grabe sind eine Abschrift des Johannes-Evangeliums und
eine Handschrift eingeschlossen, in der die Lehre Spiridions dargelegt ist. Diese Lehre stellt die Synthese aller Religionen dar.
Alexis enthüllt diesen Text dem Helden des Buches, dem jungen
Mönch Angel. In diesem Augenblick dringen französische republikanische Truppen ins Kloster ein und töten den alten Alexis. Dieser
aber stirbt ohne Haßgefühle, denn er weiß, daß seine Mörder, die
für die Ideen der Freiheit und Gleichheit kämpfen, dazu beitragen
werden, seine Ideen zu verbreiten.

Man kann sich leicht vorstellen, daß diese mystisch-revolutio-
nären Ergüsse die Leserwelt der *Revue des Deux-Mondes* zur Verzweiflung bringen mußten. Selbst die Freunde zuckten die Schultern. *Sainte-Beuve an Frau Juste Olivier:* „Begreifen Sie *Spiridion?* Man sagt, Vater Alexis sei Herr de Lamennais, und das

berühmte Buch über den *Geist* sei die *Enzyklopädie* von Leroux. Ich spreche auf gut Glück, denn ich habe das Buch nicht gelesen und auch danach kein Verlangen[13]..." Und Frau d'Agoult, die es gelesen hatte: „Ich habe darin nicht das mindeste verstanden." Zwar lag ihr auch nichts daran, etwas zu verstehen. Buloz flehte Sand an, wieder auf die Erde zurückzukehren. Die Leser wollten eine neue *Indiana*, eine neue *Lelia*. Aber sie war überzeugt, sich mit diesen metaphysischen Ergüssen einer höheren Kunst entgegenzubewegen. Mit den *Sieben Saiten der Lyra*, einer Nachahmung von Goethes *Faust*, wurde sie rückfällig.

George Sand an Carlotta Marliani, 17. März 1839: Ich muß Ihnen gestehen, daß alles, was im Gedanklichen etwas in die Tiefe geht, Leute wie Bonnaire und Buloz erschreckt, denn ihre Abonnenten haben harmlose Romane wie *André*, die sowohl von den schönen Damen als auch deren Kammerfrauen verschlungen werden, viel lieber. Diese Herren hoffen, ich würde ihnen bald irgendeine Novelle in Balzacscher Art geben. Für alles in der Welt möchte ich mich nicht dazu verurteilen, ewig in diesem Genre zu arbeiten; ich hoffe, daß ich es für immer hinter mir habe. Sagen Sie es nicht unserm Tölpel; außer wenn ich auf einen Stoff stoße, bei dem diese gebräuchlichen kleinen Kunstformen eine bedeutende Idee einkleiden können, werde ich davon keine mehr schreiben[1]...

Sie pflegte Chopin weiter mit mütterlicher Hingabe. „Ich kann nicht ausgehen, denn mein armer Chopin kann nicht allein bleiben[14]..." *An Bocage:* „Lieber Bruder... Ich antworte Ihnen aus der Stadt der Phokäer, die nicht phokäischer ist als Sie und ich. So wie sie ist, finde ich sie nach Spanien reizend. Chopin legt sich ein kleines Bäuchlein zu, hustet fast nicht mehr und wird wieder heiter wie ein Buchfink, wenn der Mistral nicht weht[14]..." Als es ihm besser ging, reiste sie mit ihm nach Genua, zu einer Musset-Pilgerfahrt, wie sie einstens Mallefille nach Franchard mitgenommen hatte. Die *Fellows*, die sich damals in Lucca aufhielten, luden sie ein. Aber George war von Mißtrauen erfüllt. Damit hatte sie nicht unrecht. Marie d'Agoult, eine emsige Briefschreiberin, schilderte seit einigen Monaten ohne Wohlwollen Carlotta Marliani die Lächerlichkeiten der „chopinbesessenen" George.

Marie d'Agoult an Carlotta Marliani, Florenz, 9. November 1838: Die Reise nach den Balearen amüsiert mich. Ich bedaure, daß sie nicht ein Jahr früher stattgefunden hat. Als George sich die Ader schlagen ließ, sagte ich ihr immer: „An Ihrer Stelle würde ich eher Chopin lieben!" Wie viele Lanzettenstiche wären ihr erspart geblieben! Dann hätte sie nicht die *Briefe an Marcia* geschrieben, dann hätte sie nicht Bocage genommen, und das wäre für einige Leutchen viel besser gewesen. Ob der Aufenthalt auf den Balearen wohl von langer Dauer ist? So wie ich die beiden kenne, geraten sie sich schon nach einem Monat des Zusammenwohnens in die Haare. Es sind zwei antipodische Naturen, aber was macht's, es ist überaus hübsch, und Sie glauben nicht, wie ich mich für alle beide freue. Und Mallefille? Was wird aus ihm bei all diesen Konflikten? Wird er seinen kastilianischen Stolz, wie er sagte, an den Wassern des Manzanares wieder stählen? Sollte George zufällig recht gehabt haben, wenn sie mir so oft versicherte, er sei über die Maßen dumm und lächerlich? Über den „Gesundheitszustand" von Maurice bin ich nie beunruhigt gewesen. Auf jeden Fall wäre bei Herzbeschwerden die Sonne Spaniens ein seltsames Heilmittel. Sie haben wirklich recht, das Talent Chopins zu bewundern; es ist der herrliche Ausdruck einer exquisiten Natur. Er ist der einzige Pianist, den ich nicht nur ohne Langeweile, sondern auch mit einer tiefen Andacht anhören kann. Schreiben Sie mir ausführlich über all dies. Verbinden Sie die Wunden von Bocage, oder haben auch Sie ihm Ihre Gunst entzogen? Ich bedaure wirklich, daß ich über all dies nicht mit Ihnen plaudern kann; ich versichere Ihnen, etwas Drolligeres gibt es nicht[14] ...

Lamennais, dem dieser Brief gezeigt worden war und der ein teuflisches Vergnügen daran fand, „diese Weibsbilder zu entzweien", riet Carlotta, ihn George vorzuzeigen, was dann auch geschah. George, mit Recht empört, schrieb quer über das erste Blatt: *So also wird man durch gewisse Freundinnen beurteilt und heruntergemacht!* Da Carlotta sie hatte schwören lassen, die Urheberin der Warnung nicht zu verraten, hielt sie es für ratsam, auf die Briefe Frau d'Agoults überhaupt nicht mehr zu antworten. „Ich mag keine Scheinfreundschaften unterhalten." Hierauf Überraschung bei den *Fellows,* die sich bei Major Pictet beklagten:

Liszt an Major Pictet, Rom, August 1839: George Dudevant Kamarupi hat uns seit der Ära Chopin (ungefähr neun Monate) ohne Nachricht gelassen ... Die letzten Produktionen des Doktors Piffoël (*Die Aldini, Spiridion* und *Die Sieben Saiten der Lyra*) hinterließen bei mir einen peinvollen Eindruck. *Lelia* und die *Briefe eines Reisenden* sind bestimmt bedeutend besser.

Offensichtlich liegt seitdem Ermüdung, Erschöpfung, Abstieg vor. Aber warten wir noch ab; und da wir ihre Freunde gewesen sind, wollen wir solche Dinge nur leise und unter uns sagen[15] ...

Als ob üble Nachreden vertraulich bleiben könnten... Mittlerweile verließen Chopin und Sand Ende Mai 1839 Marseille und begaben sich in kleinen Tagereisen nach Nohant, „in den Herbergen wie biedere Bürgersleute nächtigend".

III

„MEINE DREI KINDER"

Das Berry im Juni. Brennende Sonne. Freude darüber, im eigenen Heim zu arbeiten und über das Haus zu regieren. An dem Tage, da George Chopin in die Hausgemeinschaft von Nohant aufnahm, schrieb sie mit Bleistift auf den linken Fensterrahmen ihres Schlafzimmers ein Datum, das man heute noch dort sehen kann: *19. Juni 1839*. Geschah es, um den Beginn eines neuen Lebens zu bezeichnen? Man darf dies annehmen. Sie hatte begriffen, daß die Zeit der „Kavalkaden" vorüber war. Als Familienoberhaupt fühlte sie sich nunmehr für drei Kinder verantwortlich: Chopin, Maurice und Solange. Jetzt wollte sie mit einer vorbildlichen Beharrlichkeit versuchen, nur für sie und für ihre Kunst zu leben. Alle ihre wahren Freunde hofften damals, ihr Leben werde einen andern Gang nehmen, „fast patriarchalisch und voll süßer Traulichkeit". Ohne Ironie und ohne Vorwürfe machten sie Chopin im Kreise der Familie Platz. Von 1839 ab endeten ihre Briefe an Sand mit der Formel: „Ich umarme Chopin, Maurice und Solange." Die Situation wurde durch die außerordentliche Zurückhaltung Chopins sehr erleichtert, der Sand nur „meine Gastgeberin" oder „die Hausherrin" nannte, wenn er von ihr sprach.

Dieser erste Sommer in Nohant gestaltete sich glücklich, obwohl Chopin das Landleben nicht sehr liebte. „Er wollte immer Nohant und ertrug niemals Nohant... Seine Landsehnsucht war schnell gestillt. Er spazierte ein wenig umher, setzte sich unter einen Baum oder pflückte einige Blumen. Dann kehrte er um und schloß sich in sein Zimmer ein..." Es war ihm nicht gegeben, an dem Leben in der freien Natur teilzunehmen, das George und die

Kinder so sehr entzückte. Aber er fühlte sich wohler, und sein Klavier erklang vom Morgen bis zum Abend. „Seitdem er hier ist, hat er entzückende Sachen zustande gebracht", schrieb George, und tatsächlich komponierte er in jenem Sommer *die b-moll-Sonate*, das zweite *Nocturno* und drei *Mazurken*. Der musikalische Geschmack seiner Freundin war ihm wertvoll. Sie war eine „feine Zuhörerin". Je mehr sie ihn kennenlernte, desto mehr begriff sie ihn, wie er selber sich begriff, und wenn sie seinem Spiel lauschte, verfolgte sie sein Innenleben, ein stets verschlossenes Leben, dessen geheimnisvoller und unbestimmter Ausdruck einzig die Musik war.

Tagebuch Chopins, 12. Oktober 1839: Man sagt mir, daß es mir besser gehe. Der Husten und die Schmerzen haben aufgehört. Aber ich empfinde ein Weh tief in meinem Innern. Auroras Augen sind verschleiert. Sie glänzen nur, wenn ich spiele; und dann ist die Welt klar und schön. Meine Finger gleiten sanft über die Tasten, ihre Feder fliegt über das Papier. Sie kann schreiben, während sie der Musik lauscht. Musik über sich und zur Seite, süße Chopinsche Musik, aber klar wie Liebesworte. Für dich, Aurora, würde ich auf dem Boden kriechen. Nichts wäre mir zuviel, alles würde ich dir hingeben. Für einen Blick, eine Liebkosung von dir, ein Lächeln von dir, wenn ich ermüdet bin. Nur für dich will ich leben; für dich will ich süße Melodien spielen. Wirst du nicht zu grausam sein, Liebste, mit deinen verschleierten Augen[16]? ...

Wirst du nicht zu grausam sein? War sie denn grausam zu ihm? Sicherlich nicht. Aber es lag ein leiser Schatten von Herablassung in ihrer Liebe. Nicht, daß ihre Bewunderung für den Musiker und Tondichter geringer geworden wäre. Doch die Erfahrung von Mallorca und der daraufhin eingetretene schwere Rückfall hatten George bewiesen, daß Chopin für die Wonnen der Liebe nicht geschaffen war. Ständig krank, ertrug er sie nicht, und trotz seines Flehens zwang ihn „Aurora" sehr bald zu einer Mäßigung, die alsdann eine vollkommene Enthaltsamkeit wurde. Sehr viel später (am 12. Mai 1847) schreibt Sand an Albert Grzymala, der beiden ein vertrauter Freund war:

Seit sieben Jahren schon lebe ich wie eine Jungfrau, mit ihm und den andern. Ich bin vorzeitig gealtert, und sogar ohne daß es mich eine Mühe oder ein Opfer kostete, so sehr war ich der Leidenschaft überdrüssig und der Illusionen beraubt, und nichts konnte mir helfen. Wenn es auf Erden eine Frau gab, die ihm das vollkommenste Vertrauen einflößen mußte, dann war ich es; aber er hat es niemals begriffen... Ich weiß, gar manche klagen mich an, die einen, ich habe ihn durch das Ungestüm meiner Sinne erschöpft, die andern, ich habe ihn durch meine mutwilligen Streiche zur Verzweiflung gebracht. Ich glaube, du weißt, wie es sich in Wirklichkeit verhält. Er wiederum beklagt sich bei mir, ich habe ihn getötet, weil ich mich ihm versagte, obwohl ich die Gewißheit hatte, ihn zu töten, wenn ich anders handelte[1] ...

Chopin wäre kein menschlich fühlendes Wesen gewesen, wenn er nicht unter diesem Verhalten gelitten und es nicht andern Liebesbindungen zugeschrieben hätte; aber erst viel später wurde seine, wie es scheint, ungerechte Eifersucht unerträglich.

Im Herbste mußte man zu Georges großem Bedauern Nohant verlassen. In Paris war ihr Herz ständig „von Sehnsucht geschwellt", wenn sie an die bebauten Felder, an die Nußbäume rings um die Brachäcker und die durch die Rufe der Bauern angetriebenen Ziehochsen dachte: „Es ist schon so, wenn man auf dem Lande geboren ist, gewöhnt man sich niemals an den Lärm der Städte. Mir ist es, als ob der Dreck hier mich anekelt[12]." Aber Chopin mußte zu seinen Schülern zurückkehren. Sand selbst wünschte aus Sparsamkeitsgründen in Paris zu leben. In Nohant war der Haushalt kostspielig. Die ausgeplünderte Schloßherrin wollte nicht sparsam auftreten, „um nicht als geizig verschrien zu werden". Jeden Tag erschienen Freunde unaufgefordert zu Gast, und man war schon ein Dutzend, bevor sie überhaupt aufgestanden war. Jeden Monat gab sie in Nohant anderthalbtausend Franken aus, in Paris bloß die Hälfte. Die „Familie" beschloß also, sich in Paris niederzulassen. Anfangs bewohnten George Sand und ihre Kinder „zwei Gartenhäuser in der Rue Pigalle, die von der Straße durch einen ziemlich großen und hübschen Garten getrennt waren", und Chopin in der Rue Tronchet ein Appartement. Aber Chopin bedurfte ständig einer moralischen Stütze und wachsamer Pflege. Schließlich wohnte er bei ihnen in der Rue Pigalle. Dieses Zusammenwohnen währte drei Jahre (vom Oktober 1839 bis zum November 1842). Balzac besichtigte die Wohnung und beschrieb sie „seiner Eve" mit seiner üblichen Genauigkeit eines Taxators und Romanschriftstellers:

Balzac an Éveline Hanska, 15. März 1841: Sie wohnt in der Rue Pigalle Nr. 16, hinten in einem Garten, über den Remisen und Stallungen eines zur Straße liegenden Hauses. Sie hat ein

Eßzimmer mit Möbeln aus geschnitzter Eiche. Ihr kleiner Salon ist hellbraun, und der Empfangssalon steht voll herrlicher chinesischer Vasen, die mit Blumen gefüllt sind. Stets ist ein Blumentischchen voller Blumen. Die Möbel sind grün; es gibt da ein Gestell voller Raritäten, Bilder von Delacroix, ihr Porträt von Calamatta... Das Klavier ist prächtig, viereckig und aus Palisanderholz. Übrigens ist Chopin immer dort. Sie raucht nur Zigaretten und nichts andres. Sie steht erst um vier Uhr auf, um diese Zeit nämlich ist Chopin mit seinem Stundengeben fertig. Man steigt zu ihr auf einer geraden, steilen, sogenannten Müllertreppe hinauf. Ihr Schlafzimmer ist braun; das Bett besteht aus zwei nach türkischer Art auf den Boden gelegten Matratzen. *Ecco, contessa*[17]!...

Im Jahre 1842 fand die gefällige und gefürchtete Frau Marliani für Chopin und Sand zwei Appartements am Square d'Orléans (in der heutigen Rue Taitbout Nr. 80, wo alles noch im damaligen Zustand erhalten ist), einem hellen Wohnblock mit sandbestreuten Wegen, mit Bäumen und dem vornehmen Aussehen eines italienischen Palastes, wo sie selbst wohnte. Im gleichen Block wohnten nicht nur die Marliani, sondern auch der Bildhauer Dantan, die Tänzerin Taglioni und das junge Ehepaar Viardot. Louis Viardot, ein Schriftsteller und Politiker der Linken, war seit 1839 eng befreundet mit Sand, der er durch Pierre Leroux vorgestellt worden war. Pauline Garcia, Schwester von Marie Malibran und ein Mädchen mit wunderbarer Stimme, war einstmals durch Musset, der zugleich der Sängerin Malibran und der Tragödin Rachel den Hof machte, in den Lebenskreis Georges eingeführt worden. Sand mochte Pauline Garcia sehr und brachte sie später mit Viardot zusammen, einem braven Menschen, den sie dieses entzückenden Mädchens würdig erachtete. Die Viardot bekamen viele Kinder und nannten Sand „unsern guten Schutzengel".

Der Square d'Orléans wurde so eine Art Phalanster, eine Wohngemeinschaft: „Wir haben uns sogar ausgedacht, gemeinsame Küche zu machen und alle zusammen bei Frau Marliani zu essen, was sparsamer und auch vergnüglicher ist, als wenn jeder bei sich zu Hause äße[12]..." Abends kam man zusammen, um Musik und Lektüre zu betreiben. Sand und Chopin hatten ihre Freunde vereint. Sands Freunde waren Pierre Leroux, Delacroix, Balzac, Heinrich Heine, Emmanuel Arago, Bocage, Marie Dorval, Hortense Allart und alle Berrichonner; zu denen von Chopin gehörten Musiker, Damen der Gesellschaft und Polen: Prinzessin Sapieha, Prinzessin Marcelline Czartoryska, Mickiewicz, Gräfin Delphine

Potocka, deren Stimme er bewunderte, James und Betty de Roth-schild. Die Folge war, daß Sand sich für Polen begeisterte und Mickiewiczs Ruhm sang, während Chopin sich eng mit Eugène Delacroix befreundete, der seine Dandyneigungen teilte. Beide sensibel und Eindrücken zugänglich, beide Aristokraten in ihrem Benehmen und in ihren Ideen, fühlten sie sich einander enger ver-bunden als ihrer demokratischen Freundin.

Heinrich Heine, ein andrer Vertrauter am Square d'Orléans, gefiel George durch seinen Humor. Wie jedermann war er einmal in sie verliebt gewesen, aber diese „verrückte Leidenschaft", die keine Erfüllung fand, hatte nicht lange gedauert. Er nannte sie „Meine liebe Cousine" und beendete seine Briefe mit den Worten: „Mein Herz küßt das Ihre"; er schrieb ihr: „Ich gebe Ihnen Ihren Roman zurück, der Ihnen sehr ähnelt: denn er ist schön..." Er vergnügte Sand, wenn er Musset „einen jungen Mann mit großer Vergangenheit" nannte. Sie wußte nicht, daß er von ihr selbst als einer *Emancimatrice*[44] sprach. Er konnte nicht der Lockung wider-stehen, ein Wortspiel anzubringen, bewunderte aber in ihr die Frau und die Schriftstellerin. Kein andrer hat ihre Größe und ihre heitere Gelassenheit besser beschrieben als er: „Wie hübsch ist George Sand und wie wenig gefährlich, selbst für die bösen Katzen, die sie mit einer Hand streicheln und mit der andern kratzen; selbst für jene Hunde, die sie am wütendsten ankläffen. Wie der Mond blickt sie von oben und sanft auf sie hinab[18]..."

Über Chopin sprach sie weiter voller Zärtlichkeit: „Immer ist er gut wie ein Engel. Ohne seine vollkommene und erlesene Freund-schaft würde ich oft den Mut verlieren." „Chopin hustet in einem fort. Stets ist er der reizendste, der zurückhaltendste und der be-scheidenste unter den genialen Menschen . . ." Aus Gründen der Sparsamkeit nahm sie ihn nicht mit nach Nohant; sie ging 1840 sogar selbst nicht hin; aber in den folgenden sechs Sommern (1841–1846) erbaute sie dort wieder das Nest für ihre drei Küken. Vom Morgen bis zum Abend stiegen Klänge von Chopins Klavier, vermischt mit dem Duft der Rosensträucher und dem Gesang der Vögel, zu George hinauf, die im Zimmer darüber arbeitete. Wenn Pauline Viardot da war, sang sie, begleitet von Chopin, die alten, fast unbekannten Tonstücke von Porpora, Marcello, Martini. Mozarts *Don Juan* stellte in den Augen der drei Freunde das Schönheitsideal dar. Mozart und Bach verschwanden niemals vom Musikpult. Oft unterhielten sich Delacroix, für den man in Nohant ein Atelier eingerichtet hatte, Chopin und Maurice, der inzwischen schon zwanzig Jahre alt geworden war, über ihre Künste; Sand lauschte ihnen träumerisch. Sie schrieb damals *Consuelo,* den besten ihrer Romane, und Pauline Viardot diente ihr als Modell, als sie darin eine geniale Liedersängerin zeichnete. George hat diese Abende von Nohant beschrieben:

Chopin sitzt am Klavier und wird nicht gewahr, daß ich ihm zuhöre. Er improvisiert drauflos. Dann hält er ein.

„Nein! Nein!" ruft Delacroix. „Das ist doch nicht zu Ende!"

„Es hat nicht einmal begonnen. Es kommt mir nichts in den Sinn... Nichts als Abglanz, Schatten und Reliefs, die keine Gestalt annehmen wollen. Ich suche die Farbe, finde aber nicht mal die Zeichnung."

„Sie werden das eine nicht ohne das andre finden", fährt Delacroix fort, „und Sie werden beides finden."

„Aber wenn ich nur das blasse Licht des Mondes finde?"

„Dann haben Sie den Abglanz eines Abglanzes gefunden."

Die Idee gefällt dem begnadeten Künstler. Ohne daß es den Anschein hat, er begänne von vorne, fährt er fort im Spiel, so vage und gleichsam unbestimmt ist sein Entwurf... Und dann klingt die blaue Stimmung auf, und wir sind ins Azurne der hellschimmernden Nacht getaucht. Leichte Wolken nehmen alle Formen der Phantasie an und erfüllen den Himmel; sie drängen sich um den Mond, der ihnen große opalfarbene Scheiben zuwirft und die eingeschlafene Farbe erweckt. Wir träumen von einer Sommernacht. Wir warten auf die Nachtigall[19]...

Es war Chopin, der das Theater von Nohant erfand. Anfangs improvisierte er am Klavier, während die jungen Leute Szenen aufführten oder komische Balletts tanzten. „Er führte sie, wie es ihm immer beliebte, und ließ sie, wie die Laune es ihm eingab, vom Vergnüglichen zum Ernsten, vom Burlesken zum Feierlichen, vom Anmutigen zum Leidenschaftlichen übergehen[19]..." Chopin selbst besaß ein wirkliches mimisches Talent; hin und wieder erhob er sich und tauchte hinter dem Klavier auf, um eine außerordentlich gut gelungene Nachahmung des Kaisers von Österreich oder eines polnischen Juden zu geben. Dazu kamen noch die Spaziergänge in den Wald, Chopin auf seinem Esel, die andern zu Fuß; die Bauerntänze auf dem Rasen, mit Dudelsackspielern, die Sand den Stoff für den Roman *Die Musikanten-Zunft* eingaben, und so gewinnt man eine Vorstellung von dem fröhlichen, entzückenden Treiben in diesem romantischen Paradies.

Nichts würde einen falscheren Eindruck erwecken, als wenn man für die Jahre 1840 bis 1845 das Bild eines ständig kranken, von einer ungesättigten Bacchantin verzehrten Chopin zeichnete. Sand übte damals auf sein Werk und sein Leben einen überaus wohltuenden Einfluß aus, sowohl durch die Ratschläge, die sie ihm gab, als auch durch die Pflege, die sie an ihn verschwendete. Chopin war in jenen Sommern von Nohant so glücklich, wie er nur zu sein vermochte. Leider erlaubten ihm weder sein Charakter noch seine Krankheit, es lange zu sein. Viele der Freunde beklagten George. Mickiewicz, obwohl ein Landsmann Chopins, sagte, dieser sei „George Sands böser Geist, ihr moralischer Vampir, ihr Kreuz", und er werde sie „vielleicht noch zugrunde richten". Frau Juste Olivier zweifelte nach einem Diner bei ihnen daran, daß Chopin Sand glücklich machen könne. „Er ist", schrieb sie in ihr Tagebuch, „ein geistvoller, talentierter und entzückender Mensch; daß er aber Herz hat, glaube ich nicht[20] ..."

Ein allzu strenges Urteil. Chopin besaß Herz, aber wie alle zartbesaiteten Menschen war er von seinen Abneigungen derart besessen, daß er sich nicht in andre hineindenken konnte; dies aber ist das oberste Geheimnis der Freundschaft. Auf dem Gebiete der Politik verstand er sich nicht mit Sand; er ertrug weder einige der Männer, die sie bewunderte, noch die heftigen Formen, mit denen sie ihre Ansichten äußerten. Er wurde gegen Menschen verstimmt (zum Beispiel gegen seine eigene Schülerin Marie de Rozières, die er wegen ihres allzu auffälligen Liebesverhältnisses mit dem Grafen Wodzinski tadelte) und attackierte sie um so mehr, als George sie in Schutz nahm. An seine krankhaften Verstimmungen und „Entstimmungen" gewöhnt, wechselte sie dann wie bei einem Kinde das Gesprächsthema. In Nohant wagte George nicht mehr, zugleich mit Chopin die proletarischen Dichter einzuladen, die sie protegierte. Hippolyte Châtiron ging Chopin auf die Nerven wegen seiner lärmenden Späße und seiner bärenhaften Tapsigkeit. In Paris war er schokiert durch das Benehmen und die Manieren der Besucher von Frau Sand.

Die politischen Meinungsverschiedenheiten, die Nichtübereinstimmung der Geschmacksrichtungen und die Eifersucht verhinderten dennoch nicht auf beiden Seiten die Aufrechterhaltung einer tiefen Freundschaft, die bei Chopin eine verliebte, bei George Sand eine mütterliche und bewundernde Note trug. Sie wachte weiterhin mit unendlicher Fürsorge über ihren Kranken. Wenn er allein nach Paris fuhr, beeilte sie sich, vorher Frau Marliani zu benachrichtigen, damit er warmes Wasser für seine Toilette habe und sein Zimmer gelüftet vorfinde.

Mein kleiner Chopin kommt also, ich vertraue ihn Ihnen an. Sorgen Sie für ihn, wenn er sich auch dagegen sträubt. Er gibt wenig acht auf sich, wenn ich nicht da bin, und sein Diener ist zwar gut, aber dumm. Wegen der Mahlzeiten mache ich mir keine Sorgen, denn er wird von allen Seiten eingeladen werden... Chopin ist jetzt wohlauf; was er braucht, ist nur, daß er wie alle Welt ißt und schläft[1]...

Sie hatte ihn zwar nicht geheilt, aber durch ihre Pflege zu einer Besserung seines Gesundheitszustandes beigetragen, und weiterhin war sie bereit, alles im Stiche zu lassen, um ihn zu pflegen. Der „kleine Chopin" wiederum, ihr *Chip*, ihre *Chipette*, ihr *Chopinsky*, blieb ihr völlig ergeben. Wenn sie das Bett hütete (was bei ihr ziemlich oft vorkam, denn sie klagte ihr ganzes Leben lang über die Leber und die Verdauungsorgane), mußte man ihn sehen, wie er sich als Krankenpfleger betätigte, eifrig, geschickt und unverdrossen. Vor allem waren sie weiterhin in der Liebe zum Schönen verbunden. In Nohant sprach sie eines Abends in seiner Gegenwart über den Frieden des Landlebens und die Wunder der Natur. „Wie schön ist das, was Sie da erzählt haben", sagte Chopin. „Finden Sie?" antwortete sie. „Nun, dann übersetzen Sie es in Musik." Sogleich improvisierte Chopin eine wirkliche Pastoral-Symphonie. Neben ihm stehend und eine Hand zärtlich auf seine Schulter gelegt, murmelte George Sand: „Mut, ihr samtenen Finger!"

Wer weiß, ob ohne diese Hand auf seiner Schulter und ohne den zauberhaften Einfluß von Nohant Chopin im Verlaufe seines kurzen Daseins so viele Meisterwerke komponiert hätte? Wer weiß sogar, ob er noch gelebt hätte?

IV

TOD EINER FREUNDSCHAFT

Man hat zweifellos bemerkt, daß unter den Besuchern in Nohant und der Rue Pigalle nicht mehr die ersten Freunde des Paares Chopin-Sand auftraten: Liszt und seine Prinzessin. Die Bekanntgabe der sarkastischen Bemerkungen Marie d'Agoults durch Carlotta Marliani an George hatte eine ausweglose Situation geschaffen. Für Sand, die das Versprechen gegeben hatte, ihre Informationsquelle nicht zu nennen, bestand daher nicht die Möglichkeit, sich zu beschweren; Marie, die nicht wußte, daß sie von Carlotta verraten worden war, begriff nicht im mindesten das hartnäckige Schweigen von Nohant, von dem sie sagte, es sei ihr „ebenso unerklärlich wie die Stupsnase ihres Sohnes" Daniel Liszt. In ihren Briefen an Frau Marliani redete sie weiter in aller Unverblümtheit über Sand.

Marie d'Agoult an Carlotta Marliani, Pisa, 23. Januar 1839:
Woraus schließen Sie, meine liebe Konsulin, von der Höhe Ihrer Weisheit, ich sei a priori unfähig, meine Freunde zu lieben und zu verstehen? Und dies in bezug auf die Person, die am leichtesten zu verstehen ist, nämlich unsern armen Piffoël! Wie soll ich denn für ernst nehmen, was sie selbst nicht für ernst nehmen kann, es sei denn in den kurzen Augenblicken, da der poetische Genius sich ihrer bemächtigt und sie Kieselsteine für Diamanten und Frösche für Schwäne halten läßt? Ich verlange von Ihnen durchaus keine andre Mitteilung über sie, als mir zu berichten, ob sie tot oder lebendig ist. Als ich bei ihr weilte, tat ich alles, was in meiner Macht stand, um gewisse Einzelheiten ihres Lebens nicht zu erfahren, die nichts mit den Gefühlen zu schaffen haben, welche ich ihr entgegenbringe. Seitdem hat die Öffentlichkeit mich unterrichtet; Sie wissen, gewöhnlich ist sie schnell über das im Bilde, was sie nichts angeht. Übrigens will George es so! Das einzige, was für mich zählt, und ich würde es ihr sagen, wenn sie da wäre, ist die Erstarrung ihres Talents. Seit den *Briefen an Marcie* ... hat sie nur wertlose Romane zuwege gebracht. Es liegt zutage, daß die Gefühlsperiode (eine durch *Lelia* und die *Briefe eines Reisenden* so wunderbar geoffenbarte Periode) zu Ende ist. Heute wären die Vertiefung, die Überlegung und die Konzentration der Ideen notwendig; aber weder Bocage noch Mallefille noch Chopin werden ihr dabei helfen und sie auf diese neue Bahn lenken können. Ich finde (unter uns), daß Frau Allart diesen Teil ihrer Existenz besser versteht. Nach all den Torheiten, die eine Leidenschaft verursachen kann, ist sie dahin gelangt, in der Liebe nur eine physiologische Angelegenheit zu sehen. Wenn die Enthaltsamkeit ihr unmöglich wird, nimmt sie sich einen Liebhaber, den sie auf keine Weise hintergeht, der keinerlei Einfluß auf sie ausübt und nicht im mindesten in ihr Leben eintritt. Sie tut letzten Endes nur das, was die Männer tun, die ein körperliches Bedürfnis befriedigen. Sie tut es, während sie gleichzeitig diese Notwendigkeit ihres Organismus beklagt, aber sie bleibt all dem überlegen durch die vollkommene Selbsterkenntnis und ihre unbedingte Aufrichtigkeit[14] ...

Bestürzt und ein wenig beunruhigt, weil sie von George keine Antwort mehr erhielt, bat sie Carlotta im August 1839, einen letzten Appell zu übermitteln.

Marie d'Agoult an George Sand, durch Vermittlung von Frau Marliani:

Villa Maximiliana bei Lucca, 20. August 1839.

Mein lieber George, vielleicht sind Sie über meine Beharrlichkeit, Ihnen zu schreiben, verwundert; denn Ihr völliges Schweigen seit anderthalb Jahren, das Schweigen, das Sie in bezug auf Sie auch Carlotta auferlegt zu haben scheinen, und vor allem die Nichtbeantwortung meines letzten Briefes, worin ich Sie bat, den Sommer mit uns zu verleben, all dies sagt zur Genüge, daß unsere Beziehungen Ihnen unbequem geworden sind. Da diese Beziehungen aber mir etwas Ernsthaftes bedeuten und gewisse Worte, die zwischen uns ausgetauscht wurden, für mich wiederum einen unveränderlichen Sinn hatten, ist es mir unmöglich, und sei es nur aus Selbstachtung, auf solche Weise und ohne daß ich den Grund kenne, ein Band sich lösen zu lassen, das, wie ich glaubte, ebenso lange Bestand haben sollte wie wir.

Ich kann mir nicht denken, daß Sie sich über mich zu beklagen haben, denn in diesem Falle hätten Sie sich zweifellos beeilt, es mir zu sagen, damit eine herzliche Aussprache dieses vorübergehende Mißverständnis schnell beende; dies ist zugleich die einfachste und unerläßlichste Pflicht der Freundschaft. So sehr ich auch alle Winkel meines Gewissens erforsche, ich finde darin auch nicht die Spur einer Schuld. Auch Franz fragt sich, wie es kommt, daß Ihre intimen Beziehungen mit einem Manne, den seinen Freund zu nennen er sich berechtigt fühlt, unverzüglich dahin führten, daß die Verbindung zwischen uns abbrach? ... Zwar hatte schon einmal Ihre *Intimität* mit einem andern unsrer Freunde ungefähr das gleiche Ergebnis. Schon damals verkündeten Sie mir Ihre Absicht, mir „weniger oft zu schreiben"; was Franz Ihnen bei jener Gelegenheit sagte, ließ Sie hinauszögern und hinausschieben, was in Ihrem Kopfe vielleicht beschlossene Sache war: die allmähliche Einschränkung und dann das Aufhören unserer Beziehungen. Noch sträube ich mich dagegen, mir die Erklärungen zu eigen zu machen, die ich mir über dieses seltsame Verhalten geben könnte. Häufige Warnungen und die entmutigende Erfahrung so vieler zerbrochener Zuneigungen in Ihrer Vergangenheit erscheinen mir bis jetzt nicht ausreichend, um diese traurigen Schlußfolgerungen zu motivieren: daß Sie eines dauerhaften Gefühls unfähig sind; daß die erstbeste Laune stets über erprobte Freundschaften den Sieg davontragen wird; daß es für Sie keine Worte gibt, die eine Verpflichtung bedeuten; daß Sie die verborgensten Winkel Ihrer Seele jedem Zufall ausliefern und es in Ihrem Herzen keine Zufluchtsstätte gibt, wo solche, die Ihnen einst teuer waren, vor den Schmähungen des zuletzt Gekommenen Schutz finden.

Noch erhoffe und, gestatten Sie mir, daß ich Ihnen dies sage, *wünsche* ich aufrichtig eine Erklärung, die Ihrer und meiner würdig ist und einem betrübenden und unhaltbaren Zustand ein Ende setzt. Wenn Sie indessen weiterhin im Schweigen verharren, weiß ich, daß Sie haben brechen *wollen*. Die gleiche Unbeständigkeit, die Sie verleiten würde, sogar eine heilige Freundschaft zu verraten, würde Ihnen wahrscheinlich helfen, sie zu vergessen. Was mich betrifft, so werde ich, was auch kommen mag, an sie eine treue Erinnerung bewahren und in der Verschwiegenheit meines Herzens all das begraben, was sie trüben oder entstellen könnte.

Franz wollte Ihnen schreiben, aber sein Brief könnte nur das gleiche sagen wie der meine. Ich erspare Ihnen entweder einen Verdruß oder einen Kummer, wenn ich ihm die Feder aus der Hand nehme, denn, ich wiederhole es Ihnen, noch ist es mir unmöglich zu glauben, daß Sie aus fröhlichem Herzen auf zwei erprobte Freunde verzichten.

MARIE[14].

Marie d'Agoult an George Sand (dem vorhergehenden beigehefteter Brief):

Pisa, 18. September 1839.

An dem Datum des anliegenden Briefes erkennen Sie, daß er eine bedeutende Verspätung erlitten hat. Ich hatte ihn an Carlotta gesandt, da ich nicht wußte, wo Sie sich aufhalten. Carlotta schickt ihn mir mit dem Bemerken zurück, *ich erreiche mit ihm wahrscheinlich nur das Gegenteil von dem, was ich wünsche.*

Ich begreife immer weniger. Da das, was ich vor allem wünsche, eine offene und unumwundene Aufklärung ist, sende ich Ihnen auf alle Fälle den Brief, ohne etwas darin zu ändern. Es geziemt sich weder für Sie noch für mich, weiterhin im Ungeklärten und im Unerklärbaren zu bleiben. Ich erwarte eine unverzügliche Antwort. Richten Sie sie nach Pisa: *Hotel delle Tre Donzelle*[14].

George Sand übersandte die Briefe Carlotta Marliani und bat um ihren Rat über die zu wählende Art und Weise des Bruches.

Ihr lag daran, zu antworten, schon deswegen, um Chopin zu rechtfertigen, dem Arabella in der musikalischen Welt Widerwärtigkeiten bereiten könnte, die er, der so zartbesaitete, so zurückhaltende, so erlesene Mensch auf keinen Fall brauchen konnte. „Ich werde diese Antwort kurz, aber entschlossen halten, ohne Zorn und ohne Bitterkeit... Die Boshaftigkeit einer Frau hat mich noch niemals erschüttert. Das ist etwas, das ich mit kaltem Blick betrachte..." Sie würde es durchaus verständlich finden, wenn Carlotta weiterhin diese „unendlich geistreiche, anmutige und im Umgang liebenswürdige Frau" bei sich empfinge. Ein Zusammentreffen würde also unvermeidlich sein.

Überlegen Sie indessen, daß solche friedlichen Begegnungen, deren Notwendigkeit ich anerkenne, nicht ohne Auseinandersetzung unter uns dreien möglich sind. Sonst wird sie einen ärgerlichen Auftritt heraufbeschwören und bei der ersten Gelegenheit eine große Komödienszene spielen. Ich kenne sie! Sie ist bewundernswert in den Szenen, wo es um ihr Ansehen geht. Das wird für alle Welt Stoff zum Lachen geben, ausgenommen für Sie, als die Hausherrin, und für mich[21]...

George forderte also eine Aussprache zu dritt – und Festigkeit. Der Marliani verursachte dieses Verlangen sicherlich arges Kopfzerbrechen. Ihr blieb nichts andres übrig, als Marie ihre Indiskretion zu gestehen. Sie zog sich nicht allzu ungeschickt aus der Verlegenheit.

Carlotta Marliani an Marie d'Agoult, 1. Oktober 1839: Meine liebe Marie, es gibt eine Erklärung, die ich Ihnen schulde, die ich mir selbst schulde und die Ihnen bei Ihrer Rückkehr nach Paris persönlich zu geben ich mir stets vorgenommen habe. Daß ich mich Ihnen schon jetzt in aller Freimütigkeit eröffne, wird verursacht durch einige besondere Umstände: durch das Eintreffen von Frau Sand, die ich bald erwarte; dann durch Ihre Beharrlichkeit, von ihr Aufklärung über ihr Schweigen Ihnen gegenüber zu erbitten; und schließlich durch den Brief, den Sie, wie Sie sagen, ihr so schickten, wie ich ihn gelesen habe. Sie erinnern sich wohl noch der beiden Briefe, die Sie mir am 9. November und am 23. Januar geschrieben haben? Sie sprachen darin über meine Freundin so abfällig, mit einer solchen Kälte und bitteren Leichtfertigkeit, daß es mich aufs tiefste verletzte; und ich habe es Ihnen auch in meiner Antwort und hernach durch mein völliges Schweigen über diese peinliche Sache zu erkennen gegeben. Bis dahin hatte ich an Ihre Zuneigung für Frau Sand geglaubt, die mir das Vergnügen, Sie kennenzulernen, bereitet hatte.

Nunmehr überzeugt, daß sie in Ihnen durchaus keine Freundin mehr hatte, tat ich das, was mir durch die tiefe Zuneigung, die ich für sie empfinde, geboten schien. Als George mir von Ihnen und von der Verzögerung in der Beantwortung Ihrer Briefe sprach, schrieb ich ihr, ich glaube nicht, daß sie auf Ihre Freundschaft zählen könne, daß ich es für meine Pflicht hielte, sie davon in Kenntnis zu setzen, daß sie mich aber über weitere Einzelheiten nicht befragen solle, weil ich ihr hierauf keine Antwort geben würde. George hat mir niemals eine Frage gestellt. Niemals habe ich mit ihr über Ihre Briefe gesprochen, und ich werde sie ihr auch niemals zeigen.

Es mag sein, daß diese Warnung von meiner Seite eine Unvorsichtigkeit gewesen ist und ich mich in einer Täuschung über das befunden habe, was ich einem Menschen schuldete, der mir so teuer ist. Doch eines kann ich Ihnen versichern: der Schritt, den *Sie* vielleicht beklagen, den ich indessen, so wie ich die Pflichten einer aufrichtigen Freundschaft verstehe und erahne, nicht bereuen kann, hatte keine andern Beweggründe als die, welche ich Ihnen vorhin darlegte[14]...

Der unmittelbare Briefwechsel zwischen George und Arabella wurde so wieder aufgenommen. George verfuhr nicht schonend mit ihrer ehemaligen Freundin, in der sie stets eine Feindin gefühlt hatte. Der Brief verdient es, in der Gänze gelesen zu werden. Er ist durch die Festigkeit des Ausdrucks ebenso bemerkenswert wie durch die Schärfe der Analysen.

George Sand an Marie d'Agoult: Ich weiß zwar nicht recht, was Frau Marliani Ihnen letzthin geschrieben hat, Marie. Ich habe mich nur bei ihr über Sie beklagt... Sie aber beklagen sich über mich bei vielen andern, die mich hassen und verleumden. Wenn ich in einer Welt der Klatschereien lebe, so habe nicht ich sie hervorgerufen, und ich werde versuchen, es Ihnen darin so wenig wie möglich nachzutun.

Ich weiß nicht, welchen Appell Sie an *unsre Vergangenheit* richten. Sie wissen, daß ich mich mit Hingabe, sogar mit Begeisterung in Ihre zuvorkommende Freundschaft stürzte. Die Hinneigung zu einem Menschen verspotten Sie bei mir als etwas Lächerliches, und es ist wenig liebreich in dem Augenblick, da Sie die zerstören, die ich für Sie empfand. Sie haben von der Freundschaft eine andre Auffassung als ich, und Sie rühmen sich dessen genugsam, so daß man es Ihnen sagen kann. Sie legen darin nicht die geringste Illusion, nicht die geringste Nachsicht an den Tag. Dann aber müßten Sie eine untadelhafte Loyalität aufbringen und im Antlitz der Menschen, über die Sie urteilen, die gleiche Strenge bezeigen wie dann, wenn Sie bei andern über sie reden. An ein solches Verhalten, so wenig liebenswürdig es auch wäre, würde man sich schon gewöhnen; zumindest könnte man Nutzen daraus ziehen. Pedanterie ist immer zu etwas gut, Boshaftigkeit aber zu nichts. Sie aber finden nur süße Worte, zärtliche Liebkosungen, sogar gefühlvolle und mitfühlende Tränen für die Menschen, die Ihnen zugetan sind. Hernach aber, wenn Sie von ihnen sprechen, und vor allem, wenn Sie von ihnen schreiben, behandeln Sie sie mit einer Abfälligkeit und einer Mißachtung!... Sie spotten, Sie lästern über sie, Sie setzen sie herab, Sie verleumden sie sogar, und zwar mit entzückender Anmut und Leichtfertigkeit. Für die Menschen, mit denen Sie so umgehen, gibt es dann ein etwas plötzliches Erwachen und eine ziemlich unangenehme Überraschung, und es kann ihnen nicht verwehrt sein, daß sie einige Zeit zumindest nachdenklich, stumm und bestürzt bleiben. Was Sie alsdann tun, ist unerhört und unerklärlich. Sie machen ihnen Vorwürfe, und zwar Vorwürfe, die einen mit Stolz erfüllen und einem Vergnügen machen, wenn man sie von Menschen bekommt, von denen man sich geliebt glaubt, die einen aber bekümmern und anjammern, wenn sie von solchen an einen gerichtet werden, von denen man sich gehaßt weiß. Sie sagen ihnen solche Beleidigungen, die in der gekränkten Freundschaft Schmerz und Bedauern verraten, die aber in andern Fällen nur dem Verdruß oder dem Haß Ausdruck geben. Ja, *Haß*, meine arme Marie! Versuchen Sie nicht, sich selber zu täuschen: Sie hassen mich tödlich. Und da es unmöglich ist, daß ein solches Gefühl Ihnen seit einem Jahre grundlos angeflogen ist, kann ich es mir nur dadurch erklären, daß Sie mich wohl stets gehaßt haben. Warum? Ich weiß es nicht, ich habe nicht einmal eine Ahnung. Aber es gibt instinktive Antipathien, gegen die man sich vergebens wehrt. Sie haben mir oft gestanden, daß Sie gegen mich diese Antipathie bereits empfunden hätten, bevor Sie mich noch kannten; so also erkläre ich mir Ihr Verhalten seitdem; ich liebe es, bei allen Dingen die schöne Seite zu sehen, und das ist eine Verschrobenheit, auf die ich stolz bin. Liszt ergeben, wie Sie es sind, und erkennend, daß seine Freundschaft zu mir durch Ihre Sarkasmen getrübt wurde, wollten Sie ihm einen edlen Beweis Ihrer Liebe geben; und so haben Sie mit aller Gewalt versucht, sich selbst zu überwinden. Sie haben ihn überzeugt, daß Sie mich liebten, und Sie haben es sich vielleicht selbst eingeredet ... Aus diesem Grunde haben Sie mich geliebt, sprung- und stoßweise, vielleicht manchmal besiegt durch die Freundschaft, die ich Ihnen entgegenbrachte ..., aber Sie fielen wieder in Ihre Abneigung zurück, sobald ich nicht da war und Sie eine Gelegenheit fanden, sich ein wenig von dem lange unterdrückten Groll zu erleichtern. Ich glaube, wenn Sie tief in Ihr Herz hineinschauen, werden Sie all dies finden; und ich, nun, ich finde darin für Sie eine Entschuldigung und einen Grund, Sie zu beklagen. Ich würde Sie vielleicht bewundern, wenn ich nicht das Opfer dieses unglücklichen Versuchs wäre, den Sie da gemacht haben; aber es muß mir erlaubt sein, den Irrtum zu bedauern, in den so übereilt zu verfallen ich unvorsichtig genug war. Vor allem muß mir verstattet sein, zu bedauern, daß Sie von zwei Dingen nicht das eine haben tun können: entweder mich freimütig zu hassen – da ich Sie nicht kannte, hätte mir dies nicht weh getan – oder aber mich freimütig zu lieben. Das hätte bewiesen, daß Sie nicht nur großherzige Träume und Absichten, sondern auch die Anlagen für solche Gefühle besaßen. Es war also bei mir nur ein Traum; und nach dem, was Sie sagen, habe ich gar oft solchen Träumen nachgegangen. Es ist ein wenig grausam, über jene Anlage bei mir zu witzeln, daß ich nämlich nach Seifenblasen hasche, wie Sie sagen, während Sie mich gleichzeitig einer dieser Illusionen berauben, die mir am teuersten war.

Jetzt sind Sie auf mich wütend; das ist in der Ordnung. Es gibt darüber ein altes Wort von La Bruyère. Aber beruhigen Sie sich, Marie! Ich grolle Ihnen nicht und mache Ihnen keine Vorwürfe. Sie haben getan, was Sie konnten, um bei mir Ihr Herz an die Stelle Ihres Geistes zu setzen; der Geist hat die Oberhand gewonnen; Sie dürfen befürchten, daß Sie davon allzuviel haben, meine bedauernswerte Freundin! Wenn das Übermaß an Gutmütigkeit – wie ich es allzuoft erfahren habe – dahin führt, daß man sich eines Tages in sehr schlechter Gesellschaft befindet, so führt das Übermaß an Klarsicht zur Vereinzelung und Vereinsamung. Doch da wir ja gezwungen sind, auf dieser Erde mit der Menschheit zusammenzuleben, ist es vielleicht besser, in ständigen Kriegen und in Aussöhnungen zu leben, als sich mit ihr für alle Zeiten zu überwerfen ...

Denken Sie hierüber einmal in aller Ruhe nach, meine arme Marie. Vergessen Sie mich wie einen Albtraum, den Sie gehabt und von dem Sie sich endlich befreit haben. Versuchen Sie, zwar nicht mich zu lieben – Sie werden es niemals können –, wohl aber, sich von diesem Haß zu heilen, der Ihnen Schaden zufügen wird. Er muß, nach dem Mitleid zu urteilen, den er mir einflößt, eine schwere Qual sein. Geben Sie sich nicht mehr die Mühe, seltsame Romane zu erfinden, um den Menschen Ihrer Umgebung unsre beiderseitige Entfremdung zu erklären. Ich werde Liszt, wenn er hier sein wird, auf keinen Fall empfangen, um nicht im geringsten der sonderbaren Version Nahrung zu geben, die Sie gefunden haben, daß Sie ihn nämlich *zwischen uns* stellen als einen Gegenstand, *um den man sich streitet.* Sie wissen besser als jeder andre, daß ich mich niemals mit solchen Gedanken getragen habe. Es ist eine Idee, die nur Balzac gekommen ist, und falls es eine Möglichkeit gäbe, sie zu verwirklichen – was ich *noch nicht* glaube –, so seien Sie versichert, daß kein Grollgefühl sie mir einflößen könnte. Es wäre also von Ihnen unwürdig, es zu glauben, es auszusprechen, und vielleicht noch mehr, es aussprechen zu lassen. Mit einem gewissen Stolz, ich gestehe es, nehme ich Ihre Spöttereien über *meine Sitten* hin, aber es gibt Unterstellungen, die ich nachdrücklich zurückweisen werde. Kommen Sie wieder zu sich, Marie; solch betrübliche Dinge sind Ihrer unwürdig. Ich kenne Sie wirklich gut. Ich weiß, daß es in Ihrem Wesen ein Verlangen nach Größe gibt, gegen das eine kleine weibliche Besorgnis sich ständig auflehnt. Sie möchten sich edel und ritterlich verhalten, aber Sie können nicht darauf verzichten, eine schöne und geistreiche Frau zu sein, die alle andern Frauen hinopfert und mit Füßen tritt. Aus diesem Grunde auch tragen Sie keine Bedenken, mich als einen „guten Kerl" zu loben, wohingegen unter dem Gesichtspunkt des Weiblichen Sie nicht genügend Galle aufbringen können, um mich zu besudeln. Kurzum, Sie haben zwei Arten von Stolz, einen niedrigen und einen erhabenen; versuchen Sie, daß der letztere den Sieg davonträgt. Sie können es, denn Gott hat Sie mit reichen Gaben ausgestattet, und Sie werden ihm Rechenschaft abzulegen haben über die Schönheit, den Verstand und den verführerischen Zauber, was alles er Ihnen zugeteilt hat. Dies ist die erste und die letzte Predigt, die Sie von mir empfangen. Ich bitte Sie, sie mir zu verzeihen, so wie ich Ihnen verzeihe, daß Sie mir Bußpredigten gehalten haben, ohne mir davon Kenntnis zu geben[14] . . .

Liszt, der sich auf einer Tournee befand, wurde von seiner Geliebten über diese stürmische Auseinandersetzung auf dem laufenden gehalten. Carlotta wurde von allen getadelt, sogar von ihrem eigenen Manne. Sie verdiente es; denn eine beleidigende

Äußerung dem zu hinterbringen, der darunter leiden kann, ist schuldhafter, als mit der unheilvollen Leichtigkeit zu klatschen, die fast allen Menschen gemein ist. Um sich zu rechtfertigen, versicherte Frau Marliani, Lamennais habe sie bewogen, den Inhalt der beiden Briefe weiterzugeben, was leider wahrscheinlich ist. Als sich die drei Frauen im November 1839 in Paris wiedersahen, verhielt Marie d'Agoult sich Carlotta gegenüber eisig; sie hatte sich vorgenommen, zu Sand sanft und gut zu sein. George zeigte mehr Traurigkeit als Zorn. Sie habe, so sagte sie, niemals aufgehört, Maries Geist und ihre Treue in der Liebe zu bewundern, aber sie wisse, daß Marie sie niemals geliebt habe. Was die Briefe betreffe ... Marie unterbrach sie, um zu sagen, sie empfinde keinerlei falsche Scham, um sie deswegen um Verzeihung zu bitten. Daraufhin reichte George ihr die Hand, und man kam überein, daß sie sich künftig wiedersehen wollten, ohne jedoch von ihren Liebesverbindungen oder ihren Freundschaften zu reden.

„Ich nehme diese Bedingungen an", sagte Marie, „da ich überzeugt bin, daß sie eines Tages geändert werden. Die Zeit ist ein großer Lehrmeister. In einigen Monaten oder in einigen Jahren werden Sie mir sagen, daß Sie unrecht gehabt haben."

„Das mag sein", antwortete George, „ich bin der Verführung sehr zugänglich; und Sie sind sehr verführerisch, Marie[22]."

Liszt hieß das Verhalten seiner Gefährtin gut: „Ihr Betragen gegenüber George gefällt mir außerordentlich ... Sie müssen geduldig und maßvoll sein, und Sie können es, denn Sie sind stark ... Die Zeit des Bruches mit George scheint mir nicht gekommen zu sein ... Wenn es geht, so übersehen Sie absichtlich viele Dinge und verzeihen Sie andre ... Wenn Sie den Bruch vollziehen, muß es mit einer eklatanten, entschiedenen Überlegenheit geschehen[23] ..." Aber die scheinbare Versöhnung änderte nichts, und die Lästerungen gingen weiter.

Marie d'Agoult an Franz Liszt, 21. Januar 1840: Potocki hat mir gestanden, als ich (1837) allein nach Nohant gereist sei, habe er nicht daran gezweifelt, zwischen George und mir bestünde eine Freundschaft à la Dorval ...

Donnerstag, 6. Februar: Gestern Diner: George, Carlotta, du Roure, Grzymala, Potocki, die Seghers. George ziemlich grämlich. Beim Diner läßt sie sich von Grzymala, der vom Champagner ziemlich berauscht ist, (buchstäblich) das Knie betätscheln und sagt (man unterhielt sich über die Schönheit des Knies): „Los, los, Grzymala, sag mir, wie mein Knie beschaffen ist!" *Grzymala:* „Es hat eine rosige Haut." *George:* „Aber, hör mal, willst du jetzt wohl aufhören! Du kitzelst mich. Gleich werde ich dich kratzen..." Gezwungene und sich hinschleppende Unterhaltung bis Mitternacht. *Those people* kann ich kaum mehr sehen[22].

10. Februar 1840: Vigny ist gekommen. Er war zärtlich gestimmt und hat mir des langen und breiten von Dorval erzählt. Er sagt, George habe sie verdorben! Er wußte durch Sainte-Beuve, daß ich George weniger sehe, und es entfuhr ihm ein: „Um so besser!", das aus tiefstem Herzen kam[22]...

10. März 1840: Meine Beziehungen zu der Marliani sind wieder ausgezeichnet. Ich glaube, die Ehe Chopin steht vor dem Zerbrechen. Die gemeinsamen Freunde schildern ihn als eifersüchtigen Kranken, als einen von der Leidenschaft zugrunde gerichteten Menschen, der sich und alle andern quält. Sie ist darüber außer sich und fürchtet nur, er könne den Schlag nicht verwinden, falls sie ihn verließe[22]...

Marie d'Agoult an den Maler Henri Lehmann, 6. Februar 1841: Der Abbé [Lamennais] erträgt das Gefängnis ganz gut. Er will dort keine Frauen empfangen. Ich glaube, aus dem Grunde, um Frau Sand nicht sehen zu müssen[23]...

21. April 1841: Frau Sand haßt mich; wir sehen uns nicht mehr[23]...

18. Mai 1841: Franzens Beethoven-Konzert im Konservatorium war von einer Feierlichkeit, die der beiden würdig war (bei Ihnen kann ich mir wohl erlauben zu sagen: *Beethoven und Liszt,* nicht wahr?). Frau Sand, außer sich über all diese Triumphe, hat Chopin gedrängt, bei Pleyel ein Konzert zu geben, unter Ausschluß der Öffentlichkeit, im Freundeskreise. Liszt hat über dieses Konzert einen ausgezeichneten Artikel geschrieben (ich glaube, das hat sie sehr verärgert!)... Denken Sie nur, sie ist derart wütend auf mich, daß sie sogar *Franz gesagt hat, Sie seien mein Geliebter gewesen!* Er hat ihr geistvoll geantwortet, wie er es zu tun versteht. Der Haß wird darum nur tiefer werden. Ich habe mich von der Marliani-Clique vollständig zurückgezogen[23]...

Dies war der Augenblick, um sich jenes Ausspruchs wieder zu erinnern, an dem Abbé de Lamennais solchen Gefallen fand: „Man versöhnte uns, wir umarmten uns, und seit jener Zeit sind wir Todfeinde."

V

GRAUE HAARE

George Sand an Bocage, 1843: Nohant hat sich sehr verändert, seitdem Sie dort Spiele und Freude regieren sahen. Meine näher rückenden vierzig Jahre haben eine ernste Note dort hereingebracht... Obendrein hat der schlechte Gesundheitszustand unsres Freundes uns sehr an eine melancholische oder zumindest eine andächtige Stimmung gewöhnt... Verzeihen Sie mein Gekritzel; meine Lampe geht aus. Der anbrechende Tag ist grau, wie das Haupt derjenigen, die Ihnen schreibt, es zu werden beginnt[14]...

1845: Das Leben ist eine lange Wunde, deren Schmerz selten nachläßt und die nie heilt. Ich bin sehr traurig und sehr trüb gestimmt, aber ich liebe darum die um so mehr, die es verdienen, geliebt zu werden[14]...

Mit ihr riß der Strom der Zeit, den Katarakten des Todes entgegen, alle die mit, die sie geliebt oder gehaßt hatte. Casimir hatte 1837 von seiner Stiefmutter, der Baronin Dudevant, das Gut Guillery geerbt, aber mit der Verpflichtung, zahlreiche Vermächtnisse auszuzahlen; und so war er ein in stetigen Geldnöten befindlicher Großgrundbesitzer geworden. Er bewohnte das Schloß und verbrachte sein Leben in der Gascogne, da er nur selten reiste. Er liebte die Fichten- und Korkeichenwälder, die Farnkräuter, die Ginstersträucher und die Weinfelder. Seine Nachbarn betrachteten ihn als „den Vater und den lieben Gott der Gegend". Durch den Umgang mit Aurora hatte er mehr Kultur und Geist mitbekommen, als seine Freunde besaßen. Er gefiel sich darin, Zitate von Pascal oder Seneca anzuführen, und sprach von seinem Ehepech nur mit Zurückhaltung. Die Leute von Guillery konnten kaum glauben, daß seine Frau ihn verlassen habe, weil er plump und brutal sei. Man fand ihn sanft, friedfertig, gut gewachsen und von gutem Aussehen. Eine Frau de Boismartin, schon etwas reif, liebte ihn und versuchte, seine Gegenliebe zu gewinnen. Unnütze Hoffnung; denn er kannte allzu gut die Gefahr feuriger Frauen. Eines Tages schrieb er an seinen Sohn Maurice: „Ich habe dir eine erfreuliche Nachricht mitzuteilen: Frau de Boismartin ist gestorben[16]..."

Der Ausspruch ist hart, aber auch mit Casimir war man einst hart umgegangen. Seine Kinder verbrachten in jedem Jahre einen Teil der Ferien in Guillery. Von 1844 ab lebte er mit Jeanny Dalias, die als Haushälterin bei ihm eingetreten war, wie in einer Ehe. Er hatte von ihr eine Tochter und hätte gern die Mutter geheiratet, der er stets treu blieb; solange aber Aurora lebte, war es ihm versagt, diese wilde Ehe in eine rechtmäßige umzuwandeln. Durch dieses Konkubinat war Casimir von den Sakramenten ausgeschlossen, und er litt darunter, denn mit zunehmendem Alter hatte er zum Glauben zurückgefunden. Dennoch wohnte er jeden Sonntag im Chor der Messe bei, wie es sich für den Schloßherrn geziemte, und trug mit Würde die Last einer lächerlichen Vergangenheit.

Sandeau, der „kleine Jules", machte seinen Weg in der Gesellschaft. Seine erste und unglückliche Liebe hatte ihn für sein ganzes Leben gezeichnet. Lange Zeit konnte er weder vergessen noch verzeihen. Als die noch kleine Marie Buloz einmal in einem Bilderalbum blätterte, zeigte er ihr das Bild Georges: „Schau dir nur ja diese Frau an, Kleine, das ist ein Friedhof, verstehst du? Ein Friedhof[2]!" Und doch verdankte er ihr alles. Als er sie kennenlernte, besaß er nicht das geringste Talent, und als er 1839 *Marianna* veröffentlichte, erkannten die Leser eine wirkliche Leidenschaft. Das Buch hatte in dem Maße Erfolg, wie er selber in der Liebe gescheitert war. Zeitschriften und Verleger verlangten von Sandeau Romane, Frauen bemühten sich um ihn. Er wurde der Liebhaber Marie Dorvals, die, Vignys überdrüssig, andern Abenteuern nachjagte. Noch immer war sie George Sands Freundin. So traf es sich auf sehr seltsame Weise, daß der kleine Jules und seine erste Geliebte noch durch ein Band verbunden waren: durch ihre gemeinsame Bewunderung für diese anbetungswürdige und tolle Schauspielerin.

Zu Beginn dieser Liebesverbindung dachte Dorval nur an Vigny: „Daß wir wieder zueinander finden, ist unmöglich, aber ich bebeweine meine Liebe... Ich habe nichts, was ich an ihre Stelle setzen könnte. Ich liebe Sandeau *nicht*. Ich werde versuchen, ihn zu lieben. Aber ich fühle, daß es mir nicht gelingen wird. Ich spreche mit ihm nur von Alfred[24]..." Später, als sie sich altern fühlte, hängte sie ihr Herz leidenschaftlich an Jules. *Dorval an Sandeau:* „Ach, wie liebe ich dich! Du bist die Freude meiner Augen, das Entzücken meines Geistes, der Taumel meiner Sinne, die Wonne meines Herzens[25]..." Ob er damals wohl andre Briefe wiederlas, die ungefähr gleich lauteten und 1831 aus Nohant datiert waren? Im Jahre 1840 begleitete er seine Geliebte auf einer Tournee: „Unsre liebe Marie hat sehr große Erfolge..." Aber der kleine Jules wünschte sehnlichst, eine reiche Heirat zu machen, und er begehrte die Mitgift von Pauline Portier, der Tochter eines hohen Intendanturbeamten der Marine. Félicie Sandeau, Jules' Schwester und Vertraute von Marie Dorval, empfing Klagebriefe: „Ich bin von einem Kummer getroffen, von dem ich wohl nicht mehr genesen werde... Vor zwei Monaten hat er mich in der Provinz allein gelassen und ist nach Paris zurückgekehrt, um sein Buch fertigzustellen... Bei meiner Rückkehr erfahre ich, daß Frau und Fräulein Portier in Paris sind. Ich spreche in fürchterlicher Aufregung darüber mit Ihrem Bruder; er sagt mir, es stimme... Ich gehe nach Hause zurück, den Tod im Herzen, und warte in fürchterlicher Angst drei Tage lang auf Jules! Er kommt und sagt mir, daß er sich von mir trenne. Ich bin verwundert. Ich rufe, daß es doch unmöglich sei, sich lebend von dem zu trennen, was man liebt! Er gibt mir zur Antwort, sein Entschluß sei unwiderruflich. Ermessen Sie, Félicie, meinen Schmerz an der Liebe, die ich für ihn empfinde. Ich mußte Ihnen dies sagen, liebe Schwester[26]..." Die Hochzeit fand 1842 in Nantes statt. Marie Dorval, die auf einer Tournee war, erhielt in Luxeuil eine Heiratsanzeige, die Sandeau ihr geschickt hatte. Sie weinte sich bei Sand aus, und die beiden Frauen tauschten ihre traurigen Erinnerungen über diesen „Liebesprotz" aus. Der gelockte Blondkopf wurde vorzeitig kahl und schrieb moralische Romane. Schon sprach man von seiner Aufnahme in die Académie.

Henri de Latouche hatte weiterhin als Einsiedler und Menschenverächter in Aulnay gelebt. Mit bitterem Gefühl hatte er aus der Ferne die glänzende und von Skandalen erfüllte Laufbahn derjenigen verfolgt, der er einstens die ersten Schritte in die Welt der Literatur gelenkt hatte. In seinen Briefen an seinen Vetter Duvernet hatte er jene Romane getadelt, in denen eine Frau ihren Liebeskummer vor aller Augen ausbreitet. Aber er ersehnte eine Versöhnung. Im Jahre 1840 veröffentlichte er selbst einen Roman, *Léo,* dessen Held Arnold das Schwarze Tal durchstreifte und Nohant besuchte. Arnold wird durch eine Magd hineingeleitet, die vom Kopf bis zu den Füßen in blaues Drogett gekleidet ist und eine Haube aus ungebleichter, grober Leinwand trägt. In dem mit gebohnerten kleinen Fliesen ausgelegten Salon überreicht er der Schloßherrin (also George Sand) ein Empfehlungsschreiben.

„Ich glaube", sagte sie, „mit dem Griesgram entzweit zu sein, der Sie empfiehlt?"

„Das hat er mir ebenfalls versichert", antwortete Arnold.

„Aber er hat für die Schriftstellerin eine solche Begeisterung und eine so aufrichtige Zuneigung bewahrt, daß er sich hier niemals als ein Fremder fühlen könnte."

„Die Abwesenden begehen kein andres Unrecht, als daß sie abwesend sind", gab die junge Frau zur Antwort. „Und hat dieser Narr etwas dabei gewonnen, daß er nur nach der Abgeschiedenheit schmachtete und einzig die Stimme seines Gewissens gelten ließ? Er ist ein Bauer, doch ihm fehlt dessen Gesundheit; ein Einsiedler, aber ohne dessen Tugend; er wird im Vorzimmer des Ruhms sterben, weil er vom literarischen Klüngel nichts wissen wollte, er, der im Salon des Königs nicht warten würde [27]..."

George Sand las den Roman ihres ersten Meisters nicht, aber sie gab ihn andern zu lesen und erfuhr, daß er ihr gegenüber wohlwollend war. Als sie etwas später die *Revue indépendante* gründete, bat sie daher „Herrn Delatouche" (sie verweigerte ihm hartnäckig die Adelspartikel, auf die er ein Anrecht besaß) um seine Mitarbeit.

George Sand an Duvernet: Ich habe Delatouche gesehen. Er war reizend, ausgezeichnet und ist nun bis auf weiteres ausgesöhnt... Wäre er von Charakter weniger launisch, gäbe er einen Redakteur ab, der in wunderbarer Weise ein berrichonnisches Blatt mit Würde und Geist leiten könnte... Aber wird er sich nicht über jede geringste Kleinigkeit ärgern?... Was kann man tun, damit er nicht glaubt, wir hätten uns gegen ihn verschworen [14]?...

Nach einigem Zögern, Mißtrauen und Geziere fühlte er sich in dieser Freundschaft von neuem fast behaglich. Aber Sand fand in ihm einen verbitterten und mit verborgenen Wunden bedeckten Menschen, der durch die Politik, die Sitten und den Lebensstil seiner Zeit beunruhigt war. Sie glaubte Alkest zu sehen, den übertriebenen Verehrer der guten alten Zeit. Diese geistige Agonie währte fünfzehn Jahre. Es gibt Menschen, die vom Leben gequält werden, aber auch solche, die *sich selbst* quälen. Zu ihnen gehörte der unglückliche Latouche.

Der zweite Mentor Aurora Dudevants, Sainte-Beuve, war ein allmächtiger Kritiker geworden. Seine Autorität, von Anfang an als zu Recht bestehend anerkannt, hatte noch zugenommen. Schnell hatte er seine sozialmystische Periode hinter sich gelassen und war in einen aristokratischen Kreis um Frau d'Arbouville, Frau de

Boigne, den Herzog de Broglie und den Grafen Molé aufgenommen worden. Dort gefiel er, denn er ließ die Frauen hinter die Kulissen des Literaturbetriebes schauen. George Sand hatte ihn sehr unvorsichtigerweise zum Hüter ihres Briefwechsels mit Musset gemacht. Die Briefe machten von Boudoir zu Boudoir die Runde, „in einem breiten Umschlag, auf dem Sainte-Beuve kaum den Namen der Frauen ausradierte, denen er sie nacheinander gesandt hatte". Obwohl er für die Liebe wenig geschaffen war, hatte er einige Abenteuer. Die reizende Hortense Allart hatte sich in seine Arme gestürzt; im Austausch hierfür lieh er ihr Mark Aurel.

Sand gegenüber zeigte er sich höflich, vorsichtig und zurückhaltend. Einem Freunde, der ihm sagte: „Oh! Wie schön sind die Briefe an Musset! Frau Sand hat eine schöne Seele!" antwortete er: „Ja, eine schöne Seele und ein dickes Hinterteil." Und mit Wonne zitierte er einen Ausspruch Félix Pyats: „Sie ist wie der Nesle-Turm: sie verschlingt ihre Geliebten; statt sie aber alsdann in den Fluß zu werfen, bettet sie sie in ihre Romane." Aber all dies nur insgeheim. Die Aufsätze, die er über sie schrieb, waren weiter höflich, wenn nicht sogar des Lobes voll.

Über Pierre Leroux, den er selber einstens Sand zugeführt hatte, sagte Sainte-Beuve jetzt: „Dieser Leroux betreibt Philosophie wie ein Büffel, der im Morast umherpatscht." Und Victor Hugo meinte: „Wenn Pierre Leroux gut wäre, würde er der beste aller Menschen sein." George aber dachte anders. Trotz des Mißkredits, in den Leroux allmählich fiel, unterstützte sie ihn weiter. Natürlich hatte sich der Philosoph in seine Jüngerin verliebt. George versicherte, sie habe ihm widerstanden: „Manche behaupten, es sei die Liebe, die solche Wunder verrichte. Die Liebe der Seele, das gebe ich zu, denn von der Mähne des Philosophen habe ich niemals auch nur ein Haar angerührt, und zu ihr habe ich niemals weitere Beziehungen gehabt als zum Barte des Großtürken. Ich sage Ihnen dies, damit Sie nur ja erkennen, daß es ein ernstlicher Glaube ist, der ernsteste meines Lebens, und nicht die zweideutige Zuneigung einer kleinen Frau für ihren Arzt oder ihren Beichtvater[12] ..." Der Philosoph Leroux verdankte George allzuviel, als daß er ihr nicht hätte verzeihen können, daß sie den Mann Leroux zurückgewiesen.

Wenn sie sich ihm auch nicht hingab, tat sie doch für ihn alles, was sie konnte. Sie ließ den freigebigen Buloz im Stich und gründete mit dem geldarmen Leroux die *Revue indépendante.* Lamennais machte zu dieser Verbindung seine ironischen Bemerkungen.

Lamennais an den Baron de Vitrolles, 25. November 1841: Ich habe soeben einige Einzelheiten über Leroux und die *Revue in-*

dépendante erfahren. Er ist persönlich mehr denn je in die Idee versessen, eine Religion zu gründen, und zweifelt nicht am Erfolg. In zehn Jahren, sagt er, sei in Frankreich das Eigentum völlig abgeschafft. Da seine *Revue* in diesem Geiste geleitet werden wird, da er beginnt, sie mit seinen eigenen Werken zu spicken, die, einige wenigstens, zum dritten Male neu aufgelegt wurden, und da man in ihr unter andern bekannten Dingen lesen wird, Jesus Christus habe den Ehebruch ausdrücklich erlaubt, ziehen sich einige, die Beiträge versprochen hatten, bereits zurück, so daß er, wie man mir gesagt hat, mit Frau Sand bald allein auf weiter Flur stehen wird. Frau Sand, dem Messias getreu, predigt gleich im ersten Heft den Kommunismus in einem Roman, worin, wie ich sehr fürchte, man nur wenige Spuren ihres früheren Talents finden wird. Wie kann man mit Bedacht so seltene Naturanlagen verderben[28]? ...

Die Naturanlagen waren keineswegs verdorben. Frau Sand sollte sich im bewundernswerten *Consuelo* als eine weitaus bedeutendere Romanschriftstellerin offenbaren, als sie es zur Zeit von *Indiana* gewesen war. Aber Lamennais hatte recht, als er von dem politischen Einfluß sprach, den Leroux auf sie ausübte. Seit ihrer Jugend hatte George stets in dem Irrtum gelebt, die Welt lasse sich durch eine Formel erklären. Leroux, der vorgab, die Formel zu bringen, hatte sie bezaubert. Mehr noch als in Michel von Bourges hatte sie in ihm einen Lehrmeister gefunden, so daß sie denken konnte: „Es ist die einzige Philosophie, die sonnenklar ist und das Herz anspricht wie das Evangelium; ich bin hineingetaucht und habe mich darin verwandelt; ich habe in ihr Ruhe, Kraft, Glauben, Hoffnung und geduldige, beharrliche Liebe zur Menschheit gefunden[12] ...“

Durch Pierre Leroux hatte sie die Arbeiterwelt der Gesellenbünde kennengelernt, die bis ins Mittelalter zurückreichen, gegen 1840 aber unter dem Einfluß einiger ihrer Klasseninteressen bewußter Proletarier, wie Agricol Perdiguier, neu auflebten. Die Handwerksgesellen wanderten durch Frankreich und wurden in jeder Stadt von einer *Mutter* aufgenommen, die einer Art Genossenschaftsherberge vorstand. Perdiguier brachte diesen Brauch wieder zu Ehren; er belebte die *Pflichten*, die zugleich aus dem Zunftwesen wie der Freimaurerei herrührten, und predigte den Arbeitern eine christlich-sozialistische Philosophie, die von der Leroux' nicht weit entfernt war. George Sand, die seine Freundin und Gönnerin geworden war, schrieb über ihn einen Roman: *Der französische Handwerksbursche;* er war neuartig durch die Beschreibung der Arbeiterwelt und naiv in seiner Schilderung von Handwerksburschen, die sich in Schloßherrinnen verliebten; aber für George war es eine Möglichkeit, sich selber davon freizusprechen, daß sie als Schloßherrin geboren war – und weiterhin eine solche blieb.

Buloz, der im Prinzip alle Manuskripte Georges veröffentlichen sollte, machte zahllose Einwände. Die Leser der *Revue* würden Anstoß nehmen. Man begann, von *Kommunismus* zu sprechen, ein neues Wort, mit dem man die Lehre von der Gütergleichheit bezeichnete. Das Bürgertum war erschreckt über diese Tendenzen. Sand erbat den Rat ihres Philosophen. Leroux antwortete, daß es Kommunismus und Kommunismus gebe; gewisse Formen davon seien unsinnig; er selber ziehe den Ausdruck *Kommunionismus* vor, ein Wort, das die Idee der Brüderlichkeit heraufbeschwöre; es sei also kein Grund dafür vorhanden, daß Sand sich einen Namen zu eigen mache, der Buloz einen solchen Schrecken einjage; ebenfalls sei es aber auch nicht erforderlich, daß sie diesen Namen verwerfe. Vor allem dürfe sie nicht dulden, daß Buloz den Text ihres Romans abändere. Sie nahm das Manuskript zurück. Zu ihren proletarischen Freunden gehörten jetzt die Dichter: Charles Poncy, ein Maurer aus Toulon; Savinien Lapointe, ein Schuhmacher; Magu, ein Weber; Gilland, ein Schlosser; Jasmin, ein Friseur; und Reboul, ein Bäcker. Sie sandten ihr ihre Verse; und sie lehrte sie die Philosophie von Leroux.

Aus diesen Freundschaften ging ein neuer Roman hervor: *Horaz*. In ihm stellte sie Paul Arsine, einen heldenmütigen und großherzigen Schmuckarbeiter, einem egoistischen und trägen bürgerlichen Intellektuellen gegenüber. Horaz trug die Züge des heranwachsenden Jules Sandeau, aber auch die Emmanuel Aragos und zuweilen die Mallefilles; er war der intelligente und begabte junge Mensch, der von seinem Werk redete, statt es auszuführen, sich in Paris vergnügte und dabei die Ersparnisse seiner armen Eltern durchbrachte. Er ließ seine Geliebte sitzen, ein von ihm schwangeres Mädchen aus dem Volke, um eine Vicomtesse de Chailly zu heiraten, die ein grausames Porträt Marie d'Agoults war:

Ihre Magerkeit war erschreckend, und bei ihren Zähnen wußte man nicht, ob sie echt waren; aber sie hatte prächtiges Haar, stets sorgfältig und mit bemerkenswertem Geschmack frisiert; ihre Hand war lang und hager, aber weiß wie Alabaster und mit Ringen aus allen Ländern der Welt überladen. Sie besaß eine gewisse Anmut, die vielen Menschen imponierte. Mit einem Wort, sie hatte das, was man eine künstliche Schönheit nennen kann...

Sie tat sich auf ihr Wissen, ihre Gelehrsamkeit und ihr exzentrisches Wesen etwas zugute. Sie hatte ein wenig von allem gelesen, sogar von Politik und Philosophie; und wirklich, es war seltsam, wenn man hörte, wie sie, als wären es eigene Gedanken, Unwissenden gegenüber nachplapperte, was sie morgens aus einem Buche erfahren oder am Abend vorher von irgendeinem ernsthaften Manne vernommen hatte. Kurzum, sie besaß das, was man eine oberflächliche Intelligenz nennen kann.

Die Vicomtesse de Chailly entstammte einer Familie von Finanzleuten, die ihren Adelstitel unter der Regentschaft gekauft hatte, aber sie wollte als hochgeboren gelten und trug Kronen und Wappen sogar auf dem Stiel ihrer Fächer. Sie kehrte jungen Frauen gegenüber einen unerträglichen Dünkel hervor und verzieh es ihren Freunden nicht, wenn sie eine Geldheirat machten. Übrigens bereitete sie den jungen Literaten und Künstlern bei sich einen ziemlich guten Empfang. Sie spielte bei ihnen die ungenierte Patrizierin und tat so, aber nur vor ihnen, als gelte in ihren Augen nur das Verdienst. Kurzum, sie besaß einen Adel, der ebenso künstlich war wie alles übrige, wie ihre Zähne, wie ihr Busen und wie ihr Herz . . .

Liszt riet Marie d'Agoult, die vor Wut verging, wieder einmal zu Geduld und Schweigen. Er hatte *Beatrix* hingenommen; und sie konnte sich so stellen, als erkenne sie sich in *Horaz* nicht wieder. Ziemlich grausam fügte Liszt hinzu: „Es steht außer Zweifel, daß es Ihr Porträt ist, das Frau Sand hat zeichnen wollen, als sie den oberflächlichen Geist, die künstliche Schönheit und den künstlichen Adel von Frau de Chailly darstellte[22] . . ." Dies beweist, daß Sand und Balzac recht hatten und daß Liszt seit langem Beatrice nicht mehr liebte.

Horaz erschien in der *Revue indépendante*. George war entschlossen, sich von Buloz freizumachen, der sich erlaubte, ihre Texte zu zensieren, und Leroux Glück zu bringen. In der ersten Nummer veröffentlichte sie *Horaz* und einen Beitrag über die Arbeiterdichter; in der zweiten die Fortsetzung von *Horaz* und einen Aufsatz: *Der utopistische Lamartine.* Dann brachte sie *Consuelo.* Wirklich, „sie verschwendete ihre Reichtümer" mit einer wunderbaren Freigebigkeit. Das schönste war, daß sie glaubte, die eigentliche Bedeutung der *Revue indépendante* bestehe darin, die Lehre eines Leroux zu verkünden.

Das Leitthema der *Revue* war die Erschaffung einer neuen Welt und demnach einer neuen Literatur durch das Volk. Die *Revue indépendante* gefiel einigen Freunden, unter ihnen auch Liszt und

Duvernet, aber sie bekam nicht genügend Abonnenten und hatte niemals Erfolg. Leroux war einmal drei Wochen lang verschwunden, und die Druckabzüge blieben unkorrigiert liegen. Dennoch bewahrte er in den Augen Georges sein Prestige.

George Sand an Carlotta Marliani, 14. November 1843: Ich habe kürzlich von ihm einen langen, unsagbar traurigen Brief bekommen. Der Geldmangel, in dem er sich wegen der Fertigstellung seiner Maschine und zweifellos auch wegen der Bedürfnisse seiner Familie befand, ist, wie ich weiß, die Ursache seiner Sorgen und Ängste. Ich habe ihm heute fünfhundert Franken geschickt ... Ich weiß, daß Sie in diesem Jahre auch ziemlich in Verlegenheit sind. Vielleicht aber finden auch Sie etwas auf dem Grunde Ihrer Schubladen? ... Nein, wir dürfen ihn nicht fallen lassen ... Es darf nicht sein, daß das Licht seiner Seele in diesem Kampfe erlischt. Es darf nicht sein, daß Schrecken und Entmutigung ihn befallen, bloß weil ihm einige Geldscheine fehlen. Forschen Sie ihn aus; entreißen Sie ihm das Geheimnis seiner Niedergeschlagenheit. Sicherlich wird er überaus schüchtern sein wegen der zahlreichen Dienste, die Sie ihm bereits erwiesen haben. Überwinden Sie diese Schüchternheit ... Geben Sie mir Nachricht von ihm; ich kann den Gedanken nicht ertragen, diese Fackel könne erlöschen und uns in der Finsternis zurücklassen[12] ...

Auch in La Châtre hätte George Sand „die Finsternis zerstreuen" mögen. Man brauchte dort eine Oppositionszeitung. Mit ihren Freunden Planet, Dutheil, Fleury und Duvernet gründete sie den *Éclaireur de l'Indre,* den „Aufklärer". Jeder „Patriot" wurde „nach dem Maß seiner Begeisterung" eingeschätzt, und selbst „Herr de Chopin", der dem Herzen nach ein Aristokrat war, mußte wohl oder übel fünfzig Franken für die Zeitung herausrücken. Ursprünglich hatte man geplant, sie in Paris zu drucken; aber Leroux hatte in Boussac, weil er dort seine Familie unterbringen wollte, eine Druckerei gekauft. George vertraute ihm den *Éclaireur* an. Chopin beobachtete voller Skepsis diese edlen Taten seiner Gastgeberin und begleitete sie mit ironischen Bemerkungen.

VI

LUCREZIA FLORIANI

Zwischen George und Chopin wären die Hindernisse niemals unübersteigbar gewesen. Ihre gegenseitige Zuneigung ruhte auf soliden Fundamenten. Chopin liebte George, und sie empfand für ihn eine mütterliche und sanfte Zuneigung. Sie bewunderte das Genie des Musikers; er achtete die bedeutende Schriftstellerin. Dennoch, „die Liebe ist nicht mehr da", schrieb Marie de Rozières, jenes ältliche Mädchen, das die Vertraute des Paares und die Schülerin Chopins war, „die Liebe ist nicht mehr da, wenigstens nicht auf einer Seite *(der von Sand)*, wohl aber Zärtlichkeit und Aufopferung, je nach den Tagen untermischt mit Klagen, Traurigkeit und Verdruß[29] ..." Dies stimmte; aber Zärtlichkeit und Aufopferung wären ausreichend und von Dauer gewesen, hätte es nicht die Dritten gegeben. George hatte sich immer mit ihren Kindern und ihren Freunden verbunden gefühlt. Nun aber ertrug die außerordentliche Sensibilität Chopins nicht die Teilung. Maurice war inzwischen zum Manne herangewachsen; er vergötterte seine Mutter. Die ständige Anwesenheit Chopins war in seinen Augen ein Ärgernis, und er litt darunter.

Solange wurde 1844 sechzehn Jahre alt. Im Anblick der Unordnung aufgewachsen, hatte sie vor nichts und niemandem Respekt. Bald machte sie sich über Chopin lustig, bald kokettierte sie mit ihm und hatte damit Erfolg; denn da sie im Hause die einzige war, die ihn nicht als verwöhntes Kind behandelte, bezauberte sie ihn. Durch Gesicht und Hautfarbe glich Solange ihrer Urahne Aurora von Sachsen. Sie war eine männliche Schönheit, von kaltem und seltsamem Naturell und stets bereit, aus Widerspruchsgeist alles mögliche zu unternehmen. Sie war ein wenig überspannt und besaß die Kühnheit ihrer Mutter, ohne aber deren Genie zu haben. „Du hast ein gutes Herz, aber allzuviel Heftigkeit in deinem Charakter", hatte Sand ihr einmal geschrieben, als Solange noch Kind war. Der schlechte Charakter war geblieben; das gute Herz trat weniger zutage. Die Beziehungen zwischen Eltern und Kindern sind ebenso schwierig und ebenso dramatisch wie die Beziehungen zwischen Liebenden. Wenn das heranwachsende Kind sich seiner Individualität bewußt wird, erstaunt und verwirrt es die Eltern. Das entzückende Spielzeug verwandelt sich in einen Gegner. Eine Mutter wie George Sand erwartet im Austausch für ihre unbestreitbare Aufopferung Gehorsam und Ehrerbietung. Maurice verhielt sich entsprechend; Solange muckte auf. Die Mutter duldete bei der Tochter nicht eine Unabhängigkeit, die sie einstens für sich selbst in Anspruch genommen hatte. Nun vermag zwischen Mutter und Tochter enttäuschte Liebe sogar bis zum Haß zu gehen.

George, die Solange nicht mehr ertrug, versuchte eine Zeitlang, sie sich fernzuhalten, und vertraute sie Fräulein de Rozières an. Dies war keine gute Wahl. Marie de Rozières, einer unbegüterten guten Familie entstammend, war von Anton Wodzinski, dem Bruder der unbeständigen Verlobten Chopins, verführt und dann im Stiche gelassen worden. Dieses ungetreue Verhalten hatte aus ihr eine Besessene und eine Hysterikerin mit ungeregelter Phantasie gemacht; sie liebte Klatschereien und Skandale. Man mußte sie wieder zur Vernunft bringen.

George Sand an Marie de Rozières: Es kommt ein Augenblick, da die jungen Mädchen aus diesem Zustand herauswachsen und man darauf achten muß, welche Gestalt in ihrem Geiste alle Worte annehmen können, die sie hören. *Kein Wort*, nicht einmal ein gleichgültiges, über das männliche Geschlecht: diese Vorsicht lege ich Ihnen dringend ans Herz[14] ...

Ziemlich hart verbot sie ihr, mit Solange über „die Figur eines Herrn Dingsda oder den Schnurrbart eines Herrn Soundso" zu sprechen. Die Liebesenttäuschung, sagte Sand, habe in Fräulein de Rozières unangenehme Veränderungen hervorgerufen: „Muß man Ihnen alles offen heraus sagen? Damals waren Sie nicht kokett, jetzt aber, mein Kätzchen, haben Ihre Augen einen schrecklich wollüstigen Ausdruck angenommen ... Männer bemerken so etwas ... Wenn es Ihnen egal ist, dann mir auch ... Aber ich trenne Sie eine Weile von Solange, bis diese kleine Nervenkrise vorbei ist und Sie sich einen Geliebten oder einen Ehemann angeschafft haben, *ad libitum*[14] ..." Dies war ein Brief, den das arme, in seinem Stolz verletzte Mädchen Sand niemals verzeihen sollte.

Für Fräulein de Rozières war es nun nicht allzu schwer, Chopin gegen seine „Gastgeberin" aufzustacheln. Pierre Leroux hatte aus Tulle nach La Châtre einen jungen Mann mitgebracht, Victor Borie, der den *Éclaireur de l'Indre* leiten sollte. Borie teilte seine politischen Ideen und hielt sich häufig in Nohant auf. Chopin war auf ihn leicht eifersüchtig. Es gab auch ständig Konflikte zwischen Jan, dem polnischen Kammerdiener, und dem berrichonnischen Gesinde. „Herr de Chopin", ziemlich großzügig, gab seinem Diener einen Lohn, der ebenso hoch war wie das Gehalt, das der *Éclaireur de l'Indre* seinem Direktor gewährte. Kurzum, alles gab Anlaß zu Reibungen.

Im Jahre 1844 übte der Aufenthalt der Schwester Chopins, Louise Jedrzejewicz, und seines Schwagers in Nohant einen heilsamen Einfluß aus. Die beiden Frauen schlossen Freundschaft. Die wohltuende Wirkung dieses Besuchs war leider nicht lange spürbar. Chopins Zustand verschlimmerte sich. Er wurde immer argwöhnischer, reizbarer und eifersüchtiger. „Er ist zanksüchtiger", sagte Sand, „und sucht mehr als sonst Streit mit Menschen. Ich lache, Fräulein de Rozières weint darüber. Wenn er Solange attackiert, vergilt sie ihm Gleiches mit Gleichem[30] ..." George Sand nun erleichterte sich wie jeder Schriftsteller, indem sie ihre Widerwärtigkeiten zu einem Buche gestaltete. Ihre Freundin Marie d'Agoult, inzwischen von Liszt getrennt, hatte diesen in ihrem Roman *Nelida* schlechtgemacht. In *Lucrezia Floriani* schilderte George, mit den Veränderungen und Umgestaltungen, die ein Kunstwerk erfordert, das seltsame Paar, das sie zusammen mit Chopin bildete.

Sie hat später abgestritten, daß Lucrezia ein Abbild von ihr selbst wäre. Dennoch ähnelt diese große italienische Schauspielerin, die sich, noch jung, aufs Land zurückgezogen hat, um dort ihre Kinder großzuziehen, ihrer Schöpferin. Lucrezia hat Stücke geschrieben, die Erfolg haben. Sie hat zahlreiche Liebesabenteuer gehabt, von denen sie sich, wie Sand, selber freispricht. Sie ist keine *Kurtisane*, denn stets hat sie ihren Liebhabern *gegeben* und von ihnen nichts *empfangen,* nicht einmal von ihren Freunden. Sie hat viel geliebt, aber niemals ohne das aufrichtige Ersehnen eines gemeinsamen Lebens und die Illusion einer ewigen Treue. Sie hat Leidenschaften erlebt, die nur acht Tage oder sogar nur eine Stunde dauerten, aber jedesmal in dem Glauben, sie weihe sich in ihnen für ihr ganzes Leben. Man weiß, daß in den Augen Sands dieser feste Vorsatz ausreichend war.

Lucrezia nun, die glaubt, für sie sei das Leben der Sinne zu Ende, begegnet einem anbetungswürdigen, sanften, sensiblen und in allem erlesenen Jüngling, einem Engel, „von Gesicht so schön wie eine traurige große Frau", rein und schlank von Gestalt, mit einem keuschen und leidenschaftlichen Ausdruck. Wir finden hier Chopin wieder, der im Roman Karol heißt. Prinz Karol liebt eine schimärenhafte Frau, die er nach seinem Bilde geschaffen hat. Er ist mehr liebenswürdig denn ein Liebender; aber war das zu erahnen? Seine entzückende Gestalt nimmt zu seinen Gunsten ein; die Zartheit seiner Konstitution macht ihn in den Augen der Frauen interessant – genauer: in den Augen von Frauen, die von einem mütterlichen Gefühl getrieben werden, wie Sand und die Floriani. Er hat einen ungeheuren Charakterfehler, nämlich die Intoleranz des Geistes. Er glaubt, die oberste Tugend bestehe darin, sich der Sünde zu enthalten, wobei er vergißt, daß das Erhabenste im Evangelium die Liebe zum bereuenden Sünder ist. Man hat ihn gelehrt, den Unglücklichen zu helfen, sie im Notfall zu beklagen, nicht aber, sie als Gleiche zu behandeln. Er läßt Almosen zu, nicht aber soziale Reformen. Wie Chopin spricht Prinz Karol mit Herablassung vom Volk. Er gibt nicht zu, daß sich das Heil der Menschheit auf Erden vollziehen könne. Dies war, im Grunde genommen, der ganze politische Konflikt zwischen Chopin und Sand.

Natürlich verliebt sich Karol in Lucrezia; sie umsorgt ihn, als wäre er eines ihrer Kinder. Er liebt mit einer Mischung von Schamhaftigkeit und aufwallender Leidenschaft, und das verleiht ihm einen unwiderstehlichen Reiz. Lucrezia glaubt (wie sie jedesmal geglaubt hat) an die Ewigkeit dieser himmlischen Liebe. Sie gibt sich dem Prinzen hin, und sie verleben einige Wochen des Glücks. Dann enthüllt sich der selbstsüchtige Charakter des reizenden Karol. Er wird eifersüchtig, unduldsam und unerträglich.

Eines Tages wurde Karol eifersüchtig auf den Pfarrer, der gerade kam, um Almosen einzusammeln. Eines andern Tages wurde er eifersüchtig auf einen Bettler, den er für einen verkleideten Galan hielt. Und an einem dritten Tage wurde er eifersüchtig auf einen Bediensteten, der, sehr verwöhnt wie alle Dienstboten des Hauses, mit einer Keckheit antwortete, die ihm nicht natürlich erschien. Und dann war es ein Hausierer und dann der Arzt und dann ein großer Tölpel von Vetter ... Karol war sogar auf die Kinder eifersüchtig. Was sage ich, *sogar!* Man müßte sagen: *vor allem* ... Sie waren in der Tat die einzigen Rivalen, die er hatte, die einzigen Wesen, an welche die Floriani ebenso dachte wie an ihn ...

Je gereizter Karol aber war, desto höflicher und zurückhaltender zeigte er sich, und den Grad seiner Wut konnte man nur an dem seiner eisigen Höflichkeit ablesen:

Alsdann war er wahrhaft unerträglich, weil er an allem mäkelte und das wirkliche Leben, von dem er niemals das geringste begriffen hatte, Prinzipien unterwerfen wollte, die er nicht zu definieren vermochte. Dann legte er Esprit an den Tag, einen falschen und schillernden Esprit, um diejenigen zu quälen, die er liebte. Er spöttelte, war geziert, affektiert, von allem angewidert. Er tat so, als bisse er ganz sanft zu, nur zum Vergnügen, doch die Wunde, die er machte, ging tief bis ins Innerste. Oder aber er verfiel, wenn er nicht den Mut zum Widerspruch und Spott aufbrachte, in ein verächtliches Schweigen, in ein herzzerreißendes Schmollen...

Dieser ständige Kampf richtet die unglückliche Lucrezia auf die Dauer zugrunde. Sie verliert ihre Schönheit, wird gelbgesichtig und welk; sie leidet darunter, durch die seelischen Mißhandlungen eines Geliebten, der sie nicht achtet, zu vorzeitigem Altern verurteilt zu sein. Sie liebt Karol nicht mehr; sie fühlt, daß sie zerbricht. Eines Morgens stirbt sie plötzlich.

So endete der Roman auf jähe und wenig wahrscheinliche Weise, wie das Leben. Es war für Chopin eine Lehre und eine Warnung. Das Seltsame dabei ist, daß sich Chopin in Karol überhaupt nicht erkannte. Delacroix erzählt, Sand habe eines Abends ihm und Chopin aus *Lucrezia Floriani* vorgelesen. „Ich saß während dieser Lektüre", sagte Delacroix zu Frau Jaubert, „wie auf heißen Kohlen. Der Henker und das Opfer setzten mich in gleicher Weise in Erstaunen. Frau Sand erschien vollkommen ungezwungen, und Chopin bewunderte unaufhörlich die Erzählung. Um Mitternacht zogen wir uns gemeinsam zurück. Chopin wollte mich begleiten, und ich ergriff die Gelegenheit, seine Eindrücke zu erforschen. Spielte er mir gegenüber Komödie? Nein, wirklich; er hatte nicht begriffen, und der Musiker erging sich beharrlich in enthusiastischem Lob auf den Roman[31]..." Vielleicht auch gebot Chopins außergewöhnliches Zartgefühl ihm, Unempfindlichkeit zu heucheln.

Hortense Allart an Sainte-Beuve, 16. Mai 1847: Ich habe Ihnen nicht gesagt, wie sehr ich über *Lucrezia* entrüstet war... Frau Sand, die dabei ist, die Pianisten vollends hinzuopfern, gibt uns Chopin mit derart unwürdigen Einzelheiten preis, als handle es sich um Bedientenklatsch... Die Frauen sollten gegen solchen Verrat von Bettgeheimnissen nur gehörig protestieren, denn er ist geeignet, alle Geliebten von ihnen fernzuhalten. Nelida in ihrer Leidenschaft war entschuldbar. Lucrezia in ihrer kalten Gereiztheit ist nicht zu entschuldigen. Wie kann ein so schönes Genie sich derart schlecht inspirieren lassen[32]?...

Hortense war offenherzig und spontan. Sie schrieb George, was sie Sainte-Beuve schon gesagt hatte, und Sand wies es natürlich weit von sich, an Chopin gedacht zu haben, als sie die Gestalt des Prinzen Karol erschuf.

George Sand an Hortense Allart, 22. Juni 1847: Ich bin für Ihren Tadel empfänglicher als für Ihr Lob, weil ich im Lob stets ein wenig Höflichkeit und Voreingenommenheit seitens meiner Freunde erblicke, wohingegen ich im Tadel die Traurigkeit und Offenherzigkeit eines aufrichtigen Interesses erkenne. Aus diesem Grunde beeile ich mich, Ihnen zu sagen, daß Ihr Brief mich sehr traurig stimmt, daß ich ihn zweimal habe lesen und beim Wort *Prinz* habe verweilen müssen, bevor ich es verstand. Wer zum Teufel hat Ihnen diese Auslegung in den Kopf gesetzt? Ist es Marie d'Agoult?... Wenn sie Chopin wirklich kennt, muß sie sehen, daß er damit nicht gemeint ist. Wenn sie ihn nicht genügend kennt, woher hat sie dann ihre Gewißheit?

Sie aber, woher kennen Sie ihn, um ihn in dieser Romangestalt wiederzufinden? Es muß wohl irgendeine böse Zunge, von einer bösen Absicht geleitet, gekommen sein und Ihnen diese falschen und absurden Auskünfte gegeben haben! Aber bin denn ich die Floriani? Ich habe also *vier* Kinder und alle diese Liebesabenteuer gehabt? Ich glaubte nicht so rassig zu sein, und meine Vitalität hat nicht diese Gewalt, daran fehlt noch viel. Ich bin weder so edel noch so verrückt noch so gut; denn wenn ich mit dem Prinzen Karol verbunden gewesen wäre, so gestehe ich Ihnen, ich ließe mich nicht zu Tode quälen, sondern würde ihn vor die Tür setzen... Mir geht es gut, und ich werde niemals daran denken, einen Freund von mir zu entfernen, den acht Jahre gegenseitiger aufopfernder Liebe mir unschätzbar gemacht haben. Ich habe diesen Roman unter seinen Augen verfaßt und ihn, als ich ihn niederschrieb, ihm kapitelweise vorgelesen; dabei bin ich seinen Einwänden gefolgt oder habe sie zurückgewiesen, wie es stets geschieht, wenn wir unter den Augen des andern arbeiten. Wie nun aber kommt es, daß ihm da niemals eingefallen ist, in dem Liebespaar vom Iseo-See sich oder mich wiederzuerkennen?

Offensichtlich kennen wir einander weniger gut, als die Leserwelt uns kennt. Aber die Geschichte ist wirklich seltsam, und ich würde darüber lachen, wenn mir die Vorwürfe von einem andern Kritiker als von Ihnen gemacht würden. Aber Sie machen mir diesen Vorwurf in allem Ernst, und ich antworte ernsthaft darauf. Ich kenne überhaupt keinen Prinzen Karol, oder ich kenne ihn in einem Dutzend verschiedener Personen, wie alle vollkommen gezeichneten Romangestalten, denn kein

Mann und keine Frau und kein Dasein bieten einem Künstler, der in seine Kunst versessen ist, ein in seiner Wirklichkeit nachzuschaffendes Vorbild.

Ich glaube, Ihnen dies bereits gesagt zu haben, und bin verwundert darüber, daß Sie, die Sie ebenfalls Künstlerin sind, die Naivität des gewöhnlichen Publikums besitzen, welches in einem Roman immer die wahrhafte Geschichte und das naturgetreu abgeklatschte Bild eines ihm bekannten Menschen sehen will[14] ...

Dies war zugleich wahr und falsch, wie jeder allgemeine Gedanke.

VII

SOLANGE UND AUGUSTINE

Gar manche Liebe beginnt mit großer Leidenschaft und endet in kleinlichem Gezänk. Das gemeinschaftliche Leben einer Gruppe von Menschen läßt notwendigerweise Konflikte entstehen. Wenn Ehe und Familiengefühl es ermöglichen, diese zu überwinden, kommt alles wieder in seine Ordnung. In der Ungebundenheit einer Liebesverbindung zerbricht alles, und „aus diesem Grunde ist die Ehe das einzige Band, das mit der Zeit enger geknüpft werden kann". In Nohant war dem Anschein nach alles Fröhlichkeit, Poesie, Genie. Man las, komponierte, machte Spaziergänge ins Grüne, badete im Fluß, führte lebende Bilder, Scharaden und Balletts auf, die Chopin am Klavier begleitete; aber der Friede war nicht in den Herzen.

George Sand hatte 1845 nach Nohant ein junges Mädchen eingeladen und dann „adoptiert": Augustine Brault, eine entfernte Cousine von der Vogelhändlerseite her, Verwandte Sophie-Victoires und Tochter eines Schneidergesellen und einer ausgehaltenen Frau. Diese, Adèle Brault, ein verworfenes Geschöpf, hatte mit zunehmendem Alter gedacht, aus der Jugend ihrer Tochter, deren Schönheit vielversprechend war, Nutzen zu ziehen. Sand, die Beschützerin der mit Kummer Beladenen, hatte eingegriffen, im Austausch für Augustine eine Entschädigung angeboten und das Mädchen zur Spielgefährtin ihrer Kinder gemacht. Maurice hatte, wie dies natürlich ist, das hübsche Mädchen mit Herzlichkeit empfangen, Solange dagegen hatte sich hochmütig gezeigt und ihre

Cousine herablassend behandelt. Zwei Lager hatten sich gebildet: Sand und Maurice nahmen Augustine in Schutz, Solange und Chopin griffen sie an. George zog die unterwürfige und sanfte Augustine, die sie „ihre wirkliche Tochter" nannte, der harten Solange vor. In allen Briefen an Maurice war von ihr die Rede:

Titine ist unveränderlich schön und gut. Sie hat sich vorgenommen, ein Mädchen vom Land zu werden, körperlich ebenso, wie sie es seelisch schon ist, nur verwechselt sie noch Johannisbeeren mit Erbsen... Titine ist gebräunt und von Mücken zerstochen, aber das schadet nichts. Sie nimmt an Kraft und Gesundheit zu wie eine Bäuerin. Immer ist sie sanft und reizend, und Solange kann ohne sie überhaupt nicht mehr auskommen, obgleich sie sehr hochnäsig mit ihr tut[14]...

Dieser Sommer 1846 war sehr heiß.

George Sand an Marie de Rozières, 18. Juni 1846: Chopin ist völlig erstaunt, daß er *schwitzt.* Er ist untröstlich darüber und behauptet, er verpeste die Luft, wie sehr er sich auch waschen mag! Wir lachen Tränen, wenn wir sehen, daß ein so ätherisches Wesen unter keinen Umständen schwitzen will wie jedermann...
8. August 1846: Er ist dieses Jahr sehr nett, seit seiner Rückkehr. Ich habe gut daran getan, ein wenig in Wut zu geraten; dadurch brachte ich eines Tages etwas Mut auf, um ihm einige Wahrheiten zu sagen und ihm zu drohen, daß ich es bald satt habe. Seit diesem Augenblick ist er wieder ganz vernünftig, und Sie wissen, was für ein guter, prächtiger und wunderbarer Mensch er sein kann, wenn er nicht gerade seine verrückte Stunde hat[14]...

Im Herbst verkündete Solange, sie habe sich verlobt. Sie hatte einen jungen Schloßherrn aus der Umgegend erobert, Fernand de Préaulx, der einer sehr guten Familie entstammte und eine olympische Würde zur Schau trug. George Sand zeigte, ohne sich dem Plan zu widersetzen, wenig Eile. Solange war erst achtzehn; ihre Sinne waren (nach Aussage der Mutter) noch nicht geweckt; „sie wollte nur heiraten, um sich Madame nennen zu können". Sand wäre etwas mehr Leidenschaft lieber gewesen als solche Temperamentlosigkeit. „Der junge Mann ist sehr schön und von vollkommener Güte", sagte sie. „Er hat keinen Esprit, vor allem nicht in der Rede... Was mich betrifft, so mag ich ihn von ganzem Herzen. Aber er ist nicht ein Mensch, der in Paris zu brillieren vermag.

Von den Dingen der modernen Zivilisation hat er keine Ahnung; er hat sein Leben in den Wäldern zugebracht, mit Pferden, Wildschweinen und Wölfen, denen er mit dem Peitschenstiel den Kopf zerschmettert... Die Prinzessin liebt und beherrscht ihn..."

George Sand an Hetzel (P.-J. Stahl): Meine Tochter... hat sich durch eine Art Bernard Mauprat rühren lassen; nur daß er nicht dessen wildes und brutales Wesen besitzt, denn er ist sanft, zuvorkommend und herzensgut; aber es ist ein Landedelmann, ein Waldmensch, schlicht wie die Natur, gekleidet wie ein Jagdhüter, schön wie ein Jüngling der Antike, langhaarig wie ein Wilder, tapfer und edelmütig. Im Augenblick besitzt er nicht einen Heller, und obendrein ist er Legitimist. Daher sagt das ganze Bürgertum, wir wären verrückt, und ich bin sicher, daß meine republikanischen Freunde über mich herfallen werden. Ich gebe zu, daß ich als Schwiegersohn etwas andres erwartet hatte als einen Adligen, einen Royalisten und einen Wildschweinjäger. Aber das Leben ist voll unvorhergesehener Dinge, und es stellte sich heraus, daß dieser Junge ein größerer Freund der Gleichheit war denn wir, und unter seiner Löwenmähne sanfter als ein Lamm. Und so lieben wir ihn, und er liebt uns[33]...

Doch eine andre Heirat ersehnte George weit mehr, nämlich die von Maurice mit Augustine. Aber Maurice, energielos, konnte sich nicht entschließen. Sand versicherte, zwischen den beiden jungen Leuten habe nur eine geschwisterliche, „eine heilige Freundschaft" bestanden; aber es gibt aus späterer Zeit von ihr einen Brief an Maurice, worin sie, wegen einer andern Leidenschaft ihres Sohnes, Augustine heraufbeschwört:

Das erste Mal, als du liebtest, bist du klarsichtig geblieben. Um so besser für dich, denn die Person konnte dir nicht angehören[34]. Das zweite Mal[35] warst du launenhaft, unentschlossen, oft ungerecht, zum Schluß keinesfalls heldenhaft – und grausam genug. Um so schlimmer für dich... Es handelt sich um jene Unentschlossenheit, jenes Hinundherschwanken zwischen Verlangen und Abneigung, wodurch man einem Menschen grausame Qual zufügt... Denke daran, daß man nicht wieder von neuem einen schweren Fehler begehen und übereilt eine Verpflichtung übernehmen darf, um mir dann von Guillery zu schreiben: *Meinen Vater kümmert es nicht, und vielleicht hat er recht...* Es ist dir nicht mehr erlaubt, dich wie ein Kind aufzuführen[36]...

Es scheint also doch, daß Maurice Augustine große Hoffnungen gemacht und sich dann hinter den Mythos von Casimir verschanzt hat, eine durchsichtige Entschuldigung, um den Rückzug anzutreten. Solange indessen, eifersüchtig auf die braune Augustine, erzählte Chopin, ohne daß sie Beweise hatte, das junge Mädchen sei die Geliebte von Maurice. Der prüde Chopin fand harte Worte. Wieder herrschte in Nohant Gewitterstimmung. „Man muß sich einen Charakter aus Wachstuch zulegen", sagte Sand, „auf dem die Dinge von draußen herabrinnen können, so viel sie wollen ..."

Der Herbstausgang wurde unerquicklich. Die beiden Cousinen schlenderten zärtlich umschlungen einher, überwachten einander argwöhnisch und verabscheuten sich. Chopin war in seiner Periode verdrießlicher Stimmung. Außer Solange, die er mit unendlicher Nachsicht behandelte, weil „die Baronin", wie er, heftige Klassenvorurteile besaß, waren alle seiner verhaltenen Wut ausgesetzt. Die arme Augustine behandelte er mit erschreckender Bitterkeit. Maurice, den Chopin wegen der Beziehungen zu seiner Cousine Brault angriff, sprach davon, das Haus zu verlassen. „Das konnte und durfte nicht sein", schrieb Sand, „Chopin ertrug nicht mein berechtigtes und notwendiges Dazwischentreten. Er neigte das Haupt und verkündete, ich liebe ihn nicht mehr. Welch eine Versündigung nach acht Jahren mütterlicher Aufopferung! Aber das arme, wunde Herz war sich seines Irreredens nicht bewußt[11] ..."

Im November 1846 verließ Chopin Nohant. An jenem Tage war er weit davon entfernt, zu denken, daß er niemals mehr nach dort zurückkehren würde. Er sandte George weiter herzliche und oft heitere Briefe; aber wenn er andern Personen schrieb, ließ er es sich einfallen, diese Familie, deren Gast er gewesen war, mit leichtfertigem Spott zu kritisieren. Der neue Anlaß zur Gereiztheit war Solanges Heirat. Chopin hatte die Verlobung mit Fernand de Préaulx gutgeheißen. Dieser aristokratische Bewerber sagte seinen Vorurteilen zu. Als aber Solange Anfang 1847 mit ihrer Mutter nach Paris kam, um dort ihre Aussteuer in Auftrag zu geben, „brach in ihr Leben plötzlich ein ungestümer und schrankenloser Mensch ein, ein ehemaliger Kürassier, der Bildhauer geworden war und sich überall wie in einer Soldatenkneipe oder im Atelier aufführte[37]." Dieser Auguste Clésinger hatte im März 1846 an Sand einen absonderlichen Brief geschrieben, voll Überschwangs und mit orthographischen Fehlern, um die Erlaubnis bittend, „in den ewigen Marmor den rührenden Titel *Consuelo* eingraben zu dürfen". Sie hatte geantwortet und ihm die erbetene Erlaubnis erteilt.

Auguste Clésinger an George Sand, 19. März 1846: Seien Sie glücklich, Madame, und auch stolz auf das Glück, das Sie einem armen jungen Manne verschafft haben; er wird es laut verkünden, denn er hofft, in seinen Werken George Sand stets daran zu erinnern, wem er verdankt, was er ist[38] ...

Als die beiden Frauen im Februar 1847 nach Paris kamen, stürzte der Kürassier ungestüm über sie her und bat um die Ehre, ihre Büsten „aus ewigem Marmor" auszuhauen. Er stellte Solange als Jägerin dar, mit bebenden Nasenflügeln, nackten Schultern, flatterndem Haar. Die Sitzungen verwirrten das junge Mädchen seltsam, und es löste am Vortag der Unterzeichnung des Ehevertrages die Verlobung mit dem Vicomte de Préaulx. „Er ist allzusehr aus Gips", erklärte sie. Solange erwählte den Marmor. „Ich bedauere und beklage den jungen Mann", schrieb Chopin, „denn er ist sehr würdig und verliebt[39] ..." Und Sand selbst: „Der Arme, den man so hat sitzen lassen, war ein edler Junge, und er erzeigte sich als wahrer französischer Edelmann[12] ..." Aber sie fand auch Gefallen an dem Kürassier oder, wie sie sagte, an dem „Marmorarbeiter", obwohl man ihr über Clésinger die schlimmsten Auskünfte gab: er war ein Narr, brutal, aufs tiefste verschuldet, und er trank. Vergebens versuchte sie, Solange von dem Bildhauer zu trennen, und brachte sie überstürzt nach Nohant zurück. Der Bärtige erschien in La Châtre und entriß, als rasender Draufgänger, Sand ihre Zustimmung zur Heirat.

George Sand an Maurice: So also wird geschehen, was dieser Mensch will, denn er tut alles, was er sich in den Kopf gesetzt hat, zur nämlichen Stunde, zur nämlichen Minute, ohne ein Bedürfnis nach Schlaf oder nach Essen. Während der drei Tage, die er hier ist, hat er keine zwei Stunden geschlafen, und er fühlt sich wohl. Diese Willensanspannung, ohne Ermüdung und Schwäche zu zeigen, setzt mich in Erstaunen und gefällt mir ... Ich sehe darin die Gewähr für die Heilung der unruhigen Seele deiner Schwester. Sie wird mit ihm geradeaus ihren Weg gehen[14] ...

Und etwas später: „Solange ist krank, denn zum ersten Male ist sie leidenschaftlich verliebt, und du weißt, daß Clésinger ganz Feuer und Flamme ist ..." Tatsächlich bewunderte George in gefährlicher Weise diesen Liederjan. Ihren Freunden gab sie als Grund für ihre schnelle Entscheidung an, der entfesselte Kürassier, einig mit Solange, habe die Absicht einer Entführung zu erkennen gegeben. „Diese Heirat muß unverzüglich, wie durch Überraschung, erfolgen[38] ..." *George Sand an Maurice, 16. April 1847:* „Kein Wort von all dem an Chopin; das geht ihn nichts an, und wenn der Rubikon überschritten ist, sind die *Wenn* und die *Aber* nur von Übel[1] ..." Sie selbst ließ sich nicht merken, daß ihr diese schlechte Wahl nicht paßte; sie stattete die Verlobte großzügig aus und war voll Lobes für den Bräutigam: „Clésinger wird seiner Frau und mir zum Ruhme gereichen; er wird seine Ehrentitel in Marmor und Bronze eingravieren[40] ..."

George Sand an Grzymala, 12. Mai 1847: Ich weiß noch nicht, ob meine Tochter in acht Tagen hier oder in vierzehn Tagen in Paris heiratet. Auf alle Fälle werde ich Ende des Monats für einige Tage in Paris sein, und wenn Chopin transportfähig ist, bringe ich ihn nach hier ... Ich glaube, daß er in seinem Winkel darunter gelitten hat, daß er nichts wußte, nichts erfuhr und mir daher auch nicht raten konnte. Seine Ratschläge sind allerdings für das praktische Leben ohne Bedeutung. Er hat weder die Tatsachen jemals richtig gesehen noch die menschliche Natur in irgendeinem Punkte begriffen; seine Seele ist ganz Poesie und Musik, und was anders ist als er, kann er nicht ausstehen. Übrigens würde seine Einflußnahme auf meine Familienangelegenheiten all meine Autorität bei meinen Kindern untergraben und mir deren Liebe entziehen ... Sprich mit ihm hierüber und versuche, ihm verständlich zu machen, daß er sich nicht mehr weiter in Angelegenheiten meiner Kinder einmischen möge ... All dies ist schwierig und heikel, und ich kenne kein Mittel, eine kranke Seele zu beruhigen und zu heilen, die über die Anstrengungen zu ihrer Heilung aufgebracht ist. Das Leid, das diesen armen Menschen geistig und körperlich quält, verzehrt mich schon seit langem, und ich sehe ihn dahinschwinden, ohne daß ich ihm jemals etwas Gutes habe erweisen können; denn die quälende, eifersüchtige und argwöhnische Zuneigung, die er mir entgegenbringt, ist ja die Hauptursache seiner Traurigkeit[1] ...

Solange war minderjährig, und so war die Zustimmung Casimir Dudevants erforderlich. Clésinger eilte nach Guillery. Der Ausgang einer Unterredung zwischen diesem lebenden Gewitter und Casimir dem Sanftmütigen ließ überhaupt keinen Zweifel aufkommen. Endlich mußte man, und man tat es erst in letzter Minute, Chopin unterrichten, der sehr leidend war. Alles bei Clésinger schokierte ihn, einbegriffen seine tollen Nacktdarstellungen. „Im kommenden Jahr", sagte er traurig, „werden wir in der Ausstellung Solanges kleinen Hintern zu sehen bekommen!" *Chopin an seine Familie, 8. Juni 1847:* „Die Mutter ist bewunderungswürdig, aber sie hat nicht eine Spur von praktischem Sinn... Maurice war für ihn *(Clésinger)*, weil er Préaulx verabscheute, der höflich war und einer guten Familie entstammte[39]..." Die Trauung fand am 20. Mai in Nohant statt. Casimir kam von Guillery; er war sehr liebenswürdig mit dem „Steinmetz" und mit George.

Sand an Charles Poncy, 21. Mai 1847: Niemals ist eine Ehe derart zielbewußt und schnell geschlossen worden. Herr Dudevant hat drei Tage bei mir verbracht... Wir ließen den Bürgermeister und den Pfarrer in einem Augenblick kommen, da sie am wenigsten daran dachten, und die Hochzeit war eine vollkommene Überraschung. Es ist also zu Ende, und wir atmen auf[38]...

Es war noch *nicht* zu Ende. Nach einer kurzen Hochzeitsreise kamen Solange und ihr Mann nach Nohant zurück. Maurice hatte nach dort seinen Freund Théodore Rousseau, einen bekannten Landschaftsmaler, eingeladen. Rousseau verliebte sich in die schöne Augustine, und Sand tat ihr möglichstes, ihn soweit zu bringen, daß er um deren Hand anhielte, da sie sich ihr gegenüber in einer Schuld fühlte.

Sand versprach Rousseau, falls er sich zu einer Heirat entschlösse, sogar eine Mitgift von hunderttausend Franken, die von ihren Autorenrechten vorweg erhoben werden sollten; und dies war mehr als großherzig. Jetzt trat die fürchterliche Solange dazwischen, die Augustine haßte und auf keinen Fall wollte, daß sie von Sand ausgestattet wurde; außerdem erwies sie damit der Familie ihres Mannes einen Dienst, denn ein jüngerer Bruder Clésingers war ebenfalls in Augustine verliebt. Sie ließ Rousseau sagen, die „Cousine" liebe einen andern und sei von diesem Heiratsplan ganz und gar nicht entzückt. Der aufgescheuchte Rousseau sagte Sand, Augustine gefalle ihm sicherlich, sie aber heiraten...

Sand versuchte Rousseau umzustimmen; er war verblüfft, als er sah, daß „diese Ehepolitik" von derjenigen durchgeführt wurde, die als die große Gegnerin einer solchen Einrichtung galt. Was glaubte er denn? Daß sie aus ihrer „Adoptivtochter" die Geliebte eines Freundes habe machen wollen? „Wenn Sie geglaubt haben, ich sei aus Prinzip eine Feindin der Ehe, dann haben Sie niemals auch nur ein einziges meiner Bücher gelesen..." Hinterbrachte man ihm etwa niederträchtige Verleumdungen? „Ich habe mich gefragt, ob Sie nicht ebenso sind wie Lamennais, mit dem man unmöglich auskommen kann, weil er an Gefühlshalluzinationen leidet..."

Verwirrt durch einen anonymen Brief und entmutigt durch Solange, zog sich Rousseau zurück. Augustine blieb ruhig „wie Rosen nach dem Regen", aber zwischen Sand und Clésinger gab es eine heftige Auseinandersetzung. Vor allem war es Solange, „dieser starken, zähen, kalten, zynischen Seele ohne Gewissensbisse und ohne Mitleid", der Sand grollte.

George Sand an Charles Poncy, 27. August 1847: Kaum war sie verheiratet, da hat sie alles mit Füßen getreten und ihre Maske abgeworfen. Sie hat ihren Mann, der ein schwacher Hitzkopf ist, gegen mich und Maurice aufgestachelt, und auch gegen Augustine, der sie mit tödlichem Haß begegnet und deren einziges Unrecht darin besteht, allzu gut und ihr allzu ergeben zu sein. Ja, sie hat die Heirat der armen Augustine hintertrieben und Rousseau vorübergehend verwirrt, indem sie Maurice und Augustine bei ihm in gemeiner Weise verleumdete ... Sie sucht mich mit meinen Freunden zu entzweien ... Sie stellt sich als Opfer meiner ungerechten Vorliebe für ihren Bruder und ihre Cousine hin! Sie beschmutzt das Nest, dem sie entstammt, indem sie andeutet und auch sagt, es geschähen dort Schändlichkeiten. Sie verschont mich ebensowenig, mich, die ich lebe wie eine Nonne[41] ...

Die Auftritte, die nun folgten, „sind unglaublich ... Man hat sich hier beinahe gegenseitig umgebracht". Der Bildhauer ging mit einem Hammer auf Maurice los. George Sand schlug mit den Fäusten dazwischen, um ihren Sohn gegen ihren Schwiegersohn zu verteidigen. Solange hetzte die Streitenden gegeneinander auf. „So ist der Lauf der Welt. Satan fährt eines Morgens in eine hübsche Frau." Solange aber überlegte: „Wer nicht Henker ist, der ist das Opfer."

Sand an Marie de Rozières: Dieses teuflische Paar, das bis über die Ohren in Schulden steckt, ist gestern abend abgereist. Mit schamloser Frechheit triumphierten sie noch und haben hier in der Gegend einen Skandal hinterlassen, aus dem sie sich nie wieder werden aufrichten können. Drei Tage lang stand ich in meinem Hause unter dem Eindruck, irgendein Mord werde geschehen. Nie mehr will ich sie wiedersehen, nie mehr werden sie die Füße in mein Haus setzen. Das Maß ist voll. Mein Gott, wodurch habe ich eine solche Tochter verdient[1]? ...

VIII

TRENNUNG

Solange kannte ihre Macht über Chopin. Zusammen mit Marie de Rozières, die ebenfalls Grund zum Groll hatte, unternahm sie es, ihn gegen Sand „aufzustacheln". Nach ihrer Darstellung entstand der Familienstreit nicht durch die Gewalttätigkeiten des Bildhauers; vielmehr gab sie zu verstehen, George sei die Geliebte des jungen Victor Borie und vielleicht auch des Malers Eugène Lambert, eines Atelierkameraden von Maurice, und wünsche bei sich zu Hause keine klarsehenden Zeugen. Solange beschuldigte auch ihren Bruder, er dulde die Anwesenheit Bories in Nohant, weil er ihn als Deckmantel für seine eigene Liebschaft mit Augustine benötige. Chopin war nur allzu bereit, dies alles zu glauben. Er lauschte wohlgefällig der Anklägerin, die zwar keinerlei Beweise beibrachte, und antwortete nicht mehr auf die Briefe Sands, die ihn aus liebevoller Fürsorge nach Nohant einlud.

George Sand an Marie de Rozières, 25. Juli 1847: Ich bin beunruhigt und erschrocken. Seit mehreren Tagen schon erhalte ich keine Nachrichten mehr von Chopin... Er wollte nach hier abreisen, und nun kommt er plötzlich nicht und schreibt auch nicht... Ich wäre selbst abgereist, wenn ich nicht befürchtete, mich unterwegs mit ihm zu kreuzen, und ich habe auch ein Grauen davor, mich in Paris dem Haß derjenigen auszusetzen, die Sie für so gut halten... Um mich zu beruhigen, denke ich manchmal, daß Chopin sie viel mehr liebt als mich, mir schmollt und für sie Partei ergreift...

Endlich empfange ich mit der Morgenpost einen Brief von Chopin! Ich sehe, daß ich mich, wie gewöhnlich, von meinem dummen Herzen zum Narren habe halten lassen. Während ich nämlich sechs schlaflose Nächte damit verbrachte, mir wegen seiner Gesundheit quälende Gedanken zu machen, war er damit beschäftigt, bei den Clésinger Schlechtes über mich zu sagen und zu denken. Das ist wirklich die Höhe. Sein Brief strotzt von einer lächerlichen Würde, und die Moralpredigten dieses biedern Familienvaters werden mir tatsächlich zur Lehre dienen... Endlich habe ich aber klar gesehen! Ich werde mich entsprechend verhalten und nicht mehr mein Fleisch und Blut der Undankbarkeit und Verderbtheit zum Fraß hinwerfen[1] ...

George Sand an Frédéric Chopin: Ich hatte gestern bereits bei der Post die Pferde bestellt und wollte bei diesem fürchterlichen Wetter, obwohl ich selbst sehr krank bin, abreisen; ich gedachte einen Tag in Paris zu verbringen, um zu erfahren, wie es Ihnen ginge. Durch Ihr Schweigen war ich hinsichtlich Ihrer Gesundheit sehr beunruhigt. Während dieser Zeit nun fanden Sie Muße zur Überlegung, und so ist Ihre Antwort auch sehr beherrscht ausgefallen. Das ist gut, mein Freund. Tun Sie, was Ihr Herz Ihnen jetzt eingibt, und betrachten Sie seinen Instinkt als die Sprache Ihres Gewissens. Ich begreife durchaus.

Was meine Tochter betrifft ... so würde es ihr schlecht anstehen, zu behaupten, sie bedürfe der Liebe einer Mutter, die sie ja doch verabscheut und verleumdet, deren heiligste Taten ... sie durch niederträchtige Reden besudelt! Es beliebt Ihnen, all dem Ihr Ohr zu leihen und vielleicht auch daran zu glauben. Einem Kampfe dieser Art werde ich mich nicht stellen, denn er widert mich an. Lieber sehe ich Sie zum Feind übergehen, als daß ich mich gegen eine Feindin verteidige, die aus meinem Schoß geboren und mit meiner Milch genährt worden ist.

Sorgen Sie sich um sie, denn Sie glauben ja, sich ihr weihen zu müssen. Ich werde Ihnen darum nicht grollen; aber Sie werden verstehen, daß ich mich in meine Rolle als gekränkte Mutter zurückziehe ... Ich bin es leid, weiter zum Narren gehalten zu werden und Opfer zu sein. Ich verzeihe Ihnen und werde von nun an keinen Vorwurf mehr an Sie richten, denn Ihr Bekenntnis ist ja aufrichtig. Es erstaunt mich ein wenig; aber wenn Sie sich so freier und wohler fühlen, werde ich unter dieser seltsamen Schwenkung nicht leiden.

Leben Sie wohl, mein Freund. Mögen Sie bald von all Ihren Leiden genesen; ich erhoffe es jetzt (ich habe meine Gründe dafür) und werde Gott für dieses seltsame Ende einer neunjährigen ausschließlichen Freundschaft danken. Es ist zwecklos, auf das übrige jemals zurückzukommen[42] ...

Es ist sehr traurig und sehr töricht, wenn zwei Menschen, die einander sehr zugetan waren, sich veruneinen. In den meisten Fällen besteht überhaupt kein ernstlicher Grund. Worte, die niemals ausgesprochen oder aber in einem Augenblick des Sichgehenlassens ausgesprochen wurden, ohne daß man ihnen allzu große Bedeutung zumaß, sind durch geschäftige und böswillige Dritte hinterbracht worden. Aus Groll oder aus Stolz verzichtet der Verleumdete darauf, sich zu erklären. Das Schweigen zieht sich nun hin und bewirkt, daß einer für den andern tot ist. Auf solche Weise ersterben Zuneigungen. Je stärker ein Gefühl einmal war, desto mehr erzeugt die Enttäuschung eine Art Haß. Wie oft verbrennen Freunde am Tage des Bruchs das, was sie angebetet haben, und gehen in der strengen Verurteilung allzu weit, so wie sie im Lob zu hoch gegriffen hatten! George Sand war edelmütig genug, um sich vom Wege des Hasses fern zu halten, aber sie fühlte sich am Ende ihrer Nervenkraft. Nur eines wollte sie nunmehr über Chopin erfahren: wie es ihm erging.

George Sand an Carlotta Marliani, 2. November 1847: Chopin hat für sie *[Solange]* offen gegen mich Partei ergriffen, obwohl er von dem tatsächlichen Geschehen nicht das mindeste wußte, und dies zeugt mir gegenüber von einem großen Verlangen nach Undankbarkeit und ihr gegenüber von einer seltsamen Vorliebe. — Stellen Sie sich so, als ob Sie von nichts wüßten. — Ich nehme an, daß sie, um ihn so herumzukriegen, sich seinen eifersüchtigen und argwöhnischen Charakter zunutze gemacht hat.

Von ihr und ihrem Manne rührt auch jene absurde Verleumdung her, ich hege eine *Liebe* oder eine ausschließliche Freundschaft zu dem jungen Manne, von dem man Ihnen erzählt hat *[Victor Borie].* Anders kann ich mir eine so lächerliche Geschichte, an die sonst kein Mensch in der Welt hätte denken können, nicht erklären. Ich habe dieser kleinen Schändlichkeit nicht auf den Grund gehen wollen...

Ich gestehe Ihnen, ich bin nicht darüber verärgert, daß er *[Chopin]* mir die Lenkung seines Lebens entzogen hat, für das seine Freunde und er mich in allzu unbedingter Weise verantwortlich machen wollten. Sein Wesen wurde von Tag zu Tag gereizter; er war so weit gekommen, daß er mir in Gegenwart all meiner Freunde und meiner Kinder in verärgerter, mißgelaunter und eifersüchtiger Stimmung Vorhaltungen machte! Solange hat sich dessen mit der ihr eigenen Verschlagenheit bedient; Maurice begann, über ihn unwillig zu werden. Er wußte um die Reinheit unsrer Beziehungen, aber er sah auch, wie sich dieser arme kranke Geist, ohne es zu wollen und ohne sich vielleicht dessen enthalten zu können, als Liebhaber, als Ehemann und als Gebieter über meine Gedanken und meine Taten aufspielte. Er war nahe daran, in Zorn auszubrechen und ihm ins Gesicht hinein zu sagen, daß er mich mit meinen dreiundvierzig Jahren in eine lächerliche Rolle hineindrängte und meine Güte mißbrauchte ... Da ich den Sturm nahen sah, habe ich Chopins

Vorliebe für Solange als Gelegenheit benutzt, und ich habe ihn schmollen lassen, ohne das geringste zu unternehmen, um ihn wieder zurückzuführen.

Seit drei Monaten haben wir einander kein Wort mehr geschrieben, und ich weiß nicht, welchen Ausgang die Entfremdung nehmen wird. Ich tue nichts, weder um sie zu verschlimmern, noch um ihr ein Ende zu bereiten; denn ich habe kein Unrecht begangen, und was an Unrecht geschehen ist, flößt mir keinerlei Groll ein; aber ich kann und darf und will nicht mehr unter jene geheime Tyrannei zurückfallen, die mir mit ständigen und oft mit sehr tiefgehenden Nadelstichen sogar das Recht zu atmen nehmen wollte... Der arme Mensch wußte nicht einmal mehr jenen rein äußerlichen Schein zu wahren, dessen Sklave er doch sonst in seinen Prinzipien und Gewohnheiten war. Männer, Frauen, Greise, Kinder, alles war ihm ein Gegenstand des Abscheus und wütender, unsinniger Eifersucht... Die Anfälle erfolgten in Gegenwart meiner Kinder, meiner Dienstboten, von Menschen, die bei solchem Anblick hätten die Achtung verlieren können, auf die mein Alter und meine Lebensführung seit zehn Jahren mir ein Anrecht geben. Ich konnte es nicht mehr ertragen. Zwar bin ich überzeugt, daß seine eigene Umgebung darüber anders urteilen wird. Man wird ihn als Opfer hinstellen und die Annahme schöner finden, ich habe ihn in meinem Alter verjagt, um mir einen Geliebten zu nehmen[1]...

George Sand an Marie de Rozières, 22. November 1847:
.... Ich bitte Sie, doch Chopin zu sagen, er möge Herrn Pleyel benachrichtigen, daß der Flügel vor vier Tagen von hier abgeschickt worden ist. Solange hat mir von seiten Chopins ausgerichtet, Pleyel vermiete ihn auf keinen Fall, denn es sei ein erlesenes Instrument, aber ich könne ihn behalten, da Chopin „dafür aufkäme". Ich will auf keinen Fall, daß Chopin für mich Flügelmiete bezahlt. Ich liebe es nicht, jemandem verpflichtet zu sein, der mich haßt, und die Bekenntnisse, die Chopin seinen Freunden macht – wie alle vertraulichen Mitteilungen wurden auch sie hinterbracht –, beweisen mir, wie er nunmehr mir gegenüber gesonnen ist... Mein liebes Kind, ich weiß recht gut, *warum* dieser plötzliche Umschwung in seinem Denken und seinem Verhalten erfolgt ist. Mir wurden die Augen ein wenig spät geöffnet, aber ich verzeihe ihm von ganzem Herzen. Ich sehe, er ist nicht mehr Herr seiner selbst, und was bei jedem andern ein Verbrechen wäre, ist bei ihm nur Verirrung. Stets habe ich gewußt, daß seine Freundschaft zu mir sich in Abneigung verwandeln würde, denn er tut nichts halb. Ich denke dar-

über jetzt sehr ruhig, und für all das Vergangene habe ich nun eine Erklärung. Ich wünsche nur, daß er mir keine *Gefälligkeiten* erweist[14]...

Dann trat Schweigen ein. George versuchte nicht mehr, dieser Entfremdung Einhalt zu gebieten. Über die letzte Begegnung, so tragisch in ihrer Schlichtheit, hat Chopin am 5. Mai 1848 in einem Brief an Solange berichtet: „Ich besuchte gestern Frau Marliani[43], und als ich sie verließ, stand ich in der Tür des Vorzimmers Ihrer Frau Mutter gegenuber, die mit Lambert eintrat. Ich begrüßte Ihre Frau Mutter, und mein zweites Wort war die Frage, wie lange es schon her sei, daß sie von Ihnen Nachricht bekommen habe. ‚Vor etwa einer Woche‘, gab sie mir zur Antwort. – ‚Haben Sie nicht gestern Post erhalten? Oder vorgestern?‘ – ‚Nein.‘ – ‚Dann darf ich Ihnen mitteilen, daß Sie Großmutter geworden sind. Solange hat ein Töchterchen bekommen, und es freut mich, daß ich Ihnen als erster diese Nachricht übermitteln kann.‘ Ich habe gegrüßt und bin dann die Treppe hinabgestiegen. Combes, der Abessinier, begleitete mich, und da ich vergessen hatte, ihr zu sagen, daß Sie sich wohl fühlten, was vor allem für eine Mutter eine wichtige Sache ist (jetzt werden Sie es leicht begreifen, Mutter Solange), bat ich Combes, wieder hinaufzugehen – ich selbst konnte nicht mehr hinaufklettern – und ihr zu sagen, daß es Ihnen gut ginge und dem Kinde auch. Ich wartete unten auf den Abessinier, als Ihre Frau Mutter zugleich mit ihm herunterkam und sich mit großem Interesse nach Ihrem Befinden erkundigte. Ich antwortete ihr, *Sie selbst* hätten mir am Tage nach der Geburt Ihres Kindes mit Bleistift einige Zeilen geschrieben; daß Sie viel hätten durchmachen müssen, daß aber der Anblick Ihres Töchterleins Sie alles hätte vergessen lassen. Sie erkundigte sich nach meinem Befinden; ich antwortete ihr, daß ich mich wohl fühle, und dann ließ ich mir vom Pförtner die Tür öffnen. Ich grüßte und ging mit dem Abessinier hinaus[1]...“

Sand hat ebenfalls diese Szene geschildert: „Ich dachte, daß die Monate, die ich fern von ihm verbrachte, diese Wunde heilen, daß sie wieder zu einer ruhigen Freundschaft und zu einem gerechten Urteil führen würden... Im März 1848 sah ich ihn einen Augenblick lang wieder. Ich drückte seine zitternde Hand, sie war eiskalt. Ich wollte mit ihm reden, aber er wandte sich ab. Jetzt wäre die Reihe an mir gewesen, zu sagen, daß er mich nicht mehr liebte. Ich ersparte ihm diesen Kummer und überließ alles der Vorsehung und der Zukunft. Ich sollte ihn nicht mehr wiedersehen. Zwischen uns standen böswillige Menschen. Es gab auch wohlmeinende, aber sie wußten nicht, wie sie sich verhalten sollten. Es gab auch frivole, aber sie zogen es vor, sich nicht in so heikle Angelegenheiten einzumischen[11] ..."

So geht es im Leben. Zwei Menschen bedeuten einander das Höchste auf der Welt, aber in dieser täglichen Verbundenheit liegt auch ein riesiger Teil Gewohnheit. Man verpflanze die beiden Menschen, man entferne sie voneinander, und siehe da, sie treiben in neuem Boden Wurzeln. Man kann sich nicht entschließen, einem Menschen Nichtigkeiten zu sagen, dem man einmal den ganzen Reichtum seines Herzens eröffnet hat. Und nun tritt das Schweigen ein. Nur mit einem Mitgefühl kann man sich Sand und Chopin in diesem Treppenaufgang der Rue de la Ville d'Évêque vorstellen, wie ein jeder nach seiner Seite davongeht, ohne sich umzuwenden.

SIEBENTER TEIL

Der Aufstand der Engel

I

DIE POLITISCHE ÜBERZEUGUNG GEORGE SANDS

> *Daß die Frau vom Manne verschieden ist, daß Herz und Geist ihr Geschlecht haben, daran zweifle ich nicht . . . Muß dieser für die Harmonie der Dinge wesentliche Unterschied aber eine moralische Minderwertigkeit bedeuten?*
>
> GEORGE SAND

„Frauen haben überhaupt keine eigene Moral", hat La Bruyère einmal gesagt, „denn sie hängen in ihren Sitten von denen ab, die sie lieben." Mehr als ein Biograph wurde versucht, diesen Ausspruch auf das politische Leben George Sands anzuwenden. „Sie hatte keine Doktrin", sagen sie, „sie hing, was ihre Ideen betrifft, von dem Manne ab, den sie liebte." Dies stimmt nicht. Sie besaß bereits eine politische Meinung, bevor sie überhaupt zu lieben begann. Chopin, der Aristokrat, und Musset, der Skeptiker, haben sie weder zur Aristokratin noch zur Skeptikerin gemacht. Sie hat Ideen von Michel von Bourges, von Lamennais und von Pierre Leroux entlehnt, „aber es waren solche, die sie bereits besaß". Richtiger ist, daß sie in die Politik ihr Temperament als Liebende hineingetragen hat. Sie ist darin extrem, unvorsichtig, begeistert, ungestüm gewesen, mit wunderbaren Anwandlungen von Barmherzigkeit und einem geheimen Schatz an gesundem Menschenverstand. Mit Frau von Staël war sie eine der wenigen Frauen, die in der Geschichte Frankreichs im 19. Jahrhundert eine Rolle gespielt haben. Dies verlangt eine Erklärung und eine Analyse.

Wir sagten bereits, daß sie politisch schon Partei ergriff, bevor

sie noch einem Manne angehörte. Schon in ihrer Kindheit war sie
gezeichnet: weil sie zu einem Teile aus dem einfachen Volke her-
kam und stets daran Gefallen fand, sich dies in die Erinnerung zu-
rückzurufen („Ich gehöre zum Volke, durch das Blut ebensosehr
wie durch das Herz ... Ich bin kein Eindringling im Volke"); weil
sie lange in sehr enger Freundschaft mit Bauernkindern gelebt hatte;
weil ihr erstes starkes Gefühl eine wilde und herausfordernde Zuneigung zu ihrer Mutter gewesen war, die man, so dachte sie, ungerecht behandelt hatte; und weil sie von dieser Mutter gelernt
hatte, den Reichen zu mißtrauen, empfand sie ganz spontan für die
Rebellen. Weil sie unter der Verderbtheit der damals herrschenden
Klassen gelitten und zudem an dieser Verderbtheit teilgenommen
hatte, setzte sie ihre ganze Hoffnung auf die Tugenden der Massen.

Hieraus ergibt sich *erstens:* George Sand war aus Instinkt Demokratin. Oder zumindest glaubte sie es zu sein. Wir werden etwas
später sehen, daß sie über die Demokratie keine sehr klaren Vorstellungen besaß. Mit ihren Freunden aus La Châtre hatte sie stets die
Republikaner und die Bonapartisten gegen die Monarchisten verteidigt. In ihren Augen war jeder König, selbst wenn er sich Bürgerkönig nannte, ein Tyrann. Als Maurice zusammen mit dem Herzog
de Montpensier auf der Schule war, untersagte sie ihrem Sohne, die
Einladungen des jungen Fürsten anzunehmen. Auch hier war es bei
ihr eher ein Ausfluß des Instinkts als einer Doktrin. Sie war Republikanerin, aber auf der Suche nach der besten Republik.

Zweitens: Von Natur, durch Erziehung und Überzeugung war
sie evangelische Christin. Sie dachte, das Christentum müsse volks-
tümlich, edelmütig und sozial sein, andernfalls habe es kein Recht
auf Bestand. Sie huldigte weder der Moral der Epikuräer noch der
Moral der Salons. Hier verspüren wir den Einfluß von Lamennais.

Drittens: Mit vierzig Jahren bleibt sie Mystikerin und Anhängerin Rousseaus. Nach Erfahrungen, die ihr beweisen, daß das Herz
kein guter Ratgeber ist, sucht sie sich vom leidenschaftlichen Mystizismus zu entfernen. Trotz ihren Enttäuschungen ist sie weiter der
Ansicht, daß die unmittelbare Verbindung mit Gott das beste Mittel der Erkenntnis ist; sie versichert, dieses Band bestehe zwar nicht
zwischen dem Einzelwesen und Gott, sondern zwischen Gott und
der Seele des Volkes. Mit Rousseau glaubt sie an die angeborene
Güte der Menschen; dem Dogma von der Erbsünde pflichtet sie
nicht bei. Hierin ist sie völlig verschieden von Balzac, der eine
starke Regierung ersehnt, weil er den natürlichen Menschen fürchtet. Bis zum Jahre 1848 setzt Sand ihr Vertrauen in die Massen,
vorausgesetzt, daß man diese die „wahre" religiöse und soziale
Philosophie lehrt.

Viertens schließlich: Wenn sie solche Ideen bekennt, ist sie aufrichtig und selbstlos. Sie besitzt keinerlei persönlichen Ehrgeiz. Ist sie Frauenrechtlerin? Nein, wenn man das Wort in dem Sinne auffaßt, der ihm seit dem Ende des 19. Jahrhunderts gegeben wurde. George Sand hat für die Frau niemals die politische Gleichheit gewünscht oder gefordert. Nach ihrer Ansicht waren die öffentlichen Funktionen unvereinbar mit den Pflichten der Mutterschaft. „Die Erziehung der Frauen", sagte sie, „wird die gleiche wie die der Männer werden, aber das Herz der Frau wird die Zufluchtsstätte der Liebe, der Hingabe, der Geduld und des Erbarmens bleiben. Die Frau ist es, die inmitten gemeiner Leidenschaften den christlichen Geist der Barmherzigkeit retten muß. Wie unglücklich würde eine Welt sein, in der die Frau nicht mehr diese Rolle spielte[1]."

Was sie für die Frauen verlangte, war nicht das Stimm- und Wahlrecht, sondern die Gleichheit vor dem Gesetz und in der Liebe. Sie war der Ansicht, daß die Knechtschaft, in welcher der Mann die Frau hält, das Glück der Ehe zerstört, das nur in der Freiheit möglich ist. Die Frauen würden für sich nichts fordern, wenn sie so geliebt würden, wie sie es sein wollen. „Aber man mißhandelt sie; man wirft ihnen die Idiotie vor, in die man sie versenkt; man verachtet ihre Unwissenheit, man spottet über ihr Wissen. In der Liebe behandelt man sie wie Kurtisanen, in der Ehe wie Dienerinnen. Man liebt sie nicht, sondern bedient sich ihrer, beutet sie aus und hofft so, sie dem Treuegesetz zu unterwerfen[2]."

Hier vernehmen wir ihren hauptsächlichsten Kummer, den Aufschrei, den sie schon in ihrer Jugend hervorgestoßen hat und der nun durch ihr ganzes Werk widerhallen wird. Im Namen welcher menschlichen oder göttlichen Gerechtigkeit könne man von der Frau eine Treue fordern, die der Mann, wenn es sich um ihn selbst handelt, für nutzlos und lächerlich halte? Warum sollte die Frau keusch bleiben, wenn der Mann seinen Gelüsten nachgebe, ein Frauenjäger und ein Wüstling sei? „In unsrer Gesellschaft mit ihren Vorurteilen und ihren Sitten wird einem Manne, je mehr es von ihm heißt, er sei ein Don Juan, ein zustimmendes Lächeln zuteil. Vor allem in der Provinz gilt jemand, der ein Schwelger und ein Lüstling ist, als fideler Bruder, und damit ist alles gesagt. Ganz anders aber ist die Lage der Frau, die man des Ehebruchs beschuldigt. Man erkennt bei der Frau nur eine einzige Art Ehre an. Ist sie ihrem Manne untreu, dann ist sie entehrt und herabgewürdigt; sie ist in den Augen ihrer Kinder entehrt; sie hat eine infamierende Strafe verwirkt: das Gefängnis[3]." Sand will, daß der Frau die bürgerlichen Rechte wiedergegeben werden, deren die Ehe sie beraubt, und daß das Gesetz abgeschafft werde, das mit ehrenrührigen Strafen den Ehebruch der Frau ahndet, „ein barbarisches Gesetz, nur dazu geschaffen, den Ehebruch zu vervielfachen und zu verewigen".

Für die Ungerechtigkeiten, die die Verbindung der Geschlechter stören, sieht sie kein andres Heilmittel als die – damals noch nicht existierende – Freiheit, den Ehebund zu zerbrechen und zu reformieren. „Wenn ein Menschengeschöpf, sei es Mann oder Frau, sich zum Verständnis vollständiger Liebe erhoben hat, ist es ihm nicht mehr möglich und, sagen wir besser, ist es ihm nicht mehr erlaubt, wieder zum Bisherigen zurückzukehren und sich völlig tierisch zu verhalten[3]." Wenn die Vereinigung der Körper nicht von einem tiefen Gefühl begleitet ist, erscheint sie ihr als ein Verbrechen und eine Schändung, selbst in der Ehe. Die Frau müsse das Recht haben, sich ihr zu entziehen. „Ich betrachte nicht nur die Lüge der Sinne in der Liebe als eine Todsünde, sondern auch die Illusion, die sich die Sinne in einer fleischlichen Verbindung zu verschaffen suchen, in der die Liebe fehlt. Ich sage und glaube, daß man entweder mit seinem ganzen Sein lieben oder aber in einer vollkommenen Enthaltsamkeit leben muß[3]." In ihren Augen besteht die Schuld, die Sünde nicht im Wechsel des Geliebten, um zu dem zu gehen, den man liebt, sondern darin, daß man sich jemandem hingibt, den man nicht liebt, selbst wenn es der Ehemann wäre.

Hier liegen die Grenzen ihres Frauenrechtlertums, und man erkennt, daß es für die Frau nicht eine kämpferische Betätigung in der Politik einschließt.

II

SCHLOSSHERRIN UND SOZIALISTIN

Jeder Geist aber wird durch das Zeitdenken geformt oder verändert, sei es, daß er den großen Strömungen folgt, sei es, daß er ihnen entgegenstrebt. Der Wesenszug jener Periode von 1830 bis 1848 besteht nun darin, daß sie der politischen Revolution von 1789 einen Ruf nach der sozialen Revolution hat folgen lassen. Im Jahre 1830 hatte das Bürgertum die Eroberung der Macht zu Ende geführt. Die klarblickenden Geister aber dünkte es, daß die religiöse Revolution des 18. Jahrhunderts eine soziale Revolution nach sich ziehen müsse. Warum sollen die Arbeitermassen, die nicht mehr an ein jenseitiges Leben glaubten, das Elend dieser Welt hinnehmen? Hieraus entsteht bei einem Balzac die Vorstellung, daß einzig die Wiederherstellung des Katholizismus als geistige Macht die Gesellschaft vor der Anarchie retten würde; bei einem Reformator wie Saint-Simon hingegen ein Bemühen, auf den Ruinen der katholischen Autorität eine geistige Macht zu errichten, die die Fortschritte der Industrie, der Wissenschaft und der Kunst diesem Endziele entgegenführen sollte: „der schnellstmöglichen Verbesserung des Schicksals der zahlreichsten und ärmsten Klasse".

Obwohl ihre Lehren eine damals zwar noch unvorhersehbare Zukunft besaßen, waren Saint-Simon und seine Anhänger in der Gegenwart gescheitert. Dieses an „Frühgeburten so fruchtbare Jahrhundert" hatte über die Reformatoren gelacht und sich dem Kult des Geldes hingegeben. Saint-Simon und Fourier, verspottet und verhöhnt, waren in der Vereinsamung gestorben. Auf Sand hatten sie keinen tiefgehenden Einfluß ausgeübt. Michel von Bourges hatte versucht, aus ihr eine Mitstreiterin zu machen; es war ihm nicht gelungen. Immerhin war er ihr ein Mittler von kühnen Doktrinen über das Eigentum gewesen. Lamennais hatte, obwohl seine eigenen Ideen konfus waren, George einem christlichen Sozialismus nähergebracht. Der wirkliche Initiator aber war Leroux gewesen.

Leroux hatte ihr eine neue Religion gegeben. Er hielt sich für einen Propheten und wollte die christliche Nächstenliebe durch die menschliche Solidarität ersetzen. Sand, die, wie Sainte-Beuve sagt, „das Losungswort von Menschen übernahm, die in mancher Beziehung unter ihr standen", hatte von Leroux den Gedanken der Vervollkommnungsfähigkeit des Menschen (das goldene Zeitalter steht bevor) übernommen; außerdem die Idee der Unsterblichkeit, nicht des Individuums, sondern der Gattung, und die des Gemeineigentums. Einzig die Gesellschaft könne die Güter entsprechend den Leistungen gerecht verteilen. Eigentum sei nicht Diebstahl (und diese Meinung besänftigte die Bedenken der Schloßherrin von Nohant); ebensowenig sei es ein Anspruch, und die Gemeinschaft habe das Recht, eine Verteilung zu ändern. Leroux bestärkte Sand in einem Sozialismus, der weniger brutal als der Michels war, dafür aber beständiger und aufrichtiger. Sainte-Beuve nannte 1843 Béranger, Lamennais, Sand und Sue „die vier großen sozialistischen und philantropischen Mächte unserer Zeit[4]".

Wie äußerte sich dieser Sozialismus? Gefühlsmäßig durch die Hilfe, die sie den proletarischen Dichtern gab: Magu, dem Weber; Reboul, dem Bäcker; Jasmin, dem Friseur; und vor allem Charles Poncy, dem Maurer aus Toulon, dem sie schrieb: „Mein Kind, Sie sind ein großer Dichter, der inspirierteste und bestbegabte unter allen hervorragenden proletarischen Dichtern... Sie können der größte Dichter Frankreichs sein..." Und auch:

23. Juni 1842: Die leidende Menschheit, das sind nicht wir Schriftsteller; das bin nicht ich, die ich (unglücklicherweise für mich vielleicht) weder Hunger noch Elend kenne; das sind nicht einmal Sie, mein lieber Dichter, der Sie in Ihrem Ruhm und in der Anerkennung Ihrer Brüder eine hohe Belohnung Ihrer persönlichen Leiden finden; es ist das Volk, das unwissende, im Stich gelassene Volk, das erfüllt ist von feurigen Leidenschaften, die man in einem schlechten Sinne erweckt oder aber zurückgedrängt, ohne Achtung vor jener Kraft, die Gott ihm indessen nicht umsonst gegeben hat[5] . . .

Sie setzte hinzu: „Hugo hat dies manchmal gefühlt; aber seine Seele ist nicht moralisch genug, um es völlig und zur rechten Zeit zu fühlen. Denn seinem Herzen fehlt die Begeisterung, wie seine Muse des Geschmacks ermangelt." Die Muse Poncys ermangelte des Genies und sogar des Talents; aber Sand machte aus ihm einen getreuen Freund, einen zeitweiligen Vertrauten und schließlich einen in behaglichen Umständen lebenden Bürger; denn dank der Berühmtheit, die sie ihm verschaffte, wurde er Sekretär der Handelskammer von Toulon.

Sands Sozialismus äußerte sich auch in ihren Werken, denn sie nahm „in ihren neuen Romanen das Proletariat der Städte und auf dem Lande, seine Arbeiten, sein Elend zum Vorwurf und stellte seine Tugenden der Selbstsucht der Mächtigen und Reichen gegenüber[6]". Das Volk sei Träger der göttlichen Inspiration; es besitze jene natürliche Güte, die Rousseau dem Einzelwesen zuschreibt.

In jener Zeit (1840–1848) nennt sich Sand auch lieber Kommunist als Sozialist. Zwar ist sie in diesem Punkte nicht halsstarrig und möchte genauer begreifen, was eigentlich hinter diesen beiden Begriffen steckt.

Sainte-Beuve an Frau Juste Olivier, 3. August 1840: Frau Sand geht zum Kommunismus und zum Predigthalten bei den Arbeitern über; ich fürchte, ihr nächster Roman wird in diesem Sinne geschrieben sein. Sie führt sich nicht allzu gut auf. Um mit ihr auf gutem Fuße zu bleiben, sehe ich sie überhaupt nicht[4] . . .

Pierre Leroux hatte ihr dereinst gesagt, er ziehe *Kommunionismus* dem Ausdruck *Kommunismus* vor, da es sich ja nicht nur um eine Verteilung des Besitzes, sondern um eine „brüderliche Vereinigung der Seelen" handle. Aber 1848 war sie schon weit über Leroux' Gedankenwelt hinausgeschritten; sie wünschte, daß der Sozialismus zur Tat übergehe, während ihr Philosoph sich nur in der Aufstellung von Gedankensystemen gefiel.

George Sand an Bocage: Ich bin Kommunist, wie man im Jahre 50 unsrer Zeitrechnung Christ war. Es ist für mich das Ideal der im Fortschritt begriffenen Gesellschaft, die Religion, die in einigen Jahrhunderten leben wird. Ich kann mir also keine der gegenwärtigen Begriffsbestimmungen des Kommunismus zu eigen machen, denn sie alle sind ziemlich diktatorisch und glauben, sich ohne die Mitwirkung der Sitten, der Gewohnheiten und der Überzeugungen durchzusetzen. Keine Religion setzt sich gewaltsam durch[7] ...

Dieser Kommunismus erscheint mehr idyllisch als aggressiv, und es ist zu erwähnen, daß die Romane, in denen Sand ihm Ausdruck gibt, von konservativen Blättern veröffentlicht wurden: dem *Constitutionnel* und der *Époque.* Auch in ihrer persönlichen Stellung als reiche Frau wird sie durch ihn nicht in Verlegenheit gebracht: »Mir ist Grundeigentum verhaßt. Mein Herz hängt höchstens am Haus und am Garten. Feld, Wiesen, Heideland und alles, was flach ist, ist mir ein Greuel, vor allem, wenn dieses Flache mir gehört und ich mir sage, daß ich, weil es mir gehört, gezwungen bin, es zu behüten, mit einem Stacheldrahtzaun zu umgeben und die Herde des Armen davon zu vertreiben, falls ich meinerseits nicht arm werden will, was in gewissen Situationen unweigerlich die Zerrüttung der Ehre und die Vernachlässigung der Pflicht nach sich zieht[6].« Hier haben wir eine scharfsinnige Begründung des Begehrens, Nohant zu behalten und dort in einer brüderlichen Schlichtheit zu leben.

In der Provinz, wo sie Schloßherrin ist, im Berry, ist Frau Sand seit 1840 mit der fortschrittlichen Opposition gegen Louis-Philippe ins Feld gezogen. Im Jahre 1843 hat sie, wie wir sahen, in freigebiger Weise zur Gründung des *Éclaireur de l'Indre* beigetragen. Die Politik des *Éclaireur* näherte sich derjenigen des Pariser Blattes *La Réforme,* über das Ledru-Rollin regierte, ein sich leicht begeisternder Advokat und stattlich aussehender Mensch mit liebenswürdigem Lächeln, doch träge und ziemlich opportunistisch, denn er hatte eine reiche Heirat gemacht und war ein Schürzenjäger. Näher stand Sand aber Louis Blanc, einem zum Kommunismus neigenden Sozialisten, der nicht mehr sagte: »Jedem gemäß seinen Leistungen«, sondern: »Jedem gemäß seinen Bedürfnissen«. Sie korrespondierte mit ihm und stellte einige »sehr dumme« und sehr unumwundene Fragen, bevor sie sich seiner Bewegung anschloß.

Es wäre aber falsch, wenn man sich vorstellte, daß sie in jenen Vierziger-Jahren völlig damit beschäftigt gewesen wäre, eine Revolution vorzubereiten. Sie führte in Nohant ein ruhiges Leben.

George Sand an Charles Poncy: Ich bleibe in Nohant bis zum Winter, wie alle Jahre, wie immer... Ich habe einige Romane fertiggestellt, von denen einer erscheinen wird... Mein Sohn ist noch immer zart und schmächtig, im übrigen aber geht es ihm gut. Er ist der beste, der sanfteste, fleißigste, schlichteste, aufrichtigste und stets sich gleich bleibende Mensch, den es gibt. Unsre Charaktere, nicht nur unsre Herzen, stimmen derart überein, daß wir überhaupt nicht einen Tag lang ohne einander auskommen können. Er geht nun in sein dreiundzwanzigstes Lebensjahr und ich in mein zweiundvierzigstes... Wir haben fröhliche, wenig lärmvolle Gewohnheiten, die den Altersunterschied bei uns nicht so fühlbar machen, und wenn wir die ganze Woche fest gearbeitet haben, gewähren wir uns als Erholung eine Ausfahrt, um in einiger Entfernung von uns im Grase einen Kuchen zu essen, in einem Walde oder irgendwo in einer Ruine, zusammen mit meinem Bruder, der ein geistvoller und gütiger dicker Bauer ist und jeden Tag seines Lebens abends mit uns speist, da er nur eine Viertelmeile von uns entfernt wohnt. Das also sind unsre großen Ergötzungen! Maurice zeichnet die Landschaft; mein Bruder hält im Grase ein Schläfchen. Die Pferde laufen frei umher und weiden... Die Hunde tollen, und das dicke Pferd, das die ganze Familie in einer Art großer Schubkarre durch die Gegend fährt, kommt und frißt von unsern Tellern[5]...

Im Jahre 1847 brachten die persönlichen Widerwärtigkeiten – der Bruch mit Chopin und das Drama Clésinger-Solange – größere Aufregung in Sands Leben als die Politik. „Seele und Körper sind mir zerbrochen durch den Kummer. Ich glaube, dieser Kummer ist unheilbar; denn je mehr es mir gelingt, ihm einige Stunden lang zu entrinnen, um so düsterer und stechender kehrt er in den darauffolgenden Stunden in mich zurück[5]..." Dennoch gelang es ihr, zu arbeiten, heiter zu erscheinen und es manchmal auch zu sein.

Für die ihr teure Titine hatte George endlich einen Mann gefunden. Karol de Bertholdi, sechsunddreißig Jahre alt und im Exil lebender Pole, war in Tulle zum Zeichenlehrer ernannt worden und verdiente so dreitausend Franken im Jahr. Victor Borie hatte ihn dort entdeckt. Sand lud ihn ein, und Augustine verstand es, ihm zu gefallen. Es blieb nur noch übrig, die Zukunft dieser vermögenslosen jungen Leute zu sichern. Sand gab der Braut eine Mitgift von dreißigtausend Franken; dann erlangte sie für den Verlobten (für den Dudevant als Bürge auftrat) die Stelle des Finanzeinnehmers in Ribérac. Um ihr eigenes Budget, das durch diese Freigebigkeit und die Torheiten der Clésinger sehr in Unordnung gekommen war, wieder ins Gleichgewicht zu bringen, arbeitete sie an der zehnbändigen *Geschichte meines Lebens*.

George Sand an Charles Poncy, 14. Dezember 1847: Es ist eine Reihe von Erinnerungen, von Bekenntnissen und Meditationen, in einem Rahmen, dessen Einzelheiten einige Poesie und viel Schlichtheit haben werden. Zwar werde ich nicht mein ganzes Leben enthüllen. Ich liebe nicht den Hochmut und den Zynismus der Bekenntnisse, und ich finde nicht, daß man alle Geheimnisse seines Herzens Menschen offenbaren soll, die schlechter als wir und infolgedessen geneigt sind, in ihnen eine schlechte Lehre statt einer guten zu finden... Ich glaube, daß ich ein nützliches Buch hervorbringen werde, ohne Gefahr und ohne Skandal, ohne Eitelkeit und ohne Niedrigkeit, und ich arbeite daran mit Vergnügen[5]...

1847 sah sie Pierre Leroux kaum noch und urteilte über ihn nach soviel erwiesener Nachsicht endlich streng. „Ich weiß nicht, was Leroux jetzt treibt. Ich beginne mich an den Gedanken zu gewöhnen, daß er sich auf diesem Phantasiedraht, der ihn vom Jahrhundert trennt, im Gleichgewicht halten kann. Ich weiß nicht, wie dies geschehen wird, aber er wird immer Mittel und Wege finden. Einesteils ist er ohne Ordnung in den realen Dingen; zum andern aber ist er geschickt, hartnäckig und versteht es sehr gut, dieser Gesellschaft, die er ablehnt, die Hilfsmittel zu entreißen, deren er bedarf... Er besitzt einen wunderbaren Spürsinn, unerwartete Hilfsquellen aufzustöbern. Er kommt auf wunderbare Einfälle, um zu erreichen, daß man eine solche Handlungsweise hinnimmt... Ich gestehe, daß ich diese Art Jesuitismus nicht habe hinnehmen können, unter den sein Fanatismus sich zu beugen verstand, wenn es sich als erforderlich erwies[8]..." Heuchelei ist eine Huldigung, die der Rebell der Gesellschaft erweist.

DIE MUSE DER REPUBLIK

Der junge Victor Borie, damals ständiger Gast in Nohant, war Anfang 1848 „vollkommen aus dem Häuschen" bei dem Gedanken, man werde in Paris eine Revolution machen. George glaubte nicht, daran, und die Februar-Revolution überraschte sie, wie sie auch Frankreich überraschte. George haßte Louis-Philippe mit völlig weiblicher Heftigkeit, aber der voraufgehende Bankettfeldzug für die Wahlreform, der den Sturz des Regimes herbeiführte, erschien ihr zahm und nutzlos. „Das ist eine Intrige zwischen stürzenden Ministern und solchen, die sich auf die Ministersessel setzen wollen", schrieb sie ihrem Sohne, „und ich glaube nicht, daß das Volk in dem Streit zwischen Herrn Thiers und Herrn Guizot Partei ergreift... Daher bitte ich dich dringend, dich nur nicht in diese Dinge einzumischen, denn man kann dabei arg zugerichtet werden, ohne daß es der guten Sache Nutzen bringt... Sich für Odilon Barrot und Genossen umbringen zu lassen, wäre eine allzu große Eselei[5]..." Als die Geschichte losging, war sie darüber verwundert, daß Maurice nicht nach Nohant zurückkehrte, wie sie es ihm angeraten hatte. Delacroix schrieb ihr ganz aufgeregt: „Maurice strahlt; gerade ist er von mir fortgegangen; er ist, als ob er trunken wäre; einer solchen Begeisterung hielt ich ihn nicht für fähig[9]." Voller Unruhe brach sie auf, um nach ihrem Sohn zu sehen.

Bei ihrer Ankunft in Paris hatte sie plötzlich den Eindruck, daß der große Tag angebrochen und nicht nur die Republik, sondern die soziale Republik erschaffen war. Ihre Freunde waren an die Macht gelangt; sie besuchte den kleinen Louis Blanc in *seinem* Luxembourg-Palast. Lange Reihen Proletarier standen in den Marmorgalerien. Louis Blanc strahlte. „Es ist notwendig", sagte er, „daß die Kraft des Volkes sich unter dem Anschein der Ruhe zeigt; die Ruhe ist die Majestät der Kraft." Von einem Fenster im Hause Guizots sah sie zu, während sie mit Lamartine plauderte, wie demonstrierende Massen vorbeizogen.

George Sand an Augustine Brault: Es war schön, schlicht und rührend, vierhunderttausend Menschen dicht gedrängt von der Madeleine bis zur Juli-Säule; kein Gendarm, kein Polizist, und trotzdem soviel Ordnung, Anstand, Andacht und gegenseitige Höflichkeit, daß nicht einmal ein Fuß verstaucht, ein Hut verbeult wurde. Es war wunderbar. Das Volk von Paris steht unter den Völkern der Welt obenan[10]!...

Die Republik war gesichert, und man würde sie nicht mehr preisgeben; notfalls würde man auf den Barrikaden sterben, um sie zu verteidigen. Die Regierung, aus braven Menschen zusammengesetzt, war vielleicht nicht einer Aufgabe gewachsen, die „das Genie eines Napoleon oder das Herz eines Jesu" verlangt hätte. Dennoch taten die meisten, was in ihren Kräften stand.

Mit Lamartine war Sand niemals richtig vertraut gewesen. Im Jahre 1843 hatte sie ihn nach einer Rede beglückwünscht, in der er gegen das Regime Stellung genommen hatte. Glücklich über diesen Brief, hatte er sie um eine Zusammenkunft gebeten. Um fünf Uhr nachmittags noch zu Bett liegend, war sie aufgestanden, um ihn zu empfangen. „Sie erschien in einem etwas offenstehenden Kittel. Zigarren wurden gebracht, und dann plauderte man über Politik und Menschheit. Es war das erste Mal, daß diese beiden großen genialen Menschen einander gegenüber saßen und sich unterhielten. Bis dahin hatte es den Anschein gehabt, als sähe George Sand ein wenig auf ihn herab[4]..." Als sie ihn im Februar 1848 in Paris wiedersah, fand sie ihn von seiner Rolle stark berauscht. „Ich habe soeben eine Rede gehalten und hunderttausend Menschen umarmt", sagte er zu ihr. Sie hielt ihn eher für einen Dichter denn für einen Mann der Tat. Aber die Republik brauchte ihn noch; er war ihr „faszinierender Glanz". Seine mächtige und sanfte Stimme dämpfte das Wort *Revolution*.

Sand beobachtete die Führer der vorläufigen Regierung, die durch die Arbeiter und die Bürger nach entgegengesetzten Richtungen gezerrt wurden. Der Kittel gegen den Gehrock, die Mütze gegen den Hut, die sozialistische gegen die bürgerliche Republik: dies ist die Lage von 1848. George in ihrer Siegesfreude wünschte diesen Konflikt nicht. Bürger und Arbeiter hatten zusammen „ein verächtliches Regime" gestürzt. Sie sollten sich nun die Hand reichen.

Das Volk ist geneigt, dem Bürgertum völlig zu vertrauen. Das Bürgertum wird dieses Vertrauen nicht mißbrauchen. Es wird sich keinesfalls durch perfide Ratschläge, unbegründete Alarme, falsche Gerüchte und Verleumdungen gegen das Volk irreführen lassen. Das Volk wird gerecht, ruhig, vernünftig und gut sein, solange die Mittelklasse ihm hierzu das Beispiel geben wird[11]...

In diesen ersten Tagen war sie um so optimistischer, als sie sich plötzlich mächtig fühlte. Sie ließ ihre Freunde zu Kommissaren der Republik in Châteauroux und La Châtre ernennen. In Bourges erlangte sie die Absetzung Michels, ihres ehemaligen Geliebten, der, so sagte sie, aus Furcht vor der Demagogie die Demokratie verriet. Ihren Sohn Maurice hatte George Sand durch die Gunst Ledru-Rollins zum Bürgermeister von Nohant gemacht. Für Pauline Viardot erreichte sie, daß dieser die Ehre zuteil wurde, auf Worte von Dupont „eine neue *Marseillaise* zu komponieren. Ich bringe dies alles zuwege", fügte sie stolz hinzu[12]. Sie selbst besaß einen Dauerpassierschein, der ihr, wenn sie es wollte, Zutritt bei den Mitgliedern der provisorischen Regierung verschaffte. Ledru-Rollin beauftragte sie mit dem bei ihm gewohnten unbesonnenen Eifer, das *Bulletin der Republik* zu redigieren. Sie wurde die Muse der Revolution. Die Tat berauscht die Künstler; sie kennen nicht die mit ihr verbundenen Gefahren; ihnen schwindelt der Kopf. Sie glauben, die wirkliche Welt lasse sich ebenso leicht gestalten wie die Welten ihrer Phantasie. Das Erwachen kommt dann plötzlich und ist peinvoll.

Denn dieser schöne Traum hatte keine lange Dauer, und das ist ja das Eigentümliche der Träume. Die Reichen hatten Furcht; die Armen ebenfalls. Das Volk, das an 1830, da der Bürgerkönig es um seine Republik gebracht hatte, eine schlechte Erinnerung bewahrte, blieb unter Waffen. „Ich sah", schrieb Sand bereits im März 1848, „wie Mißtrauen und Skepsis sich ins Herz der Reichen einschlichen; ich sah, wie Ehrgeiz und Betrug die Maske der Zustimmung zum neuen Regime annahmen[13]." Sie fürchtete die Arbeiter der dreizehnten Stunde, die Republikaner von morgen, die sich bereits an den Manifestationen beteiligten, um sie zum Scheitern zu bringen.

Sie eilte nach Nohant, um hier Maurice als Bürgermeister einzuführen, und auch um die politische Temperatur der Provinz zu messen. Ein bäuerliches Fest wurde auf dem Dorfplatz abgehalten; die Berrichonner kamen zu Pferde, die Gewehre umgehängt. In La Châtre aber zeigten sich die Bürger feindlich. „Ich bin nach hier zurückgekommen, um nach besten Kräften meinen Freunden zu helfen, das Berry zu revolutionieren, das im tiefsten Winterschlafe liegt ... Trotzdem! Die Republik ist nicht verloren, weil La Châtre von ihr nichts wissen will[5] ..." Dieses Mißgeschick verhärtete sie dennoch, und ihr Verhalten wurde angriffslustiger. Nach Paris zurückgekehrt, hielt sie sich voller Stolz für das Gehirn und die Feder des Regimes.

George Sand an Maurice, 24. März 1848: Ich stecke jetzt tief in der Arbeit drin wie ein Staatsmann. Heute habe ich zwei Regierungserlasse verfaßt: einen für den Minister für das Unterrichtswesen, den andern für den Innenminister. Mich amüsiert dabei, daß dies alles: *An die Bürgermeister* gerichtet ist und du auf dem Dienstwege Anweisungen deiner *Mutter* bekommen wirst. Haha, Herr Bürgermeister, man wird Ihnen schon den Tritt beibringen, und um damit zu beginnen, werden Sie jeden Sonntag Ihrer zusammengetretenen Nationalgarde eine Nummer des *Bulletins der Republik* vorlesen... Ich weiß nicht, wo mir der Kopf steht. Von allen Seiten ruft man nach mir. Ich fühle mich in meinem Element[5]...

Sie war von einer mächtigen und aufrichtigen gläubigen Begeisterung getragen. Lamartine erschien ihr sehr lau und sehr bürgerlich:

George Sand an Lamartine, April 1848: Warum zweifeln Sie, der Sie doch über die Wunder urteilen können, welche die göttliche Allmacht für die Einsicht der Schwachen und der Unterdrückten in Bereitschaft hält, nach den herrlichen Enthüllungen, die Ihrer Dichter- und Künstlerseele zuteil wurden?... Sie glauben, Gott werde Jahrhunderte warten, um das zauberhafte Gemälde zu verwirklichen, das zu erahnen er Ihnen erlaubt hat? ... Sie irren sich in der Stunde, großer Dichter und bedeutender Mann!... Warum stehen Sie auf der Seite derer, die Gott nicht erleuchten will, und nicht bei denen, die er erleuchtet[5]?...

Balzac, der stets mit beiden Beinen auf der Erde blieb, wägte ohne Illusionen die Erfolgsaussichten des neuen Regimes ab: „Da die Republik allerhöchstens drei Jahre Bestand haben wird, muß man versuchen, keine Gelegenheiten zu verpassen[14]..." Wenn er Geld besessen hätte, würde er damals, wie die Spekulanten seiner Romane, die Panik ausgenutzt haben, um Rentenbriefe und Grundstücke zum niedrigsten Preise zu kaufen. „Um die Republik zu begründen", schrieb er an Frau Hanska, „muß man alles zerstören und alles wiederaufbauen. Das ist ein Werk, für welches die Menschen fehlen. Daher werden wir, ziemlich schnell, glaube ich, zum Möglichen zurückkehren..." Über die Grenzen dieses Möglichen wäre Balzac mit seiner Freundin und seinem Kameraden George nicht ein und derselben Meinung gewesen.

Die allgemeinen Wahlen kamen näher. Sand tat alles, was in ihrer Macht stand, um das Volk zu veranlassen, „richtig zu wählen", nämlich für die Kandidaten zu stimmen, die die Regierung und die Revolution unterstützen würden. Aber außer einigen Arbeiterstädten schien die Provinz ebenso konservativ zu sein wie La Châtre. George wies den Gedanken, geschlagen zu werden, weit von sich. Sie ging sogar soweit, eine gefährliche Unterscheidung zwischen *Mehrheit* und *Einstimmigkeit* aufzustellen:

Das Ideal des Begriffs der Souveränität aller ist nicht die Mehrheit, sondern die Einstimmigkeit. Es kommt einmal der Tag, da der Verstand von den Schleiern und das Bewußtsein von Unschlüssigkeiten so vollkommen befreit ist, daß in den Ratsversammlungen der Menschen keine einzige Stimme sich mehr gegen die Wahrheit erheben wird... Ja, in allen Epochen der Geschichte gibt es entscheidende Stunden, da die Vorsehung eine Prüfung versucht und das wirkliche Streben, die zündende Zustimmung der Massen bestätigt. Es gibt Stunden, da im Angesicht des Himmels die Einstimmigkeit erreicht wird und vor ihr die Mehrheit nicht mehr zählt[15]...

In der sechzehnten Nummer des *Bulletins,* die eine unangenehme Berühmtheit erlangen sollte, drohte sie:

Wenn die Wahlen der sozialen Wahrheit nicht zum Siege verhelfen, wenn sie ein der vertrauensvollen Loyalität des Volkes entrissener Ausdruck der Interessen einer Klasse sind, dann werden die Wahlen, die das Heil der Republik sein sollten, zweifellos deren Untergang herbeiführen. Dann würde es für das Volk, das Barrikaden errichtet hat, nur eine Rettungsmöglichkeit geben: es müßte ein zweites Mal seinem Willen Ausdruck verleihen und die Entscheidungen einer falschen Nationalvertretung aussetzen. Wird Frankreich Paris zwingen, zu diesem äußersten und beklagenswerten Mittel seine Zuflucht zu nehmen?... Das verhüte Gott[16]!...

Dies war ein Aufruf zum Aufruhr. Frau Sand fürchtete diesen nicht. Die Regierung, die Presse, das ganze Frankreich erschienen ihr gespalten in rein politische Republikaner, denen sich die Monarchisten angeschlossen hatten, und in sozialistische Republikaner, auf deren Seite sie sich stellte. Die Waffen allein, so dachte sie, konnten zwischen den beiden Gruppen eine Entscheidung herbeiführen. Die Wahlen flößten ihr nicht das geringste Vertrauen ein, weil sie gegen „die Kommunisten" geführt werden würden, aber gegen Kommunisten, die nur in der Phantasie existierten und die, so behauptete man, die Verteilung des Grundbesitzes, die Plünderung, den Diebstahl wollten.

Wenn man unter Kommunismus eine Verschwörung versteht, die darauf abzielt, einen Staatsstreich zu unternehmen, um eine Diktatur aufzurichten, wie es am 16. April hieß, dann sind wir in keinem Falle Kommunisten ... Versteht man aber unter Kommunismus das Verlangen und den Willen, daß mit Hilfe aller gesetzlichen Mittel die empörende Ungleichheit außergewöhnlichen Reichtums und außergewöhnlicher Armut sofort verschwinden soll, um einem Beginn wahrhafter Gleichheit Platz zu machen – ja, dann sind wir Kommunisten und wagen dies euch, die ihr uns ehrlich fragt, zu gestehen, denn wir sind der Meinung, daß ihr es ebenso seid wie wir[17] ...

Währenddessen bereitete die extreme Linke für Sonntag, den 16. April, einen Staatsstreich vor. Es wurde ein schwerer Mißerfolg; denn die ganze Nationalgarde, das ganze Bürgertum und ein großer Teil der Vorstädte schrie: „Es lebe die Republik! Nieder mit den Kommunisten!"

George Sand an Maurice, 17. April 1848: Ich muß dir schildern, wie all dies gekommen ist, denn aus den Zeitungen würdest du nicht klug werden. Sprich mit niemandem über diese Dinge. Seit acht Tagen standen schon drei oder vielmehr vier Verschwörungen vor dem Ausbruch. Ledru-Rollin, Louis Blanc, Flocon, Caussidière und Albert wollten zunächst Marrast, Garnier-Pagès, Carnot, Bethmont, kurzum alle die Juste-Milieu der Republik, zwingen, aus der vorläufigen Regierung auszutreten. Sie hätten Lamartine und Arago behalten, die dazwischenstehen und, da die Macht ihnen lieber ist als die Überzeugung (die sie nicht haben), sich ihnen und dem Volke angeschlossen hätten. Diese Verschwörung hatte Hand und Fuß ... Sie hätte die Republik retten, unverzüglich die Herabsetzung der Steuern des Armen verkünden und Maßnahmen treffen können, die, ohne die ehrlich erworbenen Vermögen zu ruinieren, Frankreich aus der Finanzkrise gezogen hätten; sie hätte die Form des Wahlgesetzes ändern können, das schlecht ist ...; sie hätte endlich all das Gute, das in diesem Augenblick möglich ist, tun und das Volk für die Republik gewinnen können, die das Bürgertum ihm schon in allen Provinzen verleidet hat; sie hätte uns eine neue Nationalversammlung verschaffen können, die zu vergewaltigen man nicht gezwungen gewesen wäre[5] ...

In der Erwartung schlechter Wahlen konspirierten in diesem Augenblick also die fortgeschrittenen Geister der Regierung gegen ihr eigenes Regime. Der Erfolg der Gegenkundgebung stärkte den gemäßigten Flügel. Viele Leser des *Bulletins Nr. 16* machten den „aufrührerischen" Text George Sands für diese Unruhen verantwortlich. Man fragte, wer ihr erlaubt habe, ihn in einer offiziellen Zeitung zu veröffentlichen. Natürlich übernahmen weder Ledru-Rollin noch Jules Favre, der Generalsekretär des *Bulletins,* die Verantwortung, diesen Aufsatz bestellt zu haben; und es war eine Tatsache, daß, entsprechend den solidesten Traditionen der Verwaltung, keiner der beiden ihn gelesen hatte, als sie ihn in Satz gaben.

George Sand versuchte in andern Zeitungen darzulegen, daß sie Kundgebung und Gegenkundgebung ebenfalls mißbillige, die „Kaste und die Sekte", wie sie sagte. Die Kaste, das heißt die sogenannten herrschenden Klassen; die Sekte, das heißt die kleine Gruppe von Fanatikern, die die Gewalt predigten. Aber sie hatte tatsächlich die Sekte ermutigt, und so war die Volksstimmung sehr gegen sie eingestellt. Am 20. April gab das Fest der Brüderlichkeit ihr eine Revanche.

George Sand an Maurice, 21. April 1848: Eine Million Menschen... Dieses Fest war der schönste Tag der Geschichte... Es bedeutet mehr als alle Intrigen vom 16. Es beweist, daß das Volk von all unsern Zwistigkeiten und all unsern Ideensplittereien nichts wissen will, vielmehr lebhaft die großen Dinge spürt und sie will[5]...

Am 23. April fanden die Wahlen statt, und die gewählte Volksvertretung war von einer herausfordernden Mäßigung. Die Massen, die hier zum ersten Male befragt wurden, erschienen noch konservativer als die Wähler des vormaligen Klassensystems. Als Paris das allgemeine Wahlrecht verfügte, hatte es sich zugunsten der Provinz des Rechtes zu regieren entäußert. Ein Pariser Aufstand konnte wohl die Rechtmäßigkeit einer Regierung bestreiten, die aus einem beschränkten Wahlrecht hervorgegangen war, aber nicht die einer Regierung, die im Lande die Mehrheit besaß. Das Palais Bourbon, die Deputiertenkammer, trug über das Stadthaus, den Sitz der revolutionären Gewalt, den Sieg davon. Die Franzosen waren mit der politischen Revolution einverstanden, die soziale Revolution aber nahmen sie nicht hin. „Wir hatten mit schlechten Wahlen gerechnet", schrieb *La Réforme,* „das Geschehen aber, wir müssen es gestehen, hat unsre Erwartungen übertroffen."

Sand besaß noch weiter Zutritt bei den Ministern. Während die Volksvertretung am 10. Mai die Wahl des Präsidiums vornahm, „lag Ledru-Rollin zusammen mit Frau Sand auf dem Rasen der Kammer; ein Wachtposten verhinderte, daß jemand sich ihnen näherte ... Etwas später kam dann auch Lamartine zu ihnen[18] ..." Der dicke Ledru war Opportunist, und gewitzigt durch die Wahlen, näherte er sich Lamartine und den Gemäßigten. Louis Blanc war in der neuen Regierung nicht mehr vertreten. Am 15. Mai taten die Pariser Arbeiter das, was Frau Sand ihnen im *Bulletin Nr. 16* angeraten hatte. Angeführt von Barbès und Blanqui, zwei Veteranen der Pariser Aufstände, drangen sie ins Palais Bourbon ein, erklärten das Parlament für aufgelöst und proklamierten eine sozialistische Regierung. Aber die gesetzmäßige Regierung alarmierte die Truppen; die Nationalgarde der vornehmen Viertel befreite die Versammlung, Barbès und der Arbeiter Albert wurden verhaftet. „Die Demokraten trugen zugleich über die Revolutionäre und die Demagogen den Sieg davon." Dies war das Gefühl der Freunde Lamartines; die abfällige Bemerkung gefiel sicherlich nicht den Freunden Louis Blancs oder George Sand.

Sie gab nicht zu, daß die Kraftprobe bereits vollzogen war, und glaubte immer noch, das Volk werde seinen Willen durchsetzen. Monckton Milnes, Mitglied des britischen Parlaments (später Lord Houghton), weilte vorübergehend in Paris und gab Anfang Mai ein Essen; unter den Eingeladenen befanden sich Sand, Alexis de Tocqueville, Carlotta Marliani und Prosper Mérimée. „Eine der Damen", schreibt dieser, „hatte sehr schöne Augen, die sie über ihren Teller gesenkt hielt. Sie saß mir gegenüber, und ich fand, daß ihre Züge mir nicht unbekannt waren. Schließlich fragte ich meinen Nachbarn nach ihrem Namen. Es war Frau Sand. Sie erschien mir unendlich reizvoller als früher. Wir haben, wie Sie sich wohl denken können, kein Wort miteinander gesprochen, aber uns gehörig beäugt ... Nach dem Essen gab ich dem Obersten D ... eine Zigarre. Er ging zu ihr und bot sie ihr *seinerseits* an, und sie nahm sie freundlich an. Ich habe mich die ganze Zeit in Bootshakenlänge, wie die Seeleute sagen, von ihr ferngehalten[19] ..." *A long spoon to eat with the devil.* Tocqueville, bei dem keine persönlichen Erinnerungen mitspielen, interessierte an Sand vor allem der „Politiker". Er war in diesem Punkte sehr gegen sie eingenommen, doch wurde er verführt durch eine ungeheure und natürliche Schlichtheit in ihrem Verhalten und ihrer Sprache.

Was sie sagte, machte auf mich einen großen Eindruck. Es war das erste Mal, daß ich hier in unmittelbare und vertraute

Beziehung zu einem Menschen trat, der mir sagen konnte und wollte, was im Lager unsrer Gegner vorging. Die Parteien kennen einander niemals; sie rücken einander auf den Leib, kommen ins Gedränge, geraten sich in die Haare; aber sie sehen sich nicht. Frau Sand schilderte mir in allen Einzelheiten und mit seltener Lebendigkeit den Zustand der Pariser Arbeiter, ihre Organisation, ihre Zahl, ihre Waffen, Vorbereitungen, Gedanken, Leidenschaften und ihre schreckliche Entschlossenheit. Ich hielt die Schilderung für übertrieben, aber sie war es nicht; was folgte, hat es bewiesen. Sie selbst schien sich über den Sieg des Volkes zu erschrecken und über das Schicksal, das uns erwartete, Mitleid zu empfinden. „Versuchen Sie, Ihre Freunde zu beeinflussen", sagte sie zu mir, „daß sie auf keinen Fall das Volk auf die Straße treiben, indem sie es beunruhigen oder reizen; ebenso werde ich die meinen zur Geduld mahnen, denn wenn es zum Kampfe kommt, so werden Sie alle, glauben Sie es mir, bestimmt darin umkommen[20] ..."

Dieses erstaunliche Vertrauen auf den Sieg ihrer Ideen in dem Augenblick, da diese sich so sehr in Gefahr befanden, war ein Ausfluß ihrer Lebensfülle. Da sie sich stark fühlte, glaubte sie, die soziale Republik sei es auch. In ihren Artikeln drückte sie ihre Sympathie für die sozialistischen Republikaner und ihre Feindschaft gegen einen unverzüglichen Kommunismus aus, „der sogar die Verneinung des Kommunismus ist, da er ja mit Gewalt und durch die Zerstörung des evangelischen und kommunistischen Prinzips der Brüderlichkeit vorgehen möchte[17]". Sie hielt die Stunde für so ernst, daß sie nicht einmal der im Berry stattfindenden Hochzeit ihrer teuren Titine am 6. Mai 1848 beiwohnte.

Am 15. Mai brach der Tocqueville von George prophezeite Sturm aus. Der Anlaß war eine Kundgebung zugunsten des unterdrückten Polens, des „Christus unter den Nationen". Lamartine hatte es als vorsichtiger Minister abgelehnt, Frankreich in einen hoffnungslosen Feldzug hineinziehen zu lassen; die polnische Emigration bekämpfte ihn daher heftig. Dies war der augenscheinliche Anlaß der Demonstration. In Wirklichkeit war diese dazu bestimmt, die Macht des Volkes zu zeigen und neue Wahlen zu erzwingen. Viele Demonstranten glaubten naiv an die ausgegebenen Parolen und riefen: „Es lebe Polen! Es lebe die Republik!" Allmählich stiegen die Rufe: „Es lebe Louis Blanc!" auf, und Blanqui feuerte die Menge zum Sturm auf die Nationalversammlung auf. Lamartine, Ledru-Rollin und sogar Barbès kamen nicht zu Wort. Blanqui und Louis Blanc ließen die demokratische und soziale

Republik akklamieren. Sie verlangten den unverzüglichen Aufbruch einer Armee nach Polen. In diesem Augenblick hörte man das Rollen der Trommeln. Die Nationalgarde kam der Volksvertretung zu Hilfe. Alles war fehlgeschlagen. Die Panik bemächtigte sich der Menge. Man rief: „Nieder mit Barbès!" Er wurde verhaftet. Es war das Ende.

Wo war George Sand am 15. Mai? In der Rue de Bourgogne, mitten in der Menge. Dort sah sie im Fenster einer Erdgeschoßwohnung eine unbekannte Dame, die an das Volk eine Ansprache hielt und der man Beifall spendete. George erkundigte sich, wer diese Heldin sei. Man antwortete ihr, es sei George Sand! Maurice erzählt, einige Gaffer hätten sich diesen Spaß erlaubt. Er selbst brach mit dem Berrichonner Adolf Duplomb auf, um die Kanone der Militärschule zu holen; ihre Expedition endete in einer Bierkneipe. „Ein denkwürdiger und äußerst fröhlicher Tag", schrieb er. Er war überzeugt, daß Sand an den Geschehnissen keinen aktiven Anteil nahm. Die Zeitungen machten sie nichtsdestoweniger dafür verantwortlich, weil sie im *Bulletin Nr. 16* geschrieben hatte, das Volk habe das Recht, die Republik zu verteidigen, selbst gegen die Nationalversammlung. Hierauf antwortete sie, die Veröffentlichung im *Bulletin* liege schon weit vor den Ereignissen des 15. Mai und könne nicht deren unmittelbare Ursache gewesen sein, was ja auch stimmte.

Am Abend des 15. Mai kam sie zu der Überzeugung, daß die Sache der sozialen Republik verloren war, und sie hatte nur noch den einen Wunsch: nach Nohant zurückzukehren. Dennoch wartete sie zwei Tage, da man erzählte, sie solle verhaftet werden. Sie wollte nicht den Anschein erwecken, als flöhe sie. In der Erwartung einer Haussuchung verbrannte sie alle ihre Papiere und ihr *Intimes Tagebuch*. Aber kein Mensch dachte daran, sie zu behelligen, und unbelästigt reiste sie am 17. abends ab.

Ich wollte der Gerechtigkeit die Zeit geben, mich zur Hand zu finden, wenn sie glaubte, mit mir etwas ins reine bringen zu müssen. Die Furcht meiner Freunde war kaum begründet, und ich hätte mich auf billige Weise wichtig tun können, indem ich eine Flucht vortäuschte, obgleich niemand mir die Ehre erwies, an mich zu denken, abgesehen von einigen Herren der Nationalgarde, die sich darüber entrüsteten, daß ein so gefährlicher Verschwörer vergessen worden war.

IV

NOHANT 1848—1850

> *Es gibt keine Prinzipien; es gibt*
> *nur Ereignisse.*
>
> BALZAC

Als sie sich am Abend des 15. Mai in der Rue de Bourgogne Nohant in die Erinnerung zurückgerufen hatte, war es ihr wie eine Zuflucht erschienen. Aber sie mußte ihre Hoffnungen herabspannen. Auf dem Lande, wo sie den Reaktionären als Zielscheibe diente, war sie in einer größeren Gefahr als in Paris, wo man sie vergaß. Ihre Nachbarn beschuldigten sie aller Irrtümer und aller Verbrechen.

Hier in diesem so romantischen, so sanften, so guten und so ruhigen Berry, in diesem Lande, das ich so sehr liebe und wo ich den armen und einfachen Menschen bewiesen habe, daß ich meine Pflichten ihnen gegenüber kannte, werde vor allem ich als Feind der Menschheit angesehen, und wenn die Republik ihre Versprechungen nicht gehalten hat, so bin offensichtlich ich daran schuld[21] ...

Man erzählte, sie habe vom „Herrn Herzog Rollin" alle Weinberge, alle Güter und Wiesen des Kantons erlangt und die besten Deputierten in den Schloßturm von Vincennes werfen lassen.

George Sand an Carlotta Marliani: Es erweist sich als notwendig, daß ich durch meine Gegenwart eine beträchtliche Bande von Dummköpfen aus La Châtre in Schach halten muß, die alle Tage davon sprechen, daß sie mir den roten Hahn aufs Dach setzen wollen. Sie sind weder körperlich noch moralisch tapfer, und wenn sie sich hier herumtreiben, begebe ich mich mitten unter sie, und sie ziehen vor mir dann den Hut. Aber sobald sie vorbei sind, fassen sie Mut und rufen: „Nieder mit den Kommunisten[5]!"

Der neue Bürgermeister von Nohant, der alte Aulard, ein politischer Gegner, aber ein persönlicher Freund, gab ihr den Rat, die

Gegend zu verlassen, bis all die Aufregung und der ganze Zorn sich gelegt hätten. Sie reiste nach Tours, und die Zeitungen spotteten: „Wohin ist denn George Sand gegangen? ... Wir erfahren aus Paris, daß George Sand, außer Fassung über den Ausgang der Juni-Ereignisse, ihre Möbel und ihre Zigarrenkiste hat einpacken lassen und Paris ihrer Gegenwart beraubt, um sich in Tours niederzulassen. Nichts weiter als eine Umzugsangelegenheit[22] ...“

Delacroix schrieb ihr, sie habe recht daran getan, abzureisen: „Man hätte Sie vielleicht beschuldigt, Barrikaden erbaut zu haben. Sehr richtig sagen Sie, daß in Zeiten wie den jetzigen der Parteigeist keine vernünftigen Überlegungen anstellt und Gewehrschüsse und Bajonettstiche die einzigen Argumente werden, die Kurs haben ... Ihr Freund Rousseau, der übrigens nur das Feuer im Küchenherd gesehen hatte, rühmt irgendwo in einem Anfall von kriegerischer Stimmung den Ausspruch eines polnischen Woiwoden, der in bezug auf seine turbulente Republik gesagt hatte: *Malo periculosam libertatem quam quietum servitium.* Dieses Latein will besagen: ‚Ich ziehe eine Freiheit voller Gefahren einer friedlichen Knechtschaft vor.‘ Ich bin leider zur entgegengesetzten Ansicht gelangt, vor allem wenn ich bedenke, daß diese durch Kämpfe erkaufte Freiheit ja in Wirklichkeit keine Freiheit ist, denn diese besteht darin, daß ich in Frieden kommen und gehen, nachdenken und vor allem zu meinen gewohnten Stunden dinieren kann, und in noch vielen andern Vorteilen, die von den politischen Umtrieben nicht respektiert werden. Verzeihen Sie mir meine reaktionären Gedanken, liebe Freundin, und lieben Sie mich trotz meiner misanthropischen Unverbesserlichkeit[9].“

Nach dem Scheitern des Aufstandes und den blutigen Juni-Metzeleien gab es Tausende von Deportierten. Die soziale Republik war besiegt, und vielleicht jede Republik. Ein neuer blutiger Graben war zwischen dem Bürgertum und den Arbeitern aufgeworfen worden. Sand war verzweifelt und hörte auf, in den Zeitungen zu schreiben.

George Sand an Edmond Plauchut, 24. September 1848: Sie fragen mich, in welcher Zeitung ich schreibe. Ich schreibe nirgendwo, wenigstens in diesem Augenblick; denn unter dem Belagerungszustand kann ich meinen Gedanken keinen Ausdruck geben. Man müßte den augenblicklichen Notwendigkeiten der Zeit Konzessionen machen, und dazu fühle ich mich nicht fähig. Zudem ist seit einiger Zeit meine Seele gemartert und entmutigt worden. Sie ist noch krank, und ich muß warten, bis sie geheilt ist[5] ...

Chopin, der sich in London aufhielt, sprach mit zunehmender Böswilligkeit von dem Pech, das seine ehemalige Freundin betroffen hatte: „Während der letzten Zeit hat sie sich in allen Schmutz hineingestürzt, und man hat viele andre mit ihr hindurchgezogen. Man schreibt ihr die scheußlichen Aufrufe zu, die den Bürgerkrieg entfacht haben[23] ..."

Zu den Widerwärtigkeiten in der Öffentlichkeit kamen schmerzliche intime Konflikte. Der Schneider Brault, Augustines Vater, hatte ein Pamphlet veröffentlicht, das den Titel trug: *Eine Zeitgenossin. Biographie und Intrigen George Sands.* Er beschuldigte diese darin, sie habe Augustine nach Nohant geholt, um sie Maurice als Geliebte zu geben, und hernach das kompromittierte Mädchen mit dem Erstbesten verheiratet. Es war dies eine Erpressung, denn Brault, der weitere Broschüren über den gleichen Gegenstand ankündigte, hatte kein andres Interesse, seine eigene Tochter zu besudeln, als das, Sand zu erpressen. George wandte sich an den berühmten Anwalt Chaix d'Est-Ange um Rat. Sie versicherte, zwischen ihrer Adoptivtochter und ihrem Sohne habe nur eine geschwisterliche, heilige Freundschaft bestanden: „Stets haben sie unter meinen Augen gelebt, wie wir auf dem Lande leben: in einer familiären Vertrautheit[24]." Chaix d'Est-Ange schüchterte den Schneider ein, dessen zweite Broschüre niemals erschien; aber auch diesmal machte sich Chopin die Anklagen zu eigen: „In einem Wort, das schmutzigste Abenteuer, über das ganz Paris sich heute unterhält. Es ist eine Würdelosigkeit von seiten des Vaters, aber es ist die Wahrheit. Das also ist das gute Werk, gegen das ich mich mit allen Kräften wandte, als das junge Mädchen ins Haus kam[23]! ..."
Fürst Karol war dahingelangt, Lucrezia Floriani zu hassen. An Solange, die weiter mit Chopin befreundet war und von ihm oft Nelken und Rosen erhielt, schrieb Sand: „Ich habe seine Wut und seinen Haß nicht mit Haß und Wut vergelten können. Ich denke oft an ihn wie an ein krankes, verbittertes und verirrtes Kind[25] ..."

Gegen die Angriffe einer feindlichen Welt wurde ihr Arbeitstisch wieder einmal zur Festung. Sie gab sich von neuem an die *Geschichte meines Lebens* und kehrte, dem Rat Rollinats folgend, auch zu den Bauernromanen zurück. Durch diese neue Schäferdichtung wurde ihr wieder die Zuneigung ihrer Leserwelt zuteil. Sie verleugnete gewiß nicht ihre Ideen, aber sie verzichtete auf die kämpferische Politik. Sie werde nunmehr, so sagte sie, zwei Arten von Eigentum billigen: einen individuellen Anteil, den einzig die Verständigung der Klassen zulässig machen würde, und einen Kollektivanteil, den sie so umfangreich wie nur möglich wünschte.

George Sand an Joseph Mazzini: Nur durch die Mitwirkung aller also, der reaktionären Bourgeoisie, des demokratischen Bügertums und der Sozialisten, soll sich das Volk regieren. Um erleuchtet zu werden, bedarf es des friedlichen und gesetzmäßigen Ringens all dieser verschiedenartigen Elemente[5] . . .

Am Weihnachtstage (25. Dezember 1848) starb Hippolyte Châtiron in Montgivray. „Krank seit zwei Jahren, suchte er eine künstliche Anregung im Wein. Er nahm kaum mehr Nahrung zu sich und trank jeden Tag immer mehr . . . Der Tod ist gekommen, ohne daß er dessen gewahr wurde[26] . . ."

Augustine schenkte 1849 Bertholdi einen Sohn, der wie der Enkel Marie Dorvals Georges genannt wurde. Marie Dorval war, nachdem alle Liebesbünde zerrissen, eine begeisterte Großmutter. Ihre Tochter Caroline hatte den Schauspieler René Luguet geheiratet; den beiden wurde auf dem Theater nur wenig Erfolg zuteil, aber sie hatten bereits drei Kinder zu ernähren; Merle war gelähmt und siechte dahin; und so lasteten schwere Sorgen auf Dorval. Mutig unternahm sie eine Tournee nach der andern, denn die bedürftige Familie hatte keine anderen Einnahmen als die Gagen der umherirrenden Schauspielerin. Der kleine Georges war kränklich. Damit sie ihn nach dem Süden mitnehmen konnte (wenn sie in Nîmes, Avignon oder Marseille ein Engagement hatte), bezahlte Sand die Reise für das Kind. Dennoch starb es an einer Gehirnentzündung. Dorval überlebte es nur ein Jahr.

René Luguet an George Sand, 23. Mai 1849: Liebe Frau Sand, sie ist tot, diese wunderbare und arme Frau! Sie läßt uns untröstlich zurück. Beklagen Sie uns! . . .

Liebe Frau Sand, lassen Sie mich Ihnen, die Sie sie so sehr geliebt, so sehr bewundert haben, einen Teil ihrer Leiden berichten . . . Sie ist also vor *Kummer,* vor *Mutlosigkeit* gestorben! Die Mißachtung hat sie getötet! . . . Ja, die Mißachtung . . . Alle diese mittelmäßigen Geister, die seit zwanzig Jahren bei jedem Erfolg von ihr zurückgedrängt wurden, haben den Umstand, daß sie eine Zeitlang nicht mehr auftrat, benutzt, um sich zusammenzuballen; und alle diese Menschen, mächtig geworden durch das Geld, die Leidenschaften und die Notwendigkeiten der meisten Direktoren, alle diese Kreaturen haben das Theater überschwemmt, und die Straße hat die Bühne erobert . . . Und wenn die arme Frau, bei all ihrem Talent, von Theater zu Theater ging, machten diese Menschen, die man Direktoren nennt, beim

Namen Dorval große Augen!... Ihr Talent? Das wurde nicht bestritten... Aber es fehlten ihr einige Zähne... Sie war vierzig ... Ihre Kleidung war schwarz, ihr Blick ernst... Alles dies hätte nicht einen dieser Nutzlosen, die halb Dandy, halb Gerichtsvollzieher sind und unsre Theater bevölkern, zu den Sperrsitzen gelockt... Inmitten dieses Zerfalls ereignete sich nun unser erstes großes Unglück: mein Georges starb...

Das Leben dieser armen Marie entschlüpfte also nach zwei Seiten, aus zwei tiefen Wunden: der Tod eines geliebten Wesens... Mißachtung, Ungerechtigkeit, Vergessen überall, Elend zu Hause! So gelangen wir zum 10. April. Ich war in Caen. Sie sollte mir nach dort nachkommen, aber vorher wollte sie eine letzte Anstrengung, einen letzten Schritt versuchen, um in der Comédie Française einen *Winkel* und fünfhundert Franken monatlich zu bekommen: *Brot!* Der Direktor, Herr Seveste, sagte ihr in meiner Gegenwart, an fünfhundert Franken sei nicht zu denken, aber dank kluger Berechnungen werde er bei der Beleuchtung dreihundert Franken einsparen können, und dann werde er sehen, ob er den *Widerwillen* des Komitees besiegen könne. Doch könne er sich in keiner Weise verpflichten und etwas Bindendes sagen! Zu den beiden Messerstichen erhält Marie nun also einen Fausthieb von diesem Henker!... Wieder einmal war ihr Engelsblick nötig, um meiner Entrüstung Einhalt zu gebieten. Es war der letzte Streich, der sie traf. Sie reiste nach Caen ab, und bei der Ankunft wurde sie krank. Innerhalb von zwei Stunden wurde es so schlimm, daß ich mehrere Ärzte zu einer Konsultation herberufen mußte. Man beurteilte den Zustand als sehr ernst: es war ein bösartiges Fieber und ein Geschwür an der Leber!... Ich nahm dieses vernichtende Urteil entgegen, wie man sein Todesurteil verkünden hört. Ich traute meinen Augen nicht, und als ich diesen von Schmerz und Resignation verzehrten Engel betrachtete, der nicht klagte, mich mit einem traurigen Lächeln anblickte und mir zu sagen schien: „Luguet, Sie sind da, Sie... Sie lassen mich nicht sterben", oh, Frau Sand, da erstickte ich! Es wirbelte in meinem Kopf. Ich verfluchte Gott!...

Die Ärzte hatten zwar ihren Tod im Falle einer Reise prophezeit; aber ich erkannte, daß sie auch fern von Paris sterben würde, nach dem sie Tag und Nacht mit einer Stimme rief, die mich noch heute zittern läßt; und so nahm ich das Coupé der Postkutsche... Tags darauf war sie in ihrem Zimmer, in unser aller Mitte, aber die Krankheit, die durch die Reise betäubt worden war, trat wieder ihre Herrschaft an, und am 20. Mai um ein Uhr sagte sie uns: „Ich sterbe, aber ich bin in mein Schicksal ergeben... Meine

Tochter, meine gute Tochter, leb wohl ... Prächtiger Luguet ..."
Dies, Madame, waren ihre letzten Worte, dies ihre letzte Tat.
Dann hauchte sie ihren letzten Seufzer in einem Lächeln aus ...
Oh, dieses Lächeln! Es flammt vor meinen Augen ... Liebe Frau
Sand, mein Herz ist wund. Ihr Brief hat alle meine Qualen wie-
der belebt. Dieser anbetungswürdigen Marie waren Sie der letzte
Dichter. Ich habe ihr an ihrem Bett *Fadette* vorgelesen, und dann
haben wir lange über alle diese schönen Bücher gesprochen, die
Sie geschrieben haben. Weinend haben wir uns all dieser rüh-
renden Szenen erinnert, die sie enthalten. Dann hat sie mir von
Ihnen erzählt, von Ihrem Herzen ... Ach, liebe Frau Sand, wie
sehr haben Sie Marie geliebt und ihre Seele verstanden! Und wie
liebe ich Sie, und wie bin ich unglücklich ...

Aber ich bemerke, daß mein Brief lang ist. Ich muß jetzt aufhören und den glücklichen Tag erwarten, da ich Ihnen von unsrer
unglücklichen Marie erzählen kann ... Wenn ich weiß, daß Sie in
Paris sind, werden Sie mir eine Stunde angeben, und dann werde
ich Ihnen all die *unerhörten* Dinge berichten, die dieser Engel in
den von Schmerz und Melancholie erfüllten Tagen mir gesagt
hat[27] ...

Dorval hatte Dumas-Vater und Sandeau benachrichtigen lassen,
daß sie beide noch einmal sehen möchte. Dumas eilte herbei,
beruhigte Marie, die fürchtete, „ins Armengrab geworfen" zu werden, und versprach, die zum Ankauf einiger Fuß Erde erforder-
lichen fünf- oder sechshundert Franken aufzutreiben. Der kleine
Jules aber kam zu diesem letzten Stelldichein zu spät. Auf dem
Grab wurde ein schwarzes Holzkreuz angebracht: MARIE DORVAL,
an Kummer gestorben. Ihr ganzes Leben lang war sie verwünscht,
verraten und besudelt worden, „ein Opfer der Kunst und des
Schicksals"; nach ihrem Tode wurde sie gepriesen und ihr Gedächtnis in Ehren gehalten, und George Sand kümmerte sich in edel-
mütiger Weise um ihre Enkelkinder Jacques und Marie Luguet, die
lange Zeit in Nohant ihre Ferien verbrachten.

Chopin starb am 17. Oktober 1849, ohne George wiedergesehen
zu haben. Man erzählt, er habe gestammelt: „Sie hatte mir gesagt,
ich würde nur in ihren Armen sterben", aber die Berichte, die man
über seine letzten Tage gab, sind so zahlreich und so voller Widersprüche, daß mit Sicherheit darüber nichts gesagt werden kann. Solange gehörte zu den Frauen, die am Bett des sterbenden Chopin die
Gräfin Delphine Potocka mit einer von Schluchzen unterbrochenen

Stimme singen hörten. Als George diesen Tod erfuhr, legte sie eine Haarlocke, die er ihr einst geschenkt hatte, in einen Umschlag und schrieb darauf: *„Poor Chopin!* 17. Oktober 1849[28].“

Zwei Jahre später entdeckte Alexandre Dumas-Sohn an der deutsch-russischen Grenze Sands Briefe an Chopin. Dessen Schwester hatte sie von Paris nach Myslowitz mitgenommen und dort, da sie die Indiskretionen des Zolls befürchtete, Freunden in Verwahr gegeben. Diese übergaben dem jungen Alexandre, um ihn zu zerstreuen, diese Liebesbriefe einer Französin, von der sie nicht das geringste wußten.

George Sand an Dumas-Sohn, 7. Oktober 1851: Da Sie die Geduld aufbrachten, diese durch ihre Wiederholungen ziemlich bedeutungslose Briefsammlung zu lesen, die mir nur für mein eigenes Herz Interesse zu haben scheint, wissen Sie jetzt, welch mütterliche Zärtlichkeit neun Jahre meines Lebens erfüllt hat. Gewiß gibt es kein Geheimnis darin, und ich hätte eher Anlaß, mich zu rühmen, denn zu erröten, weil ich dieses edle und unheilbare Herz wie ein Kind gepflegt habe[29] ...

Dies stimmte.

Seit ihrem Bruch mit Liszt lebte Marie d'Agoult in Paris. Mit all ihren Angehörigen wieder versöhnt (ausgenommen mit ihrem Manne), führte sie in ihrem „rosa Hause“ an den Champs-Elysées einen politischen Salon und veröffentlichte unter dem Pseudonym Daniel Stern seriöse Werke: *Essay über die Freiheit, Republikanische Briefe, Moralische Skizzen.* Sie schrieb eine dreibändige *Geschichte der Revolution von 1848*, als sie den Wunsch empfand, sich wieder George Sand zu nähern, die als Mitspielerin bei diesem Geschehen ihr mit ihren Erinnerungen helfen konnte. Seit elf Jahren waren die beiden Frauen entzweit.

Marie d'Agoult an George Sand, 11. Oktober 1850: Einer unsrer gemeinsamen Freunde sagt mir von Ihrer Seite (aber handelte er wirklich in Ihrem Auftrage?) Worte, die mich ergreifen. Noch wage ich mich nicht der ganzen Freude zu überlassen, die sie bei mir hervorrufen. Wenn Sie allein wären, würde ich auf der Stelle zu Ihnen eilen, um aus Ihrem eigenen Munde zu erfahren, ob tatsächlich unsre zerbrochene schöne Freundschaft bei Ihnen einiges Bedauern hinterlassen hat, ob Sie gleich mir fühlen, daß sie unsterblich war und auf keinen Fall ersetzt werden konnte. Die Öffentlichkeit gibt vor, zu wissen, wir hätten einander schweres Unrecht zugefügt. Ich bin bereit, das meine zu bekennen, wenn Sie ein solches bei mir finden; allerdings glaube ich, daß wir beide uns nur eines vorzuwerfen hatten: unsre Jugend. Wir waren jung, das heißt leichtgläubig, anspruchsvoll, hitzköpfig. Wir glaubten in naiver Weise an die perfiden oder zumindest unbedachten Zuträgereien. Unsre tiefe Zärtlichkeit, die sich für verraten hielt, erhitzte sich in heftigen Worten; aber ich habe eine Überzeugung bewahrt, die niemand mir nehmen könnte: wenn wir während jener traurigen Jahre zu jeder Stunde, zu jeder Minute in der Seele des andern hätten lesen können, dann hätten wir unter all den Zornesausbrüchen nur eine wahre, tiefe und unzerstörbare Zuneigung gefunden. Dennoch zögerte ich vorhin, die Feder zu ergreifen. Wird diese Zuneigung, die ich Ihnen bewahrt habe, für Sie noch einigen Reiz besitzen? Leider haben die Jahre, die mich vielleicht ein wenig besser machten, mich bedeutend weniger liebenswert gemacht. Die blonde Peri hat ihre Flügel irgendwo verloren; die Märchenprinzessin hat ihr azurblaues Gewand abgelegt; der göttliche Strahl ist von Arabellas Stirn verschwunden; von all diesen Visionen Ihres Genies ist nur eine Frau übrig geblieben, die mehr mutig denn stark ist, die langsam einen einsamen Weg dahinschreitet und eine große, sehr große Trauer empfindet: über ihre erstorbenen Hoffnungen ... Wie dem auch sein mag, auf jede Gefahr hin schreibe ich Ihnen. Sie werden fühlen, daß ich es ernst und aufrichtig meine; ich schuldete dies allem, was Sie für mich einmal gewesen sind. George, indem ich diesen mir so teuren Namen hinschreibe, ist es mir, als lebe meine Jugend in mir wieder auf. Alle meine Zweifel schwinden dahin. Eine Stimme sagt mir, daß unsre Freundschaft von neuem erstehen wird, ebenso zärtlich und noch stärker als zuvor. Niemals habe ich etwas sehnlicher erwünscht. Und Sie, George, und Sie[7]?

Die Antwort des Doktors Piffoël enttäuschte Arabella, die sich für großherzig gehalten hatte. In ihr wurde die ganze Vergangenheit wieder aufgerührt.

Marie d'Agoult an George Sand, 23. Oktober 1850: Warum, mein lieber George, zwingen Sie mich, Beschwerden auszusprechen und bittere Erinnerungen in allen Einzelheiten hervorzukramen, wo ich mit einem Händedruck auch die letzte Spur unsres gegenseitigen Unrechts auslöschen wollte? Warum beharren Sie auf dem, was Sie mein *rätselhaftes Verhalten* Ihnen gegenüber nennen? Konnten Sie denn nicht von vornherein die Gewißheit haben, daß eine stolze Frau, daran gewöhnt, ihr Herz in der

Gewalt zu haben, Ihnen nicht zuvorgekommen wäre, wenn sie sich nicht ebenso zum Verzeihen befugt gehalten hätte, wie Sie es sein konnten? Ich empfinde einen fast unüberwindlichen Abscheu davor, wieder diesen Weg von Anklagen zu beschreiten, den Sie mir öffnen; denn ich fühle, daß er uns voneinander entfernt, statt uns näherzubringen; da Sie aber schließlich *weder für meinen Zorn noch für mein Schweigen eine Erklärung gefunden haben,* muß ich Ihnen wohl oder übel wenigstens den Hauptgrund angeben.

Der Mensch, der damals auf mich einen sehr großen Einfluß ausübte*, nahm mir den Schwur ab, Ihnen gegenüber niemals von ihm zu reden. Er schien den Tag zu fürchten, da wir, Sie und ich, offenherzig *eine gewisse heikle Frage* behandeln würden. Ich hielt mich moralisch für verpflichtet, ihm dieses Versprechen zu geben; ich habe es gehalten, obwohl es mich viel Überwindung kostete.

Sehr schwere und sehr bestimmte Beschuldigungen – denen die Meinung der Öffentlichkeit, all meiner Freunde und sogar einiger der Ihren Gewicht gaben – entfachten in Italien jene ersten Anwandlungen von Zorn, dessen Ausdruck sich mit einer Ironie färbte, *die nicht die meine war,* die mit der Natur meiner Gefühle im Widerspruch stand und deren Ungerechtigkeit anzuerkennen ich bei meiner Rückkehr nach Paris nicht gezögert habe. Gerade während der Zeit, da wir den Versuch zu einer Wiederannäherung machten, wurde mir von Liszt ein Brief übergeben, den Sie an ihn gerichtet hatten. Ich habe ihn aufbewahrt... Dieser Brief behandelte mich mit grausamer und, verzeihen Sie das Wort, *perfider* Strenge, denn er war an einen Mann gerichtet, den ich leidenschaftlich liebte, und versuchte, mir seine Liebe und seine Achtung zu rauben! ... Aber nochmals, wozu ist es gut, auf diese schmerzliche Vergangenheit zurückzukommen? Ihr Brief beweist mir, daß wir nicht in der gleichen Seelenverfassung sind. Sie haben, so sagen Sie, mich vergessen... Sie scheinen von einem aristokratischen Geist inspiriert zu sein; fast möchte ich sagen (sehen Sie mir das Wort nach) von einem *priesterlichen* Geist. Sie wollen gern das *Absolvo te* über mir aussprechen. Nun sehen Sie: ich, die ich in die Schule des 18. Jahrhunderts und der Französischen Revolution gegangen bin und jeden Tag noch hineingehe, ich bin in einem Maße Anhängerin des Gleichheitsgedankens geworden, daß Sie sich davon keine Vorstellung machen können. Ich erkenne niemandem das Recht der Absolution, das Vorrecht

* Franz Liszt.

348

des Almosengebens zu. Nach den Juni-Ereignissen hielt ich nur eine gegenseitige Amnestie für möglich. Sie scheint mir zwischen uns nicht mehr möglich zu sein, da Sie sich keines Unrechts bewußt sind und zudem kein innerer Drang Sie mehr zu mir hintreibt ... Was ist dann also zu tun?

Sie haben vielleicht recht, und ich bedauere heute, Freunden, die sich wohlwollenden Illusionen hingaben, allzuviel Vertrauen geschenkt zu haben. Denn sie sagten mir, daß Sie sich nach mir sehnten, und ich war naiv genug, dies alles natürlich zu finden. Sie erinnerten mich an die Herzlichkeit und das große Wohlwollen, womit die Künstlerin George der flüchtigen „Prinzessin" einst die Hand hingestreckt hatte. Daraus zog ich die Folgerung, es sei heute meine Aufgabe, den ersten Schritt zu tun ... Ich wußte von Ihrem Leid, das zwar verschieden von dem meinen war, aber ebenso tief. Und nun habe ich, unerwünscht, Sie in Ihrer Abgeschiedenheit gestört, zunächst mit einem unzeitigen Herzensüberschwang und dann heute mit einer grämlichen Gegenbeschuldigung[7] ...

George war dem Gedanken einer halben Versöhnung nicht abgeneigt; bevor sie sich aber darauf einließ, wollte sie das Geschwür ausdrücken und alle dunkel gebliebenen Punkte erhellen.

Marie d'Agoult an George Sand, 28. Oktober 1850: Bestimmt sind Sie eine bessere Frau als ich! Sie erzürnen sich nicht über einen Brief, der mich an Ihrer Stelle wahrscheinlich geärgert hätte, und Sie verschaffen mir mit der Schlichtheit und Offenheit die zwischen uns am Platze sind, wieder die Möglichkeit, Sie mit aller Freude und allem Vertrauen wiederzusehen.

Es entspräche nicht ganz der Wahrheit, wenn ich behauptete, ich habe daran geglaubt, daß Sie zwischen Liszt und mir eine Doppelrolle spielten. Jede andre Frau an meiner Stelle, davon bin ich überzeugt, hätte nicht meine Bedenken gehabt (und Sie werden mir beipflichten, wenn ich Ihnen eines Abends bei vertrautem Zusammensein in Ihrer oder meiner Kaminecke diese lange Geschichte erzähle); aber ich glaubte an dem einen Tage und zweifelte tags darauf. Es erging mir in der Freundschaft wie so lange Zeit in der Liebe: ich hielt die entgegengesetztesten und unvereinbarsten Gewißheiten für richtig und verwarf sie zur gleichen Stunde. Meine beiden Briefe wurden in einem Augenblick geschrieben, da Ihre Situation zwischen Bocage, Mallefille und Chopin, die mir in den häßlichsten Farben geschildert worden war, meinen ganzen Geist nach der Seite des *Verrats* hin-

neigen ließ. Dies entschuldigt sie nicht, erklärt sie aber. Ich bin
weder launisch noch bizarr gewesen. Ich habe nicht einmal das
Verlangen gehabt, Ihnen zu *schaden,* denn ich war mir bewußt,
daß ich mich an einen Menschen wandte, der Ihnen zugetan war
(um nichts in der Welt hätte ich auf solche Weise zu Ihren Feinden
gesprochen). Ich war verletzt; unbewußt erleichterte ich mich.
Diese beiden Briefe verdienten nur, ins Feuer geworfen zu
werden ...

Ich glaube, wenn ich den Faden, der von unserem ersten Zusammentreffen im Jahre 1835 ab durch ein wahrhaftes Labyrinth
von Intrigen, Mißverständnissen und Zweideutigkeiten führt, in
Ihre Hände lege, werden Sie die Dinge so ansehen und beurteilen,
wie ich selber sie betrachte. Wenn unsre Freundschaft nicht wieder
erstehen sollte, dürfen wir nicht der Vergangenheit die Schuld
geben, sondern der Gegenwart und der Zukunft ... Es gibt bei
uns große und sehr schöne Übereinstimmungen; ich glaube, unsre
Ideale weichen nur wenig voneinander ab. Aber im praktischen
Leben, in der Alltäglichkeit des Lebens, in unsern Geschmacksrichtungen, Gewohnheiten, nebensächlichen Anschauungen und
unsrer Umgebung tauchen Gegensätze auf, denen Sie nach
meinem Gefühl eine größere Wichtigkeit beimessen als ich. Wenn
Sie bei mir jemanden antreffen, dessen Aussehen Ihnen mißfällt;
wenn Sie auf einigen Silberlöffeln Wappen bemerken, die ich aus
Gleichgültigkeit, Sparsamkeit oder aus Abscheu vor dem, was als
eine Feigheit erscheinen könnte, nicht habe entfernen lassen;
wenn ich die Mittel und Wege einiger Ihrer politischen Freunde
nicht gutheiße, usw., usw. ... dann sind Sie schokiert; wenn man
bei mir dummes Zeug redet, machen Sie mich dafür verantwortlich; und wenn ich schließlich durch die Gewöhnung an eine
lange Einsamkeit und innere Versunkenheit weniger mitteilsam
bin, als ich es sein möchte, vermuten Sie, ich sei mißtrauisch und
berechnend. Dies, mein lieber George, dies erfüllt mich ein wenig
mit Bangen, zwar nicht genug, als daß ich die Eroberung des
Gelobten Landes nicht doch versuchen möchte[7] ...

In Wahrheit war eine Freundschaft zwischen den beiden Frauen
nicht mehr möglich. Sie hatten zuviel übereinander gesprochen,
zuviel übereinander geschrieben, die eine wie die andre. Jede der
beiden wußte, was ihre Rivalin und Gegnerin von ihr dachte. Ein
Übermaß an Freimütigkeit wird nicht verziehen. Es läßt die Seele
des andern nach einem allzu klarsichtigen Urteil, das grausam war
und es wieder werden kann, voller Unruhe zurück. Ohne Vertrauen
ist keine Freundschaft möglich, und die Achtung, selbst auch eine

erheuchelte, ist für sie gedeihlicher als eine harte Aufrichtigkeit, die zudem oft nur der Ausdruck einer Verstimmung oder eines Grolls ist.

Sands Kinder änderten sich kaum. Solange und ihr Bildhauer schwankten weiter zwischen Leidenschaft und Bruch hin und her. Das Hôtel de Narbonne war durch das Gericht „auf Ersuchen, Betreiben und Bemühen" der Gläubiger wegen Nichtbezahlung der Hypothekenzinsen zu niedrigem Preise verkauft worden. Die Tochter hatte durch ihre Torheiten ihre Mitgift verloren, und die Mutter hatte ihr dann großherzig eine Rente von dreitausend Franken ausgesetzt, was für sie eine schwere Bürde bedeutete. Am 10. Mai 1849 wurde in Guillery, bei Casimir, ein Töchterchen geboren: Jeanne Clésinger. Nachdem der „Steinmetz" bei der Ausstellung von 1848 mit einer Medaille ausgezeichnet worden war, erhielt er 1849 das Kreuz der Ehrenlegion. Solange empfing zum Diner Schriftsteller und Schauspieler; sie hatte Pferde, einen Wagen und einen englischen Kutscher. Gott allein wußte, wie sie das alles bezahlte!
    Maurice, unentschlossen und tatenlos, sprach immer davon, ein Heim zu gründen. Luftschlösser. „Aber nein", schrieb seine Mutter ihm am 21. Dezember 1850, „ich habe deinen Heiratsplan nicht tragisch genommen... Sage nicht, ich würfe dir deine Vergangenheit vor. Ich werfe dir nicht das mindeste vor; ich spreche nur über die Vergangenheit mit dir..." Sie gab ihm den Rat, wenn er wirklich eine Frau suche, solle er in Paris seinen Bekanntenkreis erweitern und in den voneinander verschiedensten Gruppen Einlaß suchen: „Noch ein andres Milieu: willst du Frau d'Agoult besuchen, die die Blüte der bedeutenden Geister bei sich empfängt? Zwischen uns sind Friedensworte ausgetauscht worden; obgleich ich für mich keinen großen Umgang mit ihr wünsche, kannst du sie besuchen. Sie wird dich mit offenen Armen empfangen, denn sie brennt vor Verlangen nach einer Aussöhnung... Sie hat Töchter. Infolgedessen wird sie junges Volk bei sich empfangen. Und dann zieht eine Bekanntschaft die andre nach sich[7]..." Vor allem legte sie Maurice ans Herz, sich nur nach einer ernsten Wahl zu entscheiden; es sei eine wichtige Sache, nicht nur für ihn, sondern auch für sie; denn wenn sie sich nicht mit ihrer Schwiegertochter verstehe, werde sie Nohant verlassen müssen. Durch die Erfahrung gewitzigt, erinnerte George Sand ihren Sohn daran, das einzige Mittel, in der Ehe glücklich zu sein, bestehe darin, all seinen festen Willen mitzubringen, nicht aber vage und schwankende Ideen. Sie riet ihm die Treue an, was überraschend wirken mag, aber die Treue durch die Liebe, was stets ihre Doktrin gewesen war.

Eine Ehe ohne Liebe, das ist eine lebenslängliche Galeerenstrafe... Vor einiger Zeit hörte ich dich sagen, du glaubtest dich nicht fähig, beständig zu lieben, und du könntest nicht dafür einstehen, in der Ehe treu zu sein. Wenn du solche Ideen hast, dann heirate lieber nicht; denn dann wird man dir Hörner aufsetzen, und das hättest du verdient. Du würdest dann an deiner Seite entweder ein gefühlloses Opfer oder aber eine eifersüchtige Furie oder eine Tröpfin haben, für die du nur Verachtung hegen könntest. Wenn man liebt, ist man überzeugt, daß man treu sein wird. Man kann sich zwar täuschen, aber man glaubt daran, man leistet darauf mit gutem Gewissen den Schwur, und man ist glücklich, solange man dabei beharrt. Wenn die ausschließliche Liebe nicht für das ganze Leben möglich ist (was mir nicht bewiesen ist), so möge es wenigstens eine Reihe schöner Jahre geben, da man sie für möglich hält... An dem Tage, da ich dich deiner sicher sehe, werde ich beruhigt sein[29]...

Maurice zog viele junge Menschen seines Alters nach Nohant, Atelierkameraden, politische Freunde. Mehrere von ihnen – Eugène Lambert, der Katzenmaler, Alexandre Manceau, der Graveur, Victor Borie, der Journalist, und Emile Aucante, der Rechtsgelehrte – nahmen immer wieder dort längeren Aufenthalt. Sand ließ sie an ihrem Leben teilnehmen und beendete ihre Briefe an Eugénie Duvernet mit den Worten: „Euch beiden viele herzliche Grüße von Maurice, Lambert und Borie." Diese jungen Leute lösten sich in Nohant ab. *Sand an Maurice:* „Lambert ist heute morgen abgereist und heute abend sicher in deinen Armen. Er war wirklich reizend, sehr ergeben und für mich in unsrer Einsamkeit voller Aufmerksamkeit. Jetzt ist Manceau an der Reihe; auch er ist allerliebst[29]..."

So wetteifern vier junge Männer miteinander, um ihrer berühmten Freundin zu gefallen und ihr zu dienen. Aucante, geschickt und geschmeidig, befaßt sich mit ihren Geschäften; er ist mit allen Verhandlungen mit den Verlegern betraut und wird später von ihr besoldet. Lambert, lange Zeit der Favorit, büßt an dem Tage einen Teil ihrer Liebe ein, da er zu dem Entschluß kommt, seine Laufbahn als Maler mache lange Aufenthalte in Paris notwendig. Frau Sand verlangt, daß man Nohant für den Mittelpunkt der Welt hält. Lambert, hart behandelt, beklagt sich.

Eugène Lambert an Émile Aucante, 30. Mai 1852: Frau Sand beendet ihren Brief mit dem Wort *Grausamer!* ... Ich habe sehr geweint, mein Freund, als ich diesen Vorwurf erhielt, und doch hatte ich ihn nicht verdient. Wenn ich Frau Sand während einiger Monate verlasse, so geschieht es nur, weil meine Zukunft es erfordert. Daher habe ich ihr in meiner Antwort gesagt: „Ich muß von Zeit zu Zeit in Paris arbeiten – oder ich bin verloren!" Ich hatte mein ganzes Herz in diesen Brief hineingelegt, und man hat mich einer Antwort nicht für wert gehalten! Es ist also alles zu Ende. Zehn Jahre sind nun nutzlos vertan, weil ich ein wenig zu lange abwesend blieb. Ich weiß nicht, ob ich mich täusche, aber *man* sollte die Menschen etwas mehr um ihretwillen lieben und etwas weniger seiner selbst wegen . . . Wenn nur eines Tages nicht die Leere um sie herum eintritt. *Niemand versteht besser zu lieben, aber keiner zerbricht auch schneller, was er geliebt hat . . .*

4. Juni 1852: Ich werde alle meine Sommer in Nohant verbringen. Sobald sie mich für ein Theaterstück braucht, werde ich ihr zur Verfügung stehen . . . Was ich aber vor allem behalten will, ist meine Freiheit[7] . . .

Von 1850 ab wurde Manceau zum Favoriten erklärt, und er blieb es. Er besaß alles, um bei Frau Sand zugleich ihre politischen Vorurteile und ihre zweideutigen Mutterschaftsinstinkte zu befriedigen, da er dreizehn Jahre jünger als sie, schwach auf der Brust, zart, hübsch von Gesicht und als Sohn eines Aufsehers vom Luxembourg ein Mann aus dem Volke war. Manceau war ein sehr kunstfertiger Stahlstecher. Anfangs George Sands Sekretär, wurde er schnell ihr Vertrauter. Zwischen Lambert und ihm hielt sie einen leidlichen Frieden aufrecht. *Agenda 1852, geführt von Manceau:* „Manceau und Lambert wollen sich schlagen. Madame heißt sie, einander zu umarmen . . ." Wenn Sand nach Paris reiste, wünschte sie dort bei Manceau zu wohnen, ungeachtet der Einwände von Maurice, der trotz des reifen Alters seiner Mutter fürchtete, solches könne wieder Anlaß zu Redereien geben.

George Sand an Maurice, 24. Dezember 1850: Ich werde wohnen, wo du willst. Bei Manceau wäre ich besser untergebracht als bei dir . . . Es würde keine Schwätzereien geben, wenn du bei mir wärest und in seinem Atelier schlafen könntest. Es würde nicht einmal welche geben, wenn du nicht dort schlafen würdest . . . Denke doch daran, daß kein andrer als sein Portier wissen wird, daß ich dort bin[30]! . . .

Die Bertholdi wohnten in Ribérac, wo „der Pole" zum Steuereinnehmer ernannt worden war; aber die schöne Titine, die sich im

Perigord langweilte, legte großen Ehrgeiz an den Tag und machte des öfteren Reisen nach Paris. Man vermißte sie in Nohant um so mehr, als sie dort bei den Theateraufführungen mitgewirkt hatte und es an jungen ersten Liebhaberinnen fehlte.

George Sand an Augustine Bertholdi, 15. Januar 1850: Man vermißt dich auch sehr bei den Theateraufführungen. Lambert und Maurice bemerken, daß sie die Perle der jungen ersten Liebhaberinnen verloren haben. Frau Fleury ist elegant und wirkt jung, wenn sie geschminkt ist, aber ist zu rührselig und geziert .. Manceau, der Freund von Maurice und von Lambert, wie du weißt, ist jetzt unser erster Darsteller. Er spielt ernste und komische Rollen, und beim Entwerfen der Kostüme, beim Zurechtschminken und dem Einrichten der Dekorationen ist er unübertrefflich. Man ist bei den Pantomimen zu einem Grad der Vollkommenheit gelangt, von dem du dir keine Vorstellung machen kannst, und es wäre das Ideal, wenn man eine hübsche Kolumbine wie dich hätte. Aber die Damen beißen nicht im geringsten an, und man hat sich entschlossen, einen verkleideten jungen Mann als burleske Kolumbine auftreten zu lassen[31] ...

So hatten Harlekin und Kolumbine im Leben Georges den Platz Ledru-Rollins und Louis Blancs eingenommen. Wie in allen Stürmen ihres Lebens hatte sie Nohant als ihren Heimathafen angelaufen und dort, als die Aufregung der Nachbarn besänftigt war, die Ruhe der Tage, die Schönheit der Schwertlilien und des Heidekrautes, die Streitigkeiten und die Fröhlichkeiten der jungen Menschen wiedergefunden. Manceau umsorgen, ihren Sohn lieben, das Haus regieren und jede Nacht zwanzig Romanseiten schreiben — das Leben war wieder normal geworden.

V

UNSRE LIEBE FRAU ZUR GUTEN HILFE

Währenddessen war Louis-Napoleon Bonaparte zum Präsidenten der Republik gewählt worden. Der zauberhafte Name hatte gewirkt. George Sand war der neue Staatschef kein Unbekannter In seiner Jugend war er liberal und sogar ein Carbonaro gewesen.

Gegen 1838 war sie ihm in einem Pariser Salon begegnet, und sie hatten im Haß gegen Louis-Philippe übereingestimmt. Als Louis-Napoleon infolge seiner Komplotte hinter die Mauern des Forts Ham gebracht worden war, hatte der junge Prinz dort ein wirres Gesellschaftssystem entworfen, in dem sich Ordnung und Revolution, Sozialismus und Wohlstand, Liberalismus und Autorität vermischten. Im Jahre 1844 hatte er eine Broschüre über die Beseitigung des Massenelends veröffentlicht. Louis Blanc hatte ihn im Gefängnis besucht und über ihn einen Artikel geschrieben, den Sand im *Éclaireur de l'Indre* veröffentlichte.

Der Prinz hatte erfahren, daß Frau Sand an seinem Geschick Anteil nahm, und ihr sagen lassen, wenn sie einmal nach Ham kommen könne, würde es für ihn, „den wirklich Exkommunizierten, ein Festtag" sein. Sie ging nicht dorthin, schrieb ihm aber, um ihm in höflicher Weise ihre republikanische Haltung zu bekräftigen: „Wissen Sie uns also einigen Dank, daß wir uns der Verführung erwehren, die Ihr Charakter, Ihre Intelligenz und Ihre Situation auf uns ausüben⁵..." Sie erkannte keinen andern Souverän als das Volk an: „Kein Wunder, keine Personifizierung des Volksgenius in einem einzigen..." Louis-Napoleon antwortete mit der gleichen Freimütigkeit.

Fort Ham, 24. Januar 1845: Madame, glauben Sie mir, der schönste Titel, den Sie mir geben könnten, ist der Titel Freund, denn er gibt Zeugnis von einer Vertrautheit, die zwischen uns herrschen zu sehen ich stolz wäre. Sie. Madame. die Sie die Vorzüge eines Mannes besitzen, ohne seine Fehler zu haben, Sie können mir gegenüber nicht ungerecht sein³²...

Sie war damals versucht, an die Aufrichtigkeit dieses jungen Bonaparte zu glauben. Ihre Freunde warnten sie; aber als er zum Präsidenten erwählt wurde, ließ sie in *La Réforme* einen Artikel erscheinen, der nicht feindlich war: „Indem das Volk den Favoriten der Nationalversammlung* verwarf, protestierte es nicht gegen die Republik, deren es bedarf, sondern gegen die Republik, die die Nationalversammlung ihm vorgesetzt hat. Und der große Vorteil für Louis Bonaparte liegt darin, daß er bei der bürgerlichen Republik niemals mitgewirkt hat³³..." Sie verspürte ein gewisses Vergnügen, als sie die Niederlage jener Gemäßigten feststellte, an die sie seinerzeit ihre Warnungen verschwendet hatte.

Im November 1851 fuhr sie nach Paris, um den Proben ihres

* General Cavaignac

Stückes *Victorines Hochzeit* beizuwohnen, das am 26. November 1851 im Gymnase-Theater aufgeführt wurde. Solange wohnte der Premiere bei, zusammen mit ihrem Manne und ihrem Protektor, dem Grafen d'Orsay. In der Ehe Clésinger schritt man von Trennungen zu Versöhnungen und von Versöhnungen zu Trennungen. Im Jahre darauf (1852) sollte ein Urteil dem stürmischen Eheleben dieser feindlichen Gatten ein Ende setzen. Alfred d' Orsay, sehr mächtig unter dem neuen Regime, hatte sich der jungen Solange angeschlossen und protegierte indirekt die Mutter seiner Freundin.

Alle Welt sprach von einem möglichen Staatsstreich. Wer würde sich ihm entgegenstellen? Die Bürger? Sie waren Monarchisten. Die Arbeiter? Warum sollten sie eine Volksvertretung schützen, die auf sie hatte schießen lassen? Emmanuel Arago sagte am 1. Dezember zu Sand: „Wenn der Präsident nicht sehr bald einen Staatsstreich unternimmt, versteht er nichts von seinem Geschäft, denn im Augenblick wäre nichts leichter[34]." Am Abend ging sie mit Solange und Manceau zum Zirkus. Als sie um ein Uhr in der Frühe am Elysée-Palast vorbeikamen, betrachteten sie das Portal des Hofes, das geschlossen war. Ein einziger Posten stand als Wache davor. Es herrschte tiefe Stille, die Straßenlaternen warfen ihren Schein auf das schmierige und glitschige Pflaster. „Morgen geht's noch nicht los!" sagte Sand lachend. Und ruhig schlief sie während der ganzen Nacht.

Tags darauf, am 2. Dezember, sagte ihr Manceau: „Cavaignac und Lamoricière sind hinter den Mauern von Vincennes. Das Parlament ist aufgelöst." Das machte auf sie keinerlei Eindruck. Die Republik, die hier starb, war seit langem nicht mehr die ihre. Die Menschen auf den Straßen waren ruhig, aber am Abend spielte man im Gymnase *Victorines Hochzeit* vor einem leeren Saal. „Ich habe mich jetzt derart in der Gewalt", sagte George zu einem Freunde, „daß mich nichts mehr entrüsten kann. Ich betrachte den Geist der Reaktion als ein blindes Verhängnis, das man mit der Zeit und mit Geduld überwinden muß." Sie verbrachte den Abend in ihrer Kaminecke, auf die Geräusche von draußen lauschend: „Nichts! Eine Totenstille, die Stille der Blödsinnigkeit oder des Schreckens[34]." Einige Tage lang hoffte sie, der neue Herr werde versuchen, die Franzosen miteinander zu versöhnen.

Aber die Anfänge des neuen Regimes waren blutig und tyrannisch. Wie zur Zeit der weißen Schreckensherrschaft forderten die *Ultras*, die Unentwegten, den Prinzen auf, die Statuen der Gnade und der Barmherzigkeit zu verhüllen, ein „unerbittlicher und gerechter Mann aus Erz" zu sein und „mit dem Schwert der Strenge in der Hand" das Jahrhundert zu durchschreiten. Alles, was der

Republik treu blieb, wurde brutal ausgeschaltet. Die Unterdrückung wurde verschärft durch die lokalen Rachemaßnahmen. „Die eine Hälfte Frankreichs denunziert die andre", schrieb George Sand. Durch Entscheidungen, gegen die es keine Berufung gab und zu denen anonyme Verleumdungen den Anlaß bildeten, wurden Unglückliche eingekerkert, nach Afrika transportiert oder nach Cayenne verschickt. Im Berry trat eine Panik ein. Viele der Vertrauten von Nohant waren im Gefängnis, andre waren für die Deportation bestimmt. Pierre Leroux, Louis Blanc, Ledru-Rollin und Victor Borie waren freiwillig ins Exil gegangen. Man erzählte, Sand solle verhaftet werden. Sie wollte nicht fliehen; im Gegenteil, sie wünschte Louis-Napoleon zu sprechen.

In Wirklichkeit war sie keiner Gefahr ausgesetzt. Der Prinz auf dem Präsidentenstuhl achtete sie. Aber sie bestand darauf, bei ihm zu einer Audienz vorgelassen zu werden, denn sie wollte für ihre Freunde eintreten. Maupas, der Polizeipräfekt, sandte ihr einen Passierschein; am 25. Januar 1852 reiste sie nach Paris und schrieb dem Prinzen:

> Ich habe Sie stets als ein sozialistisches Genie angesehen... Durchdrungen von einem religiösen Vertrauen, würde ich glauben, ein Verbrechen zu begehen, wenn ich in diesem Beifallsgejauchze einen Aufschrei des Vorwurfs gegen den Himmel, gegen die Nation und gegen den Mann erklingen ließe, den Gott erweckt hat und den das Volk anerkennt[5]...

Er antwortete mit einem Handschreiben auf dem Papier des Elysee-Palastes: „Madame, es wird mir ein Entzücken sein, Sie zu empfangen, gegen drei Uhr an jedwedem Tage der nächsten Woche, den Sie selber bestimmen mögen[35]..." Sie hatte einen langen Brief vorbereitet, worin sie das dargelegt hatte, was sie mangels Zeit nicht sagen zu können fürchtete. Es war ein Appell an die Gnade:

> Prinz, ich bin nicht Frau von Staël. Ich besitze weder ihr Genie noch den Stolz, den sie aufbrachte, um gegen das Doppelantlitz des Genies und der Gewalt zu kämpfen... Dennoch wende ich mich an Sie mit einem sehr kühnen Schritt... Prinz, die Freunde meiner Kindheit und meines Alters, diejenigen, die meine Brüder und meine Adoptivkinder waren, befinden sich in Kerkern oder in der Verbannung; denn Ihre strenge Hand lastet schwer auf denen, die sich als sozialistische Republikaner bezeichnen oder die als solche gelten... Prinz, ich werde mir nicht gestatten, mit

Ihnen eine politische Frage zu diskutieren, denn es wäre meinerseits lächerlich; aber aus der Tiefe meiner Unwissenheit und meiner Ohnmacht rufe ich Ihnen mit tränenerfüllten Augen zu: „Genug, genug, Sieger! Verschone die Starken wie die Schwachen ... Sei sanft und menschlich, denn danach steht ja dein Verlangen. So viele Unschuldige oder Unglückliche bedürfen dessen!" Ach, Prinz, das Wort *Deportation*, diese geheimnisvolle Strafe, diese ewige Verbannung unter einen unbekannten Himmel, es ist nicht Ihre Erfindung; wenn Sie wüßten, wie es die ruhigsten und die gleichgültigsten Menschen bestürzt! ... Und das Untersuchungsgefängnis, in das man Kranke und Sterbende wirft, wo jetzt die Gefangenen zu Haufen zusammengepfercht auf Stroh liegen, in einer verpesteten Luft und dennoch erstarrt vor Kälte! Und die Ungewißheit der Mütter und der Töchter, die von der Staatsräson nichts verstehen, und das Entsetzen der friedlichen Arbeiter und Bauern, die sagen: „Wirft man Menschen ins Gefängnis, die weder getötet noch gestohlen haben? Werden wir denn alle dorthin kommen? Und doch waren wir so zufrieden, als wir bei der Wahl für ihn gestimmt haben." Ach, Prinz, mein lieber Prinz von ehedem, lauschen Sie auf den Menschen, der in Ihnen ist, der Sie selber sind und der, um zu regieren, sich niemals auf die abstrakte Staatsidee beschränken will. Die Politik bringt sicherlich bedeutende Dinge zuwege, aber das Herz allein schafft Wunder. Lauschen Sie auf das Ihrige!

Amnestie! Eine baldige Amnestie, mein Prinz! Wenn Sie nicht auf mich hören, was bedeutet es für mich, daß ich eine gewaltige Anstrengung gemacht habe, bevor ich sterbe? Aber mich dünkt, ich werde Gott nicht mißfallen, ich werde in mir die menschliche Freiheit nicht herabgewürdigt haben und vor allem nicht Ihrer Achtung verlustig gegangen sein, an der mir viel mehr liegt als an ruhigen Tagen und einem ruhigen Ende⁵ ...

Louis-Napoleon nahm beide Hände Sands, hörte ihr gerührt zu, als sie für eine Amnestie eintrat und die Akte persönlicher Rache anprangerte, denen die Politik als Vorwand diente. Er antwortete ihr, daß er die größte Achtung vor ihrem Charakter hege und ihr für ihre Freunde gewähren würde, was sie nur wünschte. Er empfahl sie dem Innenminister Persigny, von dem sie die Freilassung mehrerer Berrichonner erwirkte. Persigny sagte ihr, der Präfekt des Departements Indre habe sich wie ein Tölpel verhalten. Maßnahmen mißbilligen ist leicht, und das Vollstrecken von Befehlen wird niemals die angenehmste Tätigkeit sein.

Die nun folgende lange Periode macht George alle Ehre, denn

sie kämpfte mutig und zäh, um die Begnadigung der Unglücklichen zu erwirken. Es war eine in doppelter Weise undankbare Aufgabe; denn durch ihr hartnäckiges Vorgehen lief sie Gefahr, die Machthaber gegen sich aufzubringen, während ihre Beziehungen zu diesen ihr den Tadel ihrer republikanischen Freunde zuzogen. Dennoch hatte sie nicht das geringste von ihren Anschauungen aufgegeben. Dem Minister Persigny sagte sie: „Ich bin Republikanerin; aber 1848 habe ich in dem Zimmer, das heute auch Ihr Arbeitszimmer ist, Stunden verbracht, um denen, die Sie jetzt gestürzt haben, Milde zu predigen." Den Republikanern versicherte sie, daß sie ihrer Überzeugung treu bliebe und sich weiterhin für diejenigen kompromittieren werde, die sie verleumdeten. „Noch ist mir meine Pflicht nicht verleidet, die, so glaube ich, vor allem darin besteht, mich bei den Starken für die Schwachen, bei den Siegern für die Besiegten zu verwenden, wer sie auch sein mögen und in welchem Lager ich selbst mich auch befinden mag..." Ihr Leitsatz war: „Ihr könnt Taten verfolgen, nicht aber Überzeugungen. Das Denken muß frei sein." Auf diesem Gebiete fand sie Unterstützung bei dem Vetter des Präsidenten, dem Prinzen Napoleon-Jérôme („Plonplon"), dem der Graf d'Orsay sie vorgestellt hatte und der ihr dann ein wirklicher Freund wurde. Dieser Jakobiner, den man den „roten Prinzen" nannte, war das Enfant terrible der Familie Bonaparte; er verteidigte die „gemeine Masse" gegen Thiers und verschaffte sich so die Achtung der fortgeschrittenen Geister. Da er sich mit seinem Vetter Louis-Napoleon sehr gut verstand, konnte er sich alles erlauben, und seine Hilfe war für George wertvoll. Sie sah ihn oft. *Unveröffentlichte Agenda, 8. Februar 1852:* Dejeuner bei Napoleon Bonaparte. Manceau verwahrt seinen Zigarrenstummel und den Rest seines kleinen Glases und meint: „Wer weiß, ob nicht vielleicht eines Tages...? Er ähnelt so sehr seinem Onkel[36]!"

Monatelang lief Sand von Minister zu Minister, vom Prinzen zu Präfekten, rettete kranke Gefangene, erlangte Hilfe für deren Familien, hielt Deportiertenkonvois an, schickte den Verbannten Bücher und Geld, setzte Bittschriften auf, die es den Bittstellern ermöglichten, ihre Würde zu wahren, und entriß dem Hinrichtungskommando vier junge Soldaten, die zum Tode verurteilt worden waren. Die Kommunisten nannten sie „die Heilige aus dem Berry", der geächtete Marc Dufraise: „Unsere Liebe Frau zur guten Hilfe"; und Alfred d'Orsay schrieb ihr: „Sie sind eine vorzügliche Frau, ganz abgesehen davon, daß Sie der bedeutendste Mensch unsrer Zeit sind." Wenn sie allzu vielen Hindernissen begegnete, zögerte sie nicht, sich von neuem an den Präsidenten zu wenden:

Man möge erfahren, daß das, was Sie mir gesagt haben, wahr ist: *Ich verfolge nicht die Überzeugung und strafe nicht den Gedanken* ... Bis aber diese Amnestie erfolgt, die Ihre wirklichen Freunde uns versprechen, setzen Sie doch alles daran, daß Ihr Edelmut in unsern Provinzen bekannt werde; erfahren Sie, was das Volk sagt, das Sie zur Macht gebracht hat: „Er möchte gut sein, aber er hat grausame Diener und ist ihrer nicht Herr. Unser Wille ist in ihm verkannt; wir wollten, daß er allmächtig wäre, und er ist es nicht[5] ..."

Sie glaubte weiter an die ehrlichen Absichten des ehemaligen Gefangenen von Ham, der der Somnambule des Elysee-Palastes geworden war.

George Sand an Jules Hetzel, 20. Februar 1852: Der Präsident, davon bin und bleibe ich überzeugt, ist ein Unglücklicher, das Opfer des Irrtums und der Allgewalt des Zweckes. Die Umstände, das heißt der Parteiehrgeiz, haben ihn mitten in den Orkan hineingetragen. Er schmeichelte sich mit der Hoffnung, ihn beherrschen zu können, aber er ist bereits halb untergetaucht, und ich bezweifle, daß er sich augenblicklich seiner Handlungen bewußt ist[5] ...

Als er durch das beinahe einstimmige Votum des Landes zum Kaiser gemacht worden war, hörte sie auf, ihn zu besuchen, und wenn sie nunmehr für irgendeinen Unglücklichen Hilfe oder Unterstützung brauchte, bediente sie sich der Kaiserin, des Prinzen Napoleon oder der Prinzessin Mathilde. Das ganze Verhalten Sands während dieser schwierigen Periode war schön, würdig und edelmütig. Während einiger Wochen, vom März bis Mai 1848, war sie von ihren Leidenschaften mitgerissen worden; sie hatte sie aber nach dem Staatsstreich zugunsten der Barmherzigkeit beherrscht.

Agenda, geführt von Manceau, 5. Dezember 1852: Proklamation des Kaiserreiches in Nohant: Napoleon III., Kaiser der Franzosen ... Das ganze Haus, in Feuerwehruniform, geht zur Proklamation. Dann kehrt man zurück. Man arbeitet. Madame steigt um halb zwölf in ihr Zimmer hinauf. *Die Kelter*[37]. Lambert reist morgen ab[38].

MARIONETTEN

So fiel George Sand wieder auf ihre Füße zurück wie eine geschickte Katze, der das Glück hold ist. Die Machthaber gingen schonend mit ihr um; sie besaß Ansehen beim Regime und kam, wenn auch nicht unangetastet, so doch nunmehr unantastbar aus dem Kampf hervor. Aber sie hatte einen gehörigen Schlag mitbekommen. Wieder einmal hatte die Suche nach dem Absoluten bei ihr zu einer schmerzhaften Enttäuschung geführt.

Die Niederlage ist die Zeit der Komödie. In der großen Verwirrung der Jahre, die der Niederlage von 1848 folgten, verdankte George Sand ihr Heil dem Theater. Stets hatte sie es geliebt, schon aus ererbter Tradition. In Nohant hatte man seit der Ära Chopin Pantomimen und halb improvisierte Stücke aufgeführt. Dann hatte Maurice im Jahre 1848 ein Marionettentheater ins Leben gerufen. Er schnitzte die Figuren aus Lindenholz, und seine Mutter bekleidete sie mit ebensoviel Geist wie Geschmack.

George Sand an Augustine Bertholdi, Dezember 1848: Maurice und Lambert haben ein Marionettentheater hergestellt, das wirklich eine wunderbare Sache ist. Dekorationen, Verwandlungen, Perspektiven, Paläste, Wälder, Mondscheinlandschaften, Sonnenuntergänge und Transparente, das alles ist wirklich nett und voll vortrefflicher Wirkungen. Sie haben etwa zwei Dutzend Figuren und lassen diese ganze Kasperle-Welt auf die ergötzlichste Weise sprechen und herumfuchteln. Sie schreiben sich ihre Textbücher selbst, manchmal sehr gut, und sogar düstere Melodramen... Für alle die hölzernen Schauspieler sind eine Unmenge Kostüme vorhanden[31]...

Im Jahre 1851 bereitete George ihrem Sohne Maurice eine Überraschung: sie erbaute ihm im ehemaligen Billardsaale des Schlosses ein richtiges Theater. Dieser große gewölbte Raum im Erdgeschoß wurde mit Solanges Zimmer vereinigt und der dramatischen Kunst gewidmet. Im Hintergrund war eine Bühne für die Schauspieler aus Fleisch und Blut; in der Mitte waren die Sitze für die Zuschauer; in einem Alkoven befand sich das Marionettentheater. Dieses war besser ausgerüstet als jedes andre der Welt. Mit Hilfe eines Brat-spießdrehers, den man aufzog, liefen Sonne und Mond auf ihren gewohnten Bahnen. Der Regen fiel; Blitze durchfurchten die Lein-wand des Hintergrundes. Die von Maurice gemalten Dekorationen erweckten den Eindruck der Tiefe. Es waren von jeder Gestalt meh-rere Doubletten von verschiedener Größe vorhanden, so daß die Figur, wenn sie aus dem Hintergrunde nach vorn kam, im Näher-kommen größer wurde. Alle diese Puppen waren auf derart emp-findlichem Federwerk angebracht, daß ein Hauch genügte, um sie in Bewegung zu bringen.

George Sand an Augustine de Bertholdi, 24. Februar 1851: Ja, Maurice war völlig verblüfft, als er das Theater sah. Er kam vor drei Wochen morgens an. Der Theaterraum war verschlossen. Am Abend habe ich ihm die Augen verbunden und ihn in den Billardsaal geführt. Er sah, wie der Vorhang in die Höhe ging; die Dekorationen von *Claudia* waren an Ort und Stelle, alles recht ordentlich und gut beleuchtet. Seine Überraschung kannst du dir vorstellen! Seit seiner Rückkehr wurde erst zweimal gespielt. Ich lasse nur alle vierzehn Tage spielen, denn schließlich muß man ja auch noch arbeiten. Gestern war eine vorzügliche Aufführung. Ein Stück in der Art der *Pillen des Teufels*, halb gesprochen, halb Pantomime, mit Überraschungseffekten, Teu-feln und Petarden in jeder Szene. Es waren sechzig Zuschauer anwesend. Es gab ein ziemliches Gedränge. Aber man war begei-stert, trampelte mit den Füßen, und die Darsteller waren wie elektrisiert...

28. April 1851: Wir haben mein letztes Stück gespielt. Ach, wie notwendig wärest du uns gewesen! Ich bin nun dazu verdammt, die jungen ersten Liebhaberinnen zu spielen. Das Gesicht geht noch, wenn ich gehörig geschminkt bin; aber mich zu überzeugen, daß ich jung bin, ist für mich ein unübersteigbares Hindernis; und da ich mich nicht als die Gestalt fühle, die ich darstelle, kann mein Spiel nicht gut werden[27]...

„Niemand weiß, was ich den Marionetten meines Sohnes ver-danke", schreibt Sand. In trüben Tagen hatte dieses Spiel, und das ist ja die Rolle eines jeden Spiels, sie ihrem eigenen Ich entrissen. Nach einem halben Jahrhundert von Erfahrungen, von denen viele heftig und schmerzlich gewesen waren, begann George klar die Fäden zu erkennen, die die menschlichen Marionetten in Bewegung setzen. Während sie am großen Tisch von Nohant abends die Kostüme für Harlekin und Kolumbine, für Balandard und Bambula schneiderte und nähte, dachte sie an die fast ebenso einfachen Triebfedern der Leidenschaften. Sie hatte zahllose Menschen kennengelernt; sie konnte sie nun auf einige wenige Rollen beschränken. Da gab es die „alten Komtessen" ihrer Kindheit, die heftige und prächtige Frau aus dem Volke, den geschwätzigen, stets in Geldnöten sich befindenden Reformator, den gefühlvollen Opportunisten in der Art Michels, den leidenschaftlichen und schwindsüchtigen jungen ersten Liebhaber, die junge erste Liebhaberin auf der Suche nach der Liebe. Sie wußte jetzt, was sie alle tun würden, sobald sie die Bühne des Lebens einmal betreten hatten. Für einen Geist, dem das Leben die Augen geöffnet hat, ist es, wenn er den Fünfzigern entgegengeht, eine große Versuchung, sich mit dem menschlichen Triebwerk zu vergnügen und sich dann von dieser sinnlosen Komödie loszureißen. Das Theater ist das Klärbecken der Leidenschaften; es könnte auch deren Tod sein.

Aber die Besten unter den Zuschauern gelangen über die Komödie hinaus. Sie ziehen aus ihr die Lehre, „in sich die Marionette zu töten"; dann entdecken sie, daß im Menschen, wenn die Marionette beherrscht ist, etwas andres verbleibt. George hatte die ideale Liebe gesucht; sie hat sie nicht gefunden, aber nun bedauert sie nicht, sie ersehnt zu haben. Sie ist weiterhin der Überzeugung, daß die Frau in der Liebe alles oder nichts wollen soll. Sie hat die ideale Republik erhofft; sie hat den Zusammenbruch ihres Traums erlebt; aber sie bedauert nicht, etwas erträumt zu haben. Sie glaubt immer noch, daß es im Menschen, trotz seiner zeitweisen Niederträchtigkeiten, ungeheure Triebkräfte zur Größe gibt, und daß es besser ist, mit ihm „von seiner Freiheit denn von seiner Knechtschaft" zu sprechen. Sie stellt fest, daß es das Böse gibt; aber sie bewahrt ihren Glauben an das Gute. Mater Alicia und Abbé de Prémord haben einst recht gehabt, als sie ihr, trotz all ihren Fehlern, Vertrauen schenkten; denn bei zunehmendem Alter geht sie jener heiteren Gelassenheit entgegen, die von einem jeden von uns erobert werden muß.

ACHTER TEIL

Reife

I

DAS GEFÄHRLICHE ALTER

Das „gefährliche Alter" ist gefährlich nur für solche Frauen, deren Leben als Frau keine Erfüllung fand. Wenn das Altern des Körpers sich ankündigt, geben sie sich einem Gefühl des Bedauerns hin, das zu Überspanntheiten führt. George Sand, die die Liebe kennengelernt hat und den Ruhm bewahrt, braucht sich nicht, wie so viele andre, traurig zu fragen, was hätte sein können; sie erinnert sich dessen, was war. Ohne Zweifel macht sie gegen 1852 „einen durch die Umwälzung, die das Alter in ihr bewirkt, unvermeidlichen Zustand der Schwäche" durch, aber es macht ihr nichts aus, daß ihre Schönheit ihren Glanz verliert. Die Geltung, die sie genießt, rettet sie vor der Verlassenheit. Ihr, die sich stets dagegen sträubte, nur ein Gegenstand des Genusses zu sein, ist es zwar nicht gleichgültig (jede Frau befragt ihren Spiegel), aber doch erträglich, eines Tages sich einzugestehen, daß die Zeichen des Alterns sich bemerkbar machen. Mehr als je weiß Sand, daß sie trotz des Alters ein Mittelpunkt der Anziehung ist. Als mütterliche Gebieterin herrscht sie über Nohant. Maurices Freunde – Borie, Manceau, Lambert, Aucante – machen ihr voller Ehrerbietung den Hof. Eugène Delacroix verwundert sich darüber, bei ihr so viele junge Menschen als Dauergäste zu finden. *Tagebuch von Delacroix, 21. Februar 1852:* „Die Situation dieser jungen Leute bei dieser armen Frau erweckt einen seltsamen Eindruck[1]..." Denn Delacroix, ein Geist voll Tradition und Günstling des Regimes, betrachtet Sand mit ein wenig Mitleid und einiger Strenge. Das Mittel aber, jung zu bleiben, besteht nach ihrer Ansicht darin, mit der Jugend zu leben: „Man amüsiert sich bei mir, und ich bin in dieser Gesellschaft stets heiter..."

In seinen vier Karikaturalben hat uns Maurice Sand Bilder dieser ein wenig plumpen Fröhlichkeit hinterlassen. Man sieht in ihnen die Lächerlichkeiten Lamberts, der die Nase hoch trägt, und des kleinen dicken Borie. Manceau erscheint in ihnen zarter, mit sorgfältig gestutztem Schnurrbärtchen und magerem, schlotterndem Körper am Ufer der Indre nach einem eisigen Bade. Er blieb Frau Sands Favorit. Es war ein willfähriger, dienstbereiter Prinzgemahl mit goldenem Herzen. „Wenn Sie ihn kennten, wüßten Sie, daß man solche Seelen in ganz besonderer Weise schätzen und werthalten muß[2]." Maurice und Lambert arbeiteten im Winter in Paris; Borie, von Belgien zurückgekehrt, suchte im Bankfach sein Glück zu machen; Manceau und „Madame" (so nannte er sie stets) blieben im vertrauten Beieinander. Da Manceau einen anständigen und ehrlichen Charakter besaß, erlangte er auf Sand mehr Einfluß als je ein Mann zuvor. Sie konnte ihn nicht mehr entbehren und nahm ihn auf Reisen und nach Paris mit. Sie widmete ihm fünf ihrer Werke. Durch ihn wurde sie von äußeren Sorgen befreit. Jeden Abend vergewisserte er sich, ob sie auf dem Schreibtisch ihr Papier und ihr Glas Zuckerwasser hatte.

Agenda, geführt von Manceau, 23. Juni 1852: Lambert ist heute morgen eingetroffen. Er ist fett geworden. Er hat Bestellungen auf Bilder und kräuselt seine Schnurrbartenden mit einem Korkenzieher... Es regnet; man kann nicht ausgehen. Plaudereien. Arbeit. Abendessen. Musik. Stickerei. Maurice arbeitet an einem Theaterstück. Lambert geht zu Bett, Solange auch. Wir steigen um zwölf hinauf; Madame will noch Briefe schreiben.

Agenda von George Sand, 13. Januar 1853: Immergrün, Steinlorbeer, Moose, Primeln, Levkojen, Veilchen. Der japanische Quittenbaum blüht seit vierzehn Tagen. Ungeheuer viel Veilchen überall, in den Wäldern und im Garten. Die rosa Päonie mit dicken Knospen bedeckt. Noch kein einziger Frost... – *28. Januar 1853:* Ich erhalte endlich einen Brief von Maurice. Das Wetter ist reizend: Rosen, Immergrün, dreifarbige Levkojen; doppelte, einfache und gefleckte Stockrosen, die Hyazinthen stehen vor dem Aufblühen; die Mandelbäume sind mitten im Treiben. Gestern abend habe ich fünfzehn Seiten an meinem Roman geschrieben. Heute abend Stickerei. Wir lesen *Ivanhoe.* Borie schläft und schnarcht; Solange befestigt ihm den Schwanz eines Papierdrachens in den Haaren... Er ist wütend, flucht und reißt die Schleife samt der Haarlocke ab. Er tobt und wettert, läuft hinter Solange her und sagt ihr einige derbe Wahrheiten, worüber sich Manceau aufs höchste amüsiert.

Agenda, geführt von Manceau, 1. Februar 1853: Frau Solange steht um neun auf; sie bringt das ganze Gesinde im Hause
in Schwung und weckt alle auf, die noch schlafen, sogar Madame!
Man findet das reizend. Ich indessen nicht... Madame stickt den
ganzen Tag... Am Abend liest Manceau vor. Borie und Émile
gehen schlafen; aber man steigt um Mitternacht hinauf... —
14. Februar 1853: Schönes Wetter. Madame steht mit einer Mi-
gräne auf, die den ganzen Tag über bis acht Uhr abends noch
zunimmt... Madame nimmt nur Tee, Brot und Butter zu sich.
Dennoch habe ich mein möglichstes getan, um sie zu zerstreuen;
ich habe sie in den Garten geführt, wo sie auf der Insel Blumen
pflanzte; ich bin geistreich, blöd, lustig gewesen, aber nichts hat
genützt!...

Agenda von George Sand, 18. Februar 1853: Neuer Brief von
Napoleon, mit dem Passierschein Herrn de Maupas' für
Patureau...

Agenda, geführt von Manceau, 27. Februar 1853: Kaltes,
graues und blödes Wetter. Madame fühlt sich wohl. Vorwort zu
Musikantenzunft und Korrekturen am Roman. Madame hat diesen Roman Lambert gewidmet. Ich frage mich immerhin, ob
dieser große Taugenichts ein solches Glück verdient[3]?...

Wenn das Haus in Nohant voll war oder wenn Freunde aus
La Châtre kamen, behielt das Leben dennoch seine klösterliche
Regelmäßigkeit bei; das Mittagessen, der Spaziergang, die Arbeit,
das Abendessen, die Dominopartie, dann die Lektüre „in der Tischrunde". Dieser große ovale Tisch war das Werk des Dorftischlers
Pierre Bonnin, eines alten Mannes, der Aurora Dupin gekannt
hatte, als sie vier Jahre alt war; wenn George Sand ihn in seiner
Werkstatt aufsuchte, sagte er zu ihr: „Scheren Sie sich raus, Sie
hindern mich an der Arbeit!"

Rings um diesen Tisch wurde gemeinsam Lektüre betrieben. Wenn
Victor Hugo Sand seine *Betrachtungen* geschickt hatte, las Duvernet sie vor; man diskutierte über die Reime, lobte die Gefühls-
wärme des Dichters. Meistens legt Frau Sand Patiencen und stickt
schweigend bis Mitternacht, oder aber sie macht Nadelarbeiten,
bekleidet die Marionetten, stickt Gewänder. Um Mitternacht hebt
sie die Runde auf. Manceau macht ihr die Öllampe zurecht und
begleitet sie zu ihrem Arbeitszimmer, wo sie bis sechs Uhr in der
Frühe verweilt, schreibend und Zigaretten rauchend, deren Stum-
mel sie in ein Glas Wasser wirft.

Am Nachmittag kümmert sie sich um das Haus und den Garten.
Dies ist keine geringfügige Angelegenheit. Die Dienerschaft ist

zahlreich: acht oder neun Dienstboten, dazu für den Tag eingestelltes Gesinde, wenn das Schloß voller Gäste ist oder Madame Johannisbeeren einmacht, denn hierbei arbeitet sie selbst mit, und sie ist stolz auf ihr Marmeladenrezept. All die Bediensteten werden gut bezahlt; Sand hat es sich zur Regel gemacht, etwas mehr zu geben als die Nachbarn. Sie will nicht, daß man von *Herren* und von *Knechten* spricht. Man sei nicht der Herr eines freien Mannes. Es seien „Hausangestellte", von denen ein jeder seine bestimmte Tätigkeit habe. Da George es liebt, daß alle Angelegenheiten vollkommen verrichtet werden, ist sie anspruchsvoll. Aber sie verlangt niemals erniedrigende Dienste. Sie duldet weder Livreen noch Anreden in der dritten Person. Wenn sie einen Befehl erteilt, gebraucht sie die im Berry übliche Wendung: „Möchten Sie dies tun?" und liebt die Antwort: „Aber gern." Die Tugend, die sie bei denen, welche ihr dienen, am meisten schätzt, ist die Diskretion. Niemand soll weitertragen, was in Nohant vorgeht.

Der Anblick der Natur macht die Veränderungen des menschlichen Körpers leichter erträglich. Die kupferroten Bäume des Herbstes künden den Winter an, ohne ihn zu verfluchen, und George nimmt gleichmütig das Alter hin, das mit großen Schritten näher kommt. So sagt eine ihrer Gestalten:

Die alte Frau, nun ja, das ist eine andre Frau, ein andres *Ich*, das jetzt beginnt und worüber ich mich noch nicht zu beklagen habe. Diese Frau weiß nichts von meinen vergangenen Irrtümern. Sie weiß nichts von ihnen, weil sie sie nicht mehr verstehen würde, weil sie sich unfähig fühlt, sie von neuem zu begehen. Sie erweist sich als sanft, geduldig und gerecht, während die andre reizbar, anspruchsvoll und rauh war ... Sie macht all das Böse wieder gut, das die andre getan hatte, und verzeiht ihr obendrein das, was die andre, von Gewissensbissen gepeinigt, sich selbst nicht mehr verzeihen konnte[4] ...

Dies ist, an den besten Tagen, das Verhalten Sands an der Schwelle der Fünfziger. An die Stelle der Leidenschaft möchte sie als Beweggrund ihrer Handlungen die Güte treten lassen. Dies ist eine Tugend, die sie stets gehabt hat, wenn sie auch manchmal vom Ungestüm ihres Charakters verhüllt war. Sie ist stoßweise gut gewesen; nunmehr möchte sie es in einer beständigen Weise sein. Sie glaubt, daß ihr Trachten zu Ende ist. Zwar ist sie nicht resigniert, aber die Wirkungen des Ungestüms lassen sie das Ungestüm verabscheuen. Von nun an möchte sie nur für das Glück der andern kämpfen, ohne Haß und ohne Groll.

Dieser Geisteszustand ist nicht unwandelbar. Das Alter ähnelt dem übrigen Leben; es lernt Höhen und Tiefen kennen. Sand hat auch Rückfälle, ihre Zustände der Gereiztheit, ihre Begierden, Schwächen, Ungerechtigkeiten und Bekümmernisse. Hieraus ergibt sich zuweilen ihre übermäßige Lustigkeit. „Die Frivolität ist ein ungestümer Zustand", und lärmvolles Treiben übertönt die inneren Stimmen. Da sie indessen ein Wesen aus einem Guß zu sein wünscht, verzeiht sie sich nicht nur ihre Vergangenheit, sondern wandelt sie in ehrlicher Überzeugung um, damit sie nur ja des Vorsatzes zur barmherzigen Liebe würdig sei. Musset? Für ihn war sie nur ein Engel an Aufopferung. Die Mystik der Leidenschaft? Die Verachtung der Ehe? Das war nur eine romantische Laune. Die Zeit und nicht der Schriftsteller verdient den Tadel.

Ihre Romane aus früherer Zeit, Zeugen dieser stürmischen Vergangenheit, gibt sie neu heraus, aber sie fügt ihnen Einleitungen bei, um sie ihrer neuen Weltanschauung anzupassen. In ihren neuen Büchern wird die Ehe immer mehr eine respektable Einrichtung. Gewiß, das Liebesgefühl, von Gott gewollt, werde durch das Herz diktiert, aber es unterscheide sich vom Instinkt der Tiere dadurch, daß die Vernunft sich an der Auswahl beteilige, die ausschließlich sei und von Dauer sein müsse. „Und wenn die Liebe stirbt", fragt eine Gestalt des Romans *Constance Verrier*, die Schauspielerin Sofia Mozelli, zu der Marie Dorval Modell gestanden hat, „muß man sie dann nicht anderswo suchen?" – „Warum anderswo?" entgegnet die Heldin. „Wenden Sie doch eher die Kraft an, die Sie Ihrem Herzen zuschreiben, um es von seiner schuldhaften Trägheit zu heilen." In sich den wilden Dämon des Begehrens töten und den Mann, mit dem man verbunden ist, besser kennenlernen, statt einen andern zu suchen – dies sei das Geheimnis der glücklichen Ehe. Balzac hatte sich einst glücklich geschätzt, daß er dies George begreiflich gemacht hatte; aber in solchen Dingen ist die Zeit ein besserer Lehrmeister als die Freunde.

George Sand an Sainte-Beuve, 15. Dezember 1860: Ich bin ein Hang, der ansteigt oder fällt, und hierauf ohne jeden Einfluß. Das Leben führt mich, wohin es will, und seit vielen Jahren bin ich in diesem Punkte so gleichgültig, daß ich mich gegen nichts zu verteidigen brauche; ich durchquere heitere Gefilde und sage Gott Dank, daß er sie mich hat betreten lassen; wie dies aber geschehen ist, weiß ich nicht. Vielleicht war mein Wollen gut! *Pax hominibus bonae voluntatis...*"

II

DER KREIS DER FAMILIE

Diese neue Auffassung von der Ehe war bei George zu spät gekommen, als daß sie das Eheglück des armen Casimir hätte sichern können; und zudem ist es nicht wahrscheinlich, daß ihre Ehe jemals hätte gerettet werden können. Es gibt Fälle, wo eine Frau um so weniger liebenswürdige Züge bei ihrem Manne findet, je mehr sie ihn zu erkennen sucht. Es ist nutzlos, alsdann eine Versöhnung zu predigen. Sand hätte dies besser als sonst jemand wissen dürfen. Indessen sehen alte Frauen solche Dramen nicht unter dem gleichen Gesichtswinkel wie junge. Sie denken daran nicht mehr ihrer selbst wegen, sondern wegen ihrer Töchter, Schwiegertöchter, Enkelinnen; und dann bringt man stets genügend Kraft auf, um den Leidenschaften der andern zu widerstehen. Die Mutter Solange Clésingers konnte nicht urteilen und fühlen wie die Frau Casimir Dudevants.

Solange und ihre Mutter beurteilten einander mit Strenge. Sand und Maurice hatten sich gegen das bösartige kleine Mädchen verbunden, das seine Denunziationen auf eine so perfide und glaubhafte Art anbrachte, daß in seinem Umkreise schließlich einer den andern verabscheute, ohne hierfür den Grund finden zu können. „Während eines Aufenthalts von Solange wurden sogar die Hähne streitsüchtiger, waren sogar die Hunde bissiger." Seit ihrer Kindheit Zuschauerin der Liebschaften ihrer Mutter, hatte sie sie anfangs verurteilt, dann beneidet. „Wenn ich mit ihr über Gott sprach", sagte Sand, „lachte sie mir ins Gesicht." Es muß zugegeben werden, daß Solange, was allzu große Nachsicht in Liebesdingen betraf, in guter Schule gewesen war. Dessen war sich George aber nicht bewußt. Sie konnte sich nicht so sehen, wie Solange sie sah. „Sie gibt sich der Hoffnung hin", schrieb Sainte-Beuve streng, „man werde niemals das glauben, was wirklich ist, und letzten Endes werde das geschriebene Wort den Sieg davontragen." George war in ihrem Verhalten aufrichtiger, als er annahm. Das freie Denken und der dreiste Zynismus ihrer Tochter schokierten bei Frau Sand zugleich die Mutter, die ehrbare Bürgerin und die Romantikerin. Die beiden Frauen mochten einander nicht, wenn sie sich auch „mein Dickerchen, mein Herzchen, meine Liebste" nannten. Zur Zeit

Chopins hatte zwischen ihnen eine geheime Rivalität bestanden. Das Verhalten Solanges war damals verdammenswert gewesen. Dann hatte Sand geglaubt, verzeihen zu können, und war hierzu auch bereit gewesen. Zweimal hatte sie ihre Tochter ausgestattet, indem sie ihr das Hôtel de Narbonne und später, nach dem Zwangsverkauf dieses Hauses, eine Rente gab; sie hoffte zumindest, die Ehe würde Bestand haben.

Es kam anders. Clésinger war ein Narr; innerhalb eines Jahres machte er derart viel Schulden, daß der Verkauf des mit Hypotheken belasteten Hauses unvermeidlich wurde. Er ruinierte seine Frau und trug zu beträchtlichen Vermögensverlusten seiner Schwiegermutter bei; denn Sand versuchte, wenn auch vergebens, ihn zu retten. Solange indessen, getreu ihrem System geheimer Verleumdungen, erzählte ihren Freunden Bascans, daß „die Gläubiger ihrer Mutter" sie verfolgten! Geheimnistuerisch verhehlte sie Sand den wirklichen Zustand ihrer Ehe: „Ich erfahre von ihr nur das, was sie mir sagen will, und sie sagt nur das, was sie ihren Interessen nützlich glaubt..." Die Geburt der kleinen Jeanne Clésinger hatte zwischen Mutter und Tochter nur eine Entspannung, jedoch keine Wiederannäherung herbeigeführt. „Wenn Clésinger von den beiden auch der Verrückteste ist, so ist er doch nicht der Schlechteste", sagte Sand. Im Februar 1851 kamen Solange und Nini nach Nohant.

George Sand an Augustine de Bertholdi, 24. Februar 1851:
Als wichtige Mitteilung berichte ich dir, daß am Tage vor Maurices Ankunft Solange nach hier gekommen ist; sie hat vier Tage hier zugebracht mit ihrem Kindchen, das recht nett, aber keineswegs bequem ist. Sol war mit dem Vorsatz gekommen, liebenswürdig zu sein, und sie war liebenswürdig mit viel Aplomb, wie eine Weltdame, die auf dem Grunde ihres Herzens überhaupt kein Gefühl hat. Das ist alles, was ich darüber sagen kann, denn über den Grund dieses Besuchs und die wirklichen Absichten Solanges erfährt man niemals etwas. Sie spricht davon, im Sommer hier in der Gegend einige Monate zu verbringen, und sucht eine Wohnung zu mieten; aber sie wird keine finden, aus dem einfachen Grunde, weil es keine gibt. Ich weiß nicht, ob sie damit bezweckte, eine Einladung nach hier zu bekommen. Ich habe ihr ausdrücklich erklärt, daß ich weder ihren Mann noch ihre Dienerschaft, ihre Freunde, ihre Pferde und Hunde hier sehen wolle, daß ich nur sie allein und ihre Tochter bei mir aufnähme, und dies noch mit Vorsicht, wobei ich auf der Hut vor Zank und Streit sein würde. Hierauf gab sie mir zur Antwort, sie habe nicht die Absicht gehabt, bei mir zu bleiben, zumal ihr Haushalt einen

solchen Aufwand und soviel Dienerschaft erfordere, daß diese in meinem Hause keinen Platz fände. Sie behauptet, ihr Mann verdiene viel Geld. Das glaube ich. Nur möchte ich wissen, ob die Schulden bezahlt werden. Sie nimmt ihn stets gehörig in Schutz und behauptet, er habe zwar einen schlechten Charakter, aber ein gutes Herz. Um so besser, wenn sie zufrieden ist ... Sie fühlt sich nicht wohl ... aber mir scheint, es ist ihre eigene Schuld. Sie hatte eine Fehlgeburt; tags darauf steigt sie zu Pferd, und seit einigen Monaten fühlt sie sich nicht wohl. Sie schreibt mir übertrieben zärtliche Briefe. Ich habe mir über all dies meine Meinung gebildet und bin nicht mehr böse, weder untröstlich noch dumm genug, alles für bare Münze zu nehmen. Ich erkenne voller Ruhe, was ist und sich nicht mehr ändern läßt[8] ...

Der Abscheu Sands vor diesem Paar war so groß, daß sie es zu einem Verbrechen fähig hielt. Sie flehte Maurice an, keine Einladung zu einem Essen bei seiner Schwester anzunehmen.

George Sand an Maurice, 2. Januar 1851: Ich möchte nicht, daß du bei ihnen ißt ... Clésinger ist verrückt ... Solange ist herzlos. Beide lassen es in ihren Prinzipien derart an Moral fehlen, daß sie in gewissen Augenblicken zu allem fähig sind ... Sie haben jedes Interesse daran, daß du nicht existierst, und bei ihnen geht der persönliche Nutzen allem andern vor. Eine grausame Eifersucht hat stets Solanges Herz verzehrt. Sie sind hinter dir her. Clésinger heftet sich an deine Schritte ... Geh nur mit äußerster Vorsicht zu ihnen, und nochmals, *iß und trink dort nichts* ... Verbrenne diesen Brief, aber vergiß ihn nicht. Das Verbrechen ist nicht immer das, was man glaubt. Es ist kein wohlüberlegter Entschluß oder ein verhängnisvoller Hang, der langsam bei Ungeheuern keimt. Es ist eine Wahnsinnstat und in den meisten Fällen ein Wutanfall[7] ...

Sie gestand sich schließlich ein, daß sie für ihre Tochter keinerlei Zuneigung mehr fühlte: „Sie ist für mich eine kalte Eisenstange, ein unbekanntes, unverständliches Wesen ..." An Solange selbst schrieb Sand damals: „Dein Leben ist sehr phantastisch, mein liebes Dickerchen, und je älter du wirst, desto weniger begreife ich es[8] ..." Phantastisch? Ja, Solange handelte wirklich seltsam. Eine Zeitlang lebte sie bei ihrem Vater in Guillery, und der arme Casimir, der nicht ganz sicher war, die Ehre dieser Vaterschaft zu verdienen, übernahm die Kosten des Aufenthalts, was Solange jedoch nicht hinderte, sich über ihn zu beklagen. Da Clésinger sich als untreu erwies, wollte Solange es ihm nachtun, und da sie gut gewachsen war, eine seltsame Schönheit und einen glänzenden Esprit besaß, fand sie leicht Anbeter. Im Jahre 1852 trennte sie sich von Clésinger, der „sie wie ein Modell behandelte", und nachdem sie in einem Kloster Zuflucht gesucht hatte, fuhr sie fort mit ihren Wehklagen.

Solange Clésinger an George Sand, 23. April 1852: Werden die schönsten Jahre meines Lebens auf solche Weise dahingehen? Ohne Eltern, ohne Freunde, ohne Kind, ohne sogar einen Hund, um über die Leere hinwegzukommen?... Die Vereinsamung inmitten lärmenden Treibens, an der Seite von Menschen, die sich amüsieren, von Pferden, die dahingaloppieren, von Frauen, die singen, von Kindern, die in der Sonne spielen, von Menschen, die einander lieben und glücklich sind, das ist keine Langeweile, das ist Verzweiflung! Und dann wundert man sich, daß arme Mädchen ohne Geist und ohne Erziehung sich vom Vergnügen und vom Laster hinreißen lassen! Wissen denn Frauen mit Verstand und Herz sich stets besser davor zu bewahren[7]?...

George Sand an Solange Clésinger, 25. April 1852: Ich habe lange allein gelebt, lange allein zwischen vier schmutzigen Wänden gearbeitet, in den schönsten Jahren meiner Jugend, wie du sagst, und doch bedaure ich nicht, dies kennengelernt und hingenommen zu haben. Die Vereinsamung, über die du dich beklagst, ist etwas anderes... Sie ist die Folge des Entschlusses, den du gefaßt hast. Vielleicht verdient dieser Ehemann nicht eine solch große Abneigung und einen solch stürmischen Bruch. Ich meine, ihr hättet euch auf andre Weise trennen können, mit mehr Würde, Geduld und Vorsicht. Du hast es so gewollt, und nun ist's geschehen...

Um dich zu trösten, brauchtest du Geld, viel Geld. Im Luxus, in der Trägheit und der Betäubung würdest du die Leere deines Herzens vergessen. Um dir aber das zu geben, was du brauchtest, müßte ich doppelt soviel arbeiten, das heißt innerhalb sechs Monaten meinen Tod herbeiführen, denn die Arbeit, die ich vollbringe, übersteigt bereits meine Kräfte... Du würdest nicht lange reich sein, also würde es dir nichts nützen, denn durch das, was ihr von mir erbt, werdet ihr, dein Bruder und du, auf keinen Fall reich werden. Zudem, wenn ich doppelt so viel arbeiten und dies noch einige Jahre schaffen könnte, so sehe ich nicht ein, daß es meine Pflicht dir gegenüber wäre, mir ein solches Galeerendasein zu verschaffen und wie ein Pferd zu schuften, nur damit du ein Leben in Luxus und Vergnügen führen kannst...

Ich werde dir soviel geben, wie ich kann. Das Haus wird dir zur Verfügung stehen, solange du keine Verwirrung durch Torheiten oder die Verzweiflung durch Boshaftigkeiten hineinbringen wirst. Ich werde deine Tochter zu mir nehmen und sie erziehen, solange du nur willst, aber ich werde mir keine unnützen Klagen über Geldverlegenheiten und Entbehrungen, die du in Paris erdulden müßtest, zu Herzen nehmen... Die Äußerungen in deinem Brief über die Frauen von Verstand und Herz, die wie Frauenzimmer ohne Erziehung zuweilen dem Vergnügen und dem Laster erliegen, geben mir Veranlassung, zu denken, daß dein Mann nicht immer log, wenn er behauptete, du habest ihm mit gewissen Dingen gedroht. Wenn dein Mann verrückt ist, bist auch du verteufelt verrückt... In manchen Augenblicken weißt du weder, was du denkst, noch was du sagst. In einem solchen Augenblick befandest du dich, als du diese befremdliche Unerhörtheit in deinem Brief an mich niederschriebst... Wenn du öfters solchen Blödsinn sagst, wundere ich mich nicht, daß es Clésinger schließlich zu bunt wurde...

Ich habe gesehen, wie junge Frauen gegen Leidenschaften des Herzens oder der Sinne ankämpften und vor ihren häuslichen Widerwärtigkeiten in Schrecken gerieten in der Furcht, ungewollt der Gewalt solcher Dinge zu erliegen. Aber noch niemals habe ich eine einzige gesehen, erzogen wie du und aufgewachsen in einer Atmosphäre der Würde und der moralischen Freiheit, die wegen mangelnder Behaglichkeit und wegen der Vereinsamung infolge der von dir angedeuteten Gefahren beunruhigt gewesen wäre. Eine Frau von Verstand und Herz, so stark sie auch sein mag, kann befürchten, von der Liebe mitgerissen zu werden, niemals aber von der Lüsternheit. Weißt du, wenn ich Richter in deinem Prozeß wäre und deine heutigen Bemerkungen läse, würde ich dir deine Tochter bestimmt nicht überlassen[7]...

Solange lachte sicherlich bitter auf, als sie las: *Erzogen wie du und aufgewachsen in einer Atmosphäre der Würde und der moralischen Freiheit* ... Und doch schrieb ihre Mutter diese Dinge in vollster Überzeugung. Für eine schöne, selbstlose Liebe hätte sie Verständnis gehabt; verkäufliche Liebe aber konnte sie nicht gelten lassen. Hierauf antwortete Solange: „Für dich ist es leicht, von Selbstlosigkeit zu sprechen, denn du bist stets reich gewesen. Ich aber habe nichts anderes als die schäbige Pension, die du mir aussetzt; und doch muß ich leben." Dem Bruch mit Clésinger folgten ein Prozeß auf Erstattung der Mitgift und Auseinandersetzungen in bezug auf Nini, die zum Glück nach Nohant geschickt wurde.

George Sand besaß Erfahrung mit Entführungen. Um Nini gegen den Bildhauer zu schützen, brachte sie Nohant in Verteidigungszustand; im Notfalle gedachte sie Manceaus Feuerwehrleute zu mobilisieren. Jetzt, da ihr Enkelkind ihr anvertraut war und sie es erziehen konnte, fand sie die Freude wieder, die sie früher im Zusammenleben mit Kindern empfunden hatte. Das Großmutter-Dasein bereitete ihr Vergnügen. Das Gefühl zärtlichen Schutzes überwog bei ihr alles. Das Unterrichten war ihr wirklicher Beruf. Nini und sie wurden unzertrennlich; zusammen schmückten sie den „Puppengarten", den Frau Dupin einstmals für Aurora angelegt und den diese ihr Klein-Trianon genannt hatte. Es gab dort Miniaturgebirge, winzige Hütten, moosüberwucherte Pfade und Wasserfälle, die ein in den Bäumen verborgener Zinkbehälter versorgte.

George Sand an Augustine de Bertholdi, 28. Oktober 1853: Ich arbeite jeden Tag an meinem Klein-Trianon; ich karre Kieselsteine herbei, reiße Unkraut aus und pflanze Efeu; ich schufte mich kreuzlahm in meinem Puppengarten und kann hernach essen und schlafen wie noch nie[9]...

George Sand an Solange Clésinger: Ich habe ihr für den Garten einen Strohhut gekauft, vier Morgenkleider, Schuhe usw. ... Ich habe auch Strümpfe gekauft. Kopftücher und lange Hosen sind fertig. Unser Töchterchen ist reizend, strahlt stets vor Gesundheit und liest mit ziemlicher Aufmerksamkeit. Wir sind stets unzertrennlich, von Mittag bis neun Uhr abends. Morgens ist sie mit Manceau zusammen, der sie anbetet[10]...

Die „Königin der Ninis" herrschte über Nohant. „Sie nimmt ihr kleines Klistier nur unter der Bedingung hin, daß Blumen an der Spritze befestigt sind, Bänder daran flattern und Manceau während der Prozedur eine Melodie pfeift." Wenn während der kurzen Windstille einer Aussöhnung Solange ihr Töchterchen, nach dem sie „hungert und dürstet", wieder zu sich nimmt, protestiert die Großmutter: „Ich will Nini so lange wie möglich bei mir behalten. So ruhig und so glücklich wird das arme Kind nirgends sein, solange dieser Streit nicht entschieden ist." Vor allem will Sand nicht dies ständige Hin und Her: „Ich habe das Pech, mein Herz an die Wesen zu hängen, deren ich mich annehme, und das Unverhoffte mag ich auf keinen Fall... Wenn die Versöhnung keinen Bestand hat, wirst du mir Nini krank, verwirrt zurückbringen, und es wird dann schwierig sein, mit ihr umzugehen[8]..." Dies traf tatsächlich ein, aber wiederum tat der Zauber von Nohant Wunder. Die – bisher unveröffentlichten – Agenden George Sands, die meistens von Manceau geführt wurden, zuweilen von ihr, haben uns die Erinnerung an die Spiele der Großmutter und der Enkelin, an die Arbeiten des berrichonnischen Trianon und die seltsamen Abende von Paris bewahrt, da George nicht nur Solange, Maurice und Manceau, sondern auch Nini zum Diner bei Magny mitnahm und dann das vierjährige Kind ins Odéon oder ins Ambigu mitschleppte, dieses Kind, mit dem weder Mutter noch Großmutter, die beide aufs Theater versessen waren, während der Vorstellungen etwas anzufangen wußten.

Agenda von George Sand, 19. April 1853: Ich gebe meinem Klein-Trianon den letzten Schick. Manceau richtet einen Wasserfall ein. Ich mache Bacchus' Lustwäldchen. Émile ist verblüfft; die Nachtigallen ebenfalls... Ich lese allein den letzten Band meiner Memoiren... – *20. April 1853:* Entzückendes Wetter, ein wenig bedeckt, aber mild. Die Blätter sprießen zusehends... *21. April 1853:* Der Garten ist prächtig. Noch keine Tulpen, aber Narzissen, Teppiche von Veilchen in dem kleinen Gehölz. Die Stiefmütterchen sind sehr schön... Ich habe den Sesselbezug mit den Vogelnestern zu sticken begonnen...

Hier ergreift Manceau wieder die Feder: Sie beginnt auch die Fortsetzung der *Geschichte meines Lebens:* Vierter Teil des 7. Bandes.. – *13. April 1853:* Nini wird wirklich reizend, aber stets will sie ihre Suppe mit den Fingern essen, und Großmama erlaubt es nicht ... – *16. Juni 1853:* Frau Solange soll morgen kommen; also wird sie nicht kommen... – *17. Juni 1853:* Frau Solange ist nicht gekommen. – *18. Juni 1853:* Frau Solange ist heute morgen eingetroffen. Am Abend läßt sie Nini völlig nackt am Essen teilnehmen, und am Morgen beklagte sie sich noch über die Kälte und das Landleben. Mein Gott! ...

Agenda von George Sand, 29. August 1853: Regen und Kälte. Korrektur der *Memoiren.* Ich stecke erst nach dem Abendessen die Nase nach draußen. Schönes Wetter; klarer Himmel... – *27. Dezember 1853:* Den ganzen Tag hat's geschneit... Ich spiele Karten mit Manceau, dann kollationiere ich *Daniel* mit Émile. Um zehn steige ich auf mein Zimmer.

Zwischen Solange und ihrem Kürassier aber konnte keine Vereinbarung Bestand haben. Im Mai 1854 trat eine neue Katastrophe ein. Clésinger, der von einer Liebschaft seiner Frau mit dem Grafen Carlo Alfieri erfahren hatte, drang stürmisch in Solanges Zimmer ein; nach einer fürchterlichen Szene bemächtigte er sich aller Briefe des Liebhabers und schickte sie seinem Anwalt Bethmont mit den

Worten: „Was ist da zu tun? Ich habe den Mut aufgebracht, sie nicht zu töten[11] . . ." Er verließ das eheliche Domizil, kam in Begleitung eines „ordengeschmückten Mannes" nach Nohant, um Nini zu holen, und klagte, diesmal zu seinen Gunsten, auf Scheidung gegen eine ehebrecherische Frau. Von neuem wanderte das arme Kind von Hand zu Hand; bald seiner Patin, Frau Bascans, bald seinem Vater anvertraut, wurde es von diesem schließlich in einem Pensionat untergebracht. Die Briefe George Sands an Frau Bascans zeigen, daß sie einen Monat lang überhaupt nicht wußte, was aus ihrer Enkelin geworden war.

Das Abenteuer führte zu einem unerwarteten ersten Ergebnis. Solange, zermürbt durch so viele Aufregungen, wünschte sich zu bekehren. Ihr Vetter Gaston de Villeneuve, ein sehr frommer Mensch, „trieb sie in die Arme des Jesuitenpaters Ravignan", des berühmten Kanzelredners. Im Kloster der Frauen vom Heiligen Herzen fand sie eine Zuflucht. „Wenn ich nicht zum Glauben gelange, ist es nicht meine Schuld. Auf jeden Fall werde ich bei Heinrich IV. eine Anleihe machen, um sagen zu können: ‚Meine Tochter ist schon eine Messe wert'[8]." Da sie eine Hilfe des Himmels erhoffte, zeigte sie zum ersten Male in ihrem Leben etwas Demut: „Ein Wunder wäre nötig, damit meine Tochter mir wiedergegeben würde. Gott kann Wunder verrichten. Habe ich es aber verdient, daß er für mich ein solches verrichtet? Nein . . ." George Sand, stets geschickt, faßte die Gelegenheit beim Schopfe: „Wenn es dir mit der Frömmigkeit wirklich ernst ist, dann ist der Augenblick gekommen, mit Augustine den Friedenskuß auszutauschen." Und Solange, zweifellos verwandelt, willigte in diese Versöhnung ein.

Das erhoffte Wunder geschah am 16. Dezember 1854. In dem Scheidungsurteil vertraute das Gericht die Obhut über das Kind der Großmutter an.

George Sand an Solange Clésinger, 17. Dezember 1854: Welch ein Glück, meine Tochter! Wirklich etwas, dich in deinem Glauben zu festigen! Gott ist uns zu Hilfe gekommen; und welche Religion man auch haben mag, man spürt doch diese Hilfe, wenn man sie sucht und erfleht. Du mußt sofort kommen, aber mit Jeanne[8] . . .

Der Neujahrstag war ganz nahe. Wie würde Nohant Nini feiern, wenn sie zu dieser Zeit zurückkommen würde! Aber ach, man muß warten, bis das Urteil rechtskräftig ist; denn Clésinger kann noch Berufung einlegen, und sein Anwalt Bethmont ist unbarmherzig. Am 1. Januar 1855 kann Solange in die Pension Deslignières, wo

Nini untergebracht ist, nur Spielzeug bringen. Eine einstweilige Verfügung hält das Kind in dieser Pension zurück. „Der Vater ging mitten im Januar mit dem Kinde aus", schreibt Sand, „ohne zu bemerken, daß es ein Sommerkleid anhatte!" Am Abend brachte er sie krank zurück, und dann fuhr er auf die Jagd, fern von Paris, kein Mensch wußte, wohin. Sand war beunruhigt. *29. Dezember 1854:* „Ein düsterer Tag. Meine Gedanken kreisen nur um Nini. Ich schreibe Briefe und überlege hin und her." Die finstern Vorahnungen wurden leider bald bestätigt. Die arme Kleine bekam Scharlach und starb daran.

George Sand an Charles-Edmond, 7. Februar 1855: Das Grauenhafteste ist, daß man mir mein armes Kind getötet hat... Ich sollte es wiedersehen; das Gericht hatte es mir anvertraut. Der Vater widersetzte sich aus Eigensinn... Er legte also gegen dieses Urteil Berufung ein, und so war es nicht sofort vollstreckbar... Vergebens schrieb ich seinem harten und kalten Anwalt, daß meine arme Kleine in dieser Pension, wo er sie untergebracht hatte, keine richtige Pflege bekomme!... Erst als man sah, daß das Kind verloren war, hat man seine Mutter gerufen und eingewilligt, daß sie es pflege. Es ist in ihren Armen gestorben; lächelnd und mit einer durch eine Geschwulst erstickten Stimme sagte es: „Nein, mein liebes Mütterlein, ich gehe nicht mehr nach Nohant. Denn von hier komme ich nicht mehr weg[12]!..."

Agenda, geführt von Manceau, 14. Januar 1855: Gegen zehn Uhr bringt ein Telegrammbote aus Châteauroux eine Depesche, die mitteilt, daß die arme Nini in der Nacht von gestern auf heute aufgehört hat zu leiden. Madame ist untröstlich, und alle sind es mit ihr... – *16. Januar 1855:* Ankunft von Solange, Lambert, Émile... und Nini! Man bringt sie sogleich zur Kirche ...Der kleine Körper wird um halb zwei Uhr in die Erde gebettet.

Agenda von George Sand, 17. Januar 1855: Ich habe geschlafen, nachdem ich mich gehörig ausgeweint hatte. Ich habe sehr an sie gedacht, und mir ist es, als habe sie mir geantwortet. Sol ist völlig niedergedrückt, demnach ruhiger. Ich schreibe einige Briefe... – *18. Januar 1855:* Heute nichts Neues. Ich arbeite nicht, vertrödle die Zeit. Ziemlich trüb gestimmt, verplaudere ich den ganzen Tag. Der Boden ist mit Schnee bedeckt. Solange ist erkältet und gehörig krank. Lektüre von Cooper, Stickerei.

Agenda, geführt von Manceau, 23. Januar 1855: Madame fühlt sich ziemlich wohl. Tauwetter... Madame geht mit Frau Solange das Leben der armen Nini durch (um *Nach dem Tode von Jeanne Clésinger* zu schreiben). Abendessen. Unterhaltung über die künftigen Welten. Stickereien. Cooper. Frau Solange ist erkältet; man legt ihr Pflaster auf[3] ...

Man darf dieses Bedürfnis George Sands, über den Tod ihrer Enkelin einen Artikel zu schreiben, nicht allzu strenge beurteilen[13]. Bei einem Schriftsteller verwandeln sich die wahrsten Gefühle in Worte und Sätze. Oft fühlt er nur, was er in Worten niederlegen kann. George Sand versuchte zu arbeiten; dann betrachtete sie Ninis Puppen, ihre Bücher, ihre Schubkarre, ihre Gießkanne, den Garten, den sie zusammen angelegt hatten. „Das Schicksal geht mit dem Menschen recht hart um, vor allem mit der Frau", sagte sie.

George Sand an Augustine de Bertholdi, 18. Januar 1855: Dank für deinen Brief, meine Liebe. Mein Herz blutet und ist gebrochen. Ich bin nicht krank, ich habe den nötigen Mut; du brauchst daher nicht beunruhigt zu sein ... Gestern haben wir das Opfer neben meiner Großmutter und meinem Vater beigesetzt ... Ich weiß nicht, wie lange noch mein Schmerz so stark sein wird. Ich werde alles tun, was ich vermag, daß er mich nicht umwirft, dessen kannst du gewiß sein. Ich will für die leben, die mir bleiben ... Solange ist über die Zuneigung, die du ihr bezeigt hast, sehr gerührt. Sie fühlt und versteht sie[6] ...

Die guten Seelen können sich am Schmerz Unglücklicher nicht sattsehen. Sie möchten stets, daß man noch etwas mehr litte. Man hat Sand getadelt, weil sie trotz dieses Schmerzes fortfuhr, die Sprünge der Salamander in dem kleinen Teich zu beobachten; weil sie schon am 23. Februar bei Maurice anfragte, ob Solange bei einem Diner, das Prinz Napoleon gab, „recht schön und gut zurechtgemacht" gewesen sei; weil im Juli die Theatervorstellungen in Nohant wieder begannen. Gleich Goethe war aber George Sand nicht der Meinung, daß es lobenswert sei, einen Schmerz zu pflegen. „Vorwärts, über die Gräber hinweg!" wäre für sie eine annehmbare Devise gewesen.

Nach Ninis Tode wollten ihre „Jungen" – Maurice, Aucante und Manceau – sie nach Italien mitnehmen, damit sie eine Zerstreuung habe. Es wurde eine schöne Reise, zu Wasser von Marseille nach Genua, „wo wir im Freien unter den mit Früchten bedeckten Orangenbäumen speisten"; dann zu Lande durch die römische Campagna, „zusammengepfercht in einer Art Schnellpost". Maurice beschrieb Titine die Reise in einem humorvollen Brief: „Wir durchqueren die Staaten des Herzogs von Modena, wo alles aus weißem Marmor ist, von der Hütteneinfriedigung des Bauern bis zur Krone des Herzogs. Seine Staaten haben einen Umfang von zwölf Meilen; er hat eine Truppe von dreizehn Mann, einbegriffen die Musik, und alle seine Untertanen sind Marmorarbeiter[6]..."

Durch Maurices „tolle Späße" hindurch erahnt man, daß es eine heitere Reise war, mit derben Atelierpossen, wie Sand sie liebte. Manceau schnitt sich den Schnurrbart ab und küßte Sankt Peter den Fuß; Sand kam wieder zu Kräften und erkletterte behend die Berge; man fand viele unbekannte Pflanzen und Insekten und machte in den Ruinen von Tusculum Jagd auf Schmetterlinge. Sand war glücklich, aber auch entschlossen, alles schlecht zu finden und sich bei jedem Schritt nach Frankreich zu sehnen. Hieraus ergeben sich überraschende Urteile: „Glauben Sie kein Wort von der Größe und der Erhabenheit des Anblicks von Rom und seiner Umgebung. Für den, der andres gesehen hat, ist dies alles klein; aber es ist entzückend und reizend... Rom ist seltsam, es ist schön, es ist interessant, es ist erstaunlich, aber es ist allzu tot... Die Stadt ist unrein vor Häßlichkeit und Schmutz! Es ist das in seiner Größe verhundertfachte La Châtre[12]..." O Berrichonnerin!

Die Wahrheit war, daß sie den römischen Schauplatz mit einer ablehnenden Voreingenommenheit betrachtete. Ihrem Freunde Luigi Calamatta, der ihr vorwarf, sie verhehle, daß es in Rom neben Bettlern und Gaunern auch ein anständiges Volk und Märtyrer der Freiheit gebe, antwortete sie, die kaiserliche Zensur würde ihr nicht erlaubt haben, von den italienischen Liberalen zu sprechen, von Mazzini und Garibaldi, die sie liebe. „Da man von dem, was in Rom stumm, gelähmt und unsichtbar ist, nicht reden kann, muß man von Rom das heruntermachen, was man dort sieht und was man dort pflegt: den Schmutz, die Trägheit, die Infamie... Es ist also gut, wenn man sagt, was aus einem wird, sobald man wieder unter die Soutane gerät, und ich habe sehr gut daran getan, es unter allen Umständen zu sagen[12]..."

Diesen Ausbruch von Antiklerikalismus muß man zu einem Teil dem alten Bestand Voltairescher Gesinnung zuschreiben, die stets bereit war, in die bedeutenden Erschütterungen dieses Geistes einzubrechen; vor allem aber dem Abscheu, den ihr die zwar nicht religiöse, wohl aber klerikale Politik des Zweiten Kaiserreichs einflößte. Sie sah, daß die Gedankenfreiheit bedroht schien, daß junge Professoren verfolgt wurden; deshalb hielt sie es für notwendig, sich aufzulehnen. Das Buch, das sie über ihre Italienreise schrieb, *Daniella*, war eher ein Pamphlet denn ein Roman und verschaffte ihr viel Verdruß. Die Zeitung, die es im Feuilleton veröffentlichte, *La Presse,* wäre beinahe verboten worden. George Sand veranlaßte die Kaiserin, sich ins Mittel zu legen; sie erregte ihr Mitleid über das Schicksal der unschuldigen Drucker und Arbeiter. Die Kaiserin tat, was von ihr erbeten wurde, und dies war von seiten einer frommen Spanierin schon eine mutige Tat; aber dennoch gewann sie hierdurch nicht die Gunst von Frau Sand.

III

DIE SENSE DER ZEIT

Während ihrer Reise durch Italien hatte Sand den Tod des armen Madegassen erfahren. Im Alter wird der Geist zu einem Friedhof. Die man am meisten und die man schlecht geliebt hat, irren nachts zwischen den Gräbern umher. Der schöne Ajasson de Grandsagne war 1847 gestorben, Hippolyte Châtiron 1848, Chopin und Marie Dorval 1849, Balzac und Carlotta Marliani 1850, Latouche und Tante Lucie Maréchal 1851, Planet 1853, Nini Clésinger und Néraud 1855.

Dennoch wimmelte es in Nohant von Gästen. Manceau verließ niemals seinen Posten; die andern jungen Leute kamen, so oft sie konnten. Maurice machte seiner Mutter Sorge durch seine Unbeständigkeit. Er führte ungezählte Dinge ziemlich gut aus, keines aber vollkommen. Seine Karikaturen waren amüsant, seine Illustrationen einfallsreich und poetisch, die Melodramen, die er für das Marionettentheater komponierte, sehr drollig; sogar einen Roman hatte er geschrieben. Und doch tauchte er aus seinem Dunkel nicht empor. Das Gewicht des mütterlichen Ruhms lastete auf ihm. Ungewollt behielt Sand, die ihn von ganzem Herzen liebte, einen gönnerhaften Ton bei, wenn sie mit ihm über seine Arbeiten sprach: „Zeige deinen Roman doch Buloz; um mir einen Gefallen zu erweisen, wird er ihn schon nehmen." Auf solche Weise ermutigt man nicht einen Künstler. Maurice ging bereits den Vierzigern entgegen; in diesem Alter wird es peinvoll, nur der Sohn seiner Mutter zu sein. Gern hätte sie gesehen, daß er heiratete; aber auch auf diesem Gebiet gelangte er zu keinem Entschluß.

Zum ersten Male in ihrem Leben wünschte George, sich von Nohant zu entfernen. Um ihre Familie zu unterhalten, den Verbannten zu helfen, die Enkelkinder Marie Dorvals und so viele andre zu unterstützen, die von ihr und ihrer Feder lebten, mußte sie mehr denn je arbeiten. Sie war des täglichen Stroms von Besuchern in Nohant überdrüssig, von denen viele mit dem Verlangen kamen, sie möge ihr Ansehen bei dem Prinzen Napoleon einsetzen, um sich für sie zu verwenden; daher wünschte sie für ihre Arbeit eine einsamere Stätte. Bei einem Ausflug, den sie mit Manceau in den gebirgigen Teil des Creuse-Tales unternahm, entdeckte sie das Dorf Gargilesse am Ufer des gleichnamigen Flusses. Der Ort bezauberte sie. Das zuvorkommende Wesen der Bewohner und ihre gastfreundliche Gefälligkeit gefielen ihr. Moreau, ein Forellenfischer, führte sie nach dem Dorfe Gargilesse, erbaut auf dem Grunde eines Kessels, in dem ein paar Dutzend Quellen eine fast afrikanische Vegetation unterhalten, so warm und geschützt ist diese Stätte. Der Ort hatte siebenhundert Einwohner, eine römisch-byzantinische Kirche und ein romantisches Schloß. „Wir, die wir nicht gezwungen sind, in Paris zu leben", schrieb Sand, „wir träumten davon, uns in diesem Dorfe ein Landhäuschen einzurichten... Jeder Künstler, der das Landleben liebt, hat davon geträumt, seine Tage unter den Bedingungen eines bis zum Hirtendasein vereinfachten Lebens zu beschließen[14]..."

Sogleich bekam sie Lust, in Gargilesse ein Häuschen zu erwerben. Das kostete fünfhundert bis tausend Franken. Manceau bat um die Erlaubnis, es ihr anbieten zu dürfen; er fand eines am Ufer des Flusses, kaufte es und sprach bald nur noch von *seiner* Freitreppe, *seinen* Wiesen und *seiner* Küche. Er ließ dieses Haus neu anstreichen und möblieren; er richtete es wie ein Schiff ein, mit winzigen, aber bequemen Kabinen. Frau Sand fand Gefallen daran. Sobald sie in Ruhe arbeiten wollte, verließ sie mit Manceau Nohant und flüchtete sich nach Gargilesse, wo beide ein idyllisches Glück fanden. Maurice kam dorthin, dann die Schauspielerin Bérengère; aber Gargilesse war für Nohant das, was Marly für Versailles war: ein nur wenigen Erwählten vorbehaltener Aufenthalt. Sand gab niemandem diese Adresse.

Im Jahre 1857 starben Alfred de Musset und Gustave Planche, der letztere nach einem fürchterlichen Todeskampf, über den Buloz getreu wachte. In seinen Aufsätzen war Planche bis zum Ende für George Sand eingetreten, die ihn für „den einzigen seriösen Kritiker dieser Zeit" hielt. Damit meinte sie: der einzige, der von ihr sprach. Was Musset betraf, so war sein Herz, „sein armes Herz", durch so viele Tollheiten und Ausschweifungen vorzeitig erschöpft worden. Er hatte versucht, für George Ersatz zu finden; niemals aber hatte er sie vergessen.

Als sie 1858, nach Mussets Tode, sich mit der *Revue des Deux-Mondes* versöhnt hatte (nach einem Bruch, der siebzehn Jahre gewährt), bot sie Buloz über die Tragödie von Venedig einen autobiographischen Roman an: *Sie und Er.* Obwohl sich Sand für unparteiisch hielt, hatte sie sich in diesem Bericht eine erhabene Rolle zugedacht. Ihre Heldin, Thérèse Jacques, gab sich ihrem Geliebten nur aus Mitleid hin. Als Buloz das Manuskript gelesen, riet er ihr, Therese weniger vollkommen darzustellen und auf sie weniger *heilige* Ausdrücke anzuwenden. Das Alter hatte Georges Ansichten über die Liebe gewandelt, und so retuschierte sie wieder einmal die Vergangenheit, um ihr Leben als eine Einheit erscheinen zu lassen. Dies ist menschlich und vielleicht weise. Aber dieser Roman erregte den Zorn Paul de Mussets, Alfreds Bruder, der mit dem grausamen und ungerechten Buche *Er und Sie* antwortete. Schließlich kam der Eselsfußtritt: Louise Colet, eine ebenso talentlose wie temperamentvolle Schriftstellerin, schrieb *Er*, ein von Haß überströmendes Pamphlet.

George Sand besaß Mussets Liebesbriefe und auch ihre eigenen. Gegen 1860 hatte sie den Wunsch, sie zu veröffentlichen, um durch unwiderlegbare Dokumente die Wahrheit wiederherzustellen. Dieser Briefwechsel war sicherlich der Beweis für die beiderseitige Leidenschaft. War die Veröffentlichung aber angebracht? Sand entschloß sich, hierüber die Meinung Sainte-Beuves zu hören, der einstens Zeuge ihres gegenseitigen Zerfleischens gewesen war. Ohne daß es jemals ein Zerwürfnis gegeben hätte, hatte sie ihn aus den Augen verloren. Im Schutze seiner Giftschränke ging er nicht gerade sanft mit ihr um. „Eine Christine von Schweden als Kneipwirtin", schrieb er in sein verschwiegenes Tagebuch. Aber Solange hatte ihn 1859 unter der Kuppel der Académie Française bei der Aufnahme Jules Sandeaus getroffen. Er hatte über George in reizender Weise mit der jungen Frau gesprochen und diese eingeladen, ihn zu besuchen. Solange gedachte damals, eine Biographie ihres Urahnen, des Marschalls von Sachsen, zu schreiben. Sainte-Beuve gab ihr väterlich Ratschläge. „Er gibt sich mir gegenüber wie ein Papa, auf wirklich rührende Weise."

Sainte-Beuve an Solange, 26. September 1859: Es ist ja ein herrliches Wetter. Vielleicht sind Sie schon nach Versailles gegangen. Auf alle Fälle ist Herr Soulié (der Konservator des Museums; er wohnt im Schloß) über das holde Glück unterrichtet, das ihm zuteil werden kann. Sie täten gut daran, Ihren Plan wegen des Marschalls von Sachsen mit ihm zu besprechen. Zweifellos weiß er etwas. Viele respektvolle und herzliche Grüße[6].

Sainte-Beuve empfing Solange in der Rue du Montparnasse, in einem Louis-XV-Zimmer, dessen beide Fenster sich auf einen Pflaumenbaum und auf rankenden wilden Wein öffneten. Die Haushälterin, etwas allzu hübsch, ähnelte Madame de Pompadour. Hinter der Tür säugte eine Katze ihre Jungen. Sainte-Beuve ging für die schöne Besucherin verschwenderisch mit den unendlichen Schätzen seines Geistes und seiner Gelehrsamkeit um. Aus diesen Unterhaltungen entsproß zwar kein *Leben des Marschalls von Sachsen* (Solange wurde mühevolle Arbeit ebenso schnell leid wie ihre Liebhaber), wohl aber eine Freundschaft.

Solanges Briefe erinnerten Sand an die Zeit, da Sainte-Beuve sie beruhigte und tröstete. Sie sandte also Émile Aucante mit einer Abschrift des Mussetschen Briefwechsels nach der Rue du Montparnasse. Die Meinung des um seinen Rat Angegangenen war sehr entschieden: eine Veröffentlichung sei nicht ratsam.

George Sand an Sainte-Beuve, 6. Februar 1861: Mein Freund! Émile berichtet mir von Ihrer letzten Unterredung und Ihrem letzten Rat. Er ist gut, und ich werde ihn befolgen. Die Briefe werden also erst nach meinem Tode erscheinen. Ich glaube, sie werden übrigens beweisen, daß drei schreckliche Dinge nicht auf dem Gewissen Ihrer Freundin lasten: der Anblick einer neuen Liebe unter den Augen eines Sterbenden; die Drohung und der Gedanke, ihn in ein Irrenhaus einsperren zu lassen; die Absicht, ihn nach seiner Heilung gegen seinen Willen wiederzugewinnen... Dies sind die Gemeinheiten der Anklage, und die Briefe beweisen nur eines: daß nämlich der Hintergrund der beiden Romane *Beichte eines Kindes seiner Zeit* und *Sie und Er* eine wahre Geschichte ist, die möglicherweise von der Verrücktheit des einen und der Liebe des andern Zeugnis ablegt, meinetwegen von der Verrücktheit aller beiden, aber von nichts Gemeinem oder Häßlichem in den Herzen, von keinen Dingen, die für aufrichtige Seelen einen Schandfleck abgeben[15]...

Sainte-Beuve war durch das Vertrauen Sands gerührt, und da er durch Solange erfahren hatte, daß die Gemeinschaft von Nohant in finanzieller Hinsicht nicht günstig dastand (nach Solanges Aussage habe sich George im Winter zuvor keinen Mantel und kein Kleid kaufen können, was ein wenig überrascht), kam er auf den Gedanken, der berühmten Romanschriftstellerin durch die Académie Française den Gobert-Preis mit zwanzigtausend Franken verleihen zu lassen. Vigny unterstützte diesen Vorschlag; er besaß genügend Seelengröße, um der literarischen Bedeutung den Vorrang vor persönlichem Groll zu geben. Mit viel Lob und großem Bedauern bekämpfte Guizot die Verfasserin von *Sie und Er* und zitierte „skandalöse" Sätze über Ehe und Eigentum. Mérimée und Sainte-Beuve protestierten. Man stimmte ab: achtzehn Stimmen waren gegen Sand, und nur sechs Ritter traten für sie ein: unter ihnen Sainte-Beuve, Vigny und Mérimée. Jules Sandeau war nicht erschienen! Da noch eine zweite Abstimmung erfolgen mußte, diesmal vor dem gesamten Institut, spornte Mérimée, der sich trotz lächerlicher Erinnerungen sehr für George einsetzte, brieflich den „kleinen Jules" an. Aber Sandeau verzieh der „Strandräuberin" seiner Jünglingszeit nicht. Den Preis bekam Thiers.

Der Hof, wo man Frau Sand wider ihren Willen weiter protegierte, war über diesen Mißerfolg verstimmt. Die Kaiserin regte an, vielleicht könne die Académie statt eines Preises einen Sitz verleihen. Bald darauf erschien eine Broschüre: *Frauen in der Académie,* deren anonymer Verfasser die Aufnahme einer Frau unter der Kuppel schilderte; diese Frau konnte nur George Sand sein. Sie antwortete ebenfalls mit einer Broschüre: *Warum Frauen in der Académie?* In ihr legte sie dar, daß sie trotz ihrer Achtung vor dieser Einrichtung und obwohl sie das Talent ihrer Mitglieder anerkenne, keinerlei Verlangen verspüre, sich einer Institution anzuschließen, die sie als veraltet und nicht zeitgemäß ansehe. Die Leute würden zwar sagen: „Diese Trauben sind ihr zu sauer." – „Keinesfalls", antwortete Sand, „diese Trauben sind bereits überreif."

IV

MAURICE HEIRATET

Im Jahre 1861 wurde Maurice Sand achtunddreißig, seine Mutter siebenundfünfzig. Als sie sich altern fühlte, drängte sie ihn sehr, doch zu heiraten. Sie ersehnte von neuem Enkelkinder. Die schöne Solange führte ein Leben, das für die Mutterschaft wenig günstig war; so blieb Maurice ihre letzte Hoffnung.

George Sand an Jules Boucoiran, 31. Juli 1860: Ich gebe mich nicht der Hoffnung hin, daß es Ihnen gelingen wird, ihn zu verheiraten, falls Sie für ihn eine Frau unter den Frömmlern und den Legitimisten suchen. Eine protestantische Familie wäre mir bedeutend lieber. Hören Sie sich dennoch um, was man Ihnen sagt, und teilen Sie es mir mit. Ich wünsche sehr, er möchte sich entscheiden und eine Familie gründen. Wenn Sie für ihn eine reizende Person finden, die einen guten Geschmack, eine angenehme Figur und Intelligenz besitzt sowie aus einer anständigen Familie stammt, die nicht darauf aus wäre, das junge Paar an ihre Ideen und Gewohnheiten zu fesseln, außer durch Zuneigung, würden wir Ansprüche auf eine Mitgift ziemlich herunterschrauben[12] ...

Eine protestantische Familie wäre mir bedeutend lieber ... Die Bande, die George Sand mit dem Katholizismus verknüpften, lockerten sich immer mehr. In ihrer Klosterzeit hatte sie seine Zeremonien geliebt. Dann hatte sie aufgehört zu praktizieren und nur ein Christentum bewahrt, das sich, wie sie sagte, auf das Evangelium nach Sankt Johannes beschränkte, ein Christentum des savoyischen Vikars, dem Pierre Leroux und Jean Reynaud eine neue Form gegeben hatten. Ihr Gott war der Gott des anständigen Menschen, der Gott eines Béranger und eines Victor Hugo. *George Sand an Flaubert:* „Das Christentum (von 1848) war eine Schrulle, und ich gestehe, daß es allezeit eine Verführung ist, wenn man von ihm nur die liebliche Seite sieht ... Ich verwundere mich nicht darüber, daß ein edles Herz wie das von Louis Blanc davon geträumt hat, das Christentum werde einmal geläutert und auf sein Ideal zurückgeführt werden. Auch ich habe mich dieser Illusion hingegeben, aber sobald man einen Schritt dieser Vergangenheit entgegen macht, erkennt man, daß so etwas sich nicht wiederbeleben läßt[12] ...“ Immerhin bewahrte sie, in Erinnerung an Pater de Prémord, eine Vorliebe für die Jesuiten, in denen sie – und dies bedeutete in ihren Augen ein großes Lob – Ketzer erblickte, die ihrer Weltanschauung ganz nahe standen. „Die Lehre eines Loyola bleibt die einzig praktikable Religion."

Maurice heiratete zwar keine Protestantin, sondern eine religiös nicht gebundene zwanzigjährige Italienerin, die er hatte aufwachsen sehen; denn sie war die Tochter eines alten Freundes, des Graveurs Luigi Calamatta. „Heirate nur, wenn du liebst", war der Rat seiner Mutter gewesen. Lina Calamatta war ein reizendes Mädchen und zeitweise in Paris aufgewachsen; sie war sehr hübsch, intelligent und, was in Sands Augen wichtig war, eine „glühende römische Patriotin". So würde es zwischen Schwiegermutter und Schwiegertochter nicht zu politischen Streitigkeiten kommen.

George Sand an Lina Calamatta, 31. März 1862: Meine liebe Lina, hab Vertrauen zu uns, hab Vertrauen zu ihm und glaube ans Glück. Es gibt nur eines im Leben: zu lieben und geliebt zu werden... Ich fühle so recht, daß ich dir eine wirkliche Mutter sein werde; denn ich brauche eine Tochter und kann keine bessere finden als die meines besten Freundes. Liebe dein teures Italien, mein Kind, dies ist das Zeichen eines edlen Herzens. Auch wir lieben es, vor allem seit es in diesen heroischen Krisen erwacht ist[12] ...

Die beiden Frauen verstanden sich gut in Nohant. Lina hatte eine reizende, frische und weiche Stimme, die das Entzücken ihrer Schwiegermutter bildete. Die kleine Italienerin, die über eine umherschwirrende Fliege laut auflachen und beim Marionettenspiel bei einer rührseligen Stelle in Tränen ausbrechen konnte, war von einer erlesenen Zartheit. Bald war sie, wie alle in Nohant, versessen auf Geologie und Fossilien, was sie aber nicht daran hinderte, Jäckchen zu schneidern und Windeln einzusäumen, denn schon bald erwartete das Paar ein Kind. Die religiöse Frage war nicht gelöst worden. Sand wäre mit einer katholischen Eheschließung einverstanden gewesen, wie ein Brief vom 10. April 1862 beweist, worin sie der damals noch verlobten Lina sagt: „Gott wird bei uns allen dreien unsern Glauben in Betracht ziehen, denn die Ehe ist ein Beweis des Vertrauens in *Ihn* und in uns selbst. Die Worte des Priesters fügen dem nichts hinzu... Wir werden uns in diesem Punkte schon verstehen, und während in der Kirche der Priester seine Gebete murmeln wird, werden wir zu dem wahren Gott beten, zu dem, der die aufrichtigen Seelen segnet und ihnen hilft, ihre Versprechen zu halten[7] ...“

In diesem Punkte war Maurice unnachgiebiger als seine Mutter, und Lina Calamatta, die lange unter einer bigotten Mutter (die nach dem Tode ihres Mannes unter dem Schwesternamen Maria-Josepha der Barmherzigkeit den Schleier nahm) gelitten hatte, teilte die Gefühle ihres Verlobten. Es erfolgte daher eine rein bürgerliche Eheschließung; wie aber sollten die Kinder erzogen werden? Man könnte ein ganzes Buch über *George Sand auf der Suche nach dem besten protestantischen Bekenntnis* verfassen. Sie schrieb an Pastoren, wägte deren Lehren ab, suchte Freikirchler, die nicht allzu freikirchlich waren, damit ihre Enkel später dennoch Schutz und Hilfe einer organisierten Kirche fänden. Denn es handelte sich um Maurice und die Kinder, nicht um George Sand selbst, deren Überzeugung feststand. Schließlich traten Maurice und seine Frau zum Protestantismus über, ließen sich kirchlich trauen und durch Pastor Muston ihren Sohn Marc-Antoine Dudevant-Sand, genannt „Cocoton", taufen, der am 14. Juli 1863, dem Jahrestag der Erstürmung der Bastille, geboren worden war. Man tauchte ihn in ein Bad aus Bordeaux-Wein: „Wir haben die kleine Kanone abgefeuert *(es war die von 1848)*, und ein *Pifferaro*, ein Dudelsackpfeifer aus der Auvergne, ist gekommen, um uns die primitivsten gallischen Weisen vernehmen zu lassen[12] ..."

Die Geburt Cocotons erfolgte wie alles, was Nohant betraf, in einer pittoresken und etwas verrückten Atmosphäre. In diesem Hause nahm das Theaterspielen mehr Platz ein als das Leben. Ob Theater oder Marionetten, täglich fanden Proben und Vorstellungen statt. Manceau war als Darsteller „überaus vollkommen". Ein junges Mädchen aus dem Dorfe, Marie Caillaud, anfangs „die Hühnermarie" genannt, weil sie für den Hühnerhof sorgte, die Sand dann, weil sie sie sehr begabt fand, ausgebildet und als Haushälterin eingesetzt hatte, war von Manceau in die Truppe aufgenommen worden. Bald war sie schon deren Star geworden. Jeden Abend spielte und soupierte man. Dann legte sich „Madame", wie Manceau sagte, für eine Stunde hin; Manceau weckte sie hernach, und sie begab sich an die Arbeit. Währenddessen hustete Manceau „in einem fort", und Lina strickte Kinderjäckchen.

Während des Frühjahrs und des Sommers 1863 ging Sand dauernd ins Theater nach La Châtre, wohin sie Schauspieler auf Tournee kommen ließ. Am 2. Juli traf die fromme Witwe Calamatta ein, um bei der Niederkunft ihrer Tochter zugegen zu sein. Sie war aufs höchste erstaunt, als sie das Haus voller Schauspieler fand, die *Schloß Pictordu*, ein Stück von George Sand, aufführten. Manceau, trotz seines Fiebers, Marie Caillaud, George und sogar die schwangere Lina badeten im Fluß, nur Maurice nicht, der von Rheumatismus geplagt wurde. Als Lina vor der Niederkunft stand, wurde eine Hebamme geholt, die sich in Nohant niederließ; auch sie nahm man nach La Châtre mit, wo man sich *Der Sohn des Wilddiebs* und *Dreißig Jahre oder das Leben eines Spielers* ansah. Das ganze Haus war im Theater, als bei Lina die Wehen einsetzten; geduldig wartete sie einen Teil der Nacht auf die Rückkehr ihrer Pflegerin; dennoch wurde Cocoton ein prächtiges Baby, das George Sand „in ihrer Schürze empfing".

Der erste ihrer Freunde, dem George Sand schrieb, um die Geburt Marc-Antoines anzuzeigen, war Alexandre Dumas-Sohn. Seit langem schon empfand sie eine tiefe Zuneigung für diesen „lieben Sohn", der sie „Mama" nannte. Er war zwanzig Jahre jünger als sie, aber von gleichem edelmütigem Temperament, besaß die gleiche Neigung für die einer Idee sich verschreibende Literatur und die gleiche Glut, sich zum Beschützer für Frau und Kind aufzuwerfen. Sie hatte nicht nachgelassen, ihn nach Nohant zu ziehen, erreichte ihr Ziel aber erst 1861; denn Dumas war völlig in Anspruch genommen durch seine Liebschaft mit einer russischen Adligen, der Prinzessin Nedefa Narischkin, einer Frau „mit grünen Augen und langem, amberfarbenem Haar". Endlich gab er das Versprechen, zu kommen.

Alexandre Dumas-Sohn an George Sand, 20. September 1861: Ich danke Ihnen, so würde Herr Kannegießer sagen, für Ihr Geehrtes vom 15. und ergreife die Feder, um Ihnen meinen verbindlichsten Dank auszusprechen. Ich habe erfahren, daß meine Gastgeberin Ihnen geschrieben hat ... Ich verhehle Ihnen nicht, daß sie sich schon darauf freut, in Nohant empfangen zu werden und Ihnen ins Antlitz zu blicken ... Bleibt die Frage ihrer Tochter, die sie in den vierundvierzig Zimmern der großen Baracke nicht allein lassen will; sie bittet um die Erlaubnis, sie Ihnen vorstellen zu dürfen. Sie kann im Zimmer ihrer Mama schlafen, auf einem Kanapee. Als junge, auf Reisen befindliche Moskowiterin findet sie so etwas herrlich. Von dieser Seite sind also keine Ungelegenheiten zu fürchten. Aber erzittern Sie! ... Das dicke Ende kommt noch: da ist noch ein Freund von mir, ein wohlbeleibter Freund, der eine ziemliche Ähnlichkeit mit Ihren Neufundländerhunden hat; er heißt Marchal, wiegt 182 Pfund und besitzt Geist für vier. Der wird irgendwo schlafen, in einem Hühnerstall, unter einem Baum oder unter dem Springbrunnen. Darf ich ihn mitbringen[3]? ...

Dumas liebte das Marionettenspiel, wenigstens sagte er es, und las abends in der Tischrunde Verse von Musset. Diese Wahl überraschte. Der riesige Marchal war ein großer Erfolg. „Marchal verfaßt zusammen mit Maurice ein Stück fürs Marionettentheater ... Marchal wird mein großes Baby ..." Er blieb, als Dumas abgereist war, noch lange, malte das Porträt von Maurice, dann die Porträts von Sand, Manceau, Marie Caillaud, bereitete Frau Sand aber Kummer, als er nach diesem langen Aufenthalt, in dessen Verlauf er den Prinzen Napoleon kennengelernt und von ihm Aufträge erhalten hatte, kein Wort des Dankes vernehmen ließ.

Dumas-Sohn an Sand, 21. Februar 1862: Ich werde stets Furcht haben, wen es auch sei in dieses Haus in Nohant einzuführen, wo im Freundeskreise alles derart gut funktioniert, daß das geringste Sandkorn den ganzen Mechanismus zum Stillstand bringen könnte! Sollte unser Freund Marchal schon ein Undankbarer sein? Das ist noch ein bißchen früh! Er hätte Ihnen immerhin für den Auftrag von sechstausend Franken danken müssen, den der Prinz ihm nur dank Ihnen erteilt hat. Leider fürchte ich sehr, daß die Menschheit nicht Gottes Meisterwerk ist ...

26. Februar 1862: Ich bin heute wütend, und das Schweigen meines Mastodons trägt ganz gehörig dazu bei. Ich weiß ebensowenig wie Sie, wo er steckt. Ein in reifem Alter noch bestehender Mangel an Erziehung ähnelt allzusehr einem Mangel an Herz[3] ...

Das Mastodon war tatsächlich ein Egoist, aber es besaß Charme. Sand verzieh ihm und bewahrte ihm sogar viel Zärtlichkeit.

Die Lieblingsthemen Sands wurden auch die von Dumas. Beide liebten die „Thesenstücke". So erschien *Victorines Hochzeit,* ein Lob der unebenbürtigen Ehe, allen beiden als ein so schönes Thema, daß Sand den Stoff zu einem Roman verarbeitete, *Der Marquis von Villemer,* und Dumas-Sohn ihr half, diesen Roman zu einem neuen Stück umzuarbeiten. Denn er war ein Theatermann und verstand eine Handlung aufzubauen, worin Sand ziemlich ungeschickt blieb. Dies hinderte Dumas nicht, sie ungeheuer zu bewundern. „Sie denkt wie Montaigne", sagte er, „sie träumt wie Ossian und schreibt wie Jean-Jacques. Leonardo zeichnet ihren Ausdruck, und Mozart setzt ihn in Musik. Madame de Sévigné küßt ihr die Hände, und Madame de Staël kniet nieder, wenn sie vorüberschreitet."

Der Marquis von Villemer behandelte eine banale Geschichte, die einer Gesellschafterin, die den Sohn des Hauses heiratet, und die geistreichen Einfälle, mit denen Dumas-Sohn diese Moralität belebte, besaßen keinen recht feurigen Glanz. Dennoch hatte das Stück einen großen Erfolg. Der Grund hierfür lag darin, daß George Sand, entrüstet über die religiöse Unduldsamkeit der kaiserlichen Regierung, gereizt darüber, daß die Freiheit des Gewissens und des Wortes bedroht war, in zunehmendem Maße antiklerikal wurde.

George Sand an den Prinzen Napoleon, 26. Februar 1862: Der Kaiser fürchtet den Sozialismus; einverstanden; von seinem Standpunkt aus mußte er ihn fürchten; als er ihm aber, viel zu schnell, einen allzu starken Streich versetzte, hat er auf den Trümmern dieser Partei eine Partei großgezogen, die in ganz andrer Weise geschickt und in ganz andrer Weise gefährlich ist, eine durch den Kasten- und Korpsgeist der Adligen und der

Priester *geeinte* Partei, und zum Unglück sehe ich kein Gegengewicht im Bürgertum. Bei all seinen Fehlern hatte das Bürgertum seine nützliche Seite als Übergewicht. Skeptizistisch oder voltairisch gesinnt, besaß auch es seinen Korpsgeist, seine parvenühafte Eitelkeit. Es widerstrebte dem Priester und spottete über den Adligen, auf den es eifersüchtig war. Heute aber umschmeichelt es ihn; man hat den Titeln wieder ihren alten Glanz verliehen und gegenüber den Legitimisten, mit denen man sich umgeben hat, alle Rücksichten walten lassen; Sie werden sehen, ob es gelungen ist, ihre Herzen zu erobern! Das Bürgertum wollte sich alsdann mit dem Adel, dem man seinen Einfluß wiedergab, gutstellen; die Priester betätigten sich dabei als Versöhner. Man tat fromm, um in den legitimistischen Salons Einlaß zu finden. Die Beamten gaben hierzu das Beispiel; man grüßte einander bei der Messe, lächelte sich an, und die Frauen des Bürgertums stürzten sich mit wahrer Leidenschaft in die Legitimität, denn Frauen tun ja nichts halb[12] ...

Sie war antiklerikal, aber sie war nicht antireligiös und wollte dies auch nicht sein.

George Sand an Alexandre Dumas-Sohn: Ich habe über den Tod sehr sanfte und sehr heitere Anschauungen, und ich bilde mir ein, im Jenseits nur ein sehr reizendes Los verdient zu haben. Gewiß verlange ich nicht, in den siebenten Himmel zu den Seraphimen zu kommen und zu jeder Stunde das Antlitz des Allerhöchsten anzuschauen. Zunächst glaube ich nicht, daß er eine Gestalt hat; und falls es ein großer Genuß ist, auf den ersten Plätzen zu sein, so ist dies für mich keine Notwendigkeit... Ich bin trotz allem, was mich gepeinigt hat, Optimist geblieben, und dies ist vielleicht meine einzige Tugend... In Ihrem Alter war ich ebenso gequält wie Sie und noch kränker, seelisch und körperlich. Eines Morgens war ich es leid, mir über andre und mich selbst den Kopf zu zerbrechen, und da habe ich mir gesagt: „Das alles ist mir gleich. Die Welt ist groß und schön. Alles, was wir für so wichtig halten, ist so vergänglich, daß es nicht lohnt, einen Gedanken daran zu verschwenden. Im Leben gibt es nur zwei oder drei wahre und bedeutende Dinge, und diese Dinge, so klar und so leicht, sind gerade diejenigen, die ich nicht gekannt und die ich verschmäht habe, *mea culpa!* Aber ich bin ob meiner Dummheit bestraft worden; ich habe gelitten, soweit man leiden kann; daher wird mir vergeben werden. Schließen wir Frieden mit dem lieben Gott[7]! ...

Also Frieden mit Gott; aber sie konnte weder an den Teufel noch an die Hölle glauben. Daß ein guter Gott für alle Ewigkeit verdammen könnte – dieser Gedanke empörte sie. Sie war weit davon entfernt, sich überhaupt vorzustellen, wie sehr sie selbst den von Natur aus strengen und finsteren Gemütern Anstoß gab. Nichts reizt die verwundeten Herzen mehr als eine zuversichtliche Seelenruhe. Die Bewohner der Schatten- und die der Sonnenseite haben einander nie verstehen können. Seit ihrer Reise nach Rom war George „vom schwarzen Gespenst besessen". Die Kirchenglocken, die in ihrer Jugend und noch 1834 sie beruhigt und getröstet hatten, erklangen jetzt ihrem Ohre „wie ein grausiger Donner, wie ein unheimliches Tam-Tam".

In einer Zeit des offiziellen Klerikalismus galt George Sand durch ihre antiklerikale Haltung in den Augen der Jugend als eine bedeutende Frau der Opposition. Sie wurde zu einer Persönlichkeit und zu einem Banner. Als das Odéon die Aufführung des *Marquis de Villemer* ankündigte und man von Intrigen sprach, schickten sich Studenten und Arbeiter an, für Sand zu demonstrieren. Sie war sehr ruhig; nur Manceau war sehr aufgeregt. In Wirklichkeit gab es keine Intrigen. Der Kaiser und die Kaiserin wohnten der Premiere bei und applaudierten mit der in naiver Weise zur Schau getragenen Beharrlichkeit von Menschen, deren Gewissen nicht ganz beruhigt ist.

Agenda von George Sand, 29. Februar 1864: Premiere von *Villemer*. Fürchterliches Wetter. Es regnet... Besuch beim Prinzen... Den Rest des Tages empfange ich Studenten, die zu vieren kommen, die Karte am Hut, um Plätze zu erbitten! Seit zehn Uhr morgens stehen sie schon in Schlangen auf dem Odéon-Platz, schreien und singen... Der Kaiser und die Kaiserin; Prinzessin Mathilde; der Prinz und Prinzessin Clotilde; ich gehe in deren Loge... Unerhörter, riesiger Erfolg; Rufe, Gesänge, Hochrufe, Herausklatschen der Schauspieler. Es ist fast ein Aufruhr, denn die sechshundert Studenten, die keinen Einlaß fanden, gehen und singen Choräle vor der Tür des Katholischen Klubs und dem Hause der Jesuiten! Sie werden auseinandergetrieben, manche arretiert. Beim Verlassen des Theaters schreite ich durch ein Spalier: „Es lebe George Sand!" Man folgt mir bis gegenüber ins Café Voltaire; auch dort läßt man mich noch hochleben; wir retten uns... Im Foyer kamen mehr als zweihundert Menschen, um mich abzuküssen[3]...

Unter den Freunden, die auf den Stufen des Odéon während dieser Ovation neben Sand standen, war auch Gustave Flaubert, der „wie ein Weib heulte". Ein verstockter Romantiker und bußfertiger Realist, hatte er stets Georges Talent bewundert. Er sah sie zuweilen bei dem Magny-Diner mit Renan, Sainte-Beuve, Théophile Gautier und den Brüdern Goncourt. Sie setzte sich neben ihn, betrachtete die Anwesenden schüchtern und flüsterte Flaubert zu: „Sie sind hier der einzige, bei dem ich mich nicht befangen fühle!"

Agenda von George Sand, 12. Februar 1866: Diner bei Magny, mit meinen Kollegen. Sie haben mich aufs beste empfangen und waren glänzend... Flaubert, begeistert, ist mir sympathischer als die andern. Warum? Ich weiß es noch nicht. Die Goncourt allzu selbstsicher, vor allem der jüngere... Der Redegewaltigste, mit soviel Esprit wie nur möglich, ist immer noch *Onkel Beuve*, wie man ihn nennt[3]...

Als Sand einmal im Berry weilte, bat man Théophile Gautier, der von Nohant zurückkam, eines Abends bei einem solchen Magny-Diner (14. September 1863), seinen Aufenthalt zu schildern:

„War es amüsant?"

„Wie ein Kloster der mährischen Brüder. Ich traf abends ein. Es liegt weitab von der Eisenbahn. Man steckte meinen Koffer in ein Gebüsch. Ich kam über den Gutshof herein, mitten in einer Rotte Hunde, die mir Furcht einjagten!... Dann mußte ich zu Abend essen. Gutes Essen, aber es gab zuviel Wild und Geflügel. Das ist nichts für mich... Anwesend waren der Maler Marchal, Frau Calamatta und Alexandre Dumas-Sohn..."

„Und wie ist das Leben in Nohant?"

„Man frühstückt um zehn Uhr. Beim letzten Glockenschlag, wenn der Zeiger genau auf dem Stundenstrich steht, nimmt jeder am Tische Platz. Frau Sand erscheint, mit einem Aussehen wie eine Nachtwandlerin, und sitzt während des ganzen Frühstücks wie eingeschlafen da. Nach dem Frühstück geht man in den Garten. Man spielt Würfel, und das belebt sie wieder. Sie setzt sich hin und beginnt zu plaudern... In der Unterhaltung aber nicht das geringste Wort über die Beziehungen der Geschlechter. Ich glaube, man würde Sie vor die Tür setzen, wenn Sie auch nur die leiseste Andeutung machten... Um drei Uhr steigt Frau Sand hinauf, um bis sechs ihren Roman ins reine zu schreiben... Nach dem Abendessen legt Frau Sand, ohne ein Wort zu sprechen, bis Mitternacht Patiencen[16]..."

Diese massigen und gewaltigen Alterserscheinungen, die sich im Schweigen und mit seltsamen Schrullen kundtun, sind ein Zeichen der Kraft. Gautier beobachtete Sand wie Hegel die Berge: „So sind sie."

V

PALAISEAU

George Sand an Augustine de Bertholdi, 31. März 1864: Der Erfolg von Villemer erlaubt mir, wieder ein wenig Freiheit zu bekommen, deren ich während der letzten Jahre in Nohant völlig beraubt war, dank den guten Berrichonnern, die, von den Flurhütern in der ganzen Gegend bis zu den Freunden meiner Freunde — und Gott weiß, wieviel sie deren haben! —, durch meinen *großen Einfluß untergebracht* werden wollten. Ich verbrachte mein Dasein mit nutzlosem Briefwechsel und überflüssigen Gefälligkeiten. Dazu kamen die Besucher, die niemals einsehen wollten, daß der Abend meiner Muße und der Tag meiner Arbeit gewidmet waren. Es war so weit gekommen, daß mir nur die Nacht blieb, um zu arbeiten, und ich war am Ende meiner Kraft. Zudem allzu hohe Ausgaben in Nohant, wofern ich diese erdrückende Arbeit nicht fortsetzen wollte[9] . . .

George berichtete Augustine nicht alles, und es gab noch andre Gründe, die ihren Wunsch, Nohant zu verlassen, verständlich machten. Seit langem waren die Beziehungen zwischen Maurice Sand und Manceau gespannt. Für Maurice war es peinvoll zu sehen, daß ein Altersgenosse, den er als subaltern ansah, zum Favoriten erkoren worden war. Er empfand es für sich als demütigend, daß Manceau als Sekretär, Buchhalter und gewissermaßen als Verwalter von Nohant eine Autorität genoß, die zwar übertragen, immerhin aber eine Wirklichkeit war. Manceau nun ähnelte in wunderbarer Weise den volkstümlichen Helden der Romane George Sands. Seine Selbstlosigkeit ging schon bis zur Leidenschaft. Sand, seiner „Dame", war er ergeben wie ein Hund; den andern trat er mit argwöhnischem Stolz entgegen. Im übrigen war er ein talentierter Mensch. Die Kunsthistoriker hielten ihn nicht nur für einen ausgezeichneten Graveur, er zeigte auch einige Veranlagung fürs Theater. Er schrieb, wobei George ihm gehörig half, ein kleines Stück in Versen, das im

Odéon aufgeführt wurde; für Sand leitete er die Proben und las den Schauspielern die Stücke vor. Die Freunde des Hauses, Dumas, Flaubert und Graf d'Orsay, behandelten ihn liebevoll; Prinzessin Mathilde lud ihn zum Diner ein, und Prinz Napoleon wohnte der Premiere seines Stückes bei.

Den Brüdern Goncourt, die über den Ernst, die Sanftmut, das schläfrige Wesen und die monotone, fast automatenhafte Stimme von Frau Sand überrascht waren, erklärte Manceau, ein wenig wie ein Anpreiser von Jahrmarktswundern, diese außerordentliche Arbeitskraft: „Es ist gleich, ob man sie stört... Stellen Sie sich vor, Sie hätten zu Hause einen Wasserhahn aufgedreht; jemand tritt ein; Sie schließen den Hahn ... Genau so ist's bei Frau Sand[16]..." Die Verehrung war gegenseitig. Bei Dumas-Sohn war George über Manceau des Lobes voll: „Das ist jemand, den Sie achten können, ohne eine Enttäuschung befürchten zu müssen. Ein herzensguter und völlig ergebener Mensch! Sehr wahrscheinlich haben die zwölf Jahre, die ich von morgens bis abends mit ihm verbrachte, mich endgültig mit der menschlichen Natur versöhnt[7]..."

Im Jahre 1863 wurde die Spannung in Nohant unerträglich. Wie zur Zeit Chopins stellte Maurice seiner Mutter ein Ultimatum: „Er oder ich... Einer von uns beiden muß Nohant verlassen." Einen Augenblick lang schien sie Manceau aufopfern zu wollen.

Agenda von Manceau, 23. November 1863: Im Anschluß an ich weiß nicht mehr welche Unterhaltung teilte man mir mit, daß ich frei bin, am kommenden Johannistag zu gehen... Ich werde also meine Freiheit wiederfinden, und wenn ich jemand lieben und mich ihm noch aufopfern will, weil dies ja all meine Freude ausmacht, werde ich es in aller Freiheit tun können... Freiheit! Das ist hübsch... *Hier spätere Eintragung von der Hand Maurice Sands:* Siehe *Tartuffe!* – MAURICE[8]

Nachdem Sand aber eine Nacht nachgedacht hatte, kam sie zu der Auffassung, daß die Situation nicht mehr die gleiche war wie im Jahre 1847. Maurice, glücklich verheiratet und Vater eines Sohnes, bedurfte jetzt nicht mehr der ständigen Gegenwart einer Mutter; Manceau, sehr angegriffen, durfte nicht allein gelassen werden. Am 24. entschied sich George für Manceau und das Verlassen Nohants.

Agenda von George Sand, 24. November 1863: Ich bin nicht traurig. Warum? Wir wußten dies alles, und es ging schief. Und auch ich nehme mir *meine* Freiheit wieder... Scheiden wir von hier, mein Alter. Wir wollen ohne Groll, ohne Zwistigkeit von hier scheiden und einander nie verlassen ... Alles sei ihnen, alles für sie, aber nicht unsere Würde und nicht das Opfer NIE-MALS*. *Hier spätere Eintragung von der Hand Maurice Sands:* Siehe den Vater in *Tartuffe.* Meine Mutter stets die Dumme! – MAURICE[3]

Die folgenden Tage waren peinvoll. Frau Sand, aufgewühlt durch die Tragweite ihrer Entscheidung, war krank und schlief „völlig angekleidet" auf ihrem Bett. Manceau, „die Nerven aufs äußerste gespannt", fuhr zwischen Nohant und Paris hin und her und suchte eine Unterkunft auf dem Lande. Währenddessen ging das Marionettenspiel weiter.

Agenda von Manceau, 26. Dezember 1863: Madame ist heute ohne Zweifel leidend. Sie ist ein wenig ungeduldig. Am Nachmittag schläft sie. Am Abend begeistert sie sich für die Kostüme der Marionetten. Das ist keine Narrheit, das ist schon Verrücktheit! ... Und wenn es keine Marionetten mehr gibt?

Denn der Sieger gebliebene Manceau war ein wenig beunruhigt bei dem Gedanken, „Madame" ihrem vertrauten Familienleben zu entreißen. Das Jahr ging mit seinen gewohnten Zeremonien zu Ende.

Agenda von George Sand, 31. Dezember 1863: Kälte. Ich verlasse das Haus nicht. Lukullisches Abendessen: mit Trüffeln gefüllte Rebhühner, kleine Erbsen, Meringel, dann Zigaretten, Dominospiel. Lina singt. Es schlägt Mitternacht. Man blickt einander an. Cocoton wird gebracht; er ist wach und heiter wie ein Fink. Man überreicht sich Geschenke. Man knabbert Bonbons[3].

In Paris wechselten die üblichen Gefährten. Sand wohnte mit Manceau in der Rue des Feuillantines; sie empfing bei sich die Maillard, Vettern Manceaus, den Wechselmakler Rodrigues, einen früheren Saint-Simonianer, der ihr freigebig bei ihrer Wohltätigkeit half, das Ehepaar Lambert und die Tischgenossen des Magny-Diners. Sie ließ sich ein künstliches Gebiß anfertigen, ging viermal wöchentlich ins Theater und durchstreifte die Umgegend von Paris, um ein „Landhäuschen" zu finden. Schließlich bot ihr Maillard, der nahe bei Versailles in Palaiseau wohnte, ein solches an. Delacroix war gestorben. Sand besaß von ihm mehr als zwanzig

---

* George Sand hat das Wort *Niemals* dreimal unterstrichen.

Gemälde („Ich habe davon für 70 bis 80 000 Franken, dafür stehe ich ein", schrieb sie). Sie beschloß, alle diese Bilder zu verkaufen, außer zweien: *Die Beichte des Giaurs,* das erste Geschenk des Malers, und *Der Zentaur,* sein letztes Angebinde. Dieses Geschäft sollte Sand erlauben, Maurice eine „sehr angenehme Rente von dreitausend Franken statt eines unfruchtbaren Reichtums" zur Verfügung zu stellen und außerdem ein kleines Gut zu erwerben. Die „Villa George Sand" wurde auf den Namen Manceaus eingetragen, der sich verpflichtete, sie Maurice testamentarisch zu vermachen.

Ein letzter Aufenthalt in Nohant, um Abschied zu nehmen. Der alte Bauernbürgermeister, „Vater Aulard", weinte. Maurice und Lina predigten dieser Mutter, deren Herz zu jung geblieben war, endlich weise zu werden.

Agenda von George Sand, 25. April 1864: Enthaltsamkeit! Enthaltsamkeit wovon, ihr Dummköpfe? Enthaltet euch also euer ganzes Leben lang von dem, was schlecht ist. Hat Gott das, was gut ist, geschaffen, daß man dessen entsagt? Enthaltet euch, diese schöne Sonne zu spüren und den blühenden Flieder zu betrachten. Ich aber arbeite... ohne mich des Bedauerns zu enthalten, nicht noch mehr zu arbeiten. Aber ich langweile mich und bin nicht mit dem Herzen bei der Arbeit...

Agenda, geführt von Manceau, 11. Juni 1864: Letzter Abend in Nohant. Ich glaube, wir alle werden oft daran zurückdenken. Über diesen letzten Abend ist also nichts zu berichten. Aber wider Willen denke ich, daß ich während der vierzehn Jahre, die ich hier verbrachte, mehr gelacht, mehr geweint und mehr gelebt habe als in den voraufgegangenen dreiunddreißig Jahren ... Nunmehr bin ich allein mit Ihr. Welche Verantwortung! Aber auch welche Ehre und welche Freude! *Hier späterer Zusatz von der Hand Maurice Sands:* Welch ein Geck! Welch ein Dummkopf[3]!

Es kam nicht zum offenen Zwist, und die Trennung erfolgte in freundschaftlicher Weise. Nohant wurde in „den Zustand der Abwesenheit" gesetzt; denn auch Maurice und Lina lehnten es ab, die Last dieses geräumigen Hauses zu tragen. Sie beschlossen, nach Guillery zu Casimir zu gehen; er blieb für seine Kinder die letzte Zuflucht, und Maurice und Lina empfanden für ihn große Zuneigung.

George Sand „eilte nach Palaiseau", begleitet von den Wehklagen der Berrichonner, die sie mit traurigen Bittschriften und liebevollen Petitionen verfolgten. La Châtre sprach von einem

Familienstreit. Sand protestierte: „Wir leben, Gott sei Dank, ständig in gutem Einvernehmen; aber wenn die Leute von La Châtre nichts wie üblich zu lästern hätten, würden sie krank sein[12]..." Sie liebte die neue „Pariser Wohnung, ganz klein zwar, aber entzückend, bequem, sauber und von reizendem Geschmack." Von Palaiseau war sie bezaubert.

Agenda von George Sand, 12. Juni 1864: Ich bin *von allem* entzückt: von der Gegend, dem Gärtchen, der Aussicht, dem Hause, dem Essen, dem Mädchen, der Stille. Es ist bezaubernd! Der gute Mancel hat an alles gedacht; es ist die Vollkommenheit. – *13. Juni 1864:* Bleiern geschlafen. Es scheint, daß es windig ist und donnert. Ich bemerke es nicht... Wir verbringen den Tag mit Auspacken und Einrichten. Es ist amüsant, seine Sachen in ganz neuen Möbeln und in einer so saubern Behausung unterzubringen[3]...

George Sand hatte sich kaum in Palaiseau eingerichtet, als sie eine schreckliche Nachricht erhielt. Der kleine Marc-Antoine, „Cocoton", war in Guillery erkrankt.

Agenda, geführt von Manceau, 19. Juli 1864: Wir erhalten die schreckliche Nachricht, daß Marc im Sterben liegt: „BEFINDEN VIEL SCHLECHTER, WENIG HOFFNUNG"... Wir packen die Koffer und brechen auf. Wir konnten noch am gleichen Abend den Zug nach Bordeaux nehmen, aber unser Zug hat Verspätung, und wir verfehlen den nach Orleans um fünf Minuten! Erst morgen können wir weiterfahren... Wir schlafen in der Rue des Feuillantines. – *20. Juli 1864:* Neues Telegramm: „KOMM, WENN DU IHN NOCH SEHEN WILLST." – *21. Juli 1864:* Wir treffen um halb elf in Agen ein, wo die Postkutsche auf uns wartet, und eilen nach Guillery, wo wir um zwei Uhr eintreffen. Seit einer halben Stunde wissen wir durch den Landbriefträger, daß wir zu spät kommen: das Kind ist heute früh gestorben[3]...

Sand sah bei dieser Gelegenheit ihren Mann zum letzten Male. Casimir, verdrossen darüber, sie unter seinem Dach empfangen zu müssen, hatte gesagt: „Ich kann sie nicht daran hindern, ihren Enkel zu besuchen." Als man „den Wagen der Frau Baronin" ankündigte, trat Dudevant mit seinen Freunden auf die Freitreppe hinaus. Aurora murmelte ganz leise: „Casimir..." – „Madame", sagte er, „Sie kennen Ihr Zimmer; seit Ihrer Abreise wurde es nicht mehr bewohnt." Die Konkubine begleitete höflich die legitime

Frau, die ihr sagte: „Ich vertraue Ihnen meinen alten Mann an."

George Sand trug ein seltsames, auf einem roten Unterrock aufgeschürztes Kleid. Sie rauchte riesige Zigaretten und sprach während der Mahlzeit kein Wort. Den in Guillery anwesenden Personen fielen ihr „niedergedrücktes Wesen, ihre Rundlichkeit und ihre Hängebacken" auf. Am nächsten Tag reiste sie wieder ab. „Welchen Eindruck hat Ihnen diese letzte Begegnung mit Ihrer Gattin gemacht?" wurde Casimir von Doktor Selsis gefragt. – „Oh!" erwiderte Casimir, „ich habe nicht das Verlangen gehabt, sie Aurora zu nennen; sie ähnelte viel eher einem Sonnenuntergang⁵."

Maurice und Lina kehrten nach Nohant zurück, Sand nach Palaiseau. Auch bei diesem Trauerfall setzte sie ihre Freunde wieder durch ihre unverzügliche Spannkraft in Erstaunen. „Welch ein Schmerz! Und doch verlange, ja, *befehle* ich ein neues Kind, denn man muß lieben, man muß leiden, man muß weinen, hoffen, erzeugen..." Magny-Diners, Singspiel, Gymnase- und Odéon-Theater, das Leben nahm wieder seinen geschlossenen Kreislauf. Manceau hustete, während er Palaiseau einrichtete, und am Abend spielte er Besigue mit „Madame".

VI

LEIDEN UND TOD MANCEAUS

1865 wurde ein schmerzliches Jahr. Manceau, hustend und leicht fiebernd, siechte mit erschreckender Geschwindigkeit dahin. Auch George klagte über tausend Leiden; aber sie war stets aktiv, eilte in den vom Regen aufgeweichten Garten, um die aus Nohant erhaltenen Zwiebeln zu setzen, ging jeden Abend nach Paris ins Theater und strapazierte Manceau und Maillard durch Besorgungen und Einkäufe. Am 23. Januar starb Maillard plötzlich an einer Bauchfellentzündung, und „Madame war zu allen sehr gut und zärtlich". Aber einige Tage später schleppte sie Manceau bei strömendem Regen nach Palaiseau, um der Aufführung in einem Jahrmarktstheater beizuwohnen: *Die Memoiren des Teufels.* Sie konnte der Versuchung der Marionetten nicht widerstehen.

Tatsächlich gab es Augenblicke, da sie keiner Versuchung widerstehen konnte. In Paris hatte sie 1864 den jungen Maler Marchal, das Mastodon, wiedergetroffen, der dank ihr Vertrauter der Prinzessin Mathilde geworden war. Dumas-Sohn hatte die beiden ein zweites Mal zusammengeführt und Sand gebeten, vom Prinzen „für diesen dicken Apelles, der das Rot liebt", das rote Band der Ehrenlegion zu erlangen. Nach dieser Demarche·war der dicke Apelles nach Palaiseau gekommen, um seinen Dank auszusprechen. Mit dem todkranken Manceau stand es damals zum Verzweifeln schlecht. Es war anstrengend, ihn zu pflegen. Sand, die am Ende ihrer Kräfte war, beschloß plötzlich, mit Marchal einige Tage in Gargilesse zu verbringen. *Agenda von Manceau, 29. September 1864:* „Marchal ist unverschämt wie der Gehilfe des Henkers."

Aber diese Flucht war die letzte gewesen. Als Sand 1865 erkannte, daß Manceau verloren war, schwor sie sich, ihn nicht mehr zu verlassen, und sie hielt Wort. Er „jappte wie ein Hund" und spuckte ein wenig Blut. Da sein Gemüt sich verdüsterte, kam George auf die Idee, zusammen mit ihm einen Roman zu schreiben, damit er mit ihrem Leben enger verbunden wäre. „Madame arbeitet an *unserm* Roman." Währenddessen schickte sie ihn nach Paris, um „eine Pumpe und andres" zu holen. Erschöpft kam er zurück: „Die liebe gnädige Frau ist am Bahnhof und erwartet mich, als ob sie ich wäre und ich sie! Das ist wirklich reizend..." – *30. Mai 1865:* „Sie ist traurig, die gnädige Frau, mich so zu sehen. Und doch tue ich alles, was ich kann, um sie zum Lachen zu bringen, sobald das Fieber geruht, mich zu vergessen..."

Sie pflegte ihn mit der Aufopferung einer Krankenschwester, machte selbst die Abreibungen, Abwaschungen und feuchten Umschläge. Sie allein führte jetzt das Tagebuch; da aber Manceau es jeden Tag las, mußte sie ein schwieriges Gleichgewicht herbeiführen zwischen einem Optimismus, der unwahrscheinlich gewesen wäre, und einer Verzweiflung, die den Sterbenden erschreckt hätte.

Agenda von George Sand, 18. Juni 1865: Heute morgen sagte er mir: „Ich schwitze weniger, und es geht mir bestimmt besser." Nach dem Frühstück schläft er fest; um so besser, seine Nächte werden so oft unterbrochen! Er arbeitet ein wenig und liest mir einige Seiten vor, ohne zu husten... Für mich ist das kein Leben mehr! Welch eine Qual, ihn so leiden sehen zu müssen! – *25. Juni 1865:* Trauriger Tag. Er ist mutlos, gereizt, verzweifelt. Ich tue nichts andres als weinen, und das macht die Sache auch nicht besser. – *6. Juli 1865:* Stürmischer Tag. Tropische, niederdrückende Hitze. Um ein Uhr hat er einen Augenblick Ruhe, und er ruft es mir von oben herab zu, der arme Freund! Aber das hält nicht an. Das Fieber verzehrt ihn, und er ist schwach, so schwach. Und doch ißt er. Wie aber könnte er in dem Zustand, in dem er sich befindet, gegen diese Hitze ankämpfen, die sogar Gesunde zu Boden wirft? Er bringt viel Mut auf, ich sehe es; und ich, statt ihm solchen zu geben, kann nicht einmal die Tränen zurückhalten. Er war meine Kraft und mein Leben! Wenn er körperlich der Schwächste ist, dann bin ich moralisch die Schwächste ... – *18. August 1865:* Er hustet ohne Unterbrechung die ganze Nacht und den ganzen Tag. Achtundvierzig Stunden! Es ist herzzerreißend, und doch ist er unendlich ruhiger als an den vorhergehenden Tagen. Es scheint, daß er trotzdem schlummert, denn er ist überrascht, wenn man ihm die Uhrzeit sagt, und er ist sich der verflossenen Zeit nicht bewußt. – *19. August 1865:* ... Es steht sehr schlecht mit ihm. Er schläft, erschöpft durch das Fieber, hustet nicht einmal mehr. Ist es der letzte Schlummer? ...

Montag, 21. August: Gestorben heute morgen um sechs Uhr, nach einer anscheinend völlig ruhigen Nacht. Als er aufwachte, sprach er ein wenig, mit bereits erstorbener Stimme, und dann wirre Worte wie in einem Traum, und dann einige mühsame Atemzüge, dann die Todesblässe, und dann *nichts!* Er war, so hoffe ich, nicht mehr bei Bewußtsein. Um Mitternacht hatte er noch klar und fest mit mir gesprochen. Er sprach davon, nach Nohant zu gehen! ... Ich habe ihn umgezogen und ihn auf seinem Bett aufgebahrt. Ich habe ihm die Augen zugedrückt und Blumen auf sein Lager gelegt. Er ist schön und sieht ganz jung aus. Ach, mein Gott, nie werde ich wieder bei ihm wachen ... – *22. August 1865:* Ich habe die Nacht allein neben diesem Schlummernden verbracht! Er liegt auf seinem Bett, völlig ruhig jetzt. Nichts Häßliches und nichts Erschreckendes. Keinerlei schlechter Geruch. Ich habe frische Rosen auf ihn gelegt ... Jetzt bin ich allein, und er dort neben mir in diesem kleinen Gemach. Ich brauche nicht mehr auf seinen Atem zu lauschen, und kommende Nacht nichts mehr, *noch mehr allein!* Und jetzt für immer[3] ...

Im ganzen Leben George Sands gibt es wenig Züge, die rührender sind als diese langen Nachtwachen, als diese mutige Lüge, als diese tätige Liebe. Fünf Monate lang verließ sie diesen Sterbenden nicht für einen Tag. Sobald er gestorben war, schrieb sie an Maurice.

George Sand an Maurice, 21. August 1865: Unser armer Freund hat zu leiden aufgehört. Er ist um Mitternacht eingeschlummert, mit all seiner Klarsicht ... Ich bin in jeder Weise erschöpft, aber nachdem ich ihn umgezogen und selbst auf seinem

Totenbett aufgebahrt habe, besitze ich noch die Willenskraft, die keine Tränen vergießt. Ich werde nicht krank werden, darüber könnt ihr beruhigt sein, denn ich will es nicht werden; ich werde zu euch kommen, sobald ich alles Erforderliche für seine sterbliche Hülle getan und seine und meine Angelegenheiten, die auch die euren sind, geregelt habe[7] ...

Denn obwohl Manceau noch seine Eltern und eine Schwester besaß, hatte er all seinen Besitz Maurice Sand vermacht.

Nach der Beerdigung, einem „Tag voller Rührung und Tränen", nahm Maurice sie mit nach Nohant zurück. Sie fand dort die im vierten Monat schwangere Lina „recht frisch und ziemlich rundlich, das Haus sehr sauber und völlig in Ordnung... Ein Gang durch den Garten, zu den Tieren, überall hin. Alles ist gut im Stand und sehr hübsch". Maurice und Lina schienen ihr Herz immer mehr an Nohant zu hängen. Die Schwiegertochter war fleißig, sanft und willig. Sand verbrachte dort einige Wochen, dann sah man sie, nach Beginn der neuen Theaterspielzeit, wieder in Paris, im Théâtre-Français, im Odéon. Sie erduldete den Schmerz, pflegte ihn aber nicht. Von einer andren Frau sagte sie: „Sie nährt sich mit diesen schmerzhaften Kindereien, die das Leid nur verschlimmern und nicht das Gefühl der Pflicht erwecken. Alle Tage verbringt sie mehrere Stunden am Grabe ihres Sohnes, nicht um zu beten oder über die Unsterblichkeit der Geschöpfe nachzusinnen, sondern um dieses Fleckchen Erde zu betrachten, worin von ihm nur das liegt, was die vergängliche Hülle seiner unsterblichen Wesenheit war... Die Zeit schließt die Wunden, wenn der Verletzte sie nicht immer wieder aufreißt."

Ein Brief an Flaubert, der in dieser Bekümmernis ein liebevoller und treuer Besucher gewesen war, schildert sehr aufrichtig ihren seelischen Zustand.

George Sand an Gustave Flaubert, 22. November 1865: Nun bin ich völlig einsam in meinem Häuschen... Dennoch bin ich hier traurig. Diese absolute Einsamkeit, die mir stets Ruhe und Erholung war, wird jetzt durch einen Toten geteilt, der dort aufhörte zu sein, wie eine Lampe, die erlischt; und doch ist er immer da. Ich halte ihn nicht für unglücklich in den Gefilden, die er jetzt bewohnt; aber dieses Erinnerungsbild, das er rings um mich hinterlassen hat und das nur ein Abglanz ist, scheint sich zu beklagen, daß es nicht mehr mit mir sprechen kann. Was macht's! Traurigkeit ist nicht ungesund; denn sie hindert uns daran, abzustumpfen[12] ...

Wie steht es mit ihr während dieser einsamen Zurückgezogenheit in Palaiseau, an der Schwelle des Alters? In religiöser Hinsicht gesteht sie ihre Unwissenheit. Der Mensch sei nicht scharfsinnig genug, um Gott zu erklären, und er vermöge nicht, etwas als gewiß hinzustellen, was er nicht erklären könne. Dennoch wolle sie glauben.

George Sand an Desplanches, 25. Mai 1866: Dieses Jahrhundert kann keine Gewißheit geben, aber die Zukunft wird es hoffentlich können! Glauben wir an den Fortschritt; glauben wir nunmehr an Gott. Das Gefühl führt uns zu ihm hin. Der Glaube ist eine Überreizung, eine Begeisterung, ein Zustand geistiger Größe, den man wie einen Schatz in sich bewahren muß, nicht aber unterwegs als Scheidemünze, in nutzlosen Reden, in ungenauen und pedantischen Vernunftschlüssen verzetteln darf... Lassen Sie also die Zeit und die Wissenschaft gewähren. Es ist das Werk von Jahrhunderten, Gottes Wirken im Weltall zu begreifen. Der Mensch vermag noch nichts; er kann nicht beweisen, daß Gott nicht existiert; ebensowenig kann er beweisen, daß Gott existiert. Es ist schon etwas Schönes, ihn nicht ohne Widerspruch leugnen zu können. Geben wir uns damit zufrieden, mein Lieber, wir, die wir Künstler sind, das heißt Wesen mit Gefühl... Laßt uns dennoch glauben und sagen: *Ich glaube!* heißt nicht: „Ich bestätige"; laßt uns sagen: *Ich hoffe!* was nicht besagt: „Ich weiß". Vereinigen wir uns in dieser Auffassung, in diesem Gelübde, in diesem Traum, der derjenige der guten Seelen ist. Wir fühlen, daß es notwendig ist, Hoffnung und Glauben zu besitzen, wenn man die Nächstenliebe haben will, genau so, wie man Brüderlichkeit besitzen muß, um zur Freiheit und Gleichheit zu gelangen[12]...

Sie liebt also Gott, wie Mater Alicia es vorhergesagt hatte; aber wenn sie selbst auch Spiritualist bleibt, verdammt sie doch nicht die Materialisten: „Platz den Atheisten! Sind sie nicht wie wir der Zukunft zugewandt? Bekämpfen sie nicht wie wir die Finsternis des Aberglaubens?"

Obwohl sie auf politischem Gebiet hinsichtlich der unmittelbaren Aktion mehr als skeptisch ist, fährt sie weiter fort zu hoffen. Das Kaiserreich besagt ihr nichts, trotz der Freundschaft, die der Hof ihr bezeigt, und sie vermag nicht an die liberale Gesinnung zu glauben, die Napoleon III. an den Tag zu legen beginnt. In dem Roman *Herr Sylvestre,* den sie damals schreibt, stehen sich zwei Männer in einem Zwiegespräch gegenüber, das ein Zwiegespräch Sands mit Sand ist. Herr Sylvestre, ein früherer Achtundvierziger und hernach zum Einsiedler geworden, glaubt nicht mehr an irgendein Gesellschaftsideal; denn die Erfahrung hat ihn gelehrt, daß die Gerechtigkeit niemals Sieger wird. Sein Gesprächspartner wiederum, Pierre Sorède, ist ein junger Mensch, der nicht einsehen will, daß man skeptisch werden kann aus Verdruß darüber, weil es nicht gelang, auf Erden das Paradies zu verwirklichen. Warum danach trachten, einem Volke vollkommene Gesetze aufzuerlegen? „Es ist die Doktrin des Terrorismus: *Brüderlichkeit oder den Tod*; es ist auch die der Inquisition: *Außerhalb der Kirche gibt es kein Heil*. Wenn Tugend und Glaube aufgezwungen werden, sind sie nicht mehr Glaube und Tugend; sie werden dann hassenswert. Man muß es schon dem Einzelwesen überlassen, die Vorteile der Gesellschaftsbildung zu begreifen, und auch das Recht, sie selbst vorzunehmen, sobald die Zeit dafür gekommen ist.“

So gewinnt die mystische und romantische Revolutionärin allmählich kritischen Geist. Nach ihrer Meinung verdankt sie ihn der Ausübung der Wissenschaften. In *Des Nächsten Weib*, einem andern Roman jener Periode, zeichnet sie mit Hingabe und Achtung das Porträt eines Mannes der Wissenschaft. „Sagen Sie mir nur nicht, das Studium der Naturgesetze und das Erforschen der Ursachen ließen das Herz erkalten und hemmten den Gedankenschwung; ich werde Ihnen nicht glauben.“ Wie zur gleichen Zeit Renan und Berthelot, geht Sand vom volkstümlichen zum wissenschaftlichen Romantismus über. Sie macht die gleiche Entwicklung durch wie ihre Zeit und bleibt so, „wie ein widerhallendes Echo“, im Zentrum neuer Gedanken.

Die Bücher, die sie damals schreibt, sind nicht hervorragend, und sie weiß es. Es sind Ideenromane, in denen nicht lebendige Wesen einander gegenüberstehen, sondern verkörperte Doktrinen. Die Kunst aber muß mehr Fleisch und Blut haben.

Ist George Sand nun glücklich? Ja, weil sie es sein will.

George Sand an Charles Poncy, 16. November 1866: Man ist von selbst glücklich, wenn man es richtig anfängt: man muß schlichte Neigungen haben, einen gewissen Mut, eine gewisse Entsagungskraft, Liebe zur Arbeit und vor allem ein gutes Gewissen. Das Glück ist also kein Hirngespinst, dessen bin ich heute gewiß; mittels Erfahrung und Nachdenken zieht man viel aus sich hervor; durch Willenskraft und Geduld wird man sogar wieder gesund... Leben wir also das Leben, wie es ist, und ohne Undankbarkeit[12]...

Es ist dies die Lebensweisheit, die Sainte-Beuve ihr einst, zur Zeit der großen Stürme, predigte. Daher sendet sie ihm auch *Herrn Sylvestre* mit folgenden Worten: „Sainte-Beuve gewidmet, dem sanften und kostbaren Licht in meinem Leben." Aber dieses Weiserwerden, das Alter und Erfahrung herbeigeführt haben, schließt weder Entschuldigungen noch ein Bedauern ein. Im Jahre 1866 ist es Mode, über jene „Krankheit des Jahrhunderts" zu spotten, an der sie mit all ihren romantischen Freunden einst litt. Sie hebt diese alte durchlöcherte Fahne wieder hoch: „Vielleicht war unsere Krankheit mehr wert als die Reaktion, die ihr folgte, als dieser Hunger nach Geld, nach Vergnügungen ohne Ideale und nach hemmungslosem Ehrgeiz, der mir die *Gesundheit des Jahrhunderts* nicht sehr rühmlich zu charakterisieren scheint."

NEUNTER TEIL

Die Kunst, Großmutter zu sein

I

MEIN TROUBADOUR

Der Tod Manceaus brachte George Sand ihrem Nohant wieder näher. Ihre seltsame Vorliebe für vielfache Behausungen bewirkte es, daß sie dennoch das Häuschen in Palaiseau und ihre Wohnung in Paris weiter beibehielt. Die Liebe zum Theater, die Diners bei Magny und die Proben für ihre Stücke führten sie oft dorthin. Sie ging in die Comédie Française, um sich ein Schauspiel von Musset anzusehen: *Man tändelt nicht mit der Liebe.* „Alte Geschichte, reizendes Stück", vermerkte sie. Ja, eine alte Geschichte, in der sie ihre eigenen Sätze und die Erinnerung an erloschene Leidenschaften wiederfand.

In Palaiseau wurde das Haus durch ein ortsansässiges Ehepaar, Jacques und Caroline, fromme Menschen mit großer Kinderzahl, weiter gut instandgehalten. „Stets war dort alles in Ordnung, die Uhr aufgezogen und der Kalender abgerissen", wie zur Zeit Manceaus, so daß George, wenn sie den Wunsch empfand. dort ruhige Abende verleben konnte, allein, nicht allzu trüb gestimmt, in der Stille und der Sammlung. Im tiefsten Wesen aber blieb sie eine berrichonnische Landfrau und zog ihr liebes Nohant allem andren vor.

Als Kind, junges Mädchen und Frau hatte sie selten ein Jahr verbracht, ohne dorthin zurückzukehren, sich unter den Hagebuchenlauben zu ergehen und wieder mit ihren Toten und ihrer Erde Fühlung zu nehmen. Der grasbewachsene Friedhof, die großen alten Ulmen, der kleine, mit Ziegeln gedeckte Kirchturm, die Kirchenvorhalle aus rohem Holz – „all dies wird süß und teuer in der Erinnerung, wenn man lange in dieser ruhigen und stillen Umwelt gelebt hat". Die Bauernhäuschen ringsum gehören den Spielgefährten ihrer Kindheit, deren Kindern und Enkelkindern. Der Glöckner, zugleich Totengräber, ist ein alter Freund. Vielleicht hat die Schloßherrin einstmals dem Dorf ein Ärgernis gegeben. Manche glauben, im Park Teufel und Fratzen gesehen zu haben; sie haben dort seltsame Musik, Bergamasken, Polonäsen und Mazurken vernommen; damit ist es jetzt aber vorbei. Frau Sand ist nun die „gute Dame von Nohant", eine legendäre Gestalt und ein Schutzengel, der „dem friedlichen Berry zum Ruhme verholfen hat".

Bei ihr leben nicht nur Maurice und Lina, sondern auch eine Enkelin, Aurora, denn der „Befehl", den sie nach dem Tode Cocotons gab, ist ausgeführt worden. Aurora, genannt „Lolo", ist ein schönes, frisches und heiteres Kind; sie hat die schwarzen Samtaugen ihrer Großmutter, „wunderbare Hände und Füße, einen stets ernsten Blick, selbst wenn sie lacht". Aurora IV. „will unbedingt sprechen und befleißigt sich, seltsame Kehl- und Nasenlaute hervorzubringen". 1868 wird sie zwei Jahre alt, und zu ihrem Geburtstag schenkt Großmütterchen ihr außer dem Trianon-Garten einen Strauß weißer Primeln.

Das Haus blieb den Freunden ständig geöffnet. Der berühmte Freund in Sands hohem Alter war Gustave Flaubert. Nach Manceaus Tode hatte er sich endlich ein Herz gefaßt und war nach Palaiseau gekommen, um ihr Gesellschaft zu leisten. Sand wiederum hatte ihn in Croisset besucht, und dieses „Zusammenfinden" war ein riesiger Erfolg geworden. Es entspann sich ein angeregter Briefwechsel. Flaubert nannte sie: *Lieber Meister* oder *Vielgeliebter Meister;* sie redete ihn mit: *Mein Benediktiner* oder *Mein Troubadour* an. Gern pflegte sie zu sagen, sie beide glichen, „wenn sie sich in der Kaminecke die Stelzen rösteten", zwei alten Troubadouren an einer romantischen Standuhr. Wenn man nur nach dem äußeren Schein urteilte, wirkte diese gegenseitige Zuneigung überraschend, denn niemals waren zwei Menschen so verschiedenartig gewesen wie diese beiden. Sie war eine Vagantin und liebte es, zu wandern und zu reisen. Er hingegen hockte in seinem Landhäuschen zu Croisset bei seinen Manuskripten, angeklammert an seine Bequemlichkeit.

Gustave Flaubert an George Sand, 12. November 1866: Alle Welt hier ist Ihnen in Liebe zugetan. Unter welchem Sternbild sind Sie denn geboren, daß Sie in Ihrer Person so verschiedenartige, so zahlreiche und so seltsame Tugenden vereinen? Ich weiß nicht, welche Art von Gefühl ich Ihnen entgegenbringe, aber ich empfinde für Sie eine besondere Zuneigung, die ich bislang noch für niemanden verspürt habe. Wir verstanden uns doch gut? Es war reizend... Auch ich frage mich, warum ich Sie so gern mag. Geschieht es darum, weil Sie ein berühmter Mensch oder ein entzückendes Geschöpf sind? Ich weiß es nicht... – *27. November 1866:* Unsre nächtlichen Plaudereien waren wirklich reizend. Es gab Augenblicke, da ich mich zurückhalten mußte, um Sie nicht wie ein großes Kind abzuküssen[1]...

George Sand an Gustave Flaubert, 12. Oktober 1867: Du hast nicht wie ich einen Fuß, der zuckt und stets im Begriff ist, aufzubrechen. Du verbringst dein Leben in deinem Schlafrock, dem großen Feind der Freiheit und des Tätigseins[2]...

Flaubert interessierte nichts in der Welt so sehr wie die Literatur. Sand schrieb, um ihren Lebensunterhalt zu verdienen; aber auch andre Berufe hätten sie reizen können. *30. November 1866:* „Ich liebe die Klassifikationen und habe viel vom Pädagogen an mir. Ich liebe es, zu nähen und Kinder zu säubern; mir liegt also die Tätigkeit einer Dienstmagd. Ich bin oft zerstreut und komme dann einem Blöden nahe[2]...“ Und auch: *30. März 1870:* „Die sakrosankte Literatur, wie du sie nennst, ist in meinem Leben etwas Nebensächliches. Ich habe stets jemanden mehr geliebt als sie, und meine Familie mehr als diesen Jemand[2]...“ Flaubert sträubte sich, autobiographische oder Thesenromane zu schreiben: „Ein Romanschreiber hat nicht das Recht, seine Meinung über was es auch sei auszudrücken. Hat denn der liebe Gott jemals seiner persönlichen Meinung Ausdruck gegeben?... Der Erstbeste ist interessanter als Herr Gustave Flaubert, weil er allgemeiner und demnach typischer ist[1]...“ Sand erwiderte: „Ich glaube, daß der Künstler soweit wie möglich in seiner Wesensart leben muß...“ Flaubert schwitzte eine ganze Nacht über einem einzigen Wort; Sand hingegen schrieb im Verlaufe einer Nacht dreißig Seiten herunter und begann, wenn sie ein Buch beendet hatte, eine Minute darauf an einem neuen Roman zu arbeiten.

George Sand an Gustave Flaubert, 29. November 1866: Sie setzen mich immer mit Ihrer sorgfältigen Arbeitsweise in Erstaunen. Ist es Koketterie?... Was den Stil betrifft, so mache ich mir nicht soviel Umstände wie Sie. Der Wind bringt meine alte Harfe zum Erklingen, wie es ihm beliebt. Er hat seine Höhen und seine Tiefen, seine starken und seine leisen Töne; im Grunde ist mir dies gleichgültig, wenn nur die Stimmung kommt, aber in mir kann ich nichts finden. Der *Andre* ist es, der singt, gut oder schlecht, wie es ihm beliebt; und wenn ich versuche, daran zu denken, faßt mich ein Erschrecken an, und ich sage mir, daß ich nichts bin, nicht das mindeste... Lassen Sie also diesen Wind ein wenig durch Ihre Saiten streichen. Denn ich glaube, Sie wenden mehr Sorgfalt auf, als notwendig ist, und Sie müßten *den Andern* viel öfter gewähren lassen. Es würde trotzdem gehen, und ohne Anstrengung[2]...

Manchmal war sie ihrer selbst weniger sicher: „Wenn ich die Mühe sehe, die mein guter Alter sich gibt, um einen Roman zu schreiben, so entmutigt mich dies wegen meiner Leichtigkeit, und ich sage mir, daß ich schludrige Literatur mache..." Flaubert antwortete bescheiden: „Die Einfälle fließen bei Ihnen reichlich und unablässig dahin wie ein Strom. Bei mir ist es ein dünnes Gerinnsel. Ich muß kunstvolle Arbeiten verrichten, um einen Wasserfall zu erlangen."

Welche Verschiedenheiten und sogar welche Gegensätze! Aber sie waren „zwei alte Troubadoure, die an die Liebe, an die Kunst, ans Ideale glauben und ihre Weisen erklingen lassen, wenn auch die Welt dazwischen murmelt und zischt. Wir sind die jungen Toren dieser Generation. Was an unsre Stelle treten wird, legt es darauf an, statt unsrer alt, blasiert und skeptisch zu sein[2]..." Hierauf erwiderte Flaubert: „Ach ja, ich will Ihnen gern auf einen andern Planeten folgen; das Geld wird den unsern in einer nahen Zukunft unbewohnbar machen. Selbst dem Reichsten wird es unmöglich werden, hier zu leben, ohne sich um seinen Besitz kümmern zu müssen. Ein jeder wird einige Stunden täglich damit verbringen müssen, mit seinen Kapitalien zu spekulieren: das wird ein reizender Zustand sein[1]!"

Und dann waren sie in gemeinsamem Haß verbunden: „Lieber Meister, verehrte, vom lieben Gott geschenkte Freundin, erheben wir brüllend unsre Stimme gegen Herrn Thiers! Nein, nichts vermag eine Vorstellung davon zu geben, wie speiübel es mir bei dem Gedanken an diesen alten Einfaltspinsel von Diplomaten wird, der seine Dummheit auf dem Mistbeet des Bürgertums noch vermehrt[1]!..." Es ist stets leichter, ein Herz und eine Seele gegen jemand, statt für eine Sache zu werden. Gern hätte sie Flaubert nach Nohant gezogen. Denn erst dort wurde man wirklich zu einem „Sohne". Aber Flaubert mußte sein Buch beenden und gewährte sich keinen Urlaub: „Aus diesem Grunde gehe ich auf keinen Fall nach Nohant. Es ist stets die Geschichte mit den Amazonen. Um besser mit dem Bogen schießen zu können, brennen sie sich eine Brust aus. Ist dies indessen ein so gutes Mittel[1]?..."

Sand hielt das Mittel für sehr schlecht. Trotz der ungefügen Redingotes und der Männerhosen war sie niemals eine Amazone

Frau, sowohl Künstlerin als auch Frau zu sein. Besser noch als Flau-
gewesen. Ganz im Gegenteil, sie hatte versucht, Künstlerin und
bert gegenüber erklärte sie, gegen 1868, dieses Verhalten einer
jungen und schönen Vertrauten.

II

„MEIN LIEBES KIND ..."

Juliette Lamber war um 1860 eine liebenswürdige junge Schriftstellerin, die sich gerade ihre ersten Sporen verdient hatte und an
einen unausstehlichen Gatten gefesselt war. Ihr Vater, der Arzt
Jean-Louis Lambert, hatte sie in einem idealistischen und fortschrittlichen Gedankengut, in der Art von Frau Sand, großgezogen;
ihr Mann, der Advokat La Messine, ein nüchterner, konservativer
Mensch und unzulänglicher Liebhaber, hatte sie zur Verzweiflung
gebracht. Nach Paris gekommen, gefiel sie, denn sie war munter
und besaß Charme. Nicht nur die Republikaner, ihre politischen
Freunde, sondern auch die Anhänger des Kaiserreiches, wie Mérimée, nahmen sie mit offenen Armen auf. Sie hatte mit einem kleinen Band debütiert, worin sie die Frauen gegen die Angriffe Proud-
hons verteidigte und vor allem George Sand und Daniel Stern
(Marie d'Agoult) leidenschaftlich deswegen lobte, daß sie es gewagt
hatten, ihr Leben frei zu leben. Alsbald wurde sie von der Gräfin
d'Agoult eingeladen, die einen politischen Salon unterhielt und eine
Gesellschaft von Schöngeistern bei sich empfing. George Sand
schrieb der jungen Schriftstellerin, um ihr zu danken, lehnte es aber
ab, sie zu empfangen, als sie erfuhr, daß Juliette bei ihrer Feindin
verkehrte. Carlotta Marliani hatte sie gelehrt, geteilte Freundschaften und weitergetragenen Klatsch zu fürchten. „An dem Tage,
da Sie sich mit Frau d'Agoult überworfen haben, dürfen Sie gewiß
sein, daß George Sand Ihre Freundin ist und Sie dann zu ihr kommen können[3] ..."

Der jungen Juliette erschien Frau d'Agoult elegant und männlich. Wenn sie sich als Demokratin ausgab und bei sich Grévy,
Pelletan und Carnot empfing, lächelte man, denn ihre weiße Haar-
krone, umhüllt von einem schwarzen Chantilly-Schleier, wirkte
aristokratisch. Sie konnte nicht der Versuchung widerstehen, George
in den Augen des Neulings schlecht zu machen. „Mein liebes Kind,

lassen Sie mich Ihnen einen Rat geben. Lernen Sie Frau Sand niemals kennen. Sie würden über sie jede Illusion verlieren. Als *Frau*, Pardon! als *Mann* ist sie unbedeutend. Keinerlei Konversationsgabe. Sie ist ein Wiederkäuer, das gibt sie selbst zu. Von diesen Tieren hat sie den übrigens sehr schönen Blick.« Marie erkannte bei George nicht die geringste Tugend an. Ihre Güte? »Sie hegt eine gewisse Verachtung für Menschen, die von ihr Wohltaten empfangen haben ... Ihre Liebhaber sind für sie ein Stück weiße Kreide, mit dem sie an die Wandtafel schreibt. Wenn sie fertig ist, wirft sie das Stück weg, zertritt es mit ihrem Fuß, und es bleibt nichts als Staub übrig, der schnell verfliegt.« Die junge Frau erlaubte sich, einem Bedauern Ausdruck zu geben: »Wie schade, als Vorbild für die *Kleinen,* daß zwei *Große* wie Daniel Stern und George Sand sich nicht versöhnen können!« Die »Große« zeigte sich gereizt. »Niemals!« rief sie[3].

Als Juliette La Messine ihren Mann verließ, stimmte Frau d'Agoult ihr zu und nahm sie in Schutz. Aber immer kam sie bei ihren Spaziergängen auf Sand zurück: »Was ich ihr, die Rasse hat, nicht verzeihe, ist ihr Mangel an Haltung, die Art, wie sie sich kleidet, ihre groben Hanswurstereien in Nohant und, in ihrem Alter, die Manieren eines wilden Mädels ... Sie entstammt doch einer guten Familie; es gibt für sie, bei ihrem zunehmenden Alter, keine Entschuldigung dafür, sich weiter wie ein Kind zu betragen[3].« Dies war, so hätte Sophie-Victoire Dupin gesagt, die Rede einer alten Komtesse.

Im Jahre 1867 starb La Messine. Juliette war darüber hocherfreut und beschloß, so schnell wie möglich den Mann zu heiraten, den sie liebte: Edmond Adam, einen Journalisten und Politiker. Alle ihre Freunde beglückwünschten sie, außer Frau d'Agoult. »Das Unglück, Witwe zu sein«, sagte sie, »besteht darin, daß man das blöde Verlangen verspürt, wieder zu heiraten. Ich nehme an, daß Sie eine solche Dummheit doch nicht begehen werden? Eine denkende Frau muß frei bleiben[4].« Als sie von der neuen Bindung erfuhr, ereiferte sie sich in heftiger Weise, nannte Juliette eine Provinzlerin, ein dummes Geschöpf, und prophezeite ihr, noch vor Ablauf von zwei Jahren werde sie zu schreiben aufhören, um ihr Haushaltungsbuch zu führen. Die Szene glich einem Wahnsinnsanfall, und tatsächlich mußte Frau d'Agoult im Jahre darauf für einige Zeit die Nervenheilanstalt des Doktors Blanche aufsuchen.

Das Zerwürfnis mit Frau d'Agoult erlaubte es Juliette endlich, George Sand zu sehen. Sie bat um eine Unterredung und wurde nach der Rue des Feuillantines eingeladen. Voller Aufregung betrat sie hier den kleinen Salon. Sie sah eine sehr kleine Frau, die sich eine Zigarette drehte und ihr das Zeichen gab, sich neben sie zu setzen. George zündete ihre Zigarette an; sie schien eine Anstrengung zu machen, um zu sprechen, aber es gelang ihr nicht. Die Besucherin brach in Tränen aus; Sand öffnete in einer mütterlichen Geste die Arme. Juliette warf sich hinein, und diese stumme Szene war der Beginn einer langen Freundschaft.

George Sand erschien in Juliette Lambers Augen Daniel Stern unendlich überlegen durch ihre Feinfühligkeit, den Adel des Herzens, eine große Lebensklugheit und eine heitere Gelassenheit, die durch grausame Erfahrungen erworben worden war. Sogleich betrachtete George Sand dieses geistreiche Geschöpf als ihre Tochter. Sie nahm Juliette mit zu den Diners bei Magny und stellte sie ihren Freunden vor. Die hübsche Frau wirkte anfeuernd auf die Tischgenossen, die gepfefferte Histörchen erzählten. Sand wurde wütend: „Ihr wißt doch, daß ich solche Unterhaltung verabscheue, daß sie mich anwidert!" Dumas-Sohn pries Juliettes Schönheit: „Ich hoffe sehr, daß sie keinerlei Talent hat. Hat man es bei solchem Wuchs und solch nettem Frätzchen denn nötig, ein Blaustrumpf zu werden?" – „Junger Alexander", sagte Frau Sand, „ich bitte dich, deine Verachtung für die Blaustrümpfe zu zügeln! ... Ich wette, du wirst dieser Juliette die Liebe predigen?" – „Sicherlich! Wenn man eine solche Figur hat, wird man doch nicht Schriftstellerin." – „Mein Kind", riet Sand, „hören Sie nicht auf diese Männer. Sie brauchen nur zu lesen, was sie aus liebenden Frauen machen, aus einer Madame Bovary, einer Madame Aubray, einer Germinie Lacerteux; sie sind unfähig, einen guten Rat zu erteilen." – „Sie", versetzte Dumas, „Sie haben nur die künftigen Helden Ihrer Bücher geliebt, Marionetten, die Sie in das Gewand des Stils kleideten, um sie Ihr Stück herunterleiern zu lassen. Nennen Sie so etwas lieben[4]?"

Manchmal, Zigaretten rauchend, die sie in eine mit Wasser gefüllte Vase warf, nachdem sie einige Züge getan hatte, versuchte George, für Juliette aus einem stürmischen Leben die Lehren zu ziehen. „Wenn wir uns besser kennen, werde ich Ihnen erzählen, auf welchen Wegen, die um so rauher waren, je sanfter ich sie erstrebte, mein Dasein verlief ... Die Güte, die eine klarsichtige, abwägende Tugend sein soll, war in mir ein stürmisches, wildes Element, nur darauf bedacht, sich auszubreiten. Sobald man mir ein tiefes Mitleid einflößte, beherrschte man mich. Ich stürzte mich auf die Gelegenheit, wohltätig zu sein, mit einer Verblendung, daß ich meistens nur das Böse heraufbeschwor. *Wenn ich mich prüfe, erkenne ich, daß die beiden beherrschenden Leidenschaften meines Lebens die Mütterlichkeit und die Freundschaft gewesen sind. Ich* habe die Liebe, die sich anbot, hingenommen, ohne sie zu suchen, ohne sie zu wählen, und so habe ich etwas ganz andres hineingetragen und von ihr gefordert, als sie mir gab. Ich hätte in denen, die von mir die Liebe verlangten, Freunde und Söhne finden können. Nach den beiden ersten Malen hatte ich nicht mehr das Recht, Freundschaft aufzuerlegen. Hierzu bedarf es moralischer Autorität. Die Männer lieben nur mit Widerstreben als Freunde. Sie, die mit der erstbesten Frau Sinnenlust empfinden können, streben danach, ihre Sinne an den zärtlichen Gefühlen teilhaben zu lassen, die sie empfinden[4] ...“

Diese so sichere Selbstdiagnose hätte die Feinde George Sands überrascht, die in ihr eine in ihren Körper vernarrte Frau sahen. Dennoch war dies alles wahr. Sie hatte sich anfangs aus Mitleid verschenkt; hernach, wie sie sagte, weil sie keine „moralische Autorität mehr besaß, um Freundschaft aufzuerlegen“; später wiederum aus Gewohnheit und aus dem Bedürfnis nach der Gegenwart eines andern Menschen. Die Zeit, in der sie lebte, hatte ihr ein Verhalten vorgeschrieben. Aurora Dudevant war in einer Zeit jung gewesen, da eine ganze Künstlergeneration anders als die Bürger lieben und empfinden wollte. „Bei unsrer Verachtung des Ufers verloren wir jeden Augenblick den Boden unter den Füßen, denn wir wollten nur auf hoher See schwimmen, über dem Unergründlichen. Fern von den Massen, fern von den Ufern, immer weiter hinaus! Wie viele von uns sind untergegangen! Diejenigen, die litten, die sich gegen das Ertrinken sträubten und sich wehrten, wurden wieder an den Strand gespült; sie faßten wieder Fuß, wurden wieder Menschen wie die andern, durch ihre Berührung mit der Erde, und vor allem mit den verständigen Menschen oder den Demütigen. Wie viele Male habe ich mich inmitten der Bauern wieder gefangen! Wie oft hat Nohant mich von Paris geheilt und gerettet! ...“ Sie schloß: „Unser großer Fehler bestand darin, die Sinne mit unserer Liebesglut zu verbinden[4].“

Um diese Zeit etwa war es, als Alexandre Dumas-Sohn mit Sand im Cher badete und sie spöttelnd fragte: „Nun, à propos, wie denken Sie jetzt über *Lelia?*“ George antwortete, während sie weiterschwamm: *„Lelia?* Reden Sie nicht davon! Ich wollte vor einiger Zeit das Buch nochmals lesen, aber ich konnte nicht einmal bis zum Ende des ersten Bandes durchhalten.“ Dann fügte sie hinzu: „Was tut's! Als ich das schrieb, meinte ich es aufrichtig[5] ...“ Wer nun hätte voraussagen können, daß Lelia ihre alten Tage im Schlosse ihrer Großmutter verbringen würde, Märchen für ihre Enkelkinder verfassend?

Als sie eines andern Tages Juliette wohl zum hundertsten Male

erklärt hatte, daß Musset „die beste Tat ihres Lebens" gewesen sei
und sie „keinen andern Gedanken gehabt habe, als ihn vor sich
selbst zu retten", flehte sie ihre „erwählte Tochter" an, falls man
jemals in ihrer Gegenwart George Sand der Treulosigkeit beschuldigen würde, solle sie folgendes antworten: „Wenn George Sand
auch das Recht verloren hat, als Frau beurteilt zu werden, so hat
sie doch das Recht bewahrt, daß man sie als Mann bewertet, und in
der Liebe ist sie der Treueste unter euch allen gewesen. Sie hat niemanden betrogen, niemals zwei Abenteuer zur gleichen Zeit gehabt!
Ihre einzige Schuld bestand darin, daß sie in einem Dasein, in dem
die Kunst den größten Platz einnahm, die Gesellschaft der Künstler
erwählte und der Männermoral den Vorzug vor der Frauenmoral
gab. – Und ich beeile mich, Ihnen zu gestehen, meine Juliette, daß
es für eine Frau eine Erniedrigung bedeutet, wenn sie ihre weiblichen Züge ablegt. Merken Sie sich ja dies, Sie, die Sie von Männern umringt sind, wie auch ich es war, die Sie geliebt und zweifellos von vielen unter ihnen verehrt werden, die zu den Ersten ihrer
Zeit gehören, merken Sie sich nur ja dies: wenn ein Mann überlegen ist, dann ist er für die außergewöhnliche Frau ein begehrens-
werter Freund; er ist der gleiche Liebhaber für alle Frauen und oft
der vollkommenste für die gemeinste und dümmste unter ihnen.
Ich habe meine reiche Erfahrung mit der Liebe, leider mit so vielen
Lieben. *Wenn ich mein Leben nochmals zu beginnen hätte, würde
ich keusch bleiben*[4]"

III

NOHANT VOR DEM KRIEGE

Adam und Juliette kamen nach ihrer Verheiratung im Juli 1868
nach Nohant. Als Reisegefährten hatten sie den Amerikaner Henry
Harrisse, der ihnen auf die Nerven fiel, weil er mit Pedanterie den
Cicerone spielte, und weil dieser in umgekehrter Richtung kommende Christoph Kolumbus behauptete, er habe das Berry entdeckt.
Aber sie liebten die Poesie dieses Hauses. Abends, wenn das Fenster auf den gestirnten Himmel geöffnet war und die Wohlgerüche
des Gartens zu ihnen aufstiegen, lauschten sie Sand, die auswendig
und stilgerecht Mozart und Gluck spielte. Sie betrachteten an der
Wand das Bildnis des Marschalls von Sachsen von La Tour, mit
seinem schillernden Küraß und dem gepuderten Haar, und die

schöne Aurora von Königsmarck, der Maurice glich. „Die Ahnen machen Eindruck auf Sie", sagte dieser lachend zu Juliette. Sie gestand es ein. Das königliche Blut vereint mit soviel Schlichtheit setzte diese Republikanerin in Erstaunen.

Am Tage darauf war der „Muttertag". Maurice schoß die Kanone ab; jeder brachte einen Strauß Blumen, die er auf den Feldern gepflückt hatte. Am Abend gaben die Marionetten eine Vorstellung. Juliette, die auf sie seit langem neugierig war, hat sie besser als jeder andre beschrieben:

Bevor wir sie noch gesehen haben, kennen wir Balandard, Knurrhahn, den Kapitän della Spada, Isabella, Rosa, Celeste, Ida und alle, alle andern mit Namen... Wir sind im Abendkleid, dekolettiert, wie zu einer bedeutenden Premiere. Überall ist das Programm des Abends angeheftet. Die Marionetten spielen *Alonzi Alonzo, der Bastard* oder *die Briganten der Sierra*. Maurice opfert zwanzig Abende, um seine angebetete Mutter nur eine einzige Stunde zu vergnügen... Endlich kommt der feierliche Augenblick. Ernst setzen wir uns in Bewegung, entsprechend dem Rang, den Frau Sand uns anweist. Wir betreten den Theaterraum, den wir noch nicht kennen und der im hellen Lichterschmuck strahlt. Zur Linken die große Bühne, auf der man Theater spielt; gegenüber das Marionettentheater mit einem wunderbaren Vorhang, der selbstverständlich von Maurice gemalt wurde. Der Vorhang hebt sich: der Hintergrund hat außerordentliche Perspektiven. Jetzt sind wir nach Spanien, in die Sierra, versetzt. Man verkündet uns, es sei erlaubt, Zwischenrufe an die Darsteller zu richten; die Handlung und selbst der Ausgang des Geschehens könnten durch die Zuschauer beeinflußt werden, und Maurice schätze nur diese Art allgemeinen Wahlrechts.

Balandard, der Direktor der Truppe, erscheint und teilt uns mit, was ich vorhin ausführte; die Figur, steif und sympathisch zugleich, fügt hinzu: „Man wird sich amüsieren." Oh, Balandard mit seinem Gehrock, der tadellosen weißen Weste, dem riesigen Hut, den er mit soviel Würde entweder auf dem Kopfe trägt oder in der Hand hält. George Sand ist sein Schneider, und er rühmt sich dessen bei jeder Gelegenheit...

... Die ständigen Besucher des Theaters, die die Gestalten sozusagen außerhalb ihrer Rollen oder in der Gesamtheit dieser Rollen kennen, in ihrem Charakter, den Maurice respektiert, in ihrem Genre, denn eine jede von ihnen hat ihre bestimmte Verwendung, und niemals spielen sie eine Rolle, die nicht in Übereinstimmung mit ihrem Talent, ihrer Moral oder ihren Lastern steht, die ständigen Besucher, sage ich, billigen diesen Gestalten, sobald sie auf der Szene auftauchen, bereits ein Eigenleben zu. Ein jeder hat seine Vorlieben, wenn nicht sogar seine Schwächen für diese oder jene von ihnen. Man weiß, daß Plauchut nicht Olympia Nantouillet ohne ein Vergnügen sehen kann, dem er auch Ausdruck gibt. Lina liebt Balandard. Frau Sand hat eine ausgesprochene Vorliebe für den Dogen von Venedig und für Gaspardo, den besten Fischer des Adriatischen Meeres. Planet macht Fräulein Ida den Hof. Für mich zwingt sich eine Wahl auf. Noch niemals hat Knurrhahn jemanden geliebt. Er verachtet das weibliche Geschlecht und läßt es ihm gegenüber oft an Respekt fehlen. Die Liebe zueinander überfällt uns beide wie der Blitz. Ich mache ihm in aller Öffentlichkeit eine Liebeserklärung; er antwortet darauf...

„Wie kommt es, Knurrhahn, daß du, bisher deinem Namen getreu, daß nun auch du, Unglücklicher, den Pfeil der Liebe im Herzen spürst?" ruft Lina.

„Dagegen kann man nichts machen. Juliette hat mich betört."

Adam protestiert und ruft: „Aber nein! Da hört doch alles auf!"

Wir lachen schallend. Frau Sand erklärt entzückt, daß Adam sich habe überrumpeln lassen und dies einer der größten Erfolge von Maurice sei[4]...

Die Adam entdeckten, daß Sand wirklich sie selbst nur in Nohant war. „Alles, was mich von dort fernhält, ist reines Vagabundentum", sagte sie lachend. Sie fand immer mehr Gefallen an dem Gedanken, daß ihre „Kavalkaden" nur zufällige Ausbrüche aus dem einzigen Leben gewesen wären, das sie geliebt hatte. Die Besucher von Nohant zur damaligen Zeit waren Dumas-Sohn (der 1864 seine grünäugige Prinzessin geheiratet hatte); Gautier, der liebe Théo, der bei seinem ersten Besuch glaubte, George Sand sei ihm feindlich gesinnt, weil sie ihn wortlos betrachtete; Flaubert, dem man mit großer Mühe den Entschluß zu dieser Reise abgerungen hatte und der Frau Adam damit aufzog, daß er ihr ankündigte, die künftige Republik würde der Sieg des Neides und der Dummheit sein; Turgenjew, der von Pauline Viardot hergeführt wurde und dessen Romane Sand bewunderte („Er ist ganz erstaunt, wenn ich ihm sage, daß er ein großer Künstler und ein großer Dichter ist"); und eines Tages sogar die ganze Schauspielertruppe des Odéon: ein *humoristischer Roman* auf Tournee, Gesang und Lachen bei eisgekühltem Champagner bis drei Uhr in der Frühe.

Das Tagesprogramm war unveränderlich. *Sand an Flaubert:* „Ich stecke hier jeden Tag bis zum Kinn im Fluß und gewinne meine Kräfte völlig in diesem kalten und schattigen Gewässer wieder, das ich so sehr liebe und worin ich so viele Stunden meines Lebens verbracht habe, um mich von den allzu langen Sitzungen im trauten Zusammensein mit dem Tintenfaß zu erholen[2] . . .“ Im Sommer das Bad in diesem Fluß, der stets kühl ist, weil er im Schatten liegt. Mittags das gemeinsame Essen, dann ein ausgedehnter Spaziergang im Park, Besuch bei den Blumen, Arbeit oder Unterricht für Aurora; Sand findet sogar die Zeit, dem Hornisten der Feuerwehr Unterricht im Trompetenblasen zu geben.

George Sand an Juliette Adam, 10. Januar 1869: Man muß schon sagen, eine reizende Beschäftigung! Aber ich verstehe jetzt schon mein Handwerk: Reveille, Signal zum Sammeln, das Ganze sammeln, Generalmarsch, Geschwindschritt, gewöhnlicher Schritt usw. Ich benutze die Gelegenheit, um dem guten Burschen, der Müllergeselle ist und nicht lesen kann, die Anfangsgründe der Musik beizubringen. Er ist intelligent und wird es schon lernen[2] . . .

Um sechs Uhr das Abendessen. Nach einem neuen Spaziergang in den Garten kehrt man zum blauen Salon zurück, wo Sand am Klavier klassische Stücke, spanische Weisen oder alte berrichonnische Volkslieder spielt; man versammelt sich um den Tisch. Sand legt Patiencen oder schneidert Kleider für ihre Enkelinnen; Maurice zeichnet Karikaturen; andere spielen Karten oder Domino; zuweilen liest jemand vor. Flaubert, Turgenjew und Sand selbst erproben bei dieser Zuhörerschaft die Wirkung neuer Arbeiten. Meistens aber scherzt man und vergnügt sich auf ziemlich kindliche Art. Obwohl sich Sand selbst schweigend verhält, liebt sie all diesen Lärm ringsum. „Heiterkeit“, sagt sie, „ist die beste Medizin für den Körper und den Geist.“ Sie glaubt an die Heiterkeit wie an die Gesundheit und die Güte. Das siebente Lebensjahrzehnt hat sie nicht von der Vorliebe für Possen geheilt. Zusammen mit Maurice versteckt sie einen Hahn in der Holztruhe im Zimmer des Ehepaars Adam, und der unglückliche Edmond kann kein Auge zutun. Juliette rächt sich, indem sie den Glöckner-Totengräber besticht, damit er aus Leibeskräften den Angelus läutet und so zu früher Stunde das ganze Haus aufweckt. Flaubert knurrt. Wie man sich denken kann, ist er „unausstehlich beim Marionettenspiel, denn er kritisiert alles und will nicht zugeben, daß dies idiotisch ist“. Sand dreht in freundschaftlicher Weise den Spieß um und widmet ihm den Roman *Der rollende Peter,* worin die Marionetten von Nohant als Gestalten auftreten.

Denn sie schreibt noch Romane, ohne daß ihr Herz allzusehr daran beteiligt ist. „Aber man gewöhnt sich daran, dies alles als einen militärischen Befehl anzusehen, und man geht ins Feuer, ohne sich zu fragen, ob man getötet oder verwundet werden wird... Ich marschiere geradeaus, dumm wie das liebe Vieh und geduldig wie ein Berrichonner[2]..." Jede Nacht, nachdem sich die Gäste schlafen gelegt haben, füllt sie mit ihrer festen Schrift zwanzig Seiten. Sie schreibt sie noch einmal ins reine und korrigiert wenig. „Ich schreibe wie man gärtnert", sagt sie. Was sie schreibt, ist nicht hervorragend, aber auch „der alte, im Ruhestand lebende Troubadour singt von Zeit zu Zeit seine kleine Romanze an den Mond, ohne sich groß darum zu kümmern, ob er gut oder schlecht singt, wenn er nur dem Gedanken Ausdruck gibt, der ihm im Kopfe herumgeht[2]..." Sie bleibt die Bescheidenheit selbst. Was sie wirklich bewundert, ist nicht das, was sie selbst hervorbringt, sondern Flauberts *Schule der Empfindsamkeit.* Sie ist untröstlich, wenn sich Flaubert über ablehnende Besprechungen bekümmert zeigt. Man habe keine Vorstellung, so sagt sie, von der künstlerischen Anständigkeit Flauberts, von seiner handwerklichen Sorgfalt; aber sie macht diese sehr scharfsinnige Einschränkung: „Er weiß nicht, ob er Poet oder Realist ist, und da er beides ist, geniert es ihn[4]."

Sand nimmt sich ihre Sujets aus ihrer Umwelt. Der Vorwurf von *Mademoiselle Merquem* wird ihr durch das Leben ihrer Tochter Solange geliefert. Sie schildert sie unter dem Namen Erneste du Blossey, „ein hochmütiges, kapriziöses Geschöpf, besessen von Widerspruchsgeist, halb überspannt, halb praktisch, das alle Vorteile ihrer Stellung auszunutzen versteht". So wie Solange ihr Verlöbnis mit Fernand de Préaulx, dem berrichonnischen Edelmann, gelöst hatte, um Clésinger zu heiraten, löst Erneste das ihre mit einem Landjunker, Herrn de La Thoronay, um Montroger zu ehelichen. Es scheint, daß sich George Sand nach einundzwanzig Jahren auf alte aufbewahrte oder zurückgegebene Briefe bezogen hat. Solange blieb ein Problem. Eine schöne Vierzigerin, hatte sie reiche Liebhaber guter Herkunft und erlangte von ihnen nicht unbedeutende Zuwendungen, was sie nicht davon abhielt, Pensionen von seiten ihres Vaters und ihrer Mutter entgegenzunehmen.

Alles in allem war George, nachdem alle Leidenschaften erloschen, glücklich. „Soll ich nun auf den Ruinen Palmyras weinen? Nein, auch das geht vorbei, wie Lambert sagt. Für meine Zeitgenossen besteht das Unglück darin, *daß sie wiederkehren möchten.* Man kehrt nicht mehr in dieses Leben zurück; auch für den Menschen ist es nur ein flüchtiges Verweilen; man ist wie das murmelnde Wasser, das dahinrinnt; und ist das murmelnde Dahinfließen nicht genug, wenn man schöne Dinge widerspiegelt, die man geliebt und besungen hat? Man würde sich langweilen, wenn diesem Dasein Dauer beschieden wäre, man würde erschreckt sein, nochmals beginnen zu müssen. Man altert *allein,* traurig oder gefaßt, aber gleichmütig, immer gleichmütiger[6]!..." Sie fühlt sich gesund; sie ist sonnenverbrannt wie ein Ziegelstein; sie ist noch fähig, einen ganzen Tag lang zu wandern und bei der Rückkehr in der eisigen Indre ein Bad zu nehmen.

George Sand an Joseph Dessauer, 5. Juli 1868: Ich bin heute vierundsechzig Lenze alt. Noch habe ich das Gewicht der Jahre nicht verspürt. Ich marschiere, ich arbeite, ich schlafe ebensogut wie früher. Meine Sehkraft ist ermüdet; daher setze ich seit langem eine Brille auf, aber es ist nur eine Frage der Sehschärfe, weiter nichts. Wenn ich nicht mehr tätig sein kann, hoffe ich, den Wunsch zum Tätigsein verloren zu haben. Zudem fürchtet man sich vor dem vorgerückten Alter, als ob man sicher wäre, es zu erreichen. Man denkt nicht an den Ziegel, der vom Dache fallen kann. Das beste ist, stets bereit zu sein und die alten Tage besser zu genießen, als man sich der jungen zu erfreuen verstanden hat. Im Alter von zwanzig Jahren vertrödelt man soviel Zeit und vergeudet man ungeheuer sein Leben! Unsere Wintertage zählen doppelt; dies ist unser Ausgleich[2]...

Im Verlaufe des Lebens wird die Spitzengruppe immer kleiner. 1869 starb ihr erster Gewissensberater: Sainte-Beuve.

Gustave Flaubert an George Sand, 14. Oktober 1869: Wir werden uns Sonnabend sehen, bei der Beerdigung des armen Sainte-Beuve. Das Grüppchen wird immer kleiner! Einer nach dem andern verschwinden die wenigen Schiffbrüchigen vom Floße der *Medusa!*... – *29. Juni 1870:* Von sieben, die wir zu Beginn der Magny-Diners waren, sind nur noch drei übrig geblieben: ich, Théo und Edmond de Goncourt! Seit anderthalb Jahren sind nacheinander dahingegangen: Gavarni, Bouilhet, Sainte-Beuve, Jules de Goncourt, und noch ist es nicht zu Ende[1]!...

Casimir lebte noch. Seine Frau überwachte ihn weiter aus der Ferne und warnte Solange und Maurice vor der Gefahr eines Vermächtnisses an die uneheliche Tochter, die sie um Guillery bringen würde. Von ihr angetrieben, strengten sie wegen der Auslegung des Testamentes der Baronin Dudevant gegen ihren Vater einen Prozeß an. George Sand führte die ganze Verhandlung „mit mütterlicher Leidenschaft, weiblichem Scharfsinn und der Geschicklichkeit eines Advokaten". Dieses Vorgehen betrübte Casimir; er verlor darob den Schlaf und die Gesundheit. Niemals hatte er die Kraft besessen, gegen Aurora anzukämpfen. Man nötigte ihn, Guillery zu verkaufen. Von dem Verkaufserlös behielt er für sich einhundertneunundvierzigtausend Franken; Maurice und Solange teilten sich den Rest (einhundertdreißigtausend Franken). Casimir zog sich ins Dorf Barbeste, sechs Kilometer von Guillery, zurück, wo er am 8. März 1871 starb. Sein Pech hatte sein Gehirn erweicht und sein Urteilsvermögen gestört, denn im Mai 1869 richtete er an den Kaiser einen seltsamen Brief, worin „der Baron Dudevant, ehemaliger Offizier des Ersten Kaiserreiches", das Kreuz der Ehrenlegion erbat:

Ich habe gedacht, daß es an der Zeit sei, mich an Euer Majestät Wohlwollen zu wenden, um die ehrenvolle Belohnung zu erlangen, die ich verdient zu haben glaube. An meinem Lebensabend bewerbe ich mich um das Kreuz der Ehrenlegion. Es ist dies der höchste Gunstbeweis, den ich von Eurer Kaiserlichen Magnifizenz erbitte. Indem ich um diese Belohnung ansuche, berufe ich mich nicht nur auf meine seit 1815 dem Lande und der eingesetzten Regierung geleisteten Dienste, vielleicht unbedeutende Dienste und ohne Glanz, sondern auch auf die bedeutsamen Dienste, die mein Vater seit 1792 bis zur Rückkehr von der Insel Elba geleistet hat. Außerdem wage ich mich auf mein häusliches Unglück zu berufen, das der Geschichte angehört. Verheiratet mit Lucile Dupin, in der Welt der Literatur unter dem Namen George Sand bekannt, ist mir in meinen Gefühlen als Ehemann und als Vater grausames Leid zugefügt worden, und ich habe die Überzeugung, daß ich das wohlwollende Interesse all derer verdiene, die die unseligen Ereignisse verfolgten, welche jenen Abschnitt meines Lebens ausgezeichnet haben[7] ...

Napoleon III. war nicht der Ansicht, daß eheliches Pech, selbst wenn es der Geschichte angehörte, die Ordensauszeichnung verdiente; aber er hat sicherlich den Brief für pikant gehalten und herumgezeigt, denn nach der Abdankung im Jahre 1870 wurde er auf seinem Schreibtisch gefunden.

George dachte nicht daran, Casimir zu beklagen. Nach so vielen Widerwärtigkeiten erfreute sie sich eines kraftvollen, geachteten und glücklichen Lebensabends. Wenn ihre Freunde ihrem Leben zusahen, tauchte vor ihren Augen das Bild auf, das sie von dem Alter einer ihrer verrückten Heldinnen von ehedem, Metella, gezeichnet hatte: „Man bewunderte sie noch in dem Alter, da die Liebe aus ihrem Leben verschwunden war; und an der Achtung, mit der man sie, umgeben von den reizenden Kindern Sarahs, grüßte, verspürte man die Ergriffenheit, von der die Seele beim Anblick eines klaren, stimmungsvollen und friedlichen Himmels gepackt wird, von dem die Sonne soeben verschwunden ist[3] ..." Eines Tages öffnete sie wieder das Album *Sketches and Hints* mit dem romantischen Einband, worin sie zur Zeit Mussets und hernach Michels ihre so lebhaften Gefühle niedergelegt hatte. Die Frau, die sie damals gewesen war, setzte sie in Erstaunen und mißfiel ihr.

September 1868: Zufällig lese ich dies alles wieder. Ich war verliebt in dieses Buch, wollte soviel Schönes darin niederlegen. Aber nur Dummheiten habe ich hineingeschrieben. Dies alles kommt mir heute so geschwollen vor. Und doch glaubte ich aufrichtig zu sein. Ich bildete mir ein, von mir einen Abriß zu geben. Kann man von sich selbst einen Abriß geben? Kennt man sich überhaupt? Ist man jemals *jemand?* Ich weiß es nicht. Mich dünkt, man ändert sich von Tag zu Tag, und am Ende weniger Jahre ist man ein neues Wesen. Ich mag mich noch so sehr erforschen, aber ich finde in mir nichts mehr von diesem angsterfüllten, aufgewühlten, mit sich selbst unzufriedenen und den andern gegenüber gereizten Menschen. Mir schwebte zweifellos das Trugbild der *Größe* vor. Dies war die Mode der Zeit; ein jeder wollte groß sein, und da man es nicht war, fiel man in Verzweiflung. Ich habe genug zu tun gehabt, um gut und aufrichtig zu bleiben. Und nun bin ich sehr alt, durchlaufe anständig mein fünfundsechzigstes Lebensjahr. Infolge einer seltsamen Laune meines Schicksals bin ich bedeutend gesunder, bedeutend kräftiger und flinker als in meiner Jugend; ich marschiere länger, vermag länger aufzubleiben und wache mühelos nach einem ausgezeichneten Schlaf auf ... In mir ist vollkommene Ruhe, mein Alter ist in Gedanken ebenso keusch wie tatsächlich, ich sehne mich nicht nach meiner Jugend zurück, strebe nicht nach Ruhm, begehre nicht den Besitz von Geld, es sei denn, um meinen Kindern und Enkelkindern einiges zu hinterlassen. Keinerlei Verdruß mit meinen Freunden. Ein einziger Kummer: die Menschheit, mit der es schlecht steht, die Gemeinschaft, die dem Fortschritt den Rücken zuzukehren scheint; aber wer weiß, was diese

Erschlaffung verbirgt? Welches Erwachen reift im Verborgenen unter dieser Erstarrung?...

Werde ich noch lange leben? Ist dieses erstaunliche Alter, das sich bei mir ohne Gebrechlichkeit und ohne Müdigkeit eingestellt hat, das Zeichen für ein langes Leben? Werde ich plötzlich hingerafft werden? Was aber wäre es nütze, all dies zu wissen, da man ja zu jeder Stunde durch einen Unglücksfall hinweggerafft werden kann! Werde ich noch zu etwas nützlich sein? Dies ist eine Frage, die man sich stellen kann. Mich dünkt, ja. Ich fühle, daß ich es in viel persönlicherer, in viel unmittelbarerer Weise sein kann als je zuvor. Ohne zu wissen wie, habe ich viel Weisheit erworben. Ich könnte Kinder bedeutend besser erziehen als früher. Noch immer habe ich meinen Glauben, meinen völligen Glauben an Gott. An das ewige Leben. An die wahre Erkenntnis, die das Böse eines Tages besiegen wird. An die durch die Liebe erleuchtete Erkenntnis. Wie aber ist es mit den Symbolen, den Bekenntnissen, den Kulten, den Menschengöttern? Vorbei! Dies alles liegt weit hinter mir... Man hat unrecht, wenn man glaubt, das Alter sei ein fallender Hang: das Gegenteil ist richtig. Man steigt empor, und zwar mit überraschend weiten Schritten. Die geistige Arbeit vollzieht sich so schnell wie die körperliche Arbeit beim Kinde. Nichtsdestoweniger kommt man dem Lebensende immer näher, aber wie einem Ziele und nicht wie einer Klippe[9]...

IV

DER KRIEG UND DIE KOMMUNE

Am 1. Juli 1870 wurde George Sand sechsundsechzig. „Nicht hinfällig, sondern sehr wohlauf, rührig, ohne das Gewicht des Alters auf den Schultern", vermerkte sie. Eine glühende Hitze hüllte Nohant ein. Das Thermometer stieg im Schatten auf fünfundvierzig Grad, das Gras verdorrte; die vergilbten Bäume verloren ihre Blätter, und eine afrikanische Glut verlieh allen Dingen ein Weltuntergangsaussehen. Hinzu kamen die Landplagen: Waldbrände, aufgescheuchte Wölfe, die um die Häuser strichen, Seuchen. „Noch nie habe ich einen derart traurigen Sommer erlebt, und obendrein ist der Krieg erklärt worden..."

Obendrein! Diese zusätzliche Geißel erschien ihr mehr absurd als fürchterlich. Für einen Feldzug zur Befreiung Italiens hatte sie Verständnis aufgebracht, aber zwischen Frankreich und Preußen „gibt es in diesem Augenblick nur eine Frage des Selbstgefühls, nämlich herauszubekommen, wer das beste Gewehr hat". Der äußerst chauvinistische Plauchut schrieb ihr aus Paris, das Volk „schäume vor Begeisterung". Traurig antwortete sie: „In der Provinz ist es nicht das gleiche. Man ist bestürzt; man sieht darin Machenschaften der Höfe[2]..." An Flaubert: „Ich finde diesen Krieg schandhaft... Malbrough s'en va-t-en guerre... Welch eine Lehre empfangen die Völker, die absolute Herren wollen[2]!"

Der Anfang des Monats August war gräßlich. Von den Armeen keinerlei Nachricht. Diese düstere Erwartung wurde beängstigend. Die geknebelten Zeitungen ließen nichts verlauten. George Sand beobachtete den Grimm der Bauern gegen den Kaiser: „Es gibt keinen einzigen, der nicht sagt: ‚Unsre erste Kugel, die schießen wir ihm in den Kopf!' Sie werden es nicht tun; sie werden sehr gute Soldaten sein... Aber es zeigt sich das Mißtrauen, die Erkaltung des monarchischen Gefühls, der Entschluß, bei der künftigen Abstimmung die Strafe zu vollziehen[2]." An Juliette Adam: „Wir müssen die Preußen und die Kaiserreiche zugleich vertreiben." Maurice wäre gern zu den Waffen geeilt, aber die Verwirrung herrschte überall. „Zu den Waffen! Welche Waffen?" Es fehlte an Gewehren, an Verpflegung, an allem. „Drei Preußen könnten La Châtre einnehmen; nichts war für einen Einbruch des Feindes vorausgesehen."

Gegen Ende August begannen sich die Nachrichten vom Zusammenbruch zu verbreiten. Tagebuch George Sands, 4. September 1870: „Endlich eine offizielle Depesche. Unheilvoll!... Ein einziger Trost: der Kaiser wurde gefangengenommen. Aber unsre armen Soldaten! Wie viele haben den Tod gefunden, damit vierzigtausend sich ergaben... Das ist das Ende des Kaiserreichs, aber unter welchen Umständen..." – 5. September 1870: „Maurice weckt mich und sagt mir, daß in Paris die Republik ausgerufen wurde, ohne Widerstand zu finden, ein ungeheures und in der Geschichte der Völker einzigartiges Geschehen... Gott schütze Frankreich! Es ist seines Blickes wieder würdig geworden[10]..." – An Edmond Plauchut: „Dennoch lebe die Republik!..."

Im September raffte eine Pockenepidemie viele in Nohant dahin. Die Enkelkinder mußten weggebracht werden. Die ganze Familie begab sich nach Mittelfrankreich. Lolo und Titine spielten Preußen, mit Gewehren aus Schilfrohr. Auf den Dorfplätzen exerzierten die Buben mit Stöcken. George litt als Französin und als Pazifistin zugleich. Die Deutschen setzten sie auf schmerzvolle

Weise in Erstaunen: „Sie kommen kalt und hart wie ein Schnee-
sturm, falls es not tut, obgleich sie im täglichen Umgang die sanftesten Menschen der Welt sind. Sie schalten das Denken aus, hierfür
ist nicht der Augenblick; für Erwägungen, Mitleid und Gewissensbisse ist später am heimischen Herd immer noch Zeit genug. Einmal in Gang gesetzt, sind sie unbewußte und schreckliche Kriegs-
maschinen[11]..." Wie Jules Favre ersehnte auch Sand den Frieden,
nicht aber einen Schandfrieden.

Nach Nohant zurückgekehrt, erfuhr sie, daß zwei Luftballone,
die den Namen *Armand-Barbès* und *George-Sand* trugen, das be-
lagerte Paris verlassen hatten. *Barbès* brachte Léon Gambetta,
einen jungen Abgeordneten und bereits berühmten Redner, der die
Ansicht vertrat, man könne Frankreich noch bewaffnen und den
Krieg gewinnen, nach Tours. George teilte nicht diesen Glauben:
„Unsre Diktatoren von Tours besitzen einen erschreckenden Optimismus[11]." Die Armeen, die Gambetta aus dem Boden stampfte,
flößten der bäuerlichen Vorsicht Frau Sands kein Vertrauen ein.
Ihr Traum war eine wirkliche, durch Wahlen legitimierte Republik;
eine verlängerte Diktatur aber, die nicht einmal durch den Erfolg
der Waffen gerechtfertigt war, flößte ihr Schrecken ein. *Tagebuch
George Sands, 7. Dezember 1870:* „Man begreift nichts; man wird
verrückt. Eingeschlossen in unsre Abgeschiedenheit, sind wir wie
Passagiere auf einem Schiffe, das ein Spiel widerstrebender Winde
ist und sich nicht von der Stelle bewegen kann..." *11. Dezember
1870:* Die Regierung verläßt Tours und geht nach Bordeaux. Gambetta begibt sich zur Loire-Armee. Will er sie selbst befehligen?
Entweder ist er ein Konsul Bonaparte oder ein Wagehals, der alles
zugrunde richten wird. Der fünfte Akt des Dramas ist jetzt gekommen. Der Erfolg muß ihm beschieden sein, oder aber er muß
im Felde den Tod suchen... Ich arbeite dauernd, und sogar mit
Eifer, je mehr die Gefahr näher rückt. Es ist, als wolle ich eine
Aufgabe beenden, um mit der Befriedigung zu sterben, bis zum
Ende gearbeitet zu haben[10]..."

Mitten im Kriege gerieten die Parteigänger aneinander. In Paris
drohten die *Roten*. Sand, die unter ihnen alte Freunde wie Félix
Pyat hatte, einen Berufsrevolutionär seit 1830, sträubte sich dagegen, sie zu fürchten. Sie hatte größere Furcht vor den Monarchisten, den Bonapartisten oder der Diktatur. Die Säuberungen,
die Gambetta vornahm, waren ihr zuwider. „Mit Bedauern sehe
ich, wie die Amtsenthebung von Beamten und Staatsbediensteten
ein ungeheures Ausmaß annimmt." Vor allem fand sie es ungesetz-
lich und ungesund, daß von einer Volksbefragung abgesehen
wurde. Die Extremisten in Paris wie auch die Regierung zu Bor-

deaux gaben vor, sich auf „aktive Minderheiten" zu stützen. Sie
verurteilte diese These, wobei sie vergaß, daß sie selber sie im Jahre
1848 verfochten hatte: „Die Mißachtung der Massen, dies ist das
augenblickliche Verbrechen." Als die Beschießung von Paris ihre
Freunde Juliette Adam, Edmond Plauchut, Eugène und Esther
Lambert und Édouard Rodrigues in Gefahr brachte, wurde sie
wütend auf Gambetta: „Der unheilvolle Irrtum bestand darin, daß
man glaubte, Mut sei da ausreichend, wo es des ausgeprägten Sinnes
für die Wirklichkeit des Geschehens bedurfte ... Armes Frankreich:
man müßte immerhin die Augen öffnen und retten, was von dir
verbleibt[11]!" Sie hielt Gambetta für ehrlich und überzeugt, beklagte
aber bei ihm den vollkommenen Mangel an Urteilskraft: „Es ist
ein großes Unglück, wenn man sich für eine Aufgabe geeignet hält,
die über die Kräfte geht ..." Sie tadelte diese Reden, die alle wie
ein Kantatenrefrain endeten: *Zeigt Geduld! Mut! Disziplin!*
Wenn Herr Gambetta am Ende seiner Depeschen viele Ausrufungs-
zeichen angebracht hat, glaubt er, das Vaterland gerettet zu
haben[11]."

Als der Waffenstillstand der Pariser Regierung erlaubte, wieder
in Frankreich die Zügel zu ergreifen, gewann George den Eindruck, daß Gambetta versuchte, die Wahlen hinauszuschieben, um
die Diktatur von Bordeaux aufrechtzuerhalten und sich dem Friedensschluß zu widersetzen. Nachdrücklich nahm sie für Paris
Partei: „Ich gäbe viel darum, um sicher zu sein, daß der Diktator
abgedankt hat. Ich begann ihn zu hassen, weil er so viel Leid angerichtet und so viele Menschen nutzlos hat sterben lassen. Seine
Bewunderer bringen mich auf, wenn sie dauernd sagen, er habe
unsre Ehre gerettet. Unsre Ehre wäre auch ohne ihn sehr wohl
gerettet worden. Frankreich ist nicht so feige, daß es eines Lehrers
für Mut und Aufopferung vor dem Feinde bedarf. In diesem Kriege
haben alle Parteien ihre Helden gehabt, alle Kontingente Märtyrer geliefert. Wir haben das Recht, den zu verfluchen, der sich
als fähig hinstellte, uns zum Siege zu führen, und uns dann in die
Verzweiflung geführt hat. Wir hatten das Recht, ein wenig Genie
von ihm zu verlangen, aber er besaß nicht einmal gesunden Menschenverstand!" Aber sie fügte hinzu: „Gott verzeihe ihm[11]!"

Tagebuch George Sands, Sonntag, 29. Januar 1871: „Ach! ...
Mein Gott, endlich! endlich! Ein Waffenstillstand ist unterzeichnet,
für einundzwanzig Tage. Zusammenberufung einer Nationalversammlung nach Bordeaux. Ein Mitglied der Pariser Regierung wird
sich dorthin begeben. Weiteres weiß man nicht. Der Gambetta
scheint wütend zu sein. Seine Diktatur stößt ihm übel auf ... Wird
Paris mit Lebensmitteln versorgt werden? ... Wird diese Waffen-

ruhe mit einem Friedensschluß enden? Werden wir mit Paris in Verbindung treten können? Der Unterpräfekt, der uns um zwei Uhr die Depesche bringt, meint, Gambetta werde Widerstand leisten. Dann also wird der Bürgerkrieg da sein! Er ist eher fähig, ihn zu wollen, als sich seiner Macht zu entäußern[10]!"

Wie 1848 siegte bei den Wahlen das Besitzbürgertum. Die Friedenspartei gewann die Oberhand, außer in Paris. *Tagebuch George Sands, 15. Februar 1871:* „Löwe der Lage in Paris ist Louis Blanc, im Mai 1848 der gehaßteste, der unpopulärste Mensch. O Umkehrung menschlicher Dinge! In der Provinz ist Herr Thiers der Löwe; er wurde in etwa zwanzig Departements gewählt. Zwei Historiker der modernen Epoche. Zwei Zwerge, aber die Gestalt ist unwesentlich. Zwei ungeheuer intelligente Geschöpfe, die sich vielleicht verstehen, falls sie nicht aufeinander allzu eifersüchtig sind[10]..." Obwohl Sand durch die harten Friedensbedingungen sehr niedergedrückt war, blieb sie dennoch dem Gedanken zugeneigt, daß man mit dem Kriege Schluß machen müsse.

George Sand an Edmond Plauchut, 2. Februar 1871: Sei nicht bekümmert: ihr alle habt eure Pflicht getan... Unglück besudelt nicht, und wenn Frankreich auch aus allen Wunden blutet, so liegt es doch nicht im Dreck... Das Gebot der Stunde ist, Frieden zu schließen, ihn zu erreichen zu versuchen, den bestmöglichen, nicht aber, sich auf die Weiterführung des Krieges zu versteifen, aus Zorn oder aus einem Rachegefühl wegen unseres Unglücks[2]...

Sie wußte, daß sich Frankreich schnell wieder aufrichten würde. Sie, die berrichonnische Landfrau, kannte die unausschöpfbaren Hilfsquellen und die wunderbaren Genesungsmöglichkeiten des Landes. Sie selbst, die oft in ihrem Leben dem Selbstmord nahe gewesen und jedesmal aus ihren Krisen herausgekommen war, um eine neue Jugend zu beginnen, erschien wie ein Symbol Frankreichs.

Thiers, den Sand einst so sehr verachtet hatte, wurde in ihren Augen zum geringeren Übel. Er war mit der Republik einverstanden, seitdem er ihr Oberhaupt war. Er war der Ansicht, sie sei „das Regime, das uns am wenigsten spaltet", falls er an ihrer Spitze stände. Die zu bewältigende Aufgabe war ungeheuer: Befreiung des Territoriums, Wiederaufbau des Landes, eine neue Verfassung. Thiers fühlte sich fähig, alles zum Guten zu lenken. Aber das patriotische Paris nahm den Friedensvertrag nicht hin; das sozialistische Paris war nicht mit einer reaktionären Nationalversammlung einverstanden; Paris, die Hauptstadt, duldete nicht, daß sich die Regierung in Versailles befand. Voller Besorgnis sah Sand, wie die Vorstädte sich erhoben.

Tagebuch George Sands, 5. März 1871: Die Preußen, die am 1. März in der Frühe auf den Champs-Élysées einmarschierten, haben Paris am 3. morgens verlassen, ohne mit der Bevölkerung in Berührung zu treten. Paris hat sich sehr vernünftig und sehr würdig verhalten, aber man befürchtet, vor allem nach ihrem Abzug, etwas wie die Junitage. Man sendet Truppen nach Paris. Werden wir der Verzweiflungsstimmung der Parteien entrinnen?... – *8. März 1871:* Harrisse schreibt mir, die Stadt nehme ihre äußere Eleganz wieder an: die Gasbeleuchtung ist wieder da, die Kokotten zeigen sich. Dennoch glaubt er an ein baldiges „Ereignis"; ich glaube noch nicht daran... – *19. März 1871:* Die Gärung größer als je zuvor. Paris befindet sich in ungekanntem Taumel. Während der gestrigen Nacht hat man versucht, die Kanonen vom Montmartre mit der Truppe wiederzuerobern, die, nachdem sie den „Mont Arentin" eingeschlossen hatte, wie man ihn nennt, ihrerseits von den bewaffneten Arbeitern der Vorstadt Belleville umzingelt wurde und sich ergab. Man berichtet von jähem Feuerwechsel, der sogleich aufhörte, weil die Soldaten sich weigerten, aufs Volk zu schießen... Im Verlaufe des Tages hat die Regierung eine Verlautbarung des Inhalts gesandt, daß sie sich in ihrer Gesamtheit in Versailles befinde und man nur ihre eigenen Befehle entgegennehmen dürfe, was ein Beweis dafür sein würde, daß man sich des Stadthauses bemächtigt und Revolution, Aufstand oder Verschwörung in Paris die Oberhand gewonnen haben. Sind dies neue Junitage? Die ganze Geschichte macht mich krank[10]...

Dann kam die Kommune. Paris bedeckte sich mit Barrikaden. Kanonen, Mitrailleusen. Diesmal zeigte sich Sand den Aufständischen gegenüber feindlich. *Tagebuch George Sands, 22. März 1871:* „Die Menge, die ihnen folgt, ist zum Teil leichtgläubig und verrückt, zum Teil niederträchtiger Pöbel..."

Donnerstag, 23. März 1871: Das schreckliche Abenteuer geht weiter. Sie brandschatzen, drohen, verhaften und urteilen ab. Sie hindern die Gerichte in ihrer Tätigkeit. Sie haben von der Bank eine Million verlangt, von Rotchild (*sic*) fünfhunderttausend Franken. Man hat Furcht und gibt nach. Auf den Straßen beginnen die Kämpfe; auf dem Vendôme-Platz haben sie das Feuer eröffnet und mehrere Personen einer nicht befreundeten

Demonstration getötet. Sie halten alle Bürgermeisterämter, alle öffentlichen Gebäude besetzt. Sie plündern Munition und Lebensmittel ... Die Nationalversammlung in Versailles ist auf stupide Weise reaktionär. Sie will keine Versöhnung. Jules Favre ist noch reaktionärer als sie. Er hetzt sie gegen Paris auf. Thiers ist geschickter, selbstbeherrschter, obwohl man fühlt, daß er sehr auf den Fuß getreten ist. Die Nationalversammlung zeigt sich gegen ihn widerspenstig und hindert ihn, das Wort zu ergreifen[10] ...

Sie tadelt ihre Freunde, die Republikaner von Paris, zugelassen zu haben, daß der Aufstand die Regierung stürzte. „Brief Plauchuts. Er gehört zu denen, die ich mit dem Mieter vergleiche, der, nur um dem Hauseigentümer einen Schabernack zu spielen, das Haus abbrennen läßt und selber dabei den Tod findet[10] ...“

Dies dauerte von März bis Juni, dann trug Thiers den Sieg davon.

Tagebuch George Sands, 1. Juni 1871: In Paris ist nun alles zu Ende. Man beseitigt die Barrikaden, beerdigt die Toten; man tötet aufs neue, denn dauernd stellt man Menschen an die Wand und nimmt massenweise Verhaftungen vor. Viele Unschuldige, oder zumindest Halbschuldige, werden für Schuldigere, die entschlüpfen, büßen. Alexandre *[Dumas-Sohn]* schreibt, daß er mit Hilfe seiner physiognomischen Wissenschaft, die von Doktor Favre gelehrt wird, vielen die Freiheit verschafft. Sein Brief ist seltsam, und ich sehe nicht, wie er es anstellt, um die Kriegsgerichte dahin zu bringen, daß sie sich seine gelehrten Ausführungen anhören. Hugo ist völlig durchgedreht. Er veröffentlicht sinnloses Zeug, und in Brüssel veranstaltet man gegen ihn Kundgebungen ... – *7. Juni 1871:* Einzelheiten über die Zerstörungen in Paris. Sie sind ungeheuer, und es besteht tatsächlich der Plan, alles niederzubrennen. Es ist die Herrschaft Tamangos. Man weiß nicht, was vorgeht. Der feige Bürger, der alles mit sich hat geschehen lassen, möchte jetzt alles umbringen. Nimmt man noch immer summarisch Erschießungen vor? Es ist zu befürchten[10] ...

Die Auswüchse bei der Niederschlagung des Aufstandes, die ebenso grausam waren wie die der Kommune, führten, wie es so oft bei anständig gesinnten Geistern geschieht, zu einer Verstimmung zwischen ihr und allen. Ihre politischen Freunde warfen ihr vor, sie bringe kein Verständnis mehr für die Notwendigkeit der Barrikaden auf; ihre Feinde, daß sie es an Festigkeit fehlen ließe.

Sie blieb der Lehre getreu, die sie diejenige des Evangeliums nach Sankt Johannes nannte:

> Ich habe mich zu fragen, wo meine Freunde und meine Feinde sind. Sie sind da, wohin der Orkan sie geschleudert hat. Diejenigen, die es verdient haben, daß ich sie liebe, und die die Dinge nicht mit meinen Augen betrachten, sind meinem Herzen nicht minder teuer. Der unüberlegte Tadel derer, die mich verlassen, läßt sie mich nicht als Feinde ansehen. Jede in ungerechtfertigter Weise zurückgezogene Freundschaft bleibt unangetastet in dem Herzen bestehen, das die Schmähung nicht verdient hat. Dieses Herz ist über Eigenliebe erhaben; es versteht, die Wiederkehr einer gerechten Beurteilung und der Zuneigung abzuwarten[12].

Die Gewalttätigkeiten und Niederträchtigkeiten der Parteigänger in beiden Lagern trieben ihr schmutziges Wasser auf die Mühle des Pessimisten Flaubert: „Die Romantiker werden gehörig Rechenschaft abzulegen haben mit ihrer unmoralischen Sentimentalität... Man ist zärtlich gegenüber tollwütigen Hunden, aber nicht im geringsten zu denen, die von ihnen gebissen wurden[1]..." George Sand mahnte ihn zur Besonnenheit.

George Sand an Gustave Flaubert, 1872: Du darfst nicht krank, darfst kein Brummbär sein, mein alter Troubadour. Huste ruhig, schneuze dich, werde gesund, sag, daß Frankreich verrückt, die Menschheit blöd ist und daß wir mißratene Tiere sind. Dennoch muß man sie lieben, sich, seine Art, vor allem seine Freunde... Vielleicht ist diese chronische Entrüstung ein Bedürfnis deines Organismus; mich aber würde sie umbringen... Kann man, wirst du sagen, friedlich leben, wenn das Menschengeschlecht derart töricht ist? Ich schicke mich darein, indem ich mir sage, daß ich vielleicht ebenso töricht bin, und daß es Zeit ist, endlich damit zu beginnen, mich zu bessern[2]...

Dies war wirkliche Weisheit. Wenn ein jeder, statt seine Zeit zu tadeln, vor seiner eigenen Tür kehrte, würde die Straße etwas sauberer sein. Die Monate gingen dahin, aber Flauberts Zorn ließ nicht nach. Die Nationalversammlung schwankte jetzt zwischen Monarchie und Republik.

Flaubert an Sand: Die Volksmeinung scheint mir auf eine immer niedrigere Stufe zu geraten. Bis zu welchen Abgründen von Dummheit werden wir noch hinabsteigen? Frankreich versinkt langsam wie ein fauliges Schiff... Ich sehe kein Mittel, heute ein neues Prinzip aufzustellen, ebensowenig wie die alten Prinzipien zu achten...

Sand war einer Meinung mit Renan, um eine gewisse Rettung von einer vernünftigen Republik zu erwarten. „Sie wird sehr bürgerlich und wenig ideal sein, aber man muß mit dem Anfang beginnen.." Eine Rückkehr zu autoritären Regierungsformen bedeutete nach ihrer Ansicht, dem Zusammenbruch entgegenzugehen:

> Das allgemeine Wahlrecht, das heißt der Willensausdruck aller, mag er gut oder schlecht sein, ist das Sicherheitsventil, ohne das man nur noch die Explosionen des Bürgerkrieges hat. Wie? Diese wunderbare Bürgschaft für die Sicherheit ist in Ihre Hand gelegt, dieses bedeutende soziale Gegengewicht ist gefunden, und Sie wollen es einschränken und lähmen[13]?

Dies war nicht mehr der revolutionäre Geist von 1848, sondern bereits die Weisheit der Dritten Republik. Sie hatte ihr Gutes.

V

NUNC DIMITTIS...

> *Herr, nun läßt du deinen Diener in Frieden heimgehen, wie du ihm verheißen hast.*
>
> LUKAS 2,29

George Sand an Gustave Flaubert, 6. November 1872: Nun, warum heiratest du eigentlich nicht? Allein sein, das ist gräßlich, das ist unsagbar langweilig, und es ist auch grausam für die, die einen lieben. Alle deine Briefe klingen verzweifelt und schnüren mir das Herz zusammen. Hast du keine Frau, die du liebst oder von der du mit Vergnügen geliebt werden würdest? Nimm sie zu dir. Gibt es nicht irgendwo einen Hosenmatz, für dessen Vater du dich halten kannst? Zieh ihn auf. Mache dich zu seinem Sklaven. Vergiß dich selbst für ihn... Was noch alles soll ich sagen? In sich selbst versponnen leben ist schlecht[2]...

Sie selbst lebte so, wie sie es anriet. Vor allem war George Sand in den Jahren, die dem Kriege folgten, eine begeisterte Großmutter. Titite das Lesen beibringen, Lolo in Erdkunde, Geschichte und Stil unterrichten – welche Freuden für diese geborene Lehrerin. Aurora blieb ihr Günstling. „Sie nimmt mich sehr in Beschlag. Sie faßt allzu schnell auf, und man müßte bei ihr im gestreckten Galopp vorgehen. Das Begreifen begeistert sie, das Wissen ödet sie an[2]." Der Anblick der Welt wird wieder wertvoll, wenn man sie ganz neu mit den Augen der Kinder wiederentdecken kann. Rings um die alte Frau liefen die Enkelinnen auf der Heide wie Kaninchen umher. „Mein Gott, wie ist das Leben schön, wenn alles, was man liebt, lebendig ist und krabbelt!"

Mit ihren Enkelinnen erfreute sie sich weiter an Reisen, der Natur, der Sonne, den Blumen. Ihre schriftstellerische Arbeit? Nein, sie liebte sie nicht mehr als früher. Sie schrieb jährlich ihre zwei oder drei Romane herunter, weil sie doch die Verträge erfüllen mußte. Hätte sie freie Wahl gehabt, so hätte sie sich lieber ausgeruht und gestickt. Flaubert veranlaßte sie, junge Autoren zu lesen: Émile Zola, Alphonse Daudet. Sie mochte zwar ihre Bücher, fand sie aber ziemlich düster.

George Sand an Gustave Flaubert, 25. März 1872: Das Leben steckt nicht nur voller Betrüger und Halunken. Die anständigen Menschen sind nicht in der Minderzahl, denn die Gemeinschaft besteht ja weiter in einer gewissen Ordnung und ohne allzu viele ungesühnte Verbrechen. Zwar dominieren die Dummköpfe; aber es gibt ein öffentliches Gewissen, das auf ihnen lastet und sie nötigt, das Recht zu respektieren. Daß man die Schurken zeigt und geißelt, ist gut und sogar moralisch, aber man zeige uns auch die andre Seite; andernfalls verliert der naive Leser, und das ist der Leser im allgemeinen, den Mut, wird traurig, erschrickt und verleugnet einen, um nicht zu verzweifeln[2]...

Seit langem hatten die Kritiker aufgehört, von ihren neuen Romanen zu sprechen; Hugo selbst widmete ihr nicht eine Besprechung mehr, obwohl sie es für ihn getan hatte. Auf dem literarischen Gebiet fühlte sie sich sehr vereinsamt. Dennoch begannen einige Männer der neuen Generation ihren Idealismus zu rühmen. Die literarische Welt schwingt, wie die soziale Welt, um einen feststehenden Punkt. *Itus et reditus.* Das Pendel kehrt auf seiner Bahn zurück. Ein gewisser Anatole France huldigte dem schönen Genie von Frau Sand, so vielen edlen, so vielen verworrenen Leidenschaften bei dieser großen und naiven Liebhaberin der Dinge.

Der arme Flaubert kam aus seinem Grimm nicht heraus. Bei der Politik „kann es einem speiübel werden". Für Menschen von Geschmack sei auf dieser Welt kein Platz mehr vorhanden. Dennoch glaubte er weiter an die Kunst um der Kunst willen, an das passende Wort, an den Rhythmus des Satzes, an die Geschlossenheit des Werkes. Ihm lag wenig daran, was man sagte, wenn man es nur gut sagte. Sand wies ihn sanft zurecht: „Du strebst nur mehr nach dem wohl geschliffenen Ausdruck; das ist schon etwas – aber es ist nicht die ganze Kunst, es ist davon nicht einmal die Hälfte." Sie flehte ihn an, nach Nohant zu kommen und aus der Heiterkeit und der Zuneigung einer Familie neue Kraft zu schöpfen: „Was tut's, daß man hunderttausend Feinde hat, wenn man von zwei oder drei guten Wesen geliebt wird!"

Im Jahre 1872 aber leistete er Widerstand. Pauline Viardot, die er oft sah, wollte ihn mitschleppen; er ließ sie nach Nohant abreisen, allein mit „den Paulinetten", Marianne und Claudie Viardot. Es war ein kurzer, aber schöner Besuch. Wie zu den Zeiten Liszts, wie zu den Zeiten Chopins herrschte die Musik.

Tagebuch George Sands, 26. September 1872: Welch ein Tag, welche Ergriffenheit, welch musikalisches Durchdringen! Pauline singt tagsüber und abends... Immer ist sie wunderbar, unvergleichlich. Ich schwimme in Tränen... Lolo hat die Musik mit ihren großen Augen *getrunken.* Die Viardot-Töchterchen haben entzückend gesungen... Kristallklare Stimmen. Aber Pauline, Pauline, welch ein Genie!... – *1. Oktober 1872:* Pauline läßt ihre Töchterchen singen und singt mit ihnen die *Fra Galina,* die sie in Terzett gesetzt hat; es ist entzückend. Und dann singt sie *Alceste:* „Gottheiten des Styx..." Das ist schön, schön. Es ist ein Erschauern, ein ungeheures Gefühl. Ich bin davon trunken. Es hindert mich, an andres zu denken... – *2. Oktober 1872:* Pauline singt ein wenig und verspricht mir, auch heute abend zu singen. Nach dem Abendessen veranstalten wir Scharaden... Dann singt Pauline *Pancito* und fünf oder sechs entzückende spanische Sachen, den *Frühling* von Schumann, und dann *Lady Macbeth* von Verdi, worauf ich nicht versessen bin, aber sie trägt es so gut vor! Und dann das Finale der *Sonnambula,* und dann *Orpheus*.* Es ist das Höchste in den beiden Stimmungen, der Freude und dem Schmerz[10]...

---

* Es handelt sich um die *Sonnambula* von Bellini und um *Orpheus* von Gluck.

Ostern 1873 endlich machte der hochwürdige Pater Cruchard*
die Pilgerfahrt nach Nohant, wo auch Turgenjew eintraf. Man
weihte ihn in die rituellen Possen ein. Wilde Tänze. Jeder wechselte
dreimal das Kostüm. Flaubert verkleidete sich schließlich als anda-
lusische Tänzerin und versuchte sich an einem Tango. „Er ist sehr
drollig, aber nach fünf Minuten gerät er außer Atem. Er ist bedeutend älter als ich!... Stets allzu lebendig im Hirn, zum Schaden des
Körpers. Unser Lärm betäubt ihn[14]."

Tagebuch George Sands, 17. April 1873: Man hüpft, man
tanzt, man singt, man brüllt, man schreit Flaubert, der immer
alles verhindern will, um von Literatur zu sprechen, den Kopf
voll! Er ist außer sich. Turgenjew liebt Lärm und Fröhlichkeit.
Er ist ebenso Kind wie wir. Er tanzt Walzer; welch ein guter
und braver genialer Mensch! Maurice liest uns ganz hervorragend die *Ballade an die Nacht* vor. Er hat großen Erfolg und
verblüfft Flaubert in allem... – *18. April 1873:* Flaubert
plaudert sehr lebendig und drollig. Er steht im Mittelpunkt, und
Turgenjew, der bedeutend interessanter ist, hat Mühe, ein Wort
anzubringen. Am Abend überbieten sich alle, bis ein Uhr. Endlich sagt man sich Adieu. Sie reisen morgen früh ab... –
19. April 1873: Man *lebt* mehr mit dem Charakter denn mit
dem Verstande und der Größe. Ich bin ermüdet, *wie gerädert*
durch meinen lieben Flaubert. Dennoch mag ich ihn, und er ist
ein ausgezeichneter Mensch, als Persönlichkeit aber zu strotzend.
Er zerbricht einen... Heute abend schlagen wir Krach, wir
spielen und sind mit Wonne blöd. Man wünscht Turgenjew herbei, den man zwar weniger kennt und weniger mag, der aber
die Anmut wahrer Schlichtheit und den Charme der Gutmütigkeit besitzt[10]...

Flaubert aber, nach seiner Heimkehr, dankte aus vollem Herzen.

Gustave Flaubert an George Sand, 23. April 1873: Erst fünf
Tage sind seit unsrer Trennung vergangen, und ich sehne mich
maßlos nach Ihnen. Ich sehne mich nach Aurora und dem ganzen
Haus, sogar nach Fadet**. Ja, so ist's; man fühlt sich bei Ihnen so
wohl! Sie alle sind so gut und so geistreich!... Ihre beiden
Freunde Turgenjew und Cruchard haben über all dies philo-

---

* Beiname, den sich Flaubert gab, „der Prediger der Damen der
großen Enttäuschung".

** Fadet war ein kleiner Hund.

sophiert, von Nohant nach Châteauroux im Trab von zwei guten
Pferden sehr angenehm in Ihrem Wagen dahingetragen. Es leben
die Postillone von La Châtre! Aber der Rest der Reise war sehr
unangenehm wegen der Gesellschaft, die wir in unserm Wagen
hatten. Ich habe mich durch Alkohol darüber hinweggetröstet,
denn der liebe Moskowiter hatte eine Flasche mit ausgezeich-
netem Schnaps bei sich . . .

Im Sommer nahm sie ihre Brut mit sich. Ihr behagte mehr die
Schweiz; ihre Kinder zogen das Meer vor. „Einverstanden mit dem
Meer! Wenn man nur reisen und baden kann, ich bin außer mir
vor Freude . . . Mir geht es ganz genau wie meinen Enkelinnen, die
schon im voraus übergeschnappt sind, ohne zu wissen, warum² . . .“
Wenn sie in Nohant war, blieb sie dem Wasser des Flusses treu. Sie
tauchte mit Plauchut hinein, und während sie im Wasser weilte,
rief sie eine Schar verblichener Schatten in die Erinnerung zurück.

Tagebuch George Sands, 21. Juli 1873: Während ich mich im
Wasser ausstrecke, denke ich an jene, die einst mit uns hier
gebadet haben: Pauline und ihre Mutter, Chopin, Delacroix,
mein Bruder . . . Wir haben sogar nachts hier gebadet. Man kam
zu Fuß und kehrte ebenso zurück. Alle sind tot, außer Frau
Viardot und mir. Dieser schlichte ländliche Winkel hat Berühmtheiten vorbeiziehen sehen und ahnt es nicht einmal[10].

Die Politik beschäftigte kaum noch ihre Gedanken. Manchmal
hatte sie Furcht vor Heinrich V.*: „Ich fühle, wie gleichsam ein
Sakristeigeruch uns überfällt.“ Es muß gesagt werden, daß der
Generalgouverneur von Paris die Aufführung des Stückes, dem
ihr Roman *Mademoiselle La Quintinie* zugrunde lag, unter dem
Vorwand verboten hatte, es sei geeignet, die öffentliche Ordnung
zu gefährden. Ihrem Freunde Prinz Napoleon sandte sie Wünsche
zum neuen Jahre, nicht aber zu einer Wiedereinsetzung der Bonapartisten.

*George Sand an den Prinzen Napoléon-Jérôme, 15. Januar
1874:* Sie sagen, daß wir uns sogar auf politischem Gebiet verstehen würden; ich weiß es nicht, denn ich kenne nicht Ihre
augenblickliche Auffassung von den Ereignissen und weiß auch
nicht, was Sie von ihnen für Frankreich erhoffen; und auch

* Name, der dem Grafen de Chambord (1820–1883) gegeben wird,
obwohl dieser niemals regiert hat (Anm. d. Übers.).

nicht, ob Sie wünschen, wir möchten das Heilmittel für unser Unglück in der Person eines Kindes erblicken*. Nein, das können Sie nicht wollen. Viel eher würde ich einen persönlichen Ehrgeiz begreifen; aber obgleich der Ihre auch durch eine große Intelligenz berechtigt wäre, würden Sie die Partei der Witwe** und des Kindes zum Hauptfeinde haben. Schließlich sehe ich keine Möglichkeit für den kaiserlichen Gedanken, innerhalb der nächsten und weiteren Zukunft die Stimmen auf sich zu vereinen...

Sie erwartete das Heil nur von einer bescheidenen Republik. Im Jahre 1875 endlich wurde diese Republik gegründet, mit einer Stimme Mehrheit. So ist Frankreich.

Solange wohnte seit 1873 in nächster Nähe von Nohant im Schlosse Montgivray, das sie mit ihrem auf sehr unsaubere Weise erworbenen Vermögen ihrer Cousine Léontine Simonnet, der Tochter Hippolyte Châtirons, abgekauft hatte. Unter dem Eindruck des Krieges hatte sie sich 1871 für eine gewisse Zeit wieder mit ihrer Mutter und mit Maurice versöhnt. Eines Tages sah man sie als flehenden Flüchtling ankommen. Die gute Lina setzte sich für sie ein; Solange, durch die Gefahr gezähmt, zog die Krallen ein und machte sich, da sie Sophie-Victoires Talente geerbt hatte, nützlich, indem sie für Lina und die Kleinen Kleider nähte und schneiderte. Nach dem Friedensschluß nahm alles wieder eine schlechte Wendung. Sand untersagte ihr den Erwerb von Montgivray, denn sie wollte nicht, daß „diese Eule" von der Spitze ihres Turmes sie belauerte. Solange aber setzte sich darüber hinweg und kaufte durch eine Mittelsperson unter dem Namen Frau Brétillot das Schloß. Ihre Pension wurde ihr daraufhin entzogen, und seitdem war Nohant ihr fast verschlossen, denn sie kritisierte alles, was dort geschah. Aber hin und wieder tauchte sie morgens plötzlich auf. Die kleinen Enkelinnen, die sie verabscheuten, hielten vor der Türe der Großmutter Wacht, um der Tante Solange den Eintritt zu verwehren.

Einer nach dem andern verschwanden die alten Freunde und die alten Feinde. Am 5. März 1876 starb Prinzessin Arabella. Gegen Ende ihres Lebens hatte sie ihren Verstand und ihren Stolz wiedergefunden. In ihrem Salon, den sie wieder eingerichtet hatte, empfing sie die neue Generation republikanischer Staatsmänner. Sie hatte lange genug gelebt, um noch zu sehen, wie Liszt Abbé und Henri Lehmann Präsident der Akademie der Schönen Künste wurde.

* Des Thronerben.
** Kaiserin Eugenie.

Jules Sandeau war sehr gealtert. Durch das Alter war er feist geworden, und sein Haar hatte sich gelichtet; Trägheit und Mutlosigkeit hatten ihn stumpf gemacht, aber man ahnte noch, daß er in seiner Jugend wohl scharmant gewesen war. An der Wand seines Arbeitszimmers hing eine Skizze, die Aurora Dudevant von ihm einmal gezeichnet hatte. „Nur wir Kahlköpfe besaßen einmal eine solche Lockenpracht", sagte er. Wenn er sich beim Palais-Royal ins *Café de la Rotonde* setzte, sagten die Passanten: „Schau, das ist Sandeau, der erste Liebhaber von George Sand." Es war sein einziger Ruhmestitel.

George Sand mit ihren zweiundsiebzig Jahren fühlte sich nicht altern und begann zu glauben, sie werde noch ein hohes Alter erreichen.

Agenda von George Sand, Fastnachts-Dienstag, 29. Februar 1876: Ich habe die Absicht, zu arbeiten, aber es ist nicht möglich ... Ich mache einen Rundgang durch den Garten, der voller Blumen steht: Veilchen, Schneeglöckchen, Krokus, Anemonen, alles sprießt. Der Aprikosenbaum neben dem Gewächshaus steht in Blüten. Ich mache mir ein Kostüm zurecht, dann kommen die Töchterlein, um sich zurechtrichten und bewundern zu lassen: Titine als Fee, Lolo als Walachin, beide sehr schön in ihren Kostümen, René [René Simonnet] verkleidet sich als Pierrot, Maurice als Chinese, Plauchut als Baby, Lina als Indianerin ... Man tanzt, und ich begleite am Klavier, bis um neun Uhr die Kinder zu Bett gebracht werden. Dann kleidet sich jeder um, außer Plauchut, der sich einen Kittel anzieht, eine falsche Nase aufsetzt und ins Dorf zum Ball geht[10] ...

Zu Beginn des Frühjahrs 1876 war sie mit Unterbrechungen leidend. Ihr ganzes Leben lang hatte sie über ihre Leber und einen rebellischen Darm geklagt. Sie fand sich mit ihren Schmerzen ab und war unendlich mehr wegen einer Neuralgie Maurices beunruhigt.

Agenda von George Sand, 19. Mai 1876: Maurice hat seine Krise um fünf Uhr; sie dauert bis halb acht. Aurora leistet ihm Gesellschaft und erwartet ihn zum Abendessen. Sie speisen heiter zusammen, und der Abend vergeht ohne Rückfall ... Ich habe den ganzen Tag über Schmerzen verspürt. Ich habe Lolo unterrichtet, Briefe geschrieben und gelesen. Ich habe Renans Buch *Philosophische Zwiegespräche und Fragmente* zu Ende gelesen[10] ...

Am 20. Mai wurde Doktor Marc Chabenat aus La Châtre von Maurice und Lina unter dem Vorwand gerufen, „Bouli" wegen seiner Neuralgie zu untersuchen, in Wirklichkeit aber, weil die Qualen der Mutter dem Paar Besorgnis einflößten. Sand erklärte dem Arzt, sie „leide seit vierzehn Tagen an einer hartnäckigen Verstopfung, aber ihr Kopf sei ebenso frei wie früher und sie habe einen guten Appetit". Sie fügte hinzu, „dieser Zustand sei eher eine Belästigung als eine Krankheit, und sie sorge sich deshalb nicht sonderlich". Am 23. Mai schrieb sie an ihren Pariser Arzt, den Doktor Favre:

Trotz des Alters (bald zweiundsiebzig Jahre) fühle ich keine Anwandlungen von Altersschwäche. Die Beine sind in Ordnung, die Sehschärfe ist besser, als sie seit zwanzig Jahren gewesen ist, der Schlaf ist ruhig, und die Hände sind ebenso sicher und ebenso geschickt wie in der Jugend. Wenn ich nicht unter diesen gräßlichen Schmerzen leide, fühle ich mich in meinem Wesen stärker und freier ... Ich war leicht asthmatisch; heute bin ich es nicht mehr. Ich steige die Treppen ebenso flink hinauf wie mein Hund. Da aber *ein Teil der Funktionen des Lebens fast gänzlich ausgeschaltet ist,* frage ich mich, wie es mit mir werden wird und ob man nicht an einem dieser Tage auf ein plötzliches Abscheiden gefaßt sein muß[15] ...

Der Tod ist ein demütiger und verschwiegener Besucher. Er tritt geräuschlos ein. Die letzte Eintragung George Sands verrät keinerlei Furcht:

29. Mai 1876: Entzückendes Wetter. Ich leide nicht sehr. Ich mache einen Rundgang durch den Garten. Ich gebe Lolo Unterricht und lese von neuem ein Stück von Maurice. Nach dem Abendessen geht Lina nach La Châtre ins Theater. Ich spiele Karten mit Sagnier und zeichne dann. Lina kommt um Mitternacht zurück[10].

Mit diesen Worten endet das Tagebuch George Sands, aber wir haben das ihrer Nachbarin Nennecy de Vasson:

Sonntag, den 28. Mai, habe ich mit Ninie in Nohant verbracht, während Paulin in Coudray bei seinen Eltern war. Wir haben dort zu Mittag gegessen, ohne Frau Sand; wie gewöhnlich war sie etwas leidend, aber nichts Außergewöhnliches; sie verspürte seit langem ziemlich heftige Schmerzen, die fast keine

Besorgnis mehr einflößten. Nach dem Essen sind Lina und ich in der Allee des Gemüsegartens auf und ab gegangen, wo wir lange von allem möglichen geplaudert haben... Kurz darauf kam Frau Sand herunter. Wir machten einige Schritte mit ihr und bewunderten alle die Feldblumen, die sie so sehr liebte und von denen der Rasen voll stand; sie selbst führte uns zu einem Rondell des kleinen Gehölzes, um uns ein sehr seltenes Knabenkraut bewundern zu lassen. Dann kehrten wir zurück und setzten uns in der Nähe des Hauses nieder. Frau Sand sprach von ihrer bevorstehenden Reise nach Paris. Die Unterhaltung geriet ein wenig ins Stocken; bei Frau Sand, die tausend Gedanken im Kopf hatte, war sie niemals sehr lebhaft. Sie sagte etwas, was mich stutzig machte. Sie bewunderte einen Vogel, der vor ihr her hüpfte, und meinte dann: „Es ist sonderbar, meine Sehschärfe ist im Begriff, wiederzukommen, und ich sehe jetzt besser als mit meiner Brille[16]...“

An den folgenden Tagen litt Frau Sand sehr. „Ich habe den Teufel im Bauch“, sagte sie. Die fürchterlichen Schmerzen der Darmverstopfung entrissen ihr schrille Schreie. Ihr Freund, Doktor Papet, sagte zu Maurice: „Sie ist verloren.“ Nur eine unverzügliche Operation hätte sie retten können. Aber Sand wollte aus Paris den Doktor Favre kommen lassen, dem sie vertraute, obwohl er „ein geschwätziger Scharlatan ohne medizinische Erfahrung“ war. Man bat ihn, einen weiteren erfahrenen Arzt beizuziehen. Er kam allein und sagte, bevor er die Kranke überhaupt gesehen hatte: „Das ist ein Bruch; ich werde ihn einreiben.“ Der erste Theatererfolg Aurora Dupins im Alter von siebzehn Jahren war im Kloster der Englischen Damen eine Aufführung des *Eingebildeten Kranken* gewesen. Sie starb, umgeben von Molièreschen Ärztegestalten, die sie eher verenden ließen, als daß sie ihren Selbstdünkel aufgaben.

Endlich entschieden sich die Ärzte, einen Chirurgen, Jules Péan, beizuziehen, aber dieser hielt den Darmschnitt für unmöglich und nahm nur eine Darmpunktion vor. Frau Sand litt noch sechs Tage, heiß den Tod herbeisehnend und gedemütigt durch die Art ihrer Krankheit. Am 7. Juni wollte sie ihre Enkelinnen sehen. „Meine lieben Kleinen, ich habe euch lieb!“ sagte sie. „Küßt mich. Bleibt recht artig.“ In der Nacht vom 7. zum 8. sagte sie mehrmals: „Den Tod, mein Gott, den Tod!“ Solange war jetzt mit Lina bei ihr. Maurice hatte eine Mitteilung nach Montgivray bringen lassen: „Unsre Mutter ist krank und ihr Zustand ernst... Komm, wenn du willst.“ Solange war in Paris; durch ein Telegramm ihrer

Bediensteten benachrichtigt, war sie gekommen, nachdem sie demütig gebeten hatte, man möge ihr eine Stunde angeben.

Solange und Lina wachten allein am Bett, als sie vernahmen: „Lebt wohl, lebt wohl, ich sterbe", dann einen unverständlichen Satz, der mit den Worten endete: „Laßt Grün..." Danach lag noch in ihrem Blick, in ihrem Händedruck etwas Gütiges und Zärtliches, aber sie blieb stumm und schien gedankenabwesend zu sein. „Leb wohl, Lina, leb wohl, Maurice, leb wohl, Lolo, leb..." waren ihre letzten Worte. Sie starb um sechs Uhr morgens. Beim Mittagsmahl nahm Solange am Tisch den Platz ihrer Mutter ein und befehligte alle, während Maurice vor Kummer erstickte.

George Sand wurde in Nohant beerdigt, auf dem Begräbnisplatz im Park neben ihrer Großmutter, ihren Eltern und ihrer Enkelin Nini. Es fiel ein feiner und kalter Regen; der Wind, der durch die ästigen Eiben und die Buchsbäume rauschte, vermischte sich mit den Litaneien des alten Kantors. Alle Bäuerinnen der Umgegend knieten im feuchten Grase und beteten ihren Rosenkranz. Zur lebhaften Überraschung von Sands Freunden war das Begräbnis katholisch. Solange hatte es gefordert, und Maurice hatte nachgegeben; Abbé Villemont, der Pfarrer von Vic, hatte die Erlaubnis des Erzbischofs von Bourges erbeten und dieser, Monsignore de la Tour d'Auvergne, sie ohne Zögern erteilt. „Er hat damit recht", sagte Renan, „denn man durfte nicht die Vorstellungen der einfachen Frauen verwirren, die kamen, um für sie zu beten, in ihren Kapuzen und den Rosenkranz in der Hand. Was mich betrifft, so hätte ich es bedauert, an dem unter großen Bäumen verborgenen Kirchenportal vorbeizugehen, ohne einzutreten."

Etwa fünfzehn Vertraute waren aus Paris gekommen: Prinz Napoleon, dem 1872 wieder gestattet worden war, in Frankreich zu leben, Flaubert, Renan, Dumas-Sohn, Lambert, Victor Borie, Édouard Cadol, Henry Harrisse und Calmann Lévy. Man bemerkte die Abwesenheit des riesigen Marchal; schon immer war er sehr egoistisch gewesen. In Vertretung Victor Hugos verlas Paul Meurice eine Botschaft von ihm:

Ich beweine eine Tote und grüße eine Unsterbliche... Haben wir sie überhaupt verloren? Nein. Solche erhabenen Gestalten verschwinden, aber sie vergehen nicht im Nichts. Im Gegenteil; man könnte fast sagen, daß sie sich erst verwirklichen. In der einen Gestalt werden sie unsichtbar, in der andern aber sichtbar. Es ist eine erhabene Verklärung. Die menschliche Gestalt ist ein

vorübergehendes Versteck. Sie verbirgt das wahre göttliche Antlitz, nämlich die Idee. George Sand war eine Idee; sie hat das
Fleisch verlassen und ist nun frei; sie ist tot, und doch lebt sie
nun. *Patuit dea*[17] ...

Schriftsteller können nicht einen Text vernehmen, sei es auch am
Rande eines Grabes, ohne ihn fachmännisch zu beurteilen. Flaubert
fand die Rede Hugos recht gut; Renan meinte, es sei ein Gewebe
von Gemeinplätzen. Beide hatten recht; denn die Gemeinplätze
Victor Hugos machen einen guten Victor Hugo aus. Plötzlich aber
begann eine Nachtigall mit so süßer Stimme zu singen, daß mehrere
sich sagten: „Ach, dies ist die richtige Grabrede, die hierhin paßt."

Flaubert an Turgenjew, 25. Juni 1876: Der Tod der armen
Mutter Sand hat mir unendlichen Kummer bereitet. Ich habe
bei ihrem Begräbnis geweint wie ein Kind, und zwar zweimal:
das erste Mal, als ich ihre Enkelin Aurora umarmte (deren Augen
an jenem Tage derart den ihren glichen, daß es eine Wieder-
auferstehung war), und das zweite Mal, als ihr Sarg an mir vor-
beigetragen wurde... Arme, liebe große Frau!... Man mußte
sie so kennen, wie ich sie gekannt habe, um zu wissen, welch ungeheuer weibliches Gefühl in diesem bedeutenden Menschen war,
und welch ungeheure Zärtlichkeit sich in diesem Genius befand
.... Stets wird sie eine der Größen und eine einzigartige Zierde
Frankreichs sein[1].

Hätte sie sich eine schönere Leichenrede wünschen können als
die Tränen ihres alten Troubadours?

> *„Consuelo, welch seltsamer Na-*
> *me!" sagte der Graf.*
> *„Ein schöner Name, Erlaucht",*
> *antwortete Anzoletto. „Er be-*
> *deutet: Tröstung."*
>
> GEORGE SAND

„Hugo stand weit unter dem Bischof Bienvenu. Ich weiß es. Aber mit seinen verschiedenartigen Leidenschaften war dieser Sohn der Erde dennoch fähig, diesem über dem Menschen stehenden Heiligen Leben zu geben. Ebenso hat George Sand aus ihrem eigenen mittelmäßigen Leben, das entstellt und verfehlt war, wie jedes Leben es ist, diese Consuelo gestalten können, dieses einzigartige Vorbild, in dem jede Frau etwas finden wird, um es nachzuahmen, und jeder Mann etwas, um jede Frau zu begreifen und zu lieben[18]."

Wie jede Frau war George Sand ein Kind der Erde gewesen. Zweifellos noch mehr als eine andre, durch ihre unharmonische Kindheit, durch jenen Kampf von zwei Klassen und von zwei Jahrhunderten, der sich in ihr abspielte, durch jene frühzeitige Freiheit und durch die schmerzhafte Erfahrung einer Ehe, die ihres Genies unwürdig war. Ja, ihr Leben war verfehlt gewesen, wie jegliches Leben es ist. Aber in großartiger Weise.

Ihrem Werk hatte sie wenig Beachtung geschenkt; denn ihr wirkliches Streben war auf das Absolute gerichtet gewesen, zunächst in der menschlichen Liebe, dann in der Liebe zum Volke und schließlich in der Liebe zu ihren Enkelkindern, zur Natur und zu Gott. Dennoch bleibt vor diesem Werk, von dem sie mit solcher Bescheidenheit sprach, ein schöner Teil lebendig. „George Sand ist unsterblich durch *Consuelo*, ein pascalisches Werk", ja, aber auch durch ihr *Tagebuch*, durch die *Briefe eines Reisenden*, durch jenen so ungezwungenen, im Ton getroffenen, gedankenklaren Briefwechsel und durch die fortdauernde Wahrheit ihrer Ideen. Viele der Thesen, die sie vertrat und die zu ihrer Zeit phantasielose Leser in Erstaunen setzten, sind heute Grundsatz der Besten geworden. Die Gleichheit, die sie für die Frauen forderte – heute sind diese im Begriff, sie zu erlangen; die Gleichheit, die sie für das Volk begehrte, das allgemeine Wahlrecht und eine gerechtere Verteilung der Güter – kein anständig Gesinnter wird heute darüber nicht mit ihr eins sein.

Man hat sehr ihre Liebesabenteuer getadelt, aber die unbändige Besessenheit ihres Strebens erklärt sich durch die – übrigens unfindbare – Vollkommenheit, der sie nachjagte. Sands Leben läßt an jene Romane Graham Greenes denken, worin dreihundert Seiten hindurch ein unglücklicher Held alle Sünden begeht und der Leser im letzten Abschnitt entdeckt, daß nicht der Pharisäer, sondern der Sünder gerettet werden wird. Oft haben Feuerseelen, die die großen Heiligen abgeben, eine stürmische Jugend durchlebt.

Jedes Leben wird von verborgen wirkenden Gedanken getragen. Sands Weltanschauung war einfach. Die Welt ist durch einen gütigen Gott geschaffen worden. Die Liebeskräfte in uns kommen von ihm. Die einzige Sünde, für die es keine Vergebung gibt, besteht darin, in die Liebe, die eine vollkommene Verbundenheit sein soll, Vorbehalte und Lügen hineinzutragen. Ich behaupte nicht, daß Sand stets nach diesen Prinzipien gelebt habe; keiner von uns lebt in jedem Augenblick seinen Ideen nach; aber man muß die Menschen mehr nach ihren Übersteigerungen als nach ihrem Versagen beurteilen.

Die Nachwelt hat sich darin nicht getäuscht. Man erinnert sich der harten Urteile, die gegen 1830 über Aurora Dudevant die berrichonnische Kleinstadt abgab, die vor den Toren Nohants lag. Was aber erblickt man heute im Herzen von La Châtre? Ein Denkmal George Sands. Die Verlästerte, die Sünderin ist zur Schutzpatronin der Gegend geworden. Die ihre Freunde waren – Néraud, Papet, Duvernet und Fleury –, leben in der Erinnerung an ihrer Seite. Und wo sind jene, die sie tadelten? Wer kennt heute noch ihre Namen und ihre unfruchtbaren Tugenden?

In Nohant hatte sich zum hundertsten Todestage Chopins im Jahre 1949 das ganze Berry eingefunden. Verehrer George Sands waren aus fernen Ländern gekommen. Voller Ehrfurcht bewunderten die Eintagsgäste die auf geistreiche Weise drolligen Marionetten, die ein Dumas und ein Flaubert in Bewegung sahen, das Atelier, worin Delacroix arbeitete, den Rasen, über den nachts der weiße Schleier Marie d'Agoults schwebte; und dann gingen sie hin, um in dem kleinen dunkeln und düstern Gehölz über die Grabsteine nachzusinnen, die mit der meisterhaften Kürze des Todes diese seltsame und schöne Geschichte berichten.

Marie-Aurora von Sachsen, Gräfin de Horne, verwitwete Dupin de Francueil, 1748–1821 ... Maurice Dupin, Oberstleutnant im 1. Husarenregiment, 1778–1808 ... Antoinette-Sophie-Victoire Delaborde, der Grabstein ist mooszerfressen und heute unentzifferbar ... Amantine-Lucile-Aurora Dupin, Baronin Dudevant, GEORGE SAND *geboren in Paris am 1. Juli 1804, gestorben in*

Nohant am 8. Juni 1876... Und neben diesem großen Geschlecht andre Tote: *Marc-Antoine Dudevant* (es ist Cocoton); *Jeanne-Gabrielle* (es ist Nini, und der verabscheute Name Clésinger ist nicht auf dem Grabstein eingraviert); dann *Maurice Sand, Bâron Dudevant (1823–1889); Lina Sand, geborene Calamatta (1842–1901); Solange Clésinger-Sand, Mutter von Jeanne (1828–1899)*, und schließlich *Gabrielle Sand, verehelichte Palazzi (1868–1909)*. Diese letztere war einstens Titite gewesen.

Was Lolo betraf, die spätere Frau Aurora Lauth-Sand, so war sie trotz ihrer achtzig Jahre noch immer tätig und gelenkig; sie trippelte durch die Alleen, lief die alte Steintreppe hinauf, zeigte den großen ovalen Tisch des Schreiners Pierre Bonnin, den winzigen Sekretär, auf dem *Indiana* geschrieben wurde, das Klavier, dessen Tasten die Finger Liszts und Chopins berührt hatten, und ließ über diese ehrfurchtsvolle Versammlung die dunkeln Samtaugen ihrer Großmutter schweifen. Als die Nacht hereingebrochen war, setzte man sich im Mondenschein auf die Terrasse, gegenüber den schwarzen Zedern und den Trauerweiden. Der Duft der Rosenstöcke, die George noch gepflanzt hatte, hüllte diese begeisterten Pilger ein. Aus den Fenstern des blauen Salons, die auf den Park geöffnet waren, drangen Sätze von Chopin herüber, *Preluden* und *Nocturnen*, die in diesem Hause geschrieben worden waren, als die Hand der Freundin auf der Schulter des Tondichters ruhte. Es war wie das Murmeln verschleierter und melancholischer Geständnisse, in einem leichten Seufzer dahingeflüstert. Dann stieg der blaue Klang auf, und mit ihm die Hoffnung. Zwei volltönende Stimmen schienen dieser Menge zu sagen: „Habt Vertrauen, ihr zweifelnden Menschen. Streitigkeiten der Liebenden vergehen; es bleiben aber die Werke, die durch die Liebe eingegeben wurden. Auf dieser Welt kann es zärtliche Liebe und Schönheit geben." Consuelo hatte über Lelia gesiegt. Dies ist das stumme Urteil der Geschlechter.

In der nachfolgenden Bibliographie sind die vom Autor in der französischen Originalausgabe vermerkten Quellen zusammengetragen. Nur ganz wenige von ihnen liegen in deutscher Sprache vor. Aus diesem Grunde wurde in der deutschen Ausgabe auf genaue Seitenangaben verzichtet. Fachgelehrte usw., die sie benötigen, werden auf die im Verlag Hachette, Paris, erschienene Originalausgabe verwiesen.

Erster Teil: Aurore Dupin

1 Charles Maurras, *Les Amants de Venise*, Paris 1903.

2 Moritz, Graf von Sachsen, *Unveröffentlichte Briefe* und *Dokumente*, Leipzig 1867.

3 Gaston Maugras, *Les Demoiselles de Verrières*, Paris 1890.

4 Kriegsministerium, Verwaltungsarchive, *Aktenstücke des Marschalls von Sachsen*.

5 Nationalarchive, *Parlamentsgericht, 15. Mai 1766*.

6 Kriegsministerium, *Aktenstück de Horne (Antoine)*.

7 George Sand, *Geschichte meines Lebens*, Bd. I.

8 Verkauf von Autographen am 14. Mai 1888, Katalog Etienne Charavay.

9 Ch. Gailly de Taurines, *Aventuriers et Femmes de qualité: La Fille du maréchal de Saxe*, Paris 1907.

10 Nationalarchive, *Comité de sûreté générale* (Aktenstück Ammonin).

11 Nationalarchive, *Comité de sûreté générale*, beim Komitee eingegangen am 21. Frimaire (11. Dez. 1793).

12 Sammlung Spoelberch de Lovenjoul. Unveröffentlichter Brief George Sands an Charles Poncy (23. Dezember 1843).

13 George Sand, *Geschichte meines Lebens*, Bd. II.

14 George Sand, *Voyage en Auvergne et en Espagne, 1825*, posthumes Werk, veröffentlicht in der Beilage zum *Figaro*, Nr. vom 4. und 11. August 1888.

15 Sammlung Spoelberch de Lovenjoul. Unveröffentlichter Text.

16 George Sand, *Geschichte meines Lebens*, Bd. III.

17 Unveröffentlichter Text. Sammlung von Frau Aurora Lauth-Sand.

18 Zitiert von Samuel Rocheblave in *George Sand avant George Sand* (*Revue de Paris*, 15. Mai 1898).

19 Simone de Beauvoir, *Das andere Geschlecht*, Bd II., Paris u. Hbg.

20 Zitiert von Wladimir Karénine (Varvara Komarow) in *George Sand*, 4 Bde., Paris 1899 bis 1926.

21 Revue de Paris, 1. November 1911.

22 George Sand, *Le Secrétaire intime*.

23 dgl. George Sand selbst hat darauf hingewiesen, daß dieses Porträt einer alten Frau das ihrer eigenen Großmutter ist.

24 Veröffentlicht von Pierre Salomon und Jean Mallion in *Un Mariagne manque de George Sand* (*Bulletin des Bibliophiles et des Bibliothécaires*, November 1949).

25 Zitiert von Louise Vincent in *George Sand et le Berry*, Paris 1919.

26 George Sand, *Correspondance*, Bd. I, veröffentlicht von Maurice Sand, Paris 1882–1894.

27 George Sand, *Impressions et Souvenirs*.

28 George Sand, *Briefe eines Reisenden*.

29 Brief an Emilie de Wismes, veröffentlicht in der *Revue de Paris*, 15. November 1911.

30 George Sand, *Le Roman d'Aurore Dudevant et d'Aurélien de Sèze*.

Zweiter Teil: Frau Dudevant

1 Sammlung Spoelberch de Lovenjoul.

2 George Sand, *Le Roman d'Aurore Dudevant et d'Aurélien de Sèze*.

3 Louise Vincent, *George Sand et l'Amour*, Paris 1917.

4 Unveröffentlicht. Sammlung Spoelberch de Lovenjoul.

5 George Sand, *Geschichte meines Lebens*, Bd. IV.

6 Brief Auroras an Zoé Leroy, zitiert in *Le Roman d'Aurore Dudevant et d'Aurélien de Sèze*.

7 Laisnel de la Salle, zitiert von Louise Vincent in *George Sand et le Berry*, Paris 1919.

8 George Sand, *Voyage en Auvergne et en Espagne;* Literaturbeilage des Figaro, 4. August 1888.

9 Unveröffentlichte Briefe. Sammlung von Frau Aurore Lauth-Sand.

10 George Sand, *Correspondance*, Bd. I.

11 *Le Moniteur général*, 6. Januar 1900; vgl. in der Rubrik ,,Correspondance et Questions posées" eine Anmerkung von Paul Emile Ajasson de Grandsagne, dem einzigen, 1902 gestorbenen Sohne Stéphanes.

12 Louise Vincent, *George Sand et le Berry*.

13 Unveröffentlichter Brief aus dem Besitz von M. Jacques Suffel.

14 Wladimir Karénine, *George Sand, sa Vie et ses Oeuvres, Bd. I*, Paris 1899.

15 George Sand, *Journal intime;* unveröffentlicht. National-Bibliothek.

16 Briefe George Sands an Dr. Emile Regnault; National-Bibliothek (Manuskript-Abteilung).

17 Dieser Brief, in extenso in der *Revue des Deux-Mondes* veröffentlicht, wurde durch Maurice Sand gekürzt, als er ihn in die *Correspondance* seiner Mutter aufnahm. Die im Text besonders hervorgehobenen Wörter sind im Original unterstrichen, und George Sand schreibt Sandot, statt Sandeau.

18 Bertrand Russell, *History of Western Philosophy*.

Dritter Teil: George Sand

1 George Sand, *Correspondance*, Bd. I.

2 Sammlung Spoelberch de Lovenjoul.

3 George Sand, *Geschichte meines Lebens*, Bd. IV.

4 Dieser Text, veröffentlicht in *Le Figaro* vom 5. März 1831, wird von Fréderic Ségu in *Le premier Figaro* (Paris, 1932) zitiert.

5 Briefe George Sands an Emile Regnault, National-Bibliothek.

6 Charles Duvernet, *Memoiren*. Unveröffentlicht.

7 Jules Sandeau. *Marianna*, Paris 1832.

8 Zitiert von A. Guet in dem Aufsatz *George Sand inconnue*, veröffentlicht in *La Vie moderne*, 10. Juni 1882.

9 Zitiert von Marcel Coulon in *L'Amoureuse George Sand. Mercure de France*, Nr. vom 15. August 1928.

10 Zitiert von Bernard Guyon in *La Pensée politique et sociale de Balzac*.

11 Balzac, *Béatrix*, Bd. I, Paris 1839. Das Porträt Claude Vignons ist nach dem Geständnis Balzacs das von Gustave Planche.

12 George Sand, *Indiana*.

13 Zitiert von Frédéric Ségu in *Henri de Latouche*, Paris 1931.

14 George Sand, *Questions d'Art et de Littérature*.

15 Alfred de Vigny, *Journal d'un Poète*, 21. Januar 1832.

16 Unveröffentlichter Brief. Sammlung Spoelberch de Lovenjoul.

17 Brief Jules Sandeaus an Gustave Papet, im Besitz von M. Joseph Pierre, der ihn in dem Aufsatz *Jules Sandeau en Berry* zitiert, veröffentlicht in der *Revue du Berry et du Centre*, Juli-August 1933.

18 George Sand, *Journal intime*.

19 Paul de Musset, *Lui et Elle*, Paris 1860.

20 Honoré de Balzac, *Lettres à l'Étrangère*, Bd. I, Paris 1899.

21 Brief Henri Lehmanns (18. Juni 1839) an Marie d'Agoult, veröffentlicht in *Une Correspondance romantique*.

22 George Sand, *Lettres à Alfred de Musset et à Sainte-Beuve*, Paris 1897.

23 George Sand, *Lélia*, Erstauflage (1833), Bd. I.

24 Sainte-Beuve, *Correspondance générale*, gesammelt von Jean Bonnerot, Bd. I, Paris 1935–1949.

25 Sainte-Beuve, *Portraits Littéraires*, Bd. I.

26 Prosper Mérimée, *Correspondance générale*, Bd. I.

27 Maurice Parturier. *Une Expérience de Lélia ou le Fiasco du comte Gazul*, Paris 1934.

28 Veröffentlicht in der *Revue de Paris* vom 15. November 1896, jedoch nicht wiedergegeben in dem Bande: *Lettres de George Sand à Alfred de Musset et à Sainte-Beuve*, der im Jahre darauf beim Calmann-Lévy erschien.

29 George Sand, *Sketches and Hints*; zitiert von Wladimir Karénine in *George Sand*, Bd. I. – Das Album-Manuskript, dem der Text entnommen ist, befindet sich in der National-Bibliothek.

Vierter Teil: Spiele der Liebe und des Genies

1 George Sand, *Lettres à Alfred de Musset et à Sainte-Beuve*, Paris 1897.

2 Sainte-Beuve, *Correspondance générale*, Bd. I, Paris 1935.

3 Brief, veröffentlicht von Henri Guillemin und zitiert von Françoise Moser in *Marie Dorval*, Paris 1947.

4 Françoise Moser, *Marie Dorval*, Paris 1947.

5 Sainte-Beuve zitiert von Paul Mariéton in *Une Histoire d' Amour: George Sand et Alfred de Musset*, Paris 1897.

6 Brief George Sands an Sainte-Beuve vom 11. März 1833. Sammlung Spoelberch de Lovenjoul.

7 Wortspiel: Bévue = Stümper

8 George Sand, *Elle et Lui*.

9 Spoelberch de Lovenjoul, *La Véritable Histoire de Elle et Lui*.

10 Paul de Musset, *Lui et Elle*, Paris 1860.

11 *Correspondance de George Sand et d'Alfred de Musset*, veröffentl. von Felix Decori.

12 Capo der Feuillide, zitiert von Marie-Louise Pailleron in *La Vie littéraire sous Louis-Philippe*, Bd. I, Paris 1930.

13 Gustave Planche, *Portraits littéraires*, Bd. I., Paris 1848.

14 Zitiert von Marie-Louise Pailleron in *François Buloz et ses Amis*, Bd. I., Paris 1930.

15 John Charpentier, *Alfred de Musset*, Paris 1938.

16 Alfred de Musset, *Confession d'un Enfant du Siècle* (Bekenntnis eines Kindes des Jahrhunderts), Paris 1836.

17 Die Briefe von Frau Allan-Despréaux wurden von Léon Séché in der *Revue de Paris* vom 1. April 1906 veröffentl.

18 Übersetzt von Georg Hermanowski.

19 Simone de Beauvoir.

20 Brief George Sands an Pietro Pagello, zitiert von Paul Mariéton in *Une Histoire d'Amour*, Paris 1897.

21 George Sand, *Journal intime*.

22 Paul Mariéton, *Une Histoire d'Amour*, Paris 1897.

23 Unveröffentlicht. Sammlung Spoelberch de Lovenjoul.

24 Honoré de Balzac, *Lettres à l'Etrangère*, Bd. I.

25 George Sand, *Le Roman d'Aurore Duderant et d'Aurélien de Sèze*.

26 George Sand, *Journal intime*.

27 George Sand, *Lettres d'un Voyageur*.

28 Alfred de Musset, *Le Chandelier*, I. Akt, I. Szene.

29 Raymond Escholier, *Delacroix*, Bd. II, Paris 1926–1929.

30 Brief, veröffentlicht von Maurice Clouard in der *Revue de Paris* vom 15. August 1896.

31 Brief George Sands an Marie d'Agoult, veröffentlicht in ihrer *Correspondance*, Bd. I, in der aber alles, was Musset betrifft, durch Maurice Sand unterdrückt worden ist.

32 *Gedichte* von Alfred de Musset, Berlin 1872. Übersetzer nicht angegeben.

Fünfter Teil: Propheten und Poeten

1 George Sand, *Lettres à Alfred de Musset et à Sainte-Beuve*, Paris 1897.

2 George Sand, *Geschichte meines Lebens*, Bd. IV.

3 George Sand, *Correspondance*, Bd. I., Paris 1882–1894.

4 Dieser Text von Lamartine, veröffentlicht in einer Nummer des *Conseiller du Peuple*, wird von Magon-Barbaroux in *Michel de Bourges* zitiert. Marseille 1897.

5 Brief Sands an Michel von Bourges, veröffentlicht von der *Revue illustrée* am 1. Dezember 1890.

6 George Sand, *Briefe eines Reisenden*, VI.

7 Sainte Beuve, *Correspondance générale*, gesammelt von Jean Bonnerot, Bd. I, Paris 1935.

8 George Sand, *Journal intime;* unveröffentlicht. National-Bibliothek.

9 Honoré de Balzac. *Béatrix*, Bd. I.

10 Sammlung Spoelberch de Lovenjoul.

11 René Doumic zitiert diesen Brief in *George Sand*. Er war ihm von Charles Duplomb mitgeteilt worden. Paris 1908.

12 Das Gebet wurde 1878 in *Le Magasin pittoresque* veröffentlicht. Zum Teil wurde es in den *Souvenirs de 1848* von George Sand wiedergegeben.

13 Obermann, romantischer Held eines Romans von Senancourt (1770–1846), Typus eines Weltmüden. (Anm. d. Übers.).

14 *Revue illustrée,* 1. November 1890. Dieser Brief gehört zu denen, die ohne Signatur unter dem Titel: *Lettres de Femme,* in der *Revue illustrée* veröffentlicht wurden (Jahrgang 1890–1891: Nr. 118, 119, 120, 121 und 123). Spoelberch de Lovenjoul und Wladimir Karénine, beide Freunde von Frau Maurice Sand, haben sie als Briefe authentifiziert, die von George Sand im Verlaufe des Jahres 1837 an Michel von Bourges geschrieben wurden. Da aber die Familie Sand zu jener Zeit Wert darauf legte, daß die Briefschreiberin nicht identifiziert wurde, ist in der *Revue* die Jahreszahl 1837 überall durch 1832 ersetzt worden. Diese Veröffentlichung wurde 1891 plötzlich abgebrochen.

15 John Sellards, *Charles Didier,* 1805 bis 1864 (Paris 1904). Vgl. auch das Porträt, das Sainte-Beuve von Charles Didier, unter den Namen *Phanar,* in den *Montagsplaudereien,* Bd. XI, zeichnet.

16 George Sand, *Correspondance,* Bd. II.

17 Wladimir Karénine, *George Sand, sa Vie et ses Oeuvres,* Bd. II.

18 Adolphe Pictet, *Une Course à Chamonix,* Paris 1838.

19 Marie-Félicité Malibran, große Sängerin, gest. 1836. (Anm. d. Übers.).

20 Honoré de Balzac, *Briefe an die Fremde,* Bd. I.

21 Bisher unveröffentlichter Brief, Sammlung Spoelberch de Lovenjoul.

22 Comtesse d'Agoult (Daniel Stern), *Mémoires,* Paris 1927.

23 Marie-Louise Pailleron, *George Sand,* Bd. II., Paris 1942.

24 Vicomte de Launay (Delphine de Giradine), *Lettres parisiennes.*

25 Unveröffentlichter Briefwechsel zwischen Lamennais und dem Baron de Vitrolles.

26 George Sand, *Impressions littéraires, Lettres à Marcie.*

27 Ernest Seillière, *George Sand, mystique de la passion,* Paris 1920.

28 *Correspondance de Liszt et de Madame d'Agoult,* veröffentlicht von Daniel Ollivier, 2 Bde., Paris, 1933–34.

29 Emil Faguet.

30 Veröffentlicht in der *Revue illustrée,* 1. November 1890.

31 Veröffentlicht in der *Revue illustrée,* 15. November 1890.

32 Veröffentlicht in der *Revue illustrée,* 1. Dezember 1890.

33 Veröffentlicht in der *Revue illustrée,* 15. Dezember 1890.

34 Veröffentlicht in der *Revue illustrée,* 1. Januar 1891.

35 Antony, Hauptperson eines gleichnamigen Stücks von Dumas Vater (Anm. d. Übers.).

36 Vgl. John Sellards, *Charles Didier,* Paris 1904.

37 Jules Claretie.

38 Fleuriot de Langle, *Franz Liszt et Daniel Stern,* Beitrag, veröffentlicht im *Mercure de France* vom 1. Februar 1929.

39 Vgl. den Aufsatz *Une Amitié romanesque* von Samuel Rocheblave, veröffentlicht in der *Revue de Paris* vom 15. Dezember 1894.

40 Dieser Brief wurde von Frau Aurore Lauth-Sand in den *Nouvelles Littéraires* vom 26. Juli 1930 veröffentlicht.

1 Wladimir Karénine, *George Sand, sa Vie et ses Oeuvres*, Bd. III, Paris 1912.

2 Marie-Louise Pailleron, *George Sand*, Paris 1938–1942.

3 Veröffentlicht von G. Knosp im *Guide musical* vom 15. September 1907. Zitiert durch Louise Vincent.

4 Brief George Sands an Grzymala, in extenso veröffentlicht von Wladimir Karénine in *George Sand*, Bd. III.

5 George Sand, *Journal intime*, unveröffentlicht, National-Bibliothek.

6 Brief George Sands an Grzymala, zitiert von Karénine, Bd. III.

7 Brief George Sands an Pierre Leroux, zitiert von Karénine, Bd. II.

8 Brief Marie d'Agoults an den Major Pictet (Florenz, 10. Januar 1839), zitiert von Marie-Louise Pailleron in *George Sand*, Bd. II.

9 Zitiert von Edouard Ganche in *Frédéric Chopin*, Paris 1913.

10 George Sand, *Un Hiver au midi de l'Europe, Majorque et les Majorcains (Revue des Deux-Mondes* vom 15. März 1841).

11 George Sand, *Geschichte meines Lebens*, Bd. IV.

12 George Sand, *Correspondance*, Bd. II., Paris 1882 bis 1894.

13 Sainte-Beuve, *Correspondance générale*, Bd. II, Paris 1935 bis 1949.

14 Unveröffentlichter Brief. Sammlung Spoelberch de Lovenjoul.

15 Zitiert von Robert Bory in *Une Retraite romantique en Suisse, Liszt et la comtesse d'Agoult*.

16 Zitiert von Louise Vincent, *George Sand et le Berry*, Paris 1919.

17 Honoré de Balzac, *Lettres à l'Etrangère*, Bd. I.

18 Heinrich Heine, *Über Deutschland*.

19 George Sand, *Impressions et Souvenirs*, Kap. V.

20 Zitiert von Léon Séché, *Sainte-Beuve*, Bd. II, Paris 1904

21 Veröffentlicht von Samuel Rocheblave in der *Revue de Paris vom 15. Dezember 1894*.

22 *Correspondance de Liszt et de Madame d'Agoult*, Paris 1933 bis 1934.

23 *Une Correspondance romantique: Marie d'Agoult, Liszt, Henri Lehmann*.

24 Brief an Pauline Duchambge, zitiert von Charles Gandier in Marie Dorval: *Lettres à Alfred de Vigny*, Paris 1942.

25 Zitiert von Françoise Moser in *Marie Dorval*, Paris 1947.

26 Unveröffentlichter Brief. Sammlung Simone André-Maurois.

27 Henri de Latombe, *Léo*, Paris 1840.

28 Unveröffentlichter Briefwechsel von Lamennais mit Baron de Vitrolles.

29 Zitiert von dem Grafen Anton Wodzinski in *Les trois romans de Frédéric Chopin*, Paris 1886.

30 Brief George Sands an ihren Sohn Maurice, veröffentlicht von Wladimir Karénine in *George Sand*, Bd. III.

31 Caroline Jaubert, *Souvenirs, Lettres et Correspondances*, Paris 1881.

32 Zitiert von Léon Séché in *Hortense Allart de Méritens*, Paris 1908.

33 Unveröffentlichter Brief, mitgeteilt durch Frau Bonnier de la Chapelle.

34 Pauline Viardot.

35 Augustine Brault.

36 Unveröffentlichter Brief George

Sands an ihren Sohn Maurice (17. Dezember 1850). Sammlung Spoelberch de Lovenjoul.

37 Arsène Houssaye, *Confessions,* Bd. III, Paris 1891.

38 Zitiert von Samuel Rocheblave in *George Sand et sa Fille,* Paris 1905.

39 *Lettres de Chopin,* National-Bibliothek.

40 Brief George Sands an die Prinzessin Galitzine, geborene La Roche-Aymon; zitiert von Georges d'Heylli (Edmond Poinsot) in *La Fille de George Sand,* Paris 1900.

41 Zum Teil unveröffentlichter Brief.

42 National-Bibliothek, Manuskript-Abteilung.

43 Im Jahre 1848 hatte Carlotta Marliani, wie auch George Sand, die Wohnung am Square d'Orléans aufgegeben (wo Chopin in Nr. 5 sein Appartement noch weiter behielt). Frau Marliani hatte in der Rue de la Ville–l'Evéque Nr. 18 eine Wohnung bezogen.

44 Unübersetzbares Wortspiel; zusammengesetzt aus *emanzipiert* und *matrice* = Gebärmutter.

Siebenter Teil: Aufstand der Engel

1 George Sand, *Impressions littéraires.*

2 George Sand, *La Fauvette du Docteur (Almanach du Mois,* Nummer vom Nov. 1844).

3 George Sand, *Geschichte meines Lebens,* Bd. IV.

4 Sainte-Beuve, *Correspondance générale,* Paris 1935 bis 1949.

5 George Sand, *Correspondance,* Paris 1882–1894.

6 Ernest Seillière, *George Sand, mystique de la passion,* Paris 1920.

7 Unveröffentlichter Brief. Sammlung Spoelberch de Lovenjoul.

8 Unveröffentlichter Brief George Sands an Carlotta Marliani. Sammlung Spoelberch de Lovenjoul.

9 Eugène Delacroix, *Correspondance générale,* 5 Bde. Paris 1936–1938.

10 Zitiert von Wladimir Karénine in *Georg Sand.*

11 George Sand, *Lettre à la Classe moyenne.*

12 Brief George Sands an Maurice (25. März 1848), veröffentlicht von Wladimir Karénine in *George Sand.*

13 George Sand, *Seconde Lettre au Peuple.*

14 Honoré de Balzac, *Briefe an die Fremde.*

15 George Sand in dem Aufsatz *Sozialismus,* veröffentlicht in *La Cause du Peuple,* vom 23. April 1848.

16 George Sand, *Bulletin de la République,* Nr. 16.

17 George Sand in dem Artikel *Revue politique de la Semaine,* veröffentlicht in *La Vraie République* vom 7. Mai 1848.

18 Maréchal de Castellane *Journal,* Bd. IV, Paris 1896.

19 Prosper Mérimée, *Correspondance générale.*

20 Alexis de Tocqueville, *Souvenirs,* Paris 1893.

21 George Sand, *Souvenirs de 1848.*

22 Artikel von Th. Muret, veröffentlicht in *La Mode* vom 23. Juli 1848.

23 *Unveröffentlichte Erinnerungen von Frédéric Chopin,* veröffentlicht von Karlowicz. Tagebucheintragung vom 19. August 1848.

24 Unveröffentlichter Brief Sands an Chaix d'Est-Ange (25. Juli 1848).

Sammlung Spoelberch De Lovenjoul.

25 Nr. 6013 des Katalogs der Buchhandlung Auguste Blaizot, 51. Jahrgang (1942).

26 Unveröffentlichter Brief an Charles Poncy (9. Januar 1849). Sammlung Spoelberch de Lovenjoul.

27 Sammlung Simone André-Maurois.

28 Der Umschlag mit der Locke ist im Besitz von Frau Aurore Lauth-Sand.

29 Sammlung Spoelberch de Lovenjoul.

30 Unveröffentlichter Teil eines Briefes, der von Maurice Sand nur teilweise veröffentlicht wurde. Siehe *Correspondance*, Bd. III, und Sammlung Lovenjoul.

31 Unveröffentlichter Brief. Sammlung Simone André-Maurois.

32 Brief Louis-Napoleon Bonapartes an George Sand, veröffentlicht in *Le Figaro*, im Jahre 1897.

33 George Sand, *Sur le général Cavaignac*. Der Artikel wird von Wladimir Karénine in Bd. IV zitiert.

34 George Sand, *Tagebuch*, veröffentlicht in *Souvenirs et Idées*.

35 Veröffentlicht von Wladimir Karénine in *George Sand*.

36 National-Bibliothek, Manuskript-Abteilung.

37 *Die Kelter* ist ein Drama, das George Sand am 13. September 1853 im Gymnase-Theater aufführen ließ.

38 Unveröffentlichter Text. National-Bibliothek, Manuskript-Abteilung.

Achter Teil: Reife

1 Eugène Delacroix, *Journal*, Bd. II., Paris 1932.

2 George Sand, *Lettres à Alfred de Musset et à Sainte-Beuve*, Paris 1897.

3 National-Bibliothek, Manuskript-Abteilung. Unveröffentlichte Texte.

4 George Sand, *Isidora*, Bd. II.

5 Zitiert in Louise Vincent, *George Sand et le Berry*, Paris 1919.

6 Unveröffentlichter Brief. Sammlung Simone André-Maurois.

7 Zitiert von Wladimir Karénine in *George Sand*, Paris 1912.

8 Zitiert von Samuel Rocheblave in *George Sand et sa Fille*, Paris 1905.

9 Sammlung Simone André-Maurois.

10 Veröffentlicht von R. de Bury im *Mercure de France*, Juni 1900.

11 Zitiert in Georges d'Heylli, *La Fille de George Sand*, Paris 1900.

12 George Sand, *Correspondance*, Paris 1882–1894.

13 Dieser Artikel, der *Nach dem Tode von Jeanne Clésinger* betitelt war, erschien in einem Essayband von George Sand, *Souvenir et Idées*.

14 George Sand, *Promenades autour d'un Village*.

15 Veröffentlicht von Spoelberch de Lovenjoul in *La Véritable Histoire de Elle et Lui*.

16 Edmond et Jules de Goncourt, Journal, Bd. II., Paris 1888.

1 Gustave Flaubert, *Correspondance.*

2 George Sand, *Correspondance.*

3 Mme. Adam (Juliette Lamber), *Mes Premières Armes littéraires et politiques,* Paris 1904.

4 dieselbe, *Mes Sentiments et nos Idées avant 1870,* Paris 1903.

5 Jules Claretie, *La Vie à Paris,* Paris 1904.

6 Unveröffentlichte Agenda von George Sand, 27. November 1866. National-Bibliothek, Manuskript-Abteilung.

7 Eine Abschrift dieses Briefes befindet sich in der Sammlung Spoelberch de Lovenjoul, das Original in den Akten der Haupt-Staatskanzlei.

8 *Metella,* eine 1834 veröffentlichte Novelle, zeichnete damals nicht die alt gewordene Heldin. Diese „sehr tugendhafte" Folgerung erscheint zum ersten Male in Band II der *Gesammelten Werke* (Hetzel-Lecou, 1852).

9 George Sand, *Journal intime.*

10 Unveröffentlichter Text. National-Bibliothek, Manuskript-Abteilung.

11 George Sand, *Journal d'un Voyageur pendant la Guerre (Revue des Deux-Mondes,* Nr. vom 1. März, 15. März und 1. April 1871).

12 George Sand, *Antworten an einen Freund;* im *Temps* veröffentlichte Aufsätze.

13 George Sand, *Impressions et Souvenirs, VII.* Antwort an eine Freundin.

14 Unveröffentlichtes Tagebuch George Sands, 13. April 1873. National-Bibliothek, Manuskript-Abteilung.

15 Zitiert von Wladimir Karénine in *George Sand,* Bd. IV.

16 Nennecy de Vasson, *Notes et Impressions.* Zitiert von Wladimir Karénine in *George Sand,* Bd. IV.

17 Victor Hugo, *Depuis l'Exil,* Bd. II.

18 Alain, *Propos de Littérature.*

Zitierte Werke George Sands

Bei den ins Deutsche übertragenen Werken ist der deutsche Titel, der Verlagsort und das Erscheinungsjahr angegeben.

Aimée, unveröffentlichter Jugendroman.

André. Andreas. Lzg. 1835.

Château de Pictordu (Le).

Claudie. Claudia. 1852.

Compagnon du Tour de France (Le). Der französische Handwerksbursche. Lzg. 1841.

Comtesse de Rudolstadt (La). Die Gräfin von Rudolstadt. Stgt. 1844.

Constance Verrier.

Consuelo. Consuelo. Stgt. 1845.

Contrebandier (Le).

Daniella (La). Daniella. Wien, um 1857

Dernière Aldini (La). Die letzte Aldini. Aachen 1838.

Dernières Pages.

Elle et Lui.

Fouvette du Docteur (La).

François le Champi. Franz der Champi. Lzg. 1886. – Das Findelkind. Neustadt a. d. H. 1948 – Der Findling (Schauspiel). Hbg. 1850.

Histoire de ma Vie. Geschichte meines Lebens. Lzg. 1863.

Horace. Horaz. Lzg. 1843.

Impressions et Souvenirs.

Indiana. Indiana. Lzg. 1836.

Isidora. Isidora. Tagebuch eines Einsiedlers in Paris. Stgt. 1846.

Jacques. Jacques. Lzg. 1837.

Journal d'un Voyageur pendant la Guerre.

Lélia. Lelia. Lzg. 1834 u. Lzg. 1893.

Leone Leoni. Leone Leoni. Bln. 1892.

Lettre a la Classe moyenne. Lettres au Peuple. Lettres à Marcie.

Lettres d'un Voyageur. Reise-Novelle. Bln. 1838. – Briefe eines Reisenden. Lzg. 1843 bis 46.

Lucrezia Floriani, Lucrezia Floriani. Lzg. 1863.

Mademaiselle La Quintinie.

Mademoiselle Merquem

Maitres Mosaïstes (Les). Die Mosaikarbeiter. Aachen 1838.

Maitre Favilla, Schauspiel.

Maitres Sonneurs (Les). Die Musikanten-Zunft. Lzg. 1856.

Mare au Diable (La). Der Teufelssumpf. Stgt. 1846. – Das Teufelsmoor. Zürich 1908. – Das Teufelsmaar. Neustadt a. d. H. 1948.

Mariage de Victorine (La). Victorines Hochzeit. Lzg., um 1879.

Marquis de Villemer (Le), Roman: Der Marquis de Villemer. Wien, um 1860. Schauspiel: Der Marquis von Villemer. Altona 1864.

Marquise (La).

Marraine (La), unveröffentlicher Jugendroman.

Mauprat. Mauprat. Lzg. 1838.

Métella. Metella. Nordhausen 1837.

Monsieur Sylvestre.

Petite Fadette (La). Die kleine Fadette. Lzg. 1849. – Die Grille oder Die kleine Fadette. Lzg. 1899.

Pressoir (Le), Schauspiel: Die Kelter.

Promenades autour d'un Village.

Questions d'Art et de Littérature.

Roman d'Aurore Dudevant et d'Aurélien de Sèze (Le), posthumes Werk, veröffentlicht mit einem Vorwort von Aurore Lauth-Sand, Paris 1928.

Rose et Blanche, in Zusammenarbeit mit Jules Sandeau und unter dem gemeinsamen Pseudonym: J. Sand. – Nonne und Schauspielerin oder Verirrungen der Liebe. Lzg. 1836. – Rosa und Blanche oder Schauspielerin und Nonne. Stgt. 1836.

Secrétaire intime (Le). Der Geheimsekretär. Lzg. 1843–46.

Sept Cordes de la Lyre (Les).

Simon. Simon. Lzg. 1843–46.

Souvenirs de 1848.

Souvenirs et Idées.

Spiridion. Spiridion. Lzg., um 1839.

Un Hiver au midi de L'Europe, Majorque et les Majorcains. Ein Sommer im südlichen Europa. Stgt. 1847.

Valentine. Valentine. Lzg. 1843 bis 46.

Valvèdre. Des Nächsten Weib. Bln. 1893.

Peter Lahnstein

Adelbert von Chamisso

Der Preuße aus Frankreich.
256 Seiten, 8 Seiten Schwarzweiß-
bilder, Leinen

Der Autor würdigt das widersprüchliche Leben und
das vielschichtige Werk des Adelbert von Chamisso
in einer Biographie, die zugleich den kulturhistorischen
Hintergrund der Zeit sichtbar werden läßt.

99 Peter Lahnstein, den wir bereits
als Biographen Karls des Fünften
und Friedrich Schillers kennen,
tut sicherlich einen guten Griff,
wenn er uns Leben und Werk
dieses sympathischen
„Preußen aus Frankreich" wieder
ins Gedächtnis ruft.
Er tut dies in einer Sprache,
die jeder versteht, ohne falschen
wissenschaftlichen Anspruch,
der normale Sterbliche
von der Lektüre abschreckt **66**
DIE WELT

List Verlag

Frauenleben: Tagebücher, Berichte, Autobiographien

Elisabeth Castonier:
Stürmisch bis heiter
Memoiren einer
Aussenseiterin

dtv

Der gesellschaftliche
Glanz des Großbürger-
tums, die Boheme der
zwanziger Jahre und die
Zeit der Emigration
dtv 401

Katherine Mansfield:
Tagebuch
1904–1922

dtv

Ein hemmungsloses
Ich-Buch, widersprüch-
lich, enthusiastisch und
deprimiert, furios und
zärtlich
dtv 1401

Isabella Nadolny:
Seehamer Tagebuch

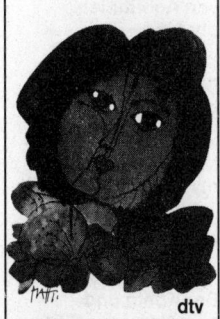

dtv/List

Ironisch-heitere Skizzen
aus der ländlichen Idylle
des Chiemgaus
dtv 1665

Die Tagebücher der
Anaïs Nin 1

dtv

Die Jahre 1931–1934.
Eine junge Frau auf der
leidenschaftlichen
Suche nach sich selbst
dtv 759

Die Tagebücher der
Anaïs Nin 2

dtv

Die Jahre 1934–1939.
»Ein eindrucksvolles
Bekenntnis«
(Henry Miller)
dtv 858

Die Tagebücher der
Anaïs Nin 3

Die Jahre 1939–1944.
Anaïs Nin in New York
dtv 981

Historische Romane
im dtv

Alfred Döblin:
Wallenstein
Roman

dtv 10144

Jochen Klepper:
Der Vater
Roman eines Königs

dtv

dtv 1258

Werner J. Egli:
Die Siedler / dtv 10494

Martin Gregor-Dellin:
Schlabrendorf oder
Die Republik
dtv 10309

T. E. Lawrence:
›Lawrence von Arabien‹
Die sieben Säulen
der Weisheit / dtv 1456

André Malraux:
Die Eroberer
dtv 10308

Régine Pernoud:
Königin der
Troubadoure
Eleonore
von Aquitanien
dtv 1461

Robert
von Ranke Graves:
Ich, Claudius,
Kaiser und Gott

dtv/List

dtv 1300

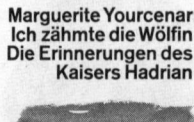

Marguerite Yourcenar:
Ich zähmte die Wölfin
Die Erinnerungen des
Kaisers Hadrian

dtv

dtv 1394

Theodor Plievier:
Des Kaisers Kulis
dtv 10237

Kenneth Roberts:
Nordwest-Passage
dtv 10426

Annemarie Selinko:
Désirée / dtv 1399

Martin Stade:
Der König und
sein Narr / dtv 1651

Jakob Wassermann:
Caspar Hauser oder
Die Trägheit des
Herzens / dtv 10192